I0331157

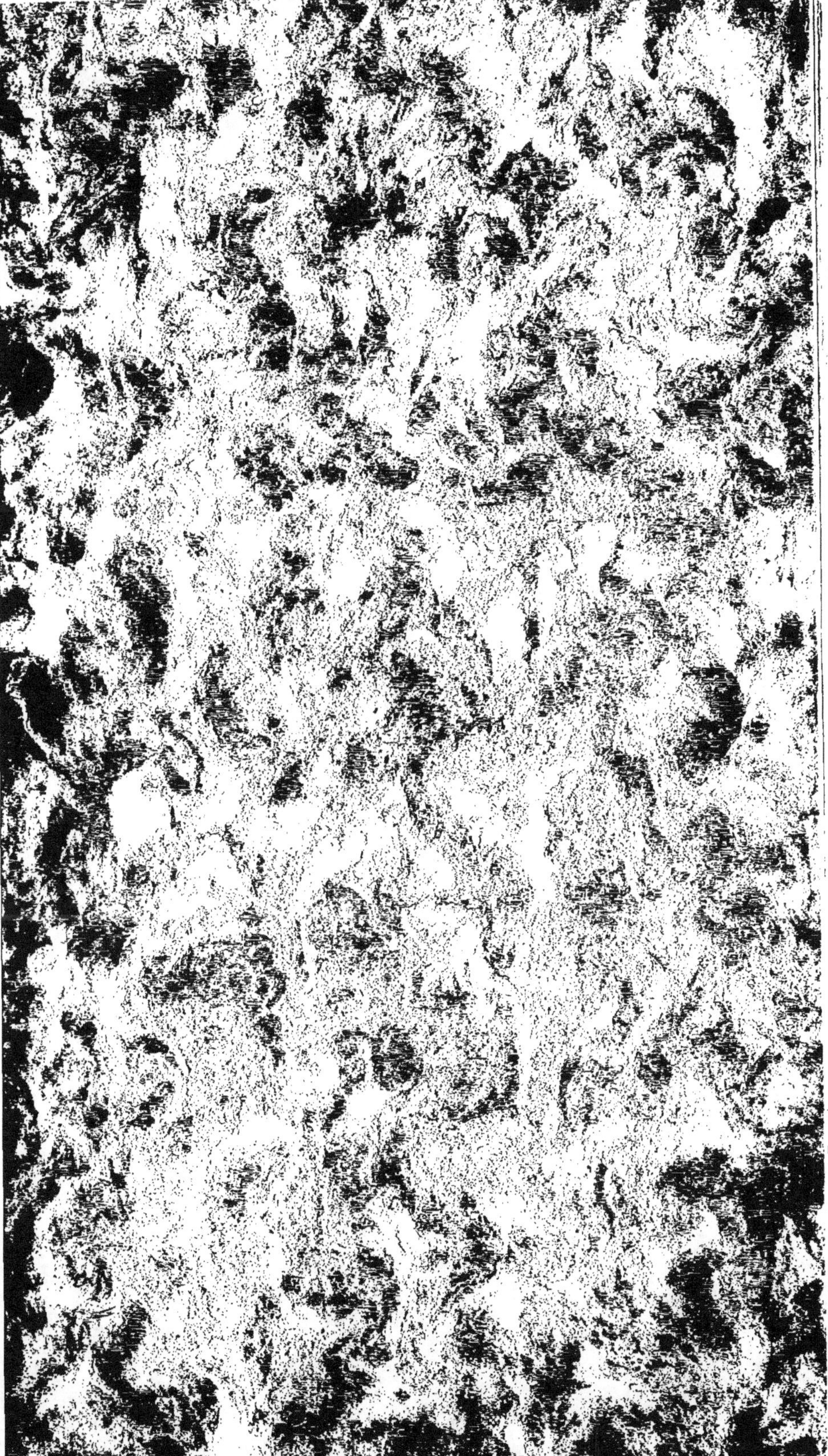

MATIVET 1970

PUBLIÉ SOUS LA DIRECTION
DE LA
SECTION HISTORIQUE DE L'ÉTAT-MAJOR DE L'ARMÉE

LA CAMPAGNE DE 1794 A L'ARMÉE DU NORD

IIe Partie : OPÉRATIONS

TOME DEUXIÈME

Mouscron — Menin — Courtrai — Tourcoing — Pont-à-Chin

« La lettre de change tirée par les armées d'Italie et des Pyrénées sur celle du Nord commence à s'acquitter; la victoire est ici à l'ordre du jour comme sur les autres points de la République..... »

(Choudieu au Comité de Salut public, 29 floréal an II).

PAR

H. COUTANCEAU
COLONEL DU GÉNIE
Chef d'état-major du 7e corps

H. LEPLUS
Lieutenant au 28e d'infanterie
détaché à la Section historique de l'État-Major de l'Armée

PARIS
LIBRAIRIE MILITAIRE R. CHAPELOT ET Cie
IMPRIMEURS-ÉDITEURS
30, Rue et Passage Dauphine, 30

1908

LA

CAMPAGNE DE 1794

À

L'ARMÉE DU NORD

PARIS — IMPRIMERIE R. CHAPELOT ET Ce, 2, RUE CHRISTINE.

PUBLIÉ SOUS LA DIRECTION
DE LA
SECTION HISTORIQUE DE L'ÉTAT-MAJOR DE L'ARMÉE

LA CAMPAGNE DE 1794 A L'ARMÉE DU NORD

IIe Partie : OPÉRATIONS

TOME DEUXIÈME

Mouscron — Menin — Courtrai — Tourcoing — Pont-à-Chin

« La lettre de change tirée par les armées d'Italie et des Pyrénées sur celle du Nord commence à s'acquitter; la victoire est ici à l'ordre du jour comme sur les autres points de la République..... »

(CHOUDIEU au Comité de Salut public, 29 floréal an II).

PAR

H. COUTANCEAU
COLONEL DU GÉNIE
Chef d'état-major du 7e corps

H. LEPLUS
Lieutenant au 28e d'infanterie
détaché à la Section historique de l'État-Major de l'Armée

PARIS
LIBRAIRIE MILITAIRE R. CHAPELOT ET Cie
IMPRIMEURS-ÉDITEURS
30, Rue et Passage Dauphine, 30

1908

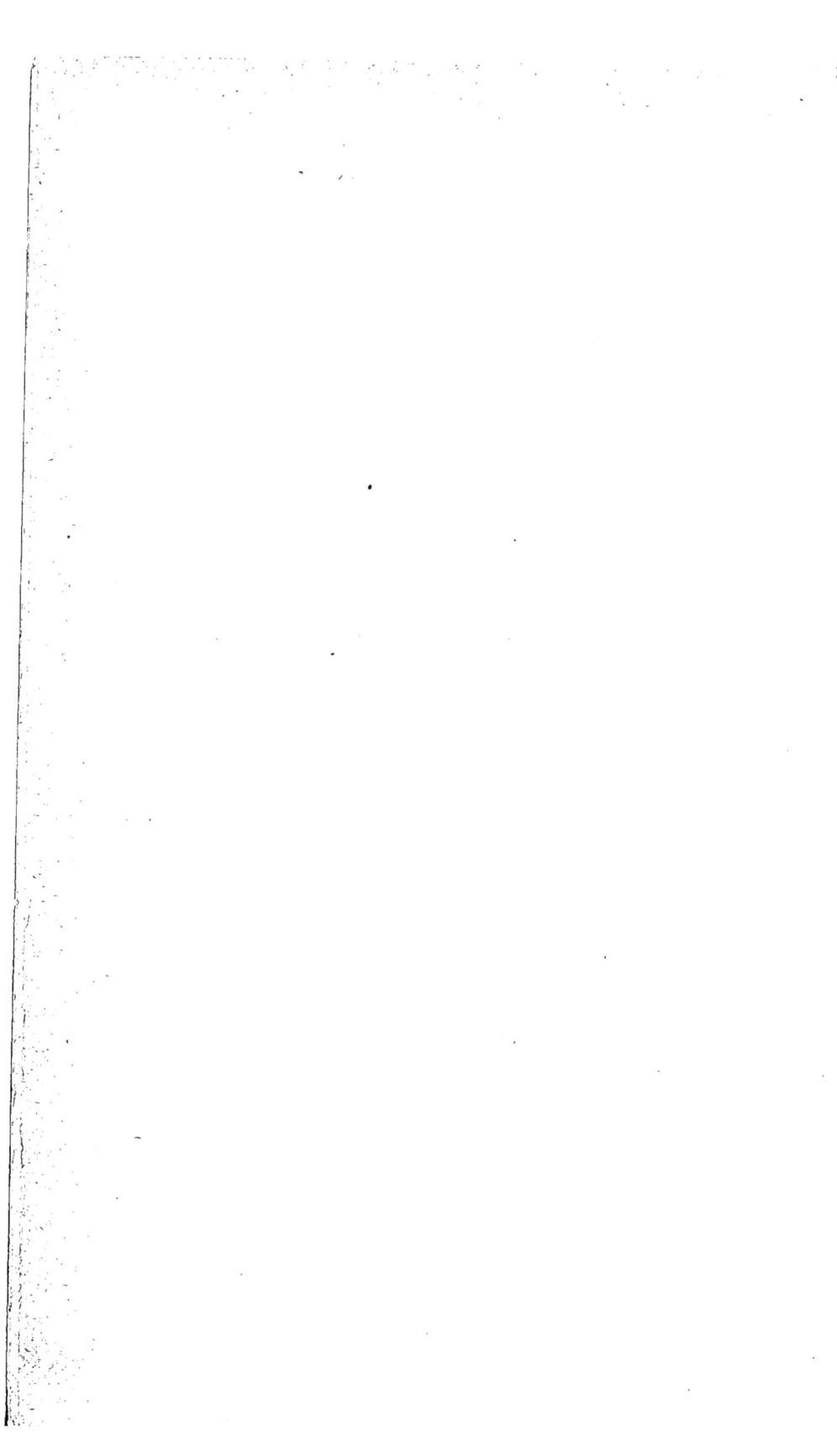

PRÉFACE

Ce livre est le deuxième et dernier tome de la IIe partie de mon ouvrage sur *La Campagne de 1794 à l'armée du Nord.*

En quittant la Section historique en mars 1905, j'y ai laissé le manuscrit de ce volume entièrement rédigé et appuyé des pièces justificatives nécessaires et inédites. M. le lieutenant Leplus a été chargé, après mon départ, de surveiller la publication de ce texte et d'en établir les croquis sur les cartes de Cassini et de Ferraris. Aussi, me conformant à la décision du général chef d'état-major général de l'armée, en date du 10 janvier 1905, j'inscris sur la couverture de cet ouvrage le nom de M. Leplus à côté du mien.

Je remercie encore M. le capitaine Fabry de m'avoir apporté de Vienne les notes qui m'ont permis de relater les opérations de l'armée autrichienne d'après les documents authentiques.

Les épisodes que rappelle ce volume : la marche sur Menin et Courtrai, la victoire de Mouscron, la prise de Menin, le combat de Courtrai, la victoire de Tourcoing, la bataille de Pont-à-Chin constituent autant de preuves des hautes vertus militaires de l'armée de l'an II. Elles sont la résultante de l'union intime du Gouvernement, des Représentants du peuple, des généraux et de la troupe, dans l'unique pensée du triomphe de la République une et indivisible pour la conquête de la Liberté ;

elles ont pour caractéristiques l'indomptable énergie du Comité de Salut public, la vigueur physique et intellectuelle du commandement, le souffle offensif qui animait les jeunes levées républicaines solidement encadrées dans les demi-brigades et aguerries par deux années de luttes incessantes.

Aux succès peu importants de Mouscron et de Menin, ou encore indécis de Courtrai, le Comité de Salut public répond par cette vibrante exhortation : « Ce n'est pas « assez de repousser l'ennemi ; il faut le vaincre. La fuite « des Autrichiens ne suffit pas..... Ne laissez ni trêve « ni repos à nos atroces ennemis. La République a sur « la frontière du Nord la plus nombreuse armée. Il faut « qu'elle soit aussi la plus célèbre..... La victoire est « trop longtemps en suspens..... (1). »

Aussitôt que le triomphe incontestable de Tourcoing aura répondu à cette pressante invitation, les Représentants du peuple, stimulés par l'ardeur gouvernementale, s'empresseront d'en rendre compte au Comité de Salut public : « La lettre de change tirée par les armées « d'Italie et des Pyrénées sur celle du Nord commence « à s'acquitter ; la victoire est ici à l'ordre du jour « comme sur les autres points de la République..... « L'arme des Républicains a fait presque tous les frais « du combat. L'ennemi est en pleine déroute..... (2) »

La correspondance des généraux ne le cède en rien à celle du Comité de Salut public et des Représentants ; elle se confirme par leurs ordres et par leurs actes. De tous les chefs, se distinguent particulièrement les généraux de division Moreau et Souham, les généraux de brigade Macdonald et Vandamme.

Dès le début, alors même qu'il n'est occupé qu'à pré-

(1) Pages 251 et 252.
(2) Page 326.

parer ses troupes, la volonté de Souham se manifeste nettement. Il pose tout d'abord en principe cette vérité qu'ont, hélas! si malheureusement démontrée les tristes événements de 1870 : « Vous savez, citoyens Représen-« tants, que nous avons peu d'exemples où les Français « aient été vaincus lorsqu'ils attaquent; et que nous « en avons beaucoup qui prouvent qu'ils n'ont pas le « même avantage lorsqu'ils se trouvent sur la défen-« sive (1). » Le prince Frédéric-Charles devait découvrir la même vérité après notre victorieuse campagne de 1859 ; et, par un phénomène historique bien connu, nous nous empresserons, après les désastres de 1870, de nous rappeler cette leçon du général allemand, et pas un ne songera à rechercher dans notre propre histoire, si glorieuse et si instructive, les causes des succès de nos illustres ancêtres de la Révolution et de l'Empire.

Cette idée de l'offensive se manifestera à tout instant dans les instructions de Souham. Avant la marche sur Menin et Courtrai, il recommande de « terrasser toutes « les troupes que l'on rencontrera jusqu'à Courtrai » par des attaques qui « doivent être promptes et vives ». A Mouscron, voyant le combat traîner après deux attaques infructueuses, Souham en ordonne une troisième par la brigade Macdonald, et charge lui-même, avec Macdonald, en tête de cette brigade ; peu après en s'élançant sur Mouscron à la tête du 5e chasseurs à cheval, il décide d'une victoire qui coûte à l'ennemi 33 canons, nombre de caissons, 4 drapeaux, 3,000 hommes(2); et Pichegru dira plus tard qu'elle fut due « à l'audace du général Souham et à la bravoure réfléchie de Macdonald (3). »

A l'impétueuse activité de Souham dans les plaines

(1) Pages 5 et 6.

(2) Pages 130, 131, 133 et 135.

(3) Page 135.

du Tournaisis, correspond celle de Moreau sous les murs de Menin. Sa division ne perd même pas de temps à faire des parallèles et des tranchées. Devant une garnison de faible effectif, abritée derrière de mauvaises fortifications et mal pourvue de munitions, les Républicains simplifient le formalisme de Vauban. Leurs tirailleurs se glissent dans les premières maisons du village d'Halluin, puis dans les fossés de l'ouvrage imparfait, et tôt abandonné, de la tête de pont de la vieille Lys (1) : de ces deux points d'appui ils font pleuvoir successivement sur les défenseurs une grêle de projectiles qui rend les parapets intenables. Pour aller plus vite en besogne leurs batteries sont installées en rase campagne, sans parapet protecteur (2) ; à environ 100 mètres en avant des canons, les tirailleurs élèvent des sortes de petites tranchées d'où ils tuent nombre de canonniers derrière les embrasures et rendent les communications de la défense très dangereuses (3). Les Républicains firent d'ailleurs leur apparition le 7 floréal ; et, dès le 9, Moreau prescrivait de soumettre la ville de Menin au bombardement le plus énergique (4) ; le 9, à 2 heures de l'après-midi, la ville était en feu, et le principal clocher était tombé (5) ; le 10, au matin, les bombes et les boulets pleuvaient sur cette place, entourée de toutes parts de tirailleurs qui visaient surtout les canonniers à leurs pièces (6). Moreau crut alors le moment arrivé de sommer la place ; mais il se heurta à la fière et laconique réponse de von Hammerstein : « Nous sommes habitués « à faire notre devoir. On ne se rendra pas (7). »

---

(1) Page 143.
(2) Page 153.
(3) Page 176.
(4) Page 148.
(5) Page 106.
(6) Page 150.
(7) Page 151.

Pichegru prescrit donc de redoubler de violence. « Puisqu'il est accoutumé à faire son service, et que par « cette raison il refuse de se rendre, il faut aussi que « nous fassions le nôtre en continuant à le chauffer « de la manière la plus vive (1). » Devant une telle vigueur dans l'attaque, la place capitulait le 11 floréal, c'est-à-dire quatre jours après l'arrivée des Républicains sous ses murs, non sans que son gouverneur, le général von Hammerstein, ne se fût acquis une gloire immortelle par sa célèbre sortie de la nuit du 10 au 11. L'histoire enregistrera pieusement ses paroles qui sont à méditer par tous ceux à qui échoit l'insigne honneur de défendre un des boulevards de la Patrie : « Je ne vous « ai pas convoqués, dit-il aux commandants d'unités, « pour tenir un conseil de guerre ; je veux percer les « lignes ennemies avec la garnison ; je préfère mourir en « rase campagne que de signer une capitulation (2). » « L'acte du général de Hammerstein, dira Pichegru, fut « un coup d'audace que l'histoire doit recueillir comme « l'un des actes militaires les plus sublimes (3). »

Non moins digne d'admiration fut le débouché de Vandamme par la porte de Bruges, à Courtrai. Malgré tous les obstacles qui le rendaient aussi théoriquement inadmissible que la sortie définitive d'une garnison investie et assiégée ; malgré les sept batteries ennemies « supérieurement placées » et enfilant à portée efficace les chaussées de Bruges et de Menin ; malgré les tirailleurs ennemis postés dans les maisons des deux faubourgs, dans les colzas et les seigles déjà fort hauts en cette saison ; malgré l'infanterie et la cavalerie rangées en arrière dans l'intervalle des batteries ; malgré les cris de

---

(1) Page 153.
(2) Page 156.
(3) Page 177.

triomphe prématurés de l'adversaire qui, escomptant déjà la victoire, clamait : « Coupez tout, la ville est à nous ! », le général Vandamme chargea à la tête de sa brigade et parvint, au prix de pertes considérables, à conquérir à sa division l'espace qui était absolument indispensable à sa liberté d'action (1).

Quels mots trouver enfin pour exalter la décision sublime de Moreau, dans la nuit du 17 au 18 floréal, alors que le duc d'York entamait avec la plus grande vigueur le « plan de destruction » qu'il avait conçu, mais que les Autrichiens exécutèrent avec une non moins grande timidité. Les désastreuses nouvelles affluaient de toutes parts : un rapport annonçait la prise de Mouscron, un autre celle de Tourcoing, un autre celle de Mouvaux, de Bondues, de Marque-en-Barœuil, un autre celle de Pont-à-Marque (2). Dans ces tristes conditions, Souham réunissait un conseil de guerre dont l'avis concluait à ce que la division Moreau se sacrifiât pour le salut de l'armée en fixant Clerfayt avec un minimum de forces sur la Lys pendant que Souham agirait avec toute sa masse pour écraser le duc d'York vers Tourcoing. A peine cet avis fut-il exprimé que Moreau, conscient de la justesse de la solution comme du sacrifice personnel auquel il s'exposait, s'écria que ce plan, étant le meilleur qui pût être proposé, devait, par conséquent être adopté, quelque fâcheuse éventualité qui pût en résulter pour lui (3).

Si l'histoire n'offre que de très rares exemples de l'acte d'exceptionnelle vigueur qu'accomplit le général de Hammerstein, elle n'en présente peut-être aucun d'un conseil de guerre ayant abouti à une résolution aussi virile et d'autant plus digne d'éloges que ceux qui le

(1) Page 235.
(2) Page 278.
(3) Page 298.

tenaient, privés du général en chef, n'hésitèrent pas à faire preuve de la plus fructueuse initiative. Ce fut, suivant l'expression de l'archiduc Charles, « un des très « rares exemples de l'histoire, où une conférence de plu- « sieurs hommes a engendré une résolution vigoureuse, « conforme au but; il est à l'éloge de l'esprit qui animait « alors les généraux de l'armée française (1) ». Que ne fût-il le même dans les conseils de guerre de 1870, et notamment dans celui du château de Grimont!

L'énergie physique et morale qui ressort si nettement de ce qui précède, n'était pas exclusive d'une haute intellectualité militaire. Souham n'avait certainement pas la culture militaire des professionnels autrichiens; il n'avait pas, et pour cause, étudié dans une Académie de guerre, ni lu Clausewitz, le théoricien de l'économie des forces; il ne connaissait pas la théorie du « festhalten » des Autrichiens ; mais s'il ne savait pas le mot, il possédait la chose. Son ardente volonté de vaincre, son jugement, la pratique acquise pendant deux années de luttes lui faisaient appliquer dans chaque cas particulier la solution adéquate : c'est ainsi qu'en marchant de Lille sur Courtrai, avec les brigades Macdonald, Dehay et Bertin, il se couvre vers Tournay, par les troupes légères de Jardon, vers Ypres, par la division Moreau, et vers Menin, par la brigade Daendels (2) ; il fixe les forces de l'ennemi vers Tournay en prononçant une attaque démonstrative sur Templeuve et Baisieu, et le trompe en laissant tendues les tentes de ses demi-brigades que n'occupent plus que des recrues sans armes. Dès que se manifestent les préliminaires du combat de Mouscron par l'enlèvement de ce poste, Souham comprenant,

(1) Pages 298 et 299.
(2) Page 89.

comme Pichegru (1), qu'il y va de la communication de Lille et qu'il est de la plus grande importance de chasser l'ennemi de cette position (2), ordonne aussitôt à Macdonald de la reprendre et ne laisse à Courtrai que le minimum de forces nécessaire à la garde de cette place. « Le général Macdonald, avec toutes ses troupes, pren- « dra la position qu'il jugera la meilleure pour couvrir la « route de Lille à Courtrai et les troupes qui attaquent « Menin..... Pour cet effet, il attaquera Mouscron (3). » Cette manœuvre ripostait bien à celle de l'adversaire car, au même moment, Clerfayt expliquait à ses lieutenants à Mouscron qu'il allait marcher de là sur Roncq pour couper la division Souham de la place de Lille qui était sa base d'opérations (4).

C'est encore le principe de l'économie des forces qu'applique Pichegru lorsqu'après la chute de Landrecies, il ne laisse à Courtrai que 4 bataillons et 200 chevaux et appelle à Sainghin la division Bonnaud; c'est par le même principe qu'avant la bataille de Courtrai, Souham, se croyant menacé sur la rive droite de la Lys par un mouvement concentrique partant de Gand, d'Audenarde et de Pecq (5) laisse à Courtrai et sur la Heule une simple arrière-garde et marche avec le gros de ses forces vers Coeyghem; il veut faciliter ce mouvement en fixant le duc d'York dans son camp de Marquain par une démonstration de la division Bonnaud (6); mais, devant la faible résistance qu'il rencontre dans la direction de Coeyghem (7), Souham laisse la seule avant-garde

(1) Page 115.
(2) Pages 126 et 127.
(3) Page 118.
(4) Page 125.
(5) Page 205.
(6) Page 221.
(7) Page 220.

le Jardon sur l'Espierre pour fixer le détachement nnemi qui cherche à l'attirer de ce côté, remonte vers e Nord avec le gros de ses forces et arrive à temps pour combattre avec succès celui de Clerfayt.

Enfin, avant la bataille de Tourcoing, il remarque tout l'abord que l'ennemi se partage en deux masses, l'une u Nord à Thielt, l'autre à l'Est à Tournay ; il apprend nsuite par une reconnaissance de Vandamme que la nasse de Thielt s'approche sur la route de Rousselaere Menin (1) ; peu après il sait que l'ennemi a enlevé les postes de Fauxmont, de Bersée et de Lannoy (2). Voyant que l'adversaire s'avance à la fois de Thielt et de Tournay, il en conclut aussitôt que « son mouvement a, suivant toutes les apparences, le but de nous chasser de Tourcoing et de gagner la droite de la Lys, afin de couper notre communication par la droite de cette rivière, tandis que le général Clerfayt s'avance sur Menin et Wervicke par Rousselaere (3) ». Il était mpossible de mieux discerner la situation. La solution qu'il y appliqua fut aussi nette et heureuse que nous 'avons montré plus haut. Suivant l'expression de l'archiduc Charles, ces « dispositions simples triomphèrent des conceptions complexes ; l'idée vraiment pratique, décidée et énergiquement exécutée, l'emporta sur la théorie creuse, minutieusement calculée sur le papier et appliquée avec hésitation (4) ». Dès qu'il eut d'ailleurs triomphé du duc d'York, Souham reporta aussitôt les brigades Macdonald, Daendels et Malbrancq de Tourcoing vers la Lys au secours de Vandamme (5).

(1) Page 271.
(2) Pages 275 et 276.
(3) Page 276.
(4) Page 326.
(5) Page 330.

A Pont-à-Chin, enfin, Pichegru fit maintenir l'ennemi sur le front Estaimbourg—Baisieu, tandis qu'il s'efforçait de l'aborder par son attaque décisive débouchant sur le front Saint-Léger—Warcoing (1).

Ces combinaisons, qui se résument toutes dans le seul principe de l'avant-garde, ne peuvent se réaliser que par l'aptitude manœuvrière des troupes, c'est-à-dire par leur capacité de compenser leur infériorité numérique, voulue en un point donné, par des attaques rapides, énergiques, réitérées qui en imposent à l'ennemi en le tenant sans cesse sous la crainte d'un événement; il faut aussi que ces troupes soient susceptibles des plus grands efforts pour se porter par des étapes aussi longues que l'exige la situation, au secours d'une avant-garde s'étant sacrifiée jusque-là pour fixer l'ennemi ou pour l'attirer par un combat en retraite dans une direction voulue jusqu'à l'arrivée de la masse principale.

Cette double condition se trouvait remplie par les demi-brigades des divisions Souham et Moreau. Parlant de l'affaire de Mouscron, Clerfayt dit lui-même que les attaques des Républicains étaient vives et répétées (*lebhaft und wiederholt*) (2). Avant l'attaque de Courtrai par Clerfayt, Souham n'a laissé que Dehay à Courtrai, Vandamme sur la Heule, et a conduit tout le gros de ses troupes sur le camp de Roncheval. Lorsqu'il sent que le point décisif n'est pas sur l'Espierre mais à Courtrai, il laisse seulement Jardon devant le général von dem Bussche et ramène toute sa masse au Nord. Partie le 21 floréal, à 3 heures du matin, elle reprenait ses anciennes positions à Courtrai le 22, à 9 heures du du matin, après avoir fait le double du trajet de Cour-

(1) Page 350.
(2) Page 130.

trai à Coeyghem en marche, en manœuvre et en halte gardée, de jour et de nuit (1).

C'est encore par la même faculté manœuvrière que la brigade de Vandamme résista aux efforts de Clerfayt sur la Lys le 29 floréal depuis 1 heure du matin jusqu'au soir et amena finalement son adversaire à renoncer à opérer sa jonction avec le duc d'York vers Tourcoing.

Cette aptitude manœuvrière était du reste le résultat de la force morale qui avait été acquise insensiblement pendant deux années de lutte et qui se manifesta plus d'une fois par des signes indéniables. « Puisque les « fossés de Menin, disaient les soldats, sont un des plus « grands obstacles à la prise de la place, nous vous « demandons à y arriver les premiers; nos corps les « combleront, et nos camarades monteront alors facilement (2). » On en trouve une autre preuve dans les charges de Mouscron, le débouché de la brigade Vandamme par la porte de Bruges, l'attaque des divisions Souham et Bonnaud sur Tourcoing et Watrelos où « le « duc d'York ne dut son salut qu'aux jarrets de ses « chevaux (3) » ; enfin, dans cette bataille de Pont-à-Chin, l'une des plus sanglantes de la Révolution et dont les contemporains disaient que les plus anciens officiers ne se rappelaient pas avoir vu « un carnage et un feu « pareils pendant un aussi long espace de temps (4) ».

Avec une pareille armée, la République n'avait plus qu'à accomplir ses glorieuses destinées.

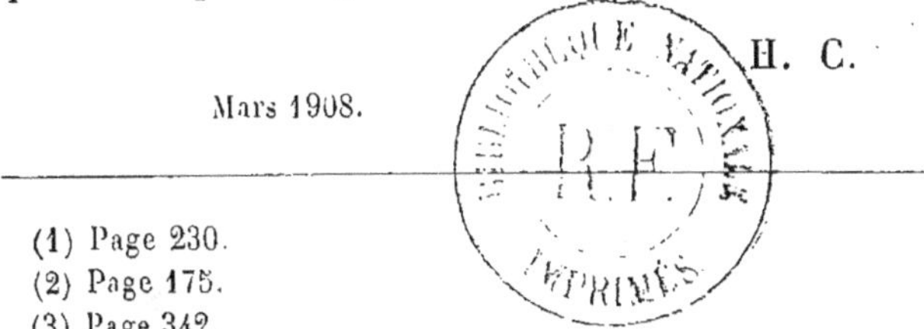

H. C.

Mars 1908.

(1) Page 230.
(2) Page 175.
(3) Page 342.
(4) Page 361.

LA

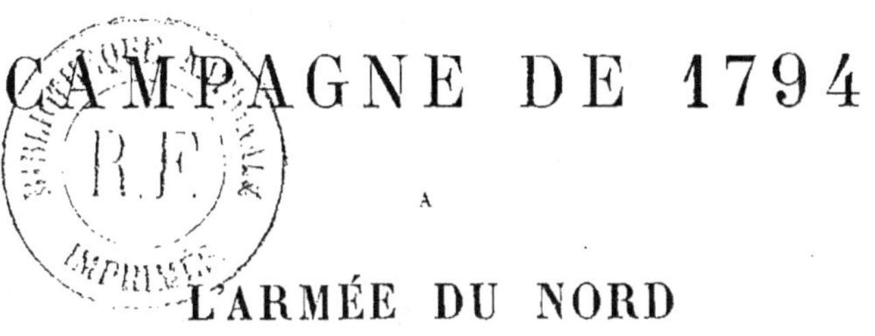

CAMPAGNE DE 1794

A

L'ARMÉE DU NORD

(17 Pluviôse-8 Messidor An II)

I

Le stationnement des divisions Souham et Moreau avant la marche sur Courtrai.

a) *La division Souham.*

La période qui s'écoule entre la nomination de Pichegru et la marche sur Courtrai n'est, pour l'aile gauche de l'armée du Nord, qu'une période d'organisation lente, d'instruction militaire et d'escarmouches avec l'ennemi, sur lequel les troupes de première ligne cherchent à recueillir tous les renseignements possibles.

Cette situation est assez bien définie par Souham lui-même qui montre dès le début une confiance inébranlable dans le succès et la témoignera à toute occasion (1).

(1) Peut-être cette affectation de confiance n'était-elle qu'une rémi-

« Je t'envoie, écrit-il à Pichegru le 25 pluviôse, un rapport sur la position de l'ennemi. Il nous laisse toujours tranquilles et nous ne le voyons que lorsque nous allons reconnaître ses postes ou que nous enlevons ses patrouilles. Je profite de ce temps pour faire instruire les troupes de nouvelle levée et les mettre en état de donner, lorsque tu nous donneras le signal de la victoire..... »

Souham se renseigne en effet régulièrement sur l'en-

---

niscence de la suspension qui l'avait frappé à Dunkerque avant la victoire d'Hondtschoote, pour avoir manifesté des inquiétudes sur l'issue du siège.

Cependant les renseignements qui parvenaient au Comité de Salut public sur Souham semblaient le mettre dorénavant à l'abri d'une mesure de rigueur semblable, ainsi qu'en témoigne la lettre suivante :

Varin à Bouchotte, Ministre de la guerre.

Lille, le 20 ventôse an II (10 mars 1794).

Je vais te parler des généraux Souham et Drut.

Le premier nous a paru et nous paraît brave et susceptible de bien se battre. Et je crois que c'est avec peine qu'il ne le fait pas aussi souvent que son courage l'y porte. C'est d'après cela qu'il a regretté de ne pouvoir f... le bal à son aise à l'ennemi, en allant reconnaître des avant-postes avec les Représentants du peuple Choudieu et Richard et Pichegru, qui ont été chargés vigoureusement. Mais il ne garde pas poire molle à tous ces j. f. d'York, Cobourg et séquelle. Je crois enfin qu'il ira au pas lors des grands événements qui se préparent et cela d'autant mieux que ses principes nous ont paru vraiment républicains.

Le général Drut, commandant la division de Douai, patriote républicain mais jeune et aimant le plaisir; lui et son frère, son aide de camp, ont leurs femmes avec eux ou près d'eux.

Un sans-culotte de Lille m'a remis une note sur Drut, aide de camp, que j'ai envoyée à l'adjudant général Plaideux, vrai et franc républicain, qui s'occupe de sa partie de la manière la plus active.

Drut m'a répondu.......

L'agent du Conseil exécutif à l'armée du Nord,

VARIN.

nemi au moyen des « papiers-nouvelles » ; il les fait ensuite passer au Représentant du peuple à Lille qui les transmet lui-même au Comité de Salut public. Ces journaux arrivent finalement au Cabinet historique et topographique, dont le bureau historique devra, plus tard, aux termes de l'instruction du 3 fructidor an II, « recueillir dans les journaux les matériaux utiles pour former une histoire suivie et méthodique de la guerre depuis son origine ». C'est ainsi qu'après s'être excusé auprès du Comité de ne pas lui avoir adressé les journaux « parce qu'il les envoyait au Représentant du peuple Guyot, à Lille », et que ce dernier « s'était chargé de les faire parvenir » au Comité, Souham fait passer à celui-ci le 4 ventôse « deux feuilles du *Courrier de la Belgique* et deux du *Journal de Bruxelles* » ; le 7, il envoie cinq numéros du second et un du premier, indiquant déjà que le quartier général de l'ennemi est à Valenciennes ; le 17 ventôse, il informe encore le Comité de Salut public que l'ennemi a des projets sur Bouchain et Maubeuge, mais que, du côté de Lille, il ne projette aucune attaque et craint au contraire beaucoup d'être attaqué, indice évident de sa faiblesse numérique dans cette région. Deux jours après, Souham annonce à Pichegru que Clerfayt va venir de Tournay camper à Cysoing et a fait une reconnaissance jusqu'à Pont-à-Bouvines. Le 28, il envoie encore les journaux de la Belgique ; il reçoit en outre le même jour un rapport de Macdonald lui indiquant que l'ennemi ne bouge pas, qu'il refuse tout engagement et qu'il n'a en avant de Tournay qu'un petit camp de 700 à 800 hommes, lançant ses patrouilles à peine jusqu'à Cysoing et Bouvines.

Le 1er germinal, Macdonald rend compte de ce qu'on a cru voir l'ennemi à Lezenne ; mais ce n'était qu'une fausse alerte créée par trois déserteurs ; par contre, l'ennemi est en force à Roubaix et l'on entend le canon du côté de Linselles et de Bondues ; il a fait aussi son apparition à Leers, Lis et Toufiers. Il occupe Leers, Wannain, Cobrieu et les bois autour de Cysoing. Plus au Nord, l'ennemi qui a passé la nuit du 2 au 3 sous les armes, à Menin et Halluin, a renforcé de deux bataillons Menin qui en avait déjà reçu de Tournay trois, dont un avait été dirigé sur Ypres. Le 5, les renseignements se précisent : d'après un émissaire venant de Courtrai, il y a depuis Herseaux jusqu'à Courtrai environ 4,000 fantassins et cavaliers et 12 pièces, et Courtrai lui-même est faiblement occupé. A Tournay, la situation reste stationnaire et l'on se retranche à Esplechin et à Lamain ; les avant-postes semblent vouloir se retirer sur Orcq. En effet, le 9, Macdonald signale à Dumonceau que Baisieu est évacué ; de Leers, les postes se sont retirés sur Templeuve et Nechin. Enfin, le 10, la ligne ennemie est nettement indiquée par Bourghelles, Baisieu, Templeuve, Nechin, avec réserve de 5,000 hommes à Tournay. « Il n'y a rien de nouveau », par rapport à l'ennemi, écrit le général Souham, le 10 : « Les troupes anglaises sont allées à Tournay et ont été remplacées à Menin et à Courtrai par des Hanovriens et des Hessois. » Il fera remarquer à Pichegru, quatre jours après, que « depuis le départ des Anglais, l'ennemi est faible sur cette frontière et se tient fort tranquille dans ses postes » ; et, trois jours plus tard, il confirme ce renseignement en y ajoutant d'autres (1) : « Il n'y a aucun mouvement dans les postes de l'ennemi, et il est toujours aussi faible que je l'ai annoncé dans ma dernière lettre. Mais on annonce l'arrivée d'un corps de 5,000 hommes venant de l'intérieur, et j'ai reçu le rapport que, le 11 et le 12 germinal, il est rentré dans le port d'Ostende 28 vaisseaux de transport avec des troupes hessoises, revenant de l'Angleterre où elles avaient été envoyées il y a quelque temps pour l'expé-

---

(1) Souham au général en chef Pichegru, 17 germinal.

dition projetée par Pitt, sur les côtes de France. On ajoute qu'on en attend encore d'autres. Ces Hessois, lorsqu'ils ont été envoyés en Angleterre étaient 8,000 à 9,000, mais la maladie et la désertion doivent les avoir beaucoup diminués. » Enfin le 18, Souham résume ainsi la situation : « L'ennemi est toujours fort tranquille et peureux de nous. »

Malgré la conviction qu'il a de la faiblesse et de l'inertie forcée de son adversaire, Souham n'en continue pas moins à renseigner le général en chef avec le plus grand soin : le 21, il lui adresse un « rapport sur la position et la force de l'ennemi depuis Ostende jusqu'à Tournay » ; le 24, il envoie au Comité de Salut public « de nouveaux journaux de la Belgique » et « un état des forces ennemies et de leur position dans la Flandre autrichienne ». Le même jour, Macdonald, tout en se plaignant de ce que ses émissaires ne soient pas venus depuis cinq ou six jours, croit pouvoir affirmer que l'ennemi a toujours la même position devant lui, c'est-à-dire qu'il occupe, comme on l'a déjà dit plus haut, Nechin, Leers, Templeuve, Baisieu, Camphin et Esplechin.

En résumant tous ces renseignements, on pouvait affirmer qu'à la fin du mois de germinal, l'ennemi n'occupait pas en forces la ligne Ypres, Menin, Roubaix, Leers, Nechin, Templeuve, Baisieu, Bourghelles, les bois autour de Cysoing, Cobrieu, avec faibles réserves à Courtrai et à Tournay.

Cette faiblesse, qu'accusait d'ailleurs la réserve de l'ennemi et son attitude purement expectante et passivement défensive, ne pouvait qu'encourager chez Souham les sentiments d'offensive qu'il ne cessera de manifester pendant toute la campagne. Le 25 pluviôse, il écrit au Comité de Salut public cette phrase éternellement vraie et qui nous eût évité les désastres de 1870 si elle avait été sans cesse présente à l'esprit du haut commandement : « Vous savez, citoyens Représentants, que nous avons peu d'exemples où les Français aient été vaincus lorsqu'ils attaquent ; et que nous en avons beaucoup qui prouvent qu'ils n'ont pas le même avantage lorsqu'ils se tiennent sur la défensive. » Le même jour, il témoigne encore au Ministre son impatience offensive : il attend le signal, si désiré de tous les défenseurs de la patrie, d'attaquer les ennemis. Conscient de sa force, il ne craint pas celles qu'annonce l'adversaire. « Vous lirez, dit-il au Comité de Salut public, dans le *Courrier de la Belgique* que les forces ennemies depuis la mer jusqu'à Luxembourg sont portées à plus de 100,000 hommes. Je crois ce relevé un peu exagéré ; mais, quand même il ne le serait pas, nous en avons deux contre un à leur opposer sur cette ligne. Plus bas, par une forfanterie insigne, le journaliste ose dire qu'au retour de la belle saison, les forces des puissances coalisées se dirigeront toutes contre Lille. C'est un projet que nous ne devons ni croire ni craindre. S'ils étaient assez osés pour l'entreprendre, nous sommes assez forts pour les en faire repentir. » « Quand me donneras-tu, écrit-il encore à Pichegru, l'ordre de battre ces scélérats et de les chasser de la partie du territoire qu'ils souillent encore ? »

Mais cette ardeur offensive n'était pas exclusive d'une grande sollicitude pour la préparation à la guerre et pour l'organisation progressive de ses troupes : il la mena avec cette activité prodigieuse qu'il déploya pendant toute la campagne (1).

La démission du vieux général Favart, dont le grand âge et l'affaiblissement ne lui permettaient plus de se livrer aux travaux d'une grande place, fit nommer le 6 nivôse, au commandement provisoire de Lille, le

(1) Voir lettre de Macdonald au commandant du bataillon de la 29e demi-brigade à Linselles (27 pluviôse) et à Daurière, commandant à Deulémont (28 pluviôse).

général de brigade Thierry, ancien colonel du 2e régiment d'infanterie promu au généralat le 1er nivôse. Mais le 11 pluviôse, le commandement définitif fut donné au général de division Michel ; le général Thierry devenait donc disponible. Comme l'ennemi était plus menaçant du côté de Five que de celui du Quesnoy, Souham crut bien faire en chargeant Thierry, alors jeune général de brigade, de prendre ce dernier commandement dit « de la Lys et de la Deule », qui avait pour quartier général le Quesnoy et occupait Linselles, Commines, Deulsemont, les Écluses, Pont-Rouge et Frelinghem (1) ; en même temps, il envoyait Macdonald prendre celui de Five (2), c'est-à-dire le commandement d'Hellesmes, Flers, Annappes, etc. Mais, à ce moment, Macdonald « était accablé de dénonciations (3) ». On le disait mal entouré, on lui reprochait d'être noble et étranger. Aussi vit-il dans la décision de Souham une nouvelle preuve de ces suspicions injustifiées et s'en ouvrit-il à son chef.

Cette correspondance est typique comme état d'esprit de Macdonald, comme indice du franc-parler que tolérait alors le supérieur sans rien abandonner de ses prérogatives, enfin comme témoignage de la vigueur de Souham.

Le général Macdonald au général de division Souham.

8 ventôse an II.

J'arrive en ce moment d'Armentières ; je suis on ne peut plus sur-

---

(1) Précis des opérations de la brigade Macdonald, recueilli dans les papiers du général Pamphile Lacroix.

(2) P. Lacroix dit, en effet, dans son précis : « *Nous* eûmes ordre (le 8 ventôse) de quitter la brigade sur la Lys pour aller prendre le commandement d'une bien plus nombreuse cantonnée aux environs de Five et campée en partie au-dessus de Flers..... »

(3) Bouchotte écrivait encore à Pichegru le 28 ventôse : « Surveille Macdonald qui est très froid pour la Révolution..... ».

pris de trouver un ordre qui m'appelle au commandement de la brigade de Five (1). Je m'aperçois, depuis quelque temps, que l'on cherche non seulement à me dégoûter mais à me forcer de quitter un poste où, sans me flatter, je puis avoir été utile. Lorsque je sollicitai de quitter Cassel, quel était mon but? De revenir au Quesnoy et sur la Lys. Quel était l'avantage que la République pouvait en retirer et quel était le motif qui me guidait? De connaître les troupes avec qui je servais et d'en être connu; et, plus que cela, l'avantage inappréciable de connaître parfaitement le pays ennemi dans cette partie et d'avoir défendu le nôtre pendant six mois, malgré les attaques multipliées et l'acharnement de l'ennemi. N'est-ce pas un avantage pour la République? Tu m'envoies dans une partie que je ne connais point; tu envoies un général qui ne connaît ni celle-ci ni l'autre. Où est l'avantage? N'est-il pas dans une de ces deux? Pourquoi m'allègues-tu que la partie de Five va devenir importante? Tu ne peux donc compter sur le général Thierry? Tu ne lui supposes donc pas assez de talent pour remplir ton objet? Dans ce cas, pourquoi l'as-tu fait faire général? Lorsque l'on parvient à cette place, on doit être propre à tout.

Je soutiens, moi, que les rives de la Lys, depuis Armentières jusqu'à Wervicke et depuis ce poste jusqu'à Linselles, sont plus importantes que celles sur qui tu peux avoir de l'inquiétude, parce qu'il n'est point probable que l'ennemi vienne attaquer des postes qui se trouvent sous la forteresse de Lille et à portée de son canon, et qu'il a intérêt au contraire de nous interdire la communication et la navigation de la Lys, ce qu'il tente de faire très souvent.

---

(1) Précis des opérations de la brigade Macdonald, par P. Lacroix :

« *8 ventôse an II* (*26 février 1794.*) — La réquisition venait de compléter les anciens cadres. Nous eûmes ordre de quitter la brigade sur la Lys pour aller prendre le commandement d'une bien plus nombreuse cantonnée aux environs de Five et campée en partie au-dessus de Flers. Les troupes de la division étaient toutes prêtes à agir. Chaque jour, comme depuis un an, l'on se chamaillait dans des reconnaissances ou par de petits combats qui se bornaient à ne pas gagner ni perdre du terrain. La partie gauche de l'armée était toujours intacte. Nous apprenions sans cesse de nouveaux désastres sur la droite. Condé, Valenciennes, le Quesnoy étaient depuis longtemps au pouvoir des ennemis. Le découragement n'osait cependant se faire apercevoir. Chacun, plus occupé de soi que du danger de la patrie, ne songeait qu'à éviter l'échafaud qui, pour tous, absorbait toutes les craintes. »

Je te demande à rester au poste où je suis. Les raisons ci-dessus sont une preuve de mon zèle ; ton patriotisme jugera du mien en réfléchissant aux intérêts de la République que je défends.

La réponse de Souham ne se fit pas attendre.

Le général Souham au général Macdonald.

8 ventôse an II.

Il est étonnant, citoyen général, que tu me fasses une foule d'observations dans ta lettre, qui ne valent pas plus les unes que les autres. Tu dois savoir qu'un vrai militaire n'a point de poste fixe et qu'à toute heure et dans toutes les circonstances, il doit voler sans murmures partout où la patrie demande ses services. Il serait inutile de répondre à toutes les phrases ridicules que ta lettre contient. Il me suffit de te dire que la force armée doit être essentiellement obéissante. Ainsi tu as reçu un ordre : obéis.

Cet échange de lettres d'un ton plutôt sévère n'affaiblissait en rien chez Macdonald le désir de combattre pour le salut de la patrie. La veille, le 7 ventôse, n'avait-il pas écrit à son général de division, en lui proposant comme mot d'ordre, pour courir sus à l'étranger : « Républicains aux armes, vengeons-nous ! »

La correspondance terminée, Macdonald, ayant obéi, continua de servir avec zèle. Douze jours après ses protestations, le 20 ventôse, il se trouvait assez renseigné sur la situation nouvelle pour adresser de Five, à Souham, le rapport suivant :

Je te rends compte, général, que le Représentant du peuple avait chargé des particuliers d'aller à Lannoy pour prendre des outils nécessaires aux ateliers de la République, et de requérir la force armée pour cette expédition. J'ai profité de cette occasion pour aller faire une découverte sur Toufiers. L'ennemi s'est présenté dans la plaine au nombre de 30 hommes à cheval qui ont caracolé. Nous en avons fait autant ; et je me suis retiré sans tirer un coup de pistolet.

Le 22, Macdonald fait partir pour Hellemmes l'artillerie

de la 11e compagnie d'artillerie légère, afin de « battre la plaine en avant du village », qu'il fait occuper par « la brigade de l'Allier arrivée pour relever la 68e et dépourvue d'artillerie ».

Il apprend le matin du même jour par un de ses émissaires « qu'il y avait beaucoup de mouvement du côté de Tournay » et que « l'ennemi a tracé un camp depuis Orcq jusqu'à Pis-à-Vent »... « L'ennemi n'est pas venu à Cysoing depuis notre dernière reconnaissance ; 2 officiers seulement sont venus hier sur les hauteurs, au-dessus du Pont-à-Bouvines. »

Le 25, il parfait l'installation de son camp et écrit à Souham :

On s'occupe, au camp, de son établissement et de l'ordre. La 24e demi-brigade part dans le moment pour y prendre sa place. J'ai consigné les deux demi-brigades depuis les chefs jusqu'aux volontaires, jusqu'à ce que tout soit en règle et le service bien établi. Aussitôt que tout sera achevé, je te ferai passer un état de service. Je te préviens que, conformément à l'ordonnance, je ferai tirer le canon de retraite au soleil couchant.....

Si Souham avait d'ailleurs nommé Thierry au commandement « des lignes de la Lys et de la Deule », c'est qu'il voyait en lui « un ancien militaire très strict pour le service » ; mais, bientôt, il faudra remplacer encore Michel, et Souham sera obligé d'affecter Thierry à la place de Lille, bien qu'il écrive le 7 germinal que Thierry ne convient pas à Lille et que lui, Souham, n'a pas assez de généraux : « Les troupes sur la Lys, au nombre de 12,000 hommes, n'étant commandées à cette date que par le général de brigade Thierry et le chef de bataillon Daendels commandant à Commines ; et la brigade de droite, composée du camp de Flers et des cantonnements formant 10,000 hommes, n'a aussi qu'un général de brigade (Macdonald). »

La division Souham comptait donc finalement, après

le départ de Thierry pour remplacer Michel, et la promotion de Daendels au grade de général, la brigade Daendels sur la Lys et la brigade Macdonald au camp de Flers. Souham avait encore sous ses ordres le général de brigade Dumonceau; mais, plus tard et par suite de maladie, le général Dumonceau sera remplacé par Dehay (1), et à la brigade Macdonald sera encore adjointe l'infanterie légère du chef de brigade Jardon. En dernier ressort, et lorsque la marche sur Courtrai sera entreprise, Souham donnera ses ordres à Daendels, à Macdonald, à Jardon qui gravitera dans l'orbite de la brigade Macdonald, à Dehay, enfin au général Thierry, à Lille. Il résultera de cette composition bizarre une multiplicité d'ordres qui n'empêcha pas Reynier, le chef d'état-major de Souham, d'en assurer l'expédition avec une rapidité, une précision et une clarté des plus remarquables.

Après avoir pourvu aux commandements de ses brigades et à celui de la place de Lille, Souham cherche à organiser ses troupes : l'incorporation des réquisitionnaires est presque achevée le 7 ventôse (2) ; il profite aussi du passage de Pichegru à Lille pour lui réclamer les deux premiers bataillons de tirailleurs belges « qui sont composés presque entièrement d'hommes qui ont fait, pendant l'été, la guerre dans ce pays. Le 1er est à Aire et le 2e à Saint-Omer. Des bataillons de tirailleurs, ajoute-t-il, « sont très inutiles dans des places de deuxième ligne et me seraient ici d'un grand secours ». Grâce à ses instances, le 1er bataillon, qui, d'après les ordres de Pichegru devait arriver à Lille le 28 ven-

(1) Souham à Dumonceau, 6 floréal.

(2) « La réquisition venait de compléter les anciens cadres.... » Opérations de la brigade Macdonald (8 ventôse).

tôse (1) et qui, d'après ceux de Liébert, était le 2 germinal, à Bailleul, lui arriva enfin le 12 germinal. Quant au 2e bataillon de tirailleurs, il ne semble pas, d'après les documents qui précèdent, que Souham l'ait eu à sa disposition.

Pour terminer ce qui a trait à l'infanterie de cette division, Souham organise des voitures de réquisition pour constituer le « train réglementaire » de chaque bataillon, en l'absence du « règlement annoncé pour fixer le nombre de voitures par bataillon » ; service rendu plus nécessaire par suite du décret du 16 brumaire an II, qui a démonté la plupart des officiers d'infanterie.

Enfin, il manque beaucoup d'armes; à la date du 19 germinal, le déficit est de 8,000 fusils. Pour y remédier, Souham profite le 17 germinal de l'autorisation que lui donne Pichegru, pour faire visiter les arsenaux des places de 2e ligne, où il prendra les armes utilisables.

---

(1) Voici l'explication de ce retard.

Le commandant amovible d'Aire au républicain Moreau, commandant à Cassel.

Aire, le 29 ventôse an II (19 mars 1794).

Citoyen général,

Je viens de recevoir l'ordre de faire partir les deux bataillons qui sont en ma place aujourd'hui, 29 ventôse, à 10 heures du matin, ce qui prouve qu'il y a beaucoup de négligence car ta lettre porte : partie de Cassel le 28, à 6 heures du soir.

Je t'annonce, citoyen, que demain, 30 ventôse, je ferai partir le 1er bataillon de tirailleurs, qui se rendra le même jour à Cassel, et le 1er germinal, je ferai partir le 9e bataillon de Paris pour se rendre à Cassel le même jour.

Je prends cette mesure pour ne pas avoir de difficulté pour le logement.

Je t'observe qu'il m'est arrivé par la même ordonnance une lettre portant l'ordre au 1er bataillon de tirailleurs de se rendre à Lille ;

Quant à la cavalerie, Souham n'ignore pas qu'elle est fort inférieure à celle de l'ennemi.

Au début surtout, elle péchait non seulement par le nombre, mais encore par la qualité, ainsi que le témoigne l'extrait suivant du « Journal historique de la 5e division, mois par mois, de la campagne de l'an II à l'an III de la République une et indivisible », par le général Bonnaud :

Envoyé par ordre du général en chef Pichegru à la division de Douai pour y commander la cavalerie, forte de 1,700 à 1,800 hommes, et renforcée peu après du 5e régiment de hussards et de 200 hommes du 24e régiment de cavalerie. Placée sur une étendue de 7 lieues de terrain depuis le bac Aubigny jusqu'au Pont-à-Marque, presque toujours aux avant-postes, mal tenue, manquant de tout et obsédée de fatigue ;

---

mais l'ordre portant (la date) du 26 et le tien (celle) du 28, j'ai eu égard au plus nouveau.

Salut et fraternité.

Le commandant amovible,
Lépée (?)

Le lendemain, lettre de Moreau demandant où il fallait envoyer le 1er bataillon de tirailleurs.

Le général Moreau, commandant la division de Cassel, au général Vandamme.

Cassel, le 30 ventôse an II (20 mars 1794).

Il m'arrive aujourd'hui à Cassel 2 bataillons de tirailleurs, le 1er et le 4e.

J'en envoie un à Flers, sous les ordres de Bertin. J'enverrai l'autre au cantonnement que tu m'indiqueras.

Cela ne change rien à notre convention pour le 9e bataillon de Paris que je te donnerai en place du 24e régiment.

Ainsi, écris-moi, par le retour de l'ordonnance, à quel cantonnement je dois envoyer le 1er bataillon de tirailleurs qui y arrivera demain. Tu peux donner des ordres pour pourvoir à sa subsistance.

Le 9e bataillon de Paris arrive demain à Bavinchove ; après-demain je l'enverrai à Herzeele, à moins que tu n'aies changé d'avis.

Je te fais passer ci-joint l'ordre pour le 24e régiment de se rendre à

devenue plus nombreuse, je fis reposer les corps qui en avaient le plus besoin et avec des moyens que me fournit le Représentant du peuple Bollet, je parvins à la rendre un peu plus satisfaisante, ainsi que trois compagnies d'artillerie, les 5e, 11e, 12e, dépourvues aussi de tout; le licenciement du 17e régiment de chasseurs ordonné à cette époque et auquel je fus employé par les représentants Bollet et Vidalin, fit un grand bien aux différents corps de cavalerie de cette division.

Quelques jours après, on me donna de plus le commandement des avant-postes de la droite de cette division qui couvrait le camp d'Arleux depuis le bac Aubigny jusqu'à Montigny. L'ennemi occupait alors dans cette partie Marquette, Abscon, Aniche, Escaillon, etc.; il ne se passa aucune affaire remarquable.

Souham se préoccupa vivement de cette situation. « Tu sais, écrit-il le 19 ventôse à Pichegru, que je

---

Cassel le 2 germinal. Il partira de son cantonnement à environ 10 heures du matin et se trouvera relevé à environ midi, de sorte que ta seconde ligne ne sera dégarnie qu'un instant.

J'attends ta réponse par le retour de l'ordonnance pour que l'expédition des ordres n'éprouve aucun retard.

Salut et fraternité.

MOREAU.

A cette lettre Vandamme répondit :

Le général Vandamme au général Moreau.

Steenwoorde, 30 ventôse an II (20 mars 1794).

Tu peux envoyer à Caester le bataillon de tirailleurs qui t'arrive. Je vais donner des ordres au 2e bataillon d'Isle-et-Vilaine, qui y est cantonné, de se rendre à Vinnezeele. Tu peux aussi envoyer à Herzeele le 9e bataillon de Paris.

Dis-moi comment on payera les grains et bestiaux que nous tirerons de Wallon. Il va nous arriver des bestiaux; il faut de l'argent.

Ce matin la découverte du château d'Oudenove a rencontré à Abeele une patrouille ennemie. On a tiré quelques coups de fusil et on s'est retiré. Il n'y a eu personne blessé.

Salut et fraternité.

VANDAMME.

P.-S. — Seron te prie de dire à Lacour que, s'il veut un sabre, il en vienne choisir un lui-même, parce qu'il est un peu difficile.

n'ai à ma disposition que 1,000 hommes de cavalerie, et que l'ennemi en a vis-à-vis de cette division 7,000 à 8,000 » ; le 3 germinal, il répétait encore : « Nous avons peu de cavalerie, et ce petit nombre est excédé de faiblesse. »

Aussi, veut-il veiller à la qualité des régiments de cavalerie qui lui sont affectés. Il constate tout d'abord, le 7 germinal, que le 1er de cavalerie est arrivé à Lille et que le 2e carabiniers y arrivera le 15 de ce mois. Ce sont là deux véritables renforts en quantité et en qualité ; comme le 2e carabiniers ne compte que 350 hommes (1), Souham demande à Pichegru de faire partir de son dépôt de Nancy le plus d'hommes possible pour rejoindre les escadrons de guerre.

Le 20 germinal, il prie le général en chef de le débarrasser sur la division Drut du 13e chasseurs à cheval « régiment des plus complets de l'armée en hommes et en chevaux, mais très mal composé en officiers et sous-officiers, et mal avec les habitants de la ville ». « Si on faisait aller le régiment à Douai, on terminerait et éviterait les discussions que ce régiment pourrait exciter à Lille. Pour cet effet, il faudrait que, de la division de Douai, on envoyât à celle que je commande 300 à 400 hommes de cavalerie, et j'y enverrai 600 à 700 du 13e régiment de chasseurs à cheval » ; en effet, le 20, le 13e chasseurs à cheval part pour Douai et est remplacé le même jour par 185 hommes du 19e de cavalerie qui seront bientôt suivis de 175 autres. La division Souham dispose donc des 1er et 19e de cavalerie, 2e carabiniers et 6e dragons. Comme ce dernier « fait depuis un an le service des avant-postes », Souham décide, le 12 germinal, de le remplacer par le 1er de cavalerie,

(1) En réalité, ce chiffre eût dû être de 400. Voir lettre de Souham à Drut (18 germinal).

afin « de reposer pendant quelque temps, avant l'ouverture de la campagne, le 6e dragons ». Mais ce dernier part lui-même pour Cambrai le 22, et se trouve remplacé par le 5e chasseurs, qui sort de Lille, et auquel s'ajoute le 27 le 7e régiment de cavalerie.

Toutefois Souham ne laisse pas partir le 6e dragons sans regrets : « Depuis un an, écrit-il à Pichegru, le 6e régiment de dragons a toujours fait la guerre dans cette division. Les dragons connaissent très parfaitement le terrain ; et très souvent cette connaissance et leur valeur leur ont fait repousser une cavalerie très supérieure. La conduite que ce régiment a tenue lui a obtenu la confiance méritée de toutes les troupes. » Souham ajoute que dans les plaines du Nord « il faut davantage de cavalerie légère que de pesante. Après le départ du 6e régiment de dragons, il ne restera plus dans cette division que le 5e chasseurs et le 9e hussards, formant 600 hommes, et il y aura en grosse cavalerie les 1er, 7e, 19e et 20e régiments de cavalerie et le 2e de carabiniers. De ces régiments, le 20e fait depuis très longtemps le service des troupes légères sur la Lys et je suis forcé de donner le même emploi au 19e de cavalerie qui a remplacé le 13e régiment de chasseurs à cheval. Je te propose donc de faire revenir ici le 6e régiment de dragons et de le faire remplacer par le 1er ou le 19e régiment de cavalerie (1) ».

En résumé, Souham voulait avoir à sa division de la cavalerie légère et de la grosse cavalerie, la première formée des 5e chasseurs, 9e hussards et 6e dragons, et la seconde des 1er ou 19e de cavalerie, 7e et 20e de cavalerie et 2e de carabiniers. Et, de fait, la situation de sa division au début de floréal (5 floréal) comprendra le

(1) Souham à Pichegru, 21 germinal (10 avril).

5e chasseurs à cheval, le 9e de hussards et les 1er (1), 19e, 20e de cavalerie mais non le 6e dragons ni même le 2e de carabiniers, que n'accuse pas non plus la situation du début de germinal (5 germinal).

Comme artillerie, le général Souham disposait de pièces d'artillerie de bataillon, d'artillerie légère et de position avec un parc. Mais ce parc paraît, tout au moins pendant le stationnement, avoir été commun, comme réserve de matériel, aux divisions échelonnées de Dunkerque à Cambrai. Cela tient probablement à ce que le parc était à Lille, à portée d'un arsenal important placé sous les ordres du célèbre général Songis, alors commandant de l'artillerie à Lille.

Le commandant du parc de la division était Niger, dont Souham demandait le remplacement : « Il serait besoin ici, écrivait-il le 28 ventôse à Pichegru, d'un et même de deux officiers d'artillerie parce que le citoyen Niger, commandant actuel du parc, est mis hors d'état de faire le service de la campagne, ayant un bras presque paralysé par le rhumatisme. Il a déjà demandé à être employé ailleurs, et, outre cela, a observé que le service actuel de ce parc qui comprend le détail de l'artillerie des divisions depuis Cambrai jusque Dunkerque exigerait au moins deux officiers supérieurs, surtout lorsqu'on sera en campagne..... »

A la date du 5 germinal, le parc comprenait à Lille 47 officiers et 919 hommes, 274 charretiers et 452 chevaux; pour soutenir la brigade de la Lys, Souham détachait, de cet effectif, à Commines, 2 officiers, 46 hommes, 30 charretiers et 52 chevaux; au Quesnoy,

(1) Le 1er régiment de cavalerie vint cantonner à Five le 12 germinal. (Précis des opérations de la brigade Macdonald, par le général Pamphile Lacroix.)

4 officiers, 63 hommes, 44 charretiers, 64 chevaux. Ces détachements s'expliquaient par la distance où se trouvaient ces troupes; et leur absence pour la brigade de Flers, par la proximité de celle-ci par rapport à Lille.

Il manquait, le 3 germinal, 300 chevaux au parc; et sur les conseils des représentants du peuple, Vidalin et Bollet, chargés du complément de la cavalerie, Souham réclamait les 400 qui étaient en dépôt à Abbeville et aptes aux charrois (1).

A la même date (5 germinal) l'artillerie légère était servie par les 11e et 29e compagnies d'artillerie légère. Mais, tandis que cette dernière comptait 3 officiers et 86 hommes, 57 charretiers, 70 chevaux de troupes d'artillerie et 104 d'officiers ou d'équipages, la première ne comptait que 44 hommes, 44 charretiers, 32 chevaux d'artillerie et 77 d'officiers. Cette différence avait pour cause le partage de cette compagnie d'artillerie légère entre la division Souham et celle du général Drut, à Douai. « Comme avec la cavalerie que nous allons avoir, écrit Souham (2), il faudra de l'artillerie légère, il serait très important de réunir toute cette compagnie dans un même endroit. On forme à Douai de l'artillerie légère; ainsi il pourrait y en avoir assez pour cette division (de Douai). Ne pourrais-tu pas réunir cette compagnie ici ?» Pichegru accède à cette demande; Souham en avise Drut à Douai et l'invite à envoyer promptement à Five le détachement de la 11e compagnie d'artillerie légère qu'il possède. Le même jour, du reste, il prescrit à Macdonald de « faire préparer à Five le logement pour ce détachement ».

A côté de ces formations ordinairement affectées

(1) Souham au Ministre de la guerre, 6 germinal (26 mars).

(2) Souham à Pichegru, 10 germinal.

à une division, Souham fut encore chargé d'organiser à Lille un équipage de siège.

On a vu en effet (1) que, le 27 pluviôse, Colaud avait conseillé à Pichegru de marcher de Lille avec 50,000 hommes sur Courtrai ; par arrêté du 29, le Comité de Salut public avait prescrit une expédition sur Ypres et avait chargé le général en chef de l'armée du Nord d'en faire tous les préparatifs. Le 21 ventôse, Carnot mandait encore à Pichegru : « La possession d'Ypres a paru si importante au Comité de Salut public qu'il veut que tu y emploies toutes les forces disponibles à l'armée..... » Aussi Pichegru écrivait-il le 23 ventôse à Souham que « les opérations qui allaient commencer pourraient bien exiger des sièges ».

« J'ai reçu, répond Souham (2), ta lettre du 23 dans laquelle tu me dis de prendre des mesures pour avoir un équipage de siège. Je vais me concerter avec le commandant du parc d'artillerie de cette division et le général Songis, commandant l'artillerie de Lille, sur les moyens de le former. » Et, en effet, Souham demande le même jour à Niger et à Songis quelles sont les mesures prises, et les objets qui pourraient manquer, afin qu'il en fasse sur-le-champ la demande.

Niger écrivit aussitôt à Éblé qui fit ressortir à Pichegru, dans une lettre du 1er germinal que nous avons déjà citée, toute la difficulté de cette entreprise : « S'il était assez aisé de trouver des bouches à feu à Douai et à Lille, on ne savait comment se procurer la poudre, la serge, les sabots, le fer-blanc et les chevaux ». « Niger, disait Éblé, « parle de se servir de chevaux de réquisition comme si le service de l'artillerie pouvait se faire de cette manière, sans être à chaque instant exposé à le voir

(1) Cf. t. 1er, chap. II, p. 130.
(2) Souham à Pichegru, 28 ventôse.

manquer... Il parle d'un équipage de siège comme d'une chose qui se commande comme une fournée de petits pâtés. » De son côté, Souham faisait part des mêmes difficultés à Pichegru, le 3 germinal : « On s'occupe à prendre des mesures pour fournir l'équipage de siège..., mais on éprouve beaucoup de difficultés. Les chefs d'artillerie demandent de quelle importance doit être cet attirail. J'ai dit de voir tout ce qu'on pourrait rassembler ici dans ce cas, et de demander toutes les munitions qui seraient nécessaires. On pourra avoir, à Lille, 36 pièces dont 6 de 24. J'ai envoyé à Dunkerque pour savoir ce qu'on en pourrait tirer. Il nous manquera certainement, pour former cet équipage, des munitions. Ainsi je te prie de faire venir à Lille des poudres et des obus. La disette de chevaux sera aussi un grand obstacle pour le transport de cet équipage..... Il en faudrait 3,000..... »

Quatre jours plus tard (7 germinal), l'organisation de l'équipage ne semblait pas avoir progressé. Faute de données précises envoyées par Pichegru, qui se bornait à dire que l'équipage était destiné à 25,000 ou 30,000 hommes, Souham annonce qu' « il va toujours rassembler ce qui sera nécessaire pour les pièces de 16 et de 12, des mortiers de 10 et 8 pouces et des obusiers de siège ». Mais, le lendemain, Éblé annonçait de la Fère à Pichegru, que Songis a constitué l'équipage de siège et qu'il sera de 34 bouches à feu. Aussitôt, d'ailleurs, et dès le 9 germinal, Souham, fixé sur la quantité des bouches à feu, faisait prescrire à Niger par Songis « de rassembler à Lille les munitions et ustensiles nécessaires, de les faire parquer et de tout préparer pour qu'aussitôt qu'on aura l'occasion de s'en servir, et *qu'on aura des chevaux*, on puisse faire venir la totalité ou seulement une partie (1) ».

(1) Souham au général d'artillerie Songis, le 9 germinal (29 mars).

Enfin, le 12 germinal, en apprenant qu'on annonce un chef de brigade pour remplacer Niger, que ses infirmités empêchaient de faire la campagne, Souham observe que ce nouveau titulaire aura à diriger le parc et l'équipage et demande qu'on lui adjoigne un officier supérieur pour l'aider.

Dans le même but d'avoir à satisfaire aux opérations d'un siège, Souham réclame à Pichegru des officiers et des troupes du génie : « Pourras-tu en envoyer à cette division ? ou devrais-je appeler ceux qui sont à Lille ? Si tous les bataillons de sapeurs qu'on vient de former ne sont pas employés, il serait très nécessaire d'en avoir dans cette division. »

Tandis qu'il s'occupait de perfectionner ainsi l'organisation de sa division, Souham mit à profit les premiers jours de beau temps pour faire camper les troupes. « Le temps qu'il fait depuis quelques jours (1), a entièrement séché les terres et rend nos marches et nos campements très praticables. Ma droite est la partie la plus découverte du côté des plaines de Sainghin, à cause que les villages d'Hellesmes, Flers, Mons-en-Barœuil ne sont pas assez spacieux pour loger autant de troupes qu'il serait nécessaire pour bien défendre les retranchements qui y ont été construits et qui mettent toute cette partie à l'abri de la cavalerie ennemie. Un petit camp sur les hauteurs en arrière de Flers couvre entièrement ce côté-là et est lui-même à l'abri des attaques de l'ennemi. En attendant que tu m'ordonnes d'attaquer, je crois qu'il serait très à propos de former le camp, et je demande ta réponse par retour du courrier..... J'attends tes ordres pour former le petit camp de Flers..... »

Cette lettre se croisa avec les prescriptions suivantes,

(1) Souham à Pichegru, 19 ventôse.

envoyées par le chef d'état-major général Liébert le 24 ventôse :

Le général en chef me charge, camarade, de te mander que les cantonnements de seconde ligne recevront incessamment l'ordre de se porter en avant pour camper. Mande-moi le plus tôt possible si tu ne pourrais pas établir le camp de Cysoing, et là-dessus fais-moi tes observations le plus tôt possible, afin que je rende compte au général en chef et que ses opérations n'éprouvent aucun retard.

Voyant que le général en chef abonde dans ses idées, Souham revient, dans une lettre du 28 ventôse, sur la même question et lui fait part de son intention d'établir trois camps, l'un à Flers, couvrant sa droite, l'autre à Marque face aux rassemblements de Roubaix et Tourcoing, le troisième à droite de Commines, tenant la Lys et permettant de s'opposer à toute tentative ennemie venant d'Ypres ou de Menin.

Le camp que je t'ai proposé de former à Flers, est composé des 3e et 24e demi-brigades, formant 6,000 hommes. Le 1er bataillon des tirailleurs belges arrivant ce soir aux avant-postes, je pourrai faire camper encore quelques troupes dans cette position. Le temps continuant à être propice pour camper, et pour assembler les troupes cantonnées en seconde ligne, je me propose d'établir deux autres camps, l'un en avant de Marque, arrière Mouvaux et Bondues, et l'autre à droite de Commines. Les rassemblements de l'ennemi à Menin rendent ce dernier très important, afin de lui résister plus vigoureusement en cas d'attaque et de réunir les troupes qui sont disséminées dans des cantonnements éloignés des avant-postes. L'ennemi avait, ces jours derniers, avec une cavalerie supérieure, repoussé les patrouilles sorties des postes de Linselles, Blaton et Wervicke; mais ce matin, on leur a donné une leçon ; on a pris quatre chasseurs d'Yorck, et tué et blessé plusieurs, après s'être tiraillé très longtemps près d'Halluin.

J'ai reçu du chef de l'état-major une lettre dans laquelle il m'annonce que les cantonnements de seconde ligne, recevront bientôt l'ordre de camper. Ainsi la formation de ces camps entre dans tes vues. Ils sont d'ailleurs très importants pour la défense, en attendant que par la suite des opérations que tu m'ordonneras, je puisse les rassembler en une seule masse.

En répondant à Pichegru, Souham négligeait intentionnellement de toucher la question de Cysoing, car il s'en était entretenu sur place avec le général en chef. Sa réponse à Liébert nous explique ce fait en même temps que l'impossibilité où il se trouvait d'établir un camp à Cysoing.

Au Général, chef de l'état-major de l'armée.

28 ventôse (18 mars 1794).

Je viens de recevoir ta lettre du 24 ventôse non signée. J'ai déjà pris des mesures pour faire camper les troupes cantonnées en seconde ligne et j'en rends compte au général en chef dans une lettre que je lui adresse aujourd'hui. J'ai déjà formé à Flers un camp de six bataillons, et j'en vais former deux autres, l'un à Marque et l'autre à Commines. La position de Cysoing est une très belle position pour l'ennemi. Il l'occupait l'année dernière et menace d'y revenir, mais nous ne pouvons occuper cette position. Le général en chef avec qui j'ai été l'examiner, lors de sa tournée, en est convenu, mais il y a à Sainghin, derrière la rivière de Marque, une position où on pourrait établir un camp en face de Cysoing, qui nous serait très favorable; mais il faudrait beaucoup de monde pour l'occuper et changer la position actuelle de cette division. Ainsi, on ne peut l'occuper que par la suite des opérations que le général en chef déterminera.

Conformément aux intentions qu'il a manifestées à Pichegru, Souham adresse le même jour à Thierry ses instructions pour tracer le camp de Commines.

Le général Souham au général de brigade Thierry.

28 ventôse (18 mars 1794).

Les troupes cantonnées en seconde ligne, sur la Lys et la Deule, étant dispersées et pouvant difficilement, ou au moins fort tard, porter secours aux postes qui sont les plus exposés, comme Wervicke et Linselles, il est nécessaire d'établir un petit camp de réserve à Commines. Tu feras dans les cantonnements les changements nécessaires, pour que la 29e demi-brigade puisse camper après-demain 30 ventôse. Il suffira de laisser un fort bataillon à Armentières, 500 ou 600 hommes à Nieppe, et autant aux écluses de Deulsemont, pour fournir des postes au Pont-Rouge et vis-à-vis de Warneton. La garnison d'Armentières continuera à fournir des postes sur la Lys à Houpplines, etc.; le Quesnoy étant très en seconde ligne est inutile. Ainsi tu n'y dois laisser qu'une garde s'il est nécessaire, pour la police, les magasins et les distributions. Si par la suite de ce changement, tu vois qu'il soit encore possible de faire camper d'autres bataillons, tu devras le faire. L'adjudant général Reynier se rendra demain matin à Commines pour tracer, avec Daendels, le camp. Les effets de campement sont prêts à être délivrés. Ainsi tu donneras ordre au chef de la 29e demi-brigade de les envoyer sur-le-champ chercher à Lille. On amènera aussi de la paille à Commines.

Le général Souham au général de brigade Thierry.

4 germinal (24 mars 1794).

La demi-brigade des troupes légères étant presque complètement armée, tu peux actuellement faire camper plus de bataillons à Commines. Les deux bataillons qui sont cantonnés au Blaton et à Wervicke peuvent camper à la droite de la 29e demi-brigade et être remplacés par des troupes légères. Ces deux postes sont à portée d'être promptement secourus par le camp. Ainsi il suffit de mettre au Blaton 500 ou 600 hommes et à Wervicke 700 à 800. Après cette disposition, il restera encore à Commines 1,200 à 1,500 hommes d'infanterie légère et le bataillon de l'Égalité ; ce qui est plus que suffisant puisque le camp y est.

Tu voudras bien donner des ordres pour que les bataillons se pourvoient d'effets de campement le plus tôt possible. L'adjudant général Reynier se rendra ce jour ou demain matin à Commines pour désigner le terrain qu'ils occuperont.

Trois jours après, Souham précise l'effectif de chaque camp (1) : celui de Flers compte 6 bataillons (2), celui de Marque 4, et celui de Commines 5 (2). « Je profite-

---

(1) Souham à Pichegru, 7 germinal.

(2) Le 12 germinal, Souham mandait encore à Pichegru que le campement allait très bien ; qu'il ne manquerait pas à Lille d'effets de campement; que le camp de Flers allait être porté à 9 bataillons par l'arrivée de la demi-brigade de l'Allier; et celui de Commines à 6, par le 11e bataillon de volontaires nationaux; enfin, que le chiffre total des bataillons sous la tente serait ainsi de 19, savoir : 9 à Flers; 4 à Marque; 6 à Commines.

rai, ajoute-t-il, de tous les moyens que j'aurai de faire camper davantage, car je suis très pénétré du principe que notre force ne consiste que dans le nombre d'hommes qui sont sous la toile. »

« Les effets de campement ne manquent pas, mais les voitures pour les conduire..... (1) » Ce défaut de moyens de transport aura pour effet, comme l'expliquera plus tard l'adjudant général Reynier, de faire abandonner les tentes par les troupes au moment où elles se porteront en avant et de leur faire alors utiliser de simples branchages pour se protéger. Loin de regretter ces tentes, Reynier s'applaudit de leur abandon qui permet de donner aux troupes une mobilité jusqu'alors inconnue. Et sur ce point, Reynier se trouve du même avis que Napoléon. On sait en effet qu'au général Rogniat « réclamant contre l'usage très pernicieux, introduit par la guerre de la Révolution, de faire camper le soldat sans tente », Napoléon répondit par une vive critique du campement. « Les tentes, dit-il, ne sont pas saines ; il vaut mieux que le soldat bivouaque parce qu'il dort les pieds au feu, qu'il s'abrite du vent avec quelques planches ou un peu de paille, que le voisinage du feu sèche promptement le terrain sur lequel il couche..... Le transport des tentes emploierait cinq chevaux par bataillon qui seraient mieux employés à porter des vivres. Les tentes sont un sujet d'observation pour l'ennemi..... » Il semble donc, en s'appuyant sur cette haute autorité et sur celle de Reynier, que si, comme le dit Souham, les camps « sous la toile » étaient excellents pour discipliner de jeunes troupes qui s'adonnaient au désordre dans les cantonnements, la suppression des tentes eut pour effet d'accélérer les mouvements de l'armée et de les mieux dérober à l'ennemi.

(1) Souham à Pichegru, 7 germinal.

L'installation de ces camps permettait en somme d'avoir trois fortes réserves aux trois débouchés principaux de l'ennemi en face de la division Souham ; leur réseau de surveillance devait certainement aller jusqu'à la Marque, mais il existait un vide entre cette ligne et celle d'Osten qui commençait à Pont-à-Marque.

Il y fut suppléé par l'initiative de Macdonald qui aurait voulu cantonner de la cavalerie, avec petit soutien d'infanterie, à Lesquin et de Péronne à Ennevelin, de façon à établir une bonne liaison entre sa droite et la gauche d'Osten et à bien surveiller tout le cours de la Marque de Pont-à-Marque à Annappes ; mais Souham semble s'être borné à faire renforcer le poste de Lezenne de manière à fournir journellement un poste détaché à Lesquin, poussant des vedettes jusqu'à Pont-à-Marque. Macdonald donna à ce sujet une consigne très sévère ; et, s'étant aperçu que malgré cette précaution, il existait encore un vide entre le château de Huchemont et Fretain, il pria Osten de prescrire au commandant du poste de Fretain d'y détacher deux vedettes.

L'ensemble de ces mesures est d'ailleurs nettement indiqué par les documents qui suivent.

Le général Macdonald à l'adjudant général Reynier.

Five, le 18 germinal an II (7 avril 1794).

Je t'invite à te rendre demain matin ici. Nous irons ensemble faire la tournée de Lezenne à Lesquin. Si nous n'établissons pas un piquet à ce dernier poste, ce sera trop loin pour aller relever de Lezenne; et d'ailleurs il existerait encore un intervalle de Lesquin à Ennevelin ; et c'est comme si nous ne faisions rien, puisqu'il existerait encore une communication. Il me semble que, si l'on faisait sortir plus de monde de Lille, en cavalerie, nous pourrions observer tout le cours de la Marque en nous assurant du passage et en rompant les communications. Si cela était, je ne verrais aucun inconvénient à faire cantonner dans les villages de Ronchin, Lesquin, Ennevelin, Péronne et hameaux voisins par la cavalerie et un peu d'infanterie. Nous serions assurés alors d'une bonne ligne qui aurait sa retraite soit sur Pont-à-Marque, soit au faubourg des Malades, soit ici. Nous devons être assez forts sans doute pour établir cette nouvelle ligne, qui nous procurerait le double avantage de conserver la communication de Pont-à-Marque à Annappes, et d'observer le cours de la rivière en avançant nos postes de ce côté vers Forest et en vue de Pont-à-Tressin en gardant la chaussée qui conduit à Sainghin et Bouvines. Ce sont des observations que je te soumets. Tu verras avec le général Souham si ce projet est exécutable. Je te renvoie la lettre ci-jointe pour être signée.

Le général Souham au général de brigade Thierry.

18 germinal (7 avril 1794).

Ayant actuellement davantage de cavalerie, nous pouvons établir un piquet à Lesquin, ce qui est nécessaire pour couvrir la route de Douai et empêcher un passage facile pour communiquer avec l'ennemi.

Tu voudras donc bien donner ordre que, tous les matins, il sorte de Lille un détachement de 30 carabiniers ou chasseurs, qui se rendra à Lezenne pour augmenter le piquet de cavalerie que le cantonnement de Five y envoie, fournir un poste à Lesquin, et une chaîne de vedettes qui puisse arrêter tous ceux qui voudraient passer entre Lezenne et Pont-à-Marque. Ce détachement sera sous les ordres de l'officier commandant le piquet de Lezenne et devra être relevé tous les matins à porte ouvrante.

Par l'établissement de ce service, on pourra retirer la vedette qui est au moulin de Lesquin et le piquet qui était, je crois, au faubourg des Malades et que la place fournissait.

L'officier qui commandera demain le premier piquet devra s'adresser en passant par Five au général Macdonald, qui lui donnera de nouveaux ordres.

Le général Souham au général de brigade Macdonald.

18 germinal (7 avril 1794).

Je te préviens, général, que demain matin il sortira de Lille un piquet de 30 hommes de cavalerie, carabiniers ou chasseurs, destiné à renforcer le piquet de Lezenne et à établir un nouveau poste de cavalerie à Lesquin, afin de former une chaîne de vedettes jusqu'aux premiers postes de Pont-à-Marque, et d'arrêter toutes les communications qu'on peut avoir avec l'ennemi par les plaines.

Ce piquet, qui sera relevé tous les matins, devra dépendre de l'officier qui commande celui de Lezenne et qui devra être d'un grade supérieur à l'officier commandant le piquet sorti de Lille.

Tu voudras bien veiller à ce que le piquet soit bien établi et qu'il remplisse le but principal, qui est d'arrêter toute communication avec l'ennemi.

Ordre du 19 germinal (8 avril 1794).

Le capitaine commandant le piquet de cavalerie du poste de Lezenne et Ronchin fera passer la nuit aux troupes qui occupent lesdits postes jusqu'à nouvel ordre; la chaîne de vedettes établie du village de Lezenne à Lesquin, observera de ne laisser passer personne sans un passeport signé du général Macdonald.

Il se fera trois rondes de nuit, l'une par le capitaine, à 10 heures, l'autre, à 1 heure, par un officier, enfin la troisième, à 4 heures, par l'autre officier. Ces rondes visiteront toutes les vedettes et puniront celles qui ne seront pas surveillantes.

Il se fera, en outre, dans chaque poste, des patrouilles qui se porteront d'un poste de cavalerie à l'autre. Le matin, à la pointe du jour, la découverte aura lieu comme à l'ordinaire; il y aura toujours, dans chaque poste de cavalerie, la moitié des chevaux de bridés afin d'être prêts en cas d'alerte. Les commandants de ces postes auront soin de tenir les troupes rassemblées à leur poste, soit de nuit, soit de jour; les vedettes seront doublées la nuit et se communiqueront les unes avec les autres.

Toute personne qui se présentera pour passer au delà des vedettes devra être munie d'un passeport signé du général, le cachet de l'état-major apposé dessus. Sans cette formalité, ils ne laisseront entrer ni sortir personne et renverront sur-le-champ les personnes.

Les commandants des avant-postes feront arrêter tout militaire qui se présentera pour passer sans permission. Il sera conduit à son corps. En cas d'attaque supérieure, les postes de Ronchin se retireront sur Lezenne ou sur le faubourg des Malades. Celui de Lezenne se retirera sur Hellesmes. Le poste de Ronchin reconnaîtra tous les jours, pour sa sûreté, les chemins en arrière du village pour faire sa retraite et rendra compte de tout ce qui se passera et du plus léger mouvement de la part de l'ennemi à ce poste d'Hellesmes pour que celui-ci en fasse prévenir le général.

MACDONALD.

Le général Macdonald au général Osten à Pont-à-Marque.

Fives, le 23 germinal (12 avril 1794).

J'ai établi, il y a quelques jours, une chaîne de vedettes qui s'étend depuis la droite de Lezenne jusqu'en avant du château d'Huchemont pour couper toute communication avec le pays ennemi. Il reste un vide entre ce château et Fretain. Deux vedettes que tu pourrais fournir de ce poste fermeraient entièrement ce passage ; et notre ligne se trouverait communiquer depuis Annappes jusqu'à Pont-à-Marque. Nous pourrions savoir, par ce moyen, ce qui se passe sur une étendue de six lieues. Je t'invite, mon camarade, à donner ordre au commandant de Fretain à exécuter cette mesure qui fermera l'entrée aux émissaires de l'ennemi. La consigne de nos vedettes est de ne laisser sortir aucun individu de la chaîne sans une passe signée de moi et du cachet de l'état-major. La même chose pour tout ce qui se présenterait pour entrer.

Il résultait donc de toutes ces dispositions que la division Souham était groupée en trois camps, formant un total de 19 bataillons, à Flers, Marque et Commines, et se couvrant en avant par des postes tenant la Marque du château d'Huchemont à Forest ; bordant la Deule et en tenant les passages à Deulsemont, Pont-Rouge, les Écluses, Frelinghem et le Quesnoy. La division Souham se reliait à droite avec la brigade Osten au moyen de vedettes fournies par son poste de Fretain, et à gauche avec la division Moreau.

Pour avoir, d'ailleurs, une idée plus précise des emplacements de la division, il suffira d'examiner l'extrait suivant de sa situation au 30 germinal.

Situation de la division SOUHAM au 30 germinal.

[D'après le rapport général du 30 germinal an II (19 avril 1794).]

Général ct la divison..... SOUHAM.
Généraux de brigade..... MACDONALD, DUMONCEAU, DAENDELS.
Adjudants généraux...... DUVERGER, chef de bataillon; REYNIER, DAZÉMAR, VANBOECOP.
Adjoints............... MARLIANI, MILLET, AUSSET, SARRUT, ROUSSEAUX, GUILLARD, HESPE, LABOISSELLE, SALCEST, interprète; LA CROIX.
Aides de camp.......... MARESCAUD, DOUSSAUD, BLÉSIMARE, VICHERY, MULLE.

(Quartier général à Marque.)

	DÉSIGNATION DES CORPS.	OFFICIERS présents.	SOLDATS PRÉSENTS sous les armes.	CHEVAUX de troupe ou d'artillerie.	EMPLACEMENTS.
3e demi-brig.	5e bataillon de l'Aisne	27	811	18	
	1er du 2e régiment d'infanterie	28	816	30	
	5e de la Côte-d'Or	26	821	23	
24e demi-brig.	10e des volontaires nationaux	25	873	18	
	2e du 12e régiment	41	931	18	
	3e de la Somme	23	880	18	
	1er de l'Allier	32	916	18	
	2e de la Manche	31	902	18	
	7e du Pas-de-Calais	29	897	22	
	10e du Calvados	31	961	22	Hellesmes.
	1er des tirailleurs	»	»	»	Pont-à-Bruck.
	2e —	112	915	»	Lamponpont.
	3e —	»	»	»	Annappes.
	1er régiment de cavalerie	28	483	489	Five, Hellesmes, Flers.
	5e des chasseurs à cheval	34	318	318	Id.
	11e compagnie d'infanterie légère	4	90	64	Mons-en-Barœuil.
	Compagnie de la Franciade	2	49	46	Redoutes de Five.
	Id.	2	51	82	Redoutes du camp de Flers.
	8e régiment d'artillerie, détachement	»	15	»	Redoutes de Five.
	Compagnie de Vermantois	1	21	8	Pont-à-Bruck.
23e demi-brig.	2e du Pas-de-Calais	34	903	21	Camp de Marque.
	1er du 12e régiment	27	854	22	Mouvaux.
	1er du Calvados	26	879	17	Camp de Marque.
27e demi-brig.	1er du Pas-de-Calais	19	851	18	Id.
	1er du 14e régiment	19	864	18	Id.
	11e des fédérés	28	941	18	Bondues.
	2e bat. de la 30e divis. de gendarmerie	21	292	27	Id.
	9e régiment de hussards	18	243	295	Bondues et Wambrechies.
	1er de la 30e division de gendarmerie	19	256	18	Wasquehal.
	19e régiment de cavalerie, détachement	8	123	119	Mouvaux.
	Id.	6	115	112	Wasquehal.
	29e compagnie d'artillerie légère	4	86	152	Marque.
	Préposés aux douanes à cheval	1	10	10	Id.
	— à pied	2	90	»	Marque et Mouvaux.
	A reporter	608	17,257	2,057	

DÉSIGNATION DES CORPS.	OFFICIERS présents.	SOLDATS PRÉSENTS sous les armes.	CHEVAUX de troupe ou d'artillerie.	EMPLACEMENTS.
Report.....	608	17,237	2,057	
ompagnie d'artillerie..............	4	63	76	Pont-à-Marque.
er bataillon troupes légères..........	26	960	4	Linselles.
e — —	26	925	4	Blaton.
e — —	26	958	4	Commines.
29e demi-brig. { 14e des fédérés	24	849	18	
1er du 15e régiment	23	859	19	
4e de la Sarthe...............	26	915	18	Camp de Commines.
{ 1er des Lombards	32	998	18	
11e des volontaires nationaux..	27	958	18	
16e — ..	26	937	18	
0e régiment de cavalerie...........	22	412	405	Commines.
arc d'artillerie	6	114	111	Id.
1e division de gendarmerie..........	36	516	36	Linselles.
étachement du 20e cavalerie........	7	139	124	Id.
er de l'Egalité.....................	23	815	16	Wervicke.
e du Nord........................	30	920	16	Ecluses.
e de l'Yonne.....................	27	986	16	Armentières.
étachement du 19e cavalerie.	1	30	30	Id.
anonniers du 14e de l'Yonne........	4	83	»	Id.
étachement du 6e d'artillerie........	1	15	29	Pont-Rouge.
arc d'artillerie....................	36	732	759	Lille.
TOTAUX.....	1,141	30,442	3,798	

b) *La division Moreau.*

La division Moreau comprenait les brigades Bertin et Vandamme. Il existe peu de détails sur les opérations de cette division avant sa marche sur Menin. Les lettres émanant de Moreau sont aussi rares que celles de Pichegru, ce qui paraît s'expliquer par leur caractère peu communicatif et par les vicissitudes politiques. Si les documents originaux font défaut, du moins a-t-on la bonne fortune de posséder un *Récit abrégé des campagnes des IIe et IIIe années républicaines* (1), par le général

(1) Ce livre, aujourd'hui fort rare et édité à Courtrai en 1838, nous a été signalé par M. le capitaine Fabry, du 101e d'infanterie.

Vandamme. Principal acteur de la division Moreau, toujours à la peine et à l'honneur, nul n'était mieux qualifié que ce héros de 1794 pour retracer les luttes épiques qui illustrèrent son nom et ceux des Moreau, des Souham et des Macdonald.

« Capitaine d'une compagnie franche de son nom, il fut reçu le 5 septembre 1793, à Godewaersvelde, chef du bataillon des chasseurs du Mont-Cassel qui fut formé des quatre compagnies franches de *Saulty*, de l'*Égalité*, de l'*Observatoire* et de *Van Damme* » ; nommé général de brigade un mois après la bataille d'Hondtschoote, où il s'était particulièrement distingué, il recevait le même jour l'ordre d'aller prendre le commandement du camp retranché et de la place de Dunkerque. Pendant que Jourdan débloquait Maubeuge, Vandamme, avec sa brigade, faisant partie de la division du général Davaine, eut ordre de tenter une diversion dans la West-Flandre, sur Menin, Ypres et Nieuport, pour la menacer, et dégager d'autant Maubeuge. La brigade Vandamme, chargée de l'attaque sur Nieuport, enleva d'abord Furnes et marcha sur Nieuport : « L'ennemi fit alors le mouvement que l'on désirait. Il fit marcher au Thielt 2,500 hommes, et aussitôt qu'il fut certain qu'il arrivait en force, Vandamme eut l'ordre de se retirer et effectua sa retraite sur Dunkerque. Le 12 novembre (21 brumaire), Vandamme reçut l'ordre de quitter Dunkerque pour venir commander un corps de troupes occupant Poperinghe et plusieurs autres villages. Cette position était trop avancée et n'était pas tenable ; mais on la conservait pour faire évacuer en France divers magasins. Le 26 brumaire (15 novembre), à 7 heures du matin, l'ennemi vint attaquer Poperinghe et le soir même on avait dessein de l'évacuer ; on se retira avec beaucoup d'ordre, et sans autre perte qu'un obusier dont la roue cassa. »

Au mois de frimaire (21 novembre-20 décembre 1793),

« la brigade Vandamme occupait les cantonnements de Boesschepe, de Godewaersvelde, Steenwoorde, Vinnezeele, Houtkercke et Herzeele. Le poste de Steenwoorde fournissait 100 hommes au château d'Oudenhoven, sur la route de l'Abeele, et celui de Vinnezeele détachait deux compagnies au Droglande et autant à Saint-Laurent..... Le poste de Boesschepe correspondait à sa droite par des patrouilles avec le poste de Berten occupé par les troupes de la brigade du général Bertin.....

« Vers le milieu du mois de nivôse (21 décembre 1793-2 janvier 1794), il se fit un mouvement dans la brigade. Les cantonnements d'Houtkercke et d'Herzeele furent occupés par les troupes du général Gasnier ; le 14e bataillon d'infanterie légère (qui appartenait à la brigade Vandamme), passa sous son commandement (de Gasnier). Le quartier général fut transféré de Steenwoorde à Hazebrouck ; Steenwoorde fut occupé par un seul bataillon qui fournissait des détachements à Saint-Laurent, au Droglande et au château d'Oudenhoven ; un seul bataillon occupait aussi Godewaersvelde et Boesschepe, tandis que le reste de la brigade était en seconde ligne dans les cantonnements de Caester, Saint-Sylvestre, Capel, Hazebrouck et Morbeck. Tous les dix jours, les troupes occupant les avant-postes étaient relevées par celles qui étaient en seconde ligne ; ce changement s'opérait régulièrement toutes les décades.

« On s'était déterminé à diminuer ainsi le nombre des troupes gardant les avant-postes, d'après des rapports certains, annonçant que l'ennemi nous avait devancés ; et bien plus encore par la difficulté des chemins de la Flandre pendant l'hiver qui, en nous rassurant contre les entreprises de l'ennemi, nous permettait de diminuer le nombre des gardes et de donner aux troupes des cantonnements à la fois bien meilleurs et plus commodes pour le transport des vivres que les chemins rendaient très difficile.

« Du 20 janvier au 18 février (pluviôse), la brigade conservait encore la même situation qu'elle occupait le mois précédent.

« Chaque bataillon avait reçu une nombreuse incorporation de jeunes gens de la réquisition. L'espèce de repos dont on put jouir pendant dix mois et demi, fut très utile pour l'instruction d'un si grand nombre de recrues. Chaque bataillon avait reçu 600 ou 700 hommes. On profita aussi de ce temps pour rétablir le plus grand ordre dans l'habillement, l'équipement et l'armement des troupes, afin de les préparer à ouvrir la campagne qui, selon toutes apparences, devait être très laborieuse.

« Le mois de ventôse (février-mars) fut employé tout entier à l'instruction des troupes ; le même changement dans les cantonnements s'opérait toujours chaque décade ainsi que dans le mois de pluviôse.

« Il n'y eut d'ailleurs aucun changement dans la brigade, si ce n'est le départ du 3e régiment de hussards pour rejoindre l'armée du Rhin. Il fut remplacé par 20 cavaliers du 21e régiment et l'arrivée du 4e bataillon de chasseurs tirailleurs.

« Dans les premiers jours du mois de germinal (vers la fin de mars) la brigade du général Vandamme reprit ses anciens cantonnements. Le 14e bataillon d'infanterie légère cantonné à Houtkercke en fit de nouveau partie. Le 2e bataillon du 24e régiment d'infanterie et le 1er bataillon du Calvados qui en firent aussi partie à cette époque occupèrent les cantonnements d'Eecke et de Godewaersvelde : Hazebrouck et Morbeck furent abandonnés. Le quartier général fut transféré à Steenwoorde et la brigade occupa les cantonnements suivants : Boeschepe, Godewaersvelde, Caester, Saint-Sylvestre-Capel, Eecke, Steenwoorde, Saint-Laurent, Droglande, Vinnezeele, Houtkercke et Herzeele. Le 9e bataillon de Paris qui avait quitté la brigade dans le mois de frimaire pour aller tenir garnison à Aire, rentra aussi à cette époque et occupa Herzeele.

« Comme le retour du beau temps semblait annoncer l'ouverture de la campagne, les chefs de corps reçurent l'ordre de pourvoir à tous les besoins des troupes qu'ils commandaient, dans l'habillement, l'équipement ou l'armement ; de veiller à ce que le service se fît avec exactitude et d'exercer la plus grande surveillance dans la garde des postes qui leur étaient confiés. Les troupes furent passées en revue et déjà on attendait avec impatience l'ordre d'entrer en campagne..... »

Dès le 30 ventôse, Pichegru parla à Moreau de faire camper les troupes de sa division, et il renouvela cette invitation le 7 et le 11 germinal :

Pichegru, général en chef, au général Moreau.

Réunion-sur-Oise, le 7 germinal an II (27 mars 1794).

Je reçois à l'instant, général, avec ta lettre du 1er, les observations que tu y avais jointes. Je les verrai au premier moment de loisir et je ne doute pas qu'elles ne soient toutes de la plus grande justesse.

J'écris au général Souham de te faire passer un détachement d'un régiment de cavalerie (1) des plus à portée de la division que tu commandes.

Le Comité de Salut public m'a autorisé à disposer de toutes les armes qui se trouvent dans les magasins des places de l'arrondissement de l'armée. En conséquence je t'autorise, moi, à tirer de Saint-

---

(1) La division Moreau, comme toutes celles de l'armée, avait peu de cavalerie et, dès le début, Moreau en demande à Pichegru qui lui répond, le 7 ventôse, par la lettre suivante :

Le général en chef Pichegru au général Moreau, à Capelle.

Au quartier général à Réunion-sur-Oise, le 7 ventôse an II.

Je te remercie, général, du compte que tu me rends de l'affaire du 2 par ta lettre du 5. Je sais, comme toi, que la cavalerie n'est pas

Omer ou de toutes autres places où il y en aura, les fusils nécessaires pour armer les troupes qui en manquent. J'ai donné des ordres en conséquence aux commandants d'artillerie.

Je ne sais si c'est par la faute de l'agent supérieur que la brigade de Vandamme n'est point complétée. Ce qu'il y a de certain, c'est qu'il y a peu de monde qui m'en fasse l'éloge. Je vais lui écrire de faire passer promptement le nombre d'hommes nécessaires pour la porter au complet.

Je te remercie, mon cher camarade, de ce que tu m'as informé que les bataillons employés aux travaux du port de Dune-Libre sont armés. J'écris sur-le-champ au général Desenfans de leur retirer les fusils pour les remettre entre les mains des bataillons de sa division qui en manqueraient, ou, si tous en sont pourvus, de te les faire passer.

Voilà le temps au beau. Les chemins de traverse deviennent praticables. Tu peux donc tirer de Saint-Omer tous les effets de campement qui te sont nécessaires. Fais camper le plus de troupes possible afin de les avoir à la main et pouvoir agir d'un moment à l'autre.

Si l'échange de tes deux pièces de 8 longues est absolument nécessaire, tu peux les demander à Lille en mon nom ; mais si leur transport n'est pas très difficile tu pourras les garder encore quelque temps. Je te les ferai changer sur les lieux.

. . . .

Salut et fraternité.

PICHEGRU.

P.-S. — Continue à me faire part de tes observations et de tout ce que tu jugeras devoir contribuer au bien du service de la République.

---

nombreuse à cette armée, aussi j'en demande journellement. Si j'en obtiens, tu peux compter que je t'en ferai passer.

Je t'envoie ci-joint tes lettres de services.

Salut et fraternité.

PICHEGRU.

Bertin, un de ses brigadiers, demandait également de la cavalerie, le 10 ventôse, au général Colaud, remplaçant Pichegru, en tournée d'avant-postes.

Le général Colaud lui répondit de renouveler ses demandes à Pichegru, quand celui-ci le visiterait, et, de son côté, fit part au Ministre de la pénurie de l'armée en tant que cavalerie.

Pichegru, général en chef, au général Moreau.

Réunion-sur-Oise, le 30 ventôse an II (20 mars 1794).

J'ai parlé aux Représentants du peuple, citoyen général, pour un commandant amovible à Cassel; ils doivent s'en occuper.

Je sais que les chevaux de charrois et d'artillerie sont encore insuffisants. Tous les jours, j'en écris au Comité de Salut public et le presse d'y pourvoir.

J'ai donné des ordres pour avoir à Saint-Omer des effets de campement pour 25,000 hommes. Le commissaire général m'a assuré qu'il y en avait déjà pour 16,000.

Il ne m'est guère possible de faire augmenter ta cavalerie. Je ne vois d'autre moyen en ce moment que de prendre sur ce qui est sur tes derrières. Tu pourrais tirer quelques hommes de Saint-Omer. J'en écrirai au général Leclaire qui va y commander en remplacement du général Vincent, qui vient d'être suspendu.

Je ne sais si de ton côté il pleut comme de celui-ci. Cela n'est guère propre à rendre des chemins praticables ; mais cela ne doit pas nous empêcher de camper : il faut avoir les troupes dans la main pour en disposer au premier moment.

Salut et fraternité. PICHEGRU.

Pichegru, général en chef, au général Moreau.

Réunion-sur-Oise, le 11 germinal an II (31 mars 1794).

J'ai reçu, citoyen général, ta lettre du 5 de ce mois. J'approuve la position que tu proposes pour l'établissement d'un camp, d'autant mieux que la petite rivière de Steenwoorde, outre qu'elle couvre son front, me paraît encore appuyer sa droite.

Je te remercie de m'avoir fait passer les gazettes étrangères : adresse-les directement au Comité de Salut public, comme tu le faisais; ne m'envoie seulement que la *Gazette de Bruxelles* en français, si tu peux t'en procurer un second exemplaire.

Je t'ai rappelé au souvenir de Richard et Choudieu; le tien leur a fait beaucoup de plaisir; tu ne doutes pas de l'amitié qu'ils te portent, reçois également l'assurance de la mienne.

Salut et fraternité. PICHEGRU.

Malgré toute cette correspondance, ce ne fut qu'à la fin de germinal que Moreau se décida à faire camper ses troupes.

« ..... Vers la fin du mois de germinal, dit Vandamme, le général Moreau qui, depuis quelque temps, commandait la division, résolut de faire camper les troupes. La brigade devait être divisée en deux parties et occuper deux camps, l'un situé au Moulin de Rome à cheval sur la route de Cassel à Steenwoorde, l'autre en avant de Caester, la droite au chemin de Cassel à Lille faisant face à Boesschepe.

« Ces deux camps furent tracés dans les derniers jours du mois, et les troupes reçurent l'ordre d'envoyer à Cassel les quartiers-maîtres pour recevoir les effets de campement nécessaires. »

Le 3 floréal (23 avril) la brigade reçut ordre de camper. Les troupes furent disposées comme suit :

Le 14e bataillon d'infanterie légère occupa Houtkercke, les chasseurs du Mont-des-Chats, Vinnezeele ; ceux du Mont-Cassel, Godewaersvelde et le 4e des tirailleurs, Boesschepe. Les 1er et 2e bataillons d'Ille-et-Vilaine se rendirent au camp de Caester avec le 2e bataillon du 16e régiment d'infanterie. Le 2e bataillon du 1er régiment, le 9e de Paris, le 1er du Calvados et le 2e bataillon du 24e régiment occupèrent celui de Rome. Une pièce de 8 et un obusier de 6 pouces qui arrivèrent à cette époque à la brigade, restèrent à Steenwoorde ; le quartier général fut transféré à Eecke.

Pour protéger ces troupes en avant de leur front, Moreau fit fortifier le poste d'Houtkercke et celui de Steenwoorde.

Dès le 28 pluviôse, Vandamme réclamait des fortifications :

Je te prierai de donner ordre à l'ingénieur de se rendre à Hazebrouck demain, parce que j'ai besoin de causer avec lui relativement aux fortifications non achevées de Steenwoorde. Je vais requérir l'administration du district de me fournir du monde pour perfectionner les ouvrages de défense de mes avant-postes. Tu sais que la saison approche où des petites attaques de postes vont commencer. C'est pourquoi je veux que ma première ligne soit en bon état. Je te conseille de faire achever l'ouvrage que tu as fait commencer à Houtkercke.

Moreau accéda au désir de Vandamme et lui annonça par sa lettre du 30 pluviôse l'ingénieur qu'il réclamait.

Devant le poste de Steenwoorde, Vandamme sut profiter de la possibilité, que lui offrait le terrain, de tendre une inondation :

Le général Vandamme au général Moreau.

Hazebrouck, 17 ventôse an II (7 mars 1794).

Je t'envoie ci-joint plusieurs lettres que je viens de recevoir de Bruges. Les rapports qui m'ont été faits sur la situation de l'ennemi sont les mêmes que ceux que je t'ai envoyés le 15 à l'adresse du général en chef.

Je suis allé aujourd'hui visiter mes avant-postes. J'ai trouvé les bataillons en bon ordre.

L'inondation est jetée en avant de Steenwoorde. Elle l'est très bien. Je dois te rappeler au sujet de l'inondation que, lorsque tu commandais à Oost-Capelle et Rousbrugghe, tu me disais qu'il serait très utile d'inonder la plaine de Rousbrugghe pour défendre ce poste important et qu'il serait très facile de le faire. A présent que le temps le permet, je crois qu'il serait nécessaire de s'occuper de ce travail. Je ne vois pas que rien puisse s'y opposer. A la vérité, tu ne commandes pas cette partie; mais je suis persuadé que si tu en écrivais au général qui y commande, il ferait faire les travaux nécessaires pour l'inondation. Écris-lui toujours. Je crois l'ouvrage essentiel.

Salut et fraternité. VANDAMME.

De son côté, Moreau employa également l'inondation partout où ce fut possible ; c'est ainsi qu'il répond à la lettre précédente :

J'ai reçu ta lettre du 17..... J'avais pris à Dunkerque des informations sur l'inondation à établir entre Kruystaete et Rousbrugghe : elle est exécutée. Il me reste à présent à achever à Houtkercke les travaux que j'y avais commencés.

Après avoir donné ces quelques renseignements généraux sur la division Moreau, nous les compléterons par la situation de cette division au 30 germinal.

Situation de la division MOREAU au 30 germinal.

[D'après le rapport général du 30 germinal an II (19 avril 1904).]

Général commandant la division. MOREAU.
Généraux de brigade.......... VANDAMME, BERTIN.
Aides de camp................ LEGUAY, GOBRECHT, GILLET.
Ajudants généraux........ .. LA COUR, SCHNER, SERON (G.-A.-O.), WATRIN (F.).
Adjoints........ .... BAUDOT, VALET, SERON (C.), BAYLE, WATRIN (L.).

(Quartier général à Cassel.)

DÉSIGNATION DES CORPS.	OFFICIERS présents.	SOLDATS PRÉSENTS sous les armes.	CHEVAUX de troupe ou d'artillerie.	EMPLACEMENTS.
1er bataillon de l'Aisne..............	23	876	18	Bailleul.
2e du 81e régiment................	26	971	17	Id.
2e des Basses-Alpes................	22	842	14	Bailleul et Berten.
3e des fédérés.....	20	867	18	Steenwerck.
2e du 19e régiment...............	25	940	4	Bailleul.
3e des chasseurs francs..........	26	952	»	Mont-Saint-Antoine.
3e des tirailleurs belges............	125	702	»	Saint-Jean-Capel et Croix-Poperinghe.
Détachement du 19e chasseurs à cheval.	1	24	35	Bailleul.
Détachement du 13e chasseurs à cheval.	3	29	33	Id.
14e infanterie légère.	21	877	»	Herzeele.
9e de Paris.................... ..	27	716	»	Houtkercke.
2e de l'Ille-et-Vilaine..............	22	561	26	Steenwoorde.
1er du 16e régiment................	27	738	18	Id.
Chasseurs de Cassel................	23	877	4	Caester.
1er du Calvados..................	23	951	18	Godewaersvelde.
Chasseurs tirailleurs..............	21	592	»	Vleteren.
4e tirailleurs belges...............	97	839	»	Boesschepe.
2e du 1er régiment...............	27	625	18	Eecke.
Détachement du 1er d'artillerie.......	1	35	»	Steenwoorde.
2e du 24e régiment.............	24	880	18	Bailleul.
1er de l'Ille-et-Vilaine..............	22	465	22	Bailleul.
Détachement du 20e dragons.........	4	81	84	Bailleul.
Gendarmes......................	1	33	33	Bailleul.
Parc d'artillerie de Cassel	10	96	28	Bailleul.
Détachement du 13e chasseurs à cheval.	1	27	26	Bailleul.
Détachement du 3e dragons.........	1	45	15	Bailleul.
TOTAUX.....	623	14,484	454	

c) *Situation de l'armée ennemie.*

En face de l'armée française se trouvait le corps ennemi du feldzeugmeister Clerfayt, comprenant 42 bataillons et 32 escadrons, de la force de 28,000 hommes et 3,500 chevaux, et composés en partie d'Autrichiens et de Hanovriens. Ce corps occupait Nieuport avec 4 bataillons et 2 escadrons ; Ypres, avec 8 bataillons et 4 escadrons ; Menin avec 4 bataillons et 2 escadrons ; il tenait la position de Mouscron avec 4 bataillons et 2 escadrons, et Orchie et Marchiennes avec 3 bataillons et 3 escadrons. Avec le corps principal, le F. Z. M. comte Clerfayt occupait la position de Marquain en avant de Tournay. Comme garnison de sûreté de la ville et du port d'Ostende, on comptait sur quelques bataillons de l'armée attendue du général anglais Moira et sur quelques vaisseaux anglais.

L'espace qui s'étend de Nieuport à Marchiennes était si considérable que les troupes présentes n'eussent pas suffi à tendre un cordon sur cette ligne. Il sembla beaucoup plus rationnel d'occuper seulement les points fortifiés cités plus haut. Si l'ennemi tentait de petites entreprises contre la West-Flandre, elles étaient ainsi rompues et facilement repoussées par le corps principal rassemblé à Tournay ; si l'ennemi faisait une attaque sérieuse dans cette contrée, on prévoyait que l'armée principale saurait y porter de prompts secours. Si enfin l'on acquérait la certitude que tout danger d'une attaque ennemie sur la West-Flandre était écarté, ce qu'indiquerait une diminution considérable des troupes ennemies, alors le F. Z. M. enverrait les troupes disponibles de son camp de Tournay à l'armée principale suivant le besoin.

Un deuxième corps de 2 compagnies d'infanterie légère, de 4 bataillons, de 4 escadrons (3,700 hommes) se tenait à l'Alène d'or, sur la route de Saint-Amand à Orchie. Ce corps devait couvrir la liaison de Clerfayt avec Marchiennes par Saint-Amand et servir de soutien aux postes d'Orchie et de Marchiennes. Un bataillon de ce corps se tenait dans les retranchements de Wallers, et les 4 escadrons et 2 compagnies légères assuraient la communication avec le troisième corps à Denaing. Si ce corps était obligé de se retirer vers Valenciennes, les trois autres bataillons du deuxième devaient se retirer de l'Alène d'or au delà de la Scarpe pour renforcer avec deux bataillons le poste de Wallers et occuper l'abbaye d'Hasnon avec le dernier. Ces points devaient être occupés jusqu'à ce que le troisième corps, soutenu par les renforts de l'armée principale, pût reprendre l'offensive.

Le troisième corps, qui se tenait à Denaing, était fort de 6,500 hommes et de 2 compagnies de tirailleurs, 2 bataillons et 2 escadrons impériaux et de 5 bataillons et 8 escadrons hessois rassemblés. Le général hessois de Wurmb devait avec ce corps nettoyer la rive gauche de l'Escaut de tout ennemi, et sur l'autre rive de ce fleuve se tenir en liaison entre la Selle et l'Ecaillon avec un corps que le duc d'York devait détacher sur son aile droite à Solesmes ou à Haspres. En cas de retraite, ce corps devait se retirer sur les hauteurs de Hérin et, au besoin, jusqu'à Valenciennes.

La situation de l'armée ennemie était bien connue des généraux français qui possédaient un service de renseignements bien organisé, et centralisé, sous le nom de « partie secrète », par les soins de l'adjudant général chef de brigade chargé de la partie secrète : ce poste était occupé par l'adjudant général Nivet.

Les généraux eux-mêmes n'étaient pas sans avoir des espions particuliers. Ainsi Vandamme entretenait dans les Flandres maritimes un service très actif de renseignements dont il est possible de se rendre compte au moyen des documents conservés aux Archives historiques. Il disposait en effet de deux émissaires, l'un dénommé Pape, l'autre Denys et signant : « Ton frère et ami ». Vandamme toutefois ne prononça jamais que le nom de Pape, en sorte qu'on en est à se demander si la signature « Denys » n'était pas employée par Pape pour détourner les soupçons. Mais le 3 ventôse, Vandamme fait tout d'abord part à Moreau de ses inquiétudes au sujet de Pape ; puis il informe Moreau que Pape a été arrêté par les administrateurs du district de Bergues qui lui ont fait croire que Vandamme lui-même était arrêté et devait être bientôt guillotiné. Avec sa violence habituelle, Vandamme demande aussitôt la punition des coupables et leur dénonciation au Comité de Salut public.

« Je te prie aussi, ajoute-t-il, de défendre à Gigaux et Gasnier d'arrêter aucune personne qui serait munie d'une permission signée de moi et revêtue de mon cachet..... Plusieurs fois déjà ils ont arrêté Pape.

« Je ne puis te donner des nouvelles de Bruges. Pape n'y a pas envoyé par crainte d'être encore arrêté et parce qu'il croyait que j'étais en arrestation. Mais, aussitôt que l'exprès que je lui ai envoyé est arrivé, il a fait partir une personne pour Bruges. Elle n'en reviendra que dans trois ou quatre jours. »

Moreau, du reste, rendait compte au Comité de Salut Public le 17 ventôse que, de concert avec Richard et Choudieu, il avait pris des informations sur l'arrestation de l'espion de Vandamme et que ces Représentants du peuple avaient donné des ordres pour que cette partie importante du service n'éprouvât plus d'obstacle de la part des autorités constituées.

Il ne se passe presque pas de jours que Vandamme n'envoie des renseignements ; ce résultat ne va sans doute pas sans certains fonds secrets dont il dévoile l'existence : « Je n'ai plus d'argent, écrit-il d'Hazebrouck le 18 pluviôse à Moreau ; procure-m'en, je t'en prie, car j'en ai absolument besoin. — Apporte-moi de l'argent, lui répète-t-il le 19 ventôse ; pour que le moulin tourne, il faut du vent. »

Quant aux renseignements en eux-mêmes, ils se répètent d'une façon assez monotone pour qu'il y ait tout intérêt à les grouper dans un tableau unique qui en fasse mieux saisir l'ensemble et le résultat final.

TABLEAU SCHÉMATIQUE

des renseignements parvenus sur la force et les emplacements de l'ennemi devant Orchie et Valenciennes.

Légende : I. Infanterie. — C. Cavalerie. — P. Pièce d'artillerie. — R. Régiment.

LOCALITÉS.	EFFECTIFS AUX DATES CI-APRÈS.				
	3 ventôse.	12 ventôse.	17 ventôse.	1er germinal.	30 germinal.
Orchie	1,500 I. 400 C.	»	»	6,410 I., 2,865 C., 22 P.	En avant d'Orchie 6,050 I., 2,050 C., 22 P.
Saint-Amand	600 I.	»	»		
Brillon	»	»	»		
Hasnon	»	»	»		
Saméon	200 I.	»	»		
Rosulh	150 I.	»	»		
Loire-au-Château	»	»	»		
Landas	200 C.	»	»		
Beuvry	100 I. 50 C.	»	»		
Bouvigny	»	»	»		
Saint-Amand	»	»	»		
Condé	1,200 40 P.	»	30,260 I., 13,600 C., 400 P., de Valenciennes à Ypres.	3,010 I., 1,430 C., 11 P.	»
Le Quesnoy	1,000	»			»
Valenciennes	2 R.I. 200 C.	18,000			»
Marchiennes	800 I. 250 C., 7 P.	»			»
Abscon	50	»			»
Escaudain	150 I. 50 C., 3 P.	»			»
Rœult	30 C. 30 I.	»			»
L'Ourche	»	»			»
Denain	200 I. 30 C.	»			»
Wavrechin	20 C.	»			»
Prouvy	100 I.	»			»
Hérin	150 I. 50 C.	»			»
Oisy	30 C.	»			»
Bellaing	100 I. 30 C.	»			»
Wallers	300 I. 100 C.	»			»
Avluy	300 I. 4 P.	»			»
Helesmmes	250 I. 50 C., 2 P.	»			»
Erre	80 C.	»			»
Fenain	150 I. 50 C.	»			»
Somain	250 I. 50 C.	»			»

TABLEAU SCHÉMATIQUE

des renseignements parvenus sur la force et les emplacements de l'ennemi, depuis la mer jusqu'à Tournay, pendant les mois de pluviôse, ventôse et germinal.

LÉGENDE.

R. Régiment. | P. Pièce de canon.
B. Bataillon. | I. Infanterie.
Cie Compagnie. | C. Cavalerie.

EFFECTIFS AUX DATES CI-APRÈS.

	PLUVIÔSE.					VENTÔSE.												GERMINAL.													
	18	20	23	28	30	3	10	11	12	17	19	20	22	23	28	29	29	8	9	10	10	14	15	18	19	20	21	Fin germinal.	26	28	30
…	»	»	»	»	»	»	»	»	1,500 20 P.	15,000 hommes.	L'ennemi est en forces du côté d'Ostende et de Bruges.	»	»	15,000 hommes.	»	1,500	»	»	»	»	35,000 hommes depuis la mer jusqu'à Ypres et Menin.	»	»	»	»	»	800	Sur le front Ostende, Ypres, Tournay, avec réserves à Bruxelles et à Mons, 28,880 fantassins, 3,910 cavaliers et 34 canons.	»	7,000	La masse principale est près Menin. — A Ypres, Menin, Courtrai, Tournay, Ostende, Nieuport, Furnes, Dixmude, Oudenaarde et environs, 36,350 hommes.
…	2,500	1,850	»	»	»	»	2,000 40 P.	2,000 40 P.	4,000 40 P.			»	»		»	2,000	»	3,500	»	3,000		3,000 18 P.	»	4,000 40 P.	»	300 6 P.	4,300 40 P.		2,400	»	
…	250	150	»	»	»	»	60	60	500 3 P.			»	»		150	100	»	200	»	»		300	»	250	»	300	»		450	»	
…	700	500 4 P.	»	»	»	»	500 5 P.	500 5 P.	»			»	»		»	300	»	»	»	»		1,000 4 P.	»	300 2 P.	»	»	»		300	»	
…	600	»	»	»	»	»	600 (5)	600	700			»	»		700	600	»	»	»	»		1,000 4 P.	»	250	»	»	800		»	»	
…	300	»	»	»	»	»	»	»	»			»	»		»	»	»	»	»	»		»	»	»	»	»	»		»	»	
…	300 2 P.	200	»	»	»	»	200 2 P.	200 2 P.	300			»	»		»	300	»	»	»	»		150	»	»	»	»	»		»	»	
…	»	»	»	»	»	»	»	»	»			»	»		»	450	»	»	»	»		»	»	»	»	»	»		»	»	
…	»	»	»	»	»	»	»	»	»			6,000	»		»	»	»	»	»	»		»	»	»	»	2,000 I. 1,000 C.	»		»	»	
…	»	»	400	300 (4)	»	500	»	300	»		»	1,000	»		»	»	»	»	»	1,000		450	»	»	»	4,000	»		»	»	
…	»	»	2 Cies	450	»	»	»	»	»		»	»	»		»	»	»	»	»	600		4,000 3 P.	»	»	»	»	»		»	»	
…	»	»	4 B. (5)	2,300 100 P.	»	2,000	»	3,000	4 B., 1 E.		»	8,000	4 B.		4 B., 2 E.	3,000	»	5 R., 3 E.	8,000	5,000		5,000 70 P.	3,000	»	6,000	6,000	6,000 80 P.		7,000	»	
…	»	»	»	150	»	200	»	»	»		»	»	»		»	»	»	»	800	»		»	»	»	2,000 2 P.	400	»		2,400	»	
…	»	»	»	»	»	200	»	»	»		»	»	»		»	»	»	»	»	»		»	»	»	»	»	»		»	»	
…els.	»	»	1 B., 1 Cie, 1 E.	»	»	»	»	»	1 B.	»	»	»	1 B.	»	1 B.	»	40,000 hommes.	730	»	»		»	»	»	»	»	400		»	»	
…	»	»	3 Cies	»	»	»	»	»	1 B.	»	»	»	»	»	2 B., 1 P.	»		1 B.	»	»		»	1,200	»	»	»	600		»	»	
…	»	»	»	250	»	»	»	»	»	»	»	»	»	»	»	»		»	»	»		»	»	»	»	»	»		»	»	
…	»	»	»	»	»	»	»	»	»	»	»	»	»	»	»	»		»	800	»		»	»	»	»	»	»		»	»	
…	»	»	4 B., 5 E.	»	»	»	»	»	3 B., 5 E.	»	»	»	3 B., 2 B., 4 R. C., 5 E.	»	9,000 I., 1,600 C.	2,600		»	»	»		»	»	»	»	»	4,500		»	»	
…	»	»	»	»	»	»	»	»	»	»	»	»	»	»	1,550	»		»	»	»		»	»	»	»	»	800		»	»	
…	»	»	»	1 R., 2 P.	»	»	»	»	»	»	»	»	»	»	»	»		»	»	»		»	»	»	»	»	»		»	»	
…	»	»	»	2 R.	»	»	»	»	»	»	»	»	»	»	»	»		»	»	»		»	»	»	»	»	»		»	»	
…	»	»	2 R., 1 B., 2 E. (5)	1 B. 6 Cies, 2 E., 8 P.	4,000 au plus.	»	»	»	3 R., 1 B., 3 E.	»	»	»	»	»	»	1,800 3 E.		(5)	»	»	»	»	»	»	»	(6)	3,350		»	»	
…	»	»	»	»	»	»	»	»	»	»	»	»	»	»	»	»		»	»	»	»	9,000 hommes, 22 P.	»	»	»	»	»		»	»	
…	»	»	2 Cies	»	»	»	»	»	»	»	»	»	200	»	»	»		»	»	»	»		»	»	»	»	»		»	»	
…	»	»	3 Cies, 1 R., 2 P.	»	»	»	»	»	»	»	»	»	200 2 P.	»	4 B., 1 E.	»		»	»	»	»		»	»	»	»	»		»	»	
…	»	»	1 Cie 1/2	»	»	»	»	»	»	»	»	»	200	»	»	»		»	»	»	»		»	»	»	»	»		»	»	
…	»	»	1 Cie	»	»	»	»	»	»	»	»	»	200	»	»	»		»	»	»	»		»	»	»	»	»		»	»	
…	»	»	1 Cie	»	»	»	»	»	»	»	»	»	200	»	»	»		»	»	»	»		»	»	»	»	»		»	»	
…	»	»	5 R. (5)	6,000 70 P.	»	»	»	»	3 R., 1 E.	»	»	»	20 P.	»	4 R. I., 5 R. C.	2,900		5,000	»	»	»		»	»	»	5,000 I., 2,000 C. (7)	3 R. I., 3 R. C.		»	»	

OBSERVATIONS.

(1) Une compagnie de cantonniers.

Les troupes cantonnées aux environs d'Ypres fournissent les avant-postes suivants : 2 compagnies à Saint-Eloy détachant à Dickebusch 24 hommes, à Kemmel 24 hommes, à Wormezeele 36 hommes.

(2) La garnison de Courtrai fournit en partie les postes de Wevelghem, Marcke, Lauwe et Aelbeke. A Marcke, 1 canon de 3.

(3) Cette garnison fournit, avec les chasseurs, des piquets aux avant-postes de Templeuve, Hertain, Esquerm, Camphin et Bourghelles.

(4) 3,000 paysans des environs armés.

(5) Dans les villages environnants Dixmude, 1,500 hommes.

(6) Forte garnison à Courtrai.

(7) 4 batteries à Tournay.

Si l'on suppose par la pensée que le 2e bureau de l'état-major du général en chef français lui ait préparé ce tableau et le lui ait présenté, la conclusion qui s'en dégagera, c'est que le long du cordon ennemi de 36,000 hommes s'étendant d'Ostende à Tournay, des réserves partielles sont massées à Nieuport (3,000 hommes), à Ypres (environ 10,000 hommes), à Menin (10,000 hommes), à Courtrai (3,000 hommes), à Tournay (10,000 hommes).

Cette répartition n'est pas difficile à expliquer : en partant de ce principe dont la campagne de 1792 a déjà démontré l'existence et qui consiste à faire participer les corps eux-mêmes à leur propre couverture, sauf à les serrer rapidement sur l'un d'eux au moment critique, et par un mouvement de flanc dangereux ; en partant de ce principe, il est facile de voir que les réserves de Nieuport, d'Ypres, de Menin, de Courtrai et de Tournay étaient chacune le noyau, de force proportionnelle au degré de probabilité de l'événement, d'une concentration destinée à faire face à l'une des éventualités suivantes.

On craignait tout d'abord une tentative des Français par mer pour tourner la gauche de la ligne ennemie. Dunkerque était le point de départ indiqué de cette tentative ; et tout le faisait soupçonner : on exécutait de grands travaux dans ce port, et Pichegru rend compte, le 5 mars, à Bouchotte, qu'il les a visités. D'autre part, aux termes d'une correspondance de Bruxelles en date du 3, « les villes maritimes de la West-Flandre... ont à craindre d'être attaquées par mer en même temps qu'elles le seront par terre. Nous apprenons, continue-t-elle, qu'on s'occupe avec activité, à Dunkerque, de l'armement de plusieurs petits bâtiments tels que chaloupes, canonnières, bombardes, etc., destinées à cette entreprise... » Pour monter ces petits bâtiments, un arrêté du Comité de Salut public, en date du 25 ventôse an II

(15 mars 1794), avait prescrit l'embarquement des volontaires nationaux sur les bateaux pêcheurs à raison de deux par bateau ; et Pichegru rendait compte, le 5 mars, au Ministre, qu'il avait veillé à l'exécution de cet arrêté. Pour prévoir cette éventualité, peu probable toutefois, les Alliés avaient « en grande diligence », fait des travaux pour mettre Furnes et Nieuport en état de défense, en même temps qu'ils y avaient placé une réserve en proportion du danger à craindre.

La présence de la division Souham sous les murs de Lille, et de celle de Moreau sous Cassel, faisaient d'autant plus craindre une expédition sur Ypres, que le Comité de Salut public l'avait arrêtée dès le 29 pluviôse (17 février 1794) ; et les trahisons qui florissaient même au sein du Comité avaient dû très vite renseigner l'ennemi sur la possibilité d'autant plus probable de cette expédition qu'elle avait été décidée par le Comité lui-même.

L'attaque d'Ypres n'était pas la seule à craindre. L'expérience de 1792 appelait l'attention sur la menace que créaient pour Menin et Courtrai les rassemblements de Cassel et de Lille. Aux souvenirs de l'expédition de Lückner s'ajoutaient des renseignements plus récents. Une nouvelle trahison ne dévoilait-elle pas aux Alliés le plan de Carnot ? Dès le 3 février en effet, on écrivait de Bruxelles : « L'ennemi aurait le projet de faire pénétrer une colonne assez forte dans le comté de Namur et la partie du pays de Liége qui l'avoisine, tandis qu'une seconde colonne, plus considérable, s'avancerait dans le même temps sur le Tournaisis pour attaquer tous les cantonnements autrichiens qui couvrent cette province, et tâcherait ensuite d'effectuer sa jonction avec la colonne venant de Namur pour envelopper les villes de Valenciennes, Condé et le Quesnoy.

« Il paraît que dans l'exécution de ce projet, qui est remise au premier temps favorable, le général Jourdan commanderait l'armée des Ardennes qui s'avancerait de

Givet et le *général Pichegru celle du Nord venant de Lille*. Les soupçons qu'on avait déjà sur ce plan de l'ennemi ont été confirmés par un officier de la 1re réquisition qui a déserté depuis peu. »

Il était donc indiqué, d'après ces craintes, de renforcer au possible Ypres, Menin et Courtrai et d'y concentrer une grosse réserve pouvant s'opposer à toute tentative directe ou indirecte et se porter au besoin au secours de Nieuport par Dixmude, pourvue elle-même d'un millier d'hommes.

Enfin Tournay était directement opposé à la division Souham par son camp de Marquain et était également à portée soit de secourir Courtrai, comme l'avait fait le général Clerfayt en 1792, soit de protéger contre les tentatives de Souham le flanc droit et les derrières de la grande attaque que les coalisés voulaient diriger par Valenciennes sur Landrecies.

Quoi qu'il en soit, le cordon de surveillance des alliés dans la West-Flandre longeait, de Nieuport à Ypres, le canal de l'Yser, qui, avec Furnes comme poste avancé, était jalonné par les postes de Schorebacke, Dixmude, Nieu-Capelle, Fort de Cnocke. Autour d'Ypres, il y avait une ceinture de postes détachés à Elverdinghe et Torren, Vlaemertinghe et Poperinghe, Reningelst, Dickebusch, Vormezeele, Kemmel, Zantvoorde, Gheluvelt, Gheluwe. De là, cette ligne gagnait Menin et suivait la Lys, de Menin à Courtrai. Cette place était entourée des postes de Wevelghem, Marcke, Lauwe et Aelbeke, Belleghem, Rolleghem. De ce dernier poste, la ligne rejoignait par Mouscron celle dont nous avons parlé lors de l'exposé de la situation de la division Souham. De Mouscron, elle allait soit par Roubaix soit par Dottignies, Evregnies, Saint-Léger, Leers, Nechin, regagner les postes en avant de Tournay, c'est-à-dire Templeuve, Hertain, Baisieu, Camphin, Bourghelles.

En face de cette ligne, à partir de la rive Nord-Ouest

de la Lys, à gauche de la division Souham et devant partager avec elle la gloire des succès de Courtrai, de Menin, de Tourcoing et d'Ypres, se trouvait la division Moreau.

Enfin la division Souham était continuée à sa droite par la brigade Osten, dont le quartier général était à Pont-à-Marque.

Les effectifs et emplacements de cette brigade sont donnés ci-après :

Camps et cantonnements des différentes divisions de l'armée du Nord.

[Extrait du rapport général du 30 germinal an II (19 avril 1794).]

Camp de Mons-en-Pesvele, aux ordres du général Osten. — *Quartier général à Pont-à-Marque.*

Général de brigade : Proteau. Adjudant général : Bonneville. Adjoint : Salomon. Aide de camp : Renard.

DÉSIGNATION des CORPS.	OFFICIERS PRÉSENTS.	SOUS-OFFICIERS ET SOLDATS DE TOUTE ARME. Force d'hier.	Remplacem. : soldats rentrés au corps.	Pertes : morts ou disparus.	Force d'aujourd'hui.	SITUATION DE L'EFFECTIF. Détachés.	Aux hôpitaux.	En congés ou permissions.	En prison.	Présents sous les armes.	Manque au complet.	Canonniers attachés aux bataillons.	DOMESTIQUES D'OFFICIERS.	CHARRETIERS.	VIVANDIERS.	FEMMES DE SOLDATS.	CHEVAUX de troupe ou d'artillerie.	CHEVAUX d'officiers ou d'équipages.	MANQUE AU COMPLET.	OBSERVATIONS.
1er bat. d'Eure-et-Loir...	27	1,057	»	»	1,057	46	76	1	2	932	»	21	5	15	2	6	42	2	»	Mérigny, Rupilly et le camp.
8e de la Meurthe.........	29	1,095	»	1	1,094	10	88	1	2	993	»	»	2	1	2	5	9	»	»	Pont-à-Marque.
2e du 90e régiment.......	25	1,017	»	»	1,017	105	33	10	2	867	»	24	4	15	4	4	37	4	»	Au camp de Mons-en-Pesvele.
1er du 90e régiment......	30	1,054	»	»	1,054	75	128	»	»	851	»	»	3	16	»	7	40	3	»	Au château d'Aigremont.
Dét. du 27e de la réserve.	13	345	342	2	685	»	17	1	1	666	»	18	»	8	»	2	23	»	»	A Seclin.
1er de Valenciennes.......	31	546	1	1	546	16	196	»	3	331	»	7	1	15	4	4	41	2	»	Au camp de Mons-en-Pesvele.
5e des chasseurs à pied...	27	1,055	»	1	1,054	»	56	4	1	993	»	2	2	»	»	»	4	3	»	Pont-à-Marque et Rupilly.
25e rég. d'infanterie......	22	1,028	»	2	1,026	30	198	»	10	788	»	30	7	11	2	4	25	4	»	A Seclin.
6e rég. de hussards.......	6	106	»	»	106	»	»	»	»	106	»	»	»	»	»	»	106	7	»	Au château de Croquet.
12e chass. à cheval.......	21	327	»	»	327	»	»	»	»	327	»	»	13	3	»	»	304	39	»	Pont-à-Marque, Aigremont et Boise.
14e id., détachement.....	11	90	»	»	90	»	»	»	»	90	»	»	4	2	»	»	78	10	»	A Frétain.
Id., 25e cavalerie.........	4	87	»	»	87	»	3	»	2	82	»	»	1	2	3	»	73	5	»	Pontibault.
Dét. de douanes..........	2	58	»	»	58	»	2	»	»	56	»	»	»	»	»	»	14	2	»	Martinsart.
27e comp. d'infant. légère.	1	27	»	»	27	»	»	»	»	27	»	»	»	20	»	»	56	»	»	Pont-à-Marque.
6e rég. d'artillerie........	3	82	»	»	82	»	»	»	»	82	»	»	»	12	1	1	39	2	»	Au camp de Pont-à-Marque.
11e comp. de la Seine-Inf.	3	57	»	»	57	»	»	»	»	57	»	»	»	18	1	»	33	1	»	Id.
9e rég. d'artill., détachem.	»	18	»	»	18	»	»	»	»	18	»	»	»	»	»	»	»	»	»	Au camp.
Totaux....	255	8,049	343	7	8,385	282	797	17	23	7,266	»	102	42	138	19	33	924	84	»	

D'après le service des renseignements, l'ennemi pour consolider sa ligne, se tenait plutôt sur la défensive, faisait couper les chemins et émettait l'intention d'inonder provisoirement les terres du « Furnenbach » par les écluses de Nieuport.

Enfin, l'ennemi que le service des renseignements signalait le 17 ventôse comme « craignant pour Ypres », continuait le 19 germinal « avec activité, à se fortifier à l'avancée de la porte de Messines. Les ouvriers qui y travaillent ont avec eux des fusils et des cartouches. Il paraît que les gens d'Ypres croient à une irruption prochaine de notre part..... »

De tout ce qui précède, il résulte que les lignes adverses étaient au contact l'une de l'autre.

d) *Le prélude des opérations.*

Le moment où les divisions Souham et Moreau passeraient à l'offensive n'était plus éloigné ; le 6 germinal, Moreau écrit à Vandamme que « le grand jour est arrivé ». Les troupes se concentrent vers Lille ; le 1er régiment de cavalerie vient cantonner à Fives le 12 germinal. Les armes ne péchaient pas par le nombre ; à la vérité, beaucoup de soldats étaient mal armés. En dépit des demandes que l'on soumettait aux Représentants, on ne pouvait rien obtenir. Florent-Guyot, sans doute pour rejeter la responsabilité du déficit en armes sur les généraux, écrivit au général Macdonald pour se plaindre de ce que les avant-postes ne fussent point armés.

De son côté, l'ennemi préoccupé de nos mouvements et voulant dissimuler les siens, se remuait aussi beaucoup. Il paraissait sur tous les points de notre ligne sans se fixer nulle part au delà de la sienne.

Quelquefois, il nous inquiétait. Un coup de main sur Landrecies produisit une grande émotion à Maubeuge.

A la nouvelle des événements de Landrecies, l'émotion fut considérable à Maubeuge. Dès le 18 avril (29 germinal), la municipalité avait reçu du district d'Avesnes un arrêté ordonnant que les bouches inutiles seraient transférées dans le département de l'Aisne : elle en dressa la liste comprenant 416 noms ; et, aussitôt que les vingt-quatre heures accordées aux intéressés pour évacuer la place furent expirées, le conventionnel Laurent et le général Favereau se rendirent au Conseil général de la commune pour arrêter les mesures de contrainte nécessaires.

D'autres précautions furent prises en vue d'un siège : c'est ainsi qu'on ordonna à chaque habitant d'avoir devant sa maison un baquet plein d'eau et que l'école dominicale fut destinée à mettre en sûreté les archives avec une partie des vivres (1).

Le 2 floréal, l'ennemi vint cependant s'établir un instant à Cysoing. Le surlendemain, nous opérions une reconnaissance sur ce village : l'ennemi en était parti depuis la veille.

Le temps n'était d'ailleurs pas perdu ; et, en attendant que le commandement prît une décision ferme, chacun s'efforçait d'aguerrir ses troupes en escarmouchant, en fourrageant, voire même comme Macdonald en allant rechercher, sur la réquisition des Représentants, les agents suspects qui s'étaient réfugiés chez l'ennemi (2).

A l'effet moral qui résultait de ces luttes incessantes, venait encore se joindre une instruction poussée à fond dans tous les instants disponibles. Vandamme le constate dans ses mémoires ; on en trouve aussi la preuve dans la correspondance de Macdonald.

(1) Extrait de Foucard et Finot.

(2) Voir aux Annexes la série de documents se rapportant à ces opérations.

Le général Macdonald au chef de bataillon Masson, à Flers.

Fives, le 8 germinal an II (28 mars 1794).

L'adjoint de ronde vient de me rendre compte, citoyen, qu'il y avait peu de monde à l'exercice au pont de Recueil. Cette négligence dans l'instruction est très préjudiciable au bien du service. Tu dois surveiller les deux compagnies qui sont au pont de Recueil, et les quatre de Lamponpont. Je te charge de me rendre compte si cette négligence vient de la part de l'officier qui y commande ou de celle des volontaires. Dans le premier cas, tu mettras l'officier aux arrêts, ce qui ne l'empêchera pas d'aller aux exercices. Dans le second, les volontaires resteront deux heures de plus par jour, une le matin et l'autre l'après-midi. Malgré l'ordre qui enjoint d'exercer deux fois par jour, le commandant de Lamponpont a pris sur lui de ne faire exercer qu'une fois, sous prétexte que son monde était trop fatigué de service. S'il n'a pas assez de monde, pourquoi n'en rend-il pas compte ? Tu voudras bien te faire remettre par ce commandant la force du détachement, les postes qu'il fournit et le nombre d'hommes de service, afin que je juge si un renfort est nécessaire. En attendant, il est trop important que l'instruction continue pour y mettre le moindre retard. Tu lui ordonneras d'exercer deux fois par jour.

La lecture du document suivant donne encore la même impression :

Le chef de brigade Serret au général de division Moreau, à Cassel.

Bailleul, le 20 ventôse an II (10 mars 1794).

Je vois par ta lettre, général, que tu désirerais avoir des renseignements sur la Belgique. Je me rendrai près de toi si la chose est pressée. Je suis à même de te donner tous ceux dont tu pourras avoir besoin, et s'il est question d'une attaque, je te promets de te donner beaucoup de facilité à faire un coup d'éclat. Je désirerais avant de quitter ce bataillon-ci qu'il ait tout ce dont il a besoin. Ce terme ne sera pas long, car j'attends aujourd'hui des souliers ; on exerce à force ; la discipline s'y introduit à grande force et j'ose répondre qu'avant peu il sera en état de donner un fier coup de collier. Aussi j'espère que tu voudras bien le placer aux avant-postes de Cassel. La plus grande partie est de ce pays-là. Ils auront beaucoup plus de facilité qu'ailleurs ; les autres bataillons de ma brigade étant employés aux travaux ne pourront pas de longtemps être instruits et disciplinés. Il est de toute justice que celui-ci soit à même de leur faire une réputation. Si vous avez besoin de moi dans le moment, mandé le moi. Je m'y rendrai tout de suite. Si cela peut se différer de quelques jours, je me rendrai à Lille pour presser l'envoi des armes qui me manquent, et partirai de là pour Cassel.

Salut et fraternité.

Ces troupes exercées, loin de craindre la rencontre avec l'ennemi, sentaient au contraire dans son attitude expectante qu'il n'était pas en mesure.

La population de son côté ne pensait qu'à aider aux succès de l'armée et faisait preuve, en général, du plus pur patriotisme ; nous disons en général, car la résistance de certaines villes frontières, épuisées par les fournitures continuelles qu'elles faisaient aux armées, nécessita l'intervention des troupes. En voici un exemple, tiré de la correspondance de Macdonald avec le général de division Souham (1).

Daendels me demande l'autorisation d'employer un détachement de 800 à 900 hommes pour contraindre deux villages à faire les livrances auxquelles ils sont taxés ; tu voudras bien me faire savoir par retour de l'ordonnance si tu approuves cette mesure.

Mais ces cas, heureusement fort rares, sont compensés par l'attitude des sociétés populaires qui fonctionnaient partout alors et par celle des représentants municipaux.

Ainsi, le 6 floréal, la Société populaire et révolutionnaire de Lille adresse aux Représentants du peuple près l'armée du Nord la lettre suivante :

L'heure du combat approche, Représentants du peuple, faites-nous conduire à l'ennemi, soit pour le combattre, soit pour ramasser nos frères blessés et leur porter secours.

Nous voulons encore que nos maisons deviennent les seuls hôpitaux de nos braves camarades. Nous les soignerons, nous panserons leurs

(1) Macdonald à Souham, 28 pluviôse (16 février).

blessures, et nous dirons à nos enfants, en les leur montrant pour exemple, qu'il est doux de souffrir pour sa patrie.

De même, le 30 germinal, le général Vandamme avait requis la municipalité de Herzeele de faire réparer au plus tôt le chemin de Herzeele à Vinnezeele. Cette municipalité envoyait déjà de nombreux ouvriers aux travaux publics de Steenwoorde et à la réparation du chemin de Herzeele à Vormhout; mais comprenant l'urgence de la réquisition, elle décida, dans l'intérêt de la patrie, qu'elle irait elle-même, armée de « pioches et autres ustensiles » faire sans indemnité les travaux de réparation du chemin entre Herzeele et Vinnezeele pendant deux jours.

De tels exemples de désintéressement civique sont des correctifs heureux des quelques incidents que nous avons signalés.

Aussi, bien que toute la mobilisation ne fût pas terminée (1), l'ensemble de circonstances favorables qui résultait de l'ardeur et de la confiance des chefs, de

---

(1) Ainsi que le montre la lettre suivante, datée du 20 ventôse :

Celliez, agent du Conseil exécutif près l'armée du Nord, au citoyen Bouchotte, Ministre de la guerre.

Réunion-sur-Oise, le 20 ventôse an II (10 mars 1794).

« Tout semble nous annoncer que l'on ne restera pas longtemps sans entrer en campagne. Le beau temps qui dure depuis huit ou dix jours, les préparatifs que l'ennemi fait de son côté me font craindre que nous soyons obligés de marcher avant peu. Je t'assure que je désire infiniment que la pluie recommence et dure encore huit ou douze jours, parce que je crois que pendant ce temps, on pourrait finir les préparatifs nécessaires au succès de nos armes. Il paraît certain que l'ennemi commence à rassembler ses cantonnements pour les camper et je crains que nous soyons attaqués si le beau temps dure encore.

« La cavalerie n'est pas encore complète; les bataillons ne sont pas tous armés. La plupart sont sans gibernes. Nous n'avons pas assez de

l'idée où l'on était de l'infériorité de l'ennemi et des craintes qu'il avait, l'instruction intensive donnée à la troupe, les escarmouches de chaque jour, enfin le concours dévoué de la nation, tout convergeait à rendre imminent le triomphe des armes françaises lorsqu'elles se porteraient en avant.

---

canons ni de chevaux pour les charrois, et si nous pouvions retarder notre entrée en campagne seulement de trois semaines, ce temps pourrait, je pense, suffire pour achever tous nos préparatifs. Quoi qu'il en soit, je crois devoir te faire part de ces réflexions pour t'engager à donner les ordres les plus positifs pour que l'armée soit pourvue aussitôt que possible de tout ce qui lui manque. »

L'agent du Conseil exécutif près l'armée du Nord

CELLIEZ.

II

La marche sur Menin et Courtrai (1er au 8 floréal) (1).

Le chapitre précédent a été consacré à montrer la position respective des deux armées adverses et la situation initiale d'où partirait Pichegru pour exécuter sa marche sur Menin et Courtrai. Cette situation peut être ainsi résumée (2) :

La division Moreau avait son quartier général à Cassel; ses points de rassemblement principaux étaient Dunkerque, Cassel et Bailleul, et ses avant-postes occupaient Zuydchoote, Ghyvelde, Hondtschoote, Roussbrugghe, Steenwoorde, Bœscheppe, le mont des Chats et le mont Noir.

La division Souham, dont le quartier général était à Marque-en-Barœuil, avait formé trois camps, l'un dans la plaine entre Mons-en-Barœuil et Flers; l'autre à Marque, un troisième à Commines. Ces trois rassemblements étaient couverts par une ligne d'avant-postes passant par Nieppe, la Lys d'Armentières à Commines-Nord, Wervicke-France, Blaton, Linselles, la Croix-Blanche, Mouvaux, Wasquehal, Lamponpont, Annappes et Lezennes.

De la division de Douai, il ne restait, défalcation faite des secours fournis à celle de Cambrai, que deux détachements, l'un à Pont-à-Marque et Mons-en-Pesvele pour couvrir la route de Lille à Douai, l'autre à Pont-à-Rache.

Pendant que ces divisions s'aguerrissaient par de con-

(1) Voir la carte générale des opérations des divisions Souham et Moreau.

(2) Journal de l'armée du Nord, par l'adjudant général Reynier.

tinuelles escarmouches avec l'ennemi, Pichegru hésitait sur la solution à prendre. Sa visite sur la frontière, du 9 au 27 ventôse, le « défaut d'armes » et « l'état respectable » des défenses d'Ypres (1), le déficit de 2,000 chevaux au parc d'artillerie (2), le mauvais temps (3) furent autant de prétextes qu'il invoqua pour ne pas exécuter l'arrêté du Comité du Salut public du 29 pluviôse et le plan conforme de Carnot. En même temps, la solution que lui a suggérée Colaud semble prendre corps dans son esprit, et c'est sans doute sous l'empire de cette idée dominante qu'il s'empresse de se rendre à Lille. Il a eu et a encore l'intention d'enlever le poste du Cateau, mais ce n'est là qu'une opération secondaire ; elle ne pourra du reste que tromper l'ennemi sur la principale qui consistera à se dérober de Lille, de Cassel et de Dunkerque pour marcher sur Menin et Courtrai. Il doit donc au plus tôt se rapprocher de cette région de manœuvre. Aussi écrit-il le 22 germinal à Bouchotte : « Le mauvais temps continuant et ne pouvant permettre l'opération sur le Cateau avant quelque temps, je vais transférer le quartier général à Lille, et je prendrai des mesures pour agir en même temps sur la droite, l'aile gauche et le centre. » Le 24, en effet, il transportait son quartier général à Lille (4), et l'état-major de Liébert cessait de fonctionner le 25 à midi à Réunion-sur-Oise (5).

Le 28, Pichegru assistait avec Richard à une reconnaissance de la brigade Macdonald sur Cysoing (6), et le

(1) Pichegru au Ministre, Réunion-sur-Oise, le 21 ventôse (11 mars).

(2) Le même au même, 28 ventôse (18 mars).

(3) Le même au même, 2 germinal (22 mars).

(4) Ordre général de l'armée du Nord, 23-24 germinal. Reg., XX.

(5) Voir *Campagne de 1794*, t. Ier, p. 254.

(6) Extrait des opérations de la brigade Macdonald, 25-28 germinal. « Pichegru était de retour à Lille d'où il était parti pour aller visiter la droite de son armée. Il avait ramené avec lui tout son état-major.

30, il invitait Souham et Moreau à venir conférer avec lui sur la situation (1), non qu'il eût des doutes sur le plan stratégique à adopter, mais plutôt pour en arrêter les dispositions tactiques. En effet, le 2 floréal, il écrivait au Comité du Salut public : « Je vais faire ici une puissante diversion. J'espère mettre sous quatre jours cinquante et quelques mille hommes en marche pour se porter sur Ypres, Menin et Courtrai. » Pour exécuter cette diversion, l'adjudant général Reynier, chef d'état-major de la division Souham, prépare un projet de marche (2) qui porte la date du 2 et sera discuté dans la réunion du 3. En prévision des résultats de cette conférence et des mesures qui en seront la sanction, Souham donne, dès le 2, l'ordre à Macdonald « de venir chez lui pour s'y concerter sur une attaque (3) ».

Il assista avec le représentant Richard à une reconnaissance que nous fîmes le 28 sur Cysoing. Il vint également, avec le représentant Richard, passer la revue de notre camp à Flers. »

(1) Pichegru à Moreau, 30 germinal.

(2) L'ouvrage intitulé *Le général Dumonceau* (Bruxelles, Devoye et Ce, p. 13, 14 et 15), cite Reynier et Dumonceau comme les auteurs du plan de diversion en Flandre. Aucun document des Archives ne le prouve, et même la lettre du commandant du 2e bataillon des Ardennes et celle de Colaud, que nous avons citée en discutant le plan de campagne, prouvent le contraire. Ce qui a pu donner naissance à cette assertion, c'est le *plan d'expédition* existant aux archives et écrit de la main de Reynier, qui, comme tout adjudant général de l'époque ou tout officier d'état-major actuel, fut chargé de rédiger un projet d'ordre de mouvement pour son unité, qui était alors la division Souham. Ce projet étant daté du 2 et la conférence de Pichegru avec Souham et Moreau ayant eu lieu le 3, on peut en conclure que la rédaction de Reynier servit de thème à la discussion.

(3) Extrait des opérations de la brigade Macdonald, 2 floréal. — « L'on attendait avec impatience le moment qui devait ébranler nos colonnes pour le mouvement général que l'on disait être au point de s'exécuter..... Tout était prêt. Enfin, mon général reçoit l'ordre de venir chez le général Souham pour s'y concerter sur une attaque. »

D'un autre côté, la lettre suivante, tout en prouvant qu'il y eut bien

Le projet de marche de Reynier était ainsi conçu :

Le 1er jour. — La division de Dunkerque ferait porter à Roussbrugghe 6,000 hommes et plus s'il était possible.

Les troupes de la division de Cassel se rassembleraient le soir partie à Steenwoorde, partie à Bailleul ou au mont Saint-Antoine.

Le 2e jour. — Les troupes attaqueraient les postes ennemis depuis Éversam jusqu'à Rheningelst et Kemmel sur trois colonnes : l'une partie de Roussbrugghe, passerait par Crombeecke et le bois de Saint-Six, pour se porter sur les derrières de Poperinghe et des autres endroits gardés par les paysans armés.

Une autre colonne, partie de Steenwoorde, marcherait directement sur Poperinghe. Une partie de cette troupe sortirait par Houtkercke et prendrait la gauche de Poperinghe de plus près que la colonne de Roussbrugghe.

La colonne de Bailleul passerait par Kemmel, Wytschaete, Saint-Éloy, Messines, à Commines et forcerait dans son passage tous les postes ennemis qu'elle rencontrerait dans sa route.

De Poperinghe, les troupes se porteront sur Vlaemertinghe, Elverdinghe, Boesynghe et sur Dickebusch et Voormezeelle.

---

une entrevue entre Souham et Macdonald le 2, semble en donner l'initiative à Macdonald.

Le général Macdonald au général Souham.

Fives, le 1er floréal an II (20 avril 1794).

Je viens de recevoir un rapport que cependant je ne garantis pas. Il dit qu'il y a deux régiments d'infanterie au camp de Nomain, Ligne et d'Onbergh. Leurs avant-postes sont les mêmes. Tous leurs équipages sont chargés à Orchie. Le bruit court qu'ils vont faire rentrer au delà de l'Escaut les bestiaux, chevaux et voitures qui se trouvent en deçà. J'en saurai davantage après-demain. Je désirerais que Reynier vînt indiquer un emplacement pour faire camper le 1er régiment de cavalerie. Il est urgent de prendre cette mesure afin d'avoir la cavalerie sous la main en cas de besoin. Le 3e chasseurs doit être renforcé aujourd'hui de 150 hommes montés venant du dépôt. Je te prie de m'indiquer l'heure à laquelle je pourrai te trouver demain chez toi. J'ai quelque chose de particulier à te consigner.

MACDONALD

Ces attaques doivent être faites de manière que la retraite des troupes sur Ypres soit coupée.

Ce même jour, les 4,000 hommes qu'on laisserait sur Hondtschoote s'avanceraient sur les bords du canal de Loo, prendraient une position derrière, de manière à inquiéter Dixmude et Nieuport.

On pourrait en même temps faire de Dunkerque une sortie pour enlever les troupes qui sont à Furnes et les effrayer ; bien entendu qu'on se retirerait tout de suite.

Les troupes qui couvrent Ypres forcées, on laisserait du côté de Vlaemertinghe ou Wytschaete un corps de 5,000 hommes pour contenir Ypres et les sorties que la garnison pourrait tenter par les (routes?) de Bœsynghe, de Poperinghe et de Messines. Le reste des troupes se porterait le même jour vers Commines avec les troupes de Bailleul en se gardant sur la gauche du côté d'Ypres.

Les troupes de Nieppe et Armentières se rendraient aussi à Commines par la rive gauche de la Lys.

Le camp de Flers, afin de faire une petite diversion, pourrait ce même jour aller camper à Sainghin et établir des postes le long de la Marque conjointement avec des troupes que Pont-à-Marque pourrai avancer à Péronne et à Pont-à-Bouvines.

3e jour. — Les 18,000 hommes, rassemblés à Commines, de la division de Cassel, avec 3,000 ou 4,000 hommes de Commines, contiendront la garnison de Menin et se porteront ensuite sur Courtrai par Wevelghem et Bisseghem afin de se réunir à la division qui attaquera Courtrai par la gauche de la Lys.

On fera avancer par la droite de la Lys une colonne de 5,000 hommes d'infanterie et 300 de cavalerie qui se présentera devant Halluin par le Colbra et Roncq et n'attaquera que faiblement de front, tandis qu'une autre partie de cette colonne tournera Halluin et qu'un corps de 9,000 hommes et 650 cavaliers marchera par le chemin de Dronquart et Neuville, chassera les avant-postes de 200 ennemis placés avec une pièce de canon au moulin à huile de Neuville et d'autant aussi avec une pièce au Dronquart. De la hauteur de Dronquart, on détachera deux escadrons de hussards avec de l'infanterie afin de charger rapidement et par derrière le poste de Halluin où on laissera 2,000 hommes destinés à empêcher les sorties de Menin et à protéger des batteries qu'on pourrait établir contre Menin.

Une autre colonne de 7,000 hommes d'infanterie et de 700 cavaliers passera par Mouscron, et un corps de flanqueurs de 2,000 par Herseaux.

Ce corps de (7,000) hommes, après avoir forcé Mouscron, attaquera les troupes du Mont-Castrel par leur gauche et tâchera de leur couper la retraite en se portant promptement sur leurs derrières tandis qu'une partie de la colonne du Dronquart attaquera par la droite.

On se porterait de là : la colonne venant de Roncq qui aurait laissé 2,000 hommes à Halluin et celle de Dronquart sur Reckem, Lauwe et Ælbeke; la colonne, partie par Mouscron, continuera sa route sur Rolleghem et Belleghem, en suivant la chaîne des hauteurs et coupant par une marche vive la retraite des troupes qui seraient à Ælbeke, Lauwe et Marcke-sur-Lys, en les prévenant sur Courtrai ainsi que celles du Mont-Castrel si elles se retiraient trop tôt.

Le corps de flanqueurs suivrait la droite de ce corps et contiendrait les troupes qui pourraient se présenter du côté de Dottignies, s'il ne les avait pas détruites en passant par Estaimpuis et Herseaux.

Cette marche devant, pour avoir le plus grand succès, être prompte et vive, il faudrait faire en sorte de poursuivre le même jour les ennemis dans Courtrai et de les forcer tout de suite.

Les troupes se réuniraient le soir sur la hauteur en avant de Marcke et entre ce village et Courtrai. L'avant-garde serait placée à Courtrai et les flanqueurs à Belleghem et Rolleghem.

La brigade du camp de Flers, de 7,800 hommes d'infanterie et 450 de cavalerie, pourrait ce même jour se porter de la position derrière Lannoy, en laissant quelques détachements pour garder les ponts sur la Marque, avec ceux que fournirait Pont-à-Marque. Cette brigade pourrait attaquer Templeuve, Nechin et ce afin d'inquiéter l'ennemi sur ce point. Et, afin de ne pas s'exposer à être battue le lendemain par un ennemi supérieur, elle se retirerait au camp de Flers qu'elle garderait ainsi que Lamponpont, Pont-à-Bruck et Wasquehal.

En résumé, le projet d'expédition consistait à prendre ou à masquer successivement Poperinghe et Ypres pour se masser à Commines ; puis Menin pour se porter à Courtrai. Le premier jour était consacré à l'investissement de Poperinghe par 6,000 hommes ou plus de la division de Dunkerque et par celle de Cassel. Dans le 2e jour, ces troupes enlevaient Poperinghe, investissaient Ypres devant lesquelles elles ne laisseraient qu'un rideau pour se masser à Commines. Le mouvement serait masqué non seulement par cet investissement, mais au Nord par l'occupation du canal de Loo face à Dixmude et à Nieuport, par l'enlèvement de Furnes, et au Sud par une démonstration du camp de Flers sur la Marque. On arriverait ainsi à avoir concentré 18,000 hommes à Commines le soir du 2e jour.

Le 3e jour serait consacré à porter ces 18,000 hommes par Roncq et le chemin du Dronquart. On enlèverait par ce mouvement le poste d'Halluin où serait laissé un détachement de 2,000 hommes pour masquer Menin. On se porterait de là en deux colonnes, l'une par Reckem, Lauwe et Ælbeke; l'autre par Mouscron, Rolleghem et Belleghem. Cette dernière serait couverte vers le Sud, et contre les détachements qui pourraient venir de Tournay, par une flanc-garde suivant la route Estaimpuis, Herseaux. Cette marche faite très rapidement devait avoir pour couronnement une attaque brusquée de Courtrai. Enfin elle devait être aussi dissimulée par une feinte de la brigade de Flers sur Templeuve, Nechin, etc.

On doit remarquer qu'il était recommandé de tourner les postes de Poperinghe, Ypres et Halluin lors de leur attaque, afin d'éviter que les fuyards ne pussent aller renseigner les places auxquelles on voulait autant que possible dérober le mouvement.

Pour se procurer les forces nécessaires à l'exécution de ses plans, Pichegru, en même temps qu'il invitait Souham et Moreau à conférer avec lui, s'efforçait, suivant la promesse qu'il avait faite à Carnot, de retirer des places fortes tous les effectifs possibles pour les faire agir en campagne.

C'est ainsi que le 1er floréal, il enlève un bataillon de Saint-Omer et prescrit au général Leclaire, qui y commande, d'y faire faire le service par la garde nationale; puis, comme Souham va quitter Lille avec toute sa division, il appelle dans cette place Leclaire (1).

---

(1) *Liébert à Leclaire, général de division à Saint-Omer.*

1er floréal (20 avril).

Le général en chef me charge, mon cher camarade, de te mander que

D'après les mêmes errements, Souham rappelle à Pichegru, le 2, qu'ils sont convenus le 1er d'enlever de Dunkerque et environs toutes les troupes qui n'y sont pas indispensables pour les porter sur Lille, tel le 2e bataillon de tirailleurs ci-devant belge, alors à Bergues, et connaissant ce pays pour s'y être battu déjà.

A Rosendael se trouvait le quartier général de la division Michaud qui, d'après le projet de Reynier, devait faire une expédition contre Furnes où l'on savait qu'il n'y avait que fort peu de troupes ennemies. Pichegru pourra donc prélever sur cette division les 8,000 hommes qu'il veut tout d'abord diriger de Rexpoede sur Roussbrugghe, sous les ordres du général Desenfans; mais ayant ensuite reçu l'ordre, le 2, de marcher par Wormhout sur Cassel, puis le contre-ordre de se tenir seulement prêts à partir de Bergues le 2, ils ne doivent enfin arriver à Roussbrugghe que le 5 au soir afin de pouvoir agir le 6, au point du jour, sous le commandement du général de division Moreau. Pour dissimuler ce mouvement, l'adjudant général Durutte, de la division Michaud, parcourait le 4 toute la ligne des avant-postes depuis les Moeres jusqu'à Roussbrugghe et donnait les ordres nécessaires pour que l'ennemi ne pût s'apercevoir de l'affaiblissement de nos forces (1).

Ce mouvement faisait bénéficier la division Moreau de la brigade Desenfans; mais, en échange, Pichegru lui retirait la brigade Bertin qu'il faisait passer sous les

---

ta présence est nécessaire ici. Il connaît tes infirmités..... tu ne seras attaché à aucune division..... mais ta force morale agira..... Il n'y a dans Saint-Omer qu'un seul bataillon, et je lui donne ordre de partir; si les dépôts qui y sont ne sont pas suffisants pour le service, comme je le crois, il faut que la garde nationale fasse provisoirement le service urgent; prends des mesures à ce sujet et, avant ton départ, établis cela.....

(1) Michaud à Moreau. Cassel, 4 floréal.

ordres de Souham en la dirigeant, le 6, de Bailleul sur Lille (1).

La division Moreau allait donc se composer de la brigade Desenfans, qui se trouvait le 3 à Bergues, et de la brigade Vandamme, qui occupait à la même date les positions ci-après (2) :

Le 14e bataillon d'infanterie légère à Houtkercke, les chasseurs du Mont-des-Chats à Vinnezeele, ceux du Mont-Cassel à Godewaersvelde et le 4e des tirailleurs à Bœsschepe.

Les 1er et 2e bataillons d'Ille-et-Vilaine se rendirent au camp de Caester, avec le 2e bataillon du 16e régiment d'infanterie. Le 2e bataillon du 1er régiment, le 9e de Paris, le 1er du Calvados et le 2e bataillon du 24e régiment occupèrent celui de Borre. Une pièce de 8 et un obusier de 6 pouces, qui arrivèrent à cette époque à la brigade, restèrent à Steenwoorde ; le quartier général fut transféré à Eecke.

Quant au général Souham, il allait disposer le 6 des brigades Bertin, Macdonald et Daendels.

C'est à cette date du 6 que devait s'opérer le mouvement des deux divisions. Aussi semble-t-il intéressant d'indiquer tout d'abord leurs forces et l'emplacement de leurs divers éléments le 5 floréal.

---

(1) Pichegru à Moreau. Lille, 3 floréal.

(2) Récit abrégé des campagnes des IIe et IIIe années républicaines, par le général Vandamme.

Situation de l'aile gauche de l'armée du Nord au 5 floréal (24 avril).

(Extrait du rapport du 5 floréal an II.)

DÉSIGNATION des UNITÉS.	EMPLACEMENTS.	PRÉSENTS SOUS LES ARMES.		CHEVAUX	
		Officiers.	Troupe.	de troupe.	d'officiers ou équipages.
Brigade Osten......	Pont-à-Marque, Mons-en-Pesvele.........	253	7,569	986	95
Division Souham ...	Sur la Lys et aux environs de Lille.......	1,147	30,709	3,859	786
Division Moreau. .	Environs de Cassel....	623	15,325	354	136
Division Michaud ...	Environs de Dunkerque.	446	13,497	625	230
Parc d'artillerie....	La Fère............	49	1,029	1,275	»
Id.	Réunion-sur-Oise.....	65	1,529	46	10
	TOTAUX. . .	2,583	69,658	7,145	1,257

BRIGADE OSTEN.

Quartier général à Pont-à-Marque.

1er bataillon d'Eure-et-Loire	Mérignies, Camp.
8e de la Meurthe....................	Pont-à-Marque.
2e du 90e régiment	Camp de Mons-en-Pesvele.
1er du 90e régiment................	Château d'Aigremont.
Détachement du 27e de la réserve....	Fechin.
1er de Valenciennes	Camp de Mons-en-Pesvele.
5e des chasseurs à pied	Pont-à-Marque, Fretain.
Un bataillon du 25e régiment..	Fretain.
6e régiment d'hussards	Pont-à-Marque.
13e régiment de chasseurs à cheval...	Aigremont, Bersée.
14e régiment de chasseurs à cheval...	Fretain.
25e régiment de cavalerie, détachement.	Ponthibault.
Détachement des douanes...........	Martinsart.
27e compagnie d'infanterie légère....	Pont-à-Marque.
6e régiment d'artillerie, détachement..	Id.
11e compagnie de la Seine-Inférieure.	Id.
9e régiment d'artillerie, détachement.	Camp de Mons-en-Pesvele.
Compagnie du 8e bataillon de Paris...	Pont-à-Marque.

DIVISION SOUHAM.

MACDONALD, DUMONCEAU (1), DAENDELS, généraux de brigade.

Quartier général à Marque-en-Barœuil.

5e bataillon de l'Aisne	Camp de Flers.
1er du 2e régiment	Id.
5e de la Côte-d'Or	Id.
10e des volontaires nationaux	Id.
2e du 12e régiment	Id.
3e de la Somme	Id.
1er de l'Allier	Id.
2e de la Manche	Id.
7e du Pas-de-Calais	Id.
10e du Calvados	Hellemmes.
1er des tirailleurs	Lamponpont, Pont-à-Brück.
1er régiment de cavalerie	Five, Hellemmes, Flers.
5e des chasseurs à cheval	Id.
11e compagnie d'artillerie légère	Mons-en-Barœuil.
Comp. can. franciade	Redoutes de Five.
— —	Sous le camp de Flers.
8e d'artillerie, détachement	Redoutes de Five.
Compagnie de Vermontois	Pont-à-Brück.
2e du Pas-de-Calais	Camp de Marque.
1er du 12e régiment	Mouvaux.
3e du Calvados	Camp de Marque.
1er du Pas-de-Calais	Id.
1er du 14e régiment	Id.
11e des fédérés	Bondues.
2e de la 30e division de gendarmerie	Id.
1er bataillon de la 30e division de gendarmerie	Wasquehal.
9e régiment de hussards	Bondues.
19e régiment de cavalerie	Camp de Marque.
19e régiment de cavalerie, détachement	Wasquehal.
29e compagnie d'artillerie légère	Marque.
Compagnie d'artillerie	Pont-à-Marque.

(1) Dumonceau, malade, fut remplacé par Dehay (Voir p. 11), et Bertin passa à la division Souham. (Voir p. 63.)

Préposés aux douanes à cheval	Marque.
Préposés aux douanes à pied	Mouvaux.
1er bataillon des troupes légères	Linselles.
2e bataillon des troupes légères	Blaton.
3e bataillon des troupes légères	Commines.
14e des fédérés	Camp de Commines.
1er du 15e régiment	Id.
4e de la Sarthe	Id.
1er des Lombards	Id.
11e des volontaires nationaux	Id.
16e bataillon des volontaires nationaux	Id.
20e régiment de cavalerie	Commines.
Parc d'artillerie	Id.
31e division de gendarmerie	Linselles.
Détachement du 20e de cavalerie	Id.
1er bataillon de l'Égalité	Wervicke.
7e du Nord	Écluses.
2e de l'Yonne	Armentières.
Détachement du 19e de cavalerie	Id.
Canonniers du 4e de l'Yonne	Id.
Détachement du 6e d'artillerie	Pont-Rouge.
Parc d'artillerie	Lille.

DIVISION MOREAU.

Vandamme, Bertin (1), généraux de brigade.

Quartier général à Cassel.

1er bataillon de l'Aisne	Bailleul.
2e des Basses-Alpes	Meteren et Berten.
2e du 81e régiment	Bailleul.
3e des fédérés	Steenwerck.
2e du 19e régiment	Bailleul.
3e des chasseurs francs	Mont Saint-Antoine.
3e des tirailleurs	Saint-Jean-Capel.
Détachement du 6e d'artillerie	Moulin de Lille.
Détachement du 19e de cavalerie	Bailleul.
Détachement du 19e chasseurs	Id.
14e d'infanterie légère	Herzelle.

(1) Bertin passa à la division Souham. (Voir p. 63.) — La division Moreau comprenait les deux brigades Vandamme et Desenfans.

9e de Paris	Houtkercke.
2e de l'Ille-et-Vilaine	Steenworde.
1er du 16e régiment	Id.
Détachement du 21e de cavalerie	Id.
Détachement du 1er d'artillerie	Id.
Chasseurs de Cassel	Caester.
1er du Calvados	Godewaersvelde.
Chasseurs tirailleurs	Vinnezeele.
3e des chasseurs belges	Bœsschepe.
2e du 1er régiment	Eecke.
2e du 24e régiment	Bailleul.
1er de l'Ille-et-Vilaine	Id.
Gendarmes	Id.
Détachement du 3e dragons	Id.
Parc d'artillerie	Id.

DIVISION MICHAUD.

Quartier général à Rosendaël.

2e du 3e régiment	Leysele.
1er d'Indre et-Loire	Hondtschoote.
2e d'Indre-et-Loire	Houthem.
6e de la Seine-Inférieure	Hondtschoote.
Détachement du 21e de cavalerie	Id.
1er du 22e régiment	Beveren.
6e des fédérés	Roussbrugghe.
Détach. du 1er régiment d'infanterie	Id.
4e de Seine-et-Oise	Les Cinq-Chemins.
2e du 22e régiment	Bambecke.
5e de Rhône-et-Loire	Rexpoëde.
Détachement du 21e de cavalerie	Id.
21e régiment de chasseurs à cheval	Dunkerque.
1er bataillon du Finistère	Id.
9e du Pas-de-Calais	Camp de Dunkerque.
3e de l'Oise	Guesveldhe.
8e de Soissons	Dunkerque.
1er de la Marne	Au Camp.
3e de la Marne	Guesveldhe.
2e du 45e régiment	Dunkerque.
Détachement du 3e d'artillerie	Id.
Détachement du 6e d'artillerie	Id.

GRAND PARC D'ARTILLERIE.

ÉBLÉ, général de division.

Canonniers de différents régiments....	La Fère.
Grenadiers du 1er bat. de la Moselle...	Id.

PARC.

BONNARD, chef de brigade.

Canonniers........................	Réunion-sur-Oise.
4e compagnie du 7e bat. de fédérés...	Id.
5e bataillon de la Meurthe...........	Id.
Détachement du 19e chasseurs.......	Id.

Ordres donnés pour la marche préparatoire du 5 et du 6. — Le 6 floréal, au moment même où s'exécutait la marche sur Menin et Courtrai, Pichegru expliquait ainsi son plan général à Pille, adjoint à la Commission de l'organisation et du mouvement des armées : « Je viens d'écrire au général Ferrand d'attaquer vigoureusement l'ennemi sur tous les points pendant que j'opérerai ici la diversion ; la gauche a commencé son mouvement aujourd'hui, et demain les 50,000 hommes seront tous en marche sur Courtrai... J'ai donné ordre au général Charbonnié de rassembler ses forces sur la gauche de Vedette-Républicaine (Philippeville) pour se porter sur Beaumont et tâcher de faire jonction avec la division de Maubeuge. Si cette jonction s'opère et que Landrecies soit débarrassé, je me trouverai à même de porter des forces sur Mons et d'intercepter les communications de l'ennemi. »

Cette deuxième partie du plan d'opérations n'est citée ici que pour mémoire et comme preuve de ce que Pichegru ne songeait nullement à marcher tout d'abord par Charleroi et n'y fut amené que par l'insuccès de Thuin et l'initiative de Charbonnié. Cette constatation faite, il reste à exposer les ordres d'exécution de ce plan en ce qui concerne seulement les 50,000 hommes à mettre en marche sur Courtrai.

1° *La division Michaud, le 5 floréal.* — Le projet d'expédition de Reynier répartissait sur deux journées différentes le mouvement de la brigade Desenfans sur Roussbrugghe et la démonstration sur Furnes. Ces deux opérations eurent lieu simultanément le 5 floréal. Pour se conformer à l'ordre de Pichegru, Michaud devait occuper la position de Bulscamp entre les canaux de Furnes et de Loo, « le front couvert par le ruisseau de Steen-Graght et le derrière par celui de Cram-Graght ». Michaud, qui ne connaissait pas le plan des opérations mais qui savait seulement que Desenfans devait se porter de Bergues sur Roussbrugghe, pensa qu'il le couvrirait mieux en chassant les tirailleurs ennemis qui infestaient la région marécageuse à l'Est de Roussbrugghe et en menaçant le fort de Cnocke. Cette solution était évidemment meilleure que celle de la démonstration sur Furnes, car elle était mieux liée aux opérations de Desenfans. « Plus j'appuierai, disait-il, sur la gauche, moins je soutiendrai le général Desenfans (1). » Aussi, comme le général en chef ne lui avait pas prescrit la prise de Furnes, il se borna, pour lui obéir, à occuper la position de Bulscamp en s'éclairant vers Furnes, et à dégager les abords de Roussbrugghe.

Conformément à ce plan, le 5 floréal, à 3 h. 30 du matin, trois bataillons (2e du 5e, 1er et 2e d'Indre-et-Loire), sous le commandement d'Almain, occupèrent la position de Bulscamp ; en même temps, un détachement de 400 hommes du 3e bataillon de l'Oise partant de Ghyvelde entrait à Furnes en prévoyant sa retraite éventuelle sur Ghyvelde ou sur Bulscamp.

A peu près à la même heure, vers 3 heures du matin, le 1er bataillon (1er du 22e) attaquait l'abbaye d'Eversam et Elsendamme. « Ces postes, qui étaient défendus par beaucoup de paysans soutenus des troupes de ligne,

---

(1) Michaud à Moreau, Bergues, 6 floréal (25 avril).

étaient inattaquables à cause de la rivière et des retranchements formidables qu'on y avait formés. » Avec les deux autres bataillons (4e de Seine-et-Oise et 2e de tirailleurs) le général chassait aussi les partisans ennemis des villages de Stavele, Abeele, Crombeecke, Westvleteren, puis rejoignait le 1er bataillon du 22e à Elsendamme où il fit jeter un pont sur l'Yser. Il avait donc trois bataillons dans la position de Bulscamp et trois à Elsendamme. Toutefois, comme il craignait les incursions de l'ennemi par les passages du canal de Loo, situés entre ces deux positions, il mandait le 6 à Moreau qu'il avait l'intention de retrécir son front en abandonnant Furnes et Bulscamp, en appuyant sa gauche au canal de Cram-Graght et en tenant surtout les passages du canal de Loo à Pollynckhove, Alveinghem, etc.

2° *La division Moreau (brigades Vandamme et Desenfans).* — Ordres donnés pour la marche du 6 :

Le général de division Moreau au général de brigade Vandamme.

Cassel, le 4 floréal an II (23 avril 1794).

Le général de brigade Vandamme donnera des ordres pour que les troupes qu'il commande prennent et se pourvoient, demain 5, de vivres pour jusqu'au 8 inclus.

Il rassemblera aux villages de Bœsschepe et de Godewaersvelde (1) ladite troupe demain au soir, leur fera emmener leurs canons et caissons, et renverra à Cassel les effets de campement des deux camps de Borre et Caester.

Il se fera donner l'état des hommes non armés qu'il y a dans le bataillon, et il fera partir les susdits moitié pour Bailleul et l'autre pour Cassel où ils devront rester jusqu'à nouvel ordre. Il fera seulement rester dans chaque corps cinquante de ces citoyens non armés auxquels il sera délivré demain soir des pelles et pioches.

Le 6 à 2 h. 30 du matin, le général Vandamme attaquera les postes

(1) C'est donc par erreur que Vandamme, dans son « Récit abrégé », donne comme points de rassemblement Steenwoorde et Bœsschepe.

de Westoutre et de Reningelst (1). Il assurera sa droite par un corps en arrière qui devra le couvrir dans l'attaque de Vlaemertinghe, qu'il tournera par sa gauche et qu'il devra attaquer de concert avec le général de brigade Desenfans qui exécutera son mouvement sur ce poste par son front et sa droite.

Les troupes arrivées à Vlaemertinghe y prendront la meilleure position que pourra leur indiquer le général Vandamme, et y attendront des ordres ultérieurs de ma part. Je me trouverai à cette expédition avec l'état-major qui m'est attaché.

Il est prévenu que le général de brigade Desenfans attaquera, entre 4 et 5 heures, avec 8,000 hommes d'infanterie et 180 chevaux, le poste de Poperinghe (2). Il attendra que la direction des feux ou des nouvelles qu'il aura reçues de Desenfans lui indiquent l'instant où ce dernier attaquera Vlaemertinghe afin d'agir en même temps de son côté sur ce poste. Il disposera comme il le croira utile des deux pièces de 8 qui sont à Steenwoorde et de deux obusiers qui se trouveront au camp de Caester, leur attachera les artilleurs nécessaires, et y emploiera les capitaines d'artillerie Saint-Michel et Santonnard qu'il chargera de régler, comme ils l'entendront, le service de ces pièces.

Signé : MOREAU.

P.-S. — Il indiquera de suite le point ou il désire que les pelles et pioches soient transportées et l'heure à laquelle elles doivent y être rendues (3).

---

(1) Il se trouvait dans ces postes peu de monde, si l'on en croit les renseignements fournis par Vandamme lui-même.

(2) « Le général Desenfans, commandant la brigade de gauche, devait attaquer Poperinghe et tenir en échec la garnison d'Ypres, (25 avril) en prenant une position devant Vlaemertinghe, tandis que ma brigade forçait l'ennemi à se retirer pour diriger sa marche sur Commines... » (Récit abrégé de Vandamme.)

(3) *Vandamme à Moreau.*

4 floréal au soir (23 avril 1794).

Comme j'allais fermer ma lettre, j'ai reçu la tienne. Donne-moi sur-le-champ des nouvelles de ce que tu es disposé à faire relatif au magasin de Saint-Omer. Réponds-moi de suite relativement à la cavalerie d'Hondtschoote ? Je suis très satisfait des obusiers que tu envoies au camp de Caester. Je désire qu'ils y soient rendus à bonne heure afin que je puisse moi-même passer la revue des hommes et des muni-

L'exécution de cet ordre eut lieu le 6 ; les troupes de Vandamme rassemblées à Godewaersvelde marchèrent à la pointe du jour sur l'Abeele et de là se dirigèrent sur Reningelst ; celles rassemblées à Bœsschepe partirent à la même heure (le 6) et se rendirent au Vleninckhof, où elles se séparèrent en deux colonnes pour attaquer Westoutre et Lokert. Ces trois postes furent bientôt enlevés ; on fit à Reningelst une vingtaine de prisonniers, dont un officier des chasseurs de Loudon-Verts (1).

Pour attaquer Vlaemertinghe, la brigade Vandamme vint prendre tout d'abord « une position en avant du village [de Reningelst] sur la route de Dickebusch, la droite au moulin ; après une halte de trois heures, les troupes eurent ordre de se mettre en marche pour se rendre à Dickebusch où la brigade bivouaqua à cheval sur la route de Dickebusch à Ypres (2) ».

Quant à la brigade Desenfans, elle était le 5 au soir à Roussbrugghe ; de là elle attaquait le 6 au matin Poperinghe et occupait ensuite Vlaemertinghe (3).

Pour ravitailler ses troupes pendant ce mouvement, Moreau avait prescrit à la brigade Vandamme d'emporter quatre jours de vivres pour les journées du 5 au 8 floréal. Il avait en outre donné l'ordre au commissaire des guerres de sa division de diriger 55,000 rations, soit cinq

---

tions. N'oublions point le fourgon de poudre pour la réserve. Dis-moi à quelle heure et où tu enverras.

Donne des ordres nécessaires afin que le 1er régiment d'infanterie soit rendu à Caester. Fais en sorte qu'il parte de Cassel avant le jour. Donne-moi tes ordres et je saurai les exécuter.

Salut et fraternité,

VANDAMME.

(1) Récit abrégé..... par le général Vandamme.

(2) *Ibid.*

(3) *Ibid.*

jours de vivres (1) de Cassel sur Armentières (2). Ce point était fort bien choisi puisqu'il était à égale distance et à une étape d'Ypres et de Menin, les deux objectifs successifs de sa division. Mais tout en choisissant ce point, peut-être Moreau eût-il mieux fait de le ravitailler sur la forteresse de Lille ainsi que le lui demandait le commissaire Marescot (3), au lieu d'y envoyer des vivres de Cassel. Il n'avait sans doute pas adopté cette solution pour ne pas diminuer les ressources de la place forte qui servait de base d'opérations à la division Souham.

Enfin Moreau avait renforcé son ambulance de 25 voitures ; mais, par suite d'un malentendu regrettable, elles n'avaient pas suivi cette formation sanitaire (4).

3° *La division Souham (brigades Bertin, Macdonald et Daendels). Mouvements préparatoires du 6.* — Souham se préoccupa tout d'abord d'assurer sa jonction avec la brigade Bertin que Pichegru lui envoyait de Bailleul. Aussi donna-t-il le 5 à Moreau des instructions qu'il confirma le même jour par écrit à Bertin pour éviter toute erreur de transmission (5).

---

(1) L'effectif était en effet de 11,000 hommes. (Voir Moreau à Souham, 7 floréal).

(2) Le commissaire des guerres Marescot au général de division Moreau.

(3) *Ibid.*

(4) *Ibid.*

(5) *Le général de division Souham au général de brigade Bertin.*

Bailleul, le 5 floréal (24 avril).

Je t'envoie, général, copie d'une lettre que j'écris au général Moreau afin que, si elle ne lui parvenait pas assez tôt pour qu'il t'envoie l'ordre que j'y demande, tu t'y conformes.

Je t'invite à mettre de la célérité dans la marche, et à faire partir le bataillon d'infanterie légère et l'autre bataillon qui sont à ton choix. Tu dois marcher avec tes meilleures troupes.

Le général de division Souham au général de division Moreau.

Marquette, le 5 floréal an II (24 avril 1794).

Afin d'abréger la marche des troupes commandées par le général Bertin que tu dois m'envoyer (1), donne ordre au général Bertin de faire d'abord partir le 6 le plus à bonne heure qu'il sera possible un bataillon d'infanterie légère et un autre bataillon pour le faubourg de Five (2). Ces bataillons passeront par Lille si les portes sont encore ouvertes ou le tourneront par les faubourgs de Notre-Dame et des Malades s'il était trop tard. Le général Macdonald leur indiquera leur position. Le général Bertin se rendra avec ses troupes à Armentières et ensuite au Quesnoy et à Wambrechies où ses troupes passeront la nuit. Le général Bertin viendra en avant, auprès de moi, à Marquette afin de prendre mes ordres et instructions pour marcher à la pointe du jour.

Si tu ne peux pas aller à Commines le 6 au soir, écris-moi le succès de ton attaque.

Je n'ai pas de nouvelles que l'ennemi ait reçu aucun renfort. Au contraire, ils ont fait encore partir des troupes de Tournay pour Valenciennes. Il est cependant arrivé à Menin un escadron d'hussards de Blankenstein; leurs chevaux serviront à monter nos cavaliers.

En même temps qu'il amenait la brigade Bertin à Wambrechies le 6 au soir, il rassemblait la brigade Daendels à Commines.

Le général Souham au général Daendels.

5 floréal (24 avril).

Tu voudras bien, général, faire mettre à exécution les ordres suivants, après cependant s'être assuré des postes que les bataillons, que je fais partir, occupent.

Tu prendras les mesures nécessaires pour rassembler demain soir les troupes suivantes qui te resteront pour le mouvement convenu :

11e volontaires nationaux ;
Lombards ;

(1) Ordre de Pichegru à Moreau, du 3 floréal (22 avril).

(2) Ces deux bataillons étaient le 3e des fédérés et le 3e des chasseurs francs. (Souham à Macdonald, 6 floréal.)

16e volontaires nationaux ;
2e bataillon de l'Yonne ;
21e volontaires nationaux ;
7e bataillon du Nord ;
31e division de gendarmerie ;
3e bataillon de la demi-brigade d'infanterie légère ;
20e régiment de cavalerie (1) ;

et les pièces qui sont en position à Commines.

Je te verrai demain à dîner, comme nous en sommes convenus, et je te remettrai mes ordres et instructions.

Quant à la brigade Macdonald, Souham se bornait, le 5, à la renforcer :

1° Des deux bataillons qu'il prescrivait à Bertin d'envoyer au faubourg de Five et à qui Macdonald devait « indiquer la position (2) ». Comme on le verra plus loin, ces deux bataillons étaient destinés à remplacer au camp de Flers d'autres troupes qui devaient partir avec Macdonald pour marcher le 7 sur Courtrai ;

2° De cinq compagnies d'un bataillon d'infanterie légère (3), qui devaient se rendre à Wasquehal le 6 et marcher sur Courtrai le 7, tandis que les quatre autres devaient escorter le parc d'artillerie de la division dans la marche du 7 (4).

La division Souham avait un train de combat, comprenant le parc d'artillerie et l'ambulance, et un convoi de vivres.

Le parc d'artillerie comprenait non seulement l'artillerie de position et les caissons de munitions, mais aussi l'équipage de pont.

Comme la division allait manœuvrer sur l'une et

---

(1) D'après le Journal de Reynier, la brigade Daendels comprenait encore la 199e demi-brigade.

(2) Souham à Moreau, 5 floréal.

(3) Souham au 2e bataillon de la demi-brigade d'infanterie légère, Marquette, 5 floréal.

(4) *Ibid.*

l'autre rive de la Lys, Souham se préoccupait à juste titre du nombre de pontons dont il allait disposer, et aux douze qu'accusait le commandant du parc, le général prescrivait d'en ajouter neuf autres en les prélevant sur l'arsenal de Douai (1).

Le parc devait camper, le 6, à la Madeleine.

Comme la division Moreau, celle de Souham avait une ambulance ; mais la brigade Macdonald devait en avoir deux sections au lieu d'une, en raison, sans doute, de son effectif déjà considérable et des troupes légères de Dehay et de Jardon qui allaient opérer avec elle.

Enfin, les troupes devaient toucher en partant quatre jours de pain et de viande ; en arrière de ce premier échelon, marchant avec les combattants, le commissaire-ordonnateur avait ordre de tenir en réserve à Lille un équipage de même quantité, sorte d'en-cas mobile prêt à ravitailler le premier échelon dans trois ou quatre jours (2). C'était, en somme, la même disposition que celle adoptée par Moreau ; elle offrait aux troupes les mêmes ressources qu'aujourd'hui ; la constance de ce chiffre semble résulter de ce que les crises stratégiques ne durent pas plus de huit jours et que le dénouement amène fatalement le ravitaillement, soit par l'exploitation des ressources locales, soit par l'arrivée des convois laissés en arrière et ayant profité de ce stationnement pour se compléter, soit enfin par la retraite sur les ressources de l'intérieur. Aujourd'hui le problème est encore facilité par les voies ferrées, les ponts démontables et les trains automobiles.

En résumé, dans la soirée du 6, la division Moreau occupait le front Vlaemertinghe (brigade Desenfans),

---

(1) Souham au commandant du parc d'artillerie, Marquette, 5 floréal.

(2) Souham au commissaire-ordonnateur de l'armée, Marquette, 5 floréal.

Dickebusch (brigade Vandamme), face à la forteresse d'Ypres qu'elle masquait. Couverte sur sa gauche par les troupes de Michaud qui bordaient le canal de Loo, elle fixait de son côté celles d'Ypres et couvrait à son tour la gauche de la division Souham échelonnée sur la route de la Lys avec la brigade Daendels à Commines, celle de Bertin à Wambrechies et celle de Macdonald avec le parc aux abords de Lille.

La situation pour le 7 s'annonçait sous les meilleurs auspices. Le bulletin de renseignement du 6 indiquait, en effet, que « tout était tranquille à Courtrai », et qu'on ne paraissait pas y « craindre une visite de notre part ». La garnison s'y composait seulement de trois bataillons (1) ; il n'y avait guère plus de monde à Menin. Dans chacune de ces places se trouvaient en outre 150 dragons. Tout semblait donc concourir à assurer d'autant mieux le succès de la marche que le commandement l'entreprenait enfin avec une énergique résolution et dans un secret absolu. Ce ne fut, en effet, que le 7 au soir, alors qu'elle avait abouti, que le prince de Cobourg en apprit le projet par la capture du général Chapuis.

Journée du 7 floréal (26 avril).

1° *La division Moreau.* — Le 7, de grand matin, le général Desenfans dirigea sur Dickebusch quatre bataillons qui complétèrent la brigade Vandamme (2) et la

---

(1) Renseignements du 6 floréal.

(2) Quatre bataillons de Desenfans (2ᵉ du 22ᵉ ; 5ᵉ de Rhône-et-Loire ; 2ᵉ du 45 ; 2ᵉ de la Seine-Inférieure). Infanterie légère (14ᵉ bataillon ; chasseurs du Mont-Cassel ; 4ᵉ de tirailleurs ; chasseurs tirailleurs du Mont-des-Chats.) Infanterie (1ᵉʳ et 2ᵉ bataillons d'Ille-et-Vilaine ; 2ᵉ du 16ᵉ ; 1ᵉʳ du Calvados ; 2ᵉ du 24ᵉ ; 9ᵉ de Paris ; 2ᵉ du 1ᵉʳ ; 5ᵉ de Rhône-et-Loire ; 2ᵉ du 2ᵉ ; 6ᵉ de la Seine-Inférieure ; 2ᵉ du 45ᵉ).

« Il avait été formé, le 5, un bataillon, commandé par le chef du

portèrent à quatre bataillons d'infanterie légère, onze bataillons d'infanterie, tous à l'effectif de guerre ; une artillerie de position comprenant une pièce de 8 et un obusier de 6 pouces ; 100 hussards du 8e régiment et 30 hommes du 21e de cavalierie (1).

Dès qu'elle fut ainsi complétée, la brigade Vandamme quitta Dickebusch en deux colonnes : l'une formant flanc-garde contre Ypres et composée de l'infanterie légère, du bataillon de grenadiers (2), de 50 hussards et des 30 cavaliers, passa par Voormezeele et Saint-Éloy pour se rendre à Wytschaete ; l'autre marcha directement sur Wytschaete, où les deux colonnes se réunirent. « On prit une position sur la hauteur, la droite à la route de Messines faisant face à Ypres, et l'on fit une halte de deux heures. On partit alors pour se rendre devant Commines en passant par Messines ; la brigade bivouaqua en avant de Commines sur la route de Wervicke, la droite appuyée à la Lys et la gauche se terminant en potence face à Ypres (3). »

La brigade Desenfans arrivait également le soir du 7 à Commines ; le parc d'artillerie et le convoi de vivres à Armentières (4).

En résumé, la division Moreau, forte de 11,000 fantassins et de 200 cavaliers (5), stationnait le 7 au soir à

2e bataillon du 1er d'infanterie, des compagnies de grenadiers des différents bataillons de la brigade ; aussitôt leur arrivée, les grenadiers de ces quatre nouveaux bataillons (venant de la brigade Desenfans) joignirent le bataillon de grenadiers. » (Récit abrégé...... par le général Vandamme.)

(1) *Ibid.*

(2) Récit abrégé..... par le général Vandamme.

(3) *Ibid.*

(4) Moreau à Souham, Dickebusch, 7 floréal (26 avril).

(5) *Ibid.*

Commines, en appuyant la droite à la Lys, en menaçant Menin et en se gardant du côté d'Ypres.

2° *La division Souham.* — Ordres donnés pour la marche du 7 :

Au général de brigade Daendels.

6 floréal (25 avril).

Il est ordonné au général de brigade Daendels de partir demain à 3 heures du matin, avec les troupes que je lui ai désignées dans ma lettre d'hier soir.

Il marchera sur Halluin (5), par le Colbra et Roncq, et ne fera voir aux troupes qui l'occupent que de faibles patrouilles, jusqu'au moment qu'il jugera propre pour attaquer; ce qu'il concertera avec Dewinter commandant l'avant-garde de la colonne du centre, à qui Daendels est convenu d'envoyer six compagnies pour passer avec 100 hussards, du Dronquart à Reckem, afin de couper la retraite des troupes d'Halluin sur Lauwe et Wevelghem.

Le poste d'Halluin forcé, le général Daendels y laissera un corps de troupes assez considérable, pour empêcher les sorties que la garnison de Menin pourrait faire et protéger les pièces qu'on y mettra en batterie.

Le général Daendels se portera ensuite rapidement sur Lauwe, afin de tâcher de s'emparer du pont de bateaux établi en face de l'abbaye de Wevelghem, où il établira un fort poste pour le garder. S'il ne parvient pas à prendre ce pont, ou qu'il voit que cela soit trop difficile, il y laissera quelques troupes pour empêcher l'ennemi de s'en servir, et se portera sur Marcke qu'il n'attaquera, s'il est défendu, que lorsque la colonne du centre, après s'être emparée d'Ælbeke, pourra tourner ce village et marcher de front sur Courtrai.

Si le général Daendels trouve les moyens d'entrer dans Courtrai avec les fuyards, il y établira sur-le-champ des postes, et veillera à ce qu'aucun soldat ne s'écarte pour piller.

Telle est la marche que tiendra le général Daendels à moins que l'ennemi ne nous force par quelque mouvement à changer nos dispositions.

Demain soir, je donnerai de nouveaux ordres au général de brigade Daendels.

---

(5) La brigade Daendels se rassembla d'abord à Linselles (Journal de Reynier).

Il faudra laisser à Commines et Wervicke, jusqu'à l'arrivée du général Moreau, le bataillon de l'Égalité, avec quelques cavaliers du 20e régiment.

Le général Souham au général Macdonald.

Marquette, le 6 floréal (25 avril).

Je te préviens, général, que tu recevras ce soir le 3e bataillon des fédérés et le 3e bataillon de chasseurs francs qui viennent de Bailleul pour remplacer au camp de Flers les troupes que tu emmèneras (1); la 68e demi-brigade, le 8e bataillon de fédérés et le 2e régiment de carabiniers sortiront aussi de Lille à 5 ou 6 heures du soir. Cinq compagnies du 2e bataillon de la demi-brigade d'infanterie légère seront aussi ce soir à Wasquehal.

Tu placeras toutes ces troupes de manière que, demain avant le jour, tu puisses partir avec les suivantes : 3e demi-brigade; 24e demi-brigade ; 68e demi-brigade ; cinq compagnies du 2e bataillon de la demi-brigade légère ; 5e régiment de chasseurs à cheval ; 2e régiment de carabiniers ; la moitié de la 11e compagnie d'artillerie légère et une pièce de 12, une de 8 et un obusier qui se rendront ce soir à Mons-en-Barœuil, entre ce hameau et le moulin Delmaire.

Tu réuniras pour Jardon, à Lamponpont, son 1er bataillon de tirailleurs et 150 chasseurs à cheval du 5e régiment qui serviront de flanqueurs dans ta marche.

Tu laisseras au camp de Flers et cantonnements, les troupes suivantes sous le commandement du chef de brigade Duval qui recevra les ordres du général Thierry : demi-brigade de l'Allier qui, après le départ, devra occuper la place de la 3e demi-brigade ; 10e bataillon du Calvados ; 8e des fédérés ; 3e des fédérés ; 3e bataillon de chasseurs francs ; 1er régiment de cavalerie ; demi-compagnie du 11e d'artillerie légère et les pièces qui sont actuellement en position.

Tu préviendras le chef de brigade Duval que, par cette disposition, il devra demain matin faire occuper avec ses troupes tous les postes qu'occupent actuellement les troupes que tu commandes et en fournir de plus un petit au Noir-Bonnet en avant de Wasquehal.

Tu le préviendras aussi que, demain matin de très bonne heure, il

(1) On se rappelle que, le 5 floréal, Souham avait fait envoyer par la brigade Bertin, de Bailleul sur le faubourg de Five, un bataillon d'infanterie légère et un autre qui devaient s'y mettre à la disposition de Macdonald.

devra faire une sortie pour occuper et inquiéter fortement l'ennemi du côté de Templeuve, Nechin et Baisieu, sans qu'il néglige de bien garder Hellesmes, Flers et Annappes.

Tu pourras ne lui donner ces dernières instructions que ce soir.

Tu viendras aujourd'hui dîner chez moi à midi et demi ou une heure pour conférer avec les chefs des autres colonnes. Je te donnerai de nouveaux avis et instructions pour l'attaque.

SOUHAM.

Au général de brigade Macdonald.

Marquette, le 6 floréal (25 avril).

Il est ordonné au général de brigade Macdonald de partir demain à 2 heures du matin avec les troupes que je lui ai indiquées dans l'ordre de ce matin. Il prendra sa route par Pont-à-Bruck et Wasquehal, rassemblera et organisera sa colonne entre Roubaix et Tourcoing, prendra sa route sur le Mont à Leux pour attaquer le poste ennemi à Mouscron en le tournant par sa droite du côté de Loinge. Le général Macdonald se pourvoira de sapeurs, pionniers et chariot de fascines pour combler les fossés qu'il doit passer. Il enverra, pendant qu'il marchera sur Mouscron, une patrouille du côté de la Chapelle-Marlière afin d'occuper l'ennemi sur son front pendant qu'il le tournera par sa droite.

Après s'être emparé de Mouscron, le général Macdonald disposera ses troupes de manière à tourner le camp du Mont-Castrel par sa gauche en se portant sur ses derrières et sur Ælbeke. Ce camp forcé ou s'étant replié par suite de ce mouvement et de celui que fera la colonne du centre, le général Macdonald marchera sur Rolleghem et Belleghem. Il laissera à Belleghem une arrière-garde avec le 1er bataillon de tirailleurs et les chasseurs que conduit le général de brigade Jardon, pour contenir les troupes ennemies qui pourraient venir du côté de Tournay.

Il veillera sur le corps de tirailleurs et de chasseurs formant ses flanqueurs de droite, que je fais commander par Jardon pour couvrir et éclairer sa droite et qui devra passer de Lamponpont à Watrelos, Herseaux, Tombrouck et Belleghem.

Si l'ennemi faisait quelque mouvement sur sa droite, et venait du côté de Tournay, le général Macdonald m'en préviendrait et lui ferait face avec une partie de ses troupes et celles commandées par Jardon. Il m'en avertirait ainsi que la réserve commandée par le général Bertin qui se placera à Tourcoing et à Mouscron.

Les tentes des demi-brigades qui partiront du camp de Flers resteront tendues et seront occupées par les recrues sans armes et qui ne seront pas en état de marcher, et par les bataillons qui viendront les remplacer et que je t'ai annoncés ce matin.

Les attaques que nous allons faire pour terrasser toutes les troupes que nous rencontrerons jusqu'à Courtrai doivent être promptes et vives; il ne faut pas s'attacher à attaquer les postes de front mais à les tourner.

Je t'indiquerai demain soir la position que tu devras occuper d'après les progrès que nous aurons faits.

SOUHAM.

Le général Souham au général de brigade Jardon.

6 floréal (25 avril).

Il est ordonné au général de brigade Jardon de partir, sous les ordres du général Macdonald, à 2 heures du matin, de Lamponpont, par Watrelos, avec le 1er bataillon de tirailleurs et 150 chasseurs à cheval du 5e régiment. Il attendra à Watrelos que le général Macdonald soit arrivé vers le Mont à Leux pour continuer sa route sur Herseaux où il forcera un petit poste de paysans armés et de quelques soldats. Il se portera de là sur Loinge et, ensuite, lorsque le général Macdonald aura forcé le camp du Mont-Castrel et qu'il se portera sur Ælbeke et Rolleghem, le général de brigade Jardon marchera sur Tombrouck et Belleghem.

Le général Jardon ne peut rencontrer dans sa route que de petits postes de troupes légères ennemies qu'il enlèvera en passant; mais il devra se garder et observer continuellement ce qui pourrait venir du côté d'Estaimpuis, Evregnies et Dottignies. C'est sur ces points, où il n'y a que de petits postes ennemis, mais où il peut faire venir des forces, qu'il doit toujours avoir des éclaireurs dans sa marche.

Lorsqu'il sera arrivé à Belleghem et sur le chemin de Tournay à Courtrai, le général Macdonald laissera, pour observer et contenir toutes les troupes qui pourraient venir de Tournay..... (*sic*). A cet effet, il enverra de Belleghem des patrouilles fréquentes sur Dottignies.

Le général Macdonald transmettra au général Jardon tous les ordres ultérieurs sur la conduite qu'il devra tenir après cette marche et sur les changements que les mouvements de l'ennemi pourraient forcer à y faire.

Le général Souham au général de brigade Dumonceau.

6 floréal (25 avril).

Je te préviens, général, que ce soir, à 5 ou 6 heures, arriveront à

Bondues (1) : la 29e demi-brigade et le 1er bataillon de la demi-brigade d'infanterie légère.

Tu voudras bien donner au citoyen Dewinter les ordres nécessaires pour qu'ils soient placés de manière à pouvoir facilement se mettre en marche demain, avant le jour, avec les autres troupes du camp de Marque.

Tu donneras aussi des ordres pour que le bataillon de gendarmes, qui est à Wasquehal, en parte ce soir à 5 ou 6 heures, à l'arrivée d'un demi-bataillon d'infanterie légère, pour se réunir à l'autre bataillon ou aller là où tu jugeras à propos pour faciliter demain matin la marche.

Comme ta maladie t'empêchera de marcher avec nous, tu donneras au chef de brigade Dehay le commandement de la colonne qui t'était destinée et qui sera composée des troupes suivantes :

23e demi-brigade ; 27e demi-brigade ; 29e demi-brigade ; 9e régiment de hussards ; 19e régiment de cavalerie (300 hommes) ; demi-compagnie du 29e d'artillerie légère ; 30e division de gendarmerie, une pièce de 12, une de 8 et un bataillon de la demi-brigade, deux obusiers d'infanterie légère, qui se rendront au camp de Marque, près la Folie.

Il faudra laisser à l'Entrepôt 200 cavaliers du 19e régiment, deux pièces de 8 et un obusier de la 29e compagnie d'artillerie légère, qui suivront la colonne commandée par le général Bertin, lorsqu'elle passera pour se rendre à Tourcoing.

Le citoyen Dewinter connaissant parfaitement le pays où nous devons aller et ayant déjà battu l'ennemi dans les mêmes positions où nous

---

(1) *A la 29e demi-brigade.*

6 floréal (25 avril).

Il est ordonné à la 29e demi-brigade de partir du camp de Commines aujourd'hui, 6 floréal, à 3 heures après midi, pour se rendre à Bondues, où elle recevra de nouveaux ordres du citoyen Dewinter, qui y commande.

Le camp devra rester tendu avec les gardes de police seulement.

Au 1er bataillon de la demi-brigade d'infanterie légère.

6 floréal (25 avril).

Il est ordonné au 1er bataillon de la demi-brigade d'infanterie légère de partir aujourd'hui, à 4 heures après midi, du cantonnement qu'il occupe pour se rendre à Bondues, où il recevra de nouveaux ordres du citoyen Dewinter, qui y commande.

SOUHAM.

devons l'attaquer, tu pourras lui donner le commandement de l'avant-garde.

Je t'engage à donner au chef de brigade Dehay et à Dewinter toutes les instructions que tu pourras sur la marche qu'ils devront tenir.

Je leur donnerai dans la journée de nouveaux ordres et instructions pour l'attaque et l'heure qu'ils devront se mettre en marche.

SOUHAM.

Le général Souham au chef de la 27e demi-brigade Dehay.

6 floréal (25 avril).

Il est ordonné au citoyen Dehay, chef de la 27e demi-brigade, de partir demain 7 floréal, à 3 heures du matin, avec les troupes dont j'ai écrit au général Dumonceau de lui remettre le commandement.

Il formera son avant-garde, dont il donnera le commandement au général Dewinter, s'avancera par le chemin du Dronquart en envoyant de fortes patrouilles du côté de Risquons-tout pour y occuper l'ennemi. Il tâchera d'enlever le poste ennemi qui est au Dronquart, en même temps que six compagnies envoyées par le général Daendels et 100 hussards descendront par le mont Halluin à Reckem afin de couper la retraite sur Lauwe aux troupes qui occupent Halluin.

Le chef de brigade Dehay marchera ensuite sur Ælbeke et les derrières du camp de Mont-Castrel afin de lui couper la retraite. Il arrangera sa marche de manière à ne faire ce mouvement que lorsque le général Macdonald pourra tourner le camp du Mont-Castrel par sa gauche. Ce camp et Ælbeke forcés, le chef de brigade Dehay se portera sur Courtrai en tournant le village de Marcke (sur Lys) par sa gauche et culbutant toutes les troupes ennemies qu'il pourrait rencontrer. Il prolongera ou ralentira sa marche de manière à être toujours à la même hauteur que les autres colonnes.

Si l'avant-garde peut entrer à Courtrai, on établira sur le champ des postes et on recommandera aux soldats de ne pas s'éloigner de leurs postes.

Les équipages de bataillon doivent rester au camp avec les effets de campement, et les recrues, qu'on ne trouvera pas assez instruites pour leur faire suivre leur bataillon, seront envoyées à Mouvaux afin de garder les retranchements.

Au général de brigade Bertin.

6 floréal (25 avril).

Il est ordonné au général de brigade Bertin de faire bivouaquer ce soir, entre Wambrechies et Marquette, les troupes qu'il a amenées de Bailleul. Il recommandera aux chefs des corps de ne laisser écarter personne, et de tenir tout le monde prêt à partir une heure avant le jour.

Le général Bertin se mettra en marche avec toutes ses troupes à 3 heures du matin, demain 7 floréal; il passera par Marquette, le pont de Marque, Marque; il sera joint à l'Entrepôt, entre Marque et Mouvaux, par 160 cavaliers du 19e régiment et deux pièces de 8 et un obusier de la 29e compagnie d'artillerie légère. Si les troupes du camp de Marque n'étaient pas encore parties entièrement, il s'arrêterait et continuerait ensuite sa route par Mouvaux et Tourcoing.

Il se mettra en position à Tourcoing, derrière la ville vers les moulins, établira des postes en avant de Tourcoing, sur les routes de Watrelos et Roubaix; et lorsqu'il sera assuré que la colonne du général Macdonald, qui doit passer entre Tourcoing et Watrelos, est en avant, il enverra à Watrelos un fort détachement, pour prendre poste à ce village, et pousser des patrouilles sur Leers et Estaimpuis, afin d'inquiéter les postes ennemis qui y sont ordinairement. Il enverra aussi du côté du mont Castrel des gens sûrs, pour l'avertir aussitôt que le Mont-Castrel aura été forcé.

Lorsque le camp du Mont-Castrel aura été pris, et que les colonnes continueront à se porter en avant, le général Bertin laissera 1,200 ou 1,500 hommes, pour occuper Tourcoing et Watrelos, et marchera avec le reste des troupes à Mouscron, par la Chapelle-Marlière, prendra position derrière Mouscron, avec son corps de troupe; il fera occuper Mouscron par un détachement, et enverra de fréquentes patrouilles du coté de Dottignies et Evregnies. Il restera dans cette position pour observer, contenir, et me donner avis de tout ce qui pourrait arriver du côté de Tournay, par Leers, Estaimpuis, Dottignies et Evregnies.

S'il ne reçoit pas d'autre ordre de moi, le général Bertin restera dans cette position la nuit du 7 au 8, mais il veillera sur le détachement laissé à Watrelos, qu'il vaudra mieux replier sur Tourcoing que de l'exposer à être enlevé. Le général Bertin fera arrêter tous ceux qui conduiront des prisonniers et des prises, et les renverra à leurs corps. Il fera escorter ces prisonniers jusqu'à Lille, par des détachements de ses troupes.

Le quartier général suivra le chemin du Dronquart, et tu devras m'adresser toutes les lettres sur cette route.

Le général Souham au général de brigade Thierry, à Lille.

6 floréal (25 avril).

Tu voudras bien, général, donner les ordres aux bataillons et régiments suivants de sortir de Lille aujourd'hui, à 5 heures après midi, par la porte de Five :

La 68e demi-brigade laissera à Lille ses effets de campement ;

Le 8e bataillon de fédérés ;

Le 2e régiment de cavalerie.

Comme, par le mouvement que nous allons faire, je serai éloigné de Lille et du camp de Flers, le général en chef m'a dit que tu commanderais tous les deux. En conséquence, j'ai désigné le citoyen Duval, chef de la demi-brigade de l'Allier, pour commander ce camp et l'arrondissement sous tes ordres.

Je donne ordre au chef de brigade Duval de faire demain matin, sur Templeuve et Baisieu, une fausse attaque afin d'occuper l'ennemi.

Je t'engage à le surveiller et à donner des ordres pour que l'entrée des plaines, du côté d'Hellesmes, Flers et Annappes, soit toujours bien gardée.

Le camp de Flers et les cantonnements qui le couvrent resteront composés des troupes suivantes :

Demi-brigade de l'Allier	2,710	hommes.
10e bataillon du Calvados	900	—
8e bataillon de fédérés	900	—
Un bataillon d'infanterie et un d'infanterie légère qui doivent être envoyés ce soir par le général Bertin	1,800	—
1er régiment de cavalerie	483	—
Demi-compagnie (11e) d'artillerie légère et les pièces qui sont encore en position	500	—
Total	6,873	hommes.

Le général Souham au général de brigade Thierry.

6 floréal (25 avril).

Conséquemment à la lettre que je t'ai écrite ce matin, tu partiras demain à 3 heures du matin du camp de Flers avec les troupes que je t'ai désignées. Le chef de brigade Duval a reçu, par l'intermédiaire du général Macdonald, l'ordre de les commander sous ta surveillance directe.

Tu pousseras, à la pointe du jour, de forts détachements sur Nechin, Templeuve, et des observations sur Baisieu par Willem, laissant pour appui un corps de troupes près Lannoy, d'où, si tu étais forcé à t'y retirer, tu pourrais toujours inquiéter l'ennemi, l'obliger à fixer ses forces dans cette partie et l'empêcher de les porter du côté de Courtrai. Comme tu ne dois faire qu'une attaque simulée, tu ne te compromettras que faiblement et avec prudence. Le soir, tu te garderas bien sur ta droite et sur ta gauche et tu prendras la position que les circonstances et tes lumières te dicteront, afin d'être à portée de recommencer le lendemain avant la pointe du jour. Tu me dépêcheras de deux heures en deux heures une ordonnance sûre pour m'informer des mouvements de l'ennemi et de tes opérations.

Je te préviens que nous avons un corps de troupe qui occupe Tourcoing et Watrelos. Le pont de Pont-à-Bouvines est coupé; mais que cela ne diminue pas ta surveillance.

Mouvement du parc d'artillerie. — Le 6 floréal, à 5 heures du soir, le commandant du parc d'artillerie devait mettre à Mons-en-Barœuil, derrière le camp de Flers et à la disposition de Macdonald, une pièce de 12, une de 8 et un obusier; à 6 heures du soir, à la gauche du camp de Marque, à la disposition du chef de brigade Debay, une pièce de 12, une de 8, deux obusiers et l'équipage de pont; enfin à la disposition du général de division, trois pièces de 12, trois de 8 et deux obusiers de 6 pouces avec affûts de rechange et douze caissons de 12, douze de 8, douze d'obusiers de 6 pouces et quatre d'obusiers de 4; les caissons nécessaires au transport de 400,000 cartouches; deux chariots d'outils et autres menus effets jugés nécessaires. Cette fraction devait partir le 7, à 4 heures du matin, de la Madeleine sous l'escorte de quatre compagnies du 2e bataillon de la demi-brigade d'infanterie légère, prendre la grande route de Bondues et s'avancer par la Croix-Blanche et le Dronquart où elle devait s'arrêter jusqu'à nouvel ordre.

Si les ordres qui précèdent pèchent parfois par la pureté du style, ils sont d'une netteté et d'une concision toutes militaires. On y chercherait vainement une phrase oiseuse et qui n'ait son importance pour les unités subordonnées chargées de l'exécution. La pensée du chef s'en dégage lucide, précise, animée du souffle de l'offensive, cette qualité éminemment française et cette condition primordiale du succès. « Les attaques que nous allons faire, dira Souham (1), pour terrasser toutes les troupes que nous rencontrerons jusqu'à Courtrai doivent être promptes et vives..... » A Daendels, qui doit en principe couvrir la marche des colonnes de Lille, en menaçant Menin et occupant les passages de la Lys, Souham recommande encore d'entrer à Courtrai si l'occasion s'en présente ; il renouvelle la même instruction à Dehay.

L'économie de l'opération se résumait ainsi : masquer d'abord Ypres, puis Menin, pendant que les colonnes de Lille marchaient directement sur Courtrai. La division Moreau ne cessait de couvrir la marche contre Ypres que pour venir remplacer sur la Deule, à Commines et Wervicke, la brigade Daendels qui, elle-même, allait masquer Menin en s'emparant des hauteurs d'Halluin et du passage de Lauwe. Il en résultait que, jusqu'au moment où elles allaient déboucher sur Courtrai, les brigades Macdonald et Dehay, ayant en réserve la brigade Bertin, et éclairées à droite vers Tournay par les troupes légères de Jardon, étaient absolument couvertes et dissimulées face à Ypres et à Menin par la division Moreau et la brigade Daendels.

Non content de masquer ainsi son mouvement contre Ypres, Menin et Tournay, Souham pensa encore à tromper l'ennemi, à « fixer ses forces....., à l'empêcher de les porter du côté de Courtrai (2) » par une démonstration exécutée en avant de Lille contre Nechin, Templeuve et Baisieu, par la brigade Duval laissée à Lille sous le commandement supérieur du général Thierry. A cette manœuvre classique, il ajoute encore le stratagème de laisser les tentes des demi-brigades « tendues et occupées par les recrues sans armes et qui ne seront pas en état de

(1) Souham à Macdonald, 6 floréal.
(2) Souham à Thierry, 6 floréal.

marcher » ; il prescrit encore à Dehay de les utiliser en les envoyant à Mouvaux afin de garder les retranchements.

En dehors de la manœuvre générale, certaines dispositions de détail sont dignes de fixer l'attention. Disposant de jeunes gens n'ayant, pour la plupart, pas encore assisté à une bataille rangée, mais possédant sur les postes ennemis laissés dans cette région une supériorité numérique incontestable (1), le commandement pense aussitôt à remédier à l'inexpérience de ces bataillons et à utiliser leur nombre en faisant tourner ces postes et en les fixant par une attaque de front réduite au minimum. « Il ne faut pas, prescrira Souham, s'attacher à attaquer les postes de front mais à les tourner (2). » Aussi, pour enlever Halluin, Daendels ne doit-il montrer à cette localité que « de faibles patrouilles » et couper les défenseurs de leur retraite sur Lauwe et Wevelghen au moyen d'une attaque dirigée par le Dronquart sur Reckem. De même, Souham recommande à Macdonald d'attaquer le poste ennemi à Mouscron en l'occupant sur son front par des patrouilles envoyées du côté de la Chapelle-Marlière et « en le tournant par sa droite du côté de Loinge ». Après l'enlèvement de Mouscron, Macdonald tournera encore « le camp du Mont-Castrel par sa gauche en se portant sur ses derrières et sur Ælbeke ». Cette attaque sera du reste facilitée par le mouvement de Dehay qui « marchera sur Ælbeke et sur les derrières du Mont-Castrel afin de lui couper la retraite..... Ce camp et Ælbeke forcés, le chef de brigade Dehay se portera sur Courtrai en tournant le village de Marque par sa gauche ».

(1) « La faiblesse du cordon des ennemis ne leur permit nulle part d'opposer une forte résistance..... » (Opérations du général en chef Pichegru.)

(2) Souham à Macdonald.

Le corps d'observation de Clerfayt à partir du 26 avril 1794 (1). — Avant d'exposer l'exécution des ordres qui précèdent, il est nécessaire d'indiquer la situation des faibles forces qui nous étaient opposées dans la Flandre.

Le 26 avril, les armées alliées comptaient :

A Ostende, sous le commandement du G. M. Stewart :
- 1 bataillon Loyal-Emigrans ;
- 2 escadrons de cavalerie anglaise.

A Nieuport, sous le commandement du G. M. de Diepenbroick :
- 2 bataillons du 10e d'infanterie hanovriens ;
- 2 bataillons du 5e d'infanterie hanovriens ;
- Détachement de cavalerie anglaise ;
- Environ 2,200 hommes.

Dans Ypres, sous le commandement du G. M. Imp. et R. de Salis :
- 6 bataillons hessois ;
- 4 bataillons autrichiens ;
- 2 compagnies d'infanterie légère ;
- 1 détachement de cavalerie hanovrienne et hessoise ;
- Environ 6,500 hommes.

Près d'Ypres :
- 2 escadrons du 10e régiment de dragons hanovriens légers (2) ;
- 3 escadrons de gendarmes hessois (2).

Dans Menin, sous le commandement du G. M. de Hammerstein :
- 2 bataillons du 14e régiment hanovrien d'infanterie légère ;
- 1 bataillon de grenadiers hanovriens ;
- 1 bataillon de Loyal-Emigrans ;
- Détachement de cavalerie hanovrienne ;
- 2e division d'artillerie lourde hanovrienne.

---

(1) Tout ce qui va suivre est extrait du livre de Sichart : *Geschichte der Hannoverschen Armee*, p. 361 et suiv.

(2) A la suite de la marche de la division Moreau, les trois escadrons de gendarmes hessois se retirent sur Nieuport, et les deux du 10e dragons sur la chaussée entre Menin et Bruges.

Près de Menin :

2 escadrons du 9e dragons légers hanovriens (1) ;
2 escadrons du 1er régiment de cavalerie hanovrien ;
2 escadrons de uhlans anglais (150 hommes) (2) ;
1 bataillon de York-Rangers (150 hommes) (2) ;
Demi-batterie d'artillerie à cheval hanovrienne (2).

Dans Courtrai, sous le commandement du Quartier général hanovrien de Walmoden, qui commandait les troupes de Nieuport à Courtrai :

150 convalescents ; un poste des trois bataillons d'infanterie hanovrienne stationnés à Menin ;
1 batterie de la 1re division de l'artillerie lourde hanovrienne.

A Mouscron, sous le commandement du G. M. de Wangenheim :

2 bataillons du 1er régiment d'infanterie hanovrien ;
2 bataillons du 4e régiment d'infanterie hanovrien ;
2 compagnies de chasseurs hanovriens ;
2 escadrons du 7e régiment de cavalerie hanovrien ;
5 pièces d'artillerie lourde.

A Marquain, sous le commandement du F. M. L. de Sztarray :

2 bataillons du régiment de la Garde, hanovriens ;
2 bataillons du 6e régiment d'infanterie hanovrien ;
2 bataillons du 9e régiment d'infanterie hanovrien ;
2 bataillons de Wenckheim (Autriche) ;
2 bataillons de Clerfayt (Autriche) ;
2 escadrons de gardes du corps hanovriens ;
1 batterie de la 1re division d'artillerie lourde hanovrienne ;
Demi-batterie à cheval hanovrienne.

Exécution de la marche du 7 floréal. — Les dispositions prescrites par les ordres qui précèdent s'exécutèrent avec un complet succès (3).

Au moment même où la brigade Dehay arrivait au Dronquart, celle de Daendels chassait « les uhlans britan-

---

(1) A la suite de la marche de la brigade Daendels, ces troupes se retirèrent sur la chaussée entre Courtrai et Bruges.

(2) A la suite de la marche de la brigade Daendels, ces troupes se retirèrent sur la chaussée entre Courtrai et Gand.

(3) Tout ce qui va suivre est emprunté au Journal de Reynier.

niques et chasseurs d'York qui gardaient Halluin, espèce de faubourg de Menin, sur la rive droite de la Lys. Craignant de se voir enfermer dans ce poste, ils se replièrent sur la ville d'où ils eurent encore le temps de sortir par la porte de Courtrai pour gagner Wevelghem dans l'intention d'y défendre un pont de pontons établi sur la Lys à cet endroit (1) » Après avoir enlevé Halluin, la brigade Daendels y laissa, pour contenir la garnison de Menin, une flanc-garde de 2 bataillons, 4 pièces d'artillerie et 1 escadron (2). Sous la protection de cette flanc-garde, le gros, précédé d'une avant-garde formée des grenadiers et de la 31e division de gendarmerie, continua sa route par Reckem. Lauwe et Marque sur Courtrai. La compagnie ennemie (3) qui occupait Lauwe se retira sur la rive Nord de la Lys ; quant aux uhlans et chasseurs britanniques, repoussés de Halluin et retirés d'abord à Wevelghem, ils démolirent le pont qui y était fait et gagnèrent Courtrai par la rive Nord de la Lys (4). De là le détachement hanovrien se retira sur Haerlebeke (5).

Quant à la brigade Daendels, elle continua son chemin de Lauwe à Courtrai par la rive Sud. Se laissant entraîner par son ardeur, son avant-garde précéda sur le Pottelberg celle de la brigade Dehay qui seule eût dû y arriver. Entre le Pottelberg et Oudesmesse, se placèrent la 199e demi-brigade et le 20e de cavalerie.

---

(1) Mémoires de d'Arnaudin.

(2) 21e bataillon de volontaires nationaux, 7e du Nord et un escadron du 20e de cavalerie; une pièce de 12, deux de 8, deux obusiers. (Journal de Reynier.)

(3) « Le piquet de la compagnie du 14e d'infanterie stationné à Lauwe fut obligé de se retirer sur le Guldenberg, au delà de la Lys, avec une perte de 20 hommes. Puis elle se retira sur Menin. » (Sichart, *Geschichte der Hannoverschen Armee*, p. 364.)

(4) Mémoires de d'Arnaudin.

(5) *Ibid.*

La brigade Dehay, précédée de l'avant-garde de Dewinter (1) et suivant le chemin du Dronquart, envoya par Neuville un parti sur Risquons-Tout, tandis que Dewinter marchait sur Ælbeke, et que le gros enlevait le hameau du Dronquart. Ce mouvement, combiné avec celui de Macdonald, amena la retraite de l'ennemi. Dewinter continua par Ælbeke sur Oudesmesse et le Pottelberg, mais entre son avant-garde et le gros de la colonne Dehay s'intercalèrent les grenadiers et gendarmes de Daendels, venant de Marque. Le Pottelberg fut donc occupé par deux avant-gardes, celle de Daendels et celle de Dewinter. La prise de possession de la hauteur par cette infanterie permit à l'artillerie de s'y établir et de canonner les trois pièces ennemies placées sur les buttes des Moulins de Courtrai (2). Après une canonnade d'une demi-heure, la charge fut battue et les grenadiers et gendarmes s'élancèrent à l'assaut. « L'ennemi retira ses pièces. On enfonça les portes dites de Lille et de Tournay, et on entra dans la ville » où l'on fit quelques prisonniers et prit deux pièces de canon.

Courtrai fut occupé par la 27e demi-brigade et un escadron du 19e de cavalerie. Le reste de la colonne bivouaqua sur le Pottelberg ; et l'avant-garde de Dewinter, abandonnant cette hauteur, se plaça au faubourg de Tournay et sur les routes d'Audenarde et de Gand ; tandis que la brigade Daendels faisait traverser Courtrai par le 2e bataillon de l'Yonne qui, avec un détachement de cavalerie, s'établissait en avant de la porte Nord de Courtrai.

---

(1) 30e division de gendarmerie, 10e d'infanterie légère, 9e régiment de hussards. (Journal de Reynier.)

(2) « Dans Courtrai, l'artillerie fit feu sur l'ennemi arrivant; mais celui-ci repoussa facilement la faible garnison. » (Sichart. *Geschichte der Hannoverschen Armee.*)

La brigade Macdonald (1) comptait plus de 15,000 combattants. Arrivée à Mont-à-Leux, elle se déploya pour attaquer Mouscron.

Cette position, qui consiste en une hauteur sise entre Mouscron et le Mont Castrel, avait l'inconvénient d'être trop étendue pour un faible effectif de 4,000 à 5,000 hommes et de n'avoir pas les ailes appuyées, ce qui permit de la tourner aisément. Elle est, du reste, d'une grande importance pour couvrir Courtrai.

Le général-major de Wangenheim l'occupait, l'aile droite au Mont Castrel et la gauche aux moulins à vent, devant Mouscron. Ses quatre bataillons, dont le front occupait à peine 1,000 pas, avaient à tenir ainsi une ligne de plus de 5,000 pas. Les cinq pièces d'artillerie lourde dont disposait cet officier général étaient placées dans des retranchements.

Le 26 avril, à 7 heures du matin, la brigade Dehay avait attaqué les deux compagnies de chasseurs du général de Wangenheim au Dronquart et les avait rejetées sur Ælbeke par Lauwe et Reckem.

Dès qu'il l'apprit, le général envoya le lieutenant-colonel de Diepenbroick avec un bataillon du 1er d'infanterie et deux pièces de 6 sur la route de Courtrai, et lui donna mission de la défendre aussi longtemps que possible en menant au besoin le combat en retraite sur Courtrai. Peu après, il renforça ces troupes du 2e bataillon du 1er d'infanterie et d'un escadron du 7e de cavalerie. Mais déjà Ælbeke était occupé par Dewinter, commandant l'avant-garde de Dehay, qui en avait expulsé les deux compagnies de chasseurs. Le détachement de Diepenbroick se retira donc vers Rolleghem et Belleghem, et de là,

(1) D'après : le Journal de Reynier; Les Opérations de la brigade Macdonald, par Pamphile Lacroix, et Sichart, *Geschichte der Hannoverschen Armee.*

sur la route de Courtrai à Tournay. Les deux pièces de 6 ne durent leur salut qu'aux salves répétées qu'elles firent pour échapper à la poursuite de l'ennemi.

Il ne restait plus à Wangenheim, sur la position de Mouscron, que deux faibles bataillons, un escadron et trois pièces, soit environ 1,000 combattants.

C'est dans cette situation que l'aborda la colonne de Macdonald. Comme elle devait tourner la position par sa droite, elle dut masquer les batteries retranchées de Risquons-Tout qui étaient défendues par des avant-postes placés sous les ordres du major Thich, et opposés à cette droite. La brigade du général Macdonald les canonna assez longtemps ; à l'abri de cette canonnade, il fit tourner Mouscron à gauche par son avant-garde et à droite par le gros de sa colonne. Elle eut beaucoup de défenses accessoires à enlever avant de dépasser l'ennemi. Mais Wangenheim, qui s'attendait à ce mouvement enveloppant, s'y déroba lorsqu'il se fut bien dessiné et se retira par Loinge sur Dottignies, où le détachement de Diepenbroick se réunit à lui. Les avant-postes de Risquons-Tout se retirèrent de leur côté par Belleghem sur Courtrai.

La brigade Macdonald (1) continua sa marche sur le moulin Cornélis et le moulin d'Ælbeke. Macdonald reçut alors un billet de Souham, qui se trouvait à 2 h. 30 entre Ælbeke et Marque. « L'ennemi, lui disait-il, se retire devant nous et nous occupons déjà Marque et Ælbeke et nous allons poursuivre jusqu'à Courtrai. Continue toujours et redouble de vivacité dans la marche que je t'ai ordonné de faire sur Rolleghem et Belleghem, et ensuite sur Courtrai. » Fidèle à ces instructions, Macdonald se hâtait par Rolleghem et Belleghem et prenait le soir position entre Belleghem et Courtrai. Conformé-

(1) D'après le Journal de Reynier et les Opérations de la brigade Macdonald, par P. Lacroix.

ment aux recommandations répétées de Souham, le front de sa brigade était tourné vers le point menaçant de Tournay.

Il avait, du reste, été protégé de ce côté par les flanqueurs de Jardon dont l'arrivée à Herseaux avait chassé l'ennemi, et qui s'étaient portés de là à Loinge, Tombrouck et Belleghem. Pour jouer le même rôle en station, ils avaient pris poste à Belleghem et, près de ce village, sur la route de Courtrai à Tournay, d'où ils éclairaient vers Coeyghem et Dottignies.

Quant à la brigade Bertin (1), qui marchait en réserve, elle laissa 1,200 hommes à Tourcoing, poussa un poste à Watrelos, se porta par la Chapelle-Marlière sur Mouscron à la suite de la brigade Macdonald, et occupa ce village, couvrant ainsi la route de Lille à Courtrai.

Enfin, le général Thierry, en rendant compte de ses opérations (2), semblait avoir suivi trop à la lettre la partie des instructions de Souham qui lui recommandaient de « ne se compromettre que faiblement et avec prudence ». « Vers les 5 heures, disait-il en effet, les deux premiers bataillons d'icelle (demi-brigade de l'Allier), en arrivant à hauteur de Pont-à-Tressin, ont fait le coup de fusil, et l'ennemi a rebroussé chemin. Il est 1 h. 20, et tout est dans le plus grand calme..... (3). » De leur côté, les Autrichiens reconnaissent avoir été attaqués, à 5 heures du matin, à Templeuve, Nechin et Flers, mais avoir, après un combat de quatre heures, rejeté les Républicains au delà de la Marque près de Pont-à-Bouvines (4).

---

(1) 1er bataillon de l'Aisne; 2e du 81e; 2e des Basses-Alpes; 2e du 19e; 3e tirailleurs; 3e fédérés; 19e de cavalerie; 19e chasseurs; demi-compagnie d'artillerie légère.

(2) Thierry à Souham. Five, 7 floréal.

(3) *Ibid.*

(4) Sztaray à Clerfayt. Rapport date de Marquain, 26 avril (K. K. A.).

Thierry n'avait donc engagé que pendant quatre heures un combat de feux et avait ensuite cessé toute attaque à partir de 9 heures du matin. Il avait donc laissé à l'ennemi toute liberté d'action au lieu de « l'obliger à fixer ses forces..... et de l'empêcher de se porter du côté de Courtrai (1) ».

Thierry annonçait encore que le canon s'était fait entendre sur sa droite (2) : c'était celui de la brigade Osten qui, de Pont-à-Marque, avait fait aussi une fausse attaque sur Orchie (3).

Le succès de cette marche, le premier de la campagne avec celui de Beaumont, donna lieu à maint compte rendu. C'est d'abord Pichegru qui l'annonce à Moreau. « Je ne doute pas que tu ne jouisses à Menin des mêmes succès que nous à Courtrai. Dans ce cas, tu voudras bien te rendre sur-le-champ auprès de moi pour que nous concertions ensemble les opérations de demain (4). » Pour ces dernières, Pichegru n'écrira pas plus qu'il ne l'a fait pour la marche sur Menin et Courtrai. S'il est des plus sobres comme instructions tactiques envers ses lieutenants, il est plus disert avec le Comité de Salut public pour lui annoncer l'heureux résultat de la journée. « Nous sommes entrés ici au pas de charge vers les 5 heures après midi. » Il ne cache pas, du reste, que « l'ennemi n'y a pas fait toute la résistance dont le poste était susceptible et que nous n'y avons perdu personne ». L'ennemi avait été, en effet, surpris, et n'opposa qu'un cordon de surveillance dont la faiblesse était faite pour étonner. Pour calmer l'impatience du Comité de Salut public, Richard et Choudieu lui parlent des « succès

---

(1) Souham à Thierry. Marquette, 6 floréal.
(2) Thierry à Souham. Five, 7 floréal.
(3) Journal de Reynier.
(4) Pichegru à Moreau, Courtrai, 7 floréal.

importants » qui ont « marqué les premiers pas de l'armée », lui dépeignent « l'armée s'avançant de front sur le pays ennemi » et lui font espérer de « nouveaux avantages » pour le lendemain. Thierry, qui s'est engagé avec tant de prudence, montre l'armée marchant « sur Tournay » (*sic*) et les Républicains « animés d'une ardeur brûlante ». Renchérissant sur le tout, Florent Guyot qui n'a appris la nouvelle que par Liébert, voit déjà l'une des colonnes « mise en marche sur Gand » et regarde déjà « les suites heureuses de l'affaire de Courtrai » comme « incalculables ». Il annonce enfin, avec Hector Barrère, le bombardement de Menin et la chute prochaine de cette place. « Elle ne tiendra pas deux fois vingt-quatre heures à la fougue française et à l'ardeur indomptable qui anime nos volontaires et particulièrement ceux de la 1re réquisition. On peut à peine contenir leur courage « bouillant ! ».

En réponse à tous ces dithyrambes, le Comité de Salut public manifestera son impatience de voir frapper de grands coups et obtenir des batailles décisives à la place de simples démonstrations.

Journée du 8 floréal.

1° *Mouvement de la division Moreau.*

Extrait du « Récit abrégé des campagnes des IIe et IIIe années républicaines », par le général Vandamme.

8 floréal (27 avril).

Le 8 (27 avril), le général Moreau, dont l'instruction se bornait à faire sa jonction à Commines avec la première division, ayant reçu des nouveaux ordres, la brigade se mit vers les 8 heures du matin en marche; elle fut divisée en trois colonnes: celle de droite devait longer la Lys, attaquer Wervicke et de là se porter vers Gheluwe, pour y prendre une position à la droite de la route d'Ypres à Menin; celle de gauche devait se porter entre Gheluwe et Becclaere, pour de là prendre une position sur la route de Bruges, faisant face à Menin; celle du centre marchait directement sur Gheluwe pour y prendre une position à la gauche du chemin d'Ypres à Menin.

Wervicke fut emporté sans beaucoup de résistance, et ce mouvement fut exécuté dans l'après-midi; dès le soir même, le cercle fut formé autour de la place. La ligne fut beaucoup rapprochée de la ville, presque sous la portée du canon; la droite de la brigade se prolongea jusqu'à la Lys, et la gauche fut appuyée à la droite de la 1re division (1) entre les deux routes de Bruges et de Courtrai; les troupes de la 1re division bloquèrent les portes de Courtrai et de Lille; la brigade, celles de Bruges et d'Ypres; un bataillon d'infanterie légère et le 1er bataillon du Calvados furent détachés sur la route d'Ypres, en avant de Gheluvelt, pour observer le mouvement de la garnison d'Ypres; l'infanterie légère fut placée dans les faubourgs d'Ypres et de Bruges, que l'ennemi avait incendiés en partie, avec l'ordre de l'inquiéter sans cesse avec quelques compagnies de tirailleurs qui seraient souvent relevées. Ces tirailleurs réussirent si bien qu'ils empêchèrent l'ennemi, pendant la durée du siège, de se servir de plusieurs pièces dont leur feu rendait l'accès très dangereux.

2° *Division Souham en stationnement à Courtrai.* — Pendant que la division Moreau effectuait le blocus de Menin, Souham organisait le stationnement de sa division devant Courtrai. La brigade Daendels, qui, dès le 7, avait placé à la porte de Bruges le 2e bataillon de l'Yonne et un détachement du 20e de cavalerie, reçut l'ordre, le 8, de renforcer ce détachement, de garder les deux routes de Bruges et de Cuerne, de placer des postes au pont de Cuerne et à Heule, enfin de s'éclairer au delà de la Heule et vers Menin par de fortes et fréquentes patrouilles. Le reste de la brigade devait bivouaquer « en avant et vers la route d'Halluin ».

Pour se conformer à ce premier ordre, Daendels renforça le 2e bataillon de l'Yonne par la 31e division de gendarmerie, le 3e bataillon d'infanterie légère et six compagnies de grenadiers, qui gardèrent la Heule, du pont de Cuerne à Heule.

(1) C'est-à-dire la brigade Desenfans.

Un peu plus tard, le même jour, un deuxième ordre de Souham, désireux d'éviter un croisement de colonnes, prescrivit au gros de la brigade Daendels (1), qui bivouaquait sur la rive Sud et à l'Ouest de Courtrai, de ne quitter sa position qu'après que le général Macdonald aurait traversé la ville pour aller s'établir près de Bisseghem. Daendels attendrait l'achèvement de ce mouvement pour traverser à son tour Courtrai et se poster entre la Heule et la route de Bruges, à l'Ouest de cette route, en faisant couper tous les ponts de la rivière et en n'y laissant que « quelques passages pour les découvertes ».

En exécution de ces deux ordres, toute la brigade Daendels (2) fut à cheval sur la route de Bruges, la droite à la Lys, le front bordant la Heule, la gauche à Heule.

La brigade Macdonald avait aussi reçu deux ordres : le premier, donné sans doute au point du jour, lui avait prescrit de se rassembler en position d'attente sur la route de Tournay à un quart ou une demi-lieue de Courtrai. De là, elle devait s'éclairer vers les points dangereux de Dottignies et d'Audenarde et signaler aussitôt ce qu'elle aurait découvert. Comme les « fortes découvertes » qu'envoya Macdonald ne décelèrent rien d'anormal, Souham lui adressa un deuxième ordre prescrivant à presque toute la brigade (3) de se mettre en marche et de traverser Courtrai pour aller bivouaquer « en bataille » vers Bisseghem. De là, elle devait s'éclairer sur la Heule vers Gulleghem et Moorseele, et chercher par de « fré-

(1) 29e demi-brigade, 199e demi-brigade, 20e de cavalerie mis en détachement.

(2) 29e demi-brigade, 199e demi-brigade, 20e de cavalerie mis en détachement, 2e de l'Yonne, 31e division de gendarmerie.

(3) Moins cinq compagnies du 2e bataillon de la demi-brigade légère et le 5e chasseurs à cheval.

quentes découvertes » à se rendre compte des mouvements de l'ennemi, notamment vers Wevelghem et Menin ; l'une d'elles devait même aller le 9 au point du jour en reconnaissance sur Menin. En vertu de ces ordres, la brigade Macdonald sortit en effet de Courtrai par la porte de Menin et vint se baraquer la droite à Heule, la gauche à la Lys, en fournissant des postes à Gulleghem, à Moorseele et sur la route de Menin. Une reconnaissance composée du 2e de carabiniers et de l'artillerie légère se porta sur Menin, et communiqua vers le faubourg de Bruges avec les troupes de la division Moreau qui y arrivaient. Mais, si ce mouvement de Macdonald couvrait Courtrai face au Nord-Ouest, il découvrait les derrières de la division Souham dans la direction dangereuse de Tournay. Pour y parer, Macdonald reçut l'ordre de renforcer, avant son départ pour Bisseghem, le détachement de Jardon, à Belleghem, des cinq compagnies du 2e bataillon de la demi-brigade légère et du 5e chasseurs à cheval. Disposant ainsi d'une force de deux bataillons et d'un régiment de cavalerie légère, Jardon devait tout d'abord masquer le mouvement de Macdonald vers Courtrai et Bisseghem au moyen de ses patrouilles. Il devait ensuite se porter avec son gros à Ælbeke et s'éclairer de là vers la direction dangereuse de Dottignies. En aucun cas, il ne devait découvrir Courtrai, mais au contraire non seulement chercher à avoir des nouvelles de l'ennemi par de nombreux émissaires et de fréquentes patrouilles, mais encore servir d'avant-garde par arrêter l'ennemi débouchant de Tournay et pour donner au reste de la division le temps d'arriver. C'est ce que lui avait ordonné Souham dès le 6 pour la marche du 7 ; il le lui répétait encore le 8 et l'invitait, au cas où il serait attaqué par des forces supérieures, à mener le combat en retraite vers le renfort le plus rapproché, c'est-à-dire vers le général Bertin qui occupait Mouscron et avec lequel il devait se tenir en liaison depuis Ælbeke.

En exécution de cet ordre, le général Jardon se plaça à Ælbeke et fournit des postes à Rolleghem et Belleghem.

La division Souham assurait ainsi sa complète liberté d'action en s'éclairant à grande distance dans la direction dangereuse ; mais il fallait encore couvrir de ce côté la ville de Courtrai à faible distance comme on l'avait déjà fait au Nord et à l'Est au moyen des brigades Daendels et Macdonald. C'est à ce rôle que fut employée la majeure partie (1) de la brigade Dehay, sous le commandement de Dewinter. Il devait occuper le Pottelberg et s'éclairer en même temps dans les directions de Tournay, d'Audenarde et d'Haerlebeke ou de Gand. « Il faut, disait l'ordre, qu'il fasse bien attention aux routes de Tournay et d'Haerlebeke et qu'outre les détachements qu'il y place, il envoie de fréquentes découvertes. » Dewinter satisfit à cet ordre en occupant le faubourg de Tournay avec le 1er bataillon d'infanterie légère, 9 compagnies de grenadiers, la 30e division de gendarmerie et le 9e régiment de hussards, qui gardèrent les trois routes précitées ; et en tenant la hauteur du Pottelberg avec la 23e demi-brigade, deux escadrons et demi du 19e régiment de cavalerie, la 29e compagnie d'artillerie légère. Le reste de la brigade Dehay (27e et 29e demi-brigade, 1 escadron du 19e de cavalerie) formait la garnison proprement dite de Courtrai.

Pour compléter la défense de Courtrai, Souham ordonnait au chef de bataillon du génie Dejean de « se pourvoir des moyens de retrancher Courtrai, principalement les portes de Tournay, Audenarde et Haerlebeke, en établissant des batteries. » Il ne devait pas hésiter à réquisitionner pour cette opération les pionniers néces-

(1) 23e demi-brigade, 30e division de gendarmerie, les grenadiers, 1er bataillon d'infanterie légère, 9e hussards, détachement du 19e de cavalerie, demi-brigade de la 29e compagnie d'artillerie légère.

saires. Quant aux outils, Liébert donnait l'ordre, le 8, au garde d'artillerie de Lille, de lui en envoyer une voiture en toute diligence à Courtrai.

La brigade Bertin, qui occupait dès le 7 Mouscron et Tourcoing, rendait compte le même jour de la présence, au moulin d'Herseaux, d'un détachement ennemi qui rétrograda ensuite sur Dottignies ; le 8, elle compléta ces renseignements en signalant également des forces adverses à Espierres et Coeyghem. Souham se bornait à lui répondre, le 8, de garder sa position, de continuer à faire de fréquentes découvertes et de le renseigner sur l'ennemi tout en restant en liaison avec Jardon et Thierry.

Cet officier général avait du reste recommencé le 8, à 3 h. 30, « la même marche » que la veille et était rentré à 8 heures du soir dans ses cantonnements. Pour correspondre avec le général Bertin par Tourcoing, il envoyait le 9 à Lannoy un bataillon d'infanterie, 2 pièces de canon et quelques cavaliers.

Enfin le parc d'artillerie de la division Souham faisait jeter neuf pontons, sur la Lys, entre Bisseghem et Courtrai, vis-à-vis la Chapelle-de-la-Madeleine ; il y passait et allait s'établir à Bisseghem.

En résumé, la situation de la division Souham le 8 floréal au soir était la suivante : au Nord de Courtrai, la brigade Daendels bordant la Heule depuis son embouchure dans la Lys jusqu'à Heule ; à l'Ouest, la brigade Macdonald, la droite à Heule et la gauche à la Lys. Ces deux brigades formaient ainsi au Nord-Est, au Nord et à l'Ouest de Courtrai, un demi-cercle ayant la Lys pour diamètre. Au Sud, la division était éclairée à grande distance par la brigade Bertin à Mouscron et le détachement Jardon à Ælbeke ; elle était couverte, à faible distance, par le détachement de Dewinter, occupant le faubourg de Tournay et la hauteur du Pottelberg. Enfin,

Courtrai avait pour garnison le reste de la brigade Dehay. La place était mise en état de défense, un pont avait été jeté sur la Lys en amont de Courtrai, et le parc d'artillerie stationnait à Bisseghem.

Journée du 9 floréal (28 avril).

Le bombardement de Menin. — On a vu que, le 7 floréal, la brigade Daendels avait laissé sur les hauteurs d'Halluin une flanc-garde de deux bataillons et d'un escadron de cavalerie destinés à maîtriser la garnison de Menin en attendant l'arrivée de la division Moreau. Celle-ci avait fait son apparition le 8 sous les murs de Menin, et, dès le soir même, avait investi cette place sur la rive Nord de la Lys à portée de canon et bloqué les portes d'Ypres, de Bruges, de Courtrai et de Lille. Sous la protection de l'infanterie qui occupait Halluin et les abords mêmes de Menin, l'artillerie de la brigade Daendels et le parc de la division Moreau purent entamer le bombardement (1). Ce parc, qui était à Commines, arriva le 8 au soir ; « dans le même instant, la position des batteries fut déterminée. Deux pièces de 8 et deux obusiers de 6 pouces furent placés à la droite de la brigade (Vandamme) ; deux pièces de 12 à la droite du chemin de Menin à Ypres ; deux du même calibre à la gauche de cette route ; deux pièces de 8 et un obusier qui restaient encore furent employés sur la route de

(1) Récit abrégé..... par le général Vandamme. On y a fait toutefois cette correction que le bombardement ne commença pas le 9 au matin, comme le dit ce récit, mais dans la nuit du 8 au 9, comme l'indique la lettre adressée le 9 par Pichegru à Moreau. On lit du reste dans l'histoire de Menin, du Dr Rembry-Barth : « Le soir (27 avril-8 floréal) vers 11 heures, l'ennemi lança quelques bombes sur la ville. Les dégâts furent peu considérables, les incendies furent éteints. »

Bruges. La première division (1) établit aussi quelques batteries de l'autre côté de la Lys. » (2) « Le 9, à 2 heures de l'après-midi, la ville était en feu, et le principal clocher était tombé (3). »

Ravitaillement des divisions Moreau et Vandamme en munitions et en vivres pendant le stationnement à Menin et à Courtrai. — Le ravitaillement en munitions était assuré par le parc d'artillerie de l'armée que le général Éblé, commandant l'artillerie de l'armée, avait divisé le 6 floréal « en trois parties, dont l'une était destinée pour la droite (Ardennes), l'autre pour le centre (Guise) et la troisième pour la gauche (Lille) (4) ». Cette dernière subdivision arrivait le 9 à Lille (5).

Le ravitaillement en vivres s'opérait par Cassel et Armentières pour la division Moreau, et par Lille pour la division Souham. Les convois de pain, viande et fourrages, qui partaient de ces localités, étaient escortés par des gendarmes ou des cavaliers. Indépendamment de ces ravitaillements sur l'arrière, les troupes s'efforçaient de vivre sur le pays.

(1) Lire : La brigade Desenfans de la 1re division.

(2) Récit abrégé..... par le général Vendamme.

(3) *Ibid.*

(4) Éblé à Mazurier, adjoint au Ministre de la Guerre; la Fère, 6 floréal.

(5) Liébert à Pichegru. Lille, 9 floréal.

III

La victoire de Mouscron [9-10 floréal (28-29 avril)].

La situation du 26 avril entre Mouscron et Tournay.

En s'avançant le 7 floréal sur Courtrai, la division Souham n'avait rencontré que de faibles postes : l'ennemi en effet avait été absolument surpris. Si les attaques du 22 avril sur Douchy, Avesnes-le-Sec et Villers-en-Cauchie avaient été infructueuses, elles avaient eu le résultat de détourner l'attention des Alliés sur la Selle et d'éloigner Clerfayt de son centre de surveillance dans les Flandres. Si les nombreuses attaques tentées pour débloquer Landrecies étaient restées vaines, elles avaient encore trompé l'ennemi sur le sens de nos efforts décisifs. Masquée par la démonstration de Thierry sur Tournay, la marche aurait pu même rester plus d'un jour ignorée de l'ennemi, si les ordres trouvés le 7 sur le général Chapuis ne l'avaient promptement dévoilée. Aussi, dès le 7 au soir, le F. M. Cobourg prescrivait-il à Clerfayt de marcher immédiatement de Denain sur Tournay après s'être renforcé de douze bataillons et de dix escadrons, et d'attaquer vigoureusement l'ennemi (1). Mais, quelles qu'eussent été la rapidité de la décision de

---

(1) Disposition datée du champ de bataille devant Fesmy le 26 avril 1794. Rapport de Cobourg à Wallis, Catillon-sur-Sambre, 26 avril 1794 (K. K. A.).

Cobourg et la diligence que mit Clerfayt à l'exécuter, elles n'avaient pu empêcher le général de Wangenheim d'être chassé de Mouscron par les colonnes de Dehay et de Macdonald qui l'avaient refoulé de Rolleghem et Dottignies vers Tournay.

En rendant compte de cet échec à Clerfayt, Sztaray annonçait qu'il avait prescrit à Wangenheim de recommencer l'attaque ; qu'il l'appuierait par une démonstration contre l'aile droite de l'ennemi à Mouscron, et qu'il renforçait Wangenheim du 9e régiment hanovrien à deux bataillons et de deux escadrons de gardes du corps. D'autre part, sur l'ordre de Clerfayt, le régiment de ce nom devait arriver à Marquain à 9 heures du soir (1).

Du côté français, le général Bertin occupait le 7 Mouscron avec quatre bataillons, et Tourcoing et Watrelos par un autre. Il envoyait, suivant l'ordre que lui en avait donné Souham, des détachements sur Dottignies et Evregnies. Il signalait que l'ennemi, fort de 3,000 hommes et de 14 canons, était à Dottignies d'où il avait poussé des éclaireurs jusqu'au moulin d'Herseaux.

Situation du 8 floréal (27 avril).

D'après la lettre de Bertin, datée du 8, l'ennemi n'avait plus ce jour-là que 100 hommes à Dottignies et s'était retiré à Coeyghem et à Espierres. C'est sans doute au reçu de ce rapport, expédié à 5 heures du matin, que Souham fit renforcer la brigade Bertin « par un bataillon de fédérés venant du camp de Flers (2) ».

Bertin disposa ainsi de six bataillons, dont cinq sur la position même. L'ensemble formait un total d'environ 5,000 hommes (3).

(1) Sztaray à Clerfayt, Marquain, 26 avril 1794 (K. K. A.).
(2) Journal de l'armée du Nord, par l'adjudant général Reynier.
(3) D'après Sichart, *Geschichte der Hannoverschen Armee.*

Au même moment (1), le général-major, comte de Œynhausen recevait d'Orcq l'ordre du F. Z. M. Clerfayt qui lui prescrivait de remplacer le général-major de Wangenheim très malade (2) et de reprendre coûte que coûte la position de Mouscron.

Le corps du comte de Œynhausen, qui bivouaquait sur la chaussée de Courtrai à Tournay, entre Dottignies et Espierres, à Beau-Jaquai, comprenait deux bataillons du 1er, deux du 4e et deux compagnies de chasseurs hanovriens ; deux escadrons du 7e de cavalerie-dragons ; un obusier de 7 et deux pièces de 6. En outre, Œynhausen devait être renforcé dans la nuit du 27 au 28 avril (8 au 9 floréal) par les deux bataillons du 9e d'infanterie hanovrien et les deux escadrons de gardes du corps que Sztaray lui envoyait de Tournay (3). On attendait encore dans la même nuit deux bataillon du 6e d'infanterie (4). Le comte de Œynhausen devait donc disposer le 28 au matin (9 floréal) de huit bataillons, quatre escadrons, deux compagnies de chasseurs, et trois pièces de position.

Au moment où il rassembla les chefs d'unités pour leur donner ses ordres, ils lui firent remarquer que les troupes étaient fatiguées par le manque de vivres et de fourrages et par les événements de la veille, et avaient subi des pertes telles qu'il ne fallait compter que 125 hommes par escadron, 375 hommes par bataillon et 50 hommes par compagnie de chasseurs. On ne pouvait donc disposer que de 3,600 hommes. Mais, comme il savait que l'ennemi n'était pas fort de plus de 6,000

(1) Sichart, *loc. cit.*

(2) « Bien qu'il fût sérieusement malade depuis plusieurs jours, ce ne fut que le 29 avril qu'il se fit porter à Tournay où il mourut le 1er mai 1794. » (Sichart.)

(3) Voir. p. 242.

(4) Sichart, *loc. cit.*

hommes, et n'avait construit aucun barrage ni coupé les deux routes de Mouscron, Œynhausen prévint Clerfayt le 27 qu'il attaquerait le 28 à 2 heures en deux colonnes. Il appela en même temps son attention sur le danger que faisait courir à son aile droite la division Souham stationnée à Courtrai et exprima l'espoir de voir Clerfayt parer à ce danger. Si ce dernier n'existait pas sur l'aile gauche grâce aux forces autrichiennes stationnées à Tournay et qui pouvaient neutraliser celles de Lille, il n'était que trop réel vers le Nord ; mais Clerfayt resta sourd à cette requête.

La 1re colonne de Œynhausen, ou colonne de droite, sous les ordres du colonel de Bothmer, chef du 4e d'infanterie, devait comprendre : une compagnie de chasseurs, deux bataillons du 1er et deux du 4e d'infanterie, un escadron de gardes du corps, un du 7e de cavalerie, et les trois pièces de position.

Elle devait se porter de Beau-Jaquai sur Dottignies, Loinge et Mouscron, et le général de Œynhausen marcherait en tête. Dès qu'elle aurait occupé Loinge et les hauteurs en deçà de Mouscron, elle chercherait à déployer son infanterie vers la droite en bataille afin de déborder la position, et à envelopper la ville de Mouscron par sa cavalerie ; elle fixerait ainsi le défenseur en l'inquiétant de tous côtés à la fois.

La 2e colonne, sous le lieutenant-colonel de Hedemann, commandant le 9e régiment d'infanterie, comprendrait : une compagnie de chasseurs, un bataillon du 9e d'infanterie et deux bataillons du 6e d'infanterie, un escadron du 7e de cavalerie et un demi-escadron de gardes du corps. Cette colonne devait marcher de Beau-Jaquai sur Dottignies, Herseaux, vers le moulin à vent situé en arrière de Mouscron. Dès qu'elle aurait pris les hauteurs entre Herseaux et Mouscron, elle formerait son infanterie vers la droite et sa cavalerie vers la gauche en bataille ; puis, laissant Mouscron à droite, elle attaquerait de flanc et à dos les retranchements élevés près des moulins à vent.

Le reliquat des troupes devait servir à couvrir les derrières et le flanc menacé ; mais, pendant la nuit du 27 au 28, à minuit, arrivèrent inopinément deux escadrons du 4e de cavalerie ; par contre, l'on attendit vainement le 6e d'infanterie. Il y avait donc encore de disponible : un bataillon du 9e d'infanterie, un demi-escadron de gardes du corps et deux escadrons du 4e de cavalerie qui reçurent la répartition suivante : un demi-bataillon du 9e d'infanterie et un escadron du 4e de cavalerie à Espierres sur la chaussée de Courtrai à Tournay ; le 2e escadron du 4e de cavalerie à Warcoing sur le chemin d'Audenarde ; enfin Dottignies fut occupé par le demi-bataillon du 9e d'infanterie et le demi-escadron des gardes du corps.

Ainsi distribuées, les deux colonnes se mirent en marche à 4 h. 30 au lieu de 2 heures, en raison du retard qu'occasionna l'attente inutile du 6e d'infanterie.

La colonne de droite repoussa les postes de Loinge et s'empara des hauteurs situées entre Mouscron et Loinge, mais elle trouva une grande résistance dans l'attaque de Mouscron même. Ce fut seulement grâce au concours de l'artillerie que l'assaillant put progresser dans la localité contre un défenseur qui se défendait même par les toits.

Pendant ce temps, la colonne de gauche avait repoussé les avant-postes ennemis d'Herseaux et débouchait sur les flancs et les derrières de la localité de Mouscron. L'infanterie attaqua la hauteur retranchée des moulins à vent ; la cavalerie occupa les routes conduisant de Mouscron à Lille et coupa ainsi à Bertin toute retraite sur cette forteresse, base de ses opérations. A 11 h. 30, tous les retranchements qui couronnaient la hauteur des moulins étaient enlevés ; un obusier, cinq canons, plusieurs caissons étaient pris (1); enfin le nombre des prisonniers était en proportion de la prise du matériel.

Bertin « fit en désordre sa retraite sur Tourcoing sans que l'ennemi profitât de cet avantage comme il l'aurait pu; il ne le poursuivit pas à Tourcoing et s'arrêta au moulin de Castrel quoique rien ne l'empêchât d'aller jusqu'à Halluin (2) ». Cette dernière assertion est contestable, car l'ennemi aurait été fixé de front par la division Moreau, tandis qu'il se serait enfourné entre la division Souham et les troupes du camp retranché de Lille.

Reynier (3) attribue l'échec de Bertin aux mauvaises dispositions prises par ce général : « Ses troupes, dit Reynier, n'étaient pas bien postées. » Si Pichegru partagea ultérieurement cet avis (4), Bertin se défendit, dès le 9, de tout reproche en rejetant la faute sur l'infériorité numérique de ses troupes (5) et l'insuffisance de ses cadres (6). Il était pourtant difficile d'admettre que l'infanterie ennemie eût été bien supérieure à la nôtre, puisque la première ne comptait que 3,000 hommes et la seconde quatre bataillons; mais peut-être doit-on reconnaître avec Bertin qu'une partie de ses troupes avait, par la lâcheté de ses chefs de bataillon, battu en retraite sans en avoir reçu l'ordre (7).

Après avoir repoussé Bertin, le général de Œynhausen

(1) « Bertin perdit environ 300 hommes, tant tués que blessés ou faits prisonniers et deux pièces de 8, un obusier d'artillerie légère. Un bataillon perdit ses deux pièces de 4. » (Journal de l'armée du Nord, par Reynier.)

(2) Journal de l'armée du Nord, par Reynier.

(3) *Ibid.*

(4) Souham à Bertin, 12 floréal.

(5) Bertin à Souham, 9 floréal, 10 heures du soir.

(6) *Ibid.*

(7) *Ibid.*

fit occuper la position; mais, comme la brigade française n'avait pas dépassé Tourcoing, comme il était au centre d'un demi-cercle formé par cette brigade et les divisions Moreau et Souham, il fit entourer sa position par une chaîne de postes (1).

Le général ne se dissimulait pas du reste l'impossibilité d'occuper une position aussi étendue avec un si faible effectif, et il se disposait à profiter de la nuit pour ramener ses forces à Pecq, lorsque, à 5 heures du soir, arriva Clerfayt annonçant un renfort de 5,000 à 6,000 hommes de troupes impériales, qui rejoignirent en effet dans la nuit du 9 au 10. La position de Mouscron fut alors occupée par 10,000 Hanovriens et Autrichiens dont Clerfayt prit le commandement en chef.

L'échec de Bertin à Mouscron n'avait pas été le seul. Jardon, qui occupait Ælbeke, avait été aussi attaqué par des troupes légères et s'était retiré sur Belleghem (2).

Cette nouvelle provoqua aussitôt de nouvelles dispositions. Mais avant de les exposer, il est nécessaire de faire voir l'ordre d'idées par lequel avait passé Pichegru depuis le matin.

A 7 heures, il s'était préoccupé de la prise de Menin. Voyant qu'il ne pouvait l'enlever de vive force comme Courtrai, il avait voulu renforcer l'investissement du côté de Halluin et avait à cet effet prescrit à Moreau d'y envoyer 2,000 hommes soutenir les deux bataillons qu'il y avait déjà. Comme il fallait les prélever sur les brigades Vandamme et Desenfans, qui n'étaient pas de trop pour investir Menin sur la rive Nord de la Lys et se couvrir contre Ypres et Bruges; comme il n'y avait rien

(1) D'après Sichart.
(2) Journal de l'armée du Nord, par Reynier.

à craindre de ce côté, tant que Mouscron et Ælbeke seraient à nous, Moreau s'y refusa et Souham partagea son avis (1). D'autre part, Pichegru avait voulu faire marcher la brigade Thierry sur Roubaix et sur Leers. C'était détruire tout le rôle de flanc-garde que jouait cette troupe pour fixer l'ennemi devant Tournay : « Pendant ce temps, lui objecta Souham (2), l'ennemi le prendra en flanc et par les derrières comme il l'a fait hier lorsque Thierry marchait sur Templeuve, et que l'ennemi est venu par Hem pour lui couper la retraite. Heureusement l'ennemi a été repoussé ; mais il pouvait faire beaucoup de mal aux troupes de Thierry et en ferait encore plus si elles marchaient sur Leers..... » Enfin, si Pichegru trouvait Menin insuffisamment investi, il regardait Courtrai comme trop fortement occupé ; s'il dégarnissait la Marque des troupes de Thierry, il voulait y rappeler deux brigades de Souham et n'en laisser qu'une, celle de Dehay, à Courtrai. En un mot, Pichegru voulait avoir Moreau à Menin ; Dehay à Courtrai ; Thierry à Herseaux et Roubaix, tandis que Bertin, Macdonald et Jardon rétrograderaient sur la Marque. Il était plus simple et moins dangereux de laisser Bertin où il était, ou encore de le rappeler à Herseaux, puis à Roubaix, et de faire seulement revenir Macdonald et Jardon comme renforts de Thierry. Aussi, Souham, qui critiquait les dispositions que voulait prendre Pichegru pour Moreau, et le déplacement de Thierry, admettait-il, au contraire, fort bien la retraite de Macdonald sur Lille avec Jardon et celle de Bertin sur Roubaix : l'ennemi eût été ainsi fixé à Tournay ; la

(1) « Moreau n'est pas trop fort pour investir Menin aux portes d'Ypres, de Bruges et de Courtrai, et se garder contre les troupes que l'ennemi pourrait envoyer par les routes d'Ypres et de Bruges. » (Souham à Pichegru, 9 floréal.)

(2) Souham à Pichegru, 9 floréal.

Lys était bordée de Commines à Menin face à Ypres, avec avant-garde à Courtrai contre Bruges et Audenarde. Ce rôle d'avant-garde, Souham l'exécutait dès le 9 floréal en allant reconnaître, avec de la cavalerie et de l'artillerie légère, l'ennemi signalé sur Belleghem par les flanqueurs de Jardon (1).

Ces objections firent sans doute abandonner à Pichegru l'idée d'appeler Thierry sur Leers et Roubaix. Mais, sur ces entrefaites, on apprit tard à Courtrai que Bertin avait été battu (2). S'il prit l'affaire que Jardon avait eue à Ælbeke pour une reconnaissance (3), Pichegru comprit aussitôt le danger que lui faisait courir la chute de Mouscron aux mains de l'ennemi ; la communication de Souham avec la base de Lille était dès lors coupée et celle de Moreau devenait sérieusement menacée ; suivant l'expression de Reynier, « la route de Lille par le chemin du Dronquart était sur le point d'être interceptée ».

Pour rétablir la situation, il fallait mettre la communication de Menin à Lille à l'abri de toute insulte, et rouvrir au plus tôt celle de Courtrai. Dans ce but, Pichegru renouvela à Moreau sa demande d'envoi de 2,000 hommes sur Halluin ; mais il semble que ce général ne lui ait adressé que la moitié de ce renfort. Néanmoins on envoya d'Halluin, le 9, « deux bataillons pour occuper la hauteur du Dronquart. Par cette disposition, la route fut couverte, mais un peu tard ; et il est bien surprenant que l'ennemi, qui était au moulin de Castrel depuis midi, voyant passer à un quart de lieue de lui des convois qui retournaient à Lille, et pouvant

(1) Souham à Pichegru, 9 floréal.
(2) Journal de l'armée du Nord, par Reynier.
(3) *Ibid.*

prendre à dos les troupes qui étaient à Halluin, y soit resté tranquille jusqu'au lendemain. Il se contenta de faire quelques retranchements au moulin de Castrel (1) ».

Quant à Souham, dès qu'il fut de retour de sa reconnaissance de Belleghem, pendant laquelle il paraît avoir appris l'échec de Bertin et le recul de Jardon, il s'empressa d'envoyer Macdonald, avec 9,000 hommes, rétablir la situation, et mit sous son commandement, pour cet objet, la brigade Bertin et le détachement de Jardon, qui comptaient 7,000 combattants. A cet effet, il donna une série d'ordres dont il faut louer sans réserve la rapidité de conception et de rédaction. Ce n'est, en effet, que tard dans la soirée du 9, que Souham connut la retraite de Bertin; et cependant la brigade Daendels, la dernière à qui les ordres aient été adressés, reçut, à 11 h. 30 du soir, toutes ses instructions pour partir le lendemain matin à 3 h. 30. Quant aux ordres en eux-mêmes, ils se font remarquer, autant que ceux de la marche sur Courtrai, par une vigueur et une précision dignes d'éloges.

Le général Souham au général de brigade Macdonald.

Courtrai, le 9 floréal (28 avril 1794).

J'arrive de Belleghem vers Jardon et je reçois tes lettres. D'après tous les rapports, il paraît que ce n'est qu'une forte reconnaissance de l'ennemi qui a fait mettre en désordre la brigade du général Bertin. Le général Jardon, par suite de la retraite de Mouscron, a été obligé d'évacuer Ælbeke et est à Belleghem, sur la route de Tournay, près de Coeyghem. Il va partir pour retourner à Ælbeke, ne laissant à Belleghem qu'un piquet. Comme il est très important de ne pas laisser l'ennemi près de la route, et qu'il ne paraît pas fort, tu dois les attaquer de suite et prendre une position favorable, avec les troupes du

(1) Journal de l'armée du Nord, par Reynier.

général Bertin, pour les bien recevoir demain matin s'ils viennent nous attaquer. Il faut que le général Bertin fasse un mouvement en même temps que toi, pour reprendre une bonne position. Si tu penses que Thierry puisse faire quelques mouvements qui te couvrent, écris-lui.

Dewinter commande l'avant-garde qui couvre Courtrai ; étant très nécessaire ici, il ne peut aller à Neuville, et n'aurait jamais dû s'éloigner autant. Tu lui donneras ordre de revenir sur-le-champ avec ses troupes (1).

Éclaire bien les mouvements de l'ennemi et prépare-toi à le bien recevoir. Souviens-toi que tu commandes 15,000 républicains.

SOUHAM.

Aussitôt après, Souham adresse à Macdonald l'ordre de mouvement qui doit lui permettre de se porter au secours de Bertin :

Le général Souham au général de brigade Macdonald.

Courtrai, 9 floréal.

Il est ordonné au général de brigade Macdonald de partir sur-le-champ avec sa brigade composée de :

La 3e demi-brigade ;
La 24e demi-brigade ;
La 68e demi-brigade ;
Le 2e régiment de carabiniers ;
Le 5e chasseurs à cheval ;
Et l'artillerie légère.

---

(1) *Le général Souham au commandant Dewinter.*

9 floréal (28 avril 1794).

Je suis très surpris que tu te rendes à Neuville, d'après l'ordre du général Macdonald. Tu dois te rappeler que tu commandes le corps de troupes, destiné à couvrir Courtrai, et tu y es très nécessaire. Tu voudras donc bien y revenir sur-le-champ avec les troupes que tu as emmenées, vers le faubourg de Tournay et venir prendre, de moi, de nouvelles instructions sur la manière dont tu dois disposer tes troupes.

SOUHAM.

Il passera la Lys sur les pontons qui sont vis-à-vis du parc d'artillerie, entre Courtrai et Bisseghem, ira ensuite à Marcke, Oudesmesse, Ælbeke, et se portera ensuite sur le mont Castrel, où il prendra une position, afin de se réunir à la brigade du général Bertin qui est à Tourcoing et Mouscron, s'il n'a pas été chassé de ce dernier poste.

Si, dans ce mouvement, le général Macdonald rencontre quelques troupes ennemies, il les attaquera et les forcera afin de poursuivre sa route.

Le général Jardon est toujours à Ælbeke.

Le général Macdonald commandera, outre sa brigade, celle du général Jardon (1) composée de :

1er bataillon de l'Aisne ;
5 compagnies d'infanterie légère ;
Et le 5e régiment de chasseurs à cheval.

Et celle du général Bertin composée de :

1er bataillon de l'Aisne ;
2e — du 81e régiment d'infanterie ;
2e — des Basses-Alpes ;
2e — du 19e régiment d'infanterie ;
3e — de tirailleurs ;
3e — des fédérés ;
19e régiment de cavalerie ;
19e — de chasseurs ;
Demi-compagnie de la 29e d'artillerie légère.

Le général Macdonald, avec toutes ces troupes, prendra la position qu'il jugera meilleure pour couvrir la route de Lille à Courtrai et les troupes qui attaquent Menin par Halluin. Pour cet effet, il attaquera Tourcoing, Mouscron, Ælbeke, etc., et réunira en un corps le plus de troupes qu'il pourra, dans la position qu'il choisira.

Le général Macdonald enverra des découvertes et émissaires du côté de Tournay, afin de découvrir les mouvements et la force de l'ennemi.

---

(1) *Le général Souham aux généraux Bertin et Jardon.*

Courtrai, 9 floréal.

Le général Macdonald, se rendant avec sa brigade du côté du mont Castrel, commandera les troupes qui sont sous les ordres des généraux Bertin et Jardon. Ainsi le général Bertin et le général Jardon se conformeront aux ordres que leur donnera le général Macdonald.

SOUHAM.

Si le général Macdonald imagine quelques mouvements du camp de Flers qui puissent le couvrir, il l'écrira au général Thierry afin qu'il les exécute.

Le général Macdonald me donnera avis de tout ce qu'il apprendra.

SOUHAM.

Si jusque-là Souham avait cru que le mouvement de Œynhausen contre Bertin n'était « qu'une forte reconnaissance »; s'il écrivait en même temps à Macdonald que « l'ennemi ne paraît pas fort »; s'il espérait enfin que Macdonald aurait pu attaquer l'ennemi, dès le 9, il eut sur toutes ces espérances autant de désillusions. En effet, aussitôt après avoir donné les ordres qui précèdent, il écrivait à Pichegru qu'il y avait 9,000 ennemis à Mouscron, et déjà il entrevoyait la nécessité de faire marcher contre la position non seulement Macdonald, Bertin et Jardon, mais aussi Daendels, « afin d'attaquer l'ennemi avec un corps de 23,000 à 24,000 hommes ». D'autre part, comme Macdonald n'aurait pu joindre l'ennemi avant la nuit, et que la brigade du général Bertin n'était pas encore bien rassemblée, il n'avait pu attaquer le même jour et avait pris les positions suivantes : Jardon à Ælbeke avec postes à Belleghem; Macdonald à Ælbeke, Lauwe et le Dronquart; enfin Bertin à Tourcoing avec postes à Neuville. Dans cette position, si Macdonald couvrait, comme le lui demandait Souham, la route de Courtrai à Lille, il était loin d'avoir ses troupes aussi « réunies » que le prescrivaient ses instructions et que l'exigeaient les renforts reçus par l'ennemi. Dans cette situation, Souham n'hésitait pas le soir du 9 floréal à expédier aussi Daendels sur Ælbeke afin de porter les forces de Macdonald de 16,000 à 24,000 hommes, et il ne conservait plus à Courtrai qu'une garnison, à peine suffisante, d'une demi-brigade : c'était là une décision vraiment militaire et une parfaite application du principe de l'économie des forces.

Dans cet ordre d'idées, le général Souham adressait les prescriptions suivantes au général Daendels :

Le général Souham au général Daendels.

Courtrai, le 9 floréal, 11 h. 30 soir (28 avril 1794).

Il est ordonné au général de brigade Daendels de partir demain matin, à 3 h. 30, avec les troupes suivantes :

29e demi-brigade ;
199e demi-brigade ;
31e division de gendarmerie ;
Les grenadiers ;
Le 20e régiment de cavalerie excepté 60 hommes qu'il laissera au chef de brigade ;
Et les pièces d'artillerie qu'il a amenées.

Il passera sur les pontons entre Courtrai et Bisseghem, ensuite à Marcke, à Oudesmesse et à Ælbeke. Il placera ses troupes entre Ælbeke et Belleghem, faisant face à Rolleghem de manière à attaquer l'ennemi, autant qu'il sera possible, sur ses derrières. Lorsque le général Macdonald marchera d'Ælbeke sur le mont Castrel et Mouscron, je me trouverai là et lui donnerai de nouvelles instructions, sur la marche qu'il doit tenir. Le général Daendels doit profiter des moyens qu'il aurait de charger l'ennemi en flanc ou sur ses derrières du côté de Mouscron, sans cependant négliger de veiller aux troupes ennemies qui pourraient venir par la route de Tournay à Courtrai.

Le général Daendels laissera, vers la porte de Bruges, le 2e bataillon de l'Yonne, avec 60 cavaliers du 20e régiment. Il lui donnera ordre de se placer au retranchement qui est en avant de la porte de Bruges et d'envoyer des postes vers les bords de la Heule, et des patrouilles fréquentes sur la route de Bruges vers Cuerne ainsi que du côté de Menin, leur recommandant bien de se retirer en ordre sous le feu de la place, s'ils étaient obligés de se retirer devant un ennemi supérieur. Le chef de brigade Dehay, commandant de Courtrai, donnera de nouveaux ordres au chef du 2e bataillon de l'Yonne et doit envoyer un autre bataillon à la porte de Menin avec la cavalerie.

Je te verrai demain matin à Ælbeke. Nous devons espérer que nous y battrons les ennemis.

SOUHAM.

Le parc d'artillerie allait suivre la brigade Daendels ; à cet effet, il devait quitter Bisseghem, franchir le pont de la Lys et le replier ensuite, marcher par Marcke et la route de Lille, enfin parquer au moulin d'Hooghe-Poorte, à gauche et au-dessus de Lauwe.

Quant à la garnison minima que laissait Souham à Courtrai, le parc d'artillerie devait mettre à sa disposition une pièce de 8 et un obusier à placer sur la butte du Moulin située à la gauche de la porte de Bruges.

La défense de cette porte, comme celle de toute la place, était prévue par l'ordre qu'adressa Souham à minuit au chef de brigade Dehay.

Le général Souham au chef de brigade Dehay.

Courtrai, 9 floréal, à minuit (28 avril 1794).

Il est ordonné au chef de brigade Dehay, commandant à Courtrai, d'envoyer à la porte de Menin un demi-bataillon de la 27e demi-brigade avec une pièce de 4, à 3 heures du matin. Ce demi-bataillon devra se placer dans la redoute qui est en avant de la porte, et à la porte même, la pièce sur la butte du Moulin. Il fera de même placer aux portes de Tournay, Audenarde et Gand, dans les ouvrages qui sont en avant de la porte et vers la porte, avec leurs pièces, le restant de la 27e demi-brigade, qui ne sera pas employé à la police de la ville.

Le chef de brigade Dehay enverra aussi à la porte de Menin, une centaine de cavaliers du 19e régiment, destinés à faire des patrouilles et découvertes du côté de Menin et de Moorseele.

Le 2e bataillon de l'Yonne se placera à la porte de Bruges avec 60 cavaliers du 20e régiment. Il détachera quelques postes en avant vers la rivière de Heule, et enverra des patrouilles sur la route de Bruges. On placera demain matin une pièce de 8 et un obusier sur la butte du Moulin qui est à gauche de cette porte.

Le chef de brigade Dehay disposera ses troupes de manière à faire la plus vigoureuse résistance, s'il est attaqué dans Courtrai; il y a de l'artillerie en position dans les endroits importants et la ville est entourée d'un bon fossé. Les portes doivent être gardées par de bonne infanterie placée dans les redoutes qui sont en avant des portes.

Le chef de brigade Dehay donnera des ordres à Dewinter, pour que les troupes qui sont en avant de la ville, si elles étaient forcées à se retirer, n'entrent pas dans la ville, mais la tournent en se retirant d'abord sur le faubourg de Tournay, et ensuite sur la hauteur par laquelle nous avons attaqué Courtrai, où, comme cela a déjà été ordonné à Dewinter, il doit réunir toutes les troupes afin d'empêcher l'ennemi de s'emparer de cette position et de tourner la ville en s'emparant de la route de Lille.

Il sera nécessaire de veiller soigneusement demain matin sur les postes qui sont en avant, sur les routes de Tournay, Audenarde et Gand, et d'envoyer de bonne heure de fortes découvertes afin de découvrir si l'ennemi ne fait pas quelques mouvements, principalement sur les routes de Tournay et de Gand.

Si le 1er bataillon de la 1re brigade d'infanterie légère est arrivé, il faudra envoyer à Daendels, à Ælbeke, le 3e bataillon de la même demi-brigade.

Le chef de brigade Dehay prendra des mesures pour débarrasser promptement la ville de toutes les voitures et en faire sortir les militaires qui ne sont pas de la garnison.

Le parc d'artillerie sera à Hooghe-Poorte près de Lauwe, sur la route de Lille.

On recommande à Dehay de la surveillance pour découvrir l'ennemi et le bien recevoir s'il approchait.

SOUHAM.

Après avoir donné les instructions nécessaires à toutes les unités sous ses ordres, de manière à tenir Courtrai avec un minimum de forces et à présenter au combat l'ensemble imposant de 24,000 hommes, Souham chercha encore à s'assurer le succès par tous les moyens indirects auxquels il pouvait avoir recours : l'un d'eux était la prise de Menin qui devait nous donner un fort point d'appui sur la Lys, faciliter nos communications avec Lille, enfin décourager les tentatives du genre de celle de Œynhausen à Mouscron.

C'est ainsi qu'à minuit il mettait Moreau au courant de la situation et l'engageait à « presser vivement Menin » ; il avait du reste réclamé cette mesure à Pichegru : « Je désirerais bien, lui écrivait-il, que tu puisses venir nous voir, et donner ordre au général Moreau d'accélérer la prise de Menin ». Et ce ne sera pas la seule prière qu'il adressera dans ce sens à son chef ; en lui annonçant au dernier moment que les renforts de l'ennemi allaient le forcer à diriger Daendels sur Ælbeke, il ajoutait encore : « L'armée aurait besoin de ta présence aujourd'hui, ainsi que des Représentants : tout présage qu'il y aura une affaire sérieuse ». Mais, par une sorte de fatalité, voulue ou non, qui se reproduira encore à Courtrai, puis à Tourcoing, Pichegru ne se trouvera pas au point capital de la journée, et, tandis que le sort de Courtrai et de Menin se jouera à Mouscron, il assistera au siège de Menin.

Dans cette même lettre où il appelait la présence du général en chef, Souham faisait observer qu' « il serait bien important que les autres divisions agissent ». Et, précisant encore plus sa pensée, il voulait, le jour de Mouscron, renouveler le même combat démonstratif que pendant la marche du 7 sur Courtrai : « Il serait bon, écrivait-il le 9 à Pichegru, que le camp de Flers fît demain matin un mouvement pour occuper l'ennemi de ce côté, mais cependant sans trop s'exposer. » Et, passant du désir à l'ordre, il prescrivait à Thierry de faire « une fausse attaque du côté de Leers et de Templeuve en tâchant d'occuper vivement l'ennemi de ce côté » tout en couvrant bien sa droite et en « ne s'engageant pas trop loin dans un pays où l'ennemi pouvait se porter sur les derrières ».

Cette démonstration ne fut pas la seule essayée. Puisqu'en agissant sur Leers dans le flanc et les derrières de l'ennemi marchant de l'Escaut contre les communications de Lille à Menin, la brigade Thierry risquait de se faire prendre à revers par les troupes adverses débouchant des environs de Tournay, il fallait fixer ces dernières par une contre-attaque. Aussi Pichegru ordonna-t-il, dès le 9 floréal au soir, à la brigade Osten, dont le quartier général était à Pont-à-Marque, de faire de vigoureuses démonstrations contre le camp de Cysoing, c'est-à-dire dans la direction du point dangereux de Tournay.

Malheureusement l'ordre donné le 9 au soir ne parvint

que le 10 à Osten, qui attaqua seulement le 11 au point du jour. D'autre part, Pichegru ne s'était pas contenté de prescrire des attaques venant de Pont-à-Marque ; il avait encore ordonné au général Drut, commandant la division de Douai, de « faire harceler par tous les commandants d'avant-postes l'ennemi sur tous les points possibles ». Dans ces conditions, au lieu de se borner à maintenir l'inviolabilité de son front sur la Marque entre Pont-à-Tressin et Pont-à-Bouvines qu'il fortifiait ; de faire des « marches et contremarches » de Pont-à-Marque sur Cysoing ; de porter des forces sur Genech et sur Capelle, Osten appuya encore le chef de brigade Compère dans une forte reconnaissance sur Coutiche en dirigeant sur ce point les troupes cantonnées à Bersée.

En résumé, la journée du 9 avait été employée à couvrir la route de Lille contre une attaque possible des troupes ennemies stationnées sur la position de Mouscron, d'abord en occupant la hauteur du Dronquart par deux bataillons détachés à Halluin par Moreau, puis en envoyant Macdonald avec ses 9,000 hommes et les 7,000 de Bertin et de Jardon prendre position vers Ælbeke ; enfin en renforçant ces 16,000 hommes par les 8,000 de Daendels, puisqu'on avait appris que l'ennemi lui-même se renforçait à Mouscron. Pour aider à ce mouvement, Osten et Compère faisaient de vigoureuses démonstrations depuis Pont-à-Tressin jusqu'à Coutiche.

Journée du 10 floréal (29 avril).

Position de l'ennemi. — On a vu que Clerfayt était arrivé le 28 avril (9 floréal) à 5 heures du soir sur la position de Mouscron. Il était parti de Marquain avec cinq bataillons et huit escadrons. Sur ce total, il avait laissé deux bataillons et un escadron à Coeyghem pour se couvrir de Courtrai ; un autre à Dottignies pour garder la communication; enfin les deux bataillons et les sept escadrons restants se joignirent aux troupes hanovriennes qui étaient déjà à Mouscron et qui comprenaient sept bataillons et quatre escadrons (un huitième bataillon était alors à Espierres pour garder de même les communications). Le général comte Kollowrath vint encore avec deux bataillons qui, la veille, étaient arrivés au camp de Marquain, et on leur adjoignit deux escadrons de Hanovriens.

Clerfayt disposait donc en tout de onze bataillons et de onze escadrons, contre un ennemi qui allait avoir 23,000 à 24,000 hommes à sa disposition.

Le 29 avril, à 6 heures du matin, Clerfayt rassembla les généraux de Œynhausen, de Barosch et Sporck à Mouscron et leur expliqua qu'il avait l'ordre de marcher par Roncq vers Menin pour couper la division Souham de la place de Lille. Mais, comme les troupes étaient fatiguées, le F. Z. M. n'avait l'intention d'entamer sa marche que le lendemain à 10 heures du matin.

Pendant cette conférence, un détachement de deux bataillons du régiment de Clerfayt et d'un escadron de Blankenstein, envoyé par Clerfayt en reconnaissance, avait attaqué et repoussé les flanqueurs de Jardon, à Belleghem ; il avait été arrêté devant Ælbeke par les forces supérieures de Macdonald et rejeté dans un bois environnant.

Cette escarmouche n'avait pas été de nature à modifier l'idée préconçue d'après laquelle Clerfayt, ne pouvant croire à une attaque des jeunes troupes républicaines, pensait plutôt qu'elles cherchaient à se retirer sans combat par Menin sur Lille ou tout au moins qu'elles tentaient tout d'abord de se joindre à la division Moreau avant d'accepter la lutte.

Dans l'une ou l'autre de ces hypothèses, l'occupation d'Ælbeke par la brigade Macdonald et la résistance qu'elle y offrait pouvaient faire conclure à l'existence d'une flanc-garde destinée à masquer le mouvement rétrograde sur Menin.

Cette erreur dans laquelle Clerfayt persista jusqu'à 7 heures du matin, jointe à l'ajournement de ses opérations au 30 avril, fut cause qu'il n'avait pris aucune disposition pour la défense de la position de Mouscron. « Il était seulement en bataille sur la hauteur entre Mouscron et le mont Castrel (1). Les Autrichiens occupaient la gauche, qui était à Mouscron, et les Hanovriens la droite, qui était aux moulins de Castrel. Il avait beaucoup d'infanterie dans les bois ou haies qui sont autour des fermes des Fossés, de la Blanquerie, des Fontaines et du Château de Mouscron. Il avait plusieurs fortes batteries sur les hauteurs (2). »

C'est dans cette situation « que l'ennemi l'avait prévenu (3) ».

Surpris par l'attaque des Français et sans instructions, les généraux se répartirent rapidement le commandement de la position ; le général de Œynhausen prit en grande hâte celui de l'aile gauche ; le général de Barosch celui du centre, où se tenaient d'excellents régiments étrangers ; enfin le général de Sporck prit le commandement de l'aile droite, où se trouvaient des troupes hanovriennes (4). La majeure partie de ces forces fit demi-tour sur place, tandis qu'une simple arrière-garde restait opposée à Bertin.

Si le général autrichien s'était laissé surprendre dans ses dispositions, le commandement français, ne pouvant faire sa retraite que par la rive Sud de la Lys, soit par Menin, soit directement par le Dronquart, comprenait « qu'il était de la plus grande importance de chasser

(1) Face à la brigade Bertin, qui était vers Tourcoing.

(2) Journal de Reynier.

(3) Duc d'York à Dundas, 2 mai 1794.

(4) Sichart, *Geschichte der Hannoverschen Armee.*

l'ennemi de cette position (1) » ; cette solution seule lui permettait de ne pas abandonner Halluin, de ne pas renoncer à Menin et de ne pas perdre ainsi tout le fruit de sa pointe hardie sur la Lys (2). Aussi, poursuivant ce but très net, se donna-t-il le bénéfice de l'initiative des opérations. Dès la veille au soir, les plans d'attaque avaient été adressés par Souham à ses lieutenants ; il faut convenir, toutefois, que toutes les précautions ne furent pas prises pour qu'ils arrivassent à coup sûr, et que Macdonald, qui était chargé de l'attaque décisive, faillit ne pas les recevoir : l'officier de son état-major, parti seul et sans guide, à 11 heures du soir, du quartier général de Souham, erra jusqu'à 2 heures du matin à sa recherche et ne le retrouva qu'en rencontrant par hasard un chasseur à cheval qui venait de le quitter (3).

Sous réserve de cette légère critique, qu'il fallait faire pour en tirer l'enseignement nécessaire, les dispositions qui vont suivre étaient judicieusement conçues et permettaient de prendre l'ennemi de flanc et à revers après l'avoir fixé de front.

La brigade Bertin « eut ordre de partir de Tourcoing pour faire deux fausses attaques, l'une par la Chapelle-Marlière sur Mouscron, l'autre par le Risquons-Tout sur les moulins de Castrel (4) ». Cette disposition était fondée sur ce que la position était difficilement abordable de front et que les troupes de Bertin, battues la veille, n'étaient pas capables d'un vigoureux effort.

« Le général Macdonald, ayant pour avant-garde les troupes légères commandées par le général Jardon, devait partir d'Ælbeke, suivre la route qui passe aux

(1) Relation de l'affaire de Mouscron, par Souham.
(2) Mémoire de d'Arnaudin.
(3) Opérations de la brigade Macdonald.
(4) Journal de l'armée du Nord, par Reynier.

moulins de Castrel et y attaquer l'ennemi en se déployant à droite et à gauche de la route. Il devait laisser quelques postes sur sa droite, entre le Dronquart et Castrel, pour correspondre avec la fausse attaque de Bertin.

« Le général Daendels devait suivre le général Macdonald jusqu'au moulin Cornélis et ensuite prendre le chemin de Mouscron afin d'attaquer ce village et les troupes qui étaient entre ce village et les moulins de Castrel en appuyant sa droite à la gauche du général Macdonald (1). »

L'attaque commença entre 9 et 10 heures du matin. Le général Bertin, chargé de fixer la défense du front, attaqua vigoureusement, comme il le devait, sur la Chapelle-Marlière et Risquons-Tout; mais il avait compté sans le peu de solidité de ses troupes, qu'accroissait encore l'effet démoralisateur de leur échec du 9; elles furent repoussées par l'ennemi et mises en complète déroute; et ce ne fut qu'à force de mouvements, de cris et de menaces qu'elles purent se rallier. Elles servirent toutefois à maintenir par leur présence une partie des troupes de Clerfayt.

Pendant ce temps l'avant-garde légère de Jardon s'avançait en cheminant tantôt sous bois, tantôt à travers un terrain coupé de fossés, de haies et de forts abatis. La marche était encore rendue plus difficile par la violence du feu d'artillerie et de mousqueterie du défenseur; on ne pouvait d'ailleurs arriver à lui que par des défilés très étroits, qu'il couvrait de mitraille et d'une grêle de balles. Aussi, bien que Macdonald eût fait renforcer les tirailleurs par son infanterie de ligne, son attaque restait stationnaire. Pour la faire progresser, on établit, vers la ferme de la Blanquerie, une batterie d'une pièce

(1) Journal de l'armée du Nord, par Reynier.

de 12, de deux de 8 et de deux obusiers de 6 pouces; mais l'ennemi en avait plusieurs à sa disposition, dont une de cinq pièces de 13 au mont Castrel; elles ne tardèrent pas à prendre la supériorité et démontèrent une partie des pièces françaises. Le défenseur sortit alors de sa position et, par une attaque vigoureusement soutenue par son artillerie, il força Macdonald à reculer. « Nous revînmes à la charge : mêmes difficultés, même désavantage (1). »

« Du côté du général Daendels, le pays était encore plus fourré (2). » Il en résulta sans doute un manque de vues qui fit dévier la brigade de sa véritable direction. Aux termes de l'ordre d'attaque, en effet, Daendels devait marcher droit sur le village de Mouscron, en partant du moulin de Cornélis. Tout au plus devait-il, au cours de cette marche, s'éclairer à droite en faisant fouiller, par son infanterie légère, le bois situé entre la Blanquerie et Mouscron, comme il s'éclairait à gauche par des patrouilles se reliant à Dewinter. Au lieu de cela, il semble que toute l'infanterie de Daendels alla s'enfourner dans ce bois, perdant ainsi de vue l'objectif principal qui était Mouscron. Sans soutien de la part de son artillerie, pour laquelle on ne sut pas trouver de positions dans ce terrain coupé et fourré; exposée aux coups de l'infanterie et de l'artillerie ennemie, qui tirait sur elle à mitraille, la brigade Daendels ne put non seulement déboucher dudit bois, mais même s'y maintenir.

En même temps, les patrouilles que, suivant l'ordre d'attaque, Daendels avait détachées sur sa gauche pour se relier avec Dewinter avertirent qu'apparaissaient des partis de cavalerie ennemie entre Het-Forreest et la

(1) Opérations de la brigade Macdonald, par P. Lacroix.
(2) Journal de l'armée du Nord, par Reynier.

Cense de l'Hôpital. « Il était à craindre que, s'ils étaient nombreux, ils ne se portassent sur le moulin Cornélis ou Ælbeke (1) », et ne coupassent ainsi toute communication de la division Souham avec son parc d'artillerie à Hooghe-Poorte et avec la garnison de Courtrai. Pour y remédier, l'adjudant général Reynier, chef d'état-major de Souham, envoya porter l'ordre au 2e carabiniers, alors au moulin de Cornélis, de se porter vers Het-Forreest et la Cense de l'Hôpital. A son apparition, les partis de cavalerie s'éloignèrent.

Malgré sa vivacité (2), l'offensive de Souham avait donc échoué sur le front de ses trois brigades et s'était transformée en combat traînant de Bertin devant la Chapelle-Marlière et Risquons-Tout; de Macdonald, repoussé deux fois devant les moulins de Castrel; enfin de Daendels devant les bois situés entre la Blanquerie et Mouscron.

Il était 1 heure de l'après-midi, et déjà Clerfayt, ne doutant plus de la retraite des Français, s'applaudissait de sa première hypothèse, quand, vers 2 heures de l'après-midi, Souham, « impatient d'être arrêté si longtemps », décida une troisième attaque de la brigade Macdonald. Il fit redoubler le feu de la batterie de la Blanquerie, ordonna à la brigade Macdonald de battre la charge et de marcher de nouveau sur les moulins de Castrel, où l'ennemi avait, comme on l'a vu, une batterie de cinq pièces. En même temps, pour entraîner ces jeunes troupes, qui comptaient nombre de réquisitionnaires n'ayant encore assisté à aucune affaire, Souham et Macdonald chargèrent à la tête de la brigade. Le tir de notre artillerie bien réglé et concentré sur les mou-

(1) Journal de l'armée du Nord, par Reynier.

(2) Rapport de Clerfayt sur l'affaire de Mouscron (K. K. A.) « *Ihre Angriffe waren sehr lebhaft und wiederholt.* »

lins de Castrel força tout d'abord les batteries ennemies qui y étaient à se retirer vers l'aile gauche. Dès lors, privés de leur artillerie, surpris de cette attaque subite et impétueuse, succédant à deux échecs qu'ils croyaient définitifs; impressionnés par les cris et le bruit de la charge; distinguant à peine l'assaillant à cause des couverts du terrain et d'une épaisse poussière (1), et s'exagérant d'autant ses progrès et sa force, les Hanovriens, ébranlés dans leur résistance, commencèrent vers Mouscron une retraite qu'accusa la diminution de leurs feux. Pour la masquer, la cavalerie ennemie tenta une charge contre les troupes les plus avancées qui, en fuyant en hâte devant elle, détermina dans la brigade une de ces paniques si communes à de jeunes troupes encore peu aguerries. « La terreur s'empare de quelques bataillons et le désordre s'y met. Le 5e régiment de chasseurs était vers la ferme de la Blanquerie derrière l'infanterie. On le fait marcher sur les bataillons qui s'étaient séparés; il les rallie..... (2). » L'ordre rétabli, Souham pensa aussitôt à utiliser ce régiment pour accélérer la retraite de l'ennemi. Il se mit à la tête du 5e chasseurs et le conduisit sur Mouscron (3) « par la grande route tandis que l'infanterie s'avançait à droite et à gauche sans être arrêtée par les fossés, les bois et les haies. Arrivé vers les moulins de Castrel, le 5e régiment de chasseurs se déploya et chargea sur les bataillons hanovriens qui se retiraient encore assez en ordre sur Mouscron; les mit bientôt en désordre et continua sa route sur Mouscron, laissant derrière lui un grand nombre de

---

(1) Voir Sichart, *Geschichte der Hannoverschen Armee*. « La poussière était en ce moment si forte qu'on ne se reconnaissait pas à deux pas. »

(2) Journal de l'armée du Nord, par Reynier.

(3) Relations de l'affaire de Mouscron, par Souham, 30 avril.

prisonniers et de morts (1) ». Chemin faisant, le 5e chasseurs rencontra l'artillerie du mont Castrel qu'il enleva. L'aile gauche de la position était tenue par les Autrichiens. Si Daendels n'avait pas commis la faute de se jeter trop à droite vers Macdonald, peut-être aurait-il pu arriver à Mouscron avant les Hanovriens et rendre leur perte complète et irrémédiable. Mais il n'en fut pas ainsi ; et les Autrichiens purent tenter à Mouscron une dernière résistance pour permettre aux Hanovriens d'échapper à l'étreinte des Français. A cet effet, ils avaient placé à l'entrée du village une batterie qui tira quelques coups de canon ; mais, attaquée de front par des grenadiers et volontaires qui avaient suivi le 5e chasseurs à la course, tournée par ce dernier régiment, l'artillerie autrichienne fut obligée d'abandonner Mouscron et tomba aux mains des vainqueurs. A la sortie du village, les chasseurs trouvent « des bataillons qui, à leur approche, jettent leurs armes, à l'exception de quelques-uns qui veulent se défendre et dont ils eurent bientôt fait raison (2). » Loin de s'arrêter, du reste, le 5e chasseurs, lancé en fourrageurs à la poursuite de l'ennemi, laissait à l'infanterie, qui le suivait sans ordre et en tirailleurs, le soin de conduire les prisonniers et se préoccupait seulement de charger les bataillons ennemis et de les disperser dès qu'il s'en approchait. La poursuite de l'infanterie de Macdonald s'arrêta sur Herseaux ; quant à celle du 5e chasseurs, elle s'exécuta jusqu'à Dottignies et Saint-Léger.

Le 2e carabiniers, que Reynier avait dirigé entre Het-Forreest et la Cense de l'Hôpital, ne put, en raison de la pesanteur de ses chevaux, arriver à temps, bien que Macdonald l'eût fait demander par Pamphile Lacroix,

(1) Relations de Souham sur l'affaire de Mouscron, 30 avril.
(2) *Ibid.*

entre sa deuxième et sa troisième attaque. Les carabiniers ne purent donc que suivre le mouvement et se diriger par la droite de Mouscron entre Herseaux et Watrelos avec une partie du 19e de cavalerie ; « le 20e, avec une partie de l'infanterie de Daendels, poursuivit par Loinge sur Evregnies (1) ». On s'étonnerait à bon droit que cette cavalerie ait pu ainsi évoluer sur le champ de bataille sans le moindre obstacle, si l'on ne savait par les relations de Souham et de Reynier que la cavalerie autrichienne, et notamment les fameux dragons de Latour et hussards de Blankenstein, avaient été entraînés dans la déroute :

« On voyait, écrit Reynier, les régiments de dragons de Latour et des hussards de Blankenstein, qui avaient tant de réputation, renverser l'infanterie qu'ils devaient soutenir et fuir devant un peloton de 30 chasseurs. »

Quant à l'artillerie ennemie, en dehors de celle du moulin de Castrel et de la défense de Mouscron, on prit encore « entre Herseaux et Watrelos, le parc de Clerfayt qu'il avait été obligé d'abandonner (2) ».

La victoire de Mouscron coûtait à l'ennemi 33 pièces de canon « avec beaucoup de caissons (3) » ; 4 drapeaux dont 3 hanovriens et 1 autrichien ; 3,000 hommes dont 1,200 prisonniers, parmi lesquels 50 à 80 officiers : on trouva sur le champ de bataille 5,000 fusils.

« Les troupes de Souham bivouaquèrent le 10 floréal (29 avril) au soir sur le champ de bataille. La brigade Bertin, qui avait suivi l'ennemi lorsqu'il s'ébranla, resta autour de Mouscron ; la brigade de Macdonald se retira

(1) Journal de Reynier.

(2) *Ibid.*

(3) *Ibid.*

entre le moulin de Castrel (1) et le moulin de Cornélis ; Jardon fut à Loinge et la brigade de Daendels entre Ælbeke et le moulin de Cornélis (2) ». Pendant leur stationnement, les troupes furent ravitaillées le 11, au matin, en pain et en viande au moyen de convois expédiés le 10 de Lille, sur l'ordre de Liébert et par les soins du commissaire des guerres Olivier (3) : à Courtrai, porte de Tournay, pour la brigade Dehay-Dewinter ; à Ælbeke, pour celle de Daendels ; au mont Castrel pour celles de Macdonald et de Daendels ; enfin à Mouscron, pour celle de Bertin.

Dès qu'il put mettre un peu d'ordre dans la masse désordonnée de ses troupes, Clerfayt indiqua, comme points de ralliement, Herseaux aux Hanovriens et Dottignies aux Impériaux (4).

« Dans la colonne des Hanovriens (5), les gardes du corps firent l'avant-garde, et un escadron du 7e de cavalerie, l'arrière-garde. » L'on tenta de nouveau d'arrêter l'infanterie dispersée, mais il fut impossible de la rassembler. Le colonel de Bothmer réussit à arrêter 200 hommes du 4e d'infanterie ; mais le manque de munitions empêcha d'en tirer parti.

La tête de la colonne hanovrienne trouva Herseaux occupé par les républicains et fut forcée par leur feu de gagner Dottignies à travers champs (6). Elle y fit sa jonction avec les Autrichiens qui y arrivèrent à leur tour vers 6 h. 30 du soir.

---

(1) « Nous ne pûmes nous rallier que le soir sur le mont Castrel. Nous y bivouaquâmes. » (Opérations de la brigade Macdonald, par P. Lacroix.)

(2) Journal de Reynier.

(3) Liébert au commissaire des guerres Olivier, à Lille.

(4) Rapport de Clerfayt.

(5) *Ibid.*

(6) Sichart, *Geschichte der Hannoverschen Armee.*

*
* *

La victoire de Mouscron fut due à la fausse appréciation que fit Clerfayt de la situation ; à la trop grande confiance qu'il eut dans la valeur de ses troupes ; au retard qu'il mit à attaquer, ce qui le fit devancer par Souham ; à la supériorité d'effectif incontestable qu'avait Souham sur son adversaire et qui n'était du reste pas l'effet du hasard, mais celui de calculs parfaitement réfléchis ; à l'impression morale que produisit la constatation par l'ennemi de cette supériorité ; au « terrain difficile et entrecoupé qui avait causé de la confusion (1) » ; enfin à la vigueur que déployèrent Souham et Macdonald : « Les succès de cette journée, dira plus tard Pichegru (2), furent dus à l'audace du général Souham et à la bravoure réfléchie de Macdonald. On les vit se montrer partout, marcher toujours à la tête de nos bataillons dans leurs diverses charges ; les rallier avec calme chaque fois que l'ennemi les repoussait ; enfin ce furent eux qui entamèrent les ennemis, suivis du 5e régiment de chasseurs à cheval. »

Tout fier de la victoire à laquelle il avait si bien participé, Souham l'annonçait à Pichegru et à Moreau en termes qui ne laissèrent aucun doute sur le succès « complet » qu'il avait remporté sur l'ennemi « battu à plate couture ». De leur côté, les généraux alliés ne cherchaient pas à le nier : « C'est pour moi une douleur indicible écrivait Clerfayt, d'avoir à annoncer une mauvaise nouvelle..... » Et le lendemain, le duc d'York, en rendant compte de son mouvement sur Tournay, disait : « Je reçois à l'instant l'avis désagréable d'un échec éprouvé

(1) York à Dundas, 2 mai 1794.
(2) Opérations du général en chef Pichegru.

à Mouscron par le général Clerfayt. » Le 2 mai, il expliquait encore que la confusion avait été telle qu'il « avait été impossible de rallier » les troupes hanovriennes et autrichiennes.

La victoire était donc indéniable et rompait le charme des premières défaites de la campagne. Elle enrayait l'offensive de l'ennemi, en le forçant tout d'abord à se préoccuper de ses flancs. Elle donnait à nos jeunes troupes une entière confiance en elles-mêmes : aussi, lorsque, quelques semaines plus tard, Pichegru les engagera en bataille rangée le long de l'Escaut contre les meilleures troupes autrichiennes, elles feront preuve d'une solidité et d'une ardeur qui obligeront l'ennemi à avouer que jamais, au dire des vieux soldats, on n'avait vu pareille animosité dans la lutte.

IV

La prise de Menin [7-11 floréal (26-30 avril)].

Avant d'entrer dans le détail des opérations qui amenèrent la chute de cette place, il est nécessaire de faire connaître la valeur défensive qu'elle possédait.

Le roi Louis XV avait ordonné le démantèlement des fortifications de Menin, mais la majeure partie des contreforts n'avait pas été détruite ; les remparts avaient été rasés et les terres en provenant avaient servi à combler les fossés.

Les Provinces-Unies, qui avaient droit de garnison à Menin, avaient exécuté de nombreux travaux pour relever ces fortifications, surtout en ce qui concernait les terrassements. Mais, afin de mieux mettre la ville en état de défense, on jugea nécessaire d'y entreprendre de nouveaux ouvrages.

Lors du campement de l'armée hollandaise devant Menin au commencement de la campagne de 1793, elle avait élevé à la hâte une lunette sur les fossés de la porte d'Ypres, et fait, à divers endroits, des coupures derrière lesquelles on avait placé de l'artillerie de gros calibre. Toutefois la place restait ouverte aux attaques qu'on pourrait tenter contre elle (1).

« On décida, en commençant la campagne de 1794, de fortifier Menin le plus tôt possible au moyen d'ouvrages en terre munis de palissades.

« En jetant un coup d'œil sur le plan que nous publions on verra :

---

(1) Histoire de Menin d'après les documents authentiques, par le docteur Rembry-Barth, t. III, p. 73.

« 1° Que la porte de Lille, faisant face à Halluin, était couverte par l'inondation de la Lys et par une double tenaille élevée en A sur les restes d'une ancienne lunette à cornes;

« 2° Deux lunettes en BB couvraient les extrémités de la tenaille;

« 3° En arrière, au retour des fossés de la ville, un ouvrage à cornes CC avec une lunette devant la courtine;

« 4° Deux lignes de communication en DD et en EE;

« 5° Un rempart, s'étendant sur la rive gauche de la Lys, composé de quatre fortins F, G, H, I, avec trois lunettes devant les courtines K, L, M;

« 6° Un ouvrage à cornes NO avec une lunette P devant la porte de Courtrai;

« 7° Plus un chemin couvert faisant le tour de la place (1). »

. . . .

Or, au moment du siège, il s'en fallait de beaucoup que les travaux commencés autour de Menin, depuis environ deux mois, eussent été portés à leur dernier point de perfection. « Malgré leur activité, les officiers ingénieurs n'avaient pu se procurer les bois nécessaires aux palissades, aux barrières et aux blindages. Le front faisant face à Halluin était le seul qui fût à peu près en état, palissadé et fraisé; et encore n'était-ce que dans la partie qui tenait à l'enceinte immédiate de la place. La tête de pont de la vieille Lys, en avant de ce front, qu'on avait entrepris de rétablir sur son ancien tracé, prenait à peine une forme régulière. Tout le reste n'était qu'entamé, et nulle part les parapets n'avaient leur épaisseur. Les différentes entrées de la ville n'avaient d'autres fermetures que quelques chevaux de frise et, dans les pas-

(1) Rembry-Barth, *loc. cit.*

sages des portes, quelques traverses qui furent exécutées au moment de l'attaque (1). » « L'entrée de la porte de Courtrai était complètement obstruée (2). »

On avait donc perdu un temps précieux à fortifier le front Sud qui se défendait de lui-même par l'inondation de la Lys et que l'ennemi venant de France ne pouvait songer qu'à masquer, en occupant seulement le village d'Halluin qui commandait le défilé de la porte de Lille ; et l'on n'avait pas mis en état le seul front d'attaque possible, celui de la rive gauche de la Lys, sur lequel l'ennemi était obligé de porter ses efforts pour investir la place, l'isoler d'Ypres et établir la liaison entre son corps de siège et son corps d'observation tourné évidemment du côté d'Ypres.

La défense était toutefois renforcée par l'inondation devant la courtine NL du ruisseau dit Gheluwe-Beke, qui gêna beaucoup l'ennemi.

On eut également recours à l'emploi éventuel de la mine : il y en avait une sous le pont de la porte de Lille ; on se proposait « de la faire sauter lorsqu'à toute extrémité on serait obligé d'abandonner la tenaille CC (3) ».

« Une grave erreur fut commise avant l'investissement de la ville par les Français ; on négligea de détruire les bâtisses, sises dans un périmètre rapproché de la place (4). »

Comme artillerie (5) « on n'était en possession que de vingt-huit pièces, dont dix de 6, six de 4, deux de 3 et quatre de une livre, plus deux obusiers de 30 et quatre de 7 ».

. . . .

(1) D'après la Relation du colonel émigré d'Arnaudin et le Journal de la défense de Menin, dont s'est inspiré le Mémoire de d'Arnaudin.

(2) Rembry-Barth.

(3) Rembry-Barth, *loc. cit.*, p. 79.

(4) *Ibid.*

(5) *Ibid.*, p. 77-79.

« Dès le commencement du siège, les canons de 3 et de 4 furent placés sur les flancs des bastions ;..... on les couvrit d'une longue traverse sur le côté de la face du bastion afin de les préserver des boulets tirés à ricochet (1). »

. . . .

« Les canons de 3 et de 4 n'étant pas en nombre suffisant pour en munir tous les flancs, on les remplaça par des pièces de 6 et des obusiers de 7. »

. . . .

« Les dix pièces de 6 étaient le plus fort calibre dont on pouvait disposer ; on en plaça deux sur l'ouvrage à cornes CC, deux sur le bastion F, quatre sur le bastion G et deux sur le bastion H..... »

. . . .

« Un des dix obusiers de 30 était placé sur l'ouvrage à cornes CC et l'autre sur le bastion F. Les obusiers de 7, placés la nuit sur les flancs des fossés, étaient ramenés au point du jour. On en plaça plus tard deux sur le bastion I et deux sur le bastion G.

« Deux amusettes et une pièce de 4 furent placées sur les ouvrages à cornes N et O, et deux autres amusettes prirent place sur le bastion I à côté des deux obusiers. »

. . . .

« Un seul des ouvrages extérieurs, la demi-lune K, était muni de deux pièces de 4 placées sur une plateforme à l'angle saillant. Derrière la digue, près de la porte de Lille, était placée une pièce de 4..... (2). »

Bien que quelques munitions fussent arrivées de Courtrai avant que la ville ne fût cernée, elles manquaient aussi bien pour l'infanterie que pour l'artillerie.

---

(1) Rembry-Barth.

(2) « Le peu d'artillerie qu'elle renfermait consistait en pièces de petit calibre. » (D'Arnaudin.)

« En faisant feu sur l'ennemi sans désemparer, les munitions devaient s'épuiser dans l'espace d'un jour. On les réserva pour repousser un assaut quelconque et pour débusquer l'ennemi qui s'approcherait trop près des fossés. Les moyens de conserver les poudres étant rendus difficiles par le défaut de casemates ou de magasins, où on pût les mettre à l'abri de la bombe, on employa, pour obvier à ces défauts, les moyens suivants :

« 1° On mina les bastions F, H, I, et on recouvrit la mine au moyen de poutres et de terre rapportée ; 2° on déposa dans une vieille casemate du bastion G des cartouches de tout genre ; 3° on couvrit de poutres et de décombres les caves de l'ouvrage à cornes CC près la porte de Lille et l'on y fit un dépôt de munitions ; 4° le tiers des munitions était chargé sur les chariots du train postés à différents endroits de la ville. Cette manière de procéder faisait éviter le danger de perdre les munitions toutes à la fois.

« Les munitions de l'artillerie constituaient le plus sûr moyen de la défense parce qu'elles étaient plus abondantes que les autres et qu'elles servaient à tenir l'ennemi à plus grande distance de la place (1). »

Garnison (2). — « La garnison était composée d'un détachement de 62 cavaliers du 9e régiment de cavalerie hanovrienne (3) ; d'un bataillon de grenadiers hanovriens

---

(1) Rembry-Barth, p. 77.

« Point d'autres munitions que celles des troupes ; aucun magasin à l'abri de la bombe pour les resserrer, et très peu de vivres. » (D'Arnaudin.)

(2) Rembry-Barth, p. 74.

« Quatre bataillons hanovriens et quatre compagnies de Loyal-Émigrans composaient la garnison. » (D'Arnaudin.)

(3) D'après le capitaine d'artillerie de Scharnhorst (*Die Vertheidigung der Stadt Menin*, p 21) ces 62 cavaliers comprenaient 50 hommes

fort de 354 soldats ; de deux bataillons du 14e régiment d'infanterie légère hanovrienne fort de 1,148 hommes et du bataillon Loyal-Émigrans fort de 400 hommes. Total : 1,964 hommes.

« Ce dernier bataillon de 400 hommes était exclusivement composé d'émigrés français.

« En ajoutant à ces troupes un détachement de 40 soldats d'infanterie de Hesse-Cassel commandé par un lieutenant, et 160 artilleurs hanovriens, plus 16 artilleurs autrichiens, on trouve que toute la garnison se montait à un peu plus de 2,000 hommes. »

Cette garnison fut ainsi répartie :

« Le polygone FG fut confié au 1er bataillon de grenadiers ; les polygones GH et HI aux deux bataillons du 14e de ligne ; et le restant des remparts I, N, O, au bataillon Loyal-Émigrans.

« La porte de Lille fut confiée à un poste fixe ; la demi-lune K à des détachements du 14e de ligne. Le général commandant von Hammerstein ordonna que la moitié de la garnison fût en activité de service tandis que l'autre ferait la réserve à l'intérieur de la ville et servirait à repousser l'ennemi en faisant des sorties lors des attaques.

« Les commandants des bataillons étaient responsables de la partie des remparts qui leur était confiée (1). »

Vivres. — Pour suppléer au manque de vivres, « un

---

du 1er régiment de cavalerie hanovrienne et 12 seulement du 9e. Lorsque le général de Hammerstein vit, le 27, la ville investie de toutes parts, sauf encore sur la route de Rousselaere, il se débarrassa de ses deux escadrons du 1er de cavalerie et ne conserva que 50 chevaux de ces deux escadrons, auxquels s'en ajoutèrent douze du 9e de cavalerie.

(1) Rembry-Barth, p. 79.

convoi de farines, destiné à la place d'Ypres, fut arrêté par ordre du commandant de Menin et remis aux mains du commissaire Clays, chargé de la manutention. On réunit aussi les boissons alcooliques et le tabac qu'on trouva en ville, afin d'en faire des distributions aux troupes. On s'empara ensuite de quelques bêtes à cornes et de 50 moutons trouvés dans une pâture à proximité de la ville (1) ».

Telle était la situation de cette place, lors de l'apparition des Français, le 26, de très grand matin (2).

Les avant-postes de la défense qui étaient à Halluin et se composaient de uhlans britanniques et de chasseurs d'York se retirèrent sur la ville, la traversèrent et se portèrent sur Wevelghem pour y défendre le passage de la Lys (3).

« A peine les uhlans britanniques et les chasseurs d'York eurent-ils évacué le village d'Halluin que l'ennemi vint s'y établir. Dès lors, on abandonna l'ouvrage imparfait de la tête de pont de la vieille Lys. On se contenta d'en garder le réduit après en avoir coupé le pont ; et bientôt ce réduit, qui devenait le poste le plus extérieur de ce côté, se vit assailli par un feu terrible de mousqueterie de la part de l'ennemi qui s'était logé dans les premières maisons du village d'Halluin ; et en même temps des tirailleurs se glissèrent dans le fossé même de l'ouvrage abandonné, et, de derrière le parapet, ils incom-

---

(1) Rembry-Barth, p. 79.

(2) D'Arnaudin. — On se rappelle que d'après l'ordre donné le 25 au soir par Souham à la brigade Daendels, elle devait, le 26, à 3 heures du matin, marcher de Commines sur Halluin, s'emparer de cette localité avec l'appui de Dewinter et y laisser un poste assez considérable pour empêcher les sorties de la garnison de Menin et protéger les pièces qu'on mettrait en batterie sur la hauteur d'Halluin.

(3) Journal de la défense de Menin (K. K. A.).

modèrent beaucoup par leurs feux la communication du grand pont. Vers le soir, on fit sauter ce même pont qui était en maçonnerie. Mais les mines, chargées depuis longtemps, ne firent pas tout l'effet qu'on en attendait, et la communication du réduit se fit avec des madriers qu'on était toujours à même de retirer à volonté (1).

« Le premier objet dont on s'occupa, pendant la nuit qui suivit, fut de fermer, autant qu'il était possible, tous les points de l'enceinte de la place qui restaient encore à découvert. On boucha toutes les issues du ruisseau de Gheluwe pour augmenter son inondation particulière et l'on forma des banquettes dans toutes les parties de l'enceinte qui n'étaient pas encore achevées. On s'occupa en même temps de disposer l'artillerie de la manière la plus avantageuse pour la défense. Dès lors, on s'aperçut que l'ennemi travaillait de son côté à former quelques batteries à Halluin.

« Le lendemain 27, l'investissement de la place se fit sur la gauche de la Lys. L'ennemi s'empara du village de Gheluwe (2) ; et, après avoir obligé tous les chasseurs des avant-postes de la place à se retirer vers les maisons en avant de la porte d'Ypres, il pénétra dans toutes celles du faubourg de Bruges (3) et autres dispersées à une

(1) D'Arnaudin.

(2) On se rappelle que la brigade Vandamme partit le 27, à 8 heures du matin, de son bivouac, en avant de Commines, en trois colonnes : celle de droite attaquant Wervicke et se portant de là vers Gheluwe pour y prendre une position à droite de la route d'Ypres à Menin ; celle de gauche, se portant entre Gheluwe et Becelaere et s'établissant sur la route de Bruges ; celle du centre marchant directement sur Gheluwe pour y prendre position à gauche du chemin d'Ypres à Menin.

« Le soir, vers 11 heures, l'ennemi lança quelques bombes vers la ville. Les dégâts furent peu considérables ; les incendies furent éteints. » (Rembry-Barth, p. 84.)

(3) « La sortie de la porte d'Ypres réussit, tandis que celle du fau-

certaine distance de la ville, d'où il se mit à tirer quelques coups de fusils; et bientôt (1) les batteries établies à Halluin commencèrent à envoyer des obus, bombes et boulets (2). La nuit fut assez tranquille, à une petite fusillade près, qui eut lieu vers la porte de Courtrai. Cependant les obus et les bombes n'avaient encore mis le feu dans aucun endroit. On continua de s'occuper de la fermeture de quelques parties de l'enceinte.

« Le 28, dès la pointe du jour, l'ennemi vint fusiller sur presque tous les points. Mais, vers les 9 heures du matin, il profita plus particulièrement du couvert du ruisseau de Gheluwe, qui se trouve à peu près parallèle à la place et très à portée, pour faire un feu de mousqueterie des plus vifs auquel on répondit de la même manière. A cette époque, outre les batteries d'Halluin qui tiraient avec beaucoup de vivacité, la place fut encore exposée à de nouveaux feux provenant de celles qu'on avait établies vers les portes d'Ypres et de Bruges, et de quelques pièces ambulantes qui, étant d'un calibre supérieur, atteignirent

---

bourg de Bruges fut repoussée par les assiégeants qui avaient trop tôt découvert les premiers soldats sortant de la place. »

Ces attaques avaient été confiées « au 1er bataillon des grenadiers et au 14e régiment d'infanterie; quelques canonniers portant des grenades incendiaires leur avaient été adjoints. » (Rembry-Barth, p. 84.)

(1) A 11 heures du soir dans la nuit du 27 au 28 avril.

(2) Dans la nuit du 8 au 9, en effet, deux pièces de 12, vingt obusiers de 6 pouces, deux pièces de 8 et un mortier de 10 placés à Halluin commencèrent le bombardement de Menin.

Ces pièces étaient soutenues par 1,800 hommes d'infanterie, occupant Halluin, dont le 21e des volontaires nationaux.

Au mont Halluin le 9 floréal (28 avril).

Citoyen général,

Je me suis rendu au mont d'Halluin avec 600 hommes, comme me l'avait prescrit le général en chef, et je viens donner connaissance des

la place sans que la place pût les incommoder (1). Ce fut alors qu'on fit une sortie par la porte de Courtrai pour tâcher d'écarter l'ennemi. On lui tua quelques hommes et l'on rentra sans accident. Une canonnade, que l'on entendit le même jour du côté de Mouscron, ranima le courage par l'espérance d'un prompt secours. C'était le moment où les Hanovriens exécutaient l'attaque de ce poste, qu'ils parvinrent en effet à reprendre pour en être eux-mêmes repoussés de nouveau le lendemain.

« A l'heure de midi, l'incendie se manifesta à l'hôtel de ville qui, ainsi que le beffroi, fut consumé en grande

---

mouvements de l'ennemi. Ce dernier est tout à fait près de moi. Ses tirailleurs ont tiré plusieurs coups de fusil jusqu'à la nuit tombante.

Je me suis servi de deux hommes de confiance. Tous deux se sont accordés à me dire que l'ennemi paraissait nombreux, qu'ils ne pouvaient en affirmer la quantité, mais que la majeure partie étaient des Hanovriens sortis du camp d'Hoten (?) et avaient un bivouac dans une forêt à une demi-lieue de ma position.

Le Chef du 21e bataillon de volontaires nationaux,

ROUVILLE.

(1) Sur la rive gauche, en effet, le bombardement était effectué par quatre pièces de 8, trois obusiers de 6 pouces et quatre pièces de 12 :

« Dès l'aurore le feu fut ouvert avec intensité sur plusieurs points. Des mortiers de grand calibre, placés dans la direction de Gheluwe, tonnèrent sans désemparer ; les boulets et les bombes se croisaient dans toutes les directions et atteignaient à dos les canonniers placés à l'autre extrémité de la ville. On distribua aux soldats des bêches pour exécuter des tranchées derrière les remparts ; ces tranchées en terre servaient à couvrir les défenseurs.....

« Une autre batterie de la route d'Ypres, composée de pièces de 16 et distante de 800 pas de la place, ne fit pas moins de mal ; elle flanquait le polygone HJ faisant face au faubourg de Bruges et tirait à dos sur les ouvrages de la porte de Courtrai. On décida de diriger contre cette batterie dix pièces et quelques obusiers qui, après un quart d'heure, la firent taire. Malheureusement, le défaut de munitions ne permit pas de continuer le feu, et l'ennemi reprit bientôt le sien.

« ..... Vers midi, les Français avançaient leurs opérations devant

partie. Beaucoup de maisons furent aussi embrasées (1). Vers le soir, le feu de la place avait atteint un moulin et une maison auprès, en avant de la porte de Courtrai, d'où l'on plongeait dans les défenses de la place. A mesure que la nuit approchait, le feu augmentait en force. Il n'y avait aucun point de la ville sur lequel on pût se croire en sûreté, et la communication d'un endroit à l'autre était accompagnée de beaucoup de dangers. Tout annonçait pour la nuit prochaine une attaque de vive force (2). En conséquence, le général fit placer à chaque porte des réserves composées de Loyal-Émigrans et de Hanovriens, avec ordre de repousser l'assaillant ou de périr sur la place. Cette vigoureuse disposition fut inutile (3). L'ennemi se contenta de faire jouer son artillerie, et le feu de la mousqueterie fut nul. Mais les bombes, boulets et obus arrivaient dans la ville avec profusion. Pour cette fois, l'ennemi ne se contenta pas de faire jouer sur la ville, mais encore sur les ouvrages où il commandait beaucoup les assiégés (4). Le feu prit en quelques endroits, et quelques caissons sautèrent. »

---

la porte de Courtrai. Ils n'avaient de ce côté que peu de canons, mais beaucoup de tirailleurs. L'inondation de la Gheluwe-Beke empêchait les opérations de siège de ce côté. Les émigrés firent une sortie contre les tirailleurs et en tuèrent beaucoup. » (Rembry-Barth, p. 85.)

(1) « L'incendie devint bientôt général dans la ville. Une des premières bombes, lancée de la batterie hors de la porte d'Ypres, tomba sur le beffroi, éclata dans le premier étage de cet édifice et l'incendia. » (Rembry-Barth, p. 85.)

(2) « On avait des motifs de supposer qu'un assaut serait donné dans la nuit du 28 au 29 avril..... Le général von Hammerstein s'attendait à un assaut immédiat : la bravoure et l'expérience du général Moreau et le caractère bouillant du général Vandamme lui étaient connus..... » (Rembry-Barth, p. 86.)

(3) La nuit se passa sans encombre ; toutefois le bombardement fut continué. (Rembry-Barth, p. 86.)

(4) « Les artilleurs de la demi-lune devant la porte d'Ypres furent tués ou blessés, au point de rendre impossible le tir des pièces de cette

L'intensité croissante de ce bombardement, succédant à la marche rapide de l'assaillant depuis Gheluwe jusqu'au faubourg de Bruges, et au déploiement de ses nombreux tirailleurs, avait eu une seule et même cause. Sur la foi des renseignements qui lui étaient parvenus et qui tenaient leur vraisemblance du peu d'avancement des travaux de fortification de la place et de sa faible garnison, Pichegru avait cru qu'il serait possible d'enlever Menin de vive force. Mais, dès le 9 au matin, à la suite d'une reconnaissance faite par Moreau et Vandamme sur le terrain de cette attaque (1), Pichegru en reconnut l'impossibilité, en même temps qu'il apprenait (par erreur sans doute) qu'un renfort avait pénétré dans Menin par la route de Courtrai, dans la nuit du 8 au 9. Aussi, renonçant à enlever la ville, avait-il ordonné, dès le 9 au matin, de la soumettre au bombardement le plus énergique. « Si l'on ne peut, écrivait-il à Moreau, enlever Menin d'un coup de main, je le ferai battre vigoureusement du côté d'Halluin (2). » Puis, étant monté à cheval et s'étant transporté à Halluin, pour se rendre compte sur place des dispositions à prendre, il annonçait de là à Moreau qu'il allait y faire établir des batteries de mortiers et de canons (3).

Mais, à peine Pichegru avait-il pris ces dispositions qu'il apprit l'enlèvement de Mouscron par Œynhausen. Aussitôt, il envoya d'Halluin au mont d'Halluin un bataillon pour garder ses communications, et comme il ne lui en restait plus qu'un de la division Moreau pour

---

batterie..... Le feu des batteries d'Halluin était dirigé sur le derrière des polygones FG et GH, tandis que les boulets tirés du faubourg de Bruges les enfilaient. » (Rembry-Barth, p. 87.)

(1) Pichegru au Comité de Salut public, le 11 floréal (30 avril 1794).

(2) Pichegru à Moreau. Courtrai, 9 floréal, 7 heures du matin.

(3) Pichegru à Moreau. Halluin, 9 floréal.

encadrer ses batteries de bombardement, il réclama à Moreau un renfort de 2,000 hommes.

La nouvelle du succès de Œynhausen avait, du reste, ému aussi Vandamme, qui se voyait déjà tourné par Wervicke.

Moreau, qui voyait mieux la situation, satisfit aux craintes de Pichegru et de Vandamme en plaçant deux bataillons à Halluin pour encadrer et soutenir les batteries de bombardement, et un bataillon à Wervicke pour assurer la retraite éventuelle de Vandamme sur la rive Sud de la Lys (1). En agissant ainsi, Moreau ne répondait qu'à moitié aux désirs de Pichegru; il le fit sans doute, non seulement pour ne pas dégarnir la ligne d'investissement à peine suffisante sur la rive gauche de la Lys, mais encore pour avoir les forces nécessaires à la garde de ses derrières contre les paysans armés du côté d'Ypres.

Ces dispositions reçurent, du reste, le même jour, l'approbation du général en chef qui, de retour à Lille, lui en témoignait toute sa satisfaction; il l'invitait, en outre, après avoir prouvé à la défense qu'il était en mesure de réduire la ville en cendres, à la sommer de se rendre prisonnière de guerre; enfin Pichegru rappelait à Moreau de recourir en tout cas à la compétence technique du commandant de l'artillerie et de celui du génie.

Ce dernier, du reste, rendait compte de l'arrivée de 300 bombes de mortiers de dix centimètres, des précautions à prendre pour en assurer le tir, de la nécessité d'établir un passage entre les deux rives de la Lys, enfin de convenir d'un signal pour faire cesser le feu des mortiers au cas où, mal réglé, il gênerait les attaques de l'autre côté de la place.

Ce fut l'emploi de ces mortiers qui donna au tir sa

(1) Moreau à Vandamme. Menin, 9 floréal.

véritable efficacité, car le feu qui avait commencé le 8 floréal (27 avril), à 11 heures du soir, et avait fait peu de dégâts, produisit au contraire des résultats sérieux dès que les mortiers entrèrent en action. D'après un rapport d'espion, daté du 9 à 9 heures du soir, l'hôtel de ville était brûlé, et l'incendie était allumé dans cinq autres parties de la place; en outre, l'assiégé, ne voyant pas arriver les secours qu'il attendait du côté de Bruges, était « frappé de terreur malgré qu'il semblât assez bien décidé (1) ».

En même temps que le bombardement produisait son effet et le maintenait par un tir bien dirigé sur les points déjà incendiés, les tirailleurs de Vandamme se gîtaient dans les fossés de la place entre la Lys et le faubourg de Bruges; mais ils en furent débusqués par la mitraille et le feu nourri de l'infanterie.

Dans l'après-midi du 9, des tirailleurs s'élancèrent à la charge du côté de la porte de Courtrai, mais une première sortie des émigrés les repoussa; une deuxième attaque de leur part fut tenue à distance par les fusils du rempart.

Dans la nuit du 9 au 10, le bombardement se continua; le 10 au matin l'attaque devint plus vive; les bombes et les boulets pleuvaient sur Menin, entouré de toutes parts de tirailleurs qui visaient surtout les canonniers sur leurs pièces.

Croyant l'ennemi suffisamment démoralisé par le bombardement, et sentant la nécessité de « presser », comme l'avait demandé Souham, la reddition de Menin, Moreau fit cesser brusquement le feu le 10, à 10 heures du matin (2), au moment même où tonnait le canon de Mouscron; et, simulant un assaut par la marche en avant

(1) Rapport d'espion, 9 floréal.
(2) Moreau à Souham, 10 floréal.

de plusieurs bataillons, il envoya un officier, précédé d'un trompette, porter les deux sommations suivantes, adressées au commandant et à la municipalité (1).

Au quartier général de Gheluwe, le 10 du mois de floréal, 2e année républicaine (2).

Moreau, général de division, au commandant des troupes en garnison à Menin.

Monsieur le commandant !

L'humanité me décide à vous sommer de remettre sur-le-champ à l'armée française la place que vous commandez. Une plus longue résistance deviendrait inutile et n'aurait pour vous que le triste avantage de sacrifier tous vos soldats. J'attends de vous une réponse très prompte et bien précise.

Le général de division commandant l'armée sur Menin,
Signé : MOREAU.

« La réponse très laconique et bien précise fut :

Général,

Nous sommes habitués à faire notre devoir. On ne se rendra pas.

VON HAMMERSTEIN,
Général et commandant à Menin (3).

« Le feu avait cessé de part et d'autre..... On entendait

---

(1) Rembry-Barth, p. 88.

« Le mardi 29, le feu de la mousqueterie recommença dès la pointe du jour, comme à l'ordinaire. Il fut très faible le matin vers la porte d'Ypres.......

« Cependant le feu de l'ennemi cessa tout à coup, et un trompette arriva avec deux sommations, l'une adressée au général et l'autre au magistrat. Celle du général l'invitait au nom de l'humanité à sauver à la garnison et à lui-même les effets d'une plus longue résistance de la part d'un ennemi irrité. La réponse fut : « Accoutumés à faire notre devoir, le feu va continuer. » (D'Arnaudin.)

(2) Rembry-Barth, p. 88.

(3) *Ibid.*

toujours la canonnade dans la direction de Mouscron (1), et la décision prise par le général commandant reposait sur l'espoir d'une victoire et d'une délivrance prochaines. Il savait qu'il était impossible de capituler avec honneur; jamais les Français n'auraient consenti à relâcher les nombreux émigrés faisant partie de la garnison.

« Le magistrat de la ville ne pouvait agir autrement que le commandant; il avait quitté en partie la ville, dont la police était dévolue aux mains du commissaire Clays.

« Celui-ci répondit à la sommation faite au magistrat :

Menin, le 28 avril 1794.

Le commissaire à la suite de la garnison de Menin, commandée par le major général Von Hammerstein, s'étant emparé de l'autorité de la police de la ville, le magistrat n'y étant pas, il ne peut recevoir la sommation faite par le général Moreau, qui devra se contenter de la réponse du général commandant de cette ville qui fera son devoir et ne se rendra pas.

CLAYS, *commissaire.*

« Durant la suspension des hostilités, plusieurs officiers français s'approchèrent des fossés de la ville, s'informant des ravages faits par l'artillerie des assiégeants; ils présentèrent des rafraîchissements à la garnison, qui refusa et leur intima de se retirer (2) ».

---

(1) « Le matin, on entendit vers les moulins de Castrel, entre Menin et Mouscron, une canonnade et un feu de mousqueterie très vif. On pouvait voir avec une lunette les mouvements des corps de cavalerie et d'infanterie à la distance de 3 lieues environ.

« Nouvelles espérances pour le salut de la place. Mais malheureusement l'attaque dont il s'agissait était celle qu'exécutaient les républicains contre les postes de Castrel et de Mouscron. Ils en chassaient de nouveau les Hanovriens, en empêchant leur jonction avec l'armée de Clerfayt qui venait soutenir leur gauche....... » (D'Arnaudin.)

(2) Rembry-Barth, p. 88-89.

Moreau s'empressa de rendre compte à Pichegru du résultat négatif de sa tentative d'intimidation :

Pichegru à Moreau.

Halluin, 10 floréal (29 avril).

Je reçois, général, la lettre dans laquelle tu me fais part de la réponse du commandant de Menin. Puisqu'il est accoutumé à faire son service, et que par cette raison il refuse de se rendre, il faut aussi que nous fassions le nôtre en continuant à le chauffer de la manière la plus vive. As-tu fait usage de boulets rouges? On t'avait fait passer des grils à cet effet. Je viens de donner des ordres pour que les batteries de ce côté-ci soient bien approvisionnées et bien servies pendant toute la nuit. Prends les mêmes mesures de ton côté, et que, demain matin, il n'y ait pas une maison intacte. Le vent secondera fortement notre feu car il souffle assez bien. Il faut, après cela, battre en brèche: battons-y et n'épargnons rien pour nous rendre maîtres de ce poste si intéressant pour notre position actuelle.

Je compte me rendre ce soir à Courtrai. Tu m'y feras passer de tes nouvelles.

Salut et fraternité.

PICHEGRU.

D'ailleurs, avant même de quitter Lille et de connaître par conséquent le résultat de la sommation de Moreau, Pichegru avait réglé avec Songis, commandant de l'artillerie à Lille, l'envoi à Halluin de tous les engins nécessaires à un bombardement de Menin qui devait être d'autant plus énergique que la reddition de la place était plus urgente (1).

De son côté, le service du génie étudiait les nouveaux emplacements des batteries à construire dans la nuit du 10 au 11 pour rendre le bombardement encore plus efficace (2).

Le feu reprit donc avec plus d'intensité. Celui de la mousqueterie devint si vif que le défenseur crut que

(1) Pichegru à Moreau. Lille, 11 floréal.
(2) Dejean à Moreau. Halluin, 10 floréal.

l'ennemi voulait former une attaque du côté de la porte d'Ypres. Il se servait de ses pièces volantes contre le pont de la porte de Courtrai. La ville brûlait sur tous les points, grâce à la justesse extraordinaire avec laquelle était servie l'artillerie et dirigées les bombes. Onze chariots du train, chargés de munitions, sautèrent vers cinq heures du soir, et il n'en resta plus que pour une demi-journée. Enfin, les vivres faisaient défaut, et les soldats étaient épuisés.

Dans ces conditions, il ne restait plus d'autre parti à l'assiégé que de se rendre ou de sauver une partie de la garnison en faisant une trouée à travers les lignes de l'assiégeant. Mais on ne pouvait se résoudre à l'un ou l'autre de ces partis dans l'incertitude où l'on était sur l'affaire de Mouscron. Il était d'un autre côté impossible de tenir encore pendant vingt-quatre heures. Aussi, après avoir envisagé cette double éventualité, le conseil de guerre, qui se réunit le 29 avril à 10 heures du soir, adopta-t-il une solution mixte : tandis que 1,800 hommes de la garnison feraient tout leur possible pour traverser les lignes ennemies au point du jour, 200 hommes et 6 bouches à feu, avec les munitions nécessaires, seraient laissés dans la place pour une défense de vingt-quatre heures, afin que, si le général Clerfayt obtenait l'avantage, il trouvât encore la place occupée (1). Les émigrés devaient du reste passer les premiers, car c'étaient les premiers à sauver : en cas de capture, en effet, ils devaient subir la peine de mort. Tout devait donc être tenté pour les faire échapper au plus tôt à l'étreinte de l'ennemi.

La sortie de la garnison de Menin (2).

Il s'agissait donc d'examiner le plan de sortie. La place

(1) D'après d'Arnaudin et Rembry-Barth.

(2) D'après le Mémoire de d'Arnaudin ; le livre *Die Vertheidigung der Stadt Menin* ; enfin l'Histoire de Menin, par Rembry-Barth.

était entourée, sur la rive Sud de la Lys, d'une inondation difficilement franchissable sur des défilés que peu de troupes ennemies suffisaient à maîtriser. Ces débouchés étaient d'ailleurs commandés par les batteries d'Halluin et ne conduisaient la garnison que sur le territoire ennemi et non sur sa ligne naturelle de retraite.

Il fallait donc opérer la sortie, non sur la rive Sud, mais sur la rive Nord de la Lys. De ce côté, la place présentait trois issues : devant celle d'Ypres, l'ennemi s'était toujours montré fort nombreux ; il paraissait être plus faible devant celle de Courtrai, mais cette ville était aux mains des Français ; les maisons en feu, qui touchaient à cette porte, en interdisaient le passage aux voitures, et l'entrée en était barricadée et comblée avec de la terre.

On ne pouvait donc sortir que par la porte de Bruges. Elle conduisait, il est vrai, au Gheluwe-Beke, qui était lui-même inondé, et n'était franchissable que sur un pont, de l'enlèvement et de l'occupation duquel dépendait tout le succès de l'opération. En échange, cette solution permettait au général de Hammerstein de profiter de certaines fautes que les Français avaient commises en investissant Menin : « Les batteries avaient été établies en rase campagne sans établir seulement de parapet, et les routes n'avaient point été coupées. On n'avait pas seulement barré l'entrée du faubourg de Bruges. Par une erreur, il n'y avait pas de troupes françaises devant la porte de Courtrai depuis le faubourg de Bruges jusqu'à la Lys (1). » Cette solution fut donc adoptée.

Sa décision prise, le général de Hammerstein convo-

---

(1) Journal de l'armée du Nord, par le général Reynier. — Il est tellement vrai que l'investissement ne fermait pas le débouché de la porte de Courtrai, que le Loyal-Émigrans put, comme on le verra plus loin, sortir sans tirer un coup de fusil pour aller gagner la route de Moorseele.

qua tous les commandants des bataillons, du détachement de cavalerie et du détachement d'artillerie à une réunion qui devait avoir lieu à 10 heures, dans une maison voisine de la porte de Bruges (1).

Le colonel de Dreves dont l'aide de camp, le lieutenant de Breimann, venait d'être tué pendant les dispositions qu'il prenait à son poste pour la nuit, n'arriva pas à l'heure fixée et fut cause que l'opération qui, dans dans l'esprit du général devait commencer à minuit, fut retardée de ce fait jusqu'à 1 h. 30 du matin.

La chambre où l'on était réuni était plus éclairée par les flammes des maisons voisines en feu que par la lumière des chandelles. Les bombes pleuvaient tout autour en ce moment précis, tantôt sur la maison du général, tantôt dans le jardin devant les fenêtres.

A ce bruit terrible s'ajoutaient les gémissements d'un officier auquel un boulet avait emporté une jambe et qu'on avait transporté dans une pièce voisine.

L'attitude des assistants était surtout extraordinaire. Les aides de camp, fatigués par quatre nuits d'insomnie, dormaient sur le plancher, sourds au danger qui les menaçait. Leur insouciance du péril provenait de leur abnégation et de la prévision d'une épreuve qui allait être plus sérieuse encore.

A peine le colonel de Dreves et tous les commandants d'unités furent-ils réunis que le général de Hammerstein leur dit de ce ton résolu et avec cette attitude martiale qui le caractérisaient : « Messieurs, je ne vous ai pas convoqués pour tenir un conseil de guerre ; je veux percer les lignes ennemies avec la garnison ; je préfère mourir en rase campagne que de signer une capitulation.

---

(1) Nous avons emprunté plusieurs passages à la traduction faite de l'ouvrage de Scharnhorst (*Die Vertheidigung der Stadt Menin*) par le général Pierron et publiée par lui dans son tome I des *Méthodes de guerre*, p. 86 et suiv.

« Le bataillon de Loyal-Émigrans, précédé de 20 cavaliers, sortira par la porte de Courtrai; comme elle est barricadée, il franchira le rempart et se créera un passage à travers les palissades. Il marchera ainsi sur la chaussée de Courtrai jusqu'au moment où il pourra doubler le coude oriental du Gheluwe-Beke, tournera alors à gauche, puis, laissant à gauche l'inondation de ce ruisseau, il se jettera dans le faubourg de Bruges, occupé par l'ennemi; le lieutenant Lüders, de la cavalerie hanovrienne, indiquera le chemin à suivre.

« En même temps, une compagnie du 1er bataillon de grenadiers se portera à la barrière de la porte de Bruges, l'ouvrira et attaquera la batterie placée devant cette porte, dès que le Loyal-Émigrans abordera l'ennemi. Derrière cette compagnie, suivra le 1er bataillon du 14e régiment, puis l'artillerie, puis le 2e bataillon du 14e. A l'arrière-garde se trouveront les trois dernières compagnies du 1er bataillon de grenadiers et les 40 cavaliers restants.

« Après avoir enlevé le faubourg, le bataillon de Loyal-Émigrans fera front vers l'ennemi qui pourrait arriver de Gheluwe; le 1er bataillon du 14e régiment, dès qu'il aura débouché de la porte, fera face à gauche et contiendra l'ennemi de ce côté, aussi longtemps que l'artillerie ne sera pas entièrement passée; à droite les ponts, couverts d'eau, seront défendus par un détachement du 2e bataillon du 14e.

« Comme l'ennemi est campé dans la direction de Gheluwe, c'est de là qu'il peut déboucher avec toute sa masse; en vue de cette éventualité, un obusier et deux canons resteront en batterie sur le bastion H, à gauche de la porte de Bruges, pour prendre en flanc l'ennemi qui s'avancerait de ce côté contre le chemin de Rousselaere.

« 200 hommes pris dans tous les bataillons, sauf dans

celui du Loyal-Émigrans (1), resteront dans la place, sous les ordres du lieutenant-colonel de Spangenberg, avec les obusiers lourds et quatre pièces de 4, et tâcheront de prolonger la défense jusqu'à 9 heures du matin.

« La marche se fera sur Rousselaere. »

Les troupes se rangèrent sur l'Esplanade pendant que les bombes, constamment dirigées sur les foyers d'incendie, se croisaient de la direction d'Ypres et de celle d'Halluin, et offraient le plus beau spectacle. Elles étaient si bien dirigées que pas une ne tomba sur l'Esplanade au milieu des troupes ni n'atteignit la porte de Courtrai par où allait déboucher la sortie (2).

Le général harangua chaque bataillon, loua sa conduite pendant le siège et lui promit d'échapper à une captivité certaine s'il savait ne compter que sur la puissance de ses baïonnettes (3).

Du côté des Français, les troupes de Vandamme, qui allaient se laisser surprendre, étaient ainsi disposées :

Les chasseurs du Mont Cassel occupaient le faubourg de Bruges. « Le bataillon de grenadiers bivouaquait en arrière du faubourg, la droite appuyée au chemin de Bruges. Le 2e bataillon du 24e régiment bivouaquait aussi à quelque distance et sur la même ligne que les grenadiers, de l'autre côté du chemin (4). »

Le 30 avril, à 1 h. 30 du matin, le bataillon de Loyal-

---

(1) Les émigrés, d'après les lois de la République française, ne pouvaient être compris dans une capitulation. (Vandamme, *Récit abrégé des campagnes des IIe et IIIe années républicaines.*)

(2) D'après d'Arnaudin.

(3) *Die Vertheidigung der Stadt Menin*, par Scharnhorst.

(4) Récit abrégé..... par Vandamme.

Émigrans sortit, comme il était convenu, par la porte de Courtrai : il avait été précédé le 29, à 9 heures du soir, par une patrouille qui avait mis le feu à cinq ou six maisons et à un moulin masquant le feu de la place (1).

« La compagnie des grenadiers (du Loyal-Émigrans), guidée par un bourgeois et deux cavaliers, était en tête ; elle était suivie de quelques charpentiers et sapeurs de régiments avec quatre ingénieurs. Venaient ensuite les autres compagnies de Loyal-Émigrans (2) menant à leur suite des sapeurs, pionniers autrichiens, et aussi une cinquantaine d'autres pionniers qu'on avait rassemblés dans la ville, conduits par des (3) ingénieurs (4). »

La compagnie de chasseurs de Loyal-Émigrans, avec 36 cavaliers, fermait la marche de cette avant-garde.

Il est à remarquer qu'une batterie ennemie était dirigée contre la porte de Courtrai, mais son tir trop long évita de grosses pertes au Loyal-Émigrans.

Le bataillon chemina quelques centaines de pas sur la route de Courtrai, tourna à gauche pour franchir les affluents du Gheluwe-Beke aux ponts *h* et *c*, et fut retardé pendant quelques instants par l'erreur du guide qui l'avait conduit à un endroit impraticable. Cette faute réparée, la colonne déboucha du pont *c*, puis se rassembla, en silence et à la faveur d'une nuit fort noire, près du chemin de Moorseele, face à son objectif. Les chefs profitèrent de cette halte pour donner aux troupes leurs dernières instructions à voix basse.

Aussitôt après, le Loyal-Émigrans, dont les chasseurs

(1) D'après d'Arnaudin.

(2) Celle des Nobles en tête (Journal de la défense de Menin. K. K. A.).

(3) Deux ingénieurs (Journal de la défense de Menin. K. K. A.).

(4) D'Arnaudin.

(5) D'après le Mémoire de d'Arnaudin, le Récit de Vandamme et le Journal de Reynier.

avaient repris la tête avec les grenadiers, se remit en marche sur le faubourg de Bruges. Une sentinelle ennemie cria trois fois : « Qui vive ! » et fit feu à la troisième fois. Au lieu de continuer à s'avancer rapidement et en silence, la colonne commit la faute de pousser son cri de ralliement « Victoria », qui donna l'éveil et auquel répondit, chez l'ennemi surpris, un bruit confus de voix, indice certain du désordre où il se trouvait. Les émigrés, attaquant à la baïonnette et sans tirer un coup de fusil, eurent vite fait de replier les postes de chasseurs du Mont Cassel malgré leur tiraillerie désordonnée. Déjà les émigrés touchaient au faubourg, que ces chasseurs avaient à peine eu le temps de se rallier. Aussi, malgré leurs fusillades hâtives, qui causèrent quelques pertes aux assaillants (1), ces derniers emportèrent-ils le faubourg en un instant. Ils fouillèrent les maisons et y engagèrent avec les défenseurs une lutte corps à corps que l'obscurité, le désordre, l'acharnement réciproque des émigrés et des républicains rendirent des plus sanglantes : chaque blessé avait 3, 4, 5, 6 et même jusqu'à 15 coups de baïonnette.

Tandis qu'il enlevait le faubourg, le Loyal-Émigrans détachait, à l'entrée du côté de Menin, un poste destiné à donner la main aux bataillons qui, sous les ordres d'Hammerstein, devaient gagner directement le faubourg de Bruges par la porte de ce nom ; puis, remontant au Nord, il opérait sa jonction avec la partie du bataillon qui, partant du rassemblement près du chemin de Moorseele, avait tourné le faubourg par le Nord.

Maîtres de cette localité, les émigrés, marchant en colonne serrée, avancèrent toujours avec beaucoup d'au-

(1) Il semble impossible d'admettre, avec d'Arnaudin, que, dans le désordre de la surprise et dans l'obscurité, il y ait eu une seule décharge qui ait abattu d'un seul coup 2 officiers et 50 hommes.

dace. A la sortie du faubourg de Bruges, du côté de Rousselaere, la colonne rencontra le bataillon de grenadiers et le 2e du 24e qui, comme on l'a vu plus haut, bivouaquaient à droite et à gauche de la route. Au bruit du combat, ils avaient pris les armes. Aussi, ne se laissèrent-ils pas prendre à la ruse des émigrés qui, profitant de l'obscurité et de leur connaissance de la langue française, s'avançaient en criant : « Ne tirez pas ! ce sont des Français ; nous sommes du 16e du 14e ». Pour toute réponse les deux bataillons français, déployés face à la chaussée de Rousselaere, firent sur eux un feu de file terrible qui leur tua beaucoup de monde ; mais rien ne put les arrêter : ils répondirent rapidement à ce feu par une salve et, profitant de l'effet ainsi produit, s'ouvrirent un passage à la baïonnette dans la direction de Rousselaere (1).

« Pendant que la colonne sortie par la porte de Courtrai était en marche sur le faubourg de Bruges, le général de Hammerstein faisait toutes ses dispositions pour exécuter sa sortie par la même porte, avec le reste de la garnison. Les obstacles levés, on ouvrit les chevaux de frise et on attendit le signal. Le général ordonna à l'un des ingénieurs, qui était resté près de lui, de marcher à la tête de son avant-garde composée de grenadiers et de chasseurs hanovriens, et de se faire jour avec la baïonnette (2). »

Dès que le signal fut donné, c'est-à-dire dès que le Loyal-Émigrans heurta l'ennemi et que le premier coup de feu retentit, la compagnie du 1er bataillon de grenadiers, sous les ordres du capitaine von Hugo, enleva le pont *c* du faubourg de Bruges et concourut à

(1) D'après d'Arnaudin, Vandamme et Reynier.

(2) Mémoire de d'Arnaudin.

la surprise et au massacre des chasseurs du Mont Cassel; dans la chaleur de l'action, on ne fit point de prisonniers (1).

Jusque-là, tout marchait à souhait; mais alors se produisirent les incidents malheureux et les malentendus.

Le 1er bataillon du 14e régiment, qui devait se placer face à l'ennemi, à gauche de la route entre le faubourg et la porte de Bruges, eut à subir un feu des plus vifs, avant même d'avoir pu se former. Pour comble de malheur, les deux amusettes qu'emmenait le bataillon en tenaient la tête. L'officier qui les commandait les fit mettre en batterie aussitôt après avoir passé la barrière et alors qu'il entrait dans le champ de tir de l'ennemi. Il arrêta ainsi la marche du bataillon d'une façon très désavantageuse. Ce dernier se rejeta alors de côté, mais, en raison de l'obscurité, le mouvement se fit en désordre; des coups de feu partirent en arrière; les rangs et les files se rompirent. Les officiers reformèrent peu à peu le bataillon et le portèrent assez en avant pour que le chemin fût dégagé entre la barrière et le pont. Ce premier désordre n'aurait pas eu de suites si, conformément aux prescriptions données, les trois canons du bastion H, à la gauche de la porte de Bruges, avaient tiré à mitraille sur le flanc droit de l'ennemi qui s'avançait à 300 pas de là; mais il n'en fut rien.

En même temps, le 1er bataillon du 14e ne put, dans l'obscurité, s'avancer parallèlement à la route reliant le ravelin M et le faubourg de Bruges; son aile gauche s'avança trop, fut en l'air et permit ainsi à l'ennemi de prendre le bataillon par le flanc gauche. Cette attaque rompit tout à fait les rangs et les files qui n'étaient pas encore complètement rétablis. Il en résulta finalement un mouvement de retraite du bataillon vers le pont *e* du faubourg.

---

(1) D'après Scharnhorst, *Vertheidigung der Stadt Menin.*

L'artillerie aurait pu profiter de la marche en avant de ce bataillon pour défiler à travers le faubourg; mais le commandant de l'artillerie ne marchait pas en tête et ne put utiliser cet instant de courte durée pour passer. Quant aux autres officiers d'artillerie, le plan leur était inconnu.

Dès qu'il s'aperçut de cette faute, le général de Hammerstein s'efforça d'y remédier. Toutefois, deux canons seulement purent passer avec leurs caissons, parce que, le 1er bataillon du 14e régiment ayant été refoulé, l'ennemi intercepta le passage entre la barrière et la porte.

Le général de Hammerstein, inébranlable au plus fort du danger, déclara qu'il préférait mourir plutôt que de reculer.

Aussi ordonna-t-il aux trois dernières compagnies du 1er bataillon de grenadiers, désignées pour l'arrière-garde, de se porter en avant. Malheureusement les canons, sauf les deux dont il a été question précédemment et qui tombèrent aux mains de l'ennemi, étaient encore à la porte de Bruges, dont ils encombraient le passage. Les grenadiers durent donc se glisser à droite et à gauche des canons et voitures, pour venir ensuite reformer les compagnies en dehors de la barrière sous le feu de l'ennemi et sans tirer un coup de fusil.

Dès qu'elles furent arrivées, le général de Hammerstein les harangua : « Tout dépend de vous, leur dit-il; si vous tirez, vous êtes perdus; si vous n'usez que de la baïonnette, la victoire est à vous. » Il se mit ensuite à leur tête et commanda : « En avant! ». L'attaque fut rapide et sans tiraillerie. Les républicains furent repoussés. Il n'y eut pas, à proprement parler, de mêlée, mais leur supériorité numérique leur permit d'envelopper les ailes du bataillon, dont les rangs commencèrent à se mêler. Il devenait dès lors impossible d'empêcher les hommes de tirer; c'était même la seule ressource à laquelle ils pussent recourir. Les progrès de l'ennemi sur le flanc gauche, à dos et en avant, déterminèrent bientôt un mouvemen de recul vers le pont du faubourg, et l'espoir de voir passer les canons s'évanouit encore; les républicains, qui se précipitaient vers le faubourg, l'empêchèrent. Ils prirent le premier canon, avant qu'il ne passât le pont, et les autres déboîtèrent à droite de la route sans savoir où ils allaient.

Pendant ce temps, voici ce qui s'était passé dans le faubourg de Bruges.

Les émigrés avaient été coupés du reste de la garnison et n'avaient pu, malgré l'ordre, se maintenir dans le faubourg; la compagnie von Hugo du 1er bataillon de grenadiers était dispersée par les Français; le capitaine lui-même était blessé et prisonnier. Pendant ce combat, le 1er bataillon du 14e régiment avait cependant réussi à se faire jour dans le faubourg. Les troupes de Vandamme s'y maintenaient toujours; mais comme il pensait qu'un secours arrivait de Rousselaere à la garnison, il avait fait front du côté de Rousselaere. Cette circonstance permit aux trois compagnies du 1er bataillon de grenadiers de se frayer un chemin, quoique les canons ne pussent passer.

Lorsque ces trois compagnies commencèrent à s'éloigner, tout espoir de sauver les canons fut perdu.

Le général de Hammerstein ne voulait pas cependant revenir dans Menin. Aussi ordonna-t-il (1) de mettre en batterie en *f* quelques canons qui déjà étaient arrivés de la barrière, et de faire feu sur l'ennemi qu'on voyait s'avancer sur plusieurs lignes, et en pleine marche, du côté de Gheluwe; ce feu à petite distance l'arrêta net. Pendant ce temps, les autres canons sortaient de la barrière et se mettaient en batterie à droite de la route entre *f* et Z, sans en avoir reçu l'ordre. Le 2e bataillon

(1) Traduction de *Die Vertheidigung der Stadt Menin.*

du 14e régiment, qui suivait les derniers canons, s'établit à droite derrière l'artillerie. Tout ce qui était encore en arrière, munitions, bagages, etc., vint se placer entre M, *f* et Z; hommes, chevaux, voitures et canons pêle-mêle. En *f*, trois pièces tiraient contre l'ennemi qui s'était avancé jusqu'à *g*. Dès le début, quelques compagnies du 2e bataillon du 14e se déployèrent en M, *f*, et firent feu contre l'ennemi en *g*; leur tir dura un moment, mais bientôt elles perdirent rangs et files.

Le général voulut encore avec ce détachement percer du côté de Courtrai. On amena les canons vers le pont *b* que l'ennemi avait construit, de même que le pont *a*, pour les besoins de l'investissement, et qui étaient encore couverts d'eau; mais à peine un canon y était-il que l'ennemi débouchait du faubourg et le prenait.

On fit alors une tentative pour passer par le pont *a* qui était encore sous l'eau. Deux canons y avaient déjà passé. Le troisième, ne voyant pas le pont sous l'eau, prit trop à droite, une roue seulement passa sur le pont, les chevaux se rejetèrent à gauche pour ne pas être entraînés dans le gouffre, et ainsi fut interrompu le passage. Cependant les canons qui étaient en batterie en *f*, entre le faubourg et la barrière, continuaient à faire feu. Le général de Hammerstein ordonna que ces canons tirassent jusqu'à la dernière extrémité, et qu'on abandonnât au besoin les autres; enfin que la troupe se sauvât par le pont *a*. Il avait la veille au soir prescrit de miner le pont *d*, afin d'être couvert de ce côté pendant la sortie, et ignorait que cet ordre n'eût pas été exécuté. Il croyait donc qu'on ne pouvait plus se servir de ce dernier passage.

Pendant longtemps, les trois canons placés (en *f*) entre le faubourg et la barrière continuèrent à contenir l'ennemi par leur feu; il les tourna cependant par le Gheluwe-Beke qu'il traversa sur le pont *b*. Il en résulta une mêlée dans l'angle Z entre le ruisseau inondé et la ville; on se battit corps à corps. Que l'on pût faire des prisonniers, c'est ce qu'ignoraient les paysans venus de leur pays seulement avant l'investissement de Menin et qui achevèrent le 14e régiment.

Le général de Hammerstein ne se sauva de sa personne par le pont *a* qu'au prix des plus grands dangers. Là se noyèrent nombre de soldats; on vit hommes et chevaux nager pêle-mêle. Les soldats cherchaient à s'aider l'un l'autre au moyen de leurs armes. On se donnait toutes les peines imaginables pour échapper à une mort certaine, et cependant l'on bravait le sort avec la plus farouche énergie.

Enfin un sous-officier d'artillerie passa avec son canon par le pont *d* et fut aussitôt suivi de 50 hommes, puis de quelques cavaliers, enfin de quelques pièces qui n'avaient pas été abandonnées. Il en résulta un petit combat sur la chaussée de Courtrai (1).

Craignant que ce détachement ne se dirigeât vers Tournai, le général poussa le cri : « Vers Moorseele », qui fut aussitôt répété par tous.

Alors tout ce qui était sur la route de Courtrai se rejeta sur la gauche; successivement arrivèrent trois canons, puis environ 200 hommes dont 30 à cheval (environ 12 cavaliers, le reste officiers, charretiers et canonniers) sur la route de Moorseele. Des hussards ennemis se montrèrent en avant du faubourg de Bruges; mais 30 fantassins, appuyés d'un canon, les firent reculer.

A différentes reprises, ils firent mine de charger; mais, dès que les canonniers s'élançaient pour se mettre en en batterie, ils faisaient demi-tour. Les fantassins tiraient individuellement et se partageaient les cartouches qu'ils avaient encore.

(1) *Die Vertheidigung der Stadt Menin.*

Ainsi se retirait cette petite troupe avec la volonté bien arrêtée de combattre jusqu'au dernier souffle plutôt que de se rendre. Quant au reste des forces placées sous les ordres directs du général de Hammerstein, il les tint pour perdues, car l'ennemi s'était concentré aux environs du faubourg de Bruges et les avait probablement coupées de lui; il en était toutefois réduit aux conjectures car son adjudant, envoyé vers ce faubourg pour y juger la situation, n'était pas encore revenu. Néanmoins tout lui parut avoir pris une mauvaise tournure.

Cependant un caporal du train vint rendre compte que l'ennemi arrivait : c'était une reconnaissance qui poursuivait de près les charretiers montés. L'infanterie se posta derrière les haies et fit feu sur elle. On fit quelques prisonniers et l'on se hâta de nouveau vers Moorseele.

Cette localité était occupée par les républicains ; elle commandait sur la Heule, rivière non guéable, un pont qu'il fallait passer et, dans ce but, enlever de vive force.

Aussi le général forma-t-il deux pelotons de sa cavalerie et plusieurs autres de son infanterie que suivait l'artillerie.

Après avoir fait cette répartition, le général s'écria : « La cavalerie s'élancera sur l'ennemi, le sabrera; l'infanterie la suivra et terrassera toute résistance. Marchez! marchez! » La cavalerie partit aussitôt et chargea en masse aux cris répétés de *Victoria!* Le poste français fut d'autant plus aisément dispersé que, ne pensant pas qu'il pût venir une attaque de Menin, il faisait front vers Iseghem. Les républicains accoururent pêle-mêle; et, lorsque les Hanovriens eurent franchi la Heule à Moorseele, un bataillon français s'avança de la direction de Ledeghem jusqu'à 200 ou 300 pas d'eux.

Il paraissait fort surpris de les avoir découverts. On se regardait de part et d'autre ; on s'arrêtait dans la marche, et des soldats isolés commencèrent des deux côtés à se tirailler.

La marche continua ainsi sur Iseghem, bourgade où le général de Hammestein avait été cantonné en hiver pendant cinq à six semaines. Il ordonna de se rassembler sur la place du Marché et d'occuper les issues avec la cavalerie. Mais celle-ci n'était pas en place qu'un détachement de cavalerie française fit irruption dans le village. De nouveau, tout s'enfuit pêle-mêle vers la sortie, et le pont qui conduit à Bruges au delà du Mandelbeke; il fut même impossible de se maintenir sur cette ligne, mais on put en profiter pour reformer les rangs, répartir les pelotons, etc.

« Cette opération faite, le général ordonna de se diriger sur Rousselaere. Il craignait que cette localité ne fût occupée par l'ennemi; aussi y envoya-t-il tout d'abord une patrouille de trois cavaliers en reconnaissance.

« Alors qu'on était encore éloigné d'environ une demilieue de Rousselaere, cette reconnaissance apporta l'heureuse nouvelle que les trois autres bataillons et plusieurs canons s'y trouvaient rassemblés sur la place du Marché (1). »

Que s'était-il donc passé?

On a vu précédemment que le bataillon de Loyal-Emigrans, le bataillon de grenadiers hanovriens et le 1er du 14e avaient pénétré dans le faubourg de Bruges et avaient pu s'emparer de l'issue Nord. Ils purent déboucher de ce côté, à la faveur de l'attaque faite sur les grenadiers et le 24e français par le Loyal-Émigrans, et suivre les traces de ce dernier bataillon.

Cette colonne ainsi renforcée passa encore à travers un détachement français qui était à Keselbergh et qui cou-

(1) *Die Vertheidigung der Stadt Menin.*

vrait sans doute les derrières de la ligne d'investissement contre une attaque éventuelle venant de Rousselaere. Elle eut d'autant moins de peine à le bousculer qu'elle le prenait à revers. Tous ces détachements, du reste, « disposés pour défendre cette route, ne recevant aucun ordre, se contentèrent de se défendre dans leur position respective sans agir de concert pour s'opposer au passage de l'ennemi (1) ». Ils ne poursuivirent donc presque pas la colonne, et celle-ci ne fut en butte qu'à des tentatives isolées qui ne lui causèrent d'autre mal que l'envoi de quelques coups de fusil.

La surprise fut du reste assez grande chez les Républicains pour qu'ils n'eussent fait aucun usage de pièces de position attelées en retraite et disposées de manière à pouvoir arrêter la garnison de Menin. Dans le désordre, les attelages de ces pièces s'étaient enfuis ou avaient été tués, en sorte que la colonne qui gagnait Rousselaere ne put en emmener que trois.

« Parvenu auprès d'un petit bois sur la droite, on rencontra quelques fuyards que chargea la cavalerie et sur lesquels on fit quelques prisonniers.

« Cette cavalerie, s'étant un peu trop avancée sur la route, essuya une fusillade très vive qui la fit replier sur la colonne et laissa apercevoir deux escadrons de hussards rangés en bataille, sur la gauche, en avant des cabanes de paille, placés à peu près sur l'alignement du ruisseau dit la Heule, au pont de Dadizeele, et sur la gauche un bataillon d'infanterie rangé de même en bataille et qui n'avait fait jusqu'à ce moment aucun mouvement. La colonne s'arrêta pour se mettre en mesure de reconnaître le terrain et d'aviser en conséquence aux moyens d'attaquer l'ennemi. La délibération ne fut pas longue. Le gros de la colonne, après avoir reçu la fusil-

(1) Vandamme. Récit abrégé.....

lade de l'ennemi, à laquelle il riposta, s'avança sur la chaussée droit au pont, pendant que quelques flanqueurs qui s'en étaient détachés, se glissèrent sur la droite et sur la gauche en criant : *Tournons-les. Victoria!* (1). » Sous l'influence de ce mouvement tournant, les défenseurs du pont battirent en retraite, et toute l'infanterie de la colonne franchit le ruisseau, bien que le pont fût coupé. Dans cette attaque, le major de Loyal-Émigrans, un capitaine ingénieur et plusieurs officiers hanovriens furent blessés.

Cependant l'infanterie seule avait pu passer la Heule. Pour assurer le passage de l'artillerie, il fallut construire un pont à la hâte. Le capitaine ingénieur et les charpentiers qui, en sortant de la porte de Bruges, marchaient en tête de la colonne hanovrienne, s'acquittèrent promptement de cette tâche. Sur la rive Sud, le passage était du reste obstrué par des abatis, qu'officiers et soldats se hâtèrent de déblayer afin d'ouvrir la voie à l'artillerie (2).

La colonne entière put donc passer la Heule au pont de Dadizeele ; et, depuis cet endroit jusqu'à Rousselaere, l'on n'eut plus à essuyer que quelques légères fusillades de la part de plusieurs soldats français cachés derrière les haies sur les flancs. On y parvint en s'avançant lentement et faisant éclairer la route par des flanqueurs (3).

La tête de la colonne arriva à 10 heures du matin dans le meilleur ordre à Rousselaere, et fut suivie peu après du reste de la garnison de Menin avec ses canons, voitures et équipages, quelques prisonniers et trois canons, de 8 et de 12, pris sur l'ennemi (4).

(1) Mémoire de d'Arnaudin.

(2) K. K. A. Journal de la défense de Menin. — Il est à remarquer que le Mémoire de d'Arnaudin n'est que la traduction de ce Journal.

(3) Mémoire de d'Arnaudin.

(4) K. K. A. *Die Vertheidigung der Stadt Menin.*

C'est cette colonne que trouvait le général de Hammerstein en arrivant à Moorseele.

Si la sortie du général de Hammerstein lui fait le plus grand honneur, on ne doit pas oublier qu'elle réussit moins par la vigueur déployée par les Hanovriens, qui furent en somme rejetés sur Moorseele ou sur le faubourg de Bruges, que par la « furia française » dont firent preuve les émigrés, et la manière dont ils assaillirent le faubourg. A l'indomptable énergie qu'ils montrèrent dans leur attaque en sortant de cette localité et au Keselbergh ; à la rapidité avec laquelle ils surent tourner le pont de Dadizeele ; en un mot, à la puissance offensive dont ils surent faire preuve, on reconnaît bien les dons de la race française. Peut-être aussi ces qualités étaient-elles avivées par la conviction qu'ils avaient d'être livrés au supplice s'ils tombaient entre les mains des Républicains.

Sans vouloir du reste en rien diminuer la gloire du général de Hammerstein et la vigueur du Loyal-Émigrans, on doit encore noter comme causes de leur succès la faute qui fut commise par les Français et que signale Reynier ; enfin, la raison secondaire qu'indique Vandamme : l'adjudant général Schiner (1), chargé de commander les troupes qui bloquaient la porte de Bruges, fut blessé grièvement dès le début de l'action et laissa les troupes sans ordre et sans direction. Nous ne pouvons que nous incliner devant cette assertion. Toutefois, il nous sera permis de rappeler, tout en proclamant très haut la valeur de Vandamme, qu'il fut toujours assez insouciant, non seulement de son service de sûreté, mais

(1) Moreau perdit dans cette action ses deux adjudants généraux. Schiner fut blessé ; et Lacour fut fait prisonnier près de Moorseele où il s'était trop hasardé, avec 8 hussards, dans un chemin creux.

même des détails du service : c'est ainsi que, surpris à Menin, il le sera encore à Ypres, où le commandant du génie du siège se plaindra de ce que sa troupe arrive toujours en retard au service de la tranchée ; il se fera encore surprendre à Chulm en 1813 ; et en 1815 son corps d'armée débouchera trop tard de Charleroi.

Pour terminer le récit du siège de Menin, il reste encore à faire connaître le sort du petit détachement qu'y avait laissé von Hammerstein pour en garder les portes jusqu'au moment où il serait certain que Clerfayt était repoussé de Mouscron et ne pouvait plus venir prendre possession de la place.

« La petite troupe, restée à Menin, après la sortie de la garnison, durant la nuit du 29 avril 1794, était commandée par le lieutenant-colonel von Spangenberg ; elle comptait 1 officier d'artillerie, 6 officiers d'infanterie, 13 sous-officiers, 30 canonniers et 200 fantassins ; plus 30 à 40 fantassins restés dans l'enveloppe DD entre la porte de Lille et la digue S, et qui y avaient été oubliés. Ce détachement, inconnu du lieutenant-colonel de Spangenberg, ne lui fut révélé qu'à la reddition de la place et resta par conséquent inutilisé pendant le temps qui s'écoula entre la sortie et la capitulation. Le lieutenant-colonel distribua ses troupes de cette manière : il posta 1 officier et 50 hommes à chacune des quatre portes avec une pièce de 4. La consigne était de ne pas tirer avant que les troupes françaises fissent semblant d'attaquer la porte, de faire figurer, à l'aube, des soldats sur les remparts et de leur ordonner de faire feu sur tous ceux qui s'approcheraient des fossés.

« Pendant que la garnison se réunissait sur l'esplanade afin de se préparer à la sortie, les cinquante hommes, destinés à la défense de la porte d'Ypres, furent envoyés à la porte de Bruges avec ordre de faire un feu roulant sur le côté gauche du faubourg de Bruges.

« Les Français continuèrent entre temps le bombardement; leur feu de tirailleurs reprit dès le début de la sortie, et le bruit qu'il faisait se concentra peu à peu dans la direction du faubourg de Bruges. A mesure que les Alliés se faisaient jour à travers l'ennemi, les tirailleurs (de ce dernier) s'approchaient de plus en plus des fossés de la place et, au point du jour, le feu devint plus violent que jamais. Son intensité s'accrut surtout vers 6 heures, et l'on remarqua que les Français se concentraient devant la porte d'Ypres.

« Le lieutenant-colonel von Spangenberg soupçonna la tentative d'un assaut. Il lui était impossible de le repousser, et le but, la sortie de la garnison, étant atteint, il envoya, vers 6 h. 30 du matin, le lieutenant d'artillerie Hartmann avec un tambour hors la porte d'Ypres et fit battre en même temps la chamade sur les remparts.

« Un officier de dragons français vint à sa rencontre, lui disant : « Que demandez-vous? » La réponse fut : « Le commandant de la place demande à votre chef de capituler ». — « Restez ici, je vous l'amènerai », dit l'officier et, dix minutes plus tard, le général Vandamme arriva : — « Où est votre commandant? dit-il; faites vite, mes grenadiers font l'assaut à la porte de Courtrai.

« Von Spangenberg s'était avancé entre temps dans les barricades de la porte; il convint avec le général français de la reddition de la place aux conditions suivantes :

1° La garnison sera prisonnière de guerre ;

2° Les officiers et soldats conserveront leurs équipements et les premiers leurs épées ;

3° Les Français traiteront humainement les habitants de la ville et les soldats blessés.

« La porte d'Ypres fut ouverte immédiatement et Vandamme entra en ville à la tête d'un bataillon. Il rencontra, au débouché de la rue de Courtrai, une autre colonne française commandée par le général Moreau. Il s'engagea entre ces deux généraux une discussion sur la question de savoir qui des deux s'était emparé le premier de la ville.

« On expliqua facilement comment on était entré dans la place des deux côtés à la fois.

« Le porte-drapeau Clausen, du 14e, qui commandait à la porte de Courtrai, avait quitté son poste dans la nuit et était sorti avec le reste de la garnison. Les Français, aux ordres de Moreau, trouvèrent la porte abandonnée et entrèrent dans la ville sans coup férir (1). »

Ce fut néanmoins Moreau qui fut le signataire de la capitulation (2).

« Les quelques soldats alliés, restant de la garnison, déposèrent les armes à l'esplanade ; ils furent conduits vers 10 heures de Gheluwe à Wervicke, et de là internés à la citadelle de Lille.

« Deux officiers, 80 soldats et les chirurgiens qui les soignaient à l'hôpital furent également faits prisonniers (1). »

La perte totale de la sortie fut de 14 officiers et 431 sous-officiers et soldats.

« La perte totale durant le siège et la sortie fut de 800 hommes, dont 93 artilleurs. Des 14 pièces de campagne, 9 furent sauvées dans la retraite et 5 tombèrent aux mains des Français. On ne put sauver que 4 canons de tout le matériel des remparts. L'artillerie perdit 22 chariots de munitions et 83 chevaux (1). »

---

(1) Cette Relation, publiée par le *Vertheidigung der Stadt Menin* et reproduite par M. Rembry-Barth est due au lieutenant Hartmann, chargé du commandement de l'artillerie de la place, après la sortie de la garnison.

(2) Le 30 avril 1794, en effet, Moreau écrivait à Vandamme : « La capitulation est signée. »

Pichegru s'empressa d'annoncer le même jour (1) ce nouveau succès au Comité du Salut public et à son ami Pille, chef de la Commission de l'organisation et du mouvement des armées, malgré l'arrêté du 4 ventôse, an II, qui prescrivait aux généraux de correspondre exclusivement avec le Comité pour tout ce qui concernait les mouvements et opérations des armées. Il mettait encore à l'ordre de l'armée ce succès, qui faisait aussi l'objet d'un compte rendu de Thierry au Comité de Salut public. En confirmant au Comité l'impossibilité où l'on avait été d'enlever Menin de vive force, Pichegru rendait hommage à la valeur de ses troupes qui avaient réclamé l'assaut. « Puisque les fossés », disaient les soldats, « sont un des plus grands obstacles à la prise de la place, nous vous demandons à y arriver les premiers ; nos corps les combleront, et nos camarades monteront alors facilement (2). »

Observations sur l'attaque et la défense de Menin. — L'impossibilité d'enlever immédiatement la place dès l'arrivée de la division Moreau était très manifeste ; mais peut-être cette attaque brusquée aurait-elle pu être réalisée au bout de quelques jours grâce à la supériorité numérique de l'assaillant, à la pénurie des munitions du défenseur, enfin à l'envoi, par les Républicains, de nombreux tirailleurs qui ne cessaient d'inquiéter le défenseur et de lui faire subir des pertes.

Cette dernière mesure fut assez ingénieuse pour inspirer à l'auteur de *Vertheidigung der Stadt Menin* les réflexions suivantes auxquelles nous ne pouvons que nous associer.

---

(1) Le 30 août, Clerfayt écrivait à Cobourg : « Depuis aujourd'hui, à 11 heures du matin, on n'entend plus tirer du côté de Menin. Je ne sais si cette place s'est rendue au non. » (K. K. A.)

(2) Pichegru au Comité de Salut public, 11 floréal (30 avril).

« Dans la nuit, les tirailleurs élevaient des sortes de petites tranchées à quelques centaines de mètres en avant des canons, et s'y postaient pour y tirer nuit et jour contre la place. Ce feu avait les avantages suivants :

« 1° Il empêchait l'artillerie opposée de tirer à barbette et tuait nombre de canonniers derrière les embrasures ;

« 2° Il troublait le tir de l'artillerie ennemie et nuisait à sa justesse ;

« 3° Il attirait sur lui le tir de l'artillerie et de l'infanterie ;

« 4° Il forçait la garnison à épuiser rapidement ses munitions ;

« 5° Il rendait les communications de la défense très dangereuses. Le renouvellement des munitions, la relève des gardes etc., causaient ainsi beaucoup de pertes à la garnison. »

Si le défenseur ne s'était couvert dans ses bastions par des traverses ; s'il ne s'était entouré de fossés ; s'il s'était laissé entraîner à une consommation exagérée de munitions ; ou si la durée du siège l'avait obligé à les épuiser, ce mode d'attaque aurait amené la reddition de la ville. A ce point de vue, l'assaillant commit du reste la faute de ne pas user de sa supériorité numérique pour inquiéter l'ennemi nuit et jour au lieu de se borner à se servir, le jour seulement, de ses tirailleurs. Les démonstrations de nuit auraient d'autant plus énervé le défenseur que, n'ayant à peine que 6 balles à feu, il n'aurait pu en déterminer l'objet. L'assaillant aurait encore pu entourer les fossés de la place de 5 ou 6 bataillons qui auraient sans cesse fait feu sur tous les défenseurs qui se seraient montrés ; à la faveur de cette avant-garde, 5 ou 6 autres bataillons se seraient avancés rapidement, auraient sauté dans les fossés et donné l'assaut. La prise d'un seul bastion entraînait du reste celle de toute la place, car le défenseur n'avait pas de réserve et ne pouvait mettre sur les remparts que 2 hommes pour 3 mètres courants (1).

L'assaillant ne sut pas non plus se servir de son artillerie. Il lui eût été facile, au lieu de se borner à bombarder la ville, d'établir près des portes de Lille, de Courtrai et de Bruges, des batteries à démonter et à ricochets qui auraient enfilé et pris à dos le front compris entre les portes d'Ypres et de Courtrai, tandis que les tirailleurs en eussent fixé de front les défenseurs.

En ce qui concerne la défense, on ne saurait trop louer l'acte du général de Hammerstein qui, suivant l'expression de Pichegru, fut « un coup d'audace que l'histoire doit recueillir comme l'un des actes militaires les plus sublimes ». On ne peut guère citer, en parallèle, que la défense de Szigethon de Szigetvor par le comte Nicolas Zrini en 1566; celle de Haguenau en 1705 par M. de Pery, celle de Hostalrich par Don Juan Estrada en 1810 ; celle d'Almeïda par le général Brenier en 1811 ; les tentatives faites par le général Ducrot au siège de Paris en 1870 ; enfin la sortie du général Osman-Pacha en 1877-78.

Si l'on rapproche ces exemples de ceux qui nous furent donnés en 1863 par le général Ortega à la défense de Puebla et en 1870 par le commandant Taillant à celle de Phalsbourg, on est en droit de conclure tout d'abord qu'après avoir épuisé tous les moyens de défense et détruit son matériel, loin de signer une capitulation, le commandant de la défense doit se borner à s'en remettre à la discrétion de l'assaillant.

Mieux encore, il peut, après avoir détruit son matériel, tenter de sauver la troupe qui lui est confiée. A cet effet, les précautions à prendre sont d'agir par surprise; de tromper l'ennemi en lui laissant devant les yeux un rideau

(1) D'après *Die Vertheidigung der Stadt Menin.*

défensif qui multiplie ses feux pour cacher sa faiblesse; enfin de choisir son point de sortie de façon à rencontrer le minimum de forces et de se couvrir au plus tôt par des obstacles qui mettent la colonne à l'abri de toute poursuite.

La sortie du général de Hammerstein a bien réalisé les deux premières conditions, mais on ne s'explique pas pourquoi le gros de la colonne est sorti par le débouché le plus délicat, tandis que les émigrés, qui n'en constituaient que la partie minime, sont partis par Courtrai. Pourquoi aussi les émigrés, qu'on tenait à sauver avant tout, après avoir heureusement gagné la route de Moorseele, ont-ils été se rejeter dans les griffes de l'ennemi au lieu de continuer sur cette localité? Il eût semblé beaucoup plus logique de faire exécuter une attaque démonstrative, par la porte et sur le faubourg de Bruges, par un détachement qu'on eût sacrifié et qui eût été destiné à être refoulé sur la place, et de faire écouler tout le gros de la colonne par la porte de Courtrai, où l'ennemi était peu nombreux. Celle-ci était, il est vrai, obstruée par une barricade, et le passage pour les voitures était du reste rendu impossible par l'incendie des maisons qui avoisinaient la porte. Mais, en pareil cas, était-il nécessaire d'emporter des canons et des voitures? La colonne ne devait-elle pas être aussi légère que possible? à quoi servaient quelques canons de campagne dans cette fuite? ne pouvait-on se borner aux seules troupes combattantes chargées de plusieurs jours de vivres et de cartouches, sans aucune voiture pouvant retarder la marche? — Rien ne prouve du reste que l'on ne pouvait pratiquer un passage pour les voitures en dehors des maisons du faubourg qui n'occupaient qu'un faible parcours de la route. De même, la destruction de la barricade de la porte aurait pu être préparée d'avance, de façon à n'avoir à enlever qu'un masque au dernier moment. Mais, en admettant même que ces deux dernières solutions ne fussent pas admissibles, il était tout au moins facile, à toute l'infanterie et à la cavalerie hanovrienne, de sortir par la porte de Courtrai comme le firent le Loyal-Émigrans et ses cavaliers. Dès lors, au moment même où un détachement faisait une fausse attaque sur le faubourg de Bruges et attirait de ce côté l'attention de l'ennemi, tout le gros de la colonne gagnait la route de Moorseele, comme le fit le Loyal-Émigrans, et se dirigeait en hâte sur ce point. Là, il n'aurait trouvé que la faible résistance que rencontra Hammerstein et, puisque ce général put la vaincre avec ses troupes déjà usées par le combat qu'elles soutinrent entre la porte et le faubourg de Bruges, le gros de la colonne, tenu à l'écart de cette lutte, aurait d'autant mieux triomphé de la même résistance à Moorseele.

V.

Le séjour à Courtrai du 11 au 24 floréal.

Retour de Mouscron à Courtrai (12 floréal). — Reconnaissance de Daendels sur Rousselaere (14-15 floréal). — Attaque du camp de Roncheval (21 floréal). — Défense de Courtrai (21-22 floréal). — Poursuite sur Ingelmunster (23 floréal). — Mesures prises pour le stationnement (24 floréal).

Situation de l'armée française du 11 au 14 floréal. — A la suite de la victoire de Mouscron, la division Souham avait stationné le 11 sur le champ de bataille. « Le 11 floréal, dit en effet l'adjudant général Reynier, les brigades de Bertin, Macdonald, Daendels et Jardon conservèrent la position qu'elles avaient prise après la bataille », c'est-à-dire : Bertin à Mouscron ; Macdonald entre les moulins de Castrel et le moulin Cornelis ; Daendels entre ce dernier et Ælbeke ; enfin Jardon à Loinge (1).

A Courtrai se trouvaient Dehay et Dewinter chargés de la défense de la ville. Dehay, commandant à Courtrai, assurait avec la 27e demi-brigade la police de la place et la garde de la porte de Menin, dont les abords étaient spécialement battus par une pièce de 4 et d'où une centaine de cavaliers du 19e régiment éclairaient vers Menin et Moorseele ; à la porte de Bruges, défendue par une pièce de 8 et un obusier, se trouvait le 2e bataillon de l'Yonne avec 60 cavaliers du 20e régiment patrouillant sur la route de Bruges. Au faubourg de

(1) « J'avais été le 11, avec 30 carabiniers, voir arriver Daendels qui venait..... prendre notre gauche à Ælbeke. » (*Précis des opérations de la brigade Macdonald*, par Pamphile Lacroix.)

Tournay se tenait Dewinter avec la 23e demi-brigade, la 30e division de gendarmes, le 1er d'infanterie légère, le 9e régiment de hussards et deux escadrons du 19e de cavalerie pour garder les routes de Gand, Audenarde et Tournay et envoyer de nombreux partis sur la route de Tournay.

D'autre part, aussitôt après la reddition de Menin, la brigade Vandamme, de la division Moreau, « bivouaqua sous les murs de Menin, la droite appuyée à la route de Courtrai, et la gauche à celle d'Ypres. Il resta deux bataillons à Gheluvelt » pour se couvrir dans la direction d'Ypres; « l'infanterie légère occupa Moorseele, Becelaere et Gheluwe (1). Le 1er bataillon d'Ille-et-Vilaine, les hussards, les cavaliers et 20 chasseurs à cheval du 21e régiment entrèrent en ville. Le quartier général (de Vandamme) fut transféré de Gheluwe à Menin (2) ».

Quant à la brigade Descenfans, elle couvrait, à Wytschaete, les communications avec Menin contre les incursions de la garnison d'Ypres.

La victoire de Mouscron ramenait la situation militaire au même point qu'avant la marche de Clerfayt au secours de Menin.

D'autre part, étant donnée la position *en l'air* que Pichegru assignait à l'aile gauche de ses forces, la prise de Menin améliorait la situation autant qu'elle pouvait

---

(1) Opérations du général en chef Pichegru. — « Le 11 floréal, Macdonald vint rejoindre sa position derrière la Heule. Daendels vint se mettre sous Courtrai à la place de Jardon qui distribua ses troupes entre Rolleghem, Sainte-Anne et Belleghem. Bertin gardait Tourcoing, Mouscron et Mont-Castrel. La division du général Moreau envoya des détachements pour renforcer celle du général Michaud dans la West Flandre, mais la majeure partie resta aux environs de Menin. »

(2) Récit abrégé..... par le général Vandamme.

l'être; en occupant Menin et Wystchaete, on assurait les communications avec Lille; on tenait les deux solides bastions de Menin et de Courtrai dont la Lys formait la courtine, facilement défendable sur quelques rares points de passage. Contre une attaque possible des forces alliées venant du Nord, il suffisait de défendre avec acharnement le front Menin—Courtrai en se portant au besoin à droite ou à gauche, suivant les nécessités créées par l'attaque. Contre une tentative venant du Sud, les troupes qui bordaient la Marque pouvaient, par une offensive immédiate, fixer tout au moins une partie des forces adverses; et les avant-postes de Courtrai, placés dans une position centrale, vers Mouscron, par exemple, permettaient de renouveler la manœuvre qui avait si bien réussi le 10 floréal et qui pouvait désormais acquérir de nouvelles chances de succès, grâce à un complément de forces venant de Menin. Enfin, si l'attaque venait à la fois du Nord et du Sud, le front Menin-Courtrai la forçait à faire passer sa courbe d'enveloppement par Wervicke et Tourcoing : il suffisait alors de fixer celle du Nord par des troupes de Menin, et de faire prendre celle du Sud entre deux feux par les troupes débouchant à la fois de Courtrai et de Lille. Or, de Courtrai à Ælbeke, et de Lille à Tourcoing, la distance est moindre que celle de Tournai. On pouvait donc sûrement renforcer des avant-gardes placées à Ælbeke et à Tourcoing, avant qu'elles fussent attaquées par l'ennemi venant de Tournai. Comme, du reste, la distance de Tourcoing à Mouscron, et de ce point à Ælbeke, était encore moindre que celle de Tournay, rien ne s'opposait à ce que ces avant-gardes eussent le temps de se rejoindre à Mouscron avant d'être rencontrées par l'ennemi. Leur résistance permettait enfin aux gros, venant de Courtrai et de Lille, de les renforcer à temps, alors qu'elles auraient forcé l'ennemi à se déployer et à dévoiler ses intentions.

Ce rapide exposé permet, croit-on, de comprendre pourquoi, d'une part, la prise de Menin améliorait la situation de l'armée du Nord, et pourquoi, de l'autre, après avoir accordé à ses troupes victorieuses une journée de repos, Souham leur dictait le 11 floréal les ordres de mouvement qui devaient les ramener en partie à Courtrai, tout en laissant des postes à Tourcoing et à Ælbeke.

Le général Souham au général Daendels.

11 floréal (30 avril).

Il est ordonné au général de brigade Daendels de partir demain 12 floréal, à la pointe du jour, pour Moorseele, en passant par Oudesmesse, Marcke et les ponts établis sur la Lys, entre Courtrai et Bisseghem.

Le général de brigade Daendels établira ensuite ses troupes à Moorseele, fera occuper les villages de Gulleghem, Moorseele, etc. jusqu'à Gheluwe, établira son principal corps de troupes à Moorseele. Il enverra des découvertes, afin de savoir les mouvements de l'ennemi et ses rassemblements.

Le général Souham au général Macdonald.

Courtrai, le 11 floréal (30 avril).

Il est ordonné au général de brigade Macdonald de partir demain matin de très bonne heure avec les troupes qu'il commande pour le camp que l'on doit établir près Courtrai. Il ne marchera qu'après la marche du général Daendels et suivra sa route pour Ælbeke, Oudesmesse, Marcke et les ponts établis sur la Lys entre Courtrai et Bisseghem.

Le général Macdonald laissera 200 chasseurs du 5e régiment à Ælbeke pour être sous les ordres du général de brigade Jardon.

Le général Macdonald fera passer les ordres ci-joints aux généraux Bertin et Jardon. Arrivé aux postes sur la Lys, il trouvera des officiers d'état-major qui lui indiqueront la position que ses bataillons devront occuper (1). Il devra faire garder Waeter-Meulen et les ponts sur la

(1) « Nous vînmes..... camper derrière la Heule. Notre quartier

route de Bruges et de Cuerne par des détachements d'infanterie et de cavalerie tirés de ses troupes; faire pousser des détachements en avant et envoyer des postes à Bisseghem, aux redoutes entre ce village et Courtrai et aux pontons.

Le général de division,
SOUHAM.

Au général Bertin.

11 floréal (30 avril).

Il est ordonné au général de brigade Bertin de se retirer demain à Tourcoing. Il y établira ses postes au Moulin derrière cet endroit, enverra ses postes en avant du côté de Watrelos et de Neuville, et il attendra dans cette position de nouveaux ordres.

SOUHAM.

Au général Jardon.

11 floréal (30 avril).

Il est ordonné au général de brigade Jardon de rester demain à Ælbeke avec le 1er bataillon des tirailleurs, cinq compagnies du 2e bataillon d'infanterie légère et 200 chasseurs du 5e régiment que le général Macdonald doit lui laisser. Il enverra des découvertes sur Belleghem et Rolleghem pour observer l'ennemi et attendra à Ælbeke de nouveaux ordres que je lui enverrai demain matin.

Le général de division Moreau au général Vandamme.

12 floréal (1er mai).

ORDRE.

Les troupes aux ordres du général Vandamme prendront aujourd'hui les positions suivantes :

Un bataillon d'infanterie légère à Heule; un à Gheluwe, un à Wervicke, et un autre à Menin.

Le bataillon de grenadiers à Wevelghem.

Il fera camper une demi-brigade sous les murs de Menin, en avant de la route de Courtrai, la gauche s'appuyant à Menin, la droite vers Courtrai.

Les huit autres bataillons prendront position, la gauche en avant de

---

général fut un instant dans Courtrai, puis nous l'établîmes dans une blancherie derrière le centre du camp au bord de la Lys. » (Précis des opérations de la brigade Macdonald.)

Wevelghem et la droite vers la gauche de la brigade du général Macdonald, dont le quartier général sera à Bisseghem.

Le bataillon d'infanterie légère qui sera à Heule prendra provisoirement les ordres du général Macdonald.

Le quartier du général Vandamme s'établira demain au château de Wevelghem.

J'établirai le mien à Commines, devant être au centre des deux brigades, celle de gauche étant à Wystchaete.

Signé : MOREAU.

P.-S. — Le général Vandamme donnera des ordres pour détruire les ouvrages qui se trouvent entre Wervicke et Menin. Il fera également débarrasser la porte de Courtrai pour que la communication de Lille à Courtrai par Menin n'éprouve aucun obstacle.

Signé : MOREAU (1).

En résumé, le 12 floréal, Daendels occupait Moorseele avec son gros dont la droite était à la ferme de Pœsel Hœck, la gauche à celle de Cassiergoet (2). Il avait des détachements à Gulleghem (3), Ledeghem et Kesel-

---

(1) Ajouté au dos par le général Vandamme :

Demandes.	*Réponses.*
Où mettrai-je mon artillerie?............	A Menin.
Que dois-je faire de celle prise sur l'ennemi?............................	Renvoyez à Lille.
Où devra être ma cavalerie?.............	A ta disposition.
Comment faire avec mes bataillons qui n'ont point d'effets de campement?..........	On en procurera.
Où dois-je faire venir celles de Cassel?....	A Armentières.
Les deux obusiers de Cassel sont maintenant à Wervicke. Que veux-tu faire?....	A Menin.
Faut-il pousser l'évacuation de Menin?....	Oui, très vivement.
Faut-il détruire les ouvrages?...........	Non, au contraire.
Où envoyer l'artillerie qui était à Halluin?.	A Lille.

(2) Journal de l'armée du Nord, par Reynier.

(3) « J'ai établi à Gulleghem les gendarmes et trois compagnies de chasseurs. » Daendels à Souham, quartier général de Moorseele, 13 floréal.

bergh (1), ce dernier devant assurer la liaison avec le poste de Gheluwe (2). Le 7e bataillon du Nord, le 21e bataillon de volontaires nationaux, qui étaient restés à Halluin devant Menin, rejoignirent la brigade le matin et concoururent, avec le 2e de l'Yonne et un détachement du 20e de cavalerie, à la garde de la Heule (1). Macdonald avait son camp sous les murs de Courtrai, la droite vers la Chapelle de la Vierge, la gauche vers la ferme de Hetschoon Waeter, et détachait des postes à Waeter Meulen, aux points de passage des routes de Bruges et de Cuerne sur la Heule, enfin aux pontons sur la Lys. Bertin rétrograda sur Tourcoing d'où il éclaira vers Watrelos, la Chapelle-Marlière, Risquons-Tout (1) et Neuville (2), cherchant à se relier à Ælbeke. En ce point était Jardon à qui Macdonald avait laissé 200 chasseurs du 5e régiment et qui explorait par Rolleghem et Belleghem jusqu'à la route de Tournay à Courtrai.

Pour permettre les mouvements de Daendels et de Macdonald, qui tous deux avaient pris successivement la route Oudesmesse-Marcke et franchi la Lys, entre Courtrai et Bisseghem, il avait fallu rétablir le 12 à la pointe du jour le pont de neuf pontons qui avait été jeté le 8 floréal, vers la Chapelle de la Madeleine, et avait été replié le 10 après le passage sur la rive Sud de la Lys de toute la division Souham, y compris le parc d'artillerie. Ce dernier avait pris position dans la nuit du 9 au 10 et était resté les 10 et 11 à Hooghe Poorte, près de Lauwe. Aussi, le 11 au soir, Souham prescrivait-il au parc de revenir par le même chemin, de Hooghe Porte à la Chapelle de la Madeleine pour y jeter à nouveau le pont qui devait permettre, le 12 au matin, à Daendels de se porter d'Ælbeke à Moorseele et à Macdonald du moulin Cornelis

(1) Journal de l'armée du Nord, par Reynier.

(2) Ordre de Souham à Daendels, 11 floréal.

au camp sous Courtrai. Cette opération terminée, le parc devait parquer à Bisseghem comme avant la marche sur Mouscron, mais, d'après Reynier, il se parqua vers le Moulin de Schrau (1).

Dans la division Moreau, la brigade Vandamme occupait par un bataillon chacune des localités de Heule, Gheluwe et Menin, tandis que son gros se répartissait, en avant de Wevelghem, entre Menin et la droite de Macdonald. Quant à la brigade Desenfans, elle restait à Wystchaete en observation devant Ypres, malgré les doléances de son chef qui se plaignait de ne pas recevoir d'autres ordres (2).

Le dispositif adopté autour de Courtrai sur la rive gauche de la Lys mérite qu'on s'y arrête. Les brigades Daendels et Vandamme occupent un front considérable ; il en est de même de la division Moreau, dont le chef est à Commines et les deux brigadiers à Wystchaete et à Wevelghem. Enfin le poste de Heule, confié à la brigade Vandamme, est intercalé entre ceux de Macdonald et de Daendels.

Cette dernière disposition ne semble guère justifiable ; la première, par contre, peut se défendre, si, au lieu de supposer les troupes figées sur leurs emplacements, on les regarde comme prêtes à se concentrer au premier ordre.

Le dispositif adopté par Souham et par Moreau n'est, dans leur esprit, qu'une sorte de formation préparatoire destinée à faire tête partout à l'ennemi, à le tâter en tous points où il peut se montrer, sans se laisser fixer par lui et avec l'intention bien arrêtée de se concentrer, de faire mouvoir la masse principale où besoin sera, alors même

(1) Journal de l'armée du Nord, par Reynier.

(2) Pichegru à Moreau, 13 floréal (2 mai).

qu'elle est en première ligne, comme c'est le cas actuel pour la division Moreau ou la brigade Daendels. La manœuvre est certes moins facile qu'en laissant seulement sur le front une faible partie de cette masse et en lui assurant d'avance sa liberté de manœuvre; mais la manœuvre n'est pas moins possible si, comme les généraux de 1794, on a la volonté bien arrêtée de faire masse au point où l'ennemi portera son attaque, au moyen de toutes les troupes non attaquées sur les autres positions. De même qu'aujourd'hui, en stratégie comme en tactique, on assure sa liberté de manœuvre par la constitution d'une avant-garde générale ; alors, en stratégie comme en tactique, on l'obtenait en répartissant sa masse sur tous les points éventuels d'attaque, et en la serrant rapidement sur ceux qui étaient seuls attaqués.

Dans les ordres qu'il avait donnés le 11 à Jardon, Souham lui en annonçait d'autres pour le 12 au matin. Ces derniers furent motivés par la nécessité de retirer à Bertin un commandement qu'il n'avait pas su exercer ou dans lequel il n'avait pas été heureux. Il avait en effet eu le double malheur de se laisser chasser de Mouscron par le général de Œynhausen et d'avoir échoué dans la conduite du combat démonstratif qu'il était chargé de diriger contre la position de Mouscron pour faciliter l'attaque décisive de Macdonald. Aussi Bertin reçut-il, le 12 floréal, l'ordre de Souham d'avoir à remettre son commandement de Tourcoing au chef de brigade Dewinter. Cet officier, à son tour, était remplacé à Courtrai par Jardon. Cette permutation s'expliquait par ce fait qu'au début de la marche sur Courtrai, Jardon avait été attaché au service de sûreté de la brigade Macdonald ; il était donc naturel de le rappeler auprès de ce général.

Par suite de ces modifications, Bertin allait remettre à Dewinter à Tourcoing le commandement des 1er bataillon de l'Aisne, 2e du 81e, 2e des Basses-Alpes, 2e du 19e, 3e des fédérés, 3e des tirailleurs, 9e de hussards,

19e chasseurs à cheval, et d'une demi-compagnie d'artillerie à cheval. Avec ces troupes, Dewinter devait, comme nous l'avons exposé plus haut, surveiller attentivement le rassemblement ennemi de Tournay, au moyen d'espions, de découvertes ou en lui faisant des prisonniers, et « l'attaquer de flanc s'il marchait du côté de Courtrai (1) ».

Quant à Jardon, il abandonnait Ælbeke avec son infanterie légère (2) et les 200 chasseurs qu'avait dû lui laisser Macdonald, et se portait avec ces forces sur le faubourg de Tournay, à Courtrai, où il prenait le commandement de la 23e demi-brigade, de la 30e division de gendarmerie, du 1er bataillon d'infanterie légère, de six compagnies de grenadiers et des cavaliers du 19e régiment. Du faubourg de Tournay, il devait détacher, sur les routes de Gand, Audenarde, Tournay, Belleghem et Ælbeke, de bons postes qui, à leur tour, lanceraient des découvertes sur toutes les routes afin d'être instruits au plus tôt des mouvements de l'ennemi et d'en rendre compte au général Souham (3).

Enlever à Ælbeke un important détachement de 14 compagnies d'infanterie légère et de 200 chasseurs à cheval pour concentrer le gros des forces sous Courtrai et ne laisser sur les routes allant à l'ennemi que les avant-postes, c'était là une mesure logique. Il ne restait donc en somme que deux masses : l'une sur le front Menin-Courtrai, l'autre sous Lille, et une avant-garde intermédiaire à Tourcoing. Dès qu'elle apprendrait le départ de l'ennemi de Tournay, elle pourrait être soutenue par les forces de Lille, avant même que l'ennemi ne l'ait heurtée ; elle aurait donc, eu égard à sa force et

---

(1) Souham à Dewinter, 12 floréal.

(2) 1er bataillon de tirailleurs et 5 compagnies du 2e bataillon d'infanterie légère.

(3) Souham à Jardon, 12 floréal.

aux renforts de Lille, le moyen de résister assez longtemps pour que toutes les troupes de Menin et de Courtrai puissent arriver à temps à son secours.

Ce ne fut pas là toutefois le seul motif de la suppression du détachement d'Ælbeke : Souham voulait encore renforcer sa ligne de surveillance sur la Heule. Aussi, dès qu'il put disposer d'un nouveau général, Malbrancq, appelé le 10 floréal de Saint-Omer, il lui confia le 13 le commandement de la brigade Bertin à Tourcoing, rendit le même jour à Dewinter celui des troupes qu'il dirigeait au faubourg de Tournay et envoya Jardon avec le 1er bataillon de tirailleurs, les cinq compagnies du 2e bataillon d'infanterie légère et 200 chasseurs du 5e régiment aux ponts de Peke-Thaering, Cuerne et Waeter Meulen. Il libérait ainsi la brigade Macdonald de son service de sûreté et la rendait disponible pour la manœuvre. Il faisait envoyer aussi de « fréquentes découvertes sur les routes de Cuerne, Bruges, etc., afin d'être instruit de la position de l'ennemi et de tous les mouvements qu'il pourrait faire (1) ».

Ces ordres, donnés le 13, ne reçurent leur exécution que le 14, et la journée du 13 fut seulement employée à parfaire les défenses de la position choisie, « à établir des batteries à barbettes sur les buttes des moulins qui sont autour de Courtrai et à couvrir les postes par de petits ouvrages (2) ».

Mais, le 12 floréal, tandis que Souham prenait ces précautions, le général Osten, qui commandait à Pont-à-Marque et ne cessait de surveiller l'ennemi aux abords de Tournay, rendait compte, d'après les dires d'un déserteur, « que 12,000 hommes de cavalerie et d'infanterie se trouvaient placés sur la surface de la route

---

(1) Souham à Jardon, 13 floréal.
(2) Journal de Reynier.

de Lille, et qu'il avait entendu de la bouche de plusieurs de ses officiers que la destination de ces 12,000 hommes de cavalerie et d'infanterie était pour faire une trouée et venir couper la route de Lille à Douai (1) ».

Cette nouvelle, jointe à celle de la capitulation de Landrecies, qui rendait désormais inutile toute tentative de diversion par Cambrai ; et à celle des succès du 7 floréal qui forceraient désormais l'ennemi à secourir ses ailes et à abandonner toute idée d'un siège ultérieur, décida Pichegru à rappeler sous les murs de Lille la division Chapuis qui, depuis que son chef avait été fait prisonnier à Troisvilles, était commandée par le général Bonnaud.

Il semble que ces raisons soient plus conformes aux documents que celles que donne Reynier. D'après lui, « tous les rapports annonçaient que l'ennemi dégarnissait son centre pour porter des forces à ses ailes qui étaient entamées (2) ». Aucun document des archives ne permet de tirer cette conclusion (3).

---

(1) Osten, général de brigade, à Pont-à-Marque. Rapport sur les manœuvres des troupes de Cysoing, le 12 floréal.

(2) Journal de Reynier.

(3) Voici en effet un rapport du service des renseignements qui est des plus vagues et ne semble nullement indiquer que l'ennemi se soit porté sur son aile droite.

Rapport du 13 floréal (2 mai).

Parti de Menin le 11 floréal, de Menin à Moorseele. Il y a trouvé les Français.

De Moorseele à Heule, il y a aussi trouvé un piquet de cavalerie française.

Il a alors pris sa route par les Moulins, à Léau, vers le pavé de Bruges à Keuren (Cuerne ?). Là, il a été arrêté par des Français et conduit à Courtrai. Parti de Keuren (Cuerne?) de nouveau, de là à Haerlebeke, il y a encore trouvé les Français. Les émigrés avaient rompu le pont sur la grande route. De là, il est allé à Saint-Éloi,

Pichegru était, du reste, arrivé le 12 (1) à Cambrai, au moment même où le général Bonnaud, vers le 11 au soir, à la tête de la division de Cambrai, recevait l'ordre de prononcer une nouvelle attaque le 13. Devant l'impossibilité où était cette division de marcher ; devant les échecs successifs subis au centre et les succès remportés sur les deux ailes ; devant la nécessité de renforcer les camps de Flers et de Pont-à-Marque, l'un sous les ordres de Thierry, l'autre sous ceux de Osten, Pichegru donna, le 13, l'ordre à Bonnaud « de laisser le général Proteau et quatre bataillons avec 200 chevaux à Cambrai, et de marcher pour aller prendre la position de Sainghin en passant par Douai et Pont-à-Marque (2) ». Bonnaud arriva en ce point le 17 floréal avec sa division forte de 17,000 hommes et de 6,000 chevaux (3). Il en repartit le 18 au matin, prit en passant la brigade Osten forte de 6,000 hommes, dont 500 chevaux, « que je plaçai, dit Bonnaud, en flanqueurs de droite ; trois bataillons étaient campés sur les hauteurs de Péronne à la droite de Sainghin, et le reste était en avant-postes depuis Pont-à-

---

route de Gand. Il y a trouvé une patrouille de cavalerie des émigrés au nombre de 10 chevaux et 30 hommes.

A Deerlyck, il y a aussi trouvé des patrouilles d'émigrés qui disaient partir pour Gand.

A Helverghem (Sweveghem ?) il n'y avait plus personne; tout était parti. De là à Belleghem, sur la route de Tournay; les Français y étaient. Il dit avoir trouvé les troupes ennemies frappées de terreur et mécontentes parce qu'aucun secours n'était ni n'allait arriver de sitôt.

Il est arrivé seulement à Gand un bataillon de Clerfayt; des personnes qui sortaient de Gand lui ont dit qu'il n'y avait pas plus de 4,000 hommes, peu de canons et nullement fortifié. Ils disaient que, si on les abandonnait comme à Menin, bientôt les Français seraient maîtres de toute la Belgique. Ils espèrent cependant du secours.

(1) Journal du général Bonnaud.

(2) Journal du général Bonnaud.

(3) Liébert à Boursier, commissaire-ordonnateur à Lille.

Marque jusqu'à Pont à-Bouvines. La division était campée (1), la droite à Sainghin et la gauche à Anstaing, les avant-postes bordaient la rive gauche de la Marque jusqu'à (.....) et occupaient le village de Gruson et Pont-à-Tressin (2). »

Ces emplacements, pris le 18, furent encore gardés le 19. A cette date, Bonnaud envoya le général Compère, avec cinq bataillons et un régiment de cavalerie, prendre position à Lannoy et dirigea, sur la division de Souham à Courtrai, le 3e régiment de hussards et le 6e de dragons. Le général Pierquin, arrivé le même jour, reçut le commandement général du camp, fort de 18 bataillons. Sous ses ordres se trouvaient les généraux Noël et Salme, ainsi que le chef de brigade Baillot commandant la cavalerie (3).

Situation des forces alliées du 30 avril au 3 mai. — Avant de poursuivre le récit des opérations françaises, il est nécessaire de montrer quelle était la situation des forces alliées, dans les Flandres, depuis le combat de Mouscron jusqu'au moment où s'engagèrent les combats qui devaient se terminer par la victoire des Français à Courtrai.

Le 26 avril, le jour même où il saisissait sur le général Chapuis le plan de Pichegru, Cobourg envoyait à Clerfayt un premier renfort de 12 bataillons et de

(1) L'adjudant général Malher à Liébert, 18 floréal. « 9 bataillons sont campés sur la première ligne et 6 autres sur la deuxième. La brigade du général Osten est campée et cantonnée au-dessus de Péronne. Elle garde de près Templeuve jusqu'à Pont-à-Bouvines. Celle du général Compère est cantonnée le long de Pont-à-Tressin. La cavalerie est répartie dans tous les villages de la droite et de la gauche. »

(2) Journal du général Bonnaud.

(3) Journal du général Bonnaud. Bonnaud donne à tort à Baillot le titre de général, qu'il n'a d'ailleurs jamais obtenu.

10 escadrons. Quatre jours après, la chute de Landrecies lui permettait d'annoncer à Clerfayt (1) une nouvelle augmentation d'effectifs, et le jour même en effet, il prescrivait au duc d'York (2) de quitter son camp du Cateau pour se porter à la tête de 14 bataillons et de 28 escadrons, par Saint-Amand sur Tournay, et concerter avec Clerfayt le plan d'opération ayant pour but de repousser de Courtrai et de Menin l'aile gauche de l'armée de Pichegru. Si le 30 avril, à 11 heures du matin (3), Cobourg connaissait la défaite de Mouscron, il ignorait encore la perte de Menin qui capitulait ce jour même. Aussi invitait-il Clerfayt, dans le cas où ce malheur serait arrivé, à reprendre aussitôt cette place afin de ne pas laisser aux Français une bonne communication par Deulsemont et Rousbrugghe, et une base d'opération pour assiéger Ypres, isoler la Flandre occidentale et faire des incursions vers Gand (4). Cette dernière préoccupation concordait avec celles de Clerfayt à qui des paysans, émigrés de la région comprise entre Courtrai et Audenarde, affirmaient que les Français dirigeaient beaucoup de troupes vers Audenarde. Aussi Clerfayt y envoya-t-il, le 29 au matin, un bataillon qu'il renforça le 30 par un détachement aux ordres du colonel de Gontrœuil, et comprenant 2 bataillons et un escadron : ce détachement avait pour mission d'éclairer vers Saint-Éloy sur la Lys (5).

Ainsi rassuré de ce côté, Clerfayt, après avoir occupé le 20 la position de Dottignies, avait pris le 30 celle d'Espierres où venaient le même jour le rejoindre

---

(1) Cobourg à Clerfayt. Catillon, 30 avril 1794, 4 heures après-midi (K. K. A.).

(2) Disposition de Cobourg pour le 30 avril, Catillon (K. K. A.).

(3) Cobourg à Clerfayt. Catillon, 30 avril, 11 heures du matin (K. K. A.).

(4) Cobourg à Clerfayt. Catillon, 30 avril (K. K. A.).

(5) Clerfayt à Cobourg. Camp de Warcoing, 30 avril (K. K. A.).

3 bataillons Kaunitz. Il se couvrait par des avant-postes placés à Dottignies et Coeyghem, au contact de ceux que la division Souham poussait de Mouscron sur Dottignies et de Belleghem sur Coeyghem (1).

Le 1er mai, la situation s'améliorait, car le duc d'York arrivait à Saint-Amand, et Clerfayt croyait pouvoir dire que les postes de Souham ne dépassaient pas Haerlebeke et que son gros, concentré entre Wevelghem et Menin, se couvrait par des avant-postes sur la ligne Haerlebeke, Sweveghem, Mouscron, Watrelos (2). Les Français du reste se renforçaient sur la droite, ce qui était l'indice qu'ils ne voulaient pas pour le moment pénétrer plus avant dans les Flandres (3).

Le 2, la situation était à peu près la même (4), car l'ennemi occupait toujours Mouscron et Courtrai ; mais il avait abandonné Mouscron, Rolleghem et Belleghem et poussé de forts postes à Tourcoing et à Roubaix. Du côté du Nord, il n'avait pas dépassé Haerlebeke, et le colonel de Gontrœuil, établi à Audenarde, avait pris poste à Mooreghem et poussé un détachement vers Saint-Éloy (5).

C'est sur ces renseignements, suffisamment conformes à la réalité, que Clerfayt allait baser son plan, de concert avec le duc d'York, arrivé le 2 mai à Tournay (6) et le 3 à Marquain (7).

Ce plan consistait pour Clerfayt à franchir la Lys entre Haerlebeke et Deynze, et à masquer Courtrai sur la rive gauche de la Lys avec une partie de ses forces, tandis

(1) Clerfayt à Cobourg. Camp de Warcoing, 30 avril (K. K. A.).
(2) Clerfayt à Cobourg. Camp de Warcoing, 1er mai (K. K. A.).
(3) *Ibid.*
(4) Clerfayt à Cobourg. Camp de Warcoing, 2 mai (K. K. A.).
(5) *Ibid.*
(6) Clerfayt à Cobourg. Camp de Warcoing, 1er mai (K. K. A.).
(7) Sichart.

que l'autre inquiéterait cette place par le Sud. A la faveur de ces démonstrations, il comptait gagner Ypres dont il se ferait une base et qu'il couvrirait au besoin. Pour faciliter cette opération, le duc d'York devait fixer l'ennemi sur la Marque en partant de son camp de Marquain.

Dans ce but, Clerfayt rédigea le 3 mai le plan suivant. Il divisait tout d'abord les forces en trois masses :

1° La première sous ses ordres directs, comprenait 19 bataillons, 4 compagnies légères et 16 escadrons (1). Elle devait aller camper le 4 à Vichte en passant par Coeyghem, moulin de Saint-Claren et Sweveghem. A ces forces devaient encore s'ajouter le 6, 5 bataillons hanovriens et émigrés repoussés de Menin sur Bruges; 2 bataillons et 3 escadrons anglais récemment débarqués à Ostende (2); enfin 8 escadrons et 1 bataillon franc stationnés jusque-là dans les environs de Rousselaere (3). Ces dernières troupes étaient sous les ordres du colonel de Linsingen : la garnison de Menin s'étant retirée sur Bruges, le colonel de Linsingen « qui avait eu le commandement des postes établis en avant d'Ypres et entre cette ville et Menin, ayant vu cette dernière place cernée par des forces supérieures, lors de l'invasion du 26 avril, s'était replié d'Ypres sur Rousselaere (4) » ;

---

(1) *Disposition zu dem Angriff des zwischen Lille und Ypres stehenden Feindes*, 3 mai (K. K. A.). 2 bataillons Clerfayt, 2 Wurtemberg, 2 Sztarray, 2 Winkheim, 2 E. H. Karl, 1 Schröder, 1 Callemberg, 2 grenadiers hanovriens, 3 Hesse-Darmstadt, 2 Laudon ; 4 compagnies chasseurs Leloup ; 6 escadrons Latour, 6 Kaiser, 4 Blankenstein.

(2) D'après Sichart, ces troupes comprenaient 3 bataillons et 3 escadrons. D'après d'Arnaudin, elles étaient fortes de 3 bataillons (12e, 38e et 55e régiments d'infanterie) et de 2 escadrons du 8e dragons légers.

(3) 6 escadrons Sztarray, 2 escadrons de cavalerie anglaise (d'après les K. K. A.). D'après Sichart, ces 8 escadrons appartenaient : 2 au régiment du corps, 2 au 9e dragons légers, 2 au 10e, 2 aux grenadiers hessois.

(4) D'Arnaudin.

2° Au camp de Warcoing, Clerfayt laissait le 4 aux ordres du général de cavalerie Wallmoden, 13 bataillons, 2 compagnies légères, 10 escadrons (1);

3° Le duc d'York occupait le 4 le camp de Marquain avec 19 bataillons, 2 compagnies légères et 38 escadrons (2).

La journée du 5 serait consacrée aux préparatifs.

Dans la nuit du 5 au 6, le F. Z. M. comte Clerfayt devait marcher de Vichte sur la Lys, en aval de Haerlebeke, y jeter des ponts, camper sur la rive gauche de cette rivière et pousser ses troupes légères aussi loin que possible vers Courtrai. Pendant ce temps, le général de cavalerie comte Wallmoden devait faire une forte reconnaissance contre Courtrai pour détourner l'attention de l'ennemi; et le duc d'York, inquiéter les troupes derrière la Marque en donnant comme objectifs Flers et Lezenne à sa cavalerie; Ascq et le camp de la Madeleine à l'infanterie soutien de cette cavalerie.

Le 6, Clerfayt, masquant Courtrai avec ses troupes légères, pousserait sa colonne principale vers Emelghem; en même temps, Wallmoden diviserait ses forces en trois masses : la première, et la plus faible, pousserait vers Courtrai, tout en couvrant les routes de Courtrai à Tournay; la deuxième, formant à peu près le tiers de la colonne totale, marcherait sur Lauwe où elle se relierait à la première et chercherait ainsi à inquiéter la retraite de la garnison de Courtrai; la troisième, et la plus forte,

---

(1) 1 grenadiers, 2 gardes à pied, 2 de chacun des 1er, 4e, 6e, 9e, 11e régiments, 2 compagnies de chasseurs, 2 escadrons de gardes de corps, 2 Prince-Ernest, 2 Bussche, 2 Œnhausen, 2 Ramdov.

(2) 3 bataillons de grenadiers impériaux et royaux, 2 Wenzel-Colloredo, 3 Kaunitz, 4 de Garde anglaise, 3 bataillons de la brigade général-major Abercromby, 2 bataillons Hessois-Kassler, 28 escadrons de cavalerie anglaise, 6 escadrons Esterhazy, 4 escadrons E. H. Léopold, 2 bataillons O'Donnell, 2 compagnies de chasseurs.

marcherait sur Mouscron et Tourcoing en se reliant à la deuxième. Si, devant ces démonstrations, l'ennemi se retirait par la rive droite, les deux dernières masses se réuniraient pour l'attaquer et même le couper de Menin; s'il se retirait par la rive gauche sur Menin, les deux masses se placeraient à Roncq afin de couvrir contre cette place les attaques du duc d'York contre la Marque. Quant à la première masse poussée vers Courtrai, elle se relierait à Clerfayt et marcherait sur Menin.

Le même jour, le duc d'York s'avancerait avec le gros de ses forces contre Lannoy et Roubaix et au besoin sur Mouvaux pendant que sa cavalerie pousserait sous les canons de Lille en prenant à dos le camp de Pont-à-Marque.

Le 7 mai, Clerfayt progresserait jusqu'à Ypres; le duc d'York, avec une partie de son corps, qui se serait avancé vers Mouvaux et se serait au besoin fortifié, prendrait le camp de Linselles, et se réunirait avec le corps du général Wallmoden qui se serait avancé vers Mouscron. Ils resteraient dans cette position jusqu'à ce que l'armée ennemie ait été chassée des Flandres et que les troupes alliées aient repris Menin.

On voit, d'après ce qui précède, que les intentions de Clerfayt étaient loin de celles que lui prête Reynier dans son *Journal*, et qu'il exprime ainsi : « Il est possible que ce camp (de Vichte) fût une ruse de Clerfayt pour nous faire éloigner de Courtrai, afin de l'attaquer pendant ce temps. »

L'exécution de ce plan exigeait tout d'abord que Clerfayt se transportât du camp de Warcoing à Vichte.

Cette marche se fit le 4 mai en deux colonnes.

Précédée de la brigade de Darmstadt du général-major de Düring, la 1re colonne comprenait :

G. M. de Boros, avant-garde :

2 compagnies de chasseurs de Leloup ;

1 compagnie de chasseurs de Hesse-Darmstadt ;
1 bataillon léger de Darmstadt;
2 bataillons de grenadiers de Darmstadt ;
4 escadrons de chevau-légers de Darmstadt.

G. M. Kollowrath :

2 bataillons Clerfayt avec une pièce de 12 :
2 bataillons Sztarray avec une pièce de 12 ;
2 bataillons E. H. Karl avec une pièce de 12 ;

6 escadrons de dragons impériaux ;
2 escadrons de hussards de Léopold.

Deux des escadrons de chevau-légers de l'avant-garde, un des escadrons de hussards Léopold avec les chasseurs étaient employés à patrouiller sur la gauche. Sur le flanc droit, les dragons impériaux protégeaient les côtés et assuraient la liaison avec la colonne de droite.

La 1re colonne était sous les ordres du F. M. L. comte Sztarray et conduite par des officiers d'état-major. A la tête de l'avant-garde, venaient 20 pionniers ; devant celle de Clerfayt, se trouvait une passerelle munie des lanceurs nécessaires. Cette colonne se dirigeait sur la grande route de Courtrai, puis prenait le chemin de terre à droite et le suivait jusque sur les hauteurs des moulins à vent, d'où elle se dirigeait sur les hauteurs de Vichte en laissant constamment à gauche le ruisseau de Slippe.

Dans la 2e colonne, l'avant-garde commandée par le général-major Ott, comprenait :

1 bataillon de Laudon Vert avec ses quatre canons ;
1 compagnie de chasseurs Leloup ;
3 escadrons de Blankenstein ;
6 escadrons de Latour.

Le gros était composé de :

2 bataillons Wenkheim avec une pièce de 12 ;
1 bataillon Callenberg avec une pièce de 12 ;
1 bataillon Schröder avec une pièce de 12 ;
Les 3e et 4e bataillons de grenadiers hanovriens.

Les deux bataillons Wenkheim étaient précédés d'une petite passerelle avec 20 pionniers. Le régiment de Latour fournissait les patrouilles latérales et assurait la liaison avec la 1re colonne. Cette 2e colonne était sous les ordres du général comte Spork et était aussi conduite par des officiers d'état-major. Elle marchait sur la chaussée d'Audenarde jusqu'à Avelghem, où elle quittait la chaussée et se dirigeait à gauche sur Vichte.

Les pionniers avec leurs passerelles marchaient à la tête de cette colonne, qu'accompagnaient la réserve d'artillerie et les pontons (1).

A la fin de cette marche, les forces des Alliés se trouvaient en quatre masses : le corps de Clerfayt à Vichte ; celui de Wallmoden à Warcoing ; celui du duc d'York à Marquain. Enfin le contingent anglo-hanovrien, dont on a parlé plus haut, était jusqu'au 4 mai aux environs de Bruges, couvert en avant par les huit escadrons hanovriens du colonel de Linsingen, qui occupaient partie Thorout, et partie Thielt. Le 4 mai, le colonel s'était avancé avec trois escadrons jusqu'à Rousselaere (2) pour reconnaître Menin, ce qui donna lieu à une rencontre avec Daendels.

L'affaire de Rousselaere entre Daendels et Linsingen. — Tous ces mouvements ne laissaient pas que d'inquiéter Souham. « Les rassemblements que l'on fait du côté de Tournay à Pecq et vers Orcq sont considérables », écrit-il à Moreau. Et il l'engage à conférer avec lui sur cette situation ; il réclame les renseignements que peut avoir Vandamme sur l'ennemi (3). Le lendemain, 15 floréal

---

(1) March Zettel (K. K. A.).

(2) Ces forces données par Sichart ne concordent qu'à peu près avec celles dont on a emprunté l'indication aux K. K. A. (Voir p. 196).

(3) Souham à Moreau, 14 floréal (3 mai).

(4 mai), il recommande à Malbrancq de se tenir sur ses gardes et d'envoyer de bonne heure de fortes découvertes, car l'ennemi fait sentir sa présence jusqu'à Coeyghem (1). Enfin, pour manœuvrer plus rapidement en cas d'attaque sur l'une ou l'autre rive de la Lys, il réclame des pontons (2).

Mais, tandis que Souham porte toute son attention vers le Sud et le Sud-Est où se trouvent en effet les plus forts contingents de l'ennemi, et déclare que celui-ci n'a « presque aucunes troupes du côté de Bruges (3) », Pichegru qui a suivi plutôt les opérations du côté de Menin et qui est à Lille le 14 (3 mai) ; Pichegru qui vient de voir Moreau et a dû s'entretenir avec lui de la prise de Menin et de la sortie de Hammerstein, a plutôt son attention attirée du côté du contingent hanovrien. Qu'est-il devenu, après s'être retiré vers Bruges? Tout ce qu'en sait Pichegru, c'est qu'il a un poste à Rousselaere. Le général veut l'enlever pour voir ce qu'il cache. Il en fait donner l'ordre à Daendels par Moreau et Vandamme pour le 16 (5 mai). Mis au courant de cet ordre, Souham prescrit de nouveau à Jardon de faire des découvertes ; pendant que Daendels marchera sur Rousselaere, Jardon ira sur Ingelmunster où doivent être les premiers postes ennemis (4). Quant à Daendels, Souham lui recommande d'agir avec prudence (5).

On va voir que ce n'est pas de ce côté que pécha le fougueux brigadier. Sans s'occuper de s'assurer la coopération de Vandamme qui, en arrivant le 15 au matin à Moorseele avec 100 cavaliers pour se concerter sur l'opération, fut fort surpris de n'y plus trouver personne,

---

(1) Souham à Malbrancq, 15 floréal.
(2) Souham à Pichegru, 14 floréal.
(3) Souham à Moreau, 14 floréal.
(4) Souham à Jardon, 15 floréal (4 mai).
(5) Souham à Daendels, 15 floréal.

Daendels en était parti le 14, à 11 heures du soir avec le 20e régiment de cavalerie, un détachement du 21e, deux pièces de 8 et un obusier d'artillerie légère, et arrivait à Rousselaere à 3 heures du matin.

De son côté, le colonel de Linsingen, à la tête de deux escadrons du 10e dragons légers (dit du Prince-de-Galles) et d'un escadron du régiment du Roi, s'était avancé jusqu'à Rousselaere, soit pour reconnaître Menin (1), soit pour relier Rousselaere à la chaîne de postes qu'il avait établie d'Hooghlede à Thielt (2).

Il avait placé, le 3 mai au soir, la majeure partie de sa troupe en arrière de Rousselaere sur la chaussée de Thorout et lui fit ainsi passer la nuit au bivouac, en l'éclairant seulement par des piquets postés en avant et par des patrouilles lancées de tous côtés.

En arrivant à 3 heures du matin le 15 floréal (4 mai) devant Rousselaere, Daendels y déboucha par les divers chemins où se trouvaient les piquets et vedettes ; il le fit si rapidement que, non seulement il les surprit complètement, mais les pressa de telle sorte qu'ils purent à peine se mettre en selle et qu'il pénétra pêle-mêle avec eux dans Rousselaere. Le succès semblait assuré, lorsqu'une mauvaise disposition prise par Daendels le compromit : ayant à passer le défilé du Mandelbeke, près du village de Rousselaere, il aurait dû faire marcher son artillerie en arrière de l'infanterie, pénétrer avec celle-ci baïonnette baissée dans le défilé et faire tourner rapidement ce dernier par sa cavalerie pour couper la retraite à l'ennemi. Au lieu d'agir ainsi, il plaça une trentaine de cavaliers en tête, les fit suivre de son artillerie légère avec ses caissons, puis du reste de la troupe. Les 30 cavaliers pénétrèrent sur la grande place de la loca-

(1) D'après Sichart.
(2) D'après d'Arnaudin.

lité : le colonel de Linsingen, trompé par la similitude de leur uniforme et de celui du régiment du Roi, leur cria de s'arrêter et de faire face à l'ennemi. « Au même moment, un cavalier républicain lui lança un coup de pointe qui le tira de son erreur. Pour parer un nouveau coup, il replia son cheval ; mais la selle, n'étant pas assez serrée, tourna, et il se trouva renversé. On le fit prisonnier, et deux cavaliers à la garde desquels il était confié le conduisaient sur les derrières lorsque le régiment du prince de Galles, qui voyait son colonel dans un si grand embarras, s'élança avec furie sur l'ennemi (1). » Grâce à la faute de Daendels, ils n'eurent en face d'eux que les 30 cavaliers dont la retraite était coupée par l'artillerie qui allait déboucher de la grande rue sur la place. Refoulée dans cette rue par ces cavaliers en désordre, ne pouvant ni avancer ni faire demi-tour, l'artillerie n'eut d'autre ressource que d'abandonner ses pièces. Entraînant avec elle le reste de la cavalerie, elle voulut s'engouffrer avec elle sur le pont de la Mandel, mais arrêtée par ce défilé étroit, elle y fut en butte aux coups de sabre et de pistolet des poursuivants.

A cette vue, les grenadiers qui fermaient la marche s'étaient déployés de part et d'autre de la chaussée et cherchaient à se prolonger sur les ailes de l'assaillant pour lui couper la retraite. Devant cette menace, le colonel de Linsingen abandonna la poursuite et se replia rapidement sur Thorout, emmenant avec lui les deux pièces de 8, l'obusier (2) et deux caissons d'artillerie légère. Il abandonnait néanmoins cinq caissons et les bagages des officiers que les grenadiers de Daendels reprirent en entrant dans Rousselaere.

(1) Mémoires de d'Arnaudin.

(2) « Les pièces prises ce matin ont été menées à Dixmude. » (Daendels à Vandamme, 15 floréal.)

En rendant compte à Moreau de cet échec, Vandamme proposa le même jour (15 floréal) de renouveler l'attaque, et Souham l'invita à la concerter de nouveau, pour la nuit du 15 au 16, avec Daendels. Mais le soir même, Souham, toujours préoccupé des rassemblements de l'ennemi du côté de Tournay, renonce à une nouvelle expédition. Les troupes de Daendels « doivent seulement se tenir sur leurs gardes et prêtes à partir s'il est besoin de les porter ailleurs (1) ». Les renseignements qu'il avait ce jour-là (2) lui montraient en effet l'ennemi en faibles forces à Gand, Deynze, Ingelmunster, tandis qu'il y avait à Pecq un rassemblement de 10,000 hommes couvert par des postes à Saint-Genoix, Coeyghem où se trouvaient 1,000 hommes, Dottignies, Évregnies, Leers. Le centre de gravité des forces de l'ennemi semblait être d'autant plus de ce côté que Souham savait qu'il s'y trouvait des renforts envoyés de Landrecies (3). Dans cette situation, avec une armée « très divisée » et n'ayant « aucun champ de bataille », Souham conviait Pichegru à venir se rendre compte par lui-même des dispositions à prendre (4). Il ne pouvait du reste qu'être confirmé dans ses craintes par le rapport que lui adressait Liébert (5) et qui montrait des troupes nombreuses, de toutes armes, se dirigeant par Denain et Helesmes, les bois de Wallers et le pont sur la Scarpe entre Warling et Hasnon vers Saint-Amand, gîte d'étape intermédiaire entre le Cateau et Tournay. Le même rapport faisait craindre que l'ennemi ne tentât d'envelopper Souham devant Courtrai en convergeant sur cette place de Lille, de Tournay, de Gand et de Rousselaere (5). Le lendemain, Vandamme,

(1) Souham à Daendels, 15 floréal (4 mai).
(2) Souham à Pichegru, 15 floréal.
(3) *Ibid.*
(4) Souham à Pichegru, 15 floréal (4 mai).
(5) Liébert à Souham, 15 floréal.

chargé spécialement du service des renseignements de première ligne, rend compte à Moreau d'un rassemblement fait par l'ennemi du côté de Tournay (1) et, malgré l'avis contraire de Daendels (2), il demande des instructions en cas de retraite (1). Le 16 enfin, Liébert envoyait à Moreau un autre rapport « infiniment intéressant », d'où il résultait que l'ennemi paraissait vouloir se diriger sur Courtrai et Menin (3).

La situation se précise donc de plus en plus pour Souham qui la définit ainsi (4) : Aucune menace sur la rive gauche de la Lys, mais une attaque concentrique partant de Gand, d'Audenarde et de Pecq ; les forces rassemblées à Gand ont poussé leurs avant-postes jusqu'à Beveren ; celles d'Audenarde jusqu'à Sweveghem, enfin les 10,000 hommes de Pecq sont couverts par 2,000 hommes à Coeyghem, 2,000 à Dottignies et 1,000 à Saint-Genoix. « Ils ont de forts avant-postes au moulin de Coeyghem et même jusqu'à Belleghem où ils amènent de temps en temps des pièces qui répondent à celles des gendarmes placées sur la hauteur en avant de Ten-Houtte (5). »

Aussi Souham appelle-t-il de nouveau Pichegru : « Le général Liébert m'annonce que tu dois venir aujourd'hui à Lille. Cela me fait bien plaisir parce que tu pourras peut-être demain examiner notre position. Je la regarde actuellement comme très mauvaise..... Cette position nous expose à de très grands revers si nous sommes attaqués un peu vigoureusement, c'est pour l'éviter que

(1) Vandamme à Moreau, 16 floréal (5 mai).

(2) Daendels à Vandamme, 16 floréal.

(3) Liébert à Moreau, 16 floréal.

(4) Souham à Pichegru, 16 floréal.

(5) Souham à Pichegru, 16 floréal (5 mai).

je pense qu'il faudrait prévenir l'ennemi et l'attaquer à Coeyghem et Dottignies (1).....

Le 17 floréal, à ces menaces du côté de l'Est, s'ajoutent à l'Ouest les incursions que font les paysans armés de la forêt de Saint-Six sur Poperinghe et les bois qui avoisinent l'Abeele, et de là sur les villages de notre frontière qu'ils pillent, tels que Steenwoorde, Bœsschepe, Bailleul. Comme les mouvements de nos forces n'étaient possibles qu'en abandonnant ces divers points, Liébert ordonne au général Michaud de faire occuper Steenwoorde pour mettre fin à ces partis, et Desenfans, pour plus de sûreté, se retire de Wytschaete sur Messines avec retraite éventuelle sur Commines.

Mais tandis que ces faits secondaires se passaient à l'Ouest, la situation s'aggravait encore pour le général Souham. Dans la soirée du 17, et dans la nuit du 17 au 18, il reçoit des rapports qui « s'accordent à dire qu'une partie des troupes qui étaient à Pecq, se sont avancées à Coeyghem, et l'autre par Audenarde vers Petteghem et Saint-Éloy sur la route de Courtrai à Gand (2) ». L'un de ces rapports lui avait même annoncé qu'il serait attaqué le 18, mais cette attaque ne se réalisa pas. C'est au contraire Souham qui va prendre l'offensive : d'accord avec les généraux qu'il a assemblés le 17 en conseil de guerre, il pense qu'il faut agir de concert avec les troupes de Bonnaud à Sainghin « et, par un mouvement combiné, mettre encore une fois l'ennemi en déroute ». « Nous pourrions, conclut-il, attaquer demain matin..... J'attends, écrit-il à Pichegru, avant de rien décider, ta réponse ou ton arrivée ici (2). »

A ces craintes s'ajoutait encore la mauvaise position

---

(1) Souham à Pichegru, 16 floréal. Souham indique dans cette même lettre qu'il a fait un fourrage à Haerlebeke.

(2) Souham à Pichegru, 18 floréal (7 mai).

du camp sur la rive gauche de la Lys qui « ne donnait aucun champ de bataille et était dominée par les hauteurs sur la droite de la Lys ».

Aussi, sans attendre les ordres de Pichegru qu'il réclamait en vain depuis le 15, Souham se décida à porter la majeure partie de l'aile gauche sur la rive droite : il y trouvait tout avantage, car il tenait ses troupes prêtes à marcher vers le Sud, le Sud-Est ou le Nord-Est; et il ne compromettait rien puisqu'il était maître de Menin et de Courtrai.

Dans cette vue, il prescrivit à Macdonald de partir le 19 à 3 heures du matin avec ses troupes pour passer la Lys à Bisseghem et venir s'installer la droite à Oudesmesse, la gauche à Courtrai avec un détachement à Marcke. La brigade Daendels partirait à la même heure, traverserait la Lys à la Chapelle de la Madeleine et monterait sur les hauteurs du Pottelberg où elle placerait ses troupes à gauche de celles du général Macdonald. Le front de ces deux brigades devait être couvert par des avant-postes, par des batteries et des abatis ne laissant qu'un faible passage pour les découvertes.

Pour protéger ce mouvement et le soustraire à toute surprise, Dewinter doit veiller à ce que la 23e demi-brigade et la demi-brigade de l'Yonne, qui sont déjà au Pottelberg et forment la réserve de son corps, soient prêtes à repousser l'ennemi; il prescrira la surveillance la plus sévère dans tous les postes pendant la nuit du 18-19 et le 19 au matin, et fera partir de fortes découvertes (1).

Jardon va être relevé par Vandamme entre 3 et 4 heures du matin. Il a mission de passer la Lys entre Bisseghem et Courtrai, de s'établir à Ælbeke et de se garder soigneusement, surtout du côté de Belleghem

(1) Souham à Dewinter, 18 floréal.

« où l'ennemi a des piquets soutenus par une force assez considérable à Coeyghem (1) ». Enfin Jardon doit prescrire au chef de bataillon Bruce à Cuerne (2) de prendre ses mesures pour brûler les ponts sur la Lys dès qu'ils ne seront plus utiles, afin que l'ennemi ne puisse s'en servir.

La brigade Malbrancq et le parc d'artillerie de la division ne bougent pas le 19.

Dans la division Moreau, Vandamme assurait la sécurité de la rive gauche et formait avant-garde vers le Nord en occupant les ponts de Gulleghem, Heule et Cuerne, à la place de la brigade Macdonald et du détachement de Jardon. Toutefois le 14e bataillon de chasseurs restait à Gheluwe; les trois bataillons en garnison à Menin demeuraient de même à leur poste (3).

Après avoir donné ces ordres le 18 dans la soirée, et tandis qu'ils s'exécutaient le 19, Souham les compléta par une série de mesures de détail et par ses ordres à Malbrancq pour la journée du 20. Comme, d'après ses derniers renseignements, Souham craignait surtout une attaque du côté de Coeyghem, ou par la route de Gand et la rive droite de la Lys, il devait penser à concentrer ses troupes de manière à répondre finalement à l'une ou à l'autre de ces éventualités. De même qu'il avait appelé Macdonald et Daendels sur la rive droite, il fit venir Malbrancq de Tourcoing : il lui prescrivit de placer son gros au Moulin de Castrel avec avant-postes vers Ælbeke, pour se relier avec Jardon et vers Mouscron, pour se garder de l'ennemi dont il devait chercher à pénétrer les mouvements par de fréquentes patrouilles. Mais, tout

---

(1) Souham à Jardon, 18 floréal.

(2) *Ibid.*

(3) Récit abrégé......, par Vandamme.

en rapprochant de Courtrai la brigade Malbrancq, Souham ne pouvait abandonner la liaison avec les troupes de Lille : aussi ordonna-t-il à ce général de placer de forts postes à la Chapelle Marlière, puis à Watrelos, aussi bien pour couvrir l'arrivée à Tourcoing de la brigade Thierry que pour se lier à la division Bonnaud (1).

Le 19, en effet, Bonnaud recevait l'ordre de détacher le général Compère avec cinq bataillons et un régiment de cavalerie à Lannoy.

Grâce à cette chaîne de postes, si l'un d'eux était attaqué sérieusement, tous les autres, avertis, pouvaient serrer rapidement sur le point menacé et, par leur première résistance à l'ennemi, donner au gros de Souham le temps d'arriver pour le manœuvrer. C'est dans cet ordre d'idées que Souham recommanda à Daendels de faire reconnaître le chemin qui conduisait de sa position à Belleghem « mais sans qu'on puisse savoir le dessein d'y marcher », et de se disposer à détruire en cas de besoin les abatis qu'on y faisait (2). C'est dans les mêmes vues qu'il adressa une recommandation identique à Macdonald : « Les abatis sur les chemins qui conduisent d'Oudesmesse à Rolleghem et Belleghem doivent être faits de manière à pouvoir être facilement détruits (3). »

Comme il fallait découvrir au plus tôt la présence de l'ennemi, il était nécessaire de renforcer en cavalerie les brigades de la division Souham (4); c'est ainsi que Macdonald reçut le 5e chasseurs à cheval et les carabiniers ;

(1) Reynier dit aussi que l'occupation de la Chapelle Marlière et de Watrelos était destinée à attendre l'arrivée en ces points de la brigade Thierry qui vint prendre le 20 la position qui laissait Malbrancq à Tourcoing.

(2) Souham à Daendels, 19 floréal (8 mai).

(3) Souham à Macdonald, 19 floréal.

(4) Souham à Macdonald, 19 floréal.

Daendels, le 3e hussards et la moitié du 6e dragons (1); Jardon, l'autre moitié du 6e dragons, et Dewinter, le 20e de cavalerie.

En dehors de ces mesures offensives, que Souham se réservait de traiter à dîner le 19 au soir, avec Daendels et Macdonald, il avait déjà prescrit le 18, à Bonnaud, de tenir le 19 au soir toutes ses troupes prêtes à marcher; et il ajoutait, le 19, l'ordre de repousser, par des détachements de cavalerie placés à Pont-à-Rache et à Pont-à-Marque, les patrouilles ennemies qui, le 18, s'étaient avancées jusque sur la ligne de communication de Douai à Lille (2).

En résumé, à la fin de la journée du 20, la division Souham occupait les emplacements suivants (3) : Macdonald et Daendels étaient sur la rive droite de la Lys et sur la position Oudesmesse-Pottelberg ; Dewinter au Pottelberg et au faubourg de Tournay; Jardon à Ælbeke ; Malbrancq, au Moulin de Castrel ; Thierry, à Tourcoing ; Bonnaud, à Sainghin, avec Compère détaché à Lannoy. Il restait à fixer le rôle de Dehay; par cela même que la division Souham devait prochainement quitter Courtrai pour se porter vers le Sud-Est, il fallait prendre toutes les mesures nécessaires pour mettre cette place à l'abri de toute insulte. De là l'ordre de Souham, daté du 20, qui prescrivait de redoubler de surveillance aux portes de la ville, d'établir de bonnes batteries autour de l'enceinte, et d'évacuer sur Lille, par la porte de ce nom, puis, par le chemin du Dronquart, toutes les voitures inutiles ainsi que les blessés. A Vandamme, qui

(1) Ces régiments étaient mandés de Sainghin à Courtrai le 19. Ordre au général Bonnaud à Sainghin, 18 floréal.

(2) Ordres au général Bonnaud, 18 et 19 floréal.

(3) Voir le croquis.

bordait la Heule, Souham donnait mission de lancer des découvertes sur les routes de Cuerne et de Bruges ; sur celle d'Audenarde et de Gand, l'exploration était faite de concert entre les brigades Vandamme et Dewinter. Quant à la route de Tournay, elle était forcément couverte par le stationnement de la division Souham et le serait encore mieux par sa marche en avant.

L'ordre du 20 prescrivait aussi au parc d'artillerie de se rendre le 21 à Ælbeke ; c'était encore là un indice bien net de la décision prise par Souham d'aller le 21 attaquer l'ennemi vers Coeyghem. Mais s'il méditait cette attaque, il ne négligeait pas pourtant le danger éventuel qui pouvait se présenter du côté du Nord ; les ordres donnés à Vandamme et à Dewinter en sont la preuve. S'il avait pensé à une simple insulte de la place, il eût laissé Dehay seul ; en le doublant de Vandamme et de Dewinter, il visait à une lutte réelle en rase campagne, et comptait y opposer deux brigades d'avant-garde qui la fixeraient pendant le temps nécessaire à l'arrivée de Souham, engagé dans une autre direction. Cette éventualité qui lui avait été déjà signalée le soir du 17, le fut encore le 18 par « son frère et ami Denys » de Bruges, qui lui annonçait le départ de la cavalerie de Bruges par la porte de Rousselaere pour Courtrai. « Le restant, disait-il, doit partir aussi pour Courtrai et environs ». Pour confirmer ces craintes, l'ennemi attaquait le 20 les avant-postes de Vandamme placés sur la route de Bruges en avant de la petite rivière de la Heule, et était repoussé (1).

Il semble que d'après ces renseignements et cet incident, Souham n'aurait pas dû pouvoir choisir la direction de son attaque, et rester encore dans sa position d'attente qui parait à tous les cas.

(1) Récit abrégé....., par Vandamme.

Pamphile Lacroix, dans son *Précis des opérations de la brigade Macdonald*, lui reproche de ne pas l'avoir fait. « L'inexactitude des rapports des espions, écrit-il, donna le change à nos généraux. Il furent d'abord plus occupés du camp de Roncheval que de la majeure force des ennemis qui était sur la gauche de la Lys. »

Cette critique de notre service des renseignements est injuste, car les rapports que nous avons cités étaient bien conformes à la réalité, et le 20 à 7 heures du soir, Souham en reçut un autre, qui semble l'avoir décidément fait pencher du côté de l'offensive vers le Sud-Est. « Le camp volant de Templeuve, disait ce rapport, ainsi que tous les postes en avant de Tournay, ont fait aujourd'hui un mouvement extraordinaire et ont été renforcés de moitié. Le camp de Pecq se renforce aussi journellement par la jonction des troupes de celui de Marquain, qui y arrivent tous les jours. On le dit nombreux, mais on ne peut en évaluer la force. »

En dehors de l'influence décisive que devait exercer sur son esprit ce rapport, Souham calcula sans doute que Pecq était moins éloigné de lui qu'Audenarde; qu'en attaquant vers le Sud, il se rapprochait de Bonnaud et de Thierry et se renforçait; qu'enfin, il pouvait dans la même journée aller de Courtrai à Coeyghem et en revenir et que, par suite, il aurait toujours le temps de rétrograder pour secourir son arrière-garde formée par Vandamme et Dewinter, au cas où elle serait attaquée sérieusement et où il se serait trompé de direction. D'après Reynier, Souham savait que Clerfayt avait campé à Vichte avec 17,000 à 18,000 hommes; il comptait aller l'attaquer en ce point, s'il y était encore, après s'être battu vers Coeyghem.

Souham lui-même dira, dans son rapport du 27 floréal, au Comité du Salut public : « Nous avons été avertis que l'ennemi était aux portes de Courtrai et sur la gauche de la Lys avec une nombreuse infanterie et trente-cinq escadrons..... Ayant à notre gauche les ponts qui sont entre Tournay, Audenarde et Courtrai, il était à craindre que l'ennemi n'occupât les routes qui conduisent de ces deux villes à Courtrai. Par ce moyen nous aurions eu l'ennemi à la droite et à la gauche de la Lys. Ces motifs nous déterminèrent à nous assurer des forces que l'ennemi avait sur la droite. »

C'était, en somme, la manœuvre classique en lignes intérieures qu'allait appliquer Souham, après avoir pris la précaution de fixer une partie de l'ennemi par une masse et pendant un temps suffisants pour se donner la zone de manœuvre nécessaire contre l'autre partie.

Les Alliés, du 4 au 9 mai. — D'après les projets de Clerfayt, arrivé le 4 à Vichte, la journée du 5 devait être consacrée au repos et aux préparatifs, et la marche sur la Lys devait débuter le 6 en même temps que les démonstrations sur Courtrai et sur la Marque. Mais Clerfayt employa les 5 et 6 mai à des reconnaissances, le 7 aux préparatifs, et ce ne fut que le 8 mai qu'il passa la Lys à Saint-Éloy et campa à Hulste avec quinze bataillons et douze escadrons; quatre bataillons et quatre escadrons furent détachés de cette position sur Ingelmunster pour chercher la liaison avec les troupes hanovriennes et anglaises vers Rousselaere. Enfin, les quatre compagnies d'infanterie légère furent, suivant le programme, poussées vers Courtrai.

D'un autre côté, le petit corps de cavalerie du colonel Linsingen s'était joint à la garnison de Menin, toujours aux ordres du général Hammerstein; et le corps de deux bataillons et trois escadrons, débarqué d'Angleterre à Ostende, avait été placé sous le commandement du général White détaché de l'armée du duc d'York, où il avait été à la tête d'une brigade de cavalerie.

Le 8 mai, les Anglais du général White et les Hanovriens du général Hammerstein se réunirent à Rousselaere, sous les ordres de White, plus ancien que Hammerstein. Les troupes de Hammerstein comprenaient quatre bataillons, huit escadrons, neuf pièces ; et celles de White, trois bataillons, trois escadrons et six pièces (1).

Le F. Z. M. prit le 9 mai une position entre Winkel-Saint-Eloy et Lendelede. Le détachement d'Ingelmunster (4 bataillons et 4 escadrons) s'avança dans l'espace entre Lendelede et la Lys, et le général White vint jusqu'au Mandelbeke entre Cachtem et Emelghem (2) : le bourg d'Iseghem fut occupé par le Loyal-Emigrans, et Emelghem par des chasseurs hanovriens (3). Dans cette situation, le corps anglo-hanovrien était en mesure de communiquer avec la chaîne d'avant-postes de l'armée de Clerfayt.

Du côté de Lille, le corps de Wallmoden avait été, par suite de la maladie de ce général, placé le 7 mai sous les ordres du général von dem Bussche, qui s'était avancé jusqu'à Roncheval et s'était entouré d'une atmosphère de sûreté au moyen de détachements qui s'étendaient de Belleghem par Dottignies jusqu'à Saint-Léger. Enfin le duc d'York occupait toujours le camp de Marquain. Le 9, York écrivait à Clerfayt qu'il avait en face de lui un corps ennemi considérable, et que tout ce qu'il pouvait faire était de se défendre contre celui-ci afin de couvrir la gauche de von dem Bussche (4).

Attaque du général Souham contre le camp de Ronche-

---

(1) Ces forces, données par Sichart, concordent à peu près avec celles dont on a emprunté l'indication aux K. K. A. (Voir p. 74.)

Les neuf pièces de Hammerstein étaient six canons de position et trois amusettes ; les six de White étaient un obusier français de 10 livres, un de 6, quatre pièces de 3 du 5e d'infanterie hanovrien.

(2) Sichart.

(3) D'Arnaudin.

(4) K. K. A. — Voir le croquis.

val occupé par le général von dem Bussche (10 mai 1794). — Après s'être décidé à attaquer vers le Sud, Souham prit comme objectif le corps le plus voisin, celui de von dem Bussche, dont le camp était à Roncheval et dont les détachements les plus avancés allaient jusqu'à la ligne Belleghem, Dottignies, Saint-Léger.

A cet effet, il donna les ordres d'attaque ci-après dont on ne saurait trop admirer la netteté, la vigueur, le sens tactique et l'esprit offensif; on chercherait vainement un tel ordre dans toute la campagne de 1870 !

Au général Macdonald.

Courtrai, 20 floréal (9 mai).

Il est ordonné au général de brigade Macdonald de partir demain 21 floréal, à 3 heures du matin, avec toutes ses troupes, pour aller attaquer le camp ennemi à Roncheval ; il passera par Ælbeke et Tombrouck, fera couvrir la gauche par les tirailleurs qu'il a à Sainte-Anne, qui pourront passer par Rolleghem, ou en arrière de ce village ; mais ne pas s'avancer trop tôt, pour ne pas donner de l'inquiétude aux troupes qui sont à Belleghem, avant que le général Daendels ne les attaque.

Le général Jardon marchera par la même route que le général Macdonald, et fera l'avant-garde de cette colonne. Le général Macdonald lui donnera les ordres pour les positions qu'il devra prendre dans la suite de l'attaque.

Le général Macdonald attaquera le camp de Roncheval, en le tournant par la gauche et l'inquiétant seulement par son front que le général Daendels doit attaquer, après avoir forcé Belleghem. Il fera charger vigoureusement l'ennemi, et le fera poursuivre dans sa retraite aussi vivement qu'il le croira possible, sans exposer ses troupes, et se portera sur les rassemblements que l'ennemi pourrait encore avoir.

Après ce succès, je lui donnerai de nouveaux ordres pour la marche qu'il devra tenir, et qui ne peut être déterminée que par la position que l'ennemi aura prise, mais il ne faut lui donner aucun relâche après avoir forcé sa gauche.

Le général Macdonald est prévenu que le général Malbrancq attaquera en même temps Dottignies, et devra se porter ensuite vers Coeyghem, et le chemin de Tournay à Courtrai, afin de couper la retraite à la partie du camp de Roncheval qui voudrait se retirer par cette route.

Le général Daendels, après avoir forcé Belleghem et le bois, se portera sur la gauche du camp ennemi.

Le général Macdonald correspondra avec ces généraux, afin que la marche se fasse à la même hauteur.

De la vivacité et de l'opiniâtreté dans les attaques, et les armées de la République seront encore triomphantes.

Au général Jardon.

Courtrai, 20 floréal (9 mai).

Il est ordonné au général de brigade Jardon, de partir demain matin, aussitôt que la colonne du général Macdonald sera arrivé à Ælbeke, pour attaquer le camp de Roncheval. Il servira d'avant-garde à cette colonne, suivra le chemin par Tombrouck, et suivra en tout les ordres que le général Macdonald lui donnera.

Au général Daendels.

Courtrai, 20 floréal (9 mai).

Il est ordonné au général de brigade Daendels de se préparer à partir demain matin, avec toutes les troupes qu'il commande pour attaquer l'ennemi, d'abord en enlevant Belleghem, ensuite le bois de Belleghem; en attaquant le camp ennemi sur la gauche de la route de Tournay, et la droite de ce même camp, à droite de la route, en même temps que le général Macdonald attaquera la gauche de ce camp vers Roncheval.

Le général Daendels ne marchera, pour attaquer Belleghem, que lorsque le général Macdonald sera vers Tombrouck avec la tête de sa colonne. Il fera seulement remplacer successivement à Sainte-Anne, les chasseurs de la brigade du général Macdonald, lorsqu'ils partiront, afin d'être à portée de faire l'attaque de Belleghem.

Après avoir forcé l'ennemi à se retirer de son camp, le général Daendels le poursuivra de concert avec le général Macdonald, et se portera ensuite du côté du moulin de Claren et d'Heestert, ou de Verhte, (Vichte), afin d'attaquer les rassemblements que l'ennemi peut avoir de ce côté.

Cette dernière marche devra se faire d'après les instructions que je lui donnerai, ainsi qu'aux autres généraux après le premier succès; mais on doit poursuivre toujours ardemment l'ennemi et profiter de sa déroute.

Le général Daendels aura à sa gauche la brigade commandée par le chef de brigade Dewinter qui restera sur les hauteurs de la route de Tournay, vers Ten Houtte, et poussera des postes jusqu'à Sweveghem, jusqu'au moment où le succès de la droite étant décidé, elle pourra marcher en avant.

Au général Malbrancq.

Courtrai, 20 floréal (9 mai).

Il est ordonné au général de brigade Malbrancq de partir demain à 3 heures du matin, avec toutes les troupes qu'il commande ; il passera par Mouscron, Loinge, Malcense et Lassus, sur la gauche de Dottignies, en s'éclairant soigneusement sur sa droite du côté d'Évregnies, et correspondra par sa gauche, avec la colonne du général Macdonald, qui passe par Tombrouck, et marchant à la même hauteur que lui.

Le général Malbrancq forcera Dottignies, en le tournant par sa gauche et laissant quelques troupes à ce village pour contenir l'ennemi et le poursuivre du côté de Saint-Léger et Espierres. Il marchera sur Coeyghem, où il se placera sur la route de Tournay à Courtrai, afin de couper la retraite aux troupes qui voudraient se retirer du camp de Roncheval, ou venir du côté de Pecq. Il poursuivra et augmentera la déroute des troupes ennemies qu'il pourra charger avec avantage.

De la vivacité et de l'opiniâtreté dans nos attaques, et les armes de la République seront encore victorieuses. Je donnerai après le succès de nouveaux ordres au général Malbrancq sur la route qu'il devra tenir, et les positions qu'il devra prendre.

Le général Malbrancq est prévenu que le camp de Sainghin fera en même temps une forte attaque sur Leers, Néchin et Templeuve.

Au chef de brigade Dewinter.

Courtrai, 20 floréal (9 mai).

Le chef de brigade Dewinter fera avancer demain, à 4 heures du matin, toutes les troupes qu'il a en réserve, à la hauteur du Pottelberg, sur la route de Tournay, et les placera à la gauche du poste actuel des gendarmes. Lorsque le général Daendels se sera emparé de Belleghem, et marchera sur le camp ennemi qui est derrière le bois de Belleghem, le chef de brigade Dewinter fera avancer sur la gauche de la route de Tournay toutes ces troupes, en leur faisant prendre la position qu'il jugera la plus favorable, sa gauche toujours appuyée vers Courtrai, et d'une certaine distance assez forte pour placer la brigade du général Vandamme. Il fera, en outre, pousser des postes du côté de Sweveghem et Lancenhoeck, et du moulin de Claren, afin d'accélérer la marche de l'ennemi, s'il venait porter du secours au camp de Coeyghem, et couvrir la gauche du général Daendels.

Après la réussite du camp de Coeyghem, je donnerai de nouveaux ordres pour la marche en avant, d'après la position qu'aura prise l'ennemi.

Le chef de brigade Dewinter correspondra avec le général Vandamme, qui doit venir, à 4 heures du matin, occuper les hauteurs du Pottelberg et le faubourg de Tournay. Il lui donnera, s'il est nécessaire, des instructions sur la marche qu'il devra tenir et les dispositions des troupes qu'il devra placer entre celles de Dewinter et Courtrai.

Au commandant du parc d'artillerie.

Courtrai, 20 floréal (9 mai).

Il est ordonné au commandant du parc d'artillerie de faire partir demain, à 3 heures du matin, tout le parc sur la droite de la Lys, en passant par le pont : il marchera ensuite par le chemin de Lille à Marcke, aux moulins de Hooghe, près Lauwe, et ensuite à Ælbeke où il parquera, en attendant de nouveaux ordres.

Les pontons, qui étaient à Bisseghem, suivront le parc. Le pont qui est vers Courtrai restera jusqu'à ce que le général Vandamme lui donne un autre ordre.

Quant à la brigade Vandamme, elle reçut l'ordre le 20 de faire rompre le 21 les ponts de Cuerne, Heule et Gulleghem et de ne laisser qu'un bataillon de chasseurs à la garde de ces passages après leur destruction. « Les troupes de la brigade campées devant Courtrai rentrèrent en ville et sortirent aussitôt par la porte de Lille pour aller occuper une position sur les hauteurs de Marcke (1) » ; remplaçant ainsi Macdonald et Daendels qui devaient se porter le 21 vers Roncheval et Coeyghem. La gauche de la brigade Vandamme était vers Marcke et la droite s'appuyait « au faubourg de Lille, faisant face à la Lys. Quatre compagnies de grenadiers furent détachées à Lauwe, et les chasseurs du Mont Cassel bordaient la Lys. Le 4e bataillon de chasseurs-tirailleurs avait quitté la brigade quelques jours auparavant; le 20e régiment de cavalerie, une

(1) Récit abrégé....., par Vandamme.

pièce de 8 et un obusier d'artillerie légère en faisaient partie depuis deux jours (1). »

Conformément aux ordres qui précèdent, les troupes se mirent en marche le 21 floréal (10 mai) à 3 heures du matin. « Le corps du chef de brigade Dewinter s'avança sur la route de Tournay vers le hameau de Ten Houtte, afin de couvrir la gauche des troupes qui feraient l'attaque du camp de Roncheval et de se porter ensuite sur Vichte quand on en ferait l'attaque. Comme dans cette marche, l'armée abandonnait la gauche de la Lys, la brigade du général Vandamme passa cette rivière et se plaça en réserve sur le Pottelberg. On laissa sur la Heule deux bataillons d'infanterie légère qui eurent ordre, s'ils étaient attaqués, de se retirer, en passant sous Courtrai, sur les pontons qui devaient être levés après qu'ils auraient passé la Lys (2). »

Pendant que Dewinter et Vandamme prenaient ces dispositions, Malbrancq, Macdonald et Daendels marchaient sur la position occupée par le général von dem Bussche. Celle-ci avait son centre au moulin de Coeyghem, sa gauche à Roncheval et sa droite dans la direction de Saint-Genoix (3). Elle était couverte par des postes à Belleghem et à Dottignies ; ce dernier était de 500 hommes avec de l'artillerie (4).

Pour attaquer cette position, Malbrancq passa par Mouscron, Loinge, Malcense et Lassus, força le poste de Dottignies, après un combat d'artillerie (5) « fit une centaine de prisonniers (6) » et fit poursuivre le reste des

(1) Récit abrégé...., par Vandamme.
(2) Journal de Reynier.
(3) D'après Sichart.
(4) Journal de Reynier.
(5) *Ibid.*
(6) Sichart.

défenseurs par des détachements envoyés vers Saint-Léger.

D'un autre côté, et presque en même temps, les tirailleurs du général Daendels avaient commencé vers 6 h. 30 l'attaque du poste de Belleghem ; ce dernier se retira sur la route de Tournay, pressé par Daendels qui avait pour objectif le moulin de Coeyghem.

Cette double attaque ne laissa aucun doute au général von dem Bussche, sur l'intention qu'avait Souham de lui couper sa retraite sur Tournay. Aussi, lorsque Macdonald précédé par l'avant-garde de Jardon arriva à Roncheval, après avoir passé par Ælbeke et Tombrouck, il n'y trouva que des tirailleurs qui se retirèrent sans opposer une résistance sérieuse ; de même, Daendels constata l'abandon du moulin de Coeyghem. Le général von dem Bussche se repliait en effet sur une deuxième position, placée derrière l'Espierre, ayant sa droite à Espierres, son centre au pont de la chaussée de Tournay et sa gauche à Saint-Léger. Il était à peu près 10 heures lorsqu'il y arriva.

En voyant cette faible résistance, Souham ne s'engagea pas plus avant dans la direction du Sud ; la brigade Macdonald fut rassemblée au moulin et à l'auberge Saint-Joseph, et l'ennemi ne fut poursuivi que par l'avant-garde de Jardon ; celle-ci attaqua vigoureusement le pont de la chaussée et Espierres. mais sans oser traverser la rivière. Quant à la brigade Daendels placée le long de la route de Tournay, elle appuya sa droite au moulin de Coeyghem, chercha à se relier à gauche avec la brigade de Dewinter à Ten Houtte, et lança des partis sur Saint-Genoix et vers Vichte par le moulin de Claren. Enfin, Dewinter envoya aussi de ce côté des découvertes qui ne rencontrèrent que des petits postes ennemis (1).

(1) Journal de Reynier.

Inquiet des menées de Clerfayt, dont il avait perdu la trace à partir de Vichte, depuis trois jours, Souham limitait donc son action à un combat de l'avant-garde de Jardon sur l'Espierre; mais ce dernier, pour n'être que démonstratif, n'en fut pas moins violent; il y eut là une lutte très vive, quoique non décisive, d'artillerie.

Pendant cette canonnade, le général von dem Bussche reçut la nouvelle que Templeuve était occupé par les Français et qu'ils s'avançaient sur ses derrières. Il s'empressa aussitôt de donner l'ordre de la retraite et s'occupa de placer ses troupes derrière Pont-à-Chin. Mais, à peine ses colonnes avaient-elles passé Pecq, qu'il apprit que Templeuve était repris. Il revint donc vers l'Espierre, où Jardon, profitant de sa retraite, avait déjà occupé Espierres et Saint-Léger. Von dem Bussche en chassa les Républicains (1) qui revinrent cependant à la charge et reprirent ces localités; mais par un dernier effort, von dem Bussche en resta définitivement le maître (2), et l'action, sur ce point, se continua par une canonnade qui ne prit fin qu'avec le jour.

Pendant ce combat, le parc d'artillerie s'était porté à Ælbeke conformément à l'ordre du 20 floréal.

Attaque du général Bonnaud contre le duc d'York. — Tandis que Souham attaquait le camp de Roncheval, Bonnaud, pour faciliter cette opération, avait reçu l'ordre de fixer le duc d'York dans son camp de Marquain en prenant contre lui l'offensive au même moment.

Les troupes du duc, à cheval sur la route de Tournay à Lille, avaient leur front défendu par quelques retran-

(1) Voir Sichart.

(2) Le duc d'York à Clerfayt. Tournay, 11 mai. « Les troupes (de von dem Bussche) enlevèrent trois fois à l'ennemi les villages d'Espierres et de Saint-Léger. »

chements de campagne. Il avait le village de Hertain devant sa droite, et celui de Lamain devant sa gauche ; et il était couvert par des avant-postes dont la ligne de résistance avait pour points d'appui Baisieu, Camphin, Bourghelles.

En face de ces troupes, la division Bonnaud, forte de 23,000 hommes et de 6,500 chevaux, occupait la position suivante, de la droite à la gauche : la brigade Osten (6,000 hommes et 500 chevaux) ayant 3 bataillons sur les hauteurs de Péronne, couverts par une ligne d'avant-postes s'étendant de Pont-à-Marque à Pont-à-Bouvines ; la division Bonnaud proprement dite, comprenant les brigades Pierquin, Noël, Salme et la cavalerie du chef de brigade Baillot, était campée entre Sainghin et Anstaing, et couverte par des avant-postes passant par Gruson et Pont-à-Tressin ; enfin le général Compère, avec 5 bataillons et un régiment de cavalerie, était à Launoy, et la brigade Thierry occupait Tourcoing (1).

La brigade Osten attaqua Templeuve-en-Pesvele et Cysoing en lançant des partis sur Orchie pour l'observer. De Cysoing, elle atteignit successivement Bourghelles et Bachy, mais ne put dépasser ce point ; en effet, quelques compagnies du régiment de Kaunitz, stationnées en soutien des avant-postes au camp de Rume, vinrent en hâte les renforcer et opposèrent une telle résistance qu'au bout de cinq heures de combat, elles couvraient encore la chaussée de Tournay à Orchie.

Pendant qu'Osten faisait sa démonstration sur Bachy, les généraux Noël et Pierquin, à la tête de quinze bataillons, passaient la Marque d'Anstaing à Gruson ; le général Salme, avec le reste de la division, franchit ce cours d'eau à Pont-à-Tressin. Le débouché de ces brigades, au delà de la Marque, fut assuré par la cavalerie

---

(1) D'après Bonnaud, les K. K. A. et Reynier. — Voir le croquis

du chef de brigade Baillot qui ouvrit la voie à l'infanterie, appuyée en arrière par une batterie de vingt-cinq pièces d'artillerie tirant des hauteurs à l'Ouest de Camphin et et de Baisieu. Après un combat indécis de trois heures, la division de grenadiers Spleny, et les deux divisions Joseph et Wenzel-Colloredo, qui étaient à Baisieu en soutien des avant-postes, et sous les ordres du colonel Devay, commandant en cette partie, furent obligées de céder à la supériorité numérique des colonnes républicaines. Celles-ci prirent alors leur ordre de bataille entre Camphin et Baisieu et déployèrent des batteries devant leur front; ces dernières canonnèrent très violemment l'aile gauche d'York placée à Lamain sous les ordres du général Hammerstein et occupée par les Hessois. Grâce à une redoute qu'ils y avaient construite, et malgré un feu de plus d'une heure, l'artillerie n'eut pas raison de leur résistance.

A ce moment, le flanc droit de la division Bonnaud était arrivé entre Wannain et Camphin et l'élan des Républicains paraissait arrêté. Le duc d'York saisit ce moment pour ordonner aux généraux d'Harcourt et Dundas de prendre avec eux seize escadrons de grosse cavalerie anglaise et deux escadrons des hussards Archiduc Ferdinand et Léopold ; ils furent dirigés de telle sorte par le colonel I. et R. comte Merveldt, qui connaissait particulièrement le terrain, que l'aile droite de Bonnaud fut tournée ; en même temps, le village de Camphin était attaqué par l'infanterie. Par ce double mouvement, le duc d'York réussit à forcer à Camphin la droite de Bonnaud. Ce général ordonna aussitôt au 13e de cavalerie de s'y porter ; mais à son arrivée, il y trouva le 13e chasseurs en déroute et ayant entraîné avec lui le 5e hussards « où quelques malveillants avaient crié : A la trahison ! Sauve qui peut ! A cet exemple, ajoute Bonnaud, le 13e de cavalerie en fit autant ; ma droite se trouva par ce moyen découverte ; je fus obligé de reculer mon centre. Ce mouvement, exécuté par des troupes à peine manœuvrières, se fit avec peu d'ordre. L'ennemi saisissant ce moment, attaqua vigoureusement sur ce point avec un escadron et demi de hussards de Ferdinand et deux escadrons de chevau-légers anglais. Mais l'infanterie, devant les Représentants du peuple (1), montra la plus grande valeur dans ce moment dangereux ». « L'infanterie se prêta avec courage, et, après avoir épuisé ses munitions de mousqueterie, elle présenta la baïonnette dans une contenance assez résolue, de sorte que la cavalerie anglaise, n'étant soutenue par aucune pièce d'artillerie, n'essaya pas dès lors de rompre cette épaisse colonne. Bientôt quelques pièces de campagne étant venues seconder ses efforts, les Français commencèrent à s'ébranler et peu après à se retirer en désordre (2). » Deux bataillons, le 2e des Ardennes et le 1er du 34e régiment, entièrement enveloppés, formèrent le carré et parvinrent à se faire jour, non sans des pertes cruelles.

A l'aile gauche, le colonel Devay avait fait charger un escadron et demi de hussards et deux escadrons anglais, soutenus en arrière par deux bataillons de grenadiers et six escadrons anglais. La résistance ne fut pas supérieure à celle de la droite. On doit signaler toutefois le 25e d'infanterie qui forma le carré comme le 2e des Ardennes et le 1er du 34e, et perdit 150 hommes.

Toute la division Bonnaud refoula donc en désordre vers ses positions de départ : sa retraite fut toutefois protégée par le 1er régiment de carabiniers et le 13e de dragons qui soutinrent longtemps la charge de la cava-

(1) Le 1er bataillon du 34e. Richard et Choudieu au Comité de Salut public, 24 floréal (13 mai).

(2) D'Arnaudin. Les autres renseignements sont donnés par les K. K. A. ou par le Journal de Reynier.

lerie anglaise. « Les carabiniers, dirent les Représentants (1), se sont conduits avec leur bravoure ordinaire. »

Grâce à la protection de cette cavalerie et de l'artillerie que l'ennemi n'avait pas prise, les Français parvinrent encore à se rallier sur une position de repli. Mais le feu supérieur de l'artillerie anglaise les contraignit encore à l'abandonner et à se retirer définitivement derrière la Marque.

Ils avaient perdu dans cette rencontre cinq canons et 500 hommes.

A l'extrême gauche, la brigade Thierry s'était avancée sur Leers et Nechin et avait repoussé les avant-postes du duc d'York jusqu'à Baillœul. Mais là, prévenue que l'attaque de Bonnaud avait été repoussée, la brigade rentra à Leers.

Il ne se passa rien de saillant à la brigade Compère qui revint le soir dans sa position.

Attaque de Clerfayt contre Pichegru (10, 11, 12 mai 1794). — Les affaires de Coeyghem et de Baisieu avaient déjà dérangé le plan de Clerfayt. Au lieu de lui donner l'initiative des mouvements qui devaient fixer la division Souham sur la rive Sud de la Lys, et de lui permettre de gagner Ypres, les deux combats avaient soustrait cette division à l'initiative de Wallmoden et du duc d'York, subordonnée désormais à celle de Souham (2).

---

(1) Richard et Choudieu au Comité de Salut public, 24 floréal (13 mai).

(2) Le 9 mai, en effet, York écrivait à Clerfayt qu'il ne pouvait que se défendre, eu égard à la force du corps ennemi qui se trouvait devant lui; le 10, il lui disait encore qu'il avait été fortement attaqué, qu'il avait eu le bonheur de repousser l'ennemi, mais que, d'après les déserteurs, il avait l'intention de passer l'Escaut. En ce cas, le duc d'York se verrait obligé de jeter une garnison dans Tournay, et de chercher à

Il en fut de même pour Clerfayt : au lieu de masquer Courtrai par de faibles partis, pour aller couvrir Ypres, il fut amené à attaquer Courtrai.

On a vu que le 9 mai Clerfayt occupait la position Winkel—Saint-Éloy, Lendelede en se reliant à la Lys et ayant en arrière le corps de White sur la Mandelbeke à Emelghem. Le 10, au point du jour, il envoya des détachements attaquer les avant-postes de l'ennemi pour le masquer et continuer à dissimuler sa marche de flanc sur Ypres (2). Mais cette reconnaissance apprit que les Français s'étaient retirés sur la rive Sud de la Lys (1). Aussitôt, Clerfayt conduisit personnellement dix-huit bataillons et vingt et un escadrons, sur la Heule pour en occuper les ponts entre Gulleghem et Cuerne. Les quatre bataillons et quatre escadrons qui étaient venus d'Ingelmunster entre la Lys et Lendelede s'avancèrent en soutien sur la chaussée de Courtrai ; du détachement du général White, trois bataillons et six escadrons marchèrent vers Moorseele ; deux bataillons et trois escadrons sous le général Hammerstein se placèrent sur les hauteurs entre Ledeghem et Menin, tandis qu'un bataillon et deux escadrons de gendarmes Hessois restaient à Rousselaere (2). Une coupure fut faite à Keselbergh, sur la chaussée de Menin, car il importait de se garder des sorties de cette place ; elle fut en outre surveillée par un escadron de Latour détaché à Wevelghem (3).

couvrir Ath et à maintenir d'une façon ou d'une autre la communication avec Clerfayt (K. K. A.). Le même jour, le duc écrivit à Cobourg que sa situation devenait de plus en plus épineuse malgré son succès, et qu'il s'attendait *à être attaqué* le lendemain. Rien ne démontre mieux le rôle subordonné que Souham avait imposé au duc d'York par son offensive.

(1) Clerfayt au duc d'York, 10 mai, camp de Courtrai (K. K. A.).

(2) Sichart.

(3) D'Arnaudin.

Après avoir ainsi isolé Courtrai, Clerfayt chercha à y pénétrer. « Courtrai était presque sans défense (1) ». L'absence d'un parapet de ce côté était aggravée par la faible largeur d'un fossé qui, de plus, n'avait que vingt centimètres d'eau, et par des passages non fermés inconnus du défenseur et permettant à l'assaillant de pénétrer dans la place. On avait établi sur les buttes des moulins, près des portes de Menin et de Bruges, deux batteries à barbettes armées l'une d'une pièce de 8, l'autre d'une de 8 et d'une de 12.

Enfin, le 21 floréal (10 mai), les ponts sur la Heule avaient été rompus ; l'infanterie légère de Vandamme avait abandonné Cuerne, Heule et Gulleghem, et un seul bataillon de chasseurs avait été chargé de défendre l'approche des deux ponts, quoique rompus, l'un sur le chemin de Cuerne, l'autre sur la route de Bruges.

Les Autrichiens refoulèrent le bataillon de tirailleurs de la brigade Vandamme qui gardait encore la Heule. Il se retira, suivant ses instructions, dès qu'il fut attaqué, et le pont sur la Lys fut levé derrière lui malgré le feu de l'assaillant.

Les Autrichiens qui suivirent ce bataillon se portèrent d'abord sur la porte de Bruges et surprirent les troupes à qui en incombait la garde ; mais ils furent repoussés par la sortie de cinq compagnies de grenadiers. Clerfayt, voyant que la place était occupée par une forte garnison et croyant voir le reste de la division Souham sur le Pottelberg (2), n'osa pas pousser plus avant l'attaque de la ville : si, cependant, il eût connu les issues qui n'étaient pas gardées, il serait certainement entré dans la ville (3). Il se borna donc à placer ses troupes « partie derrière la Heule entre Waeter Meulen et Cuerne, et l'autre partie

(1) Journal de Reynier.

(2) Clerfayt au duc d'York, camp de Courtrai, 10 mai (K. K. A.).

(3) Journal de Reynier.

entre Heule et Bisseghem. Il y établit six batteries. Il voulut en placer d'autres sur la route de Menin ; mais les pièces que les Français avaient sur le Pottelberg les en chassèrent. Les batteries du Moulin furent augmentées de 2 pièces de 12. Clerfayt se contenta toute la journée de tirer sur les batteries et les postes, et d'envoyer des tirailleurs qui s'approchaient beaucoup à la faveur des maisons mais que de petites sorties repoussaient (1) », grâce à la vigueur et à l'énergie dont fit preuve le défenseur de la place, le chef de brigade Dehay (2).

Mais, tandis que Clerfayt s'arrêtait en plein succès et craignait de tenter une attaque générale devant une garnison sérieuse et les forces concentrées au Pottelberg (3), Souham avait été aux prises avec le général von dem Bussche ; il n'avait pas manqué de ne le faire suivre que par l'avant-garde de Jardon, aussitôt qu'il s'était aperçu de la faiblesse de sa résistance à Roncheval (4) et de sa disparition au moulin de Coeyghem. Dès lors, au moment même où Clerfayt hésitait devant Courtrai, Souham se tenait prêt à y revenir en gardant en position d'attente la brigade Macdonald à l'auberge de Saint-Joseph, et celle de Daendels au moulin de Coeyghem. Alors que cet officier général était encore dans cette position, et que l'attaque de Clerfayt se produisait le 21 contre les portes de Bruges et de Menin, Dehay l'avertissait de cette attaque, des premiers secours qu'il avait reçus de Vandamme et de l'espoir qu'il avait de mener à bien la résistance (5). Daendels communiqua sans doute ces

---

(1) Journal de Reynier.

(2) Opérations du général en chef Pichegru.

(3) « Au peu de défense des ennemis, on s'aperçut bien de la fausseté de notre manœuvre. » (Précis des opérations de la brigade Macdonald, par Pamphile Lacroix.)

(4) Précis des opérations de la brigade Macdonald.

(5) Dehay à Daendels, sur la route de Tournay, 21 floréal (10 mai).

détails à Souham qui se trouvait justement au moulin de Coeyghem (1) et qui s'empressa de réclamer une fois de plus les ordres de Pichegru. Le général en chef, pendant ce temps, avait reçu à son quartier général de Tourcoing une lettre de Vandamme lui annonçant l'attaque de Courtrai (2). Il donna aussitôt à Souham l'ordre de reporter ses troupes sur les anciennes positions; mais, en dehors de cette concentration indiquée d'une façon assez vague, Pichegru n'adressa le 21 aucun ordre d'attaque pour le 22 et se borna à assigner un rendez-vous à Roncq à ses lieutenants, Moreau et Souham. Ce fut donc Souham qui, rentré à Courtrai (3) et agissant, soit de sa propre initiative sur les renseignements de Daendels, soit sur les indications de Pichegru, rédigea les deux ordres suivants :

Au général Macdonald.

Courtrai, 21 floréal (10 mai).

Le général de brigade Macdonald mettra sur-le-champ toutes les troupes qu'il commande en mouvement pour rentrer dans la position qu'il occupait hier. Il passera par les chemins qu'il a suivis ce matin ou autres qu'il jugera meilleurs pour la marche. Il fera occuper, par le général Jardon, Ælbeke et les hauteurs en avant de Sainte-Anne pour communiquer avec les troupes que le général Daendels placera à Belleghem.

Le général Macdonald placera des postes à Marcke et Lauwe, le long de la Lys, pour observer l'ennemi de l'autre côté de la rivière.

Les prescriptions pour que la retraite ne soit pas troublée par l'ennemi seront soigneusement observées.

Il donnera des ordres au général Jardon pour ce mouvement.

Le général de division,
SOUHAM.

---

(1) Souham, au moulin de Coeyghem, à Pichegru, à Tourcoing. 21 floréal (10 mai).

(2) Pichegru à Vandamme, puis à Moreau, quartier général de Tourcoing, 21 floréal (10 mai).

(3) Souham, au moulin de Coeyghem, à Pichegru, 21 floréal (10 mai). « Je vais me rendre à Courtrai..... »

Au général Daendels.

21 floréal (10 mai).

Le général de brigade Daendels partira sur-le-champ avec toutes les troupes qu'il commande, pour rentrer dans la position qu'il occupait hier. Il passera par la grande route de Tournay à Courtrai, jusqu'à l'entrée du faubourg. La cavalerie devra être placée derrière le faubourg de Tournay. Le général Daendels fera occuper fortement Belleghem.

Ce fut à 11 heures du soir, le 21 floréal, que ces ordres arrivèrent à leurs destinataires ; et, à 2 heures du matin toute la troupe se mit en mouvement pour se replier sur Courtrai. La retraite se fit sans bruit et si bien que le duc d'York ne s'en aperçut qu'au jour ; on arriva à Courtrai à 4 heures du matin ; les troupes furent établies dans leurs anciennes positions le 22 à 9 heures du matin (1).

Il restait enfin à concerter les moyens de chasser Clerfayt. Conformément aux ordres donnés par Pichegru, Moreau et Souham se rendirent à Roncq, mais ne l'y rencontrèrent pas ; il y était cependant, mais au château, et le guide qui avait ordre d'attendre à Roncq pour l'indiquer ne s'y trouva pas (2).

La négligence de ce guide fut cause que les troupes, qui auraient pu être mises en mouvement dès le matin, restèrent inactives jusqu'à 3 heures du soir et que l'attaque commencée à ce moment ne put arriver à déployer à temps tous ses moyens en menant à bien toutes ses combinaisons. En dehors de l'erreur du guide, le choix de Roncq, qui n'était pas un point central entre Courtrai et Menin, contribua aussi à retarder les mouvemants des troupes qui, comme on le verra plus loin,

(1) Précis des opérations de la brigade Macdonald.
(2) Journal de Reynier.

devaient venir de Courtrai à Menin. Il semble du reste que chacun se transporta à Courtrai, car l'ordre de Moreau lui-même est daté de cette ville et non de Menin.

D'après les décisions prises dans cette conférence, on se proposa de déboucher de la Lys pour attaquer Clerfayt. Mais on ne pouvait passer ce cours d'eau qu'à Menin et à Courtrai ; et du reste, l'ennemi étant maître de la rive gauche, on ne pouvait jeter de ponts entre ces deux places. Il fallait donc déboucher par Menin et par Courtrai et l'on répartit ainsi ces deux passages : à Vandamme et à Daendels échurent Courtrai ; à Malbrancq et à Macdonald, Menin. Les premiers devaient marcher de l'Est à l'Ouest à la rencontre des seconds et en balayant tout le terrain entre la Lys et la Heule ; Vandamme longeant la Heule et coupant la retraite à tout ce qui aurait résisté à Daendels. Les seconds devaient déboucher sur Keselbergh et Moorseele en se liant entre eux et en cherchant à se joindre aux premiers, tout en coupant la retraite aux forces ennemies qui s'étaient placées entre Menin et Courtrai.

Ces décisions se traduisirent par les ordres ci-après :

Le général de division Moreau au général Vandamme.

Quartier général de Courtrai (1), 22 floréal (11 mai).

ORDRE.

Le général de brigade Vandamme sortira par la porte de Bruges et se portera le long de la Heule vers Moorseele. Le but de sa marche est de couper la retraite de l'ennemi et d'opérer une jonction avec le général Malbrancq. Le général Daendels, sortant par la porte de Menin, attaquera de front, sa gauche à la Lys et sa droite le joignant.

---

(1) On remarquera que, si Moreau date cette dépêche de son quartier général de *Courtrai*, c'est qu'après la conférence il a dû aller donner lui-même ses ordres à Vandamme, qui occupait alors avec sa brigade les hauteurs de Marcke jusqu'au faubourg de Lille, à Courtrai.

Le général Macdonald sortant de Menin attaquera Wevelghem.

La brigade du général Vandamme sera forte de 8,000 hommes; il commencera son mouvement à 3 heures de l'après-midi.

Le général de division Souham au général Daendels.

Courtrai, 22 floréal (11 mai).

Il est ordonné au général de brigade Daendels de partir à 3 heures de l'après-midi, pour exécuter le projet convenu chez le général en chef, qui est d'attaquer l'ennemi entre la Lys et la Heule. Le général Daendels sera chargé de l'attaque, du côté de Bisseghem, et entre ce village et Gulleghem, joignant sa droite avec la gauche des troupes du général Vandamme qui, sortant par la porte de Bruges, forcera les postes que l'ennemi a sur la Heule, et la remontera jusqu'à Moorseele afin de couper la retraite à l'ennemi.

Le général Daendels fera, pour cet effet, passer d'abord une avant-garde, composée de cavalerie, d'artillerie légère, de grenadiers et tirailleurs, et du 2e bataillon de l'Yonne qui se rendra à la porte de Menin. Il fera une première attaque très vive, pendant que Vandamme en fera autant par la porte de Bruges.

Le reste de la colonne de Daendels passera la Lys dans la ville, après la colonne du général Vandamme, à moins qu'après le premier choc de l'avant-garde, on ne voie les moyens de rétablir les ponts dans leurs places, vis-à-vis la Chapelle de la Madeleine; on fera avancer les pontons pour cela.

Le général Daendels se concertera avec le général Vandamme, pour que cette marche se fasse avec ordre et sans que les troupes s'embarrassent, à leur passage dans la ville.

Le général de division Souham au général Malbrancq.

Courtrai, 22 floréal (11 mai).

Il est ordonné au général Malbrancq de partir sur-le-champ avec ses troupes pour Menin, qu'il traversera en sortant par la porte de Bruges, se placera en avant du faubourg, jusqu'à ce que le général Macdonald ait passé une partie de sa colonne sur Keselbergh, où il attaquera l'ennemi s'il y est, laissant ensuite quelques troupes pour garder la route de Bruges. Il marchera sur Moorseele où il prendra une position, pour couper à l'ennemi la retraite des troupes qu'il a à Bisseghem et enverra des postes sur Gulleghem, à la gauche de la Heule, afin de faire une jonction avec la colonne du général Vandamme. Il enverra à la poursuite de l'ennemi sur les routes où il se sauvera.

Le général de division Souham au général Macdonald.

Courtrai, 22 floréal (11 mai).

Il est ordonné au général Macdonald de partir sur-le-champ avec toutes les troupes qu'il commande, pour Menin, où il passera la Lys, et marchera ensuite sur l'ennemi placé entre Menin et Courtrai. Il ne fera passer par la porte de Courtrai et la route de Courtrai sur Wevelghem, qu'une partie de sa colonne, et sortira avec la plus forte partie par la porte de Bruges et prendra le chemin qui conduit sur la gauche du ruisseau nommé Nederbeke, entre Moorseele et Wevelghem, pour attaquer les troupes que l'ennemi a dans la même position que notre ancien camp et à Moorseele.

Il attaquera vivement, et poursuivra l'ennemi, en même temps qu'une autre partie de l'armée, sortie de Courtrai, fera la même manœuvre. Il tâchera de faire sa jonction avec ces troupes.

Le général Macdonald est prévenu que le général Malbraucq marchera à sa gauche par la route de Bruges et vers Moorseele.

Quoique la journée soit avancée, nous ne devons pas perdre une occasion de battre l'ennemi.

Le général Jardon restera dans la position d'Ælbeke avec ses troupes et quatre compagnies du 4e bataillon de tirailleurs qu'il lui laissera, pour couvrir Sainte-Anne.

SOUHAM.

Le général de division Souham au chef de brigade Dewinter.

Courtrai, 22 floréal (11 mai).

Le chef de brigade Dewinter enverra sur-le-champ deux escadrons du 20e régiment de cavalerie au faubourg de Lille, où il recevra de nouveaux ordres du général Vandamme.

L'armée passant aujourd'hui la Lys, le chef de brigade Dewinter, lorsqu'elle aura quitté la hauteur, viendra reprendre la position qu'il occupait avant-hier. Il placera vers Belleghem un fort poste qui devra se lier à celui des gendarmes sur la route de Tournay, et à celui du général Jardon au moulin de Saint-Anne.

Le chef de brigade Dewinter enverra, à 3 h. 30, une forte patrouille d'infanterie et de cavalerie à Haerlebeke, pour examiner et contenir l'ennemi, pendant la sortie qu'on fera sur la gauche.

Il éclairera aussi la route d'Audenarde.

Le général de division Souham au chef de brigade Dehay.

Courtrai, 22 floréal (11 mai).

Le chef de brigade Dehay voudra bien donner ordre au 2e bataillon de l'Yonne, d'être rendu à 3 heures précises à la porte de Menin, où le général Daendels lui donnera de nouveaux ordres. Il le remplacera, s'il est nécessaire, dans la position qu'il occupe actuellement.

Nous allons nous occuper à débarrasser Courtrai des ennemis qui l'attaquent et à leur ôter l'envie d'y revenir. L'attaque commencera à 3 heures après midi.

Le chef de brigade Dehay continuera à prendre toutes les précautions nécessaires à la défense de la place, et à nous appuyer.

Comme complément de l'ordre qui précède, « on renforça les batteries qu'on avait établies au-dessous du Pottelberg sur la rive droite de la Lys, afin de prendre en flanc l'ennemi lorsqu'il s'approcherait trop de la route de Menin. Ces batteries firent un très bon effet (1) ».

L'attaque simultanée de Vandamme et de Daendels commença à 3 heures de l'après-midi par un brouillard si épais qu'on ne se voyait que si l'on était « barbe à barbe (2) ».

Vandamme avait reçu à deux heures l'ordre d'abandonner la position des hauteurs qu'il occupait la veille en avant de Courtrai et d'effectuer sa sortie par la porte de Bruges (3).

Les quatre compagnies de grenadiers détachées à Lauwe rejoignirent leur bataillon. La brigade se mit alors en marche ; un bataillon d'infanterie légère resta au faubourg de Lille pour border la Lys et observer le mouvement de l'ennemi sur la rive gauche. Les troupes sortirent dans l'ordre suivant par la porte de Bruges : les chasseurs du Mont Cassel, les grenadiers et les hussards, qui se déployèrent aussitôt à droite et à gauche de la route de Bruges. Puis vinrent l'infanterie légère, le 20e de cavalerie et le détachement du 21e (4).

---

(1) Journal de Reynier.

(2) Souham au Comité de Salut public, 27 floréal (16 mai).

(3) Récit abrégé....., par Vandamme.

(4) *Ibid.*

Ce débouché s'effectua en face des troupes de Clerfayt qui cernaient la ville depuis le moulin de Cuerne jusqu'à Wevelghem en passant par Waeter Meulen, Heule, Gulleghem et Moorseele. L'ennemi avait sur ce développement, établi sept batteries qui, « supérieurement placées (1) » enfilaient les chaussées de Bruges et de Menin ainsi que les routes intermédiaires. Il avait des tirailleurs dans une partie des maisons des deux faubourgs, dans les colzas, les seigles et les blés qui étaient déjà fort hauts. La cavalerie et l'infanterie étaient rangées en arrière dans l'intervalle des batteries (2). « Ils se croyaient si sûrs de réussir qu'on les entendait crier : *Coupez tout, la ville est à nous* (3). »

Aussi, lorsque malgré tous ces obstacles, Vandamme déboucha, dans ces conditions théoriquement inadmissibles, éprouva-t-il des pertes très sérieuses. Il parvint néanmoins à se déployer, grâce à la vigueur de son attaque, à l'appui que lui prêtaient les canons de la place (4) et des tirailleurs de l'enceinte (5) ; dès qu'il fut déployé, il marcha vers la Heule et s'empara des ponts de Cuerne et de la chaussée de Bruges ; quant à celui de Waeter Meulen, l'ennemi y résista derrière la Heule jusqu'à la

(1) Souham au Comité de Salut public, 27 floréal (16 mai).

(2) D'après d'Arnaudin. Souham dit aussi, dans son Rapport du 27 floréal au Comité de Salut public : « L'ennemi avait sept batteries supérieurement placées entre les chaussées de Menin et de Bruges. Les tirailleurs étaient embusqués dans les colzas, dans les seigles et derrière toutes les maisons qui se trouvent entre les deux chaussées. »

(3) Journal des marches, combats et prises de l'aile gauche de l'armée du Nord. (Succession Macdonald.) Souham dit, dans sa lettre au Comité de Salut public : « Hachez tout ! La ville est à nous. »

(4) « Les batteries qui étaient sur les buttes des moulins de Courtrai tiraient toujours sur les batteries de l'ennemi. Il n'y avait pas de place et on était trop resserré pour en établir d'autres en dehors. » (Journal de Reynier.)

(5) D'Arnaudin.

nuit. D'après d'Arnaudin, la brigade Vandamme aurait été repoussée une première fois des ponts de Waeter Meulen et de Cuerne par le régiment de Sztarray qui aurait même réussi à pénétrer à sa suite dans la ville, si la mort du général Wenckheim n'avait produit dans les rangs ennemis une irrésolution et un désordre qui permirent à Vandamme de reprendre ces ponts et de continuer l'engagement « avec plus d'acharnement que jamais (1) ».

La brigade Daendels effectua, comme celle de Vandamme, sa sortie à 3 heures; mais pour ne pas gêner celle de Vandamme et, pour éviter tout encombrement dans la ville, on avait divisé les forces de Daendels en une avant-garde et un gros. L'avant-garde composée de 6 compagnies de grenadiers, du 3e bataillon d'infanterie légère, du 2e de l'Yonne, du 3e hussards et de l'artillerie légère, fut placée vers la porte de Menin; elle sortit la première; puis, passa à travers Courtrai la brigade Vandamme; enfin, vint le gros de Daendels comprenant 6 bataillons et le 6e dragons qui, dès leur sortie, devaient rejoindre leur avant-garde. Celle-ci souffrit en débouchant par la porte de Menin autant que la brigade de Vandamme par celle de Bruges. Néanmoins, elle se déploya sous l'appui de l'artillerie du faubourg de Menin (2), entre le chemin de Heule et la route de Menin (3), et entretint contre l'ennemi un feu de mousqueterie jusqu'à l'arrivée du gros.

Les 6 bataillons et le 6e régiment de dragons ne se

(1) D'Arnaudin.

(2) Reynier. « On mit seulement l'artillerie légère en avant du faubourg de Menin ; quelques pièces de bataillon eurent aussi occasion de tirer. »

(3) « Le 3e régiment de hussards eut, dans un moment, 24 chevaux tués par le boulet et plusieurs hommes blessés. » (Journal de Reynier.)

réunirent à leur avant-garde qu'entre 4 et 5 heures du soir (1), alors que la brigade Vandamme maintenait l'ennemi sur la Heule et entretenait avec lui une vive fusillade. Ce gros se déploya « la droite vers la Chapelle de la Vierge et la gauche entre les dernières maisons du faubourg et le premier moulin à vent (2) ». « Les corps de l'infanterie de l'avant-garde étaient un peu en avant pour soutenir les tirailleurs et le 2e bataillon de l'Yonne, entre la Chapelle de la Vierge et le moulin à vent sur le chemin de Waeter Meulen pour couvrir l'intervalle des deux brigades. Il fut joint vers la nuit par 3 bataillons que Vandamme envoya sur sa gauche après avoir chassé l'ennemi de la Heule (3) »

Pendant que les brigades Daendels et Vandamme conquéraient leur débouché sur la ligne Cuerne, Waeter Meulen, Chapelle de la Vierge, l'escadron des dragons de Latour, qui avait été détaché à Wevelghem pour couper Menin de Courtrai, s'était rapproché de cette place vers Bisseghem. D'autre part, le calvaire de Bisseghem était occupé par trois pièces d'artillerie soutenues par de la cavalerie. Enfin, la brigade Daendels devait élargir son rayon d'action en enlevant autant que possible le point d'appui de Bisseghem et les pièces qui le flanquaient. Pour réaliser ces vues, ordre fut donné au 6e dragons de charger l'ennemi ; ce régiment le repoussa et s'empara de deux pièces ; « mais il se dispersa dans la poursuite et on ne put le rallier assez tôt pour recevoir la contre-charge des dragons de l'Empereur. Ils prirent la fuite. Le 3e régiment de hussards, qu'on avait fait avancer à droite de la barrière pour le soutenir et faire une seconde charge s'il était nécessaire,

(1) D'Arnaudin dit *6* heures du soir, mais cette heure paraît exagérée.

(2) Journal de Reynier.

(3) *Ibid.*

le voyant s'ébranler, prit la fuite. Ces deux régiments ne s'arrêtèrent qu'à la barrière de Courtrai, qu'on ferma (1) ». La cavalerie ennemie qui les poursuivait fut, d'ailleurs, arrêtée par la fusillade du bataillon des Lombards et du 3e bataillon de la 29e demi-brigade. Le 5e de Rhône-et-Loire fut chargé trois fois par les dragons de Latour et trois fois il les força de se retirer dans le plus grand désordre (2). Du reste, à la faveur de la première charge, l'infanterie de Daendels avait gagné 200 toises, qu'elle ne perdit plus lorsque notre cavalerie fit demi-tour, car elle se borna à ouvrir les intervalles pour la laisser passer. Sous cette protection, notre cavalerie put se reformer tandis que celle de l'ennemi se retirait vers Bisseghem ; et le combat se prolongea jusqu'à 11 heures du soir par une fusillade, qu'entretinrent nos tirailleurs abrités dans les nombreux couverts du terrain.

Pendant que les brigades Vandamme et Daendels livraient ce combat jusqu'à la nuit, les brigades Macdonald et Malbrancq s'étaient efforcées de remplir leur mission, malgré l'heure tardive à laquelle elles durent la commencer. Elles avaient toutes deux pour mission de passer par Menin; Macdonald franchirait en deux colonnes les portes de Courtrai et de Bruges conduisant à deux chemins longeant le Nederbeke au Sud et au Nord ; Malbrancq suivant Macdonald par la porte de Bruges, devait laisser une flanc-garde au Keselbergh et marcher avec le gros sur Moorseele. Ce mouvement, combiné avec les sorties de Vandamme et de Daendels, aurait pour résultat de forcer l'ennemi à la retraite vers le Nord

(1) Journal de Reynier.

(2) Récit abrégé.... , par Vandamme. Dans son Rapport du 23 floréal au Comité de Salut public, Pichegru dit : « J'ai été très satisfait des nôtres, et surtout de l'infanterie qui a soutenu plusieurs charges de avalerie avec tout le sang-froid et la fermeté possibles. »

ou de l'enfermer dans un cercle de feux. « Malheureusement, dit P. Lacroix (1), l'ordonnance chargée de cet ordre s'égara et ne vint pas nous le remettre (à Macdonald). Trois heures après seulement (2), l'aide de camp du général Souham, qui passait à portée de notre quartier général, vint nous témoigner sa surprise de ce que nous n'étions pas encore en route. Nous nous y mîmes peu d'instants après, mais comme nous avions trop de chemin, nous ne pûmes prendre qu'une très petite part à cette affaire. Il était nuit lors de notre passage à Menin. Nous vînmes bivouaquer sur la route en avant de la porte qui conduit à Courtrai. » A cette cause, il faut ajouter le mauvais temps et la difficulté des chemins (3).

Quant à Malbrancq, il arriva encore moins, puisqu'il devait suivre Macdonald.

Ce fut ainsi que, malgré la vive impatience avec laquelle on s'attendait à tout moment à entendre le canon du côté de Moorseele (4), il ne se produisit rien de ce côté.

La nuit arriva sur ces entrefaites en laissant chaque parti dans l'ignorance des desseins de son adversaire. D'après Reynier, « l'ennemi diminuait son feu ; nos tirailleurs le suivaient, mais nous ignorions si Clerfayt se tiendrait pour battu et s'il faisait seulement reculer ses troupes à Heule, Gulleghem et Bisseghem ..... On n'apprenait rien des attaques du côté de Menin ..... La nuit se passa dans cette incertitude, et ce ne fut que

(1) Précis des opérations de la brigade Macdonald, par Pamphile Lacroix. D'après le Rapport de Souham au Comité de Salut public, du 27 floréal, Macdonald ne put le joindre que parce qu'il devait aller passer la Lys à Menin.

(2) C'est-à-dire vers 6 heures du soir.

(3) Récit abrégé..... par Vandamme.

(4) *Ibid.*

le matin (du 23 floréal — 12 mai) qu'on apprit qu'il était parti en désordre (1) ».

Du côté des Autrichiens, on ne saurait admettre avec d'Arnaudin, que Clerfayt connût le mouvement par Menin, et que c'est ce qui le détermina à se retirer pour ne pas être enveloppé. Le soir de la bataille, en effet, Clerfayt confiait au duc d'York que le corps ennemi était de 50,000 hommes et que, comme il ne pouvait conserver cette position, il se retirerait, le 12 mai au matin, sur le camp de Lendelede (2). Il n'a donc eu, pour ne pas reprendre le combat le lendemain, d'autre motif que celui qui l'avait empêché de pousser à fond son attaque du 10 mai, c'est-à-dire la crainte de combattre un ennemi trop supérieur numériquement et de ne pouvoir enlever une place trop solidement défendue. Cette conviction d'une disproportion trop grande entre ses effectifs et ceux de son adversaire était telle que, le 10, l'empereur d'Autriche se voyait obligé de combattre cette idée. « Je croyais, lui écrivait-il, mes ordres précédents assez positifs pour vous prouver la nécessité d'attaquer ..... Puisque vous paraissez en concevoir des doutes, je dois vous observer que notre situation l'exige absolument (3). » Si Clerfayt montra dans toute cette campagne une grande prudence due au sentiment de son infériorité numérique, il semble que l'Empereur aurait mieux fait de le renforcer que de lui donner l'ordre d'attaquer sans lui en fournir tous les moyens. N'eût-il pas mieux valu concentrer tous ses efforts vers les Flandres ou vers la Sambre que de vouloir à la fois tenter une attaque en rase campagne et continuer en même temps des opérations de siège ? N'était-ce pas une énorme faute que de penser à combiner un nouvel inves

(1) Journal de Reynier.
(2) Clerfayt au duc d'York, 11 mai (K. K. A.).
(3) L'Empereur à Clerfayt et au duc d'York, 10 mai (K. K. A.).

tissement d'Avesnes (1) avec la lutte contre Souham et contre Desjardin? Il est vrai qu'au même moment l'empereur François voudra que Clerfayt et le duc d'York combinent une nouvelle opération offensive; mais celle-ci aura toujours le vice organique d'une manœuvre exécutée par deux masses séparées contre un ennemi pouvant agir contre elles en lignes intérieures. On s'en apercevra une fois de plus au « plan de destruction ».

Dans la nuit du 22 au 23 floréal, les troupes de Clerfayt se retirèrent sur Lendelede; les troupes de White gagnèrent Rousselaere. Quant au détachement de Hammerstein, il fut tout d'abord appelé en soutien derrière Heule, mais dès qu'il y arriva, il reçut l'ordre de se retirer par Lendelede sur Iseghem. De là, il gagna Rousselaere.

Nouvelle démonstration faite le 11 mai (22 floréal) par le duc d'York contre Tournay. — Toutes les dispositions avaient été prises le 10 au soir par le duc d'York pour recommencer le 11 au matin la lutte contre Souham, lorsqu'au jour, il s'aperçut que les Français avaient disparu. Aussi, von dem Bussche se borna-t-il à reprendre sa position du camp de Warcoing.

Quant au duc, il reprit ses attaques démonstratives dont Bonnaud rend compte ainsi dans son Journal :

Extrait du Journal de Bonnaud.

Le lendemain (22 floréal), l'ennemi nous attaqua sur quatre colonnes : 1° sur la Noize ; 2° sur Pont-à-Tressin ; 3° sur Pont-à-Bouvines ; 4° sur Pont-à-Marque. L'affaire fut très chaude ; elle dura depuis le matin 6 heures jusqu'à 9 heures du soir. L'ennemi perdit beaucoup de monde et il n'aurait eu aucun avantage, s'il n'était parvenu à forcer Pont-à-Marque (parce que ce poste était faible, d'après les ordres que j'en avais reçus), ce qui mit ma droite à découvert et m'obligea de me mettre en

---

(1) L'Empereur à Clerfayt et au duc d'York, 10 mai (K. K. A.).

potence pour résister à son attaque, qui fut de toute vigueur et qui avait pour but de nous prendre en flanc et de nous mettre en déroute par leur cavalerie. La bonne contenance de la nôtre et des bataillons que je portai à la hâte sur ce point à l'aide d'une batterie que j'avais fait construire la veille sur les hauteurs, à la droite de Sanghin, déjoua leur projet; je me retirai en bon ordre sur Hellemmes, avec très peu de pertes; c'est de ce jour que date le commencement des succès de la division. Ce n'étaient plus les mêmes troupes; tout le monde se battit avec un courage vraiment français, l'ennemi perdit au moins 3,000 hommes.

Dispositions prises par Souham à la suite de l'affaire du 22 floréal. — Le 22 floréal, au soir, Souham constatait que l'ennemi avait été « forcé de quitter Cuerne et les ponts sur la Heule (1) », mais il le croyait encore vers Heule et Gulleghem (2) et ne savait s'il avait des détachements entre Menin et Courtrai. Aussi approuva-t-il tout d'abord la proposition que lui fit Macdonald, arrivé à Menin, au faubourg de Courtrai, d'exécuter le lendemain au point du jour la marche en deux colonnes sur les deux rives du Nederbeke en s'éclairant du côté de Moorseele. Il mit à cet effet à sa disposition le 1er de carabiniers, arrivé le 23 au matin à Menin. Le général Malbrancq de son côté (3) devait au point du jour marcher, à la hauteur de Macdonald et en parfaite liaison avec lui, vers Moorseele, entre ce village et la gauche de Macdonald. « Je ferai aussi, ajoutait Souham, marcher des troupes en avant sur la route de Menin du côté de Coeyghem, afin de faciliter la jonction (4) » avec les brigades Vandamme et Daendels s'avançant entre la Heule et la Lys. « Si l'ennemi est encore dans sa position vers Gulleghem jusqu'à la Lys, nous l'attaquerons

(1) Souham à Macdonald, 22 floréal (11 mai).
(2) *Ibid.*
(3) Souham à Malbrancq, 22 floréal.
(4) Souham à Macdonald, 22 floréal.

des deux côtés (1). » Enfin, de peur que l'ennemi ne surprît pendant la nuit le passage de la Lys, Souham établit des postes à Marcke et à Lauwe, et prescrivit à Macdonald de surveiller par des patrouilles la rive droite de cette rivière entre Menin et Lauwe.

Comme on apprenait enfin le 23 au matin que Clerfayt s'était retiré, Souham ordonna à Macdonald de se rassembler entre Gulleghem et Heule, d'assurer la défense de la Heule par l'artillerie tout en faisant rétablir les ponts et d'envoyer de forts partis pour découvrir et poursuivre l'ennemi de concert avec Malbrancq (2). Ce général, arrivé le matin du 23 à Moorseele, réclama aussitôt des ordres (3) à Souham qui lui prescrivit de se placer entre Gulleghem et Moorseele, de réparer les ponts et de lancer son infanterie et sa cavalerie à la poursuite de l'ennemi, tout en ayant soin de bien se garder sur sa gauche (4). Après avoir pris ces positions, Macdonald dirigea des partis sur Winkel-Saint-Éloy, et Malbrancq vers Rousselaere (5). Enfin Souham envoya Dewinter avec une forte patrouille à Haerlebeke réparer les écluses (6).

La poursuite sur Ingelmunster (7). — Les brigades Daendels et Vandamme avaient tout d'abord reçu seulement l'ordre de se mettre le 23 à la pointe du jour sous les armes et d'envoyer aussitôt de fortes découvertes vers Bisseghem et Gulleghem, en tenant toujours

(1) Souham à Macdonald, 22 floréal (11 mai).

(2) Souham à Macdonald, 23 floréal.

(3) Malbrancq à Souham, 23 floréal.

(4) Souham à Malbrancq, 23 floréal.

(5) Souham à Pichegru, 23 floréal.

(6) *Ibid.*

(7) Ce récit est fait d'après les Relations de Reynier, de Vandamme, de d'Arnaudin et de Sichart.

les ponts de Cuerne, de la route de Bruges et de Waeter Meulen. Ce furent sans doute les rapports de ces découvertes qui provoquèrent les instructions suivantes de Moreau, en même temps que l'ordre de stationnement de Souham, dont nous venons de rendre compte plus haut, pour Macdonald et Malbrancq.

« L'ennemi fuit depuis une heure..... mets-toi à sa poursuite sur la chaussée de Bruges avec ta cavalerie et ton artillerie légère. Fais passer quelques corps par Cuerne..... Daendels va faire de même (1). »

En exécution de cet ordre, Vandamme se mit en marche vers 7 heures du matin. Sa brigade franchit la Lys à Cuerne et au pont de la route de Bruges pour marcher ensuite en une seule colonne sur cette route vers Ingelmunster. De son côté, Daendels s'avança par Lendelede et Iseghem. Tous deux cherchaient à joindre l'ennemi qu'ils supposaient retiré sur la Mandel par la chaussée de Bruges et les chemins latéraux. Clerfayt, en effet, qui s'était replié le 22 floréal jusqu'à Lendelede, se mit le 23 dès le point du jour en route pour Bruges par Iseghem, où il rencontra les troupes du général White qui l'avaient précédé de quelques heures. Ce corps détacha en arrière-garde quatre bataillons et demi et quatre escadrons de Hesse-Darmstadt qui, sous la conduite du général de Düring, vinrent prendre position au hameau de Branbielck, localité commandant le débouché du bois d'Abeseul par la chaussée de Bruges. Ce fut sur ce point qu'eut lieu la première rencontre de Vandamme et du général de Düring. Cet officier général, à partir de ce moment, mena le combat en retraite en saisissant toutes les occasions pour forcer son adversaire à se déployer et à perdre ainsi un temps précieux. Quoique poursuivi « avec beaucoup d'ardeur, il se retira dans le plus grand

(1) Moreau à Vandamme. Courtrai, 23 floréal.

ordre. A chaque sinuosité où l'artillerie légère ne pouvait pas enfiler la route, un nouveau combat s'engageait; l'ennemi s'y défendait quelque temps, mais le pas de charge le forçait bientôt à se retirer. Enfin à 3 heures après midi, on arriva près d'Ingelmunster, où l'on trouva beaucoup de résistance. L'attaque fut vive et longue. Une batterie ennemie placée au moulin à gauche de la route défendait très avantageusement l'approche du village. On canonna et on se fusilla plus d'une heure. Enfin le village fut serré peu à peu de très près. La cavalerie eut ordre d'avancer et le détachement de trente cavaliers du 21e chargea sur l'infanterie dans le village. On s'empara d'une pièce de canon, d'un grand nombre d'armes et de cent hommes (1). Les troupes irritées de la résistance de l'ennemi firent très peu de prisonniers. La brigade Vandamme prit alors une position en avant du village sur la route de Bruges (2) »; et, se croyant couverte à gauche par Daendels, se borna à occuper sur la droite avec trois bataillons le moulin de Vant-Brugghe et les ponts de la Mandel.

Mais Daendels, au lieu de continuer à marcher de Lendelede sur Iseghem comme ses instructions l'indiquaient, s'était porté sur Ingelmunster dès qu'il avait entendu le canon dans cette direction.

Il en résulta que, lorsque Clerfayt, voulant reprendre le village d'Ingelmunster, envoya quatre bataillons et quatre escadrons de renfort au général de Düring, cet officier général, voyant le flanc gauche de Vandamme découvert, fit son retour offensif de ce côté. Il fit, du reste, appuyer cette contre-attaque par plusieurs pièces de canon qui prenaient d'écharpe la route d'Ingel-

(1) D'après Reynier, on prit là quatre pièces de canon, environ 100 hommes et des voitures d'équipage.

(2) Récit abrégé....., par Vandamme.

munster à Courtrai et les troupes de Daendels qui s'y trouvaient. Il en résulta dès lors une retraite désordonnée de ces troupes. Pour remédier à cette situation, Vandamme plaça aussitôt deux pièces de 8 et deux obusiers d'artillerie légère et d'artillerie de position sur la route même pour contrebattre l'artillerie ennemie et en annihiler l'effet. Lorsque ce résultat fut obtenu, comme il avait d'un autre côté son flanc gauche irrémédiablement découvert, et qu'il se trouvait à 10 kilomètres environ du gros des troupes auxquelles sa brigade servait d'avant-garde, Vandamme se décida à battre en retraite. Ce mouvement se fit avec beaucoup d'ordre grâce à la protection des quatre pièces d'artillerie mentionnées plus haut; « les grenadiers et les gendarmes à pied formèrent l'arrière-garde et exécutèrent très bien, toujours en se retirant, le feu de route. L'ennemi les suivit ainsi jusqu'à une lieue et demi de Courtrai (1) ». Le soir, Vandamme et Daendels reprirent leur ancienne position.

En rendant compte, le lendemain, de cette expédition au général Moreau, Vandamme passa sous silence, avec une générosité qui fut une des caractéristiques de son ardente nature, la faute qu'avait commise Daendels et qui avait failli le compromettre.

Situation des deux adversaires à la suite de l'affaire de Courtrai et de la poursuite d'Ingelmunster. — A la suite de l'affaire de Courtrai, et alors que Vandamme et Daendels étaient encore en poursuite sur Ingelmunster et Iseghem ; que Macdonald, suivant la Lys entre Heule et Gulleghem, envoyait des partis sur Winkel-Saint-Éloy; que Malbrancq, entre Moorseele et Gulleghem, faisait de même vers Rousselaere ; enfin, que Dewinter allait

(1) Récit abrégé....., par Vandamme.

reconnaître, à la tête d'une forte patrouille, les écluses endommagées de Heule, Souham apprit que le général von dem Bussche était venu de nouveau border l'Espierre et avait un poste à Coeyghem. L'ennemi était donc au Nord et au Sud de la Lys. Dans ces conditions, Souham proposa à Pichegru les emplacements suivants qui permettaient, au moyen de deux ponts établis sur la Lys, de jeter au moment voulu et au premier ordre, 35,000 à 40,000 hommes sur l'une ou l'autre rive (1). Ces motifs sont du reste plus explicitement et très nettement exposés par l'adjudant général Reynier en ces termes :

24 floréal.

Après cette journée (du 23) l'armée était menacée, à Courtrai, des deux côtés de la Lys, sur la gauche par Clairfayt, qui s'était retiré sur Thielt et qui n'avait pas été assez battu dans la dernière affaire pour qu'on pût le croire hors d'état d'agir, et sur la droite de cette rivière par les forces que le duc d'York rassemblait à Tournay.

L'ennemi était trop éloigné pour qu'on pût marcher à lui sans abandonner encore Courtrai à lui-même, ce qui n'était pas possible sans s'exposer à perdre cet appui. On se détermina à prendre vers cette ville une position telle qu'on pût très facilement se porter avec la plus forte partie de l'armée sur le côté de la rivière où on verrait de l'avantage à attaquer l'ennemi s'il se rapprochait, et dans laquelle la portion de l'armée qui serait attaquée fût en état de résister jusqu'à ce que l'autre partie eût eu le temps d'arriver pour la soutenir et attaquer ou prendre en flanc l'ennemi. On trouva cet avantage en plaçant une partie de l'armée à la droite de la Lys sur les hauteurs d'Oudesmesse et de Sainte-Anne et l'autre entre la Heule et Courtrai. On établit deux ponts sur a Lys au-dessus de Courtrai, et les chemins pour y arriver furent réparés. Toute la cavalerie qu'on put mettre en réserve fut baraquée autour du village de Bisseghem. Chacun des deux corps séparés par la Lys était assez près et les chemins assez praticables pour que l'un pût toujours servir de réserve à l'autre.

Pour prendre cette position, on fit les mouvements suivants :

(1) Souham à Pichegru, 23 floréal (12 mai).

POSITION A FAIRE PRENDRE A L'ARMÉE LE 24, SI ELLE NE FAIT PAS DE MOUVEMENT (1).

Flanqueurs de droite.

	Infanterie.	Cavalerie.
Général Jardon, occupera Ælbeke, Sainte-Anne, Rolleghem, et le moulin Cornelis. Dragons..	2,200	250
Général Macdonald, reprendra sa position à Oudesmesse, mais enverra un ou deux bataillons sur la hauteur de Sainte-Anne; gardera le 5e régiment de chasseurs...............	7,500	400
Géneral Daendels, reprendra la position entre le Pottelberg, Oudesmesse, fera occuper Belleghem, jusqu'à la route de Tournay, gardera les hussards et 200 dragons...............	7,000	500
Chef de brigade Dewinter, conservera la position sur le Pottelberg et les postes en avant sur les routes de Tournay, avec le 9e hussards.	7,000	300
Chef de brigade Dehay, garnison de Courtrai, cavaliers du 20e régiment..	2,6[illegible]0	100
Chef de brigade du 1er régiment de carabiniers. Réserve de cavalerie, à Bisseghem. Le 2e régiment de carabiniers et le 20e de cavalerie..................................	»	900
Parc d'artillerie entre Bisseghem et Courtrai; deux ponts sur la Lys, un à Bisseghem, l'autre vis-à-vis le faubourg de Lille, afin de faciliter le passage, et qu'en cas d'attaque, ce qui est du côté de la Lys puisse se porter au point attaqué et former la seconde ligne..........	26,300	2,450
Général Vandamme, appuiera sa droite à la Lys, vers le pont de Cuerne, sur la Heule, et gardera la Heule jusqu'à Heule. Hussards, 8e régiment et autres.....................	8,000	150
Général Malbrancq, placera sa droite entre Heule et Gulleghem, sa gauche vers Bisseghem, faisant face du côté de Moorseele. Occupera		
A reporter..........	8,000	150

(1) Registre de correspondance de Souham.

	Infanterie.	Cavalerie.
Report	8,000	150
Gulleghem et Poesel Hoeck, ainsi que les chemins qui conduisent de sa position à Menin et Wevelghem	5,500	450
Garnison de Menin et Wervicke	4,000	150
Brigade Desenfans, à Wytschaete	4,000	150
TOTAL	21,500	750

La brigade du camp de Sainghin, envoyée à Tourcoing, viendrait occuper le Mont-Castrel, en gardant toujours Mouscron, la Chapelle-Marlière, etc.

Une autre brigade du camp de Sainghin occupera Lannoy et Watrelos.

L'exécution de ce projet, sans doute approuvé par Pichegru, fut assuré par les ordres ci-après. On remarquera que Souham ne donnait pas d'ordres à Jardon, ni aux 1er et 2e carabiniers, puisqu'ils dépendaient de Macdonald, ni à Dewinter et à Dehay, puisque rien n'était modifié dans leur situation.

Le général de division Souham au général Macdonald.

Courtrai, 23 floréal (12 mai).

Le général de brigade Macdonald partira demain à 4 heures du matin pour rentrer dans la position qu'il a occupée sur la hauteur de Oudesmesse (1), où il placera ses troupes de la même manière qu'elles l'étaient précédemment, à l'exception qu'il enverra sur la hauteur de Sainte-Anne deux bataillons avec de l'infanterie légère, leurs canons et quelques cavaliers pour la défendre opiniâtrement en cas d'attaque.

Toute la colonne passera par les ponts établis à Bisseghem.

Les deux régiments de carabiniers devront rester à Bisseghem où je donnerai de nouveaux ordres au chef de brigade du 1er régiment.

SOUHAM.

---

(1) Extrait du « Précis des opérations de la brigade Macdonald » par le général Pamphile Lacroix :

« Nous vînmes le même jour, par Wevelghem, occuper le champ de

Du même au même.

Je t'adresse, Général, un ordre pour le 5e régiment de chasseurs à cheval que tu voudras bien faire mettre à exécution lorsque le 3e régiment de hussards sera arrivé pour le remplacer.

Lorsque tu auras besoin de cavalerie, je t'en enverrai de la réserve qui est à Bisseghem.

Salut et fraternité.

SOUHAM.

Au général Daendels.

23 floréal (12 mai).

Le général de brigade Daendels mettra toutes les troupes qu'il commande en marche, demain, à 4 heures du matin, pour reprendre la position qu'il a occupée au Pottelberg ; il passera par les ponts établis sur la Lys, près le faubourg de Lille.

Le général Daendels fera occuper et placera de bons postes à Belleghem. Il donnera ordre aux troupes qui l'occupent d'envoyer de fréquentes découvertes, pour découvrir les mouvements de l'ennemi.

Au général Malbrancq.

23 floréal (12 mai).

Le général de brigade Malbrancq fera partir demain matin, avant 4 heures, toutes les troupes qu'il commande pour Gulleghem, afin d'y remplacer le général Macdonald. Il placera son corps d'infanterie entre Heule et Bisseghem, face du côté de Moorseele, et sur les routes entre Moorseele et Wevelghem.

Si les découvertes apprennent quelque chose d'intéressant sur la marche et la position des ennemis, le général Malbrancq m'en donnera avis.

Au général Vandamme.

23 floréal (12 mai).

Le général de brigade Vandamme est prévenu que les brigades des généraux Daendels et Macdonald partent demain matin pour le mont

---

bataille des ennemis. Nous en partîmes le 24 et revînmes à Oudesmesse. Notre cavalerie fut en découverte sur Winckel-Saint-Éloy et fit quelques prisonniers. »

de Pottelberg, et que le général Malbrancq vient d'occuper Gulleghem, et place son corps de troupes entre Heule et Bisseghem.

Pour couvrir le vide que ce départ laissera, le général Vandamme voudra bien envoyer demain, à 4 heures du matin, un fort poste à Heule.

Tu voudras bien envoyer à Courtrai un escadron du 20e régiment de cavalerie qui est nécessaire pour le service.

En face de l'aile gauche de l'armée du Nord, Clerfayt s'était retiré, dans la nuit du 23 au 24 floréal (12 au 13 mai) sur Thielt, et le général White sur Thorout (1). Là, les Anglais se séparèrent des Hanovriens et Hessois. De ceux-ci, les premiers marchèrent sur Ostende, les autres sur Bruges (2).

Les troupes du général von dem Bussche étaient revenues au camp de Warcoing dès le 11 mai (22 floréal) (3) et celles du duc d'York occupaient toujours le camp de Marquain.

Les forces ainsi placées ne vont rester sur la défensive que le temps nécessaire à de nouvelles combinaisons. Si l'ennemi va en avoir l'initiative, la riposte qui y répondra sera d'autant plus vigoureuse que le Comité de Salut public, loin d'être satisfait de ces luttes indécises autour de Courtrai et de Menin, exigera une victoire éclatante et décisive. « Ce n'est pas assez de repousser l'ennemi, écrira-t-il aux Représentants du peuple (4); il faut le vaincre. La fuite des Autrichiens ne suffit pas à la République. Il n'y a que les morts qui ne reviennent pas.

« ..... Ne laissez ni trêve ni repos à nos atroces ennemis. La République a sur la frontière du Nord la

(1) Sichart.

(2) D'Arnaudin.

(3) Le duc d'York à Clerfayt, Tournay, 11 mai. (K. K. A.)

(4) Le Comité de Salut public aux Représentants Richard et Choudieu, Paris, le 25 floréal (14 mai).

plus nombreuse armée. Il faut qu'elle soit aussi la plus célèbre. Elle a contracté de grandes dettes envers la Patrie..... Faites donc qu'elle s'acquitte..... La victoire est trop longtemps en suspens..... » A cette vibrante invitation, l'armée du Nord allait répondre par la victoire éclatante de Tourcoing.

VI

La victoire de Tourcoing [28-29 floréal an II] (17-18 mai 1794).

Les renseignements sur l'ennemi. — Le plan des Alliés. — Le plan des Français. — Les combats du 28 floréal (17 mai). — Plan d'attaque de Souham. — La victoire du 29 floréal : rôle de la brigade Desenfans, des colonnes de von dem Bussche, de Kinsky et de l'archiduc Charles; les succès de Macdonald et de Bonnaud. — Considérations sur la victoire de Tourcoing. — La journée du 30 floréal (19 mai).

Les renseignements sur l'ennemi.

Le mouvement des Alliés sur Tournay ne fut ordonné par l'Empereur que le 24 floréal, et pourtant, dès le 20, la « Partie secrète » commençait à fournir des indices sur cette éventualité. Un émissaire, arrivant de Valenciennes à cette date, assurait que l'Empereur était entré le 19 à Tournay et qu'il y était venu incognito.

Au moment même où Souham prenait l'offensive contre le général von dem Bussche, un rapport du 21 floréal au soir signalait qu'il y avait, aux abords de Tournay, deux camps importants, l'un de 12,000 hommes à Orcq, l'autre de 7,000 à 8,000 à Pecq. Cette indication était répétée le 22.

A cette date, une correspondance de Douai se faisait l'écho d'un bruit qui circulait à Valenciennes et d'après lequel Cobourg enverrait 45,000 hommes sur Tournay et autant sur Maubeuge.

Le même jour, à 7 heures du soir, le service des renseignements montrait l'esplanade de Tournay remplie de caissons et le canal couvert de bateaux chargés de munitions de guerre et de bouche.

Le matin du 23, un prisonnier du régiment de Beaulieu « rapportait que le camp de Tournay était fort de 18,000 hommes depuis le renfort qu'il avait reçu depuis trois jours, tant Anglais qu'Autrichiens qui étaient venus du Cateau et du Quesnoy..... Il assurait aussi que le duc d'York avait son quartier général à Tournay ». Trois déserteurs anglais confirmaient le même jour cette assertion.

Tous ces bruits de renforts pouvaient, il est vrai, s'appliquer aux troupes que Souham avait rejetées sur l'Espierre et qui avaient fait subir à Bonnaud l'échec de Baisieu. Mais, si l'on rapprochait ces données des renseignements qui vont suivre, on pouvait en conclure que de nouveaux renforts s'expédiaient sur Tournay. En effet, un rapport de la Partie secrète, daté du 23 au matin, signalait que « le nombre des tentes du camp de Marquain était augmenté depuis le matin pour au moins 3,000 hommes » et « qu'on ne pouvait savoir si elles étaient toutes garnies, car on n'avait pas vu arriver de nouvelles troupes ». Pourquoi cette augmentation de tentes vides, si ce n'était pour recevoir des renforts ? Ce jour-là, du reste, Pichegru adressait au Comité de Salut public un extrait de correspondance secrète qui annonçait que l'ennemi tournait ses efforts sur l'armée du Nord.

Aux indices résultant de l'arrivée, vraie ou fausse, de l'Empereur à Tournay; de la présence du duc d'York dans cette place ; des préparatifs faits pour recevoir à Marquain de nouveaux renforts, s'ajoutaient encore les relevés de leur passage dans les gîtes d'étapes qui jalonnaient la route directe du Cateau à Tournay.

C'est ainsi que l'espionnage annonçait, le 24, que le camp de Maulde avait été évacué sur Leuze et qu'il n'y restait que 1,000 hommes environ ; le 24 au soir, que « le camp de Maulde, où il ne restait plus que 1,200 hommes environ, avait été renforcé, dans la nuit du 23 au 24, de

3,000 hommes..... venant des environs de Valenciennes et n'ayant avec eux que des canons de bataillon..... » « Ces 3,000 hommes, qui étaient restés à Maulde (le 24), s'étaient portés le 24 au soir au camp d'Orcq et avaient été remplacés par 6,000 autres venant des environs de Valenciennes. » Ainsi s'exprimait un rapport daté de Froyennes le 25, à 7 heures du soir ; un autre de la même date, mais plus vieux d'une heure, annonçait aussi qu'il « était arrivé dans la nuit du 24 au 25, 6,000 hommes tant du camp de Denain que de celui d'Hélesmes à Anzin et qu'ils avaient bivouaqué entre Beuvry et Orchie, leur cavalerie à Landas et à l'hôpital proche d'Orchie et à Nomain ». « La force de l'ennemi, ajoutait ce rapport, augmente dans les environs de Tournay. »

En rapprochant ces derniers renseignements, on pouvait conclure que les renforts envoyés du Cateau sur Tournay marchaient en plusieurs colonnes par Leuze, Valenciennes et Maulde, enfin par Denain et Orchie.

Le passage des renforts dans cette dernière localité était encore signalé le 25, à 8 heures du soir, à Liébert par Bonnaud, qui ajoutait : « Un ex-curé conduit à Paris par la gendarmerie avait dit tenir d'un émigré en prison à Lille depuis ces jours-ci, que cette division (la division Bonnaud) devait être attaquée demain 26. Je te prie de faire passer de suite cet avis au général Souham, qui commande l'armée en l'absence du général en chef Pichegru. »

D'autre part, la Partie secrète signalait, le 23, la présence de 3,000 hommes à Rousselaere, d'un poste de 200 hommes à Waereghem et d'un autre de 1,000 à Saint-Éloy ; le 24, que l'ennemi battu et poursuivi était allé jusqu'à Thielt, Ardoye, Peteghem et Rousselaere pour se couvrir par la Mandel ; qu'également poursuivi et battu à Ingelmunster, il y était resté et y avait établi des avant-postes; que le gros du corps d'armée se trouvait à Thielt avec le parc d'artillerie et le quartier général de Clerfayt. Le 25, une lettre de Bruxelles confirmait ce renseignement. Enfin, d'après un rapport secret du 26, on pouvait croire qu'il y avait à Rousselaere 4,000 hommes, dont beaucoup de cavalerie; derrière Ingelmunster, un camp d'environ 3,500 à 4,000 hommes tant Anglais qu'Autrichiens; et, si l'on ne savait pas le nombre des troupes reployées sur Thielt, on pouvait dire qu'elles étaient en force. Ce renseignement concluait donc, comme celui du 25, à la présence du gros à Thielt.

Mais, ce dernier document ne se bornait pas à cette indication; il ajoutait encore que le duc d'York avait reçu un renfort considérable commandé par le comte Kinsky, ce qui faisait présumer qu'il y aurait bientôt un événement important en Flandre.

L'impression d'ensemble qui se dégageait de tous ces renseignements était que l'ennemi avait préparé deux fortes masses, l'une au camp de Tournay, l'autre à Thielt, et préparait une affaire sérieuse en Flandre. La présence de l'Empereur et du duc d'York à Tournay semblait, en outre, indiquer que le rôle décisif était dévolu à la masse de Tournay. Si le commandement français rapprochait de ces emplacements généraux de l'adversaire celui de l'aile gauche de l'armée du Nord, il se trouvait placé entre les deux masses ennemies et devait, par suite, manœuvrer entre elles en lignes intérieures en opposant sa plus forte masse à celle de Tournay et en contenant par sa plus faible la force secondaire de Thielt.

Le plan des Alliés.

Le 11 mai, l'empereur François avait invité son « cher F. Z. M. comte Clerfayt » à ravager la frontière française en se portant le long de la rive gauche de la Lys vers

Armentières, et de là, vers Bailleul et Cassel. « Votre armée, lui écrivait-il, comprend environ 40 bataillons, 32 compagnies d'infanterie légère et 40 escadrons » ; sur ce nombre, toute l'infanterie légère, 20 bataillons et leurs 40 canons régimentaires, soutenus par 15 à 20 pièces de réserve et 12 à 15 escadrons pourraient jouer ce rôle ; 6 à 8 bataillons resteraient dans les garnisons, et 12 à 15 bataillons, éclairés par 20 escadrons, pourraient couvrir Tournay. L'Empereur espérait que ces incursions, loin de découvrir Ypres ou Ostende, auraient peut-être le résultat de faire délivrer Menin et Courtrai qu'on s'empresserait de mettre en état de défense et d'approvisionner. Ce corps mobile pourrait du reste, avec l'autorisation du duc d'York, se baser sur le magasin de Gand auquel celui de Tournay rendrait les quantités consommées.

En indiquant ainsi ses vues à Clerfayt, l'Empereur ajoutait : « Vous reconnaîtrez vous-même combien mes entreprises ultérieures dépendent de vos opérations (1). »

Le grand-quartier-général était donc encore loin de la conception d'une manœuvre décisive et ne pensait pour le moment qu'à faire une sorte de diversion qui n'avait d'autre but que de faire reprendre par un coup de main les places de Menin et de Courtrai.

L'auteur de la conception hardie qui, si elle avait été bien calculée, pouvait justement punir Pichegru de la lourde faute stratégique commise en s'échelonnant en pointe sur Menin et Courtrai, ne fut donc pas le quartier-général autrichien, mais bien le duc d'York lui-même, comme on le verra par ce qui va suivre.

Dès le 11 mai (2), c'est-à-dire le lendemain du jour où il avait été attaqué à Baisieu et à Camphin par la division

(1) L'Empereur à Clerfayt, le 11 mai 1794.

(2) Tous les détails qui suivent sont extraits des *K. u. K. Kriegs Archiv* de Vienne.

Bonnaud, le duc d'York, en relatant cette affaire à Clerfayt, lui exposait le plan qu'il allait soumettre sans retard à l'approbation de l'empereur d'Autriche. « Ce plan consistait à envelopper l'ennemi de tous côtés et à l'attaquer partout. Clerfayt devait masquer à peu près Courtrai par un faible détachement, et avec le reste franchir la Lys au-dessous de sa position et attaquer le flanc gauche de l'ennemi. Pendant ce temps, le général von dem Bussche fondrait de Warcoing sur Courtrai tandis que le duc d'York l'attaquerait de dos par Lannoy et autres localités. » Revenant sur cette idée, le 12, il écrivait encore à Clerfayt : « J'espère après-demain pouvoir entreprendre quelque chose de décisif contre l'ennemi. » Enfin, le lendemain, l'Empereur adressait du Cateau à ses deux lieutenants, Clerfayt et York, l'instruction qui fixait nettement le plan à suivre : constatant que leurs forces s'élevaient à plus de 80 bataillons, il invitait Clerfayt à appuyer à droite pour se baser sur Ypres, et à franchir ensuite la Lys vers Wervicke ; en même temps, le duc d'York se porterait à sa rencontre, et tous deux attaqueraient l'ennemi à revers et lui couperaient ses communications. Il appartenait au duc d'York de prendre l'initiative de l'opération et de fixer à Clerfayt le jour et le mode de l'attaque.

Le plan était donc arrêté dans ses grandes lignes, et il ne restait plus qu'à en étudier les détails, malgré la hâte que voulait apporter le duc d'York à l'exécution de ce projet ; le 14, en effet, il envoyait son aide de camp, le lieutenant-colonel Calvert, à Clerfayt, pour le prévenir qu'il avait l'intention d'attaquer Courtrai le 15 et qu'il espérait que Clerfayt s'avancerait aussi loin que possible vers la Lys en amont de la place, autant pour en détourner l'attention de l'ennemi que pour jeter un pont sur la rivière et assurer ainsi sa liaison avec York. Mais le même jour, le prince anglais apprit que Clerfayt avait ses forces disséminées, ce qui ne lui permettait pas de donner suite à son projet; il invita Clerfayt à les concentrer au plus tôt, car il était presque décidé à attaquer Courtrai le samedi 17.

Comme Clerfayt devait, d'après l'instruction du 13, se conformer, autant que possible, aux directives du duc d'York, il s'empressa de porter dès le 15 son corps d'armée, en trois colonnes, de son camp de Thielt à celui d'Oyghem-Ingelmunster entre la Mandel et la Lys.

La première formait : 1° une avant-garde, sous les ordres du G. M. de Borös, forte de 2 compagnies légères (chasseurs de Leloup et Laudon Vert), des hussards de Blankenstein, d'un demi-escadron de dragons impériaux et d'un demi-escadron de dragons de Latour; 2° le gros, commandé par le F. M. L. comte Sztarray et le général-major Kollowrath, comprenant 20 pionniers, 2 bataillons Clerfayt, 2 bataillons Sztarray, 2 bataillons Archiduc-Charles, 2 bataillons Wurtemberg et 6 escadrons de dragons impériaux.

Dans la 2e colonne, l'avant-garde, sous les ordres du G. M. de Düring, était formée de chasseurs, d'un bataillon d'infanterie légère et de 2 escadrons de chevau-légers de Darmstadt; le gros comptait 20 pionniers, 4 bataillons (2 de Wenckheim et 2 de grenadiers hanovriens) sous le commandement du G. M. comte Sporck et 3 bataillons (1 de Schröder et 2 de Darmstadt) et 7 escadrons (2 de chevau-légers de Darmstadt et 5 de Latour) sous celui du G. M. baron Ott.

Enfin la 3e colonne comprenait la réserve d'artillerie, les passerelles, les bagages du quartier général, les bagages légers des régiments, et le magasin de pain et de fourrages. Les bagages devaient rester à Wacken à la disposition des corps.

Le quartier général s'installa le 15 à Oyghem, et le camp s'établit entre Oyghem et Ingelmunster.

Le même jour, Clerfayt reçut de Cobourg l'ordre de lever ce camp le 16 au matin et d'aller prendre position sur la route entre Ypres et Menin. De là, il devait se porter le 17 au point du jour sur la Lys pour la franchir vers Wervicke, en masquant Menin et se basant sur Ypres. Du moment qu'on voulait envelopper et détruire l'aile gauche de l'armée du Nord et que l'on avait pour cela des forces suffisantes, il semble que l'ordre pour le 17 n'aurait pas dû admettre même l'éventualité d'une retraite, et rester muet sur ce point. Mais, comme si, dans toute cette guerre, l'armée autrichienne ne devait jamais pousser ses attaques en rase campagne jusqu'à la décision, l'ordre en question ne manque pas de prévoir qu'en cas d'insuccès Clerfayt devra se retirer sur la route Menin-Ypres en conservant ses communications avec cette dernière place. En vertu de cet ordre, Clerfayt quitte le 16, à 1 heure de l'après-midi, son camp d'Oyghem et porte son corps en deux colonnes sur la chaussée de Menin à Rousselaere.

1re colonne formant 1re ligne (1). — Avant-garde : G. M. de Borös (chasseurs Leloup et Laudon Vert ; régiment de hussards Blankenstein) ; gros : F. M. L. Sztarray, G. M. Kollowrath (20 pionniers avec une passerelle), 8 bataillons (2), 6 escadrons (3).

2e colonne formant 2e ligne (1). — Avant-garde : G. M. de Düring (chasseurs, 1 bataillon léger et 2 escadrons de chevau-légers de Darmstadt) ; gros : G. M. baron Ott, G. M. baron Sporck (20 pionniers avec une passerelle, 8 bataillons (4), 7 escadrons (5).

---

(1) En disant que la 1re colonne forme la 1re ligne, l'ordre de marche veut dire sans doute que cette colonne est au Sud de la 2e et plus rapprochée de l'ennemi que celle-ci, dite 2e ligne.

(2) 2 bataillons Clerfayt, 2 Sztarray, 2 Archiduc Charles, 2 Wurtemberg.

(3) Escadrons de dragons impériaux.

(4) 2 bataillons Wenckheim, 2 grenadiers hanovriens, 2 Darmstadt, 1 Callenberg, 1 Schröder.

(5) 2 escadrons chevau-légers de Darmstadt, 5 de Latour.

La 2e colonne, la plus éloignée de l'ennemi, était suivie de la réserve d'artillerie, des pontons, des passerelles, des bagages légers, des tentes et des cuisines.

La 1re colonne, servant de flanc-garde à la 2e, devait se couvrir sur son flanc gauche par de nombreuses patrouilles. Les 1re et 2e colonnes étaient conduites, comme dans la marche du 15, chacune par un officier d'état-major.

Une fois rendu sur la route de Menin à Rousselaere, le 16, le corps de Clerfayt avait mission de se porter, le 17, à l'attaque de Wervicke.

En résumé, Clerfayt, à la tête d'une vingtaine de bataillons et d'autant d'escadrons (1), devait, le 15, se diriger de Thielt sur la ligne Ingelmunster-Oyghem ; le 16, de cette ligne à la route de Rousselaere à Menin; enfin, le 17, franchir la Lys à Wervicke pour se joindre à l'armée principale et prendre l'aile gauche de l'armée du Nord à revers.

Sur ces entrefaites, le quartier général de Cobourg (2) et une colonne de 10 bataillons et de 16 escadrons sous les ordres du F. Z. M. Kinsky (3) entraient à Tournay le 14 mai. L'archiduc Charles arrivait le lendemain avec 18 bataillons 1/3 et 32 escadrons (4) à Saint-Amand, après une forte marche qui avait nécessité une grand'halte de deux heures. Le 16, il atteignait le camp de Marquain.

---

(1) Sichart dit 24 bataillons et 20 escadrons. En décomptant les forces énumérées par les ordres de marche des 15 et 16, nous ne trouvons que 21 bataillons et 19 escadrons.

(2) Les ordres de Cobourg, datés du 14 (K. K. A.) sont de Tournay, tandis que ceux du 13 sont du Cateau. Toutefois l'*Oesterreichische Militärische Zeitschrift* dit que le grand-quartier-général de l'Empereur arriva le 16 à Tournay.

(3) D'après Sichart.

(4) *Ibid.*

A cette date, les forces alliées, s'élevant à environ 50 bataillons et 70 escadrons, étaient en quelque sorte rendues à pied d'œuvre, un tiers sur la route de Rousselaere à Menin et les deux autres tiers au camp de Marquain, pour entamer la manœuvre enveloppante qui devait couper, par Wervicke, les communications de l'aile gauche de l'armée du Nord avec Lille.

Pour utiliser ces forces, Cobourg n'eut garde d'oublier le facteur principal du succès, la rapidité dans l'exécution. Dès le 16, en effet, il ordonnait pour le 17 le mouvement général dont l'exposé va suivre.

Clerfayt devait, comme on l'a déjà dit, masquer Menin, franchir la Lys en amont et tendre la main à l'armée combinée.

Celle-ci, rassemblée vers Tournay, sur la rive gauche de l'Escaut, devait attaquer l'ennemi en cinq colonnes, maintenues en liaison constante et agissant avec « toute l'habileté, la résolution et l'opiniâtreté nécessaires ».

La nomenclature de ces colonnes et de leurs chefs, leurs effectifs, leurs points de départ et leurs objectifs sont indiqués par le tableau ci-après :

NUMÉROS des colonnes.	COMMANDANTS DES COLONNES.	FORCE des COLONNES.		EFFECTIF.	POINTS de DÉPART.	OBJECTIFS DES COLONNES.
		Bataillons.	Escadrons.			
1	Général-lieutenant von dem Bussche	11	10	4,000	Warcoing.	Mouscron par Dottignies. Quatre bataillons et trois escadrons laissés sur l'Espierre pour couvrir la route de Tournay à Courtrai, faire des démonstrations offensives dans cette direction et assurer la liaison avec la 2e colonne.
		Hanovriens.				
2	F. M. L. Otto	12	10	10,000	Baillœul.	Tourcoing par Leers et Watrelos.
3	Duc d'York	12	25	10,750	Templeuve.	Mouvaux par Lannoy et Roubaix.
4	F. Z. M. comte Kinsky	10	16	11,000	Marquain.	Forcer la Marque par une attaque décisive contre Bouvines, tandis que trois bataillons et seize escadrons, s'avançant par la grande route, feront des démonstrations contre la Marque et détacheront un bataillon et deux escadrons à droite pour couvrir la gauche de la 3e colonne et assurer la liaison avec elle. La liaison à gauche avec la 5e se fera par des troupes légères.
5	F. Z. M. archiduc Charles	17	32	18,000	Marquain.	Pont-à-Marque, en détachant deux bataillons avec l'infanterie légère et de la cavalerie à droite par Templeuve sur la Marque. Ce détachement se tiendra en liaison avec la 4e colonne.

Après avoir repoussé l'ennemi derrière la Marque, la 5e colonne devait se réunir à la 4e et avec elle à la 3e. Elles laisseraient sur la Marque, face à Lille, un corps d'observation qui garderait aussitôt les ponts, notamment ceux des chemins de Tournay, Lannoy, Roubaix et Tourcoing afin de couvrir leur flanc gauche dans leur marche vers Wervicke à la rencontre de Clerfayt.

Comme cette marche devait avoir lieu dans un terrain très coupé, facilitant la guerre de tirailleurs propre à l'ennemi, d'ailleurs supérieur en nombre, les colonnes seraient précédées d'une artillerie assez nombreuse, pourvue de servants d'infanterie en nombre suffisant pour la faire avancer, et de pionniers et de travailleurs pouvant lui ouvrir des communications. Dans chaque colonne seraient désignés 200 volontaires destinés à gagner les flancs de l'ennemi et à précipiter ainsi sa retraite; on allait en un mot employer tous les moyens d'accélérer l'attaque, et, notamment, ne pas s'arrêter à des tirailleries, mais ébranler l'adversaire par un feu très vif d'artillerie et l'attaquer à la baïonnette en le tournant par les flancs.

Dans la nuit du 16, les 2e, 3e, 4e et 5e colonnes devaient abattre les tentes, se porter dans le plus grand silence et bivouaquer sans feu sur la ligne des avant-postes afin d'entamer la marche au point du jour. A ce moment, les bagages des 2e, 3e et 4e colonnes se porteraient en arrière de Tournay, ceux de la 1re sur la rive orientale de l'Escaut, ceux de la 5e sur Saint-Amand.

Ici encore, l'ordre prévoyait la possibilité d'une retraite, sur les points de départ pour les cinq colonnes de l'armée combinée, et sur Ypres, puis sur la Mandel, pour le corps de Clerfayt.

*
* *

Pour que ce plan pût réussir, il fallait que l'aile marchante, l'attaque décisive, constituée par la colonne de l'archiduc Charles, arrivât sur la Marque au moment même où les quatre autres y fixeraient l'ennemi. Malheureusement, comme on le verra plus loin, elle n'atteignit qu'Orchie, au moment où il aurait fallu qu'elle fût sur la Marque et où les autres abordaient ce cours d'eau. L'état-major de Cobourg dut être averti de ce fâcheux retard dans la nuit du 17 au 18, craindre que la colonne de l'Archiduc n'arrivât même pas à Orchie, renoncer par conséquent à son concours et élaborer pour cette circonstance imprévue un nouveau plan qui ne vit pas le jour mais qu'il semble intéressant de mentionner.

D'après cette « Disposition (1) », la 5e colonne, qu'on avait perdu l'espoir de voir arriver, n'entrait plus en compte; celles de Kinsky, du duc d'York et de von dem Bussche, dont les points de départ, Marquain, Templeuve et Warcoing, étaient suffisamment rapprochés de leurs objectifs, entraient seules en ligne pour le 17; quant à celle d'Otto, qui devait partir de Baillœul et était trop éloignée du point qu'on lui assignait sur la Marque, son mouvement n'était prévu que pour le 18.

En conséquence, le 17 mai, dans l'après-midi, le F. Z. M. comte Kinsky, à la tête de 8 bataillons et 16 escadrons (2) devait camper à Orchie, jeter ses avant-postes au delà de la Marque en vue d'assurer son

(1) Disposition pour l'attaque du camp et des postes ennemis sur et derrière la Marque (K. K. A).

(2) 2 bataillons Michel Wallis, 2 Carl Schröder, 4 hessois, 4 escadrons Archiduc Ferdinand (hussards), 4 Karaczay (chevau-légers), 8 hessois.

débouché le 18; couvrir son flanc gauche en faisant occuper les villages de Coutiche et de Bersée par les 2 bataillons de Keuhl déjà stationnés à Orchie; enfin jeter 3 bataillons et 2 escadrons (1) à Cobrieu et Genech sur son flanc droit pour se lier au duc d'York.

Le Duc, à la tête de 17 bataillons et 38 escadrons (2) camperait à Cysoing. De là, il chercherait à chasser l'ennemi au delà de la Marque, à s'assurer le passage et à jeter un pont pendant la nuit du 17 au 18 sur cette rivière. Il ferait occuper Lannoy par 3 bataillons, 3 compagnies légères et 2 escadrons (3).

Le général von dem Bussche partagerait ses troupes en deux colonnes. L'une de 5 bataillons et 4 escadrons (4) marcherait par Evregnies contre Watrelos qu'elle occuperait et d'où elle pousserait ses avant-postes vers Tourcoing et Roubaix en se liant avec le détachement de Lannoy. La 2e, de 3 bataillons et 2 escadrons (5) pousserait ses troupes légères vers Loinge aussi loin que possible afin d'alarmer l'ennemi; elle se tiendrait en liaison à gauche avec Watrelos et à droite, par Dottignies, avec les 6 bataillons et 4 escadrons (6) s'avançant sur la chaussée contre Coeyghem pour inquiéter l'adversaire.

Le 18, au point du jour, le F. Z. M. Kinsky franchi-

---

(1) 2 bataillons Kaunitz, 1 O'Donnell et 2 escadrons de hussards Archiduc Ferdinand.

(2) 3 bataillons de grenadiers impériaux, 2 Wentzel-Colloredo, 2 Joseph Colloredo, 4 garde anglaise, 3 infanterie anglaise, 3 grenadiers hessois, 28 escadrons de cavalerie anglaise, 10 de hussards impériaux.

(3) 3 bataillons d'infanterie anglaise, 2 compagnies O'Donnell, 1 de chasseurs de Mahony, 2 escadrons de hussards Archiduc Ferdinand.

(4) 1 bataillon Kaunitz, 2 hessois, 2 hanovriens, 4 escadrons de cavalerie hanovrienne.

(5) Hanovriens.

(6) Hanovriens.

rait la Marque à Pont-à-Marque, laisserait en arrière un bataillon pour occuper le défilé, pousserait sa colonne contre l'aile droite du camp ennemi situé entre Frétain et Ascq et faciliterait le passage de la Marque au détachement de Coutiche et Bersée en se liant à lui. Ce dernier, après avoir franchi la Marque avec ou sans ce secours, s'emparerait du village de Péronne; et, au cas où le passage de Bouvines n'aurait pas encore été enlevé, il s'efforcerait d'envoyer de l'infanterie prendre ce défilé à dos et faciliter le passage.

Enfin le F. M. L. Otto devait diviser sa colonne en trois : la première, sous les ordres directs d'Otto, forte de 7 bataillons, 20 escadrons et 22 pièces (1) s'emparerait du pont de Bouvines et attaquerait l'ennemi de concert avec la colonne à sa gauche et avec celle du G. L. Erskin.

Cette dernière, forte de 4 bataillons, 12 escadrons et 16 pièces (2) passerait la Marque à Gruson, tandis que celle du G. M. Abercromby, de 4 bataillons, 7 escadrons et 8 pièces (3), la franchirait à Pont-à-Tressin. Elle enverrait sa cavalerie sur Sainghin pour se lier au général Erskin et son infanterie légère sur Forest et Hem pour se lier par la rive occidentale de la Marque aux troupes occupant Lannoy et marchant sur Hem. Lorsque cette colonne verrait la retraite de l'ennemi et

(1) 1 bataillon O'Donnell, 3 grenadiers hessois, 3 grenadiers impériaux, 4 escadrons de hussards Archiduc Ferdinand, 4 de hussards Archiduc Léopold, 6 de cavalerie anglaise brigade Lawrée, 6 de cavalerie anglaise brigade Mansel. Artillerie, 4 pièces de 18, 6 de 12, 2 obusiers, 6 de 6, 2 à cheval de 6, 2 obusiers à cheval.

(2) 2 bataillons Wentzel-Colloredo, 2 Joseph Colloredo, 6 escadrons de chevau-légers anglais, 6 de cavalerie lourde anglaise. Brigade artillerie, 10 pièces de 12, 2 obusiers anglais, 4 pièces de 6 anglaises.

(3) 4 bataillons garde anglaise, 4 escadrons chevau-légers anglais, 3 de cavalerie anglaise du G. M. White. Artillerie anglaise, 4 pièces de 12, 2 de 6, 2 obusiers.

la réussite de l'attaque sur son aile gauche, elle marcherait sur Ascq, mais pas avant.

Les deux colonnes Otto et Erskin seraient sous la haute direction du duc d'York. Les troupes de Pont-à-Tressin et de Lannoy, sous celle du général Abercromby.

Les troupes de Lannoy et celles du général von dem Bussche seraient des flanc-gardes défensives de droite, destinées seulement à contenir l'ennemi.

Le plan des Français.

Au moment où se préparaient ces graves événements, Pichegru, appelé sur la Sambre par un nouvel échec de Charbonnié, se trouvait près de Charleroi pour y réorganiser le commandement. Le 24 floréal (13 mai), Souham se rendit donc à Lille pour y remplir par intérim les fonctions de général en chef (1) « de toutes les troupes, depuis le camp de Sainghin jusqu'à Courtrai (2) (3) ». Il réclama aussitôt tous les rapports que ses lieutenants pouvaient avoir sur l'ennemi et les projets qu'ils pourraient concevoir pour le battre (2). Le 26, Souham, inquiet de la situation, retourna à Courtrai où il manda Moreau pour conférer avec lui sur toutes les opérations : « Il est important, lui écrivait-il, que tu te rendes ici. Le bien du service exige d'ailleurs que tu sois près des brigades commandées par les généraux Macdonald et Malbrancq (4). » Déférant à cette invitation, Moreau arriva à Courtrai le même jour (5).

Si, dans cette lettre, Souham laissait percer son

(1) Souham à Macdonald, 24 floréal.

(2) Souham à Bonnaud et à Compère, 25 floréal.

(3) Souham à Moreau, 26 floréal.

(4) *Ibid.*

(5) Reynier à Vandamme, 26 floréal.

anxiété, il croyait cependant que l'ennemi était encore « éloigné (1) ». Tout ce qu'il en savait, en effet, par la « partie secrète », était qu'une masse sérieuse se concentrait à Tournay et que Clerfayt était avec la sienne à Thielt. Le 26, Reynier écrivait en outre à Vandamme (2) que Clerfayt s'était porté de son camp de Thielt à Pitthem, et lançait des patrouilles vers Haerlebeke, et que des dragons de Latour avaient pris à Audenarde la route de Beveren. Aussi Moreau ordonna-t-il le lendemain (3) que la brigade de Vandamme fît le 28, à la pointe du jour, une forte reconnaissance vers Bavichove et Hulste, et cherchât à reconnaître la force du camp de Roosebeke; qu'il poussât sur Ingelmunster des forces suffisantes pour assurer son flanc gauche. A cet effet, le 20e de cavalerie était mis le 17, au point du jour, à sa disposition au pont de la route de Bruges sur la Heule; Moreau prescrivit en outre que les brigades Malbrancq et Dewinter fissent pareilles reconnaissances sur Rousselaere et la route d'Audenarde (4).

Les nouvelles reçues, dans la nuit du 27 au 28, ne firent que confirmer cette résolution (5).

Le général Vandamme ne trouva à Roosebeke que quelques traces de l'ennemi et poussa jusqu'à Ingel-

---

(1) Souham à Moreau, 26 floréal.

(2) Reynier à Vandamme, 26 floréal.

(3) Moreau à Vandamme, 27 floréal.

Dans son *Récit abrégé*, Vandamme dit en effet : « Le 27 (16 mai) il fut fait une forte reconnaissance sur Ingelmunster. » On voit que Vandamme prend l'objectif accessoire pour le principal et se trompe d'un jour.

(4) *Ibid.*

(5) Souham à Pichegru, 30 floréal. — « Enfin, avertis dans la nuit du 27 au 28 de la retraite de Clerfayt, de Roosebeke et Thielt et de sa marche sur Rousselaere, le général Vandamme avait déjà ordre de faire une forte reconnaissance sur le camp de Roosebeke..... »

munster (1). Là, l'ennemi avait évacué le 27 floréal au soir les postes et petits camps pour se porter vers Rousselaere et Ypres (2). Vandamme trouva à Ingelmunster plusieurs voitures vides et beaucoup de fourrage qu'il fit charger et conduire à Courtrai (3).

De plus, sa reconnaissance, qui rentra au camp derrière la Heule, le 28 à 2 heures de l'après-midi, rapporta que le pont d'Ingelmunster était détruit, et que, d'après le dire de plusieurs traînards autrichiens, faits prisonniers par elle, et de tous les habitants, « toutes les forces de l'ennemi s'étaient portées sur Moorseele, dans le dessein de faire quelque entreprise sur Wervicke et Commines ». C'est du moins la version que donne Vandamme dans son *Récit abrégé*, écrit un demi-siècle après; les documents de l'époque, moins affirmatifs, annonçaient seulement, le 28 au matin, que « l'ennemi était sur la chaussée de Menin à Rousselaere (4) (5) ». Clerfayt, en effet, n'ayant reçu à Oyghem que le 16, à 10 heures du matin (6), par le prince de Lichtenstein (7), les ordres de Cobourg pour le 17, ne s'était mis en route que le 16, à midi (8), en deux colonnes : l'une de Ingelmunster par Cachtem ; l'autre d'Oyghem par Ouckene. A cause de l'épaisseur du sable sur le chemin, la 1re colonne n'arriva qu'à minuit au Molenberg, sur la route de Rousselaere à Menin, où le corps prit quelques

(1) Souham à Pichegru, 30 floréal.

(2) Vandamme à Moreau. Courtrai, 1er prairial.

(3) *Ibid.*

(4) Moreau à Vandamme, 28 floréal.

(5) Dans son *Précis des opérations de la brigade Macdonald*, P. Lacroix dit que tous les rapports signalaient Clerfayt en marche sur Ypres. Mais cette relation est, comme celle de Vandamme, postérieure aux événements.

(6) Clerfayt à Cobourg. Thielt, le 26 mai 1794 (K. K. A.).

(7) *Ibid.*

(8) *Ibid.*

heures de repos. Le 17 (28 floréal) au point du jour, ce corps s'avança par Moorseele et Becelaere sur Gheluvelt où il entra, le même jour, entre 10 et 11 heures du matin (1).

De son côté, le général Hammerstein s'avança avec 4 bataillons, 8 escadrons et 10 pièces vers Gheluwe, afin de couvrir la marche de Clerfayt en faisant des démonstrations contre Menin.

Il était donc bien exact, comme le disait Moreau, dans son ordre du 28 à Vandamme, que l'ennemi s'avançait sur la route de Menin à Rousselaere.

Dans ces conditions, Souham, sachant qu'il était menacé du côté de Tournay, où le duc d'York ne bougeait pas encore; voyant d'autre part Clerfayt se déplacer vers Ypres, et l'ennemi occuper les environs de Rousselaere, se décida à opposer à Tournay un cordon défensif s'appuyant par sa droite à Hem, par sa gauche à Courtrai, et constitué par la division Bonnaud et les brigades Compère, Thierry, Jardon, Daendels, Dewinter; en même temps, il prenait l'offensive contre Clerfayt, qui se mouvait le premier, en l'attaquant avec les brigades Vandamme, Macdonald et Malbrancq.

Ces dispositions firent l'objet des ordres ci-après donnés le 28 au matin pour la journée même.

Le général de division Moreau au Commandant de Menin.

Courtrai, 28 floréal (17 mai).

Nous attaquons ce soir l'ennemi à Rousselaere, Macdonald par la rive droite de la Heule, Malbrancq et Vandamme par la gauche, de sorte que les postes que l'ennemi occupe du côté de Clippe, Dadizeele, seront attaqués par leur flanc gauche.

Aussitôt le présent ordre reçu tu prendras un bataillon de ta garnison et le 14e de chasseurs; tu tâcheras de débusquer le poste de Keselbergh

(1) D'après l'ouvrage de Sichart.

en l'attaquant par le flanc droit, même le poussant plus loin si tu peux le faire, sans commettre le peu de force que tu as. Au surplus, tu dirigeras tes mouvements sur le succès des attaques de ta droite. Je m'en rapporte à ton intelligence pour inquiéter l'ennemi et lui faire croire qu'il est attaqué par de grandes forces de ton côté.

Salut et fraternité.

MOREAU.

P.-S. — Il existe de Gheluwe à Keselbergh un chemin propre à faire ton attaque; il est extrêmement couvert et, par conséquent, propre à l'arme que tu as.

MOREAU.

Le général Moreau au général Vandamme.

Courtrai, 28 floréal (17 mai).

ORDRE :

Le général de brigade Vandamme rassemblera sur-le-champ toutes les troupes qu'il commande, et les fera partir le plus promptement qu'il sera possible pour attaquer l'ennemi qui est sur la chaussée de Menin à Rousselaere. Il passera par Gulleghem, Over-Heule, Rolleghem-Capelle, afin de joindre le pavé de Rousselaere, vers le cabaret Saint-Pieter et d'attaquer l'ennemi.

Le général Vandamme se gardera soigneusement par sa droite et fera, pour cet effet, passer des flanqueurs par Heule et Winckel-Saint-Éloy, qui le rejoindront sur la route de Rousselaere.

MOREAU.

P.-S. — Le général Malbrancq passe la Heule à Moorseele, s'avance par la droite de cette rivière sur Ledeghem, et ensuite sur le pavé de Menin à Bruges. Le général Macdonald fait le même mouvement par la rive gauche de la Heule.

MOREAU.

Comme Moreau prévoyait que Vandamme n'était pas encore rentré de sa reconnaissance sur Bavichove, Hulste et Roosebeke, il chargea l'adjudant général Séron de mettre les troupes en mouvement, et de les porter à Gulleghem (1).

---

(1) Souham à Pichegru, 30 floréal (19 mai).

De son côté, Souham donna les ordres ci-après pour la même attaque :

Le général Souham au général Macdonald, à Marcke.

Courtrai, 28 floréal (17 mai).

Le général de brigade Macdonald voudra bien faire rassembler toutes les troupes qu'il commande sur la hauteur d'Oudesmesse et les tenir prêtes à partir au premier ordre que je lui enverrai.

Le général Jardon viendra occuper les hauteurs de Sainte-Anne et Rolleghem.

Le général Thierry, Ælbeke.

SOUHAM.

Le général Souham au général Macdonald.

Courtrai, 28 floréal (17 mai).

Il est ordonné au général Macdonald de partir sur-le-champ, avec toutes les troupes qu'il commande, pour aller attaquer l'ennemi à Keselbergh, Clippe et Dadizeele. Il passera par le pont établi sur la Lys, à Bisseghem, ensuite à Nederbeke, Poeselhoeck à la gauche de Moorseele, et marchera sur Keselbergh.

Le général Macdonald mettra ses troupes en mouvement, et viendra auprès de moi prendre de nouvelles instructions et conférer avec les généraux qui doivent agir avec lui.

En passant à Bisseghem, il prendra avec lui les deux régiments de carabiniers.

Mais cet ordre « ayant été retardé par erreur de l'ordonnance (1) », ne paraît pas avoir reçu d'exécution.

Le général Souham au chef de brigade Dehay.

Courtrai, 28 floréal (17 mai).

Le chef de brigade Dehay est prévenu que toutes les troupes qui sont sur la gauche de la Lys, et gardent la Heule, vont partir pour attaquer l'ennemi vers Ledeghem et Dadizeele. Par ce mouvement, les portes de Bruges et de Menin se trouvent découvertes. Le chef de bri-

---

(1) Souham à Pichegru, 30 floréal (19 mai).

gade Dehay y placera les troupes nécessaires pour leur défense, et enverra des patrouilles et postes d'observation sur les routes de Cuerne, Bruges, Wætermeulen et Heule, afin d'être averti si l'ennemi envoyait quelque parti de ce côté.

A ces ordres d'attaque, Souham ajouta ceux qui devaient opposer aux forces de Tournay le cordon défensif dont on a déjà parlé.

Le général Souham au général de division Bonnaud.

Courtrai, 28 floréal (17 mai).

Le général de division Bonnaud voudra bien envoyer, aussitôt la présente reçue, un corps de troupes sur la hauteur derrière Lannoy. Il fera occuper Hem, Lannoy et Watrelos, fera faire des patrouilles fréquentes entre ces troupes, et entre Watrelos et Mouvaux que le général Compère occupe. Le corps doit être aussi considérable qu'il sera possible, ne laissant au camp de Sainghin que 8,000 ou 10,000 hommes, très suffisants pour garder la rivière de Marque.

Aussitôt que j'aurai l'état des troupes que le général Bonnaud commande, je lui enverrai de nouvelles instructions.

Il est nécessaire d'avoir beaucoup de surveillance et d'être instruit de tous les mouvements de l'ennemi.

Le général Souham au général Compère.

Courtrai, 28 floréal (17 mai).

Le général de brigade Compère partira, sur-le-champ, avec toutes les troupes qu'il commande, pour le mont Castrel, où il placera son corps de troupes, sa droite vers les moulins de Castrel, et sa gauche du côté du mont Cornelis. Il fera occuper Mouscron et le château de Mouscron, appuyant la gauche de ses troupes à celles du général Thierry. Il laissera à Watrelos un détachement d'infanterie et cavalerie qui le rejoindra lorsque le général Bonnaud y renverra des troupes.

Le général Souham au général de brigade Thierry.

Courtrai, 28 floréal (17 mai).

Le général de brigade Thierry partira, sur-le-champ, avec toutes les troupes qu'il commande pour Ælbeke; il placera son corps de troupes sur la hauteur en avant du village, sa droite vers le moulin Cornelis, mais plus près d'Ælbeke, sa gauche au delà du moulin nommé Hœghen-Molen. Il appuiera la gauche de ses avant-postes à ceux du général Jardon qui occupent Rolleghem, et sa droite à ceux du général Compère qui le remplacera au mont Castrel et occupera Mouscron.

Le général Thierry me rendra compte de tout ce qu'il aura appris sur l'ennemi.

Le général Souham au général Jardon.

Courtrai, 28 floréal (17 mai).

Le général de brigade Jardon partira, sur-le-champ, avec toutes les troupes qu'il commande, pour aller occuper les hauteurs de Sainte-Anne et Rolleghem. Il placera son principal corps sur la hauteur de Sainte-Anne et joindra ses postes de gauche avec ceux du général Daendels, qui occupent Belleghem, et ceux de droite avec ceux du général Thierry, qui doit venir à Ælbeke.

Le général Souham au Commandant du parc d'artillerie.

28 floréal (17 mai).

Le parc d'artillerie passera, sur-le-champ, la Lys, sur le pont établi vers Courtrai, et suivra le chemin de Lille jusqu'au moulin de Lauwe. Il prendra de là le chemin à droite, pour passer par Lauwe et Reckem, et parquera à Halluin. Les ponts de Bisseghem et celui de Courtrai devront être retirés.

L'équipage qui est à Bisseghem suivra le parc, l'autre restera au faubourg de Lille, à la disposition du chef de brigade Dehay ou de Dewinter.

Ces ordres étaient donnés le matin du 28, pour la journée ou la soirée. Mais tandis que Souham les dictait, l'ennemi exécutait son « plan de destruction », qui allait jeter le trouble dans les premières dispositions prises, et obliger le commandement français à les modifier. Entre Pont-à-Raches et Pont-à-Marque, les troupes de la division Drut, manœuvrant sur Douai, se voyaient enlever les postes de Fauxmont et de Bersée. L'ennemi poussait même jusqu'à Mons-en-Pesvele, et forçait Drut à se retirer sur le mont Écouvet « pour l'inquiéter et le tenir en échec (1) ». Souham apprenait en outre que l'ennemi avait forcé Lannoy (2).

Sachant d'une part que Clerfayt était sur la chaussée de Rousselaere à Menin, et voyant l'ennemi déboucher sur Lannoy et aux abords de Pont-à-Marque, Souham comprit, non seulement qu'il lui était impossible de maintenir ses premiers ordres, mais encore devina aussitôt le plan des Alliés : « Le mouvement que fait l'ennemi, écrit-il à Bonnaud, a, suivant toutes les apparences, le but de nous chasser de Tourcoing et de gagner la droite de la Lys, afin de couper notre communication par la droite de cette rivière, tandis que le général Clerfayt s'avance sur Menin et Wervicke par Rousselaere (3). » Aussi prescrit-il tout d'abord à Bonnaud de regarder son ordre du matin comme nul et non avenu, de réunir toutes ses troupes, et de les porter en masse et vivement de Sainghin contre le flanc des colonnes ennemies. « Devant agir en masse, ajoute-t-il, il n'est pas nécessaire de laisser beaucoup de monde au camp de Sainghin; quelques détachements ou postes seront suffisants pour que l'ennemi ne passe pas la rivière, et ne soit pas trop vite instruit de notre mouvement (4). »

Pendant que Bonnaud exécutera cette attaque décisive contre le flanc de l'ennemi, Compère et Thierry devront le fixer. « Tiens toujours fortement ainsi que Thierry, écrit Souham à Compère..... Écris-moi sur-le-champ quelle est ta position ainsi que celle du général Thierry, et celle de l'ennemi ainsi que la force que tu conjectures qu'il peut avoir (5). » Il demande le même

(1) Drut à Liébert, Douai, 28 floréal.

(2) Souham à Bonnaud, 28 floréal.

(3) *Ibid.*

(4) *Ibid.*

(5) Souham à Compère, 28 floréal.

renseignement à Jardon qui est à Sainte-Anne et l'invite à pousser de ce point une reconnaissance sur Tombrouck, c'est-à-dire sur le flanc droit de l'ennemi, et à surveiller en même temps les forces ennemies qui bordent l'Espierre à Évregnies et Estaimpuis.

Cependant, tandis qu'il concentre presque toutes ses forces contre les troupes ennemies qui se sont avancées de Tournay (1), Souham veut pouvoir contenir Clerfayt dont il surveille le mouvement, et contre lequel il a envoyé Vandamme, Malbrancq et Macdonald. Aussi va-t-il, dès la rentrée de ces brigades, les répartir ainsi le 28 dans la soirée.

Vandamme se placera derrière la Lys et gardera cette rivière « en renforçant Wervicke et Commines et envoyant quelques troupes à Reckem, Lauwe et Marcke, afin d'observer le cours de la Lys et de la défendre en cas d'attaque (2) ». Quant à Malbrancq, il devait « traverser Menin afin de se rendre à Roncq, en avant duquel village il se placerait, en appuyant sa droite au Blanc-Four et envoyant quelques postes en avant, du côté de Tourcoing (3) ». Enfin, Macdonald devait le soir « occuper le mont Halluin et le Dronquart ainsi que Neuville (4) ».

En donnant ces ordres, Souham annonçait son intention de combiner une attaque générale de toutes les forces ainsi ramenées sur la droite de la Lys, attaque qui aurait lieu au point du jour, le 29.

Mais, en ce moment, son plan était de garder seulement la Lys contre une attaque éventuelle ; en outre, il ne savait encore que peu de choses sur les mouvements de

(1) Souham à Bonnaud, 28 floréal.
(2) Souham à Vandamme, 28 floréal.
(3) *Ibid.*
(4) Souham à Compère, 28 floréal.

l'ennemi au Sud de la Lys. Il ne connaissait que la prise de Lannoy et le débouché de l'adversaire entre Pont-à-Marque et Pont-à-Raches. Il réunissait les généraux subordonnés en conseil, à Menin, pour discuter sur l'attaque générale qu'il projetait, lorsqu'il apprit coup sur coup les plus mauvaises nouvelles. « J'avais, dit P. Lacroix, accompagné mon général (Macdonald) chez Souham. J'étais présent à la réception des désastreuses nouvelles qui y affluaient de toutes parts. C'était un rapport qui annonçait la prise de Mouscron, un autre celle de Tourcoing, un autre celle de Mouvaux, de Boudues, de Marque-en-Barœuil, un autre celle de Pont-à-Marque, sur la route de Douai. Enfin, pendant plus de trois quarts d'heure, on ne fit qu'apprendre malheurs sur malheurs. » « Tu as sans doute appris, écrivait Liébert à Drut, que l'ennemi nous a attaqués ce matin, qu'il s'est emparé de Pont-à-Marque et qu'il a intercepté la route de Lille à Douai. » A Pichegru qui, par un fâcheux hasard, ne se trouvait jamais au point décisif, et qui passa la nuit du 28 au 29 à Réunion-sur-Oise, Liébert écrivait encore : « J'arrive à l'instant de Courtrai. Je n'ai malheureusement, mon cher général, que de très mauvaises nouvelles à t'annoncer. L'ennemi a attaqué aujourd'hui. Il s'est emparé de Wervicke et Commines autrichiens, de Tourcoing, Watrelos, Roubaix, Lannoy, Mouvaux, Sainghin, Lesquin et Pont-à-Marque. »

Que s'était-il passé? par quelle suite d'échecs ces localités étaient-elles tombées aux mains de l'ennemi?

Les combats du 28 floréal (*17 mai*) (1). — On a vu plus haut que Clerfayt était arrivé à Gheluvelt, le 17 entre 10 et 11 heures du matin, et, qu'à la même heure, Ham-

(1) Tout ce récit est emprunté à la Relation de Clerfayt sur l'affaire de Linselles (K. K. A.), et au Récit abrégé..... de Vandamme.

merstein était à Gheluwe (1), lui servant ainsi de flanc-garde contre Menin. L'arrivée de Hammerstein fit retirer du Keselbergh, puis de Gheluwe, sur Commines, le 14e bataillon de chasseurs que le commandant de Menin avait détaché sur le Keselbergh, pour se conformer à l'ordre de Moreau.

De son côté, Clerfayt, se dérobant derrière la flanc-garde d'Hammerstein, qui « plaça devant Menin plusieurs batteries et tira sur la ville (2) » pour faire des démonstrations (3), marcha sur Wervicke et se présenta, entre 1 h. 30 et 2 heures de l'après-midi, devant cette ville défendue par le bataillon de l'Égalité, de la division Moreau (4). Clerfayt fit aussitôt attaquer la partie de Wervicke située sur la rive gauche de la Lys ; mais, sur la rive droite, cette ville était défendue par des retranchements ; le bataillon de l'Égalité, abandonnant la rive gauche, se jeta dans les retranchements et empêcha, tout l'après-midi les Autrichiens de franchir le fleuve. En outre, il n'y avait pas de pont sur la Lys, en dehors de ceux de Menin et de Courtrai ; les pontons de Clerfayt qui lui auraient été si utiles en ce moment, n'arrivaient

(1) Le détachement de Hammerstein à Gheluwe se composait de : un bataillon anglais, un bataillon de grenadiers hanovriens, un bataillon du 14e régiment d'infanterie légère hanovrienne, un bataillon du Loyal-Émigrans, deux escadrons du régiment du corps, deux escadrons du 9e régiment de dragons légers, deux escadrons du 10e, deux escadrons de gendarmes hessois. En artillerie, il avait un obusier de 7 livres, six pièces de 6 et trois amusettes. Total : 10 pièces.

(2) Voir Vandamme à Moreau, 1er prairial (20 mai).

(3) Sichart.

(4) Deux situations de l'armée du Nord, aux dates des 14 et 24 mai, mentionnent le bataillon de l'Égalité comme faisant partie de la division Moreau. Bien que les situations ne donnent pas la répartition des brigades dans les divisions, on peut, par différence avec les troupes de Vandamme, en conclure que le bataillon de l'Égalité appartenait à la brigade Desenfans.

pas, et ce ne fut que le soir qu'ils purent être employés à jeter un pont en aval de Wervicke. Ce retard nous sauva : Vandamme, en effet, ne rentrait d'Ingelmunster et de Bavichove à son camp sur la Heule que vers 2 heures de l'après-midi, c'est-à-dire au moment même où Clerfayt arrivait devant Wervicke. Il y trouvait, tout d'abord, l'ordre de Moreau lui prescrivant de se porter par Gulleghem sur la chaussée de Rousselaere. Il se remettait aussitôt en route pour exécuter cet ordre; mais, aux environs de Ledeghem (1), il recevait de Moreau un nouvel ordre, déjà cité, qui lui prescrivait de s'échelonner le long de la Lys à Marcke, Lauwe, Reckhem, Wervicke, et dans lequel Moreau s'étonnait à tort du retard apporté à l'exécution par Vandamme. Il se reportait donc de Ledeghem sur Menin. Là, il recevait de Moreau un troisième ordre lui annonçant que « les postes de Wervicke venaient d'être attaqués. Au reçu de la présente, ajoutait-il, porte-toi avec toutes tes forces par Halluin sur Wervicke pour défendre le passage de la Lys; tu préviendras du mouvement ta gauche et ta droite, et Souham (2) ». Comme ses troupes étaient probablement très fatiguées, Vandamme résolut d'exécuter cet ordre, le lendemain, dès l'aube, et de s'arrêter à Menin (3). Pendant ce temps, le 14e bataillon de chasseurs occupait Commines.

Au moment où Clerfayt put jeter son pont, les deux localités de Wervicke et de Commines étaient donc respectivement occupées par le bataillon de l'Égalité (4) et par le 14e bataillon de chasseurs. Le pont jeté, Clerfayt

---

(1) Vandamme à Moreau, 1er prairial (20 mai).

(2) Moreau à Vandamme. L'original de ce document appartient à M. le lieutenant-colonel Chéré.

(3) Vandamme à Moreau, 1er prairial (20 mai).

(4) Situations de l'armée du Nord des 14 et 24 mai.

traversa la Lys, le 29 floréal (18 mai), à 1 heure du matin, avec deux bataillons de Wurtemberg, deux escadrons de Latour et un de Blankenstein ; ces forces tournèrent Wervicke et les retranchements qui le soutenaient, et forcèrent le bataillon de l'Égalité à se retirer sur Commines. Maître de Wervicke, Clerfayt dirigea sur Commines un bataillon de Wurtemberg, qui força les Français à reculer sur Warneton (1).

Le général von dem Bussche rassembla ses troupes, dans la nuit du 16 au 17 mai (27 au 28 floréal), à Saint-Léger ; et, après avoir détaché quatre bataillons et trois escadrons à Coeyghem, pour couvrir la chaussée de Courtrai à Tournay, il fit marcher ses forces à l'attaque de la position de Mouscron, dès qu'il put percevoir le bruit de l'artillerie de la colonne du général Otto. Cette marche s'exécuta en deux colonnes : la gauche, comprenant le 1er régiment d'infanterie et le 1er escadron du 7e de cavalerie, passa par Herseaux ; la droite, par Dottignies et Loinge. Ces deux colonnes repoussèrent, il est vrai, les troupes avancées de la brigade Compère, qu'elles replièrent, de poste en poste, avec la plus grande vivacité ; elles s'emparèrent même de Mouscron et du château de Mouscron. Mais bientôt, et malgré les progrès de la colonne Otto, vers Tourcoing, la brigade Compère tout entière prit l'offensive. Le 1er régiment d'infanterie, coupé de la 1re colonne par deux régiments de la cavalerie ennemie, perdit 5 officiers et 200 hommes, avant de pouvoir se faire jour dans la direction d'Herseaux. Tandis que la 1re colonne se retirait sur ce point, la 2e avait réussi à faire sa retraite sans pertes jusqu'à Dottignies. La colonne de von dem Bussche ne dépassait donc pas, le 17, la ligne Herseaux-Dottignies, alors que, d'après

---

(1) Ce récit est emprunté à la Relation de Clerfayt sur l'affaire de Linselles (K. K. A.), et au Récit abrégé de Vandamme.

le programme, elle aurait dû atteindre la position de Mouscron (1).

Le 16 (2), à l'entrée de la nuit, le F. M. L. Otto fit rompre ses troupes, du camp de Marquain, pour aller prendre leur position de rassemblement à Bailloeul, où elles arrivèrent, dans le milieu de la nuit. Convaincu de la nécessité de disposer d'une avant-garde pour entamer l'action, et d'une réserve pour limiter les revers ou achever les succès, et ne disposant que d'une seule route, Otto divisa ainsi ses troupes :

Avant-garde. — Le colonel Devay, avec quatre escadrons des hussards Archiduc Ferdinand, quatre compagnies du corps franc d'O'Donnel, et deux bataillons d'infanterie Joseph-Colloredo.

Corps principal. — Le général Montfrault et le général hessois Hannstein avec trois bataillons de Kaunitz, trois bataillons d'infanterie hessoise et deux escadrons de hussards Archiduc Ferdinand.

Corps de réserve. — Le géneral baron Petrasch avec 3 bataillons de grenadiers, la cavalerie anglaise et l'artillerie de réserve.

L'avant-garde du F. M. L. Otto s'avança, le 17, à 7 heures du matin contre Leers, et en chassa les postes avancés de la division Bonnaud; comme ces derniers occupaient aussi, avec deux bataillons, le village de Lis, situé sur la gauche de la colonne, force fut au F. M. L. Otto d'attaquer tout d'abord cette localité, avant de progresser sur Watrelos. Ce village enlevé, l'avant-garde

(1) D'après Sichart.

(2) Relation sommaire sur les affaires qui ont eu lieu les 17 et 18 mai 1794 à Leers, Watrelos et Tourcoing par le F. M. L. Otto (*K. u K. Kriegs Archiv.*).

marcha contre Watrelos, jeta des ponts sous le feu de l'ennemi sur l'Espierre, et en chassa les postes de la division Bonnaud. Elle s'élança alors rapidement sur Tourcoing, où elle surprit tellement le défenseur qu'il y abandonna sa viande dans ses marmites. A 2 heures de l'après-midi, Otto était maître de toute cette région. Comme le canon de von dem Bussche ne se faisait pas entendre, Otto envoya à Herseaux une patrouille qui s'y heurta aux Républicains. Enfin, à 4 heures, le bruit de ce canon put se percevoir ; mais au moment où le capitaine Meyer de l'état-major général, envoyé par Otto, pénétrait, à la tête de 60 chevaux, à Mouscron, il y trouvait les troupes de von dem Bussche en déroute. Pour remédier à cet échec et couvrir son flanc droit, Otto plaça sa réserve au delà de l'Espierre et occupa Watrelos par son corps principal. Comme il reçut alors l'ordre de renforcer son poste de Tourcoing, il y envoya le général Montfrault avec quatre bataillons (1). Il avait donc à Tourcoing son avant-garde renforcée de quatre bataillons ; à Watrelos son corps principal réduit à deux bataillons et deux escadrons ; enfin sa réserve au delà de l'Espierre (2).

La colonne du duc d'York (3), forte de quatorze bataillons, dix escadrons et dix-huit pièces (4), se mit en marche, à minuit, de Marquain en poussant aussi loin

(1) Relation sommaire sur les affaires qui ont eu lieu les 17 et 18 mai 1794 à Leers, Watrelos et Tourcoing, par le F. M. L. Otto (K. K. A.).

(2) D'après Sichart, il y aurait eu 7 bataillons 1/2 et 8 escadrons à Tourcoing ; 2 bataillons à Watrelos, et 3 bataillons et 3 escadrons à Leers.

(3) Relation des événements des 17 et 18 mai en ce qui concerne la colonne de Son Altesse le duc d'York. Tournay, le 22 mai 1794.

(4) 1 bataillon O'Donnel, 4 gardes anglaises, 3 infanterie anglaise, 2 Wenzel-Colloredo, 2 grand-duc Toscane, 2 régiments garde hessoise,

que possible, sans toutefois inquiéter l'ennemi. Elle s'arrêta à Templeuve, avec l'intention de reprendre sa marche, le 17, au point du jour; mais un brouillard épais empêcha de le faire avant 9 heures du matin. De même qu'Otto avait marché sur Leers avant d'attaquer Watrelos, la colonne, arrivée à la bifurcation de Willem et de Lannoy, prit ce double objectif. Le colonel comte Merveldt enleva Willem, sans grandes pertes, au moyen de l'infanterie I. et R., tandis que le reste de la colonne, sous les ordres du lieutenant général Abercromby, attaquait Lannoy, occupé par trois bataillons incomplets, quelques chasseurs, deux canons de 8 et un obusier de 6. L'avant-garde commença à tirailler avec le défenseur qui lui envoya quelques coups de canon auxquels elle riposta. Mais, sans attendre le résultat de cette préparation, la garde anglaise avança toujours en ordre, malgré le feu assez vif des Français, qui finirent par abandonner la localité. Ils le firent si hâtivement que deux escadrons de dragons légers, ne purent arriver à les tourner et à les couper (1). Les Républicains se retirèrent, partie sur Roubaix, partie sur les postes les plus voisins. Après avoir pris Lannoy, la colonne se porta aussitôt sur la hauteur en avant, où elle prit position, pour assurer la liaison avec les trois bataillons de ligne qui s'étaient jetés plus à gauche, et pour attendre l'arrivée de l'infanterie I. et R. de Willem. Dans Lannoy même, resta le régiment de la garde hessoise à qui furent envoyés, le lendemain matin, deux pièces anglaises de 6 et un obusier. Dès que la majeure partie de ces troupes fut avancée, la marche fut aussitôt continuée sur Roubaix ; en s'appro-

---

4 escadrons hussards A. Ferdinand, 6 dragons légers anglais des 9e, 15e et 16e. Artillerie : huit pièces de 12, six obusiers, quatre de 6.

(1) Le major d'artillerie Wright fut tué dans cette attaque qui ne coûta cependant guère de pertes à l'ennemi.

chant de cette localité, dans un terrain coupé et difficile, la garde et les trois bataillons de ligne, qui lui servaient de soutien, furent en butte à un feu de tirailleurs qui dégénéra en une vive canonnade et fusillade sous lesquelles ils progressèrent courageusement avec l'appui de leur artillerie. Comme le défenseur opposait une résistance assez opiniâtre, le duc d'York fit avancer les deux bataillons de Wenzel-Colloredo par un petit thalweg qui leur permettait de tourner la localité par son flanc droit. Mais, avant même que ce mouvement débordant ait pu faire sentir ses effets, elle fut enlevée à la baïonnette par les grenadiers et chasseurs réunis de la Garde suivis par toute la ligne qui s'avançait courageusement sur leurs traces.

A ce choc, les Républicains se retirèrent rapidement sur Mouvaux.

Cependant le régiment Grand-Duc de Toscane, qui s'était avancé juste à droite de Roubaix et un peu plus à gauche que Wenzel-Colloredo, nettoya de l'ennemi les buissons et les champs. Toute la ligne vint en même temps prendre position au delà de Roubaix, d'où elle détacha des troupes légères.

A peine étaient-elles à mi-distance de Mouvaux, qu'un feu violent les accueillit. Aussitôt, des dispositions furent prises pour résister à l'ennemi s'il prenait l'offensive ; ce qu'il n'osa pas. Comme, du reste, il se faisait tard ; que la troupe était fatiguée par les veilles, les marches, les combats et la chaleur ; et qu'enfin la subite résistance de l'ennemi laissait supposer qu'il avait fait de sérieux travaux défensifs à Mouvaux, le duc d'York décida de s'en tenir là pour le 17, d'occuper Roubaix par une forte avant-garde et de laisser le gros sur la hauteur de Lannoy. Il prenait déjà ses dispositions dans ce sens, quand l'Empereur lui ordonna d'enlever Mouvaux le soir même. Aussitôt le duc d'York remit ses troupes en mouvement et confia cette mission aux quatre bataillons de la Garde sous les ordres du général-lieutenant Abercromby.

Mouvaux est assez élevé et était couvert du côté de l'assaillant par d'épais buissons et de nombreux arbres; aussi ne pouvait-on s'en approcher que par des chemins déjà frayés. L'attaque principale eut lieu sur la chaussée; et le 3e bataillon de la Garde fut envoyé à droite par un chemin latéral pour attaquer ce village sur son flanc gauche. Malgré le feu violent d'artillerie et d'infanterie du défenseur, les troupes d'Abercromby ne cessèrent de progresser jusqu'à un long glacis au pied duquel s'arrêta l'attaque. Mais à ce moment, Abercromby, qui avait remarqué que le seul obstacle défendant les abords du village était un retranchement à fossé de faible largeur, fit venir les quatre escadrons du 7e et du 15e régiment de dragons légers. Sous la conduite du lieutenant-colonel Churchill, les dragons franchirent le fossé en poussant des hourras, tandis qu'au même moment le bataillon de flanc donnait l'assaut aux ouvrages situés devant lui. Devant cette double attaque, les Républicains abandonnèrent la lutte en laissant aux mains de l'assaillant deux canons et un obusier, et furent poursuivis sur une bonne distance à l'Ouest du village par la cavalerie et l'infanterie légère. Mais, comme il faisait nuit, le duc d'York occupa Mouvaux avec les quatre bataillons de la Garde, qui détachèrent les avant-postes nécessaires; les autres troupes, à l'exception de seize escadrons qui s'étaient joints à la 4e colonne, prirent leurs bivouacs à Roubaix.

La brigade anglaise de ligne, placée à cette occasion sous les ordres du général-major Fox, prit position en arrière de Roubaix pour observer Croix; les cinq bataillons autrichiens couvrirent, du côté de Tourcoing, Roubaix, où le duc d'York établit son quartier général. « Les avant-postes communiquaient sur la droite avec ceux du général Otto du côté de Tourcoing et de Watrelos; il ne fut pas possible d'en faire autant avec la colonne de gauche (1). »

La 4e colonne devait faire des démonstrations à Pont-à-Tressin et forcer le passage à Bouvines. A cet effet, son chef, le F. Z. M. Kinsky qui, dans la nuit du 16 au 17, avait rassemblé ses troupes à Froidmont, les divisa en deux masses dont la principale opéra sur Bouvines. L'autre, placée sous les ordres du G. M. de Wurmb, comprenait trois bataillons, trois compagnies d'infanterie légère et six escadrons (2). Dès l'aube, elle marcha du point de rassemblement de Froidmont sur la Maison-Blanche par Camphin et Baisieu, et détacha un bataillon et deux escadrons (3) sur Willem pour en chasser les défenseurs. Cette flanc-garde de droite, trouvant cette localité inoccupée, marcha parallèlement à la colonne en se dirigeant vers la Marque.

La division Bonnaud qui, par ordre de Souham, occupait le camp de Sainghin avec 10,000 hommes, et devait avec cet effectif défendre les passages de la Marque, de Hem à Pont-à-Marque, avait occupé Pont-à-Tressin et détaché à Camphin un poste qui se couvrait lui-même par une grand' garde à Petit-Baisieu. Le pont de Pont-à-Tressin était battu par de l'artillerie de position, et au château d'Anstaing se trouvait une batterie de quatre pièces qui prenait d'écharpe et presque d'enfilade le chemin Baisieu—Pont-à-Tressin.

La colonne principale du G. M. de Wurmb refoula les avant-postes de Petit-Baisieu et les rejeta sur leur

(1) D'Arnaudin. *Mémoires.*

(2) 1 bataillon Karl-Schröder, 1 de grenadiers hessois Eschwege, 1 de grenadiers hessois de Wurmb, 3 compagnies légères (1 de chasseurs tyroliens, 2 de fusiliers hessois), 1 escadron de chevau-légers Karaczay, 5 de dragons de la Garde.

(3) 1 bataillon de grenadiers de Wurmb et 2 escadrons de dragons de la Garde.

gros, qui fit mine de vouloir résister à Camphin. Alors les trois compagnies d'infanterie légère, soutenues par deux bataillons (1) attaquèrent Cherang et en repoussèrent les défenseurs sur Pont-à-Tressin. Pour faciliter cette attaque, la flanc-garde de droite qui avait passé par Willem voulut tourner Cherang; mais, manquant de vues par suite des couverts qu'offrait son terrain de parcours, elle se jeta trop à droite et vint se heurter contre un détachement de la division Bonnaud qui se tenait derrière la Marque.

La colonne de Wurmb et sa flanc-garde de droite étaient donc parvenues toutes deux sur la Marque; mais là, la première fut arrêtée par le tir de l'artillerie qui battait le pont et la chaussée de Pont-à-Tressin; l'autre, par l'obstacle de la Marque qu'elle ne pouvait ni ne devait passer d'après les ordres donnés. L'action sur ces deux points se borna donc à un combat indécis, pendant lequel les Républicains tentèrent en vain des retours offensifs au delà de la Marque. Devant la supériorité de notre artillerie, le G. M. de Wurmb, qui manquait d'ailleurs de munitions, fit rompre le combat, en retirant sa colonne principale entre Camphin et Baisieu, et sa flanc-garde de façon à couvrir le flanc droit de ce rassemblement. Toutes deux, hors de portée des feux des défenseurs, se tenaient cependant prêtes à profiter des progrès de Kinsky à Bouvines pour enlever le passage de Pont-à-Tressin.

Au Sud de Pont-à-Tressin, et à l'Est de la Marque, la division Bonnaud tenait encore le poste de Gruson. Cette occupation menaçait le flanc gauche de la colonne de Wurmb et gênait la liaison entre celle-ci et celle de Kinsky. Aussi le G. M. de Wurmb ordonna-t-il à sa cavalerie d'observer sérieusement ce point et de repous-

(1) 1 bataillon de grenadiers Eschwege et 1 bataillon Karl-Schröder.

ser l'ennemi s'il cherchait à en déboucher. Mais, vers 3 heures, le F. M. L. Kinsky craignant d'être ainsi tourné sur sa droite, envoya sur ce point un bataillon de Michel Wallis et un de Kospoth qui, éclairés par une division de hussards Archiduc-Léopold, en chassèrent les défenseurs, y prirent position et repoussèrent les tentatives qu'ils firent pour en redevenir maîtres.

La colonne de Kinsky se mit en route avant le jour et marcha droit sur Bouvines, en détachant sept compagnies d'infanterie légère (1), sous les ordres du major Lukich par Wannain sur Cysoing et au delà; et une autre (2), sous ceux du capitaine Oxs, par Cobrieu sur Louvil.

Après s'être emparé de la majeure partie du village de Louvil, le capitaine Oxs dut céder au nombre des défenseurs; mais le major Lukich, avec ses compagnies, vint le soutenir et l'aida à occuper ce point et à rejeter l'ennemi dans ses retranchements derrière la Marque. Il en résulta un combat d'usure qui dura de 9 heures du matin à 4 heures du soir.

Quant à la colonne principale de Kinsky, elle s'arrêta tout d'abord entre 7 et 8 heures du matin à la Chapelle-aux-Arbres, tant à cause du brouillard que du retard qu'avait subi la colonne de l'archiduc Charles et qui ne lui permettait pas d'arriver sur la Marque à 6 heures du matin. Vers 8 heures, Kinsky se remit en marche.

La division Bonnaud occupait, entre Louvil et Bouvines les censes de Clou et de Méchaume ainsi que les saillants des haies et les buissons s'étendant de Bouvines à Cysoing. Bouvines était lui-même défendu par une

(1) 2 compagnies de tirailleurs des frontières, 4 compagnies de fusiliers slavons.

(2) 1 compagnie de chasseurs hessois, dépendant du commandement de Lukich.

redoute armée de canons. L'attaque de cette dernière fut préparée par un feu violent d'artillerie sous l'appui duquel progressait l'infanterie. Mais, tandis que Kinsky attaquait la redoute de front par un bataillon et cherchait à la tourner par un autre, soutenu en arrière par un troisième, les défenseurs de l'ouvrage, profitant du répit que donnait l'arrêt produit dans ce mouvement par l'enlèvement des censes de Clou et de Méchaume, retirèrent tous les canons de la redoute et les reportèrent derrière la Marque. L'infanterie quitta elle-même cet ouvrage avec assez de célérité pour ne laisser aux mains de l'assaillant que dix prisonniers lorsqu'il se présenta à la barrière.

Grâce au renfort de ces pièces et de cette infanterie et aux batteries de position qu'ils avaient établies en arrière du pont; grâce enfin aux renforts d'infanterie venant de la redoute et de l'intérieur, les Républicains empêchèrent Kinsky de déboucher de Bouvines au delà de la Marque; mais ils échouèrent aussi dans toutes leurs tentatives pour reprendre pied au delà de ce cours d'eau.

Telle était la situation vers 4 heures. A ce moment, se fit sentir l'action de l'archiduc Charles, et la division Bonnaud, craignant d'être tournée, retira des hauteurs de Péronne les canons avec lesquels elle battait Louvil et Bouvines, et se replia dans la direction de Flers après avoir détruit les premières travées du pont de Bouvines.

Aussitôt, Lukich jeta une passerelle à Louvil, franchit la Marque et se mit à la poursuite du défenseur en retraite dans la direction de Sainghin. Au même moment, le G. M. Kovachevisch avec le bataillon de la garde Schröder arriva au pont de Bouvines, en fit rétablir les travées détruites, franchit la Marque et marcha vers Sainghin.

Comme la nuit était venue et qu'il était environ 8 heures du soir, Kinsky se borna à laisser à Sainghin l'avant-garde formée par l'infanterie légère de Lukich et le bataillon du général Kovachevisch, afin de s'assurer le débouché éventuel de Bouvines le lendemain; il laissa le reste de ses troupes sur la rive droite de la Marque, sur la ligne Gruson-Bouvines-Louvil.

La 5e colonne (1), sous les ordres de l'archiduc Charles, était forte de quatorze bataillons, dix-neuf compagnies d'infanterie légère et de trente-deux escadrons de cavalerie. Son avant-garde, commandée par le général comte Bellegarde, comptait trois bataillons d'infanterie, sept compagnies d'infanterie légère et sept escadrons (2). La colonne partit de Saint-Amand le 16 à 10 h. 30 du soir et arriva à Orchie le 17 au point du jour. Là, la nécessité de faire reposer la troupe et l'apparition d'un épais brouillard rendant tout mouvement impossible avant qu'il se fût dissipé, occasionnèrent un arrêt dont on profita pour former, en dehors de l'avant-garde, deux autres colonnes de manœuvre, l'une sous les ordres du prince d'Orange, l'autre sous ceux du G. M. Gumoens. La première comptait cinq bataillons, deux compagnies légères et six escadrons (3); la seconde, trois divisions, deux bataillons, deux compagnies légères et deux escadrons (4). Le reste des troupes était sous les ordres directs de l'archiduc Charles qui laissa à

(1) Emprunté à la Relation de l'archiduc Charles (K. K. A.).

(2) 1 bataillon de grenadiers Mallowetz, 2 bataillons Murray, 2 escadrons de carabiniers chevau-légers impériaux, 2 de hussards impériaux, 2 de uhlans Keglewitz. L'archiduc Charles y ajouta un escadron de Latour.

(3) 2 bataillons Jordis, 3 bataillons hollandais, 4 escadrons hollandais, 2 de hussards de Blankenstein. D'après le prince d'Orange, il n'y avait que 2 escadrons de hussards de Blankenstein (K. K. A.). D'après ce Prince également, un de ces 5 bataillons aurait été laissé pour occuper Orchie.

(4) 2 divisions Keubl, 2 bataillons hollandais, 2 escadrons Blankenstein. D'après le prince d'Orange, il y aurait eu 3 bataillons dont

Orchie une garnison provisoire de deux bataillons hollandais.

Dès que les diverses colonnes furent formées et le brouillard dissipé, l'avant-garde s'avança sur Capelle, que la division Bonnaud occupait avec un bataillon; attaqué par les compagnies légères, il fut bientôt repoussé, et, pendant sa retraite, il fut chargé par un escadron de hussards impériaux appartenant à l'avant-garde et commandé par le lieutenant-colonel Nagy. Mais en voulant avancer plus loin, cet escadron fut arrêté par un feu violent venant de Templeuve-en-Pesvele et du retranchement de Lalouette armé de canons. En attendant que l'infanterie pût arriver et déboucher de Capelle, Bellegarde fit partir en avant quatre escadrons (1) avec l'artillerie à cheval pour réduire au silence le feu de l'ennemi.

Comme la colonne hollandaise du général Gumoens, chargée de l'attaque de Templeuve-en-Pesvele n'arrivait pas, sans doute à cause des chemins fangeux qu'elle rencontra, Bellegarde fit avancer contre ce village l'infanterie légère qu'il détacha sous les ordres du colonel Jellachich du régiment de Murray, et qu'il fit soutenir par les volontaires de ce régiment. Appuyé par le feu bien dirigé de l'artillerie à cheval, ce détachement ne tarda pas à repousser les Français de Templeuve et des retranchements de Lalouette. Enfin Bellegarde assurait sa liaison par un petit détachement (2) avec la colonne du prince d'Orange. Quant à celle de Gumoens, voyant Templeuve pris, elle se dirigeait sur Pont-à-Marque où elle se réunissait à Bellegarde.

---

2 hollandais et 1 impérial, et les 2 divisions de Keuhl auraient été à sa colonne.

(1) 1 escadron de uhlans, 1 de Latour, 1 division de carabiniers chevau-légers impériaux.

(2) 1 compagnie légère et 1 escadron de uhlans.

La colonne du prince d'Orange s'avançait pendant ce temps contre Bersée; et, pour couvrir son flanc gauche dans la direction de Douai, le Prince fit traverser le bois de Bersée par 60 chasseurs et un peloton de dragons de Latour. En tête, il se fit précéder, comme avant-garde, d'un peloton de hussards (1), d'une compagnie légère, de 60 volontaires impériaux et de 60 volontaires hollandais. Comme il n'y avait aucune chaussée, le Prince héritier dut se frayer un passage à travers prairies et champs. Les Républicains occupaient une position fortifiée entre Vieux-Dieu et Pont-à-Beuvry. Le prince d'Orange fit alors ses dispositions pour les attaquer par les deux ailes, mais les Français ne l'attendirent pas ; après avoir tiré quelques coups de canon, ils abandonnèrent leurs retranchements en y laissant 30 caissons que le Prince fit brûler; puis ils se retirèrent sur les hauteurs de Mons-en-Pesvele.

Le prince d'Orange se borna à les suivre dans cette retraite par quelques coups de canon, occupa les retranchements avec un bataillon et deux canons, et poursuivit sa marche avec le reste de sa colonne sur Pont-à-Marque.

Les colonnes du général Gumoens, de l'archiduc Charles et du prince d'Orange convergeaient donc sur cette localité par Templeuve, Capelle et Bersée. Dès que les Républicains s'en aperçurent, et qu'ils virent leur retraite sur Lille compromise, ils se hâtèrent de se replier sur Pont-à-Marque, et, vigoureusement poursuivis dans ce mouvement, ils éprouvèrent de grandes pertes.

Pont-à-Marque était en effet l'objectif principal de Bellegarde. En vue de l'attaque de ce poste important et tirant une force considérable de ses retranchements,

(1) Hussards de Blankestein.

l'archiduc Charles se porta à l'avant-garde et la renforça de deux bataillons et de quatre escadrons (1).

En avant de ce village se trouvaient trois escadrons de cavalerie française qui parurent vouloir résister au début; mais, devant les pertes que leur occasionna la canonnade de l'attaque, ils se retirèrent bientôt. L'infanterie des Républicains postée derrière les retranchements commença alors à répondre par son feu.

Devant cette attitude, les Autrichiens s'efforcèrent de faire avancer leurs pièces de 12 et les déployèrent, ainsi que l'artillerie à cheval, à droite et à gauche de la chaussée pour faire un feu croisé.

Le bataillon de Murray fut détaché à droite vers le château d'Aigremont, et celui de Giulay à gauche vers Rupilly ; soutenus par un bataillon, ils devaient envelopper le retranchement par les deux ailes.

Cette menace provoqua du flottement chez les Républicains, qui emmenèrent les canons de la batterie placée près du pont et enfilant la chaussée. Pendant ce temps, l'archiduc Charles faisait avancer toutes ses troupes d'infanterie; mais, comme elles devaient toutes déboucher en forces suffisantes par cet unique défilé, la cavalerie en fut d'autant retardée, et l'on ne put lancer à la poursuite que de faibles détachements au fur et à mesure de leur débouché.

Ces derniers ne pouvaient attaquer les 5,000 Républicains qui se trouvaient derrière la hauteur de Fache. Cependant le mouvement et les progrès de ces détachements provoquèrent la retraite des Républicains jusque vers les moulins de Lille.

Une fois la brigade Osten refoulée, l'archiduc Charles ordonna à Bellegarde de se tourner vers Kinsky pour lui faciliter l'enlèvement de Bouvines, et, dans ce but, de

(1) 1 bataillon Giulay et 4 escadrons de hussards impériaux.

menacer le flanc droit de Bonnaud qui, par un feu très violent dirigé des hauteurs de Noyelle et de Sainghin, cherchait à empêcher la cavalerie autrichienne de s'avancer. Les carabiniers du duc Albert et les cuirassiers de Zeschwitz s'avancèrent en soutien de l'artillerie légère que Bellegarde poussait en avant avec ses troupes légères; mais la grosse artillerie dont disposaient les Républicains eut raison de cette artillerie légère et empêcha de déboucher avec la seule cavalerie et son soutien. Force fut donc d'attendre l'arrivée de l'infanterie; mais, fatiguée par une marche de nuit, par une longue étape, par les attaques précédentes, elle ne put arriver que trop tard et épuisée vers 5 heures du soir.

Néanmoins, comme l'archiduc Charles s'avançait avec elle en trois colonnes, ce dispositif fit encore craindre au général Bonnaud d'être tourné et coupé de Lille. Aussi abandonna-t-il le poste fortifié de Sainghin que l'archiduc Charles fit occuper aussitôt (1).

Cette Relation de l'archiduc Charles concorde assez bien avec celle que fit le soir même du 28 floréal, le général Bonnaud à Liébert : « Dans plusieurs endroits l'ennemi a essayé à passer l'eau ; partout il a été repoussé avec perte, jusque vers les 11 heures où j'ai appris qu'il avait forcé Pont-à-Marque et qu'une forte cavalerie cherchait à me tourner par ma droite, tandis que leur infanterie filait le long de la Marque dans le pays couvert. J'ai été obligé de mettre ma droite en potence, et à l'aide d'une redoute que j'avais fait construire hier, je suis parvenu, après une canonnade très vive, à les faire renoncer à leur projet; mais instruit de leur force dans cette partie, j'ai cru ne pouvoir me dispenser de faire retraite..... J'occupe en ce moment la position entre

(1) D'après la Relation de l'archiduc Charles sur la journée du 17 mai (K. K. A.).

Lezenne et Flers. » Son quartier général était à Hellemmes (1).

La tombée de la nuit et la grande fatigue des troupes de l'Archiduc ne leur permirent pas de dépasser la ligne Seclin — Grand-Ennetières — Pont-à-Marque. L'avant-garde observait à Grand-Ennetières l'ennemi retiré vers Lille, tandis que d'autres détachements couvraient les flancs et les derrières à Seclin et à Pont-à-Marque (2).

A la suite de cette journée, les colonnes de Cobourg n'avaient d'ailleurs aucune nouvelle de Clerfayt. A ce sujet d'inquiétude s'ajoutait encore celui que causait le retard de l'archiduc Charles : loin d'avoir atteint Lannoy, il s'était arrêté à Grand-Ennetières. Vainement le général Mack lui envoya-t-il à 1 heure du matin le capitaine Koller pour le prier de marcher aussitôt sur Lannoy. Le capitaine Koller s'acquitta de sa mission à 4 heures du matin ; mais malgré ses prières, l'entourage de l'archiduc Charles se refusa à l'éveiller, et la 5e colonne ne se remit en marche que le 18 assez tard dans la matinée (K. K. A.).

L'échec de von dem Bussche à Dottignies ; la position avancée qu'occupait le duc d'York à Mouvaux, et le retard de l'archiduc Charles modifiaient complètement l'aspect que devaient présenter le 17 au soir les emplacements respectifs des deux adversaires.

Position respective des Alliés et des Français le 17 au soir. — Le contour apparent des têtes de colonnes des Alliés était marqué par la ligne Commines—Wervicke—Herseaux — Dottignies — Tourcoing — Mouvaux — Sainghin—Grand-Ennetières—Seclin.

---

(1) Voir lettre de Liébert à Bonnaud, à Hellemmes, 28 floréal.

(2) D'après la Relation de l'archiduc Charles sur la journée du 17 mai (K. K. A.).

En face de ce contour apparent, la brigade Vandamme était à Menin ; celle de Malbrancq à Roncq ; Macdonald au Dronquart et à Neuville ; Compère à Mouscron ; Thierry à Ælbeke ; Jardon à Rolleghem ; Daendels à Belleghem ; enfin Bonnaud s'était retiré sur la ligne Tourcoing—Flers—Hellemmes (1) — Lezenne (2).

Plan d'attaque de Souham. — La seule comparaison de ces deux masses fait voir que toute celle des Français était concentrée vers le Nord à proximité des deux colonnes d'Otto et du duc d'York, tandis que celles de Kinsky et de l'archiduc Charles en étaient beaucoup plus éloignées.

Si l'on ajoute que Vandamme était au contact de Clerfayt, il était tentant, pour le commandement français, de neutraliser l'une de ces deux masses par l'autre qui, au besoin, l'attirerait aussi vers le Sud-Ouest, autant que possible sous le canon de Lille, pendant que le gros des forces françaises écraserait Otto et le duc d'York, avant que Kinsky et l'archiduc Charles intervinssent.

Ce fut cette solution qu'adopta finalement Souham dans le conseil de guerre qu'il avait commencé à tenir lorsque lui arrivèrent « les désastreuses nouvelles qui affluaient de toutes parts (3) ».

« Dans cette situation critique, raconte Thiébault, les généraux Souham, Moreau, et, je crois, Bonnaud..... réunirent un conseil de guerre..... Au nombre des propositions qui furent faites, celle d'un colonel frappa tous les assistants par l'importance des avantages qu'elle semblait assurer ; toutefois, il semblait impossible que la destruction d'une partie de la division du général Moreau n'en fût pas la conséquence. Un moment de silence suc-

(1) Journal de Bonnaud.
(2) Voir lettre de Bonnaud à Liébert, 28 floréal.
(3) Précis des opérations de la brigade Macdonald.

céda à la péroraison de ce colonel ; mais il fut de suite rompu par le général Moreau et en ces termes : « Il faudrait un bonheur sur lequel on ne doit pas compter pour que la moitié de ma division et moi nous ne fussions pas sacrifiés d'après ce plan ; mais ce n'en est pas moins le meilleur qui puisse être proposé, et par conséquent celui qui doit être adopté. »

Il ne semble pas que, comme le dit Thiébault, Bonnaud ait assisté à ce conseil. Il résulte, en effet, de la correspondance de Liébert, que les généraux qui y étaient présents étaient Souham, Moreau et Macdonald (1). L'archiduc Charles complète justement cette liste en y ajoutant le nom de Reynier (2) qui, étant alors adjudant général de Souham et ayant rédigé tous les ordres de cette division, semble avoir été un conseiller écouté de son général et avoir dû assister à cette délibération, ne fût-ce que pour en traduire rapidement la décision dans des ordres immédiats. Enfin, P. Lacroix, qui servait auprès de Macdonald, affirme qu'il a également pris part au conseil.

Quoi qu'il en soit, ce qui est à retenir ici comme une preuve de l'indomptable énergie et de l'esprit d'offensive qui animait alors les généraux de la République, c'est la décision qui résulta de ce conseil de guerre.

Trop souvent, dans des circonstances semblables, une telle réunion n'est qu'un moyen d'éviter les responsabilités et de se laisser aller sous le voile de l'anonymat à des résolutions dont on ne veut pas s'avouer l'auteur. Ici au contraire ce fut, suivant l'expression de l'archiduc Charles, « un des très rares exemples de l'histoire, où une conférence de plusieurs hommes a engendré une résolution vigoureuse, conforme au but ; il est à l'éloge

---

(1) Liébert à Pichegru, 28 floréal.

(2) Archiduc Charles, Mémoires.

de l'esprit qui animait alors les généraux de l'armée française (1) ».

Cette résolution et les circonstances critiques qui l'avaient provoquée étaient ainsi exposées le soir même du 28 floréal, par Liébert à Pichegru, alors en route pour rentrer, de l'armée des Ardennes, à l'aile gauche de celle du Nord, et arrivé à Réunion-sur-Oise.

Le général Liébert au Général en chef de l'armée du Nord.

28 floréal (17 mai).

J'arrive à l'instant de Courtrai et je n'ai malheureusement, mon cher général, que de très mauvaises nouvelles à t'annoncer. L'ennemi a attaqué aujourd'hui. Il s'est emparé de Wervicke et Commines autrichien, de Tourcoing, Watrelos, Roubaix, Lannoy, Mouvaux, Sainghin, Lesquin et Pont-à-Marque.

Bonnaud a établi son quartier général à Hellemmes, près Five. Les généraux Souham, Moreau, Macdonald ont arrêté que nous garderions la rive droite de la Lys, depuis Courtrai jusqu'à Commines, que la brigade de Malbrancq occuperait la gauche de Touques, sa droite appuyant au Blanc-Four, celle de Macdonald la position du Dronquart et Neuville, celle de Thierry le mont Castrel, celle de Daendels les hauteurs du Pottelberg, et celle de Vandamme la rive droite de la Lys, depuis Menin jusqu'à Courtrai. Cette disposition n'est combinée que pour la nuit du 28 au 29. Demain, le matin, nous attaquerons le flanc droit de l'ennemi avec toutes les forces que le général Souham a sous ses ordres dans la partie qu'il commande ; les troupes aux ordres du général Bonnaud l'attaqueront de leur côté. Reviens le plus vite que tu pourras ; si l'attaque réussit je t'expédierai un courrier le soir.

En résumé, cette décision du conseil de guerre faisait tenir la Lys, de Courtrai à Commines, par la brigade Vandamme, et concentrer sur l'ennemi tous les efforts des divisions Souham et Bonnaud, soit d'une quarantaine de mille hommes. D'après les emplacements respectifs que nous avons signalés plus haut, cette attaque décisive allait fatalement se heurter aux têtes de colonnes d'Otto

(1) Archiduc Charles. Mémoires.

et du duc d'York à l'exclusion des autres. C'étaient donc 40,000 hommes qui allaient se ruer sur 20,000 ; et comme l'attaque devait avoir lieu à 3 heures du matin, ils allaient ajouter à l'effet matériel de la masse l'effet moral de la surprise. Du reste, pour faciliter cette attaque, pour immobiliser les têtes de colonnes de l'archiduc Charles et de Kinsky, la garnison de Lille devait faire une démonstration sur les routes de Carvin et de Pont-à-Marque; et la division Drut, de Douai sur Pont-à-Marque par Pont-à-Raches en observant avec soin le chemin de Raches à Flines. « Le but principal, écrivait Liébert à Drut (1), est de faire diversion, d'inquiéter l'ennemi, de l'amuser, de l'occuper et de le forcer à diviser ses forces dans cette partie. » En dehors de ces deux diversions destinées à fixer l'archiduc Charles et Kinsky, la brigade Dewinter devait encore faire une autre démonstration sur les routes de Courtrai à Tournay et à Gand tout en couvrant Courtrai au Sud au moyen d'avant-postes occupant la ligne Bisseghem—Oudesmesse—le Pottelberg. Enfin, Dehay gardait Courtrai et pouvait la défendre éventuellement du haut de ses remparts.

Pour réaliser ce plan, les ordres suivants furent immédiatement envoyés par Reynier au nom de Souham. Il n'y avait pas de temps à perdre car l'attaque devait avoir lieu à 3 heures du matin. Aussi quelques-uns portent-ils la mention « Pressé » ou même « Très pressé ».

Le général de division Moreau au général de brigade Vandamme.

Menin, 28 floréal (17 mai).

ORDRE.

Le général de brigade Vandamme est prévenu que toutes les troupes à droite de la Lys attaquent demain matin l'ennemi du côté de

---

(1) Liébert à Drut, 28 floréal.

Tourcoing. Il sera chargé, avec sa brigade, de défendre le passage de la Lys depuis Courtrai jusqu'à Wervicke, Commines et Warneton.

L'ennemi est actuellement maître de Gheluwe et de Wervicke-Nord; outre le bataillon de l'Égalité, j'y ai envoyé le 14e bataillon de chasseurs, 400 hommes et deux pièces de 4. J'ai donné l'ordre d'envoyer à Warneton 100 hommes et une pièce.

En arrivant à Menin, il disposera ses troupes de manière à assurer toutes les communications de la Lys, et s'il croit devoir faire l'attaque de Wervicke-Nord et de Gheluwe par la rive gauche, il pourra l'exécuter. Je m'en rapporte sur ce mouvement à sa prudence et qui se trouve subordonné aux manœuvres que fera l'ennemi. Je te préviens que Desenfans a été attaqué. Il paraît qu'il a tenu. Watrelos et Pont-à-Marque ont été forcés; on croit même que l'ennemi est maître de Tourcoing et de Lannoy. A l'attaque du premier de ces deux endroits, une de ses colonnes a été battue. On amène actuellement à Menin 400 prisonniers. On a aussi pris 4 pièces de canon.

MOREAU.

P.-S. — Je t'ai fait chercher par un détachement de chasseurs qui n'a pu te joindre, il n'a trouvé que Malbrancq.

Le général Souham au général Malbrancq.

28 floréal (17 mai).

Le général Malbrancq attaquera demain, à 3 heures du matin, l'ennemi qui est à Tourcoing, en tournant le bourg par la gauche et passant pour cet effet par le Blanc-Four, jusque vers les moulins de Tourcoing. Il passera à droite vers le Franc-Fief et attaquera l'ennemi en flanc à Tourcoing, et de front, s'il se présente du côté de Roubaix. Il laissera quelques troupes pour occuper l'ennemi de front par le chemin de Blanc-Four.

Tourcoing forcé, le général Malbrancq poursuivra les troupes et se portera sur Roubaix, par le chemin du Carlier et se tournera par la fosse aux Chênes et Lommelet, en même temps que le camp de Sainghin attaquera Roubaix et Baisieu, et que les généraux Macdonald, Thierry et Compère attaqueront Watrelos.

Le général Malbrancq évitera, autant qu'il sera possible, de passer dans les villes et tiendra soigneusement ses troupes en ordre. Il correspondra avec le général Macdonald qui passera par Neuville et le pont de Neuville sur la droite de Tourcoing.

Mon quartier général sera à Menin, le parc à Halluin.

Le premier choc ayant réussi, je donnerai de nouvelles instructions sur les positions qu'on devra prendre. On devra toujours les pousser vivement et ne pas leur donner le temps de se rallier.

Le général Souham au général Macdonald, au Dronquart. (*Pressé.*)

Courtrai, 28 floréal (17 mai).

Le général de brigade Macdonald partira demain, à 3 heures du matin, pour attaquer l'ennemi à Tourcoing. Il passera pour cet effet par Neuville, le pont de Neuville, suivra de là le chemin de Tourcoing. Il attaquera par ce chemin du côté des moulins de Pontrain et des Récolets, tandis qu'avec le reste de sa troupe il prendra un chemin pour tourner Tourcoing par sa droite en s'emparant du moulin Fagot et en joignant le chemin qui conduit à la porte de Tournay.

L'ennemi forcé dans Tourcoing, le général Macdonald marchera sur Watrelos ou le point où il aura placé ses troupes de ce côté et l'attaquera en même temps que le général Malbrancq marchera par le chemin du Carlier, sur la droite de Roubaix et que les généraux Compère et Thierry attaqueront Watrelos, en passant par la Chapelle-Marlière et le Haut-Judas. Il le poursuivra ensuite du côté d'Estaimpuis, ou d'après les nouvelles instructions que je pourrais lui donner pendant l'affaire.

Le parc d'artillerie sera à Halluin.

SOUHAM.

Le général Souham au général Daendels.

28 floréal (17 mai).

Le général de brigade Daendels partira demain à 3 heures du matin, avec toutes les troupes qu'il commande, pour coopérer à l'attaque de l'ennemi, du côté de Watrelos ; il passera par Ælbeke, le moulin Cornélis, le château de Mouscron et Loinge. Il attaquera Herseaux et restera en observation du côté d'Estaimpuis et d'Évregnies, lorsque les généraux Compère et Thierry marcheront sur Watrelos.

Le général Daendels correspondra avec les généraux Compère et Thierry, qui partent de Mouscron sur sa droite, avec le général Jardon, qui passe par Tombrouck, Malcense et l'Épinette. Il ralentira ou accélérera sa marche, de manière à être toujours à la même hauteur que le général Thierry.

Le général Daendels éclairera soigneusement sa gauche et m'avertira promptement de tous les mouvements que l'ennemi pourra faire de ce côté.

Le parc sera à Halluin.

Le général Souham au général de brigade Jardon, à Sainte-Anne.
Très pressé.

28 floréal (17 mai).

Le général de brigade Jardon partira demain à 3 heures du matin, avec toutes les troupes qu'il commande, pour flanquer la gauche des troupes qui marchent du côté de Mouscron, Herseaux et Watrelos, observer tous les mouvements que l'ennemi pourrait faire du côté de Dottignies et Évregnies et l'inquiéter de ce côté.

Il passera par Tombrouck, ensuite Malcense et les moulins de Bourguerie où il restera en observation et poussant des partis sur Dottignies et Évregnies.

Il suivra ensuite le mouvement de la colonne du général Daendels sur Herseaux en se portant toujours à sa gauche et ayant bien soin d'éclairer le côté de Dottignies.

Il attaquera ensuite l'ennemi suivant les circonstances et les ordres que je pourrai lui faire passer par le général Daendels.

SOUHAM.

Le général Souham aux généraux Thierry et Compère.

28 floréal (17 mai).

Les généraux Thierry et Compère se concerteront pour attaquer demain à 3 heures du matin, sur deux colonnes, tandis que le général Macdonald attaquera et tournera la droite de Tourcoing par Neuville, le pont de Neuville et le moulin Fagot, le général Malbrancq par le Blanc-Four, sur la gauche de Tourcoing et le Carlier. Le camp de Sainghin attaquera Lannoy et Roubaix et le général Daendels par Ælbeke et Loinge sur Herseaux, le général Jardon par Tombrouck et Malcense, pour couvrir la gauche de l'armée, du côté de Dottignies.

L'une de ces deux colonnes devra se porter, à 3 heures du matin, sur la Chapelle-Marlière, en chasser l'ennemi qui pourrait y être, et envoyer un fort parti sur les derrières de Tourcoing et communiquer avec la gauche du général Macdonald. L'autre colonne passera par Mouscron au Haut-Judas. Ces deux colonnes marcheront ensuite sur Watrelos, la première par Montalleux en laissant des troupes sur le petit pont jusqu'à ce que Tourcoing soit évacué, et par le petit Courtrai; la seconde colonne passera sur la gauche d'Herseaux par le chemin qui passe au Toucquet et au petit Tournay, et attaquerait l'ennemi à Herseaux, s'il y tenait, tandis que Daendels attaquerait par la droite, en venant de Loinge.

Les généraux Thierry et Compère combineront la marche de ces colonnes et détermineront leurs points d'attaque d'après la connaissance qu'ils auront de la position de l'ennemi et feront part de tout aux généraux Macdonald et Daendels.

Nous devrons mettre de l'opiniâtreté dans cette attaque importante.

Si les généraux Compère et Thierry apprennent quelques mouvements de l'ennemi qui puissent annoncer qu'il évacue les postes qu'il a pris aujourd'hui, et qu'il se porte sur notre gauche du côté d'Évregnies et Dottignies, ils m'en donneront avis sur-le-champ. Le parc d'artillerie sera à Halluin. Le quartier général à Halluin.

Le général Souham au général de division Bonnaud.

28 floréal (17 mai).

J'ai été instruit fort tard de l'attaque que l'ennemi a faite sur la droite. J'étais occupé à suivre un mouvement que Clerfayt a fait sur la gauche de la Lys, et par lequel il est venu attaquer Wervicke et Commines, et à faire des dispositions pour l'attaquer. Il s'est maintenant trop éloigné vers Ypres, pour que j'aie pu l'attaquer. Je fais porter ce soir les brigades des généraux Macdonald et Malbrancq, formant 14,000 hommes, au mont Halluin, Neuville et Roncq; Compère et Thierry se battent encore au mont Castrel. Je les ferai attaquer demain à la pointe du jour Tourcoing et Watrelos et je les renforcerai encore par des troupes que j'enverrai d'ici.

Il est très nécessaire que tu fasses une attaque de ton côté, sur Lannoy et Roubaix, avec toutes les troupes que tu pourras y employer. Tu ne laisseras à Hellemmes, Flers, Annappes et Forest que les troupes qui seront nécessaires pour garder ta droite; pendant l'attaque sur Lannoy, tu devras laisser un corps en observation du côté de Sailly, afin de couvrir la droite. Tu feras, du reste, toutes les dispositions, d'après la connaissance que tu as de tes forces et de celles des ennemis. L'attaque doit être vive et opiniâtre. Il est de la plus grande importance que l'ennemi soit battu demain.

Mon quartier général sera à Menin, où tu m'adresseras les rapports que tu pourras avoir sur l'ennemi, sa position et les progrès de ton attaque. Je tâcherai d'aller voir ton attaque.

Le général Liébert au général Drut, commandant à Douai.

28 floréal (17 mai).

Tu as sans doute appris, Général, que l'ennemi nous a attaqués ce matin, qu'il s'est emparé de Pont-à-Marque, et qu'il a intercepté la route de Lille à Douai. Demain, à la pointe du jour, nous l'attaquerons à notre tour sur toute la ligne jusqu'à Courtrai; j'espère que nous reprendrons les postes que nous avons été forcés d'abandonner aujourd'hui. La garnison de Lille fera une sortie sur la route de Pont-à-Marque et sur celle de Carvin; mais, pour seconder favorablement cette opération, il est de toute nécessité que tu fasses une diversion sur la route qui conduit à Pont-à-Marque. Il s'agit donc de porter un corps de troupe par Pont-à-Raches sur la route de Pont-à-Marque, d'éclairer avec beaucoup de précautions le chemin de Raches à Flines, ainsi que les bois, de pousser en avant sur la route de fortes patrouilles de cavalerie avec une égale prudence, de reconnaître les positions et l'intention de l'ennemi, d'éclairer enfin la droite et la gauche et d'assurer la retraite par des corps placés en échelons. Je t'observe que les troupes qui feront ce mouvement s'avanceront sans se compromettre, ne s'engageront à rien de sérieux, le but principal étant de faire diversion, d'inquiéter l'ennemi, de l'amuser, de l'occuper et de le forcer à diviser ses forces dans cette partie. Je m'en réfère d'ailleurs à ta prudence et à la sagesse des mesures que tu prendras en conséquence pour concourir au succès des armes de la République.

Tu voudras bien, Général, m'accuser réception de cette lettre et me prévenir du résultat du mouvement que tu feras faire par des officiers intelligents, autant que possible.

Le général Souham au chef de brigade Dewinter.

28 floréal (17 mai).

Le chef de brigade Dewinter est prévenu que demain, à 3 heures du matin, les troupes des généraux Daendels et Jardon, qui sont à sa droite, en partiront pour attaquer l'ennemi du côté d'Herseaux et Watrelos. Il fera toutes les dispositions nécessaires pour rassembler le plus de troupes qu'il pourra sur la hauteur du Pottelberg et resserrer un peu ses avant-postes, afin qu'étant moins écartés, ils aient plus de forces. Il établira de nouveaux postes pour garder sa droite du côté de Belleghem et d'Oudesmesse.

Le chef de brigade Dewinter fera partir, avant 3 heures du matin, des découvertes sur toutes les routes, principalement de Tournay et de Gand, afin de cacher à l'ennemi notre mouvement et reconnaître ceux qu'il pourrait faire. Ces découvertes devront se répéter toute la journée et les troupes avoir la plus grande surveillance, afin d'être prêtes à bien recevoir les partis que l'ennemi pourrait envoyer.

Le triomphe du 29 floréal (18 mai 1794). — Nous avons

laissé Clerfayt au moment où, le 18 mai à 1 heure du matin, il franchissait la Lys avec deux bataillons de Wurtemberg, deux escadrons de Latour et un de Blankenstein, tournait Wervicke et dirigeait sur Commines un bataillon de Wurtemberg qui refoulait sur Warneton le 14e bataillon de chasseurs et le bataillon de l'Égalité.

Le passage de la Lys par le gros des forces de Clerfayt se fit alors en deux colonnes de la façon suivante (1) :

Le détachement d'avant-garde cité plus haut restait à Wervicke sous les ordres du colonel Vogelsang.

La 1re colonne, commandée par le F. Z. M. comte Sztarray, comprenait une avant-garde et un gros. L'avant-garde, sous les ordres du général-major de Borös, comptait un détachement d'infanterie légère (Laudon vert et Leloup) et trois escadrons de Blankenstein ; le gros, dont le chef était le G. M. Kollowrath, se composait de six bataillons et quatre escadrons (2).

La 2e colonne était sous les ordres directs de Clerfayt. Son avant-garde, conduite par le G. M. de Düring, comprenait deux compagnies de chasseurs hessois, quatre escadrons de chevau-légers de Darmstadt, et trois bataillons de Darmstadt. Le gros, sous les ordres des G. M. Spork, White et baron Ott, était formé de six escadrons et de cinq bataillons (3) dont l'un (4) restait rassemblé sur les hauteurs en avant de Wervicke. La réserve d'artillerie suivait la 2e colonne et avait pour soutien un escadron de Latour.

---

(1) Tableau de marche réglant le passage de la Lys en deux colonnes, le 18 mai au matin, à partir de la position de Wervicke, et la marche pour se rendre de Wervicke à Linselles (K. K. A.).

(2) 2 bataillons Wenkheim, 2 Sztarray, 2 Archiduc-Charles et 4 escadrons de dragons impériaux.

(3) 1 bataillon de grenadiers hanovriens, 2 anglais, 1 Schröder, 1 Callenberg, 2 escadrons anglais, 4 de Latour.

(4) Bataillon Callenberg.

La 1re colonne passait par le pont d'équipages jeté sur la Lys en aval de Wervicke et était dirigée par le capitaine d'état-major Petrich ; la 2e, par le pont fixe de Wervicke, guidée par le capitaine d'état-major Buday. L'une se dirigeait à travers champs sur Linselles; l'autre sur le même point par le Blaton.

Du côté des Français, à la brigade Vandamme, le 29 floréal (18 mai) vers 1 heure du matin, le 14e chasseurs avait été refoulé de Commines sur Warneton. Dès l'aube, Vandamme alla occuper une position sur la hauteur d'Halluin, faisant face aux deux villages de Bousbeck et de Linselles. Les deux bataillons du Mont-Cassel et du Mont-des-Chats (1) « furent, par un malentendu, retenus près de Gulleghem et n'arrivèrent à la position de Menin que (le 28) à 7 heures du soir, ce qui nous fit beaucoup de tort. Trois bataillons et le détachement des chasseurs du 21e régiment devaient encore rester à Menin, de manière qu'on n'avait en ce moment en forces disponibles qu'un bataillon de grenadiers, huit bataillons d'infanterie, un escadron de hussards du 8e, le 20e régiment de cavalerie, 30 cavaliers du 21e, deux pièces de 8 et deux obusiers d'artillerie légère et de position, sans infanterie légère pour l'attaque qui était ordonnée (par Moreau). Toutes ces troupes rassemblées près d'Halluin formaient à peu près un total de 10,000 hommes, et, d'après tous les rapports, le général Clerfayt occupait Bousbeck, Linselles, Wervicke et Commines avec 21,000 hommes de troupes autrichiennes ».

C'est dans cette situation que Vandamme devait, le 29 au plus tard dès l'aube, exécuter l'ordre déjà cité, qui le mettait au courant du plan des Alliés et qui lui enjoignait de défendre le passage de la Lys en lui laissant le choix des moyens.

---

(1) Récit abrégé....., par Vandamme.

« Il était très instant, écrit-il dans son Abrégé, d'attaquer l'ennemi pour l'arrêter dans sa marche et l'empêcher de couper la route de Lille en faisant sa jonction avec les Hanovriens et les Hessois. » Du reste, comme Clerfayt s'était déjà assuré le passage de la Lys, le seul moyen de l'empêcher de progresser était de l'attaquer de flanc (1).

« Les grenadiers, le 9e de Paris, le 1er régiment, le 2e bataillon du 45e régiment, 100 hussards et le détachement du 21e régiment de cavalerie se portèrent sur Bousbeck. Le 22e régiment, le 6e de la Seine-Inférieure, le 5e de Rhône-et-Loire et un escadron du 20e se portèrent sur Linselles. Le 24e et le Calvados occupèrent le centre avec le 20e et l'artillerie afin de se porter où leur secours pourrait être nécessaire (2). »

L'offensive que méditait Vandamme et en vue de laquelle il avait pris cette position d'attente, allait se réaliser fatalement par la direction et le but de la marche de Clerfayt; en prenant comme objectif Linselles, le F. Z. M. allait forcément se heurter à l'une des avant-gardes de Vandamme. Le choc se produisit en effet tout d'abord entre la colonne du F. M. L. Sztarray et le détachement de Linselles.

Ayant vu, dans la nuit du 17 au 18 mai (27-28 floréal) le 17e bataillon de chasseurs et le bataillon de l'Égalité se retirer sur Warneton, dès qu'ils avaient été chassés de Wervicke et de Commines, le F. M. L. Sztarray était persuadé qu'il n'y avait personne à Linselles. Aussi fût-ce contre toute attente (*ganz unvermuthet*) qu'arrivé à la ferme des Houblars, il vit attaquer en même temps l'avant-

(1) « L'ennemi étant parvenu à passer, j'ordonnai à Vandamme de l'attaquer. » (Souham à Pichegru, 30 floréal.)

(2) Récit abrégé....., par Vandamme.

garde et la tête de sa colonne par des feux d'artillerie qui venaient des moulins situés à sa gauche et à environ 500 pas. Pour comble de malheur, la colonne traversait un défilé, en dehors duquel ne se trouvait encore que la tête du régiment de Wenkheim, lorsqu'elle fut attaquée de tous côtés. A cette attaque, le F. M. L. Sztarray opposa une division de Wenkheim et un escadron de dragons impériaux, et réussit ainsi à procurer à sa colonne l'espace nécessaire pour se déployer hors du défilé.

A ce moment, Clerfayt arrivait à Linselles avec la colonne de droite; il en détacha aussitôt les renforts nécessaires pour prendre les Républicains en flanc, menacer leur retraite et les forcer ainsi à abandonner Linselles. La lutte se continua alors très vivement avec des alternatives diverses pendant quatre heures, de 10 heures du matin à 2 heures de l'après-midi; à ce moment, les troupes de Vandamme se trouvèrent refoulées vers le Nord, près de Bousbeck; et les charges de cavalerie, notamment celles d'une division de dragons sous les ordres du colonel comte Klenau, d'un escadron du même régiment sous le major comte Nostiz, et de deux escadrons de cavalerie anglaise, commandés par le lieutenant-colonel Hart, n'y contribuèrent pas médiocrement, en se répétant fréquemment et en empêchant les Républicains de se reformer. Cette dernière charge de cavalerie, qui est ainsi signalée dans le rapport de Sztarray, l'est aussi par Vandamme en ces termes : « A Bousbeck, le 8e régiment de dragons anglais chargea avec la plus grande impétuosité sur l'infanterie et enfonça les bataillons (1). »

Au même moment, le colonel baron Vogelsang débouchait de Wervicke sur Bousbeck avec ses deux bataillons et emportait ce dernier village où les Français

(1) Récit abrégé....., par Vandamme.

perdirent 5 canons « appartenant au 6e de la Seine-Inférieure, au 1er régiment et au 9e de Paris (1) ».

Mais les dragons anglais ne bornèrent pas là leurs attaques. « Ils continuèrent de charger avec beaucoup de témérité. Ils vinrent même jusqu'au village d'Halluin. Ils mirent l'épouvante dans le parc placé près de ce village. On a vu alors tous les caissons, toutes les voitures des vivandiers ainsi que l'artillerie, quoique peu nombreuse, fuir dans le plus grand désordre sur la route de Lille (2). » Toutefois « l'espèce de folie avec laquelle (les dragons anglais) avaient chargé ayant donné aux troupes (de Vandamme) la facilité de se rallier, il leur fut impossible de se retirer sans éprouver la plus grande perte (3) ».

La situation des deux adversaires était donc la suivante : Clerfayt occupait Bousbeck et Linselles et ses charges répétées avaient refoulé Vandamme, privé de tout point d'appui, jusque sur la route de Lille que bordaient ses troupes. « Les soldats fatigués des marches de la veille, de la nuit et de cette journée, découragés et effrayés surtout par la cavalerie, se battaient avec peine; mais alors arrivent les deux bataillons des chasseurs du Mont-Cassel et du Mont-des-Chats (4) » qui, par erreur, avaient tout d'abord été retenus près de Gulleghem. Ces bataillons « ont aussitôt l'ordre de se jeter en tirailleurs. Les compagnies d'infanterie de ligne détachées comme tirailleurs rentrent dans leurs bataillons; le calme et l'ordre se rétablissent ; un nouveau combat s'engage, et tout prend une face nouvelle ; on était réduit à se défendre, et maintenant on attaque. Honteux, pour ainsi

(1) Récit abrégé....., par Vandamme.

(2) *Ibid.*

(3) Les Républicains « prirent le colonel, l'étendard, 100 dragons et plus de 200 chevaux. » (Récit abrégé....., par Vandamme.)

(4) Récit abrégé....., par Vandamme.

dire, d'avoir cédé à l'ennemi quoiqu'il fût supérieur en forces, les soldats se battent avec un acharnement qui n'appartient qu'aux Français seuls. La résistance est longue, opiniâtre mais inutile ; en vain l'ennemi veut conserver la position qu'il occupe en avant de Bousbeck et de Linselles, il est obligé de l'abandonner, et la nuit seule peut mettre fin au combat. L'ennemi occupait encore ces deux villages, là étaient ses avant-postes. La brigade (Vandamme) bivouaqua à droite (à l'Ouest) de la route de Lille, faisant face aux villages de Bousbeck et de Linselles ; les deux bataillons d'infanterie légère furent placés en avant de la ligne, et leurs postes passèrent la nuit à la portée du fusil de l'ennemi (1). »

Clerfayt ne donne pas à son arrêt à Linselles et à Bousbeck les mêmes raisons que Vandamme. « Mon avant-garde, dit-il, était déjà voisine de Roncq où je poussais des patrouilles, quand j'appris que l'ennemi était très nombreux et que 5,000 hommes de renfort arrivaient encore de Lille ; je crus donc nécessaire de me rapprocher de mes ponts pendant la nuit et je me postai sur les hauteurs fortifiées du Blaton dans l'intention de reprendre le lendemain (19 mai) l'offensive. »

Des versions de Vandamme et de Clerfayt, il semble qu'il ne soit pas téméraire de conclure que la résolution, prise par Clerfayt, de se retirer sur le Blaton, a dû coïncider avec l'entrée en ligne des deux bataillons d'infanterie légère du Mont-Cassel et du Mont-des-Chats.

Le général de Hammerstein fut averti le 18 mai (2), par le capitaine Scharnhorst, envoyé par le F. Z. M. Clerfayt, que Commines et Wervicke étaient pris, et que

---

(1) « Je fis retirer ensuite une partie de ma troupe sur la hauteur d'Halluin, une autre à Roncq et le reste du côté de la Croix-Blanche. Nous passâmes la nuit dans cette position. » Vandamme à Moreau, 20 mai (1er prairial.)

(2) Sichart.

l'on marchait au delà de la Lys. Hammerstein reçut en même temps l'ordre du F. Z. M. de faire une attaque brusquée sur Menin qu'on présumait être faiblement occupé. Cette attaque devait avoir pour but de détourner l'attention de l'ennemi de la marche de Clerfayt sur Linselles et de le fixer en l'inquiétant pendant cette marche. En conséquence, Hammerstein fit reconnaître la place et attaquer le faubourg de Bruges par le Loyal-Émigrans et une compagnie du 4e bataillon de grenadiers avec quatre pièces de 6. Reçu par un feu violent de l'artillerie ennemie, il plaça la sienne de façon à battre les parapets, sans souffrir cependant du tir de son adversaire. Contre l'attente des Alliés, les canons de la place étaient nombreux, bien en position, et la garnison forte de 2,000 hommes. Hammerstein renonça donc à tout espoir d'enlever Menin et, dans la nuit du 18 au 19, il ramena ses troupes dans leur ancienne position de Gheluwe, qu'elles atteignirent à 2 heures du matin.

Rôle de la brigade Desenfans (1) *pendant l'attaque de Clerfayt.* — Pendant cette attaque, Moreau eut l'idée de prescrire à Desenfans « d'envoyer quelques forces (2) » joindre le bataillon du 14e chasseurs et celui de l'Égalité qui, chassés de Commines par la colonne de droite de Clerfayt, s'étaient retirés sur Warneton. Moreau pensait que ces forces pourraient « inquiéter beaucoup le flanc droit des troupes (de Clerfayt) qui avaient passé la Lys, et opérer une diversion heureuse (3) ». Malheureusement, ne sachant exactement où trouver Desenfans et

(1) La brigade Desenfans comprenait, le 29 floréal : le 4e bataillon du Nord, le 6e des fédérés, les 1er et 3e bataillons de la Marne, le 9e du Pas-de-Calais, et 2 escadrons très faibles du 21e chasseurs. — Voir Desenfans à Liébert, Bailleul, 29 floréal.

(2) Moreau au général Liébert, Roncq, 29 floréal.

(3) *Ibid.*

disposant d'un service d'ordonnance déplorable (1), il ne put mettre cette idée à exécution et dut laisser Desenfans agir de sa propre initiative. Mais ce dernier, qui était à Wytschaete en observation devant Ypres, loin de penser à une contre-attaque de flanc, se vit tourné et opéra sa retraite sur Bailleul et environs, où il vint prendre la position suivante :

4e bataillon du Nord : 4 compagnies au Sceau (2) (3);

6e des Fédérés : 3 compagnies sur la route de Bailleul à Armentières; 7 compagnies à Steenwoorde;

1er bataillon de la Marne : 4 compagnies à Meteren; le reste à Boesschepe;

3e bataillon de la Marne : 3 compagnies au Mont-Noir; le reste au camp sous Bailleul;

9e du Pas-de-Calais : 5 compagnies au camp sous Bailleul; 4 compagnies à Armentières et Houpplines (2) (3).

La colonne de von dem Bussche, le 18 mai. — Von dem Bussche resta toute la matinée du 18 dans la position qu'il occupait le 17 après son échec de Mouscron, c'est-à-dire à Dottignies, et envoya constamment de fortes patrouilles vers Loinge, Belleghem, et vers le F. M. L. Otto.

Il attendit ainsi les renforts que lui avait annoncés l'ordre du 18 mai au matin, pour marcher sur Mouscron, lorsque vers 8 heures il entendit sur la gauche un feu violent qui semblait s'éloigner : il en conclut que le F. M. L. Otto était vivement attaqué; et, de fait, vers 11 heures, les patrouilles ne purent plus communiquer avec lui. Vers 3 heures de l'après-midi, Otto lui fit dire

---

(1) Moreau au général Liébert, Roncq, 29 floréal.

(2) Desenfans à l'adjudant général Augé, 29 floréal.

(3) Desenfans avait détaché quatre compagnies du Nord et la valeur d'un escadron, sur la demande d'Augé.

qu'il était obligé de se retirer. Il ne resta donc à von dem Bussche que le parti de reculer derrière l'Espierre. A cet effet, il envoya à Saint-Léger un bataillon et deux pièces d'artillerie légère, sous la protection desquels la retraite se fit sans être inquiétée (1).

La colonne de Kinsky, le 18 mai. — On se rappelle que, le 17 à 8 heures du soir, Kinsky s'était assuré du débouché éventuel au delà de la Marque, en plaçant à Sainghin l'infanterie légère de Lukich et le bataillon du général Kovachevisch et laissant le reste de ses troupes sur la ligne Gruson—Bouvines—Louvil. A droite, le général de Wurmb tenait Baisieu et Camphin, prêt à profiter des progrès de Kinsky pour passer à Pont-à-Tressin.

Mais, le 18, le corps de Kinsky resta immobile, sans qu'on en trouve aucune explication dans son rapport, ni que la conduite de l'adversaire l'y ait en rien forcé. En effet, Bonnaud avait l'ordre de ne laisser qu'un rideau sur la Marque et de marcher avec le gros de ses forces contre Lannoy et Roubaix. Le rapport de Wurmb signale d'ailleurs que « l'ennemi resta tranquille toute la nuit; qu'au point du jour il avait disparu et que les chasseurs tyroliens et l'infanterie légère occupèrent les ponts et les rétablirent (2) ». Quant au rapport de Kinsky, il est muet sur toute opération pour le 18. Faut-il chercher l'explication de son inaction dans cette phrase des Mémoires de l'archiduc Charles : « La 5e colonne, colonne Kinsky, avait attendu la 6e, celle de l'archiduc qui, pour se reposer des fatigues de la veille, avait rompu tard. » Faut-il accepter les motifs invoqués par d'Arnaudin : « (Le 18) Kinsky n'avancera pas davantage.

(1) Rapport du général von dem Bussche, daté d'Audenarde, le 30 mai 1794 (K. K. A.).

(2) Relations sur l'affaire de Cherang et de Pont-à-Tressin, le 17 mai 1794. Camp de Marquain, le 18 mai 1794 (K. K. A.).

Kinsky sait ce qu'il a à faire, disait le général de ce nom aux aides de camp envoyés par l'Empereur, l'archiduc Charles et le duc d'York, pour lui recommander de poursuivre sa marche, de traverser la rivière de Marque et de tomber sur le camp de Sainghin, que la colonne de sa gauche était sur le point de prendre de flanc et par derrière. Dans le compte que le général Kinsky rendit depuis de sa conduite en cette occasion, il s'excusa sur l'extrême fatigue qu'avaient éprouvée ses troupes dans la marche qu'elles avaient eu à faire pour atteindre Cysoing et Pont-à-Tressin. Mais il est de fait que, de leur point de départ qui était à la gauche du camp en avant de Tournay, elles avaient eu au plus deux lieues à parcourir pour atteindre le lieu où elles s'arrêtèrent. On dirait que, dans ce quartier, on commençait déjà à se prêter à l'exécution du plan qui avait pour objet l'abandon des Pays-Bas dont on a parlé à la fin de la 2e partie du 1er volume (1). »

Sans nous associer à cette dernière insinuation, nous nous bornerons à noter cette inaction inexplicable qui a du reste été constatée généralement. « Les 10,000 hommes de la 4e colonne du F. Z. M. Kinsky, écrit Sichard, restèrent immobiles du soir du 17 à l'après-midi du 18 à 2 heures dans les plaines de Cherang et de Gruson pendant que, dans le voisinage, les ennemis prenaient à dos le duc d'York (2). » De Cherang, la colonne de Kinsky, après avoir été jointe par celle de l'archiduc Charles, rentrait à Marquain.

La colonne de l'archiduc Charles, le 18 mai. — On a déjà vu précédemment que fort inquiet du retard de l'archiduc Charles, le grand quartier général avait tout

(1) Mémoires de d'Arnaudin.
(2) Sichart.

d'abord élaboré un plan qui faisait abstraction de la 5e colonne. Mais Mack avait tâché de remédier à la situation en dépêchant à 1 heure du matin le capitaine Koller, dont on a lu plus haut l'infructueuse tentative. A 3 heures du matin, nouvelle solution : un ordre de l'Empereur prescrivait à l'archiduc Charles de laisser au delà de la Marque, devant Lille, dix bataillons et vingt escadrons, et de joindre avec le reste le corps de Kinsky pour marcher aussitôt avec lui sur Lannoy. (K. K. A.)

En exécutant cet ordre, l'archiduc Charles voulut aussi parer aux diversions de la division Drut sur la route de Douai à Lille (1) et de la garnison de Lille qu'avait imaginées Souham et par lesquelles il s'en laissa imposer.

Aussi, non content d'être couvert dans la direction de Lille par l'avant-garde de Bellegarde, qui était à Grand-Ennetières, l'archiduc laissa sur la rive droite de la Marque, dès 5 heures du matin, un corps composé de dix bataillons et vingt escadrons pour garder les ponts et les routes de Douai, de Lille, de Tournay, Lannoy et Tourcoing. Ce corps fut confié au G. M. Keim qui fut placé sous les ordres du prince d'Orange.

Celui-ci, ralliant le détachement du général Gumoens, se plaça à Pont-à-Marque et le détacha à Antreulle avec mission de se relier par Grand-Ennetières avec Bellegarde. Il eut à résister aux diversions de la division Drut venant de Douai.

Ayant ainsi pris ces mesures de sûreté exagérées, l'archiduc Charles devait, avec Kinsky, marcher sur Lannoy; mais l'absence de toutes nouvelles de Clerfayt, l'éloignement des troupes, leur fatigue, le relèvement des

(1) Voir à ce sujet la lettre de Drut à Liébert, datée de Pont-à-Raches, 29 floréal, 8 heures soir.

sentinelles et des postes, enfin les démonstrations venant de Lille retardèrent assez la marche de la colonne pour qu'à midi elle ne fût encore qu'à hauteur de la route de Lille à Tournay. Déjà cependant la tournure, généralement défavorable de l'entreprise, avait motivé la résolution de l'abandonner entièrement. L'archiduc y reçut donc l'ordre de revenir au camp, où il arriva à 5 heures de l'après-midi. Quant aux colonnes du prince d'Orange, elles n'y rentrèrent qu'à 11 heures du soir.

Il semble qu'en dehors de la fatigue des troupes qui devait être réelle, il y eut de la part de l'archiduc une prudence aussi exagérée que celle de Clerfayt au Nord. Dans ses Mémoires, l'archiduc se borne à dire que, le 17, sa colonne n'avait atteint Pont-à-Marque qu'au prix de grands efforts et que le 18, pour se reposer, elle n'avait rompu que tard. Il ajoute du reste que sa colonne et celle de Kinsky « se réunirent à Cherang, d'où elles se dirigèrent sur Marquain pour se réunir avec le reste de l'armée devant Tournay (1) ».

En résumé, la brigade Vandamme, la division Drut de Douai, une partie de la garnison de Lille et quelques postes de la division Bonnaud avaient tracé autour des 40,000 hommes des divisions Bonnaud et Souham une zone de manœuvre passant par Ennetières, Sainghin, la Marque, Sailly, Lannoy, Roubaix, Mouvaux, Tourcoing, Watrelos, l'Espierre, la Lys de Courtrai à Bousbeck, Lille.

Dans cet immense polygone, les divisions Souham et Bonnaud avaient toute liberté de manœuvre pour tomber de toute leur masse contre les deux colonnes d'Otto et d'York qui semblaient s'offrir en victimes à leurs coups, grâce au saillant très prononcé qu'elles formaient entre

(1) Mémoires de l'archiduc Charles.

les deux divisions. Ce saillant était d'autant plus facile à embrasser que, d'après d'Arnaudin, « les postes importants de Croix et de Lamponpont qui couvraient Roubaix et Lannoy du côté de Lille » n'étaient pas gardés par les troupes des Alliés.

A ces chances de succès, une seule condition pouvait manquer, c'est que le 18, les colonnes du duc d'York et d'Otto devançassent les Républicains. De fait, l'Empereur leur avait adressé pour le 18 (1) un ordre aux termes duquel le duc d'York devait pousser un fort détachement vers Linselles et faire tout le possible pour établir la communication avec Clerfayt, qui, selon toute vraisemblance, devait avoir au moins atteint la Lys le 17 au soir et y avoir jeté des ponts. En dehors de ce détachement, la colonne du duc d'York devait s'ébranler à midi le 18 pour attaquer Mouscron, en ne laissant à Tourcoing qu'une garnison d'un bataillon et de quelque cavalerie, qui enverrait de fréquentes patrouilles vers Roncq et Neuville.

Otto devait appuyer cette attaque au moyen de six bataillons pourvus de la cavalerie nécessaire; avec un autre détachement il devait faire des démonstrations contre Courtrai; enfin, le reste de sa colonne ferait sa jonction avec celle de von dem Bussche pour appuyer l'attaque de Mouscron.

De même que von dem Bussche assurait l'aile droite d'Otto et du duc d'York, l'archiduc Charles et Kinsky, qui devaient, dans l'esprit du commandement, être le 18 avant midi à Lannoy, s'avanceraient l'après-midi sur Watrelos où ils attendraient de nouveaux ordres.

Mais, comme on l'a vu précédemment, si Kinsky et l'archiduc Charles arrivèrent à se réunir le 18 à Antoing, ils n'allèrent pas plus loin et n'occupèrent ni Lan-

(1) Ordre de Sa Majesté l'Empereur pour le 18 mai 1794 (K. K. A.).

noy ni Watrelos ; von dem Bussche demeura inactif derrière l'Espierre.

Par conséquent, les deux colonnes d'Otto et d'York restaient découvertes sur leurs flancs et s'offraient toujours à l'enveloppement. Enfin, loin de s'y soustraire par le mouvement, elles se laissaient devancer dès l'aube par la division Souham.

La victoire de Macdonald et de Bonnaud, 29 floréal (18 mai). — D'après les ordres de Souham, le 29 à 3 heures du matin, Jardon devait surveiller l'Espierre, fixer éventuellement le général von dem Bussche, et couvrir ainsi le flanc gauche de Daendels qui devait attaquer Herseaux. En même temps Thierry et Compère attaqueraient Watrelos ; Macdonald et Malbrancq, Tourcoing ; Bonnaud, Lannoy et Roubaix en débouchant de la Marque.

La colonne Otto allait donc être attaquée par les brigades Compère, Thierry, Macdonald et Malbrancq.

En effet, le 29, dès le point du jour, il fut assailli du côté de Watrelos et Tourcoing. « Tourcoing, dit P. Lacroix, était notre lot (de la brigade Macdonald)..... Nous nous y portâmes le 29 à la toute petite pointe du jour. L'ennemi ne l'occupait pas. Sa ligne passait derrière le village dont il tenait les bouts de rues. Il les défendait par une grêle de boulets, de mitraille et de balles..... Nous entrâmes dans Tourcoing sans difficulté ; mais quand nous voulûmes le dépasser, alors s'engagea un feu des plus nourris et des plus meurtriers. Un seul coup de canon tiré par les ennemis du bout de la rue qui conduit à Roubaix cassa la tête à 13 soldats de la 3e demi-brigade. Cette troupe, comme toutes nos autres, souffrit beaucoup avant que de pouvoir trouver un terrain propice à son déploiement. Elle était suivie du 3e régiment de hussards qu'on avait plié jusqu'à nouvel ordre en colonne serrée sur la grande place. On le tenait là pour l'avoir sous la main. L'ennemi tirait à toute volée sur Tourcoing, et ses boulets sillonnaient partout (1). »

Otto s'opposait donc, par sa position à l'Est de Tourcoing, au débouché de la brigade Macdonald. En résistant ainsi, il se conformait à l'ordre qu'il avait reçu le 18 au point du jour, de se maintenir jusqu'à l'entrée en action de l'archiduc Charles. Conformément à cet ordre, il resta en position jusqu'à 8 heures, malgré les attaques furieuses des troupes de Macdonald. Mais, à ce moment, Otto entendit une canonnade vers Lannoy sur ses derrières, et le duc d'York lui fit même annoncer que ses troupes étaient battues et que Lannoy était occupé.

Voici ce qui s'était en effet passé du côté de la 3e colonne.

Le 17 à l'aube, le duc d'York occupait avec « quatre bataillons de la Garde la position retranchée de Mouvaux; la brigade de la ligne était en arrière de Roubaix, observant Croix ; dans Roubaix il n'y avait qu'un demi-bataillon ; deux bataillons de hussards occupaient Lannoy ; deux bataillons autrichiens, formant la réserve du duc d'York, avaient été, contre tout ordre et sur la sollicitation pressante du colonel Devay, portés à la colonne d'Otto..... La batterie de Congrève avait sa gauche à Mouvaux et sa droite protégée par quatre compagnies de la Garde ; les Coldstream furent retirés du corps d'Abercromby pour être joints à ces quatre compagnies... (2) ».

Telle était la situation du duc d'York, lorsque la brigade Malbrancq, qui devait tout d'abord déborder Tourcoing à la droite de Macdonald, fut dirigée par Souham contre Mouvaux. Masquant cette localité de front, elle la

(1) P. Lacroix. Précis des opérations de la brigade Macdonald.
(2) Journal de Harry Calvert, p. 215 et 216.

déborda au Nord dans la direction du Frenoy (1). Pendant ce temps les troupes de Bonnaud, débouchant de la Marque par les ponts laissés libres sur ce cours d'eau, c'est-à-dire par Lamponpont et Pont-à-Bruck, cherchaient à cerner Roubaix; une partie d'entre elles faisait donc jonction avec la brigade Malbrancq sur le Frenoy. Les quatre bataillons de la Garde, la batterie de Congrève et son soutien furent ainsi enveloppés et coupés du duc d'York.

Celui-ci avait bien entendu dès l'aube, à Roubaix, le bruit d'une tiraillerie lontaine; puis le colonel Devay lui avait appris que Tourcoing était vivement attaqué et lui demandait d'empêcher son aile gauche d'être tournée par la brigade Malbrancq. Pour satisfaire à cette demande, le duc d'York posta sur la route de Tourcoing le régiment Grand-Duc de Toscane. Peu à peu, le bruit de la fusillade s'accentuait surtout dans la direction de Favreuil—le Frenoy, et la brigade Malbrancq gagnait de plus en plus sur sa droite. Elle s'engagea bientôt avec le régiment Wenzel-Colleredo que le duc d'York voulut alors renforcer par le régiment Grand-Duc de Toscane, mais ce dernier s'était porté ailleurs sans qu'on pût savoir par quel ordre.

A ce moment apparurent les troupes de Bonnaud entre Mouvaux et Roubaix; en même temps, le duc apprenait qu'elles s'avançaient sur Lannoy.

Il était environ 8 heures du matin, et la situation était la suivante : Au Nord, Otto était fixé de front par Macdonald et débordé sur sa gauche par Malbrancq; entre Roubaix et Mouvaux, Bonnaud avait fait sa jonction avec Malbrancq vers le Frenoy et coupé les quatre bataillons de la Garde, la batterie de Congrève et son soutien; enfin, Bonnaud attaquait Roubaix et Lannoy.

(1) « Une autre partie de ma colonne se porta sur Mouvaux..... » (Malbrancq à Moreau, 2 prairial-21 mai 1794.)

Dès qu'il fut maître de ce village, il poussa ses troupes sur Néchin et Estaimbourg, pour couper la retraite d'Otto tout en couvrant sa droite par sa cavalerie (1) qui, de Hem et Forest, surveillait Kinsky. Pour répondre à cette tentative, Otto couvrit ses flancs et ses derrières par ses hussards Archiduc-Ferdinand et la cavalerie lourde anglaise, qui ne pouvait être employée ailleurs. La résistance de ces troupes, des grenadiers impériaux de la réserve et de l'infanterie hessoise du corps principal, arrêta les progrès des Républicains et donna le temps de se retirer au colonel Devay, qui commandait l'avant-garde près de Tourcoing et au général Montfraut, qui s'était joint à lui, le 17 au soir, avec quatre bataillons. C'est sans doute à ce moment qu'il faut placer la charge dont parle P. Lacroix : « Mon général (Macdonald) avait envoyé un bataillon de la 24e demi-brigade pour garder la route de Mouvaux et pour communiquer avec le général Malbrancq, qui devait attaquer à notre droite ; mais le chef de bataillon prit une position trop à gauche, ce qui risqua de devenir très funeste, car, l'instant d'après, nous vîmes arriver, par la rue de Mouvaux, des volontaires qui se sauvaient en criant : « Au secours » ! Ils étaient poursuivis par de la cavalerie que nous entendîmes fort distinctement. Dans la minute, il se fit un mouvement de bagarre parmi les hussards (pliés en colonne serrée sur la grande place de Tourcoing). Chacun quitta son rang en désordre. Rien ne put les arrêter. Ils étaient sourds aux cris de leurs officiers. (Mais) plusieurs de ceux-ci, qui se trouvaient vis-à-vis de la rue de Mouvaux, s'y précipitèrent ventre à terre en criant : « A moi hussards ! » Ils furent aussitôt suivis (vers Mouvaux) par une grande partie du régiment et n'aperçurent que quelques ennemis qu'ils poussèrent

(1) Bonnaud à Richard et Choudieu, 29 floréal.

très loin sur la route de Mouvaux. Ils revinrent ensuite prendre leur ancienne position (sur la place de Tourcoing). Cette première bagarre, occasionnée par une trentaine de hussards autrichiens, nous faisait mal augurer de la journée (1). »

Pendant ce temps, les troupes de Macdonald avaient la plus grande peine à déboucher de Tourcoing; néanmoins on parvint, dit encore Pamphile Lacroix, « à les former dans des jardins dont est entrecoupé le village. Dès lors nos attaques furent si vivement dirigées qu'à midi l'ennemi fut enfoncé et chassé de tous les points qu'il nous défendait. Nous mîmes parmi eux le désordre à son comble (2) ».

Otto était donc obligé de se retirer devant Macdonald et Malbrancq, de Tourcoing sur Watrelos ; mais, menacé au Nord de cette localité par le mouvement débordant des brigades Compère et Thierry qui forçait même Watrelos (3) et, plus au Nord encore, par celle de Daendels, Otto ne put tenir Watrelos et rétrograda jusqu'à Leers.

La résistance, opposée par Otto à Macdonald et Malbrancq jusqu'à midi, avait donné quelque répit au duc d'York, qui en avait profité pour ordonner à Abercromby de quitter Mouvaux en se retirant sur Roubaix ; à la brigade de ligne d'y attendre Abercromby ; enfin à l'infanterie autrichienne de rompre le combat et de se retirer en échiquier, sinon sur Lannoy, du moins sur Leers que tenait Otto. Mais ces prescriptions ne furent pas exécutées et la troupe recula dans le plus grand désordre, sous la pression de la brigade Noël de

(1) Bonnaud à Richard et Choudieu, 29 floréal.

(2) *Ibid.*

(3) « Le général Thierry forçait Watrelos. » (Souham à Pichegru, 30 floréal.)

la division Bonnaud, qui cernait la ville avec l'appui d'une charge du 6e hussards (1). Le duc d'York ne pouvant se diriger sur Lannoy, qui était aux mains de Bonnaud, voulut au moins le faire sur Watrelos; mais il apprit, à son grand étonnement, que Watrelos était également abandonné et occupé par les Républicains, qui tirèrent sur lui. Il fut donc forcé de s'échapper à travers champs en sautant avec peine un profond et large fossé. Suivant l'expression de Souham dans son Journal, « le duc d'York ne dut son salut qu'aux jarrets de ses chevaux (2) ».

A Leers, le duc d'York retrouva une partie de la colonne Otto qui, déjà rassemblée, lui permit de rallier ses troupes dispersées et de les renvoyer à l'occupation de la ligne Templeuve—Néchin—Leers.

Pendant ce temps, le général Abercromby cherchait à sauver son artillerie à la Congrève et ses quatre bataillons de la Garde en les ramenant en ordre de Mouvaux sur Roubaix. A Roubaix, il se trouva à la gauche de la brigade Malbrancq, qui crut lui couper la retraite en se dirigeant de Roubaix sur Leers; mais Abercromby, s'apercevant de la manœuvre, se rabattit sur Lannoy. Le général Bonnaud venait d'en chasser les Hessois sans avoir toutefois dépassé le village. Abercromby en profita pour défiler rapidement sous le feu des tirailleurs de Bonnaud, qui débouchaient de Lannoy. Son bataillon de flanc fut bien attaqué par des hussards républicains, mais ceux-ci furent contre-attaqués par des dragons légers. Abercromby put ainsi échapper à une perte qui paraissait certaine; il vint se former à Templeuve, non sans avoir perdu le bon ordre du début et la majeure partie de son artillerie.

---

(1) Bonnaud à Richard et Choudieu, 29 floréal.

(2) « Le duc d'York doit à ses chevaux le bonheur de nous avoir échappé. » (Souham à Pichegru, 30 floréal.)

Dans son rapport sur la bataille, Otto prétend avoir dirigé contre Lannoy un retour offensif qui aurait réussi ; mais, après cette attaque, la fatigue considérable de se troupes qui, depuis huit jours, ne cessaient de se battre de l'aurore à la nuit, et l'abandon par l'Empereur de tout espoir de voir arriver l'archiduc Charles, empêchèrent de pousser plus loin ce succès, et la retraite fut ordonnée à 5 h. 30 du soir. Toutefois, pour ne pas la rendre désastreuse, Otto se borna à renvoyer à Marquain sa cavalerie lourde anglaise qui ne pouvait, dans cette région, lui être d'aucune utilité, et attendit la nuit pour retirer son infanterie.

Il était resté du reste dans l'ignorance absolue de Clerfayt, dont on n'eut des nouvelles qu'à 7 heures du soir, le 18 (1).

Cette déroute coûtait au duc d'York : en tués, 2 officiers, 149 hommes de troupe et 74 chevaux ; en blessés, 34 officiers, 662 hommes de troupe et 69 chevaux ; en disparus, 17 officiers, 1,019 hommes de troupe et 186 chevaux ; sept canons de 12, quatre de 6 lourds, quatorze de 6 régimentaires, cinq de 3 livres, deux obusiers de 5 pouces 1/2, cinquante-sept caissons. Sur les chevaux perdus, il y en avait 165 de la cavalerie et 164 de l'artillerie.

Les pertes de la seule colonne du duc d'York étaient donc de 53 officiers, 1,830 hommes, 329 chevaux, 32 pièces et 57 caissons (2).

---

(1) Archives de Vienne (K. K. A.).

(2) Le 29 floréal, Bonnaud écrivait, de Lannoy, à Liébert : « Le général Noël me prévient qu'il est maître du parc de l'ennemi..... C'est une prise considérable en canons. »

Le même jour, Donzelot écrit de Lille au général Desjardins : « On nous amène 3 pièces de canon de l'ennemi, 5 caissons, 30 prisonniers. Ce matin on nous en a amenés 309. »

Souham écrivait le 30 floréal à Pichegru : « On a pris à l'ennemi

Quant à la perte totale des Alliés, le 18, elle était, d'après Sichart, de 100 officiers, 4,000 hommes, 60 canons, 2 drapeaux, 2 étendards et 1,500 prisonniers.

En l'absence de Pichegru et de Richard, qui n'arrivèrent que le 30 floréal, Choudieu rendit compte de cette belle victoire au Comité de Salut public : « La lettre de change tirée par les armées d'Italie et des Pyrénées sur celle du Nord, commence à s'acquitter ; la victoire est ici à l'ordre du jour comme sur les autres points de la République..... La division commandée par le général Bonnaud (1) a fait des prodiges de valeur. L'arme des Républicains (la baïonnette) a fait presque tous les frais du combat. L'ennemi est en pleine déroute ; plus de 60 pièces de canon sont en ce moment en route pour la ville de Lille, ainsi qu'environ 2,000 prisonniers..... La brigade du général Noël s'est emparée du parc d'artillerie tout entier..... »

Considérations sur la victoire de Tourcoing. — « Comme toujours, dit l'archiduc Charles dans ses Mémoires, le 18 mai, les dispositions simples triomphèrent des conceptions complexes ; l'idée vraiment pratique, décidée et énergiquement exécutée, de la théorie creuse qui minutieusement calculée sur le papier, est appliquée avec hésitation. De mouvements exécutés trop lentement résultent, dans la situation, des modifications auxquelles ne peuvent correspondre des modifications dans les dispositions. »

---

dans cette affaire 60 pièces de canon de divers calibres, des caissons et bagages, environ 1,500 prisonniers, dont plusieurs officiers supérieurs et 2 drapeaux..... »

(1) Choudieu au Comité de Salut public, le 29 floréal. Choudieu omettait Vandamme, Macdonald et Malbrancq parce qu'il n'avait encore reçu que la lettre de Bonnaud et qu'il n'avait « point encore de nouvelles officielles des divisions des généraux Souham et Moreau..... »

On ne saurait mieux résumer les causes de la défaite du côté des Alliés. Si l'idée générale de la manœuvre était simple en elle-même, le mode d'exécution était défectueux. Le point de départ de la principale colonne, celle de l'archiduc Charles, était trop éloigné; l'envergure du mouvement trop grande. A quoi servait de vouloir englober toute la division Bonnaud pour ne pas être menacé de flanc par elle, alors qu'on s'exposait au même inconvénient de la part de la division Drut en débouchant de Pont-à-Marque, et de la garnison de Lille en longeant la rive gauche de la Marque pour marcher sur Roubaix. N'était-il pas beaucoup plus simple de fixer la division Bonnaud par des attaques démonstratives contre les ponts de la Marque et de concentrer tout l'effort sur le seul front Mouscron-Tourcoing-Mouvaux, c'est-à-dire sur trois colonnes très liées entre elles et débouchant à même hauteur.

Dans l'exécution du mouvement, la faute principale incombe à la fois à Clerfayt et à l'archiduc Charles. On ne saurait admettre avec l'empereur François (1) que Clerfayt ait fait tout le possible jusqu'à la fin; si sa manœuvre jusqu'à Linselles est exempte de reproches, pourquoi est-il revenu de là au Blaton au lieu de poursuivre ses avantages? L'archiduc et lui avaient tous deux un objectif à atteindre, Clerfayt le 18 à Tourcoing, l'archiduc le 17 à Pont-à-Marque. Puisque ces objectifs étaient fixés et que le succès dépendait du moment où les généraux devaient s'y trouver, toute considération devait céder le pas à celle-là. Sichart admet que l'archiduc Charles a été atteint, dans la nuit du 16 au 17, d'une maladie chronique qui le laissa pendant plusieurs heures sans connaissance. Si le fait est vrai, pourquoi, comme le dit Sichart, son état-major ne se

(1) L'empereur François à Clerfayt, 20 mai 1794 (K. K. A.).

substitua-t-il pas à lui pour faire partir la colonne à temps? Le lendemain, quand l'archiduc Charles marcha de Grand-Ennettières sur Lannoy, il se laissa abuser par de simples démonstrations venant de Douai et de Lille, de même que Clerfayt se laissa tromper par l'intervention de deux bataillons légers de Vandamme. Tous d'ailleurs, sauf Otto et York, péchèrent le 18 par un excès de prudence extraordinaire : Kinsky en attendant l'archiduc ; von dem Bussche en se laissant amuser par Jardon et Daendels. Cet excès de prudence, cette extrême lenteur dans les mouvements eurent pour effet d'offrir tout spécialement aux coups de l'ennemi les colonnes d'Otto et du duc d'York qui seules avaient exécuté les ordres reçus. Sir Harry Calvert, l'aide de camp du duc d'York, reproche amèrement à l'empereur d'Autriche d'avoir forcé le duc d'York à prendre Mouvaux le 17 au soir. « Rien, dit-il, ne peut égaler la folie qui dicta cet ordre, si ce n'est l'aveugle obstination avec laquelle l'Empereur y persista malgré toutes les représentations. » Certes, l'occupation de Mouvaux facilita l'enveloppement et empêcha la Garde de défendre Roubaix et Lannoy; mais, à l'exception de ce surcroît de quatre bataillons dont ces deux villages auraient bénéficié, l'abandon de Mouvaux le 17 n'aurait empêché ni Bonnaud, ni Macdonald, ni Malbrancq, ni Thierry, ni Compère de produire, par leur action convergente et leur supériorité numérique écrasante, l'effet de surprise qui amena la déroute des Anglais.

Du côté des Français les causes du succès étaient dans la vigilance de Souham qui suivit pas à pas les mouvements de l'ennemi et déploya le 18 une activité extraordinaire; celle-ci se traduisit par trois séries d'ordres respirant avant tout l'offensive, et indiquant à chacun la nécessité de vaincre. Non contents d'avoir ainsi préparé la victoire, les généraux Souham et Moreau mirent le plus grand soin à surveiller l'exécution de la manœuvre qu'ils avaient combinée. Au plus fort de la bataille, Souham, qui vient de pénétrer dans Tourcoing avec Macdonald, écrit à Moreau qui est à Roncq : « Macdonald avance ses troupes dans Tourcoing..... Malbrancq va attaquer Mouvaux et de là se porter sur Roubaix. Je vais voir Thierry, Compère et Daendels pour les faire agir vivement sur le flanc de l'ennemi. De ton côté, fais promptement avancer Vandamme..... (1). » Aussitôt Moreau met en deux mots Vandamme au courant de la situation et lui signale la nécessité de « se mettre en travers de Linselles », « d'empêcher la jonction des colonnes ennemies » et de ne pas laisser « prendre Malbrancq à dos (2) ». Enfin Souham et Moreau ne cessent de correspondre avec Liébert à Lille : « En adressant à Roncq tes dépêches, lui dit-il, elles y trouveront ou Souham ou moi. Nous y viendrons d'heure en heure (3).

A cette activité de tous les instants, qui se manifestait aussi bien dans la préparation que dans l'exécution, ces jeunes généraux de 30 ans ajoutaient la plus noble conception de leurs devoirs envers la Patrie. Quelle abnégation sublime que celle de Moreau se sacrifiant pour le salut commun ! Quel exemple — d'autant plus frappant qu'il est plus rare — que celui de ces lieutenants privés de leur chef, mais sachant malgré tout prendre en conseil de guerre une résolution des plus énergiques et éminemment appropriée au but à atteindre. Suivant l'expression de l'archiduc Charles, cet exemple « fait l'éloge de l'esprit qui animait alors les généraux de l'armée française ! »

La journée du 30 floréal (19 mai 1794). — On a vu que le soir du 29 (18 mai), Vandamme avait bivouaqué à

(1) Souham à Moreau, Tourcoing, 29 floréal (18 mai).
(2) Moreau à Vandamme, Roncq, 29 floréal.
(3) Moreau à Liébert, Roncq, 29 floréal.

droite de la route de Lille ou plus exactement partie sur la hauteur d'Halluin, partie à Roncq, et le reste du côté de la Croix-Blanche, face à Bousbeck et à Linselles occupés par Clerfayt. Ce résultat avait été dû aux décisions concordantes prises par Clerfayt pour se rapprocher de ses ponts, et par Vandamme pour reprendre l'offensive à l'arrivée des bataillons de chasseurs du Mont-Cassel et du Mont-des-Chats. Mais, avant d'obtenir ce résultat, la brigade de Vandamme avait été vigoureusement chargée par le 8e dragons anglais qui y avait semé une panique momentanée.

Pour remédier à cette situation, Souham profita de la déroute d'York, qui était un fait accompli dès 5 h. 30 du soir, et retira de cette partie du champ de bataille les brigades Macdonald, Daendels (1) et Malbrancq; il les dirigea le soir même vers Vandamme, tandis qu'il laissait Bonnaud, Compère et Thierry (2) pour surveiller le duc d'York en gardant la position de Lannoy et de Watrelos. « Il est important, écrivait-il à Macdonald, que tu reviennes ici avec toutes tes troupes et la cavalerie que tu pourras, ne laissant à la poursuite de l'ennemi que ce qui sera nécessaire pour qu'il ne s'aperçoive pas du mouvement..... Envoie toujours des chasseurs à cheval en avant. Nous devons attaquer promptement Clerfayt. » Et il ajoutait : « Malbrancq marche sur Linselles (3). » « De Mouvaux, dit en effet Malbrancq (4), je reçus l'ordre du général Souham de me porter de suite avec toute ma brigade à Linselles que je devais attaquer par la gauche pour favoriser le général Vandamme. J'y arrivai sur les 8 heures du soir. » Quant à Macdonald et

(1) Souham à Pichegru, 30 floréal (19 mai).
(2) *Ibid.*
(3) Souham à Macdonald, 29 floréal (18 mai).
(4) Malbrancq à Moreau, 2 prairial (21 mai).

à Daendels, qui étaient à la poursuite du duc d'York vers Leers, ils revenaient promptement, le premier au Blanc-Four et à la Croix-Blanche, le second au mont Halluin (1). Mais « toutes ces troupes avaient beaucoup de chemin à faire pour revenir dans ces positions ; elles ne purent y arriver qu'à la nuit, et trop tard pour attaquer Clerfayt (2) ». Seul Malbrancq put engager le combat ; mais il n'y avait pas une heure qu'il se battait à Linselles, lorsqu'il « reçut ordre de se retirer sur Bondues jusqu'au lendemain matin (3) ».

La situation dans la nuit du 29 au 30 floréal était donc la suivante. En face de Clerfayt, dont le gros occupait le Blaton et les avant-postes Bousbeck et Linselles, se trouvaient Vandamme à Halluin, Roncq et la Croix-Blanche; Malbrancq en face de Linselles; Macdonald au Blanc-Four et à la Croix-Blanche ; Daendels au mont Halluin.

L'attaque devait recommencer le 30 floréal dès l'aube sous le commandement de Moreau, d'après l'ordre ci-après dont on ne saurait trop remarquer la netteté et la vigueur.

Le général Moreau au général Vandamme.

Tourcoing, 29 floréal (18 mai).

ORDRE.

Le général Vandamme réunira demain à 3 heures du matin toutes ses troupes à Roncq, afin de marcher directement sur Linselles, et, par les moulins des Voirines, sur la droite de ce village; il retirera ses troupes qui sont à Halluin et en avant, lorsque les troupes du général Daendels descendront du mont Halluin pour marcher sur le Colbra.

Le général Malbrancq fera en même temps l'attaque de Linselles et du Blaton par la gauche.

Le général Macdonald reste en observation au Blanc-Four et à la Croix-Blanche pour servir de réserve.

(1) Souham à Pichegru, 30 floréal (19 mai).

(2) *Ibid.*

(3) Malbrancq à Moreau, 2 prairial (21 mai).

Si l'ennemi s'était retiré cette nuit, le général Vandamme m'en donnera sur-le-champ avis afin que je fasse mes dispositions pour le poursuivre.

MOREAU.

P.-S. — Mon quartier général sera établi demain au Blanc-Four.

En se rapprochant le 18 au soir de ses ponts, Clerfayt avait aussi l'intention de reprendre l'attaque le 19 mai (30 floréal) dès l'aube. Mais, dans la nuit, il apprit, par le capitaine Palfy, la retraite des deux colonnes d'Otto et du duc d'York et reçut l'ordre de repasser la Lys et de se retirer sur Rousselaere (1). Il commença donc aussitôt à ramener ses troupes de Linselles et de Bousbeck pour les rapprocher de la Lys. Aussi, lorsque le 30 floréal à 3 h. 30 du matin, Vandamme et Malbrancq marchèrent sur Linselles, ils le trouvèrent évacué. Ils entamèrent alors la poursuite de l'ennemi, l'un par les Voirines, l'autre par le Blaton, et vinrent tous deux se placer en face des hauteurs de Wervicke, Vandamme à droite, Malbrancq à gauche et vis-à-vis « des deux moulins qui font face au Blaton (2) ». Lorsqu'ils prirent position, Clerfayt avait déjà passé la Lys, replié ses ponts de bateaux et rendu impraticables les ponts fixes. La cavalerie des Républicains, qui s'y présenta la première, ne put donc passer et fut même canonnée par l'arrière-garde qu'y avait laissée Clerfayt sous les ordres du colonel de Gontreuil. Cette arrière-garde continua encore à se canonner avec Vandamme et Malbrancq jusqu'à ce que Clerfayt eût pris avec son gros une avance suffisante. Elle rompit alors le combat, et tandis que Vandamme perdait une demi-heure (3) à rétablir le pont, Macdonald

(1) K. K. A. de Vienne.
(2) Malbrancq à Moreau, 2 prairial (21 mai 1794).
(3) Récit abrégé....., par Vandamme.

et Daendels allaient passer la Lys à Menin (1); enfin Malbrancq restait sur la rive gauche pour surveiller ce fleuve entre Wervicke et Commines (2) (3). En même temps que Malbrancq couvrait ainsi la gauche de Vandamme, Macdonald et Daendels, en débouchant de Menin sur Gheluwe, le mettaient à l'abri de tout retour offensif de l'ennemi dont ils précipitaient la retraite.

Tandis que Vandamme et Malbrancq attaquaient Clerfayt sur les hauteurs de Wervicke, la garnison de Menin attaquait les avant-postes d'Hammerstein à 4 h. 30 du matin le 30 floréal. « Je fis faire, dit Vandamme (4), par 150 hommes et 30 hommes à cheval une sortie de Menin le 30 au matin avec une pièce de canon. » Ils se portèrent sur Gheluwe, afin de donner ainsi des craintes aux défenseurs de Wervicke sur leur ligne de retraite. Ce petit détachement réussit bien en effet à refouler les avant-postes d'Hammerstein au delà de Gheluwe ; mais celui-ci fit aussitôt avancer ses trois régiments de cavalerie, le régiment du Corps et le 10e régiment de dragons légers sur la chaussée ; à droite le major de Linsingen avec le 9e régiment de dragons légers investit Gheluwe ; le 1er bataillon de grenadiers avec deux pièces de 6 suivait en soutien. Les piquets de dragons attaquèrent le détachement de Vandamme avec une grande vio-

(1) Souham à Pichegru, 30 floréal (19 mai).

(2) Vandamme à Moreau, 1er prairial (20 mai).

(3) Moreau à Vandamme, 30 floréal (19 mai) : « Tu te rabattras sur-le-champ vers Menin où tu passeras la Lys et tu te mettras à la suite de l'ennemi avec Macdonald et Daendels qui y sont actuellement. Cependant il vaudrait mieux que tu puisses passer par Wervicke..... en prévenant Malbrancq de défendre le passage de la Lys, même d'attaquer Commines..... »

Souham à Macdonald, Menin, 30 floréal : « Le général de brigade Macdonald viendra sur-le-champ à Menin..... afin de faire une sortie par la porte d'Ypres sur Gheluwe et Wervicke..... »

(4) Vandamme à Moreau, 1er prairial (20 mai).

lence (1) (2); ils tombèrent sur lui avant qu'il ait pu se retirer; les trois quarts en furent pris, et le reste se retira sur Menin avec sa pièce de canon (3). Cet échec retarda sans doute la poursuite de Macdonald et de Daendels.

Après ce succès, Hammerstein fut renforcé par le F. Z. M. Clerfayt, de deux bataillons, une division de hussards, un escadron anglais et quatre compagnies de Laudon-vert pour former l'arrière-garde; il prit dans ce but une position à Dadizeele. Pendant ce temps, les autres troupes de Clerfayt se retiraient par Becelaere et Moorseele (4).

Comme à 2 heures du soir (5), les colonnes de Clerfayt étaient hors de cause; comme les brigades Daendels et Vandamme n'atteignaient que les arrière-gardes d'Hammerstein à Dadizeele (6), celui-ci se retira sur Rousselaere tandis que Clerfayt arrivait à Iseghem; ainsi toutes les forces alliées de la West-Flandre prenaient une position provisoire derrière la Mandel (7).

Quant aux brigades Vandamme, Macdonald et Daendels, elles cessèrent bientôt la poursuite dans cette direction et vinrent occuper les positions indiquées plus loin.

Emplacements du 19 mai (30 floréal). — a) Troupes alliées. — On vient de voir que le corps de Clerfayt

---

(1) Sichart.

(2) Vandamme à Moreau, 1er prairial (20 mai).

(3) *Ibid.*

(4) D'Arnaudin.

(5) Sichart.

(6) Souham à Moreau, 30 floréal : « L'ennemi étant déjà trop éloigné, je n'ai pas pu le poursuivre..... »

Souham à Pichegru, 30 floréal : « On ne joignit près Dadizeele qu'une petite arrière-garde que l'on poursuivit jusque près de Rousselaere..... »

(7) D'Arnaudin.

s'était retiré sur Iseghem et celui d'Hammerstein sur Rousselaere, derrière la Mandel.

Les troupes de Cobourg, qui s'étaient repliées le 18 au soir sur le camp en avant de Tournay, employèrent la journée du 19 à rectifier leur répartition dans ce camp.

Un ordre de Cobourg, daté du 19, semble en effet régler cette répartition pour le jour même.

Les troupes du camp se divisaient en aile droite sous le commandement de l'archiduc Charles et aile gauche sous celui du duc d'York.

L'aile droite était sur deux lignes, couvertes dans la direction la plus dangereuse par une avant-garde et sur le flanc droit par une nombreuse cavalerie et par une flanc-garde : la 1re ligne comprenait dix bataillons (1); la 2e, huit bataillons et quatre escadrons (2); l'avant-garde forte de trois bataillons, dix escadrons et six compagnies légères de Slavons, campait sur les hauteurs de Marquain; la cavalerie de l'aile droite comptait vingt-quatre escadrons (3); enfin le corps de flanc-garde stationné à Ramegnies était composé de quatre bataillons, deux escadrons et huit compagnies d'infanterie légère (4). Il était destiné à soutenir le corps de von dem Bussche sur l'Espierre; et pour protéger l'aile droite de l'armée de Cobourg, il se tenait en constante liaison avec le général von dem Bussche.

L'aile gauche comptait seize bataillons et douze esca-

---

(1) F. M. L. Bruglach. — G. M. Keim : 2 bataillons Giulay; 2 Kaiser; 2 Jordis. — G. M. Finke : 2 bataillons Joseph-Colloredo; 2 Grand-Duc de Toscane.

(2) Hollandais.

(3) F. M. L. Schmerzing. — G. M. Prince de Lorraine : 6 escadrons Archiduc Albert; 6 Zeschwitz; 4 Karaczay; 4 Blankenstein; 4 hussards de Léopold.

(4) G. M. Kovachevisch : 2 bataillons Michel Wallis; 2 Carl Schröder; 2 escadrons de uhlans.

drons (1) devant lesquels se trouvait une avant-garde sur les hauteurs de Lamain. Sa cavalerie se composait de trente-cinq escadrons (2) dont dix à l'avant-garde de Lamain. Enfin à Bachy, se trouvait une flanc-garde de quatre bataillons et huit escadrons, destinée à soutenir le poste d'Orchie, à occuper par une compagnie et un canon le château d'Ercus et à assurer en même temps la communication entre Orchie et Tournay.

Les avant-postes de la flanc-garde de Ramegnies se reliaient à ceux du général von dem Bussche à la cense Lannetières et s'étendaient à gauche jusqu'à Templeuve exclusivement; là commençaient ceux de l'avant-garde de Marquain qui allaient à gauche jusqu'à Baisieu inclusivement; ils s'y soudaient à ceux de l'avant-garde de Lamain qui s'étendaient jusqu'à Wannain inclusivement, et à partir de ce point à ceux du corps de Bachy.

Emplacements du 19 mai (30 floréal). — b) *Troupes françaises.* — Le soir du 30 floréal, Vandamme « bivouaqua sous les murs de Menin, la droite au faubourg de Bruges et la gauche au faubourg d'Ypres, faisant face à cette dernière ville (3) ».

Quant à la brigade Macdonald, qui avait marché aussi par Menin sur Gheluwe, elle ne trouva aucun autre vestige de Clerfayt qu'un hussard de Blankenstein qui fut pris dans une ferme, et revint occuper le soir son ancien bivouac au-dessus de la porte de Courtrai (4).

---

(1) F. M. L. Otto. — G. M. Petrasch : 3 bataillons de grenadiers. — G. M. Montfrault : 3 bataillons Kaunitz; 2 W. Colloredo; 3 d'infanterie anglaise; 5 bataillons et 12 escadrons hessois.

(2) Cavalerie de l'aile gauche : 10 escadrons de hussards Archiduc-Ferdinand; 25 anglais.

(3) Récit abrégé....., par Vandamme.

(4) Précis de la brigade Macdonald, par P. Lacroix.

Le soir du 30 floréal, la position de l'armée française était donc la suivante, de la gauche à la droite :

Desenfans, dans la même position que le 29 floréal.

Malbrancq, entre Commines et Wervicke.

Vandamme, à Menin, la droite au faubourg de Bruges, la gauche à celui d'Ypres.

Daendels, à Moorseele (1).

Macdonald, à Menin, au-dessus du faubourg de Courtrai et à Wevelghem (2).

Jardon, à Ælbeke.

Bonnaud, en position derrière Lannoy.

Compère, à Watrelos.

Thierry, à Mouscron.

Emplacements du 20 mai (1er prairial). — a) *Troupes alliées.* — Le 20 mai, les forces stationnées autour de Tournay, gardèrent la même position que le 19 ; il en fut de même d'Hammerstein ; mais Clerfayt, ayant appris que Souham rapprochait beaucoup de troupes le 19 et le 20 de Courtrai, crut devoir se rapprocher de la Lys en venant camper entre Thielt et Pitthem. Aussi conduisit-il son corps d'Iseghem à Thielt en deux colonnes.

La 1re colonne, sous les ordres du F. M. L. comte Sztarray, comprenant une avant-garde de trois bataillons et d'un escadron (3), un gros de dix bataillon (4) et une arrière-garde de 10 escadrons (5), marcha directement d'Iseghem à Thielt.

(1) Souham à Moreau, 30 floréal. « ..... J'ai fait prendre à Daendels position à Moorseele et à Macdonald à Wevelghem..... »

(2) *Ibid.*

(3) Général-major de Borös : 1 bataillon Wenkheim, 1 escadron Blankenstein, 2 de dragons impériaux.

(4) Général-major G. Sporck : 1 bataillon Wenkheim, 2 Clerfayt, 2 Sztarray, 2 Wurtemberg, 1 Schröder, 2 grenadiers hanovriens.

(5) Général-major baron Ott : 3 escadrons dragons impériaux, 5 Latour, 2 Blankenstein.

La réserve d'artillerie et les ponts légers tournèrent à Emelghem et vinrent prendre la chaussée d'Ingelmunster puis celle de Thielt. Derrière ce groupe suivaient les bagages.

La 2e colonne, formée par la brigade Düring prenait aussi ce dernier itinéraire. Elle était suivie à une heure de distance par un détachement de trois bataillons, deux escadrons (1) et quelques troupes légères qui en formaient l'arrière-garde.

« Quant aux Anglais et Hanovriens, écrivait Clerfayt le 20 à Cobourg (2), ils viendront stationner vers Thourout et Lichtervelde. »

Emplacements du 20 mai (1er prairial). — b) *Troupes françaises.* — Les positions du 30 floréal (19 mai) n'étaient pas encore définitives et donnèrent lieu aux ordres ci-après destinés à faire rentrer nos troupes dans les emplacements qu'elles occupaient avant la lutte.

Division Moreau. — La brigade Desenfans reçut le 1er prairial à 9 heures du matin « l'ordre d'aller reprendre sa position à Wytschaete (3) ». Vandamme vint le matin du même jour « reprendre son ancienne position en avant du faubourg de Bruges à Courtrai, depuis la Lys jusqu'à Waetermeulen (4) ».

---

(1) Général-major Kollowrath : 2 bataillons Archiduc-Charles, 1 Callenberg, 1 escadron de dragons impériaux, 1 Blankenstein.

(2) Clerfayt à Cobourg. Camp d'Iseghem, le 20 mai 1794. « Je suis resté aujourd'hui ici pour attendre des ordres; mais comme j'apprends par mon service de renseignements que l'ennemi a fait marcher plusieurs troupes par Courtrai, je pense être dans le vrai, pour raccourcir la communication, en me rapprochant de la Lys et en faisant camper le corps entre Pitthem et Thielt. Les Anglais et Hanovriens viendront stationner vers Thourout et Lichtervelde. »

(3) Desenfans à Moreau, 1er prairial (20 mai).

(4) Vandamme à Moreau, 1er prairial (20 mai).

Divisions Souham et Bonnaud.

Le général Souham au général Daendels.

Courtrai, 30 floréal (19 mai).

Le général Daendels se préparera demain à la pointe du jour à partir, pour rentrer dans la position qu'il occupait au Pottelberg et à Belleghem. Il se mettra en marche aussitôt que les généraux Vandamme et Malbrancq seront arrivés à Heule et Gulleghem et passera sur les ponts établis sur la Lys entre Courtrai et Bisseghem.

Avant son départ il enverra des découvertes du côté de Rousselaere, pour avoir des nouvelles de l'ennemi.

Le général Souham au général Macdonald.

Courtrai, 30 floréal (19 mai).

Le général Macdonald fera partir demain, à 3 heures du matin, toutes ses troupes pour la position qu'elles occupaient à Oudesmesse et Sainte-Anne.

Les troupes qui sont à Wevelghem passeront par la route de Courtrai et Bisseghem, jusqu'au pont établi entre Courtrai et Bisseghem. Toutes les autres troupes passeront par Menin, Halluin, le Dronquart et Marcq.

SOUHAM.

Fais passer la lettre ci-jointe au commandant du parc à Halluin par une ordonnance sûre.

Le général Souham au général Jardon.

Menin, 30 floréal (19 mai).

Le général de brigade Jardon partira sur-le-champ avec toutes ses troupes, pour reprendre poste à Ælbeke.

Il prendra sa route par Tombrouck et enverra plus avant du côté de Dottignies pour côtoyer les postes ennemis et reconnaître leur position.

Il enverra des postes en avant et fera de fréquentes patrouilles jusqu'à Mouscron, Tombrouck, Rolleghem et Belleghem, afin de correspondre par la droite avec le général Thierry et par la gauche avec ceux du chef de brigade Dewinter qui sont en arrière de Belleghem.

Le général Jardon me fera rapport à Menin de tout ce qu'il aura appris sur l'ennemi.

Je lui enverrai ce soir de nouveaux ordres pour demain matin.

Le général Souham au général Bonnaud.

Menin, 30 floréal (19 mai).

J'ai reçu différentes lettres de toi; par une dernière, datée de Lannoy, tu ne crois pas devoir quitter Lannoy sans ordres ultérieurs. Il paraît que tu as mal compris ma lettre. Je te disais de garder avec toutes les troupes que tu as employées à l'attaque, la position derrière Lannoy, la droite vers Hem, et la gauche s'étendant du côté de Watrelos et occupant Hem et Lannoy. Les généraux Compère et Thierry ont gardé la position à droite et à gauche de Watrelos qu'ils occupent. Ils doivent correspondre avec toi. Je t'ai écrit ainsi qu'à eux d'inquiéter l'ennemi du côté de Templeuve, Néchin, etc., afin de l'occuper et de lui faire croire qu'on va continuer la marche sur Tournay, lui faire réunir les troupes qu'il a à Pont-à-Marque et de l'empêcher de se porter sur Courtrai.

Tu ne dois laisser pendant ce temps que les forces nécessaires pour tenir le camp de Flers, parce que les partis que l'ennemi a faits à Pont-à-Marque ne sont qu'une fausse attaque pour nous inquiéter de ce côté et nous forcer à revenir de Courtrai. En nous réunissant en masse sur tous les corps, nous les battrons l'un après l'autre et il sera bientôt obligé à se retirer de là.

Tu ne peux que rester en observation jusqu'à ce que j'aie complètement chassé l'armée de Clerfayt dont une partie avait passé la Lys à Wervicke et Commines et occupe Linselles avec l'intention de se réunir à l'autre corps de troupes qui était venu jusqu'à Mouscron. La victoire que nous avons remportée hier a fait échouer ce projet, mais nous devons tâcher de le battre dans la retraite qu'il commence à faire. On l'a déjà forcé dans Linselles et on l'attaque au moulin de Wervicke. Je fais passer 16,000 hommes par Menin, pour l'attaquer du côté de Gheluwe.

Ce soir, je prendrai de nouvelles mesures dont je t'adresserai le résultat pour ce qui te concerne. Écris-moi si l'ennemi tient encore à Pont-à-Marque parce que demain nous l'en chasserons, ou le forcerons par d'autres mouvements à en partir.

Inquiète toujours fortement l'ennemi par des patrouilles et fortes découvertes très fréquentes. Je n'ai aucun général de brigade à t'envoyer, j'en manque aussi ; adresse-toi au général Liébert.

Le général Souham au général Thierry.

Menin, 30 floréal (19 mai).

Le général Thierry est prévenu que je donne ordre au général Jardon de partir avec ses troupes pour se rapprocher de Courtrai et couvrir davantage la route qui y conduit. Dans le même but, il se rapprocherait de Mouscron qu'il doit occuper, et placera ses troupes sur les hauteurs du haut Judas. Le général Compère gardera sa position à Watrelos et correspondra avec les troupes du général Bonnaud, à Lannoy.

Vous continuerez tous les deux à inquiéter l'ennemi par des patrouilles et fortes découvertes très fréquentes afin de le retenir dans sa position si, malgré sa perte d'hier, il se trouvait en état de marcher et de l'empêcher de se porter sur Courtrai.

Ce soir, j'adresserai au général Thierry de nouveaux ordres pour sa brigade et le général Compère.

L'ennemi a été forcé de se retirer à Linselles. On l'attaque dans ce moment au moulin de Wervicke. Je fais passer par Menin la brigade de Macdonald et Daendels pour attaquer Clerfayt à Gheluwe ou dans sa retraite. J'espère le battre encore aujourd'hui. Fais passer par une ordonnance sûre la lettre ci-jointe au général Jardon.

Le général Souham au Commandant du génie.

Courtrai, 2 prairial (21 mai).

Le Commandant du génie voudra bien s'occuper, le plus promptement possible, de faire abattre toutes les maisons de la place de Courtrai qui pourront être nuisibles à la défense de cette place, en commençant par celles du faubourg de Bruges, Gand et Courtrai.

VII

La bataille de Pont-à-Chin [3 prairial an II (22 mai 1794)].

A la suite de la bataille de Tourcoing, les troupes françaises occupaient le 1er prairial (20 mai) les positions suivantes :

Division Michaud, forte de 10,000 hommes sans cavalerie : à Furnes, le canal de Loo, Rousbrugghe, Bambecke, Houtkercke.

Division Moreau :

Brigade Desenfans — à Wytschaete, en observation devant Ypres. Le 2 (21 mai), croyant sur de faux bruits que sa droite était menacée, il s'était porté à Commines avec un demi-bataillon, un escadron et une pièce, et y laissait le chef d'escadrons Murat, à la tête de 50 chasseurs, avec ordre d'éclairer en avant de Commines et de Wervicke et de se relier à Wambeke avec les postes d'infanterie détachés du gros de la brigade situé à Wytschaete.

Brigade Vandamme — à Courtrai, en avant du faubourg de Bruges, bordant la Heule depuis la Lys jusqu'à Waeter-Meulen.

Division Souham :

Brigade Malbrancq — à Gulleghem ;

Brigade Daendels — au Pottelberg et à Belleghem ;

Brigade Macdonald — à Oudesmesse et à Sainte-Anne ;

Brigade Jardon — à Aelbeke ;

Brigade Dewinter — en arrière de Belleghem.

Division Bonnaud :

Une partie gardant le camp de Flers et occupant Hem et Lannoy;

Brigade Compère — à Watrelos;

Brigade Thierry — sur les hauteurs du Haut-Judas.

En face de ces troupes, celles des Alliés étaient ainsi réparties :

Clerfayt — à Thielt;

Hammerstein — vers Thorout et Lichtervelde;

Cobourg et York — au camp de Tournay, avec avant-gardes à Marquain et Lamain, flanc-gardes à Ramegnies et à Bachy. La ligne des avant-postes passait par Baisieu et Wannain, se reliant au Nord, à la Cense Lanettières, avec ceux de von dem Bussche; au Sud avec ceux de la flanc-garde de Bachy;

Von dem Bussche, bordant l'Espierre, face à Courtrai.

Rien ne pouvait mieux montrer l'erreur stratégique commise par Pichegru en s'enfournant dans la vallée de la Lys, que cette situation où il se trouvait encore, malgré sa victoire de Tourcoing, entre deux masses ennemies prêtes encore à se refermer sur lui comme elles avaient failli le faire le 30 floréal. Dans cette situation, une seule solution s'imposait : celle de la manœuvre en lignes intérieures en fixant la masse secondaire et concentrant le maximum des efforts sur la principale. Cette solution n'avait pas échappé à Souham, car, dès le 30 floréal, il écrivait à Bonnaud :

« En nous réunissant en masse sur tous les corps, nous les battrons l'un après l'autre, et il (l'ennemi) sera bientôt obligé à se retirer de là.

« Tu ne peux que rester en observation (devant Tournay) jusqu'à ce que j'aie complètement chassé l'armée de Clerfayt... »

Or, dès le 1er prairial, Souham savait que Clerfayt était repoussé au delà de la Lys par Vandamme. Cet officier général mandait du reste le 2, que ce jour-même, les troupes de Clerfayt devaient reprendre « l'ancienne position de Thielt, Roosebeke, Meulebeke, Pitthem (1) ». D'autre part, la correspondance secrète de Douay, datée du 2 prairial, apprenait que l'on pouvait estimer à 30,000 hommes le renfort qu'avait reçu l'ennemi du côté de Tournay et dont une lettre du 30 floréal avait donné avis (2).

Ces renseignements qui montraient la masse secondaire en retraite vers le Nord et la principale encore accrue et toujours menaçante, devaient amener logiquement le général Souham à concentrer ses efforts de ce côté en laissant le minimum en observation entre Menin et Courtrai. La brigade Vandamme chargée de ce soin devait encore tromper l'ennemi par des feintes du côté d'Ingelmunster et de Roosebeke.

Ce fut cette solution que traduisirent les. ordres ci-après :

Le général Souham au général Macdonald.

Courtrai, le 2 prairial (21 mai).

Le général de brigade Macdonald partira demain 3 prairial à 3 heures du matin pour attaquer l'ennemi dans la position du Pecq et de Saint-Léger derrière l'Espierre. Il passera par Rolleghem, Tombrouck et Dottignies, où il attaquera les postes que l'ennemi pourrait y avoir. Il marchera ensuite sur Saint-Léger qu'il attaquera, et fera ses dispositions pour passer l'Espierre sur la gauche et principalement sur la droite de ce village. Le général Macdonald attaquera ensuite les troupes que l'ennemi aura en avant du Pecq entre Warcoing et Estaimbourg et les poussera autant qu'il lui sera possible.

Le général Jardon, qui passera par Evregnies, sera sous les ordres du général Macdonald, marchera à sa droite et fera partie de son avant-

---

(1) Rapport du 2 prairial (21 mai 1794) signé Vandamme. (Voir Documents annexes.)

(2) Correspondance secrète de Douai, 2 prairial. (Voir Documents annexes.)

garde ; il devra tâcher de passer aussi l'Espierre à Frétin et établira la correspondance avec le général Thierry qui doit marcher sur Leers et Estaimbourg.

Le général Macdonald correspondra sur sa gauche avec le général Daendels qui marche par la route de Courtrai à Tournay sur Warcoing et Espierres.

Le parc d'artillerie s'avancera d'abord à Tombrouck et ensuite à Dottignies.

SOUHAM.

Le général Souham au général Jardon.

Courtrai, le 2 prairial (21 mai).

Le général de brigade Jardon partira demain, à 3 heures du matin, pour marcher sur le camp ennemi derrière l'Espierre, par Tombrouck et Evregnies, afin de faire l'avant-garde de la brigade du général Macdonald et de passer l'Espierre à Frétin. Il recevra de nouveaux ordres pour sa marche du général Macdonald et communiquera avec le général Thierry qui marche sur Leers et Estaimbourg.

Le général Souham au général Daendels.

Courtrai, le 2 prairial (21 mai).

Le général de brigade Daendels partira demain à 3 heures du matin, pour attaquer le rassemblement des ennemis, derrière l'Espierre. Il passera par Belleghem et la route de Courtrai à Tournay. Arrivé à Coeyghem, il enverra un petit corps sur Espierres, attaquera directement à droite et à gauche de la route, et établira des passages sur la rivière d'Espierre. Il marchera ensuite sur Warcoing et les corps que l'ennemi aura de ce côté, en même temps que le général Macdonald, les attaquera par Saint-Léger.

Le général Daendels correspondra avec le général Macdonald qui sera à sa droite, et le chef de brigade Dewinter qui sera à Helchin et Saint-Genoix.

Le parc d'artillerie sera établi à Tombrouck et ensuite à Dottignies.

Le 20e régiment de cavalerie marchera avec cette colonne, sous les ordres du général Daendels.

Le général Souham au chef de brigade Dewinter.

Courtrai, le 2 prairial (21 mai).

Le chef de brigade Dewinter partira demain, à 3 heures du matin, avec la 23e demi-brigade, le 2e bataillon de l'Yonne, le 7e du Nord, le 21e des volontaires nationaux, la 3e division de gendarmerie, le 1er bataillon d'infanterie légère, le 9e régiment de hussards et une demi-compagnie de la 11e d'artillerie légère.

Il passera par le moulin de Claren et Saint-Genoix sur Helchin où il placera ses troupes jusque vers l'Escaut. Il enverra des partis du côté d'Espierres et sur la route d'Audenarde et laissera un petit corps à Saint-Genoix, pour s'éclairer du côté de Moen et d'Heestert et couvrir la gauche de l'armée.

Le chef de brigade correspondra sur sa droite avec le général Daendels qui marche sur Espierres et Warcoing et avec le général Moreau qui aura ses troupes depuis Belleghem jusqu'à Courtrai, pour l'instruire des mouvements que l'ennemi pourrait faire du côté de Vichte.

Le parc d'artillerie sera d'abord à Tombrouck et ensuite à Dottignies.

Le général Souham au général Moreau.

Courtrai, le 2 prairial (21 mai).

En conséquence des ordres du général en chef Pichegru, le général de division Moreau fera passer demain à 3 heures du matin la Lys aux brigades des généraux Vandamme et Malbrancq, et les placera sur la hauteur du Pottelberg et entre Belleghem et Courtrai sur les hauteurs en avant de la route de Tournay. Il en placera aussi pour observer et défendre la Lys entre Courtrai et Menin.

Le général Moreau enverra de fortes découvertes sur toutes les routes; principalement le matin du côté d'Ingelmunster et de Roosebeke, afin de déguiser notre mouvement à l'ennemi. Il éclairera aussi les routes de Gand et d'Audenarde afin d'être instruit des mouvements que l'ennemi pourrait faire de ce côté.

Si le général Moreau apprenait que l'armée de Clerfayt passât la Lys pour attaquer Courtrai par la droite de la Lys, il m'en donnerait avis sur-le-champ, ainsi qu'au chef de brigade Dewinter qui sera à Helchin et Saint-Genoix, afin de prendre des mesures pour l'attaquer vigoureusement.

La 27e demi-brigade restera à Courtrai avec 100 cavaliers du 20e pour en former la garnison. Le général Moreau en disposera de la manière qui lui paraîtra la plus convenable pour la défense de la place.

Les ponts sur la Lys devront être retirés et placés au faubourg de Lille pour les replacer s'il est nécessaire.

SOUHAM.

Le général Moreau au général Vandamme.

Courtrai, le 2 prairial (21 mai).

ORDRE.

Le général de brigade Vandamme quittera demain matin à 3 heures la position qu'il occupe derrière la Heule, traversera la ville de Courtrai et viendra occuper les hauteurs du Pottelberg.

Il masquera son mouvement par de fortes reconnaissances de troupes légères qu'il enverra vers Ingelmunster, Hulste, Bavichove, etc. Il laissera quelques troupes derrière la Heule pour en rompre les ponts en cas que l'ennemi se présente; il les détruira même avant la nuit, quelque chose qui se passe.

Il se chargera dans sa nouvelle position de défendre le passage de la Lys de Menin à Courtrai, et de donner à ces villes les secours dont elles pourraient avoir besoin en cas d'attaque. Il correspondra fréquemment avec le général Malbrancq, placé à sa droite sur la route de Tournay. Il donnera ordre au commandant de Menin (de) pousser une reconnaissance vers Rousselaere et de lui envoyer des rapports fréquents sur la position qu'occupe l'ennemi de son côté. Il enverra des espions (1) vers Thielt et la rive droite de la Lys pour s'assurer des mouvements que pourrait faire l'ennemi vers la Lys ou vers Courtrai. Il me rendra compte à Courtrai de tout ce qu'il pourra découvrir, et des mouvements que nécessitera sa position.

Le général Souham au général Leblanc commandant la cavalerie.

Courtrai, le 2 prairial (21 mai).

Le général de brigade Leblanc donnera ordre au 5e régiment de chasseurs à cheval de se rendre demain, à 3 heures du matin, à Marcke, pour marcher avec le général Macdonald.

---

(1) *Rapport du 4 prairial (23 mai 1794).*

L'espion envoyé à Ingelmunster a passé au delà de ce village. L'ennemi n'y est pas, il a ensuite marché vers Roosebeke, il a rencontré une femme qui lui a assuré qu'il y était arrivé beaucoup de troupes, ce qui l'a empêché d'aller plus loin; il ne sait s'ils viennent d'Ypres ou de Dixmude. Demain il fera sa tournée et ira à Roosebeke.

Pour copie conforme :

VANDAMME.

Le 20e régiment de cavalerie, à l'exception de 100 cavaliers qui sont à Courtrai, se rendra à 3 heures précises du matin au Pottelberg, en passant la Lys sur les ponts entre Courtrai et Bisseghem. Ce régiment recevra de nouveaux ordres du général de brigade Daendels.

Les deux régiments de carabiniers passeront aussi à 3 heures du matin, la Lys à Bisseghem et suivront le chemin de Courtrai jusqu'au faubourg de Lille, prendront ensuite un chemin à droite, pour gagner le faubourg de Tournay et suivront la route de Tournay, après la colonne du général Daendels, jusqu'au moulin de Coeyghem, où ils se placeront, en attendant que je leur envoie de nouveaux ordres, pour se porter aux points où ils pourront être utiles.

Le général Souham au commandant du parc d'artillerie.

Courtrai, le 2 prairial (21 mai).

Le parc d'artillerie partira demain à 4 heures du matin, après que la colonne du général Macdonald, qui est sur la hauteur d'Oudesmesse, sera partie, et passera par Ælbeke à Tombrouck où il s'arrêtera jusqu'à ce que la colonne du général Macdonald soit au delà de Dottignies où il ira ensuite et se parquera à droite du village près les anciens retranchements. Le commandant du parc laissera dans la position actuelle des munitions suffisantes pour la place de Courtrai et la division du général Moreau. Les deux ponts établis sur la Lys devront être retirés, après le passage de la cavalerie et des colonnes des généraux Malbrancq et Vandamme. L'équipage dont la manœuvre sera la plus facile devra rejoindre le parc. L'autre restera au faubourg de Lille, à la disposition du général Moreau.

Le général Souham au commandant du génie.

Courtrai, le 2 prairial (21 mai).

Le commandant du génie voudra bien s'occuper le plus promptement possible, de faire abattre toutes les maisons de la place de Courtrai qui pourront être nuisibles à la défense de cette place en commençant par celles des faubourgs de Bruges, Gand et Courtrai.

La position qu'occupaient les Alliés le 21 et qu'allait attaquer Souham semble n'être pas tout à fait la même que celle du 19. D'après la *Relation autrichienne* (1) elle

(1) *Oesterreichische militärische Zeitschrift.*

formait autour de Tournay un demi-cercle sur lequel les troupes étaient réparties en plusieurs lignes.

La première, d'Esplechin à Blandain (8 bataillons, 8 escadrons I., anglais et hessois), était couverte par des avant-gardes à Hertain (6 escadrons) et Nechin (2 compagnies, 2 bataillons, 2 escadrons sous le général Kovachevich). La 2e ligne, suivant de près la lisière du faubourg, s'appuyait à gauche à l'Escaut et à droite au bois de Froïennes; elle comprenait 14 bataillons, 5 escadrons I. et anglais. 10 escadrons I. et R. formaient la 3e ligne depuis Orcq jusqu'au bois de Froïennes. Dans une 4e, sise entre les mêmes limites, se trouvaient la réserve d'artillerie ainsi que 8 bataillons et 2 escadrons hollandais. Le corps de troupe hanovrien, sous les ordres des généraux comte de Walmoden et von dem Bussche, se tenait vers Warcoing.

Tout ce rassemblement était couvert par des avant-postes à Camphin, Baisieu, Willem, Templeuve, Nechin, Leers, Estaimbourg, Saint-Léger, Espierres.

« Le terrain aux environs de Tournay est doucement ondulé. De Froidmont à Lamain, devant l'aile gauche de la position, court vers la Marque un terrain ouvert très favorable aux mouvements de la cavalerie. Le terrain vers Templeuve, et surtout devant toute l'aile droite, est fréquemment coupé de haies, d'aqueducs et de fossés. Sur tous les points du front qui s'y prêtaient étaient établies des redoutes fermées ou des redans; les localités étaient fortifiées (1). »

L'archiduc Charles décrit le terrain à peu près dans les mêmes termes. « Les Alliés, dit-il, s'étaient postés devant Tournay sur les faibles hauteurs qui s'étendent de Lamain par Froïennes vers l'Escaut. Elles étaient entourées d'une chaîne d'avant-postes allant de Camphin

(1) *Oesterreichische militärische Zeitschrift.*

à Espierres par Templeuve. Toute la plaine comprise entre le Ruisseau d'Espierre et la position est complètement coupée de villages, jardins, haies et marais. C'est à travers ces obstacles que l'armée française se porta le 22 mai à l'attaque... (1). »

La bataille.

Aux termes des ordres donnés par Souham, Macdonald avait pour objectifs Saint-Léger et Pecq, et son attaque se combinait avec celle de Daendels qui, s'avançant sur la grande route de Courtrai, devait marcher sur Warcoing. Ce mouvement débordant devait être couvert du côté d'Audenarde par la brigade Dewinter placée en observation à Helchin et maintenant la liaison avec Courtrai.

De son côté, la division Bonnaud, amusant l'ennemi sur le front Baisieu-Willem, devait l'attaquer de front sur la ligne Nechin-Templeuve-Estaimbourg. « La tâche de ce général, dit Pichegru (2) était de faciliter à la division Souham le but de l'opération qu'elle seule devait remplir. »

Contrairement à l'assertion de l'archiduc Charles (3) il y avait donc bien un plan de bataille qui consistait à maintenir l'ennemi sur le front Baisieu-Estaimbourg et à le déborder par une attaque décisive débouchant sur le front Saint-Léger-Warcoing. L'attaque de front se divisait elle-même en une simple démonstration vers Baisieu et en un combat d'usure sur Templeuve.

Démonstration sur le front Baisieu-Willem.— Pichegru ne fit qu'inquiéter pour la forme cette ligne au moyen de 1,500 chevaux et de l'artillerie à cheval se montrant vers

(1) *Erzherzog's Karl Einzelschriften.*
(2) Opérations du général en chef Pichegru.
(3) Mémoires de l'archiduc Charles.

Baisieu. Ces troupes s'y heurtèrent aux avant-postes du général de Bellegarde ; mais elles commirent la faute de ralentir leur feu de telle sorte que cet officier général comprit qu'il ne s'agissait là que d'une démonstration ; et, laissant cette partie qui constituait son aile gauche, au commandement du colonel Blaskovitch, il concentra toute son attention sur l'attaque qui se dessinait vers Templeuve. Lorsque la division Bonnaud emportera ce dernier poste et Ramegnies, le colonel Blaskovitch rétrogradera de Baisieu sur Hertain pour ne pas être tourné.

D'autre part, devant la démonstration française, le colonel Devay fit avancer quatre escadrons du camp de Lamain dans la plaine entre Camphin et Baisieu et en plaça six autres en réserve, à un moulin entre Camphin et Wannain.

Sur ces entrefaites, les volontaires d'O'Donnell, renforcés par une division (2 compagnies) autrichienne, s'emparèrent de Baisieu.

Pour répondre à cette attaque, la division Bonnaud envoya vers 1 heure de l'après-midi 2,000 cavaliers pour tourner Baisieu par Camphin ; mais, tandis que le colonel Blaskovitch agissait de front contre cette localité, Devay chercha à la tourner par les 6 escadrons débouchant du moulin entre Camphin et Wannain.

Les 2,000 cavaliers républicains n'attendirent pas cette attaque et se dérobèrent derrière un rideau composé de tirailleurs embusqués derrière des buissons qui arrêtèrent l'élan de la cavalerie autrichienne.

La situation resta ainsi stationnaire jusqu'au moment où la division Bonnaud fut, comme on le verra plus loin, obligée de rétrograder de Froïennes sur Templeuve. A ce moment, la cavalerie républicaine, chargée de la démonstration sur Baisieu et Camphin, se retira sur Willem. L'obscurité était alors presque complète et mit fin à la lutte.

Attaque de front sur Templeuve. — Dès 6 heures du matin, les tirailleurs du général Bonnaud avaient commencé à inquiéter les piquets autrichiens placés en avant de Templeuve et de Nechin. Le général-major de Bellegarde renforça alors ses avant-postes de Templeuve des compagnies de Jellachich, de 3 de Giulay, de 2 de tirailleurs et de 2 de Slavons afin de rendre ce front inviolable et de donner à son gros en arrière le temps de se rassembler en formation préparatoire. Mais tandis que Bellegarde prenait ces dispositions, les Républicains produisaient leur principal effort sur Nechin, en chassaient les troupes du général Kovachevich et menaçaient ainsi la droite et les derrières des défenseurs de Templeuve. De Nechin, les Républicains gagnèrent Ramegnies tandis que la brigade Thierry enlevait Estaimbourg et Baillœul. De Ramegnies les tirailleurs se répandirent dans les bocages, haies, ruisseaux et fossés qui sont autour de Pont-à-Chin (1).

Ce mouvement tournant par Nechin força le général de Bellegarde à abandonner Templeuve (2) dont les défenseurs se retirèrent au moulin de Croisette; ils y furent recueillis par un bataillon de Murray avec deux canons. Les tirailleurs de la division Bonnaud venaient, de leur côté, border la rive méridionale des marais au Sud-Est de Templeuve. Se glissant en outre dans les haies de Templeuve, ils s'emparaient même, plus au Sud, de la batterie de Blandain (3), et envoyaient de là des tirailleurs jusqu'aux premières maisons de Froïennes, à une petite demi-lieue des remparts. Cette infanterie légère entretint

---

(1) Voir la note (3) de la page 355.

(2) Pichegru à Macdonald, Watrelos, 3 prairial an II, 11 heures du matin. «..... Nous sommes maîtres depuis longtemps de Leers, Nechin et Templeuve..... »

(3) Pichegru à Macdonald, le Pecq, 3 prairial an II, 5 h. 30 soir. « Je viens de recevoir une lettre du général Bonnaud, datée de 3 heures. Il me dit

alors, de 2 heures à 5 heures « le feu de mousqueterie le plus violent dont il soit possible de citer un exemple (1). » Mais l'infanterie du prince d'Orange (2) appuyée par « le feu de quelques pièces d'artillerie légère des Autrichiens et des Hanovriens, dirigé contre eux avec beaucoup de vivacité de dessus la chaussée de Courtrai, ne leur permit pas de se porter plus avant (3) ».

Vers 5 heures du soir la situation était donc la suivante : la division Bonnaud s'étendait des abords de Pont-à-Chin à Blandain en passant par les marais de Templeuve; en face Kovachevich occupait Pont-à-Chin, et Bellegarde les hauteurs du moulin de Croisette.

Cette position était importante car c'est elle qui assurait la liaison entre ces deux généraux. Aussi le prince de Waldeck y amena-t-il en renfort 2 bataillons et quelques escadrons ; mais les Républicains se lancèrent par Ramegnies (4) sur le flanc et les derrières de ces hauteurs et en déterminèrent l'abandon. Les défenseurs se retiraient alors sur la position principale occupée par Bellegarde tandis que les Républicains occupaient ces hauteurs avec de l'infanterie et deux canons (5).

A ce moment, le général Kovachevich, renforcé par le général von dem Bussche, dont il sera parlé plus loin, gagnait du terrain en avant de Pont-à-Chin. D'autre part, deux bataillons de la division Bonnaud se portèrent en

---

être dans la position que je lui avais indiquée sur Templeuve et Ramegnies ; il a fait quelques prises, entre autres 6 pièces de canon. »

« Tout va bien, mon cher Moreau, on poursuit l'ennemi vers Ramegnies et Pont-à-Chin .... » (Reynier à Moreau, Courtrai, 3 prairial).

(1) D'Arnaudin.

(2) Rapport du prince d'Orange, 22 mai 1794 (K. K. A.).

(3) D'Arnaudin.

(4) Voir la note (3) de la page précédente.

(5) *Oesterreichische militärische Zeitschrift.*

avant de Blandain en s'exposant en quelque sorte aux coups de l'ennemi. Le prince de Waldeck qui méditait la reprise des hauteurs de Blandain profita de cette occasion et fit charger ces deux bataillons. La charge fut si heureuse que ces derniers furent mis en déroute, rejetés en désordre sur Blandain, où ils jetèrent la confusion et décidèrent la retraite sur Templeuve. Mais, malgré leurs efforts, les Autrichiens ne purent s'emparer de cette localité. Néanmoins le mouvement en avant de Froïennes à Templeuve amena celui du colonel Blaskovitch de Hertain à Baisieu.

Attaque de Saint-Léger et Warcoing par Macdonald et Daendels. — Pendant que se déroulaient ces événements, Macdonald et Daendels avaient mené leur attaque décisive. Macdonald devait forcer tout d'abord le passage de l'Espierre à Saint-Léger et à Mauroy. « Nous partîmes le 3 prairial à 2 heures du matin, écrit P. Lacroix (1). Nous marchâmes par Aelbeke et Tombrouck et arrivâmes à l'aube près Saint-Léger. Nous y trouvâmes effectivement l'ennemi. Mon général chargea Jardon de Saint-Léger, et la brigade s'étendit sur la gauche du côté de Mauroy. L'affaire s'engagea de suite à coups de canon. L'on s'y fusilla peu. L'ennemi ne nous résista pas longtemps, craignant pour sa droite que le général Daendels poussait vigoureusement sur la route de Courtrai à Tournay.....

« Nous passâmes l'Espierre en nous dirigeant sur Pecq. Là nous fîmes notre jonction avec le général Daendels qui y arrivait en même temps que nous (2). »

En face de cette double attaque se trouvaient les

---

(1) Précis des opérations de la brigade Macdonald, par P. Lacroix.

(2) « On a pris un de ses ponts à Pecq..... » (Reynier à Moreau, Courtrai, 3 prairial).

Hanovriens de von dem Bussche, qui se retirèrent en bon ordre. « Ils se replièrent partie sur le gros de l'armée, partie derrière l'Escaut. Ces derniers traversèrent cette rivière près de Warcoing sur un pont de pontons qu'ils replièrent après eux et prirent une position sur la rive droite pour disputer le passage (1) » ; mais cela n'empêcha pas les Français, parvenus sur l'Escaut, d'y brûler un convoi de fourrages qui, transporté par *bélandres* remontait vers Tournay. Quant à l'autre partie des Hanovriens, ils se retirèrent sur Pecq. Ils n'eurent pas le temps d'y brûler le pont de pontons qui y était installé (2), et furent ainsi coupés de l'Escaut ; ils durent dès lors se rabattre sur Ramegnies et sur Pont-à-Chin (3), où ils firent leur jonction avec les troupes du général Kovachevich.

Mais ce hameau leur fut encore enlevé ; en effet, bien que les ordres de Souham ne spécifiassent pas d'objectif plus avancé que Pecq à la brigade Macdonald, et Warcoing à celle de Daendels, Macdonald devait cependant pousser l'ennemi autant qu'il lui serait possible et Daendels devait lui prêter son concours. Ce dernier « opinait de passer l'Escaut (4) », afin de prendre à revers toute la ligne ennemie, mais ce mouvement pouvait rendre la retraite très difficile en cas d'échec. Aussi « résolut-on de n'agir que sur la rive gauche. Daendels resta à Pecq pour observer l'Escaut, et Macdonald, à la tête de 5 régiments de cavalerie (5), se dirigea rapide-

---

(1) D'Arnaudin.

(2) Voir P. Lacroix.

(3) « Hameau situé en avant de Ramegnies sur la grande route que traverse en cet endroit un petit ruisseau qui va tomber près de là dans l'Escaut » (D'Arnaudin).

(4) Opérations du général en chef Pichegru.

(5) D'après les ordres de Souham, il n'y avait que 4 régiments (5e chasseurs à cheval, 20e cavalerie, 1er et 2e carabiniers) (Souham à Leblanc, 2 prairial).

ment vers Pont-à-Chin dans l'intention de couper la retraite sur ce point à quelques corps que Thierry et Compère chassaient devant eux; mais l'artillerie placée en avant du pont retint le mouvement de Macdonald, qui ne voulut s'avancer davantage sans son infanterie (1) ». Ce temps d'arrêt permit à l'ennemi de se retirer sur une ligne de redoutes en arrière de Pont-à-Chin. De son côté Macdonald, dès qu'il eut son infanterie à sa hauteur, lui fit longer l'Escaut et la grande route de Courtrai pour prendre l'ennemi en flanc, sinon à revers; en même temps, « avec la cavalerie et l'artillerie légère, Macdonald grimpa ventre à terre dans le village qu'il traversa sans difficulté, l'ennemi l'ayant évacué; mais lorsqu'il voulut se déployer au delà, il fut assailli par une grêle de balles et de mitraille qui le firent rétrograder jusque derrière le village (2) ».

A ce moment la situation était la suivante : entre l'Escaut et Templeuve se trouvaient les brigades Macdonald, Thierry et Compère; de Templeuve à Blandain et Baisieu était la division Bonnaud, comme on l'a expliqué plus haut.

Comme l'investissement de la position ennemie était ainsi bien dessiné, Souham ordonna à Macdonald d'enlever à nouveau le hameau de Pont-à-Chin.

Une lutte acharnée s'établit alors autour de cette localité.

On a vu précédemment que les tirailleurs de la division Bonnaud avaient été arrêtés dans leur mouvement offensif vers Froïennes, par l'infanterie du Prince héritier d'Orange, appuyée de quelques pièces d'artillerie légère. Après les avoir ainsi fixés, le prince d'Orange songea à les refouler et à prendre pour objectif de cette attaque

(1) Opérations du général en chef Pichegru.
(2) *Ibid.*

le village de Pont-à-Chin. Dans ce but, il réclama le concours des généraux von dem Bussche et Kovachevich, et attaqua alors avec deux bataillons, qui refoulèrent bien les tirailleurs sur Pont-à-Chin, mais ne purent enlever ce hameau. En effet, l'artillerie républicaine dissimulée « à la faveur des haies et des bocages (1) » se démasqua tout à coup lorsque l'attaque du prince d'Orange arriva à bonne portée : « Salués d'un feu terrible de mousqueterie et de mitraille, qui répandit partout le désordre et l'épouvante, les Alliés furent obligés de se retirer (2) ». Mais, peu après, le prince d'Orange renouvelait son attaque et grâce à l'appui du général Monfroit, commandant le corps hanovrien, il enlevait Pont-à-Chin (3).

Ce premier succès fut de courte durée. En effet, devant « la supériorité immense de l'artillerie ennemie faisant un ravage épouvantable dans nos rangs (4) », Souham allait renoncer à l'occupation de ce hameau, lorsqu'un ordre mal transmis lui fit croire que Pichegru lui ordonnait de s'y maintenir à tout prix. Aussi, tenta-t-il un nouvel effort de concert avec la division Bonnaud. Grâce à cette attaque combinée, Pont-à-Chin était repris et Blandain menacé de nouveau.

L'attaque sur Blandain fut repoussée par le prince de Waldeck, qui rejeta les Républicains dans la direction de Ramegnies et fit canonner cette position. Grâce à cet appui, les Hanovriens purent s'emparer une deuxième fois de Pont-à-Chin. Mais les Français recevant de nouveaux renforts chassèrent encore les Alliés de cette position, et le prince de Waldeck fut rejeté sur Blandain. Dans cette affaire, qui fut très chaude et causa de nombreuses pertes aux Alliés, le général Kovachevich fut

(1) D'Arnaudin.
(2) *Ibid.*
(3) Rapport du prince héritier d'Orange, 22 mai 1794.
(4) Opérations du général en chef Pichegru.

blessé. Sa brigade complètement harassée fut rejetée dans la plaine de Tournay et vigoureusement canonnée par les Républicains.

Les Hanovriens perdaient donc Pont-à-Chin pour la troisième fois ; mais ils revenaient encore à la charge, l'occupaient et en étaient à nouveau chassés ; ils s'en retiraient épuisés par la lutte.

Du côté du général comte de Bellegarde, l'effort offensif était également venu se briser aux premières maisons de Templeuve. « Sur ce point, dit la *Relation autrichienne*, fut épuisé tout ce que de braves troupes pouvaient donner de courage. Chaque pouce de terrain fut perdu et repris maintes fois. »

« Le feu, écrit d'autre part le général de Bellegarde, était ininterrompu ; mais cependant on ne cédait ni d'un côté, ni de l'autre. Les pertes étaient effroyables... De tous côtés le feu de l'infanterie ennemie sortait des haies, et on ne parvenait pas à gagner du terrain (1) ».

Des deux côtés, à Pont-à-Chin et à Templeuve, les forces étaient épuisées, et un nouvel effort ne pouvait être demandé qu'à des troupes fraîches.

Ces dernières se présentèrent avec une partie des renforts que l'on faisait passer de la gauche de l'armée alliée pour soutenir la droite. « Ils consistaient dans la seconde brigade d'infanterie anglaise et sept bataillons autrichiens. Le général Fox, à la tête des Anglais qui arrivaient les premiers,.... fit mettre ses troupes en bataille à environ 300 ou 400 pas en arrière de Pont-à-Chin et sous la protection de deux pièces de bataillon, les deux seules qu'il eût à sa disposition, il fit avancer sa troupe et emporta le village, la baïonnette au bout du fusil. Les Français se retirèrent en désordre et du village, et de la

---

(1) Relation sur la défense et l'attaque de Templeuve, le 22 mai 1794, par le général-major de Bellegarde.

chapelle de Bellerive, située sur les bords mêmes de l'Escaut, où ils s'étaient établis comme pour y tenter le passage de la rivière. Ce fut particulièrement dans cet endroit qu'ils perdirent beaucoup de monde. Le nombre des Anglais qui y restèrent sur la place fut aussi très considérable (1) ».

Après cette lutte opiniâtre, les Républicains se retirèrent sur Templeuve et sur la chaussée de Courtrai et dans le pays couvert intermédiaire ; l'ennemi de son côté avait traversé le ruisseau de Pont-à-Chin.

Le jour baissait; l'attaque était manquée, et il n'y avait plus qu'à rompre le combat (2) en se retirant au Nord de Templeuve ; « on résolut d'attendre les ombres de la nuit pour dérober aux ennemis le désordre que la fatigue de nos troupes rendait probable.

« On se fusilla encore vivement dans la plaine, surtout au centre. Nos premiers bataillons attendaient l'ennemi à deux cents pas, lâchaient leur décharge et se retiraient alors derrière les seconds bataillons qui attendaient l'assaillant à pareille distance. La bonne contenance de toute notre cavalerie et le feu bien nourri de notre artillerie légère facilitèrent beaucoup ces différents mouvements de retraite. Ce ne fut cependant que vers les onze (*sic*) de la nuit que la plaine fut entièrement évacuée par nos troupes. L'ennemi n'osa l'occuper que par des grand'gardes ; il ignorait sûrement le désordre qui se mit dans nos bataillons lorsqu'ils eurent gagné le pays fourré.

« Thierry n'ayant peut-être pas une connaissance exacte du terrain, fut se jeter dans Templeuve avec une partie de ses troupes », alors que Bonnaud venait de l'évacuer ; « le reste de la brigade Thierry gagna son ancienne

---

(1) D'Arnaudin.

(2) Opérations du général en chef Pichegru.

position. Cette faute inconcevable manqua de lui devenir personnellement funeste (1) ».

En voyant en effet les Républicains se retirer sur Baillœul et Nechin, le général-major de Bellegarde pensa qu'ils avaient abandonné Templeuve. Il y envoya donc des patrouilles de tirailleurs pour s'en assurer. « Elles rapportèrent que jusqu'auprès de l'église du village il n'y avait plus d'ennemis, mais que là il s'en trouvait encore.

« Ou bien l'ennemi avait commis une grande négligence, ou bien il avait placé à Templeuve des avant-postes auxquels on pouvait se heurter. Bellegarde résolut alors de pénétrer dans cette localité avec le bataillon de Jordis et de surprendre les Républicains.

« Ceux-ci, après une aussi dure et sanglante journée, ne cherchaient que le repos et étaient plongés dans un profond sommeil. Ils furent réveillés subitement, n'eurent même pas la pensée de se défendre et s'enfuirent rapidement après quelques coups de fusil (2) ».

Leur retraite désordonnée sur Lannoy y causa « quelques confusions qui furent bientôt réparées (3) ».

Telle fut cette sanglante bataille de Pont-à-Chin qui, si elle constituait un échec tactique pour Pichegru, était pour lui un succès stratégique, car elle allait immobiliser le gros des forces alliées sous Tournay et lui permettre de remplir enfin le vœu du Comité du Salut public en allant attaquer Ypres.

Elle avait encore une signification morale des plus importantes : elle consacrait enfin la valeur de ces troupes républicaines que deux ans d'escarmouches, de luttes

---

(1) Opérations du général en chef Pichegru.

(2) Relation sur la défense et l'attaque de Templeuve, le 22 mai 1794, par le général-major de Bellegarde.

(3) Journal de Bonnaud.

et de revers avaient fini par rendre suffisamment solides pour qu'elles aient pu se mesurer sérieusement en bataille rangée avec une armée professionnelle.

De l'aveu même de l'ennemi, « l'affaire fut très chaude et horriblement sanglante..., des rangs entiers étaient enlevés et aussitôt remplacés sans que de part et d'autre il y eut apparence d'un mouvement rétrograde, et cette terrible boucherie ne faisait qu'animer le soldat de plus en plus. Les plus anciens officiers qui ont fait la guerre de Sept Ans et celle des Turcs ne se rappellent pas avoir vu un carnage et un feu pareils pendant un aussi long espace de temps (1) ».

L'armée de la Révolution était donc faite, et n'avait plus qu'à accomplir ses glorieuses destinées.

---

(1) Extrait d'une lettre de Bruxelles du 26 mai.

ERRATA

Page 15, ligne 15, *au lieu de* 20, *lire* 10.
— 15, ligne 19, *au lieu de* de la ville, *lire* de Lille.
— 30, *au lieu de* Duverger, chef de bataillon, *lire* Duverger, chef de brigade.
— 30, *au lieu de* Salcest, Marescaud, Blésimare, *lire* Falcest, Marescot, Blessimard.
— 30, 1re colonne, *au lieu de* 11e compagnie d'infanterie légère, *lire* 11e compagnie d'artillerie légère.
— 30, 1re colonne, *au lieu de* 1er du Calvados, *lire* 3e du Calvados.
— 31, 1re colonne, *au lieu de* canonniers du 14e de l'Yonne, *lire* canonniers du 4e de l'Yonne.
— 40, *au lieu de* 19 avril 1904, *lire* 19 avril 1794.
— 49, 1re colonne, *au lieu de* 12e chasseurs à cheval, *lire* 13e chasseurs à cheval.
— 49 et 65, *au lieu de* 27e compagnie d'infanterie légère, *lire* 27e compagnie d'artillerie légère.
— 49, *au lieu de* Boise, *lire* Bersée.
— 50, ligne 12 à partir du bas, *au lieu de* Florent-Guyot, *lire* Florent Guiot.
— 63, note 1, *au lieu de* Cassel, *lire* Bergues.
— 65, ligne 14 à partir du bas, *au lieu de* Fechin, *lire* Seclin.
— 65, ligne 11 à partir du bas, *au lieu de* Fretain, *lire* Seclin.
— 66, ligne 15 à partir du bas, *au lieu de* compagnie de Vermontois, *lire* compagnie de Vermandois.
— 69, ligne 6, *au lieu de* Bonuard, chef de brigade, *lire* Bonnard, chef de bataillon.
— 69, ligne 8, *au lieu de* 4e compagnie du 7e bataillon de fédérés, *lire* 4e compagnie du 17e bataillon de fédérés.
— 93, ligne 13, *au lieu de* Marque, *lire* Marcke.
— 94, note 1, *au lieu de* 10e d'infanterie légère, *lire* 1er bataillon d'infanterie légère.
— 107, ligne 6 à partir du bas, *au lieu de* Chapuis, *lire* Chapuy.
— 109, note 3, *au lieu de* 242, *lire* 108.

Page 126, ligne 9, *au lieu de* gauche, *lire* droite.
— 126, ligne 10, *au lieu de* droite, *lire* gauche.
— 131, note 3 à supprimer.
— 132, note 1, *au lieu de* Relations, *lire* Relation.
— 133, ligne 21, *au lieu de* d'abandonner, *lire* de laisser dans sa retraite.
— 149, ligne 7 à partir du bas, *au lieu de* centimètres, *lire* pouces.
— 187, ligne 4, *au lieu de* Schrau, *lire* Schrans.
— 193, ligne 2 à partir du bas, *au lieu de* Chapuis, *lire* Chapuy.
— 205, ligne 6 à partir du bas, *au lieu de* tu dois venir, *lire* tu dois revenir.
— 214, note 1, *au lieu de* 74, *lire* 196.
— 224, ligne 8, *au lieu de* se prêta, *lire* se piéta.
— 224, lignes 17, 26, note 1, *au lieu de* 34e, *lire* 54e.
— 239, ligne 4 à partir du bas, *au lieu de* reculer, *lire* rentrer.
— 241, ligne 6 à partir du bas, *au lieu de* la Noize, *lire* Lannoy.
— 255, ligne 4 à partir du bas, *au lieu de* Saint-Éloy, *lire* Sainte-Éloysvysve.
— 255, ligne 3 à partir du bas, *au lieu de* Peteghem, *lire* Pitthem.
— 270, ligne 20, *au lieu de* ou postes, *lire* aux ponts.
— 271, ligne 2, *au lieu de* Moorseele, *lire* Moorslede.
— 308, note 1, *au lieu de* à passer, *lire* à la passer.

TABLE DES MATIÈRES

CARTES ET CROQUIS hors texte

PARIS. — IMPRIMERIE R. CHAPELOT ET Ce, RUE CHRISTINE, 2.

DOCUMENTS ANNEXES

CHAPITRE PREMIER

Le stationnement des divisions Souham et Moreau avant la marche sur Courtrai.

§ 1er. — Préparatifs d'opérations.

Le général Macdonald au Commandant du bataillon de la 29e demi-brigade, à Linselles.

Armentières, 27 pluviôse (15 février).

Je te préviens, citoyen, qu'un détachement de 400 hommes du 1er bataillon de la 29e demi-brigade arrivera demain 28 à Linselles ; la 31e division de gendarmerie arrivera le 29 pour remplacer ton bataillon, qui se rendra le même jour aux Écluses, le Pont-Rouge et Frelinghem. Tu ne partira de Linselles qu'après avoir fait relever tous les postes par la gendarmerie et le détachement de 400 hommes. Tu donneras tous les renseignements que tu t'es procurés au commandant de la gendarmerie relativement à la sûreté et à la défense de Linselles. Tu relèveras aux Écluses, le Pont-Rouge et Frelinghem les détachements du 2e de l'Yonne, qui retourneront à leurs cantonnements.

Le général Macdonald à Daurière, commandant à Deulsemont.

Armentières, 28 pluviôse (16 février).

Tu ne dois laisser passer aucune barque ni jour ni nuit sans une permission expresse de ma part et par écrit et scellée de mon cachet à moins qu'elle ne le soit de Daendels.

Le général Moreau au général Vandamme.

Capelle, 30 pluviôse (18 février).

. . . . . J'ai écrit à Bailleul au sujet de deux pièces de 8, et au Ministre pour le détachement de hussards; je n'ai le droit d'ordonner ni de faire aucune nomination dans un détachement dont le corps est peut-être complet en officiers et sous-officiers.

Le citoyen Marteau, ingénieur, est à Steenwoorde depuis hier; il me demande ce qu'il doit y faire. Il serait intéressant que tu te concertes avec lui sur les ouvrages les plus pressés.

J'ai vu la signature de Féron sur les états de situation, je crois que cela annonce son arrivée.

Le général Souham au général Macdonald.

Marquette, 8 ventôse (26 février).

J'ai besoin de toi dans une autre brigade que celle que tu commandes. Il n'y a pas de général à Five, et ce commandement va devenir important. Lorsque le général Thierry viendra au Quesnoy, tu lui remettras le commandement des troupes sur la Lys et la Deule, tu lui donneras tous les renseignements sur la défense de ce pays et tu iras à Five prendre le commandement des cantonnements d'Hellemmes, Flers, Annappes, etc.

Le général Souham au général Thierry.

Marquette, 8 ventôse (26 février).

Je viens d'écrire au général Macdonald pour le prévenir que tu iras au Quesnoy et lui dire de te remettre le commandement des troupes sur la Lys et la Deule; ainsi tu peux y aller aussitôt que tu auras fait tes affaires à Lille. Il te donnera tous les renseignements nécessaires sur les positions des troupes que tu vas commander et leurs moyens de défense. Tu pourras appeler au Quesnoy l'adjudant général Vanbœcop, qui est à Commines et connaît très bien cette partie de la frontière. Il t'aidera dans ce commandement.

Le général Colaud (1) *au Ministre de la guerre.*

Réunion-sur-Oise, 10 ventôse (28 février).

Il n'y a rien de nouveau, citoyen ministre, qui puisse mériter la

(1) Le général Colaud commandait provisoirement l'armée du Nord,

peine de t'être transmis. Je ne saurais trop te rappeler qu'il nous manque toujours des armes, des souliers et de la cavalerie. Les troupes des avant-postes ne peuvent faire le service faute de souliers ou de sabots; je suis persuadé que ces objets importants occuperont ta sollicitude pour remédier à des besoins aussi pressants.

P.-S. — Au moment où je fermais ma lettre, le général Souham m'annonce qu'il a surpris plusieurs postes ennemis, leur a fait 80 prisonniers, 3 officiers et 28 chevaux, et l'ennemi a eu bon nombre de tués.

Le général Colaud au général Bertin.

Réunion-sur-Oise, 10 ventôse (28 février).

J'ai reçu, citoyen général, ta lettre que tu as écrite au général en chef en date du 8 courant. Ce général est parti hier pour faire sa visite des villes frontières et des avant-postes; il passera à ton quartier général dans quelques jours et tu pourras lui faire tes réclamations relativement au 4e de hussards. Je te proposerai un escadron de 120 hommes du 23e régiment de chasseurs en remplacement du détachement du 4e de hussards qui se trouve dans la même division que le détachement de ce régiment; si cela te convient tu pourras en faire la demande au général en chef.

Le général Souham au Comité de Salut public.

Marquette, 17 ventôse (7 mars).

Je vous fais passer les derniers numéros du *Courrier de la Belgique* et du *Journal de Bruxelles.* Vous verrez que l'ennemi a des projets sur Bouchain et Maubeuge. Deux déserteurs des uhlans britanniques, que j'ai interrogés hier, m'ont assuré qu'on ne parlait que de ce projet. Ils m'ont encore dit qu'ils ne pensaient pas à nous attaquer de ce côté-ci, qu'au contraire ils craignaient beaucoup que nous les attaquassions. Les mouvements des ennemis sur cette frontière se réduisent aux changements suivants : le 3e bataillon de Stuart est parti d'Ypres et remplace deux bataillons hessois à Menin, qui vont à Ypres. Ce changement a été fait, sans doute, pour diminuer la terreur des troupes à Menin. Nos dernières expéditions ont jeté l'épouvante dans cette ville. Il est encore rentré trois bataillons hanovriens à Menin.

---

pendant que le général Pichegru faisait une tournée aux avant-postes de l'armée. Plus tard, ce général commanda à Bailleul.

Le général Souham au général Michel.

Marquette, 21 ventôse (11 mars).

D'après des lettres que je viens de recevoir du général en chef, je dois former un camp pour lequel j'ai besoin d'une des demi-brigades qui sont en ville. Ainsi, au lieu d'envoyer la 9e demi-brigade à Bondues et Wambrechies le 23 ventôse, tu la feras munir d'effets de campement et l'enverras camper à l'endroit et le jour que l'adjudant général Reynier t'indiquera, pendant un petit voyage que je fais à Dunkerque.

Le général Souham au général Dumonceau.

Marquette, 21 ventôse (11 mars).

Tu voudras bien, pendant un petit voyage que je vais faire à Dunkerque, prendre le commandement de la 1re division de l'armée du Nord et faire toutes les dispositions nécessaires pour la défense en cas d'attaque.

Le général Souham au commissaire-ordonnateur Olivier.

Marquette, 26 ventôse (16 mars).

Les troupes ont bien eu leurs effets de campement, mais il manque des chariots pour les conduire. Chaque bataillon doit avoir au moins 8 voitures, tant pour les effets de campement que pour les bagages des officiers, dont les chevaux ont été supprimés. Les six bataillons campés à Flers n'en ont pas. Tu voudras bien prendre des mesures pour leur en procurer. Je me propose de faire camper les 23e, 27e et 68e demi-brigades et une autre. Tu voudras bien donner des ordres pour que les effets de campement leur soient délivrés aussitôt qu'ils seront demandés. Il faut aussi qu'on délivre des prolonges et piquets pour les chevaux d'artillerie et des charrois qui sont attachés aux bataillons, afin qu'on les parque et qu'ils ne soient pas attachés aux voitures. Cela est très important.

Le général Souham au général Pichegru.

Marquette, 28 ventôse (18 mars).

Je t'envoie, ci-joint, un extrait des rapports sur la position de l'ennemi. Les canonniers que tu m'as demandés dans ta lettre du 21 ventôse ne sont pas nécessaires pour le service du parc de cette division et doivent partir aujourd'hui.

J'ai reçu ta lettre du 23 dans laquelle tu me dis de prendre des mesures pour avoir un équipage de siège. Je vais me concerter avec le commandant du parc d'artillerie de cette division et le général Songis, commandant l'artillerie de Lille, sur les moyens de le former. Je t'observe, à cette occasion, qu'il serait besoin, ici, d'un et même de deux officiers d'artillerie, parce que le citoyen Niger, commandant actuel du parc, est mis hors d'état de faire le service de la campagne, ayant un bras presque paralysé par le rhumatisme. Il a déjà demandé à être employé ailleurs et, outre cela, a observé que le service actuel de ce parc, qui comprend le détail de l'artillerie des divisions, depuis Cambrai jusqu'à Dunkerque, exigerait, au moins, deux officiers supérieurs, surtout lorsqu'on sera en campagne. S'il est possible, je te prie de donner des ordres à cet effet.....

Le 1er bataillon des tirailleurs belges arrivera aujourd'hui à Lille et sera tout de suite placé aux avant-postes; ainsi le chef Jardon sera satisfait. J'espère qu'il ne tardera pas à être armé. Tu m'avais promis aussi le 2e bataillon des tirailleurs belges, qui ne fait rien à Saint-Omer et qui, d'après les rapports, est presque entièrement armé. Je ne le vois pas arriver; il me serait cependant bien utile. Je te prie d'examiner si tu peux encore en disposer pour cette division.

P.-S. — Le chef de brigade Jardon vient de venir ici et m'a dit que son bataillon est toujours à Aire, n'ayant pas reçu l'ordre de partir le 26, comme tu me l'avais annoncé. Je te prie de lui envoyer un autre ordre.

Le général Macdonald au général Souham.

Five, 28 ventôse (18 mars).

Aucun mouvement ne s'aperçoit du côté des ennemis; leurs postes sont les mêmes; ils exercent la plus grande surveillance, sont toujours prêts à se retirer en cas d'attaque. Un de mes émissaires est arrêté à Tournay; il est soupçonné de conduire leurs déserteurs chez nous; il a déjà reçu une trentaine de coups de bâton. Comme il n'est pas soupçonné espion, j'espère qu'il sera relâché. On lui a trouvé quelques papiers sur lui. Je présume que ce sont des *gazettes* que je l'avais chargé de me rapporter. L'ennemi a un petit camp d'environ 700 à 800 hommes au faubourg Saint-Martin de Tournay. La garnison n'est pas renforcée. Leurs patrouilles vont à peine à Cysoing. Trois hussards sont venus cependant près de Bouvines, mais n'ont pas passé le pont. Environ..... sont venus ce matin à la Chapelle-aux-Arbres. S'ils étaient venus à Bouvines, nous les eussions pris. J'y avais, dès la pointe du jour, une forte patrouille d'infanterie et de cavalerie. Leurs autres postes sont les mêmes. J'attends des nouvelles de Courtrai et Gand après-demain au plus tard.....

Le général Macdonald à Vatel, chef du 10e bataillon du Calvados.

Five, 1er germinal (21 mars).

Tu as très mal fait de pousser la découverte jusqu'à Watrelos, car tu courais grand risque d'être tourné et coupé à Roubaix, si l'ennemi eût été plus en force. Les découvertes ne doivent jamais s'engager à moins qu'elles n'y soient forcées; elles doivent voir, examiner, interroger et venir en rendre compte; on agit ensuite suivant la circonstance. Exerce la plus grande surveillance et n'oublie ni ne néglige rien pour mettre les troupes que tu commandes en état de bien recevoir l'ennemi, s'il se présente.

Le général Souham au général Moreau.

Marquette, 2 germinal (22 mars).

On vient de m'apprendre que le 1er bataillon de tirailleurs belges, qui est destiné pour les avant-postes de cette division, est à Bailleul. Tu voudras bien lui donner ordre de partir pour Lille le plus tôt possible. Il y a eu certainement de l'erreur dans l'envoi des ordres du général en chef, car, par les lettres dont je joins ci-dessous l'extrait, tu peux voir qu'il comptait le faire partir le 26 d'Aire pour Lille, et qu'il serait tout de suite placé aux avant-postes.

Le général Souham au général Pichegru.

Marquette, 3 germinal (23 mars).

Je n'ai pas encore reçu de réponse à la lettre que je t'écrivis le 28 ventôse, dans laquelle je t'annonçais que le 1er bataillon des tirailleurs belges n'avait pas encore reçu l'ordre de partir le 28 d'Aire pour Lille, et dans laquelle je te priais de lui envoyer un nouvel ordre. Depuis cette lettre, j'ai avis que ce bataillon est allé à Bailleul, d'après un ordre du général Liébert, chef de l'état-major. Ces deux dispositions m'étonnent, mais je te prie de donner ordre à ce bataillon de venir définitivement aux avant-postes de cette division. J'ai le plus grand besoin d'infanterie légère, et principalement de ce bataillon, dont presque tous les soldats, ainsi que les officiers, connaissent le terrain, y ayant fait la guerre pendant tout l'été passé. Tu en as toi-même senti l'importance dans les lettres que tu m'as écrites, en m'annonçant son départ. Il n'est même pas naturel qu'il y ait dans la division de Cassel, sept ou huit bataillons de tirailleurs belges, tandis qu'il n'y en aurait pas dans la division que je commande; je te rappelle aussi que tu m'avais promis le 2e bataillon des tirailleurs belges et qu'il n'est pas question de son arrivée.

Le 2e régiment de carabiniers, dont tu m'avais annoncé l'arrivée pour les premiers jours de germinal, n'est pas encore ici. Nous avons cependant bien peu de cavalerie, et ce petit nombre est excédé de fatigue. L'ennemi nous avait menacé, suivant des rapports, de nous attaquer ce matin, mais il n'est pas venu, et, d'après des déserteurs qui viennent d'arriver, ils ont eux-mêmes été sous les armes pendant toute la nuit, principalement à Menin et Halluin, soit dessein de nous prévenir en attaquant les premiers ou autrement.

Il est arrivé hier, de Tournay à Menin, deux bataillons du régiment autrichien Wentzel Colloredo. Il y était déjà venu, il y a quelques jours, trois bataillons de Hessois des environs de Tournay. Un de ces bataillons a été augmenter la garnison d'Ypres.

Quoi qu'il arrive, que nous attaquions ou que l'ennemi s'avise de tenter quelque chose contre nous, nous sommes en mesure, excepté le manque de cavalerie et d'un peu de tirailleurs.....

Je te prie de faire arriver promptement le 1er bataillon des tirailleurs belges et le 2e, s'il est possible.

Le général Macdonald au représentant du peuple Florent-Guyot.

Five, 4 germinal (24 mars).

Je te fais passer ci-joint, citoyen représentant, plusieurs sommations faites par l'ennemi aux villages français qui se trouvent entre nos avant-postes et les siens. Dès que j'en fus instruit, je m'empressai d'écrire à ces municipalités de se moquer des sommations, et que je les protégerais de tout mon pouvoir. Comme tu le verras par une copie que je joins également ici, ces municipalités, d'après ma lettre, ont refusé. Ci-joint ce que l'ennemi a écrit de nouveau. Ils n'ont sans doute pas envie de venir chercher eux-mêmes ce qu'ils demandent puisqu'ils veulent qu'on leur mène chez eux. Au reste, c'est où je les attends s'ils veulent exécuter leurs menaces.

Le général Moreau au général Vandamme.

Cassel, 6 germinal (26 mars), 10 heures du soir.

Enfin le grand jour est arrivé, nous allons demain dîner à Eecke, ainsi c'est là que nous nous verrons.......

P.-S. — J'ai reçu le rapport que tu m'as fait passer.

Le général Souham au général Pichegru.

Marquette, 7 germinal (27 mars).

Tu dois avoir reçu une lettre que je t'écrivis le 28 ventôse, dans laquelle je te rendais compte de l'établissement des trois camps : un à Flers de 6 bataillons, un à Marque de 4 bataillons et un à Commines de 5. Ainsi j'ai prévenu l'ordre que tu me donnes dans ta dernière lettre. Je profiterai de tous les moyens que j'aurai de faire camper davantage, car je suis très pénétré du principe que notre force ne consiste que dans le nombre d'hommes qui sont sous la toile.

Les effets de campement ne manquent pas, mais les voitures pour les conduire. Nous sommes obligés d'attacher à chaque bataillon des voitures de réquisition. On avait annoncé un règlement pour fixer le nombre des voitures par bataillon depuis qu'on a retiré les chevaux des officiers, mais ce règlement n'a pas paru.

Je ne connais personne qui puisse remplacer, à Lille, le général Michel. Aussi je t'invite à y envoyer un général. Cependant, si ce n'était que provisoirement et pour quelques jours, on pourrait y placer le général de brigade Thierry, qui y a commandé pendant quelque temps avant le général Michel. C'est un ancien militaire très strict pour le service, mais je ne pense pas qu'il convienne à Lille. Je t'observe aussi que je n'ai pas trop ni même assez de généraux, car les troupes sur la Lys, au nombre de 12,000 hommes, ne sont commandées que par le général de brigade Thierry et le chef de bataillon Daendels, commandant à Commines. La brigade de droite, composée du camp de Flers et des cantonnements, formant 10,000 hommes, n'a aussi qu'un général de brigade.

Le 1er régiment de cavalerie est arrivé hier à Lille. Comme tu ne me l'as pas annoncé, j'ignore si tu le destines à cette division. En attendant, ce sera un bon renfort, et je m'en servirai s'il est nécessaire. On annonce le 2e régiment de carabiniers pour le 15 de ce mois.

Je donne ordre à la compagnie de canonniers du 19e bataillon de volontaires nationaux de partir pour Philippeville.

Les représentants du peuple Bollet et Vidalin ont annoncé à un officier d'artillerie, que je leur envoyais pour réclamer les 300 chevaux qui manquent au parc, qu'ils étaient instruits qu'il y avait à Abbeville un dépôt de 400 chevaux destinés pour les charrois, et qu'ils allaient écrire au Ministre pour l'engager à nous les envoyer. Je te prie de le rappeler au Ministre lorsque tu lui écriras.

Tu n'as pas répondu sur la force que doit avoir l'équipage de siège. Je vais toujours rassembler ce qui sera nécessaire pour quelques pièces de 16, de 12, des mortiers de 10 et de 8 pouces et des obusiers de siège. Je te prie de t'expliquer sur ces objets, afin que le commandant du parc agisse en conséquence.

D'après ta lettre, je vais envoyer dans les places de seconde ligne visiter les arsenaux et chercher les armes qui pourraient s'y trouver.

Si tous les bataillons de sapeurs qu'on vient de former ne sont pas employés, il serait bien nécessaire d'en avoir dans cette division.

L'ennemi n'a fait aucun mouvement intéressant depuis ma dernière lettre. On annonce le départ de l'armée anglaise pour Tournay et Valenciennes et son remplacement par les Hollandais ; j'en doute cependant.

Le général Macdonald au général Dumonceau.

Five, 9 germinal (29 mars).

J'ai appris aussi indirectement que l'ennemi avait un peu retiré quelques postes tel que celui de Baisieu, qui est un peu en arrière. Le Petit Baisieu est évacué ; ils ont un piquet à la tête du village ; ils se sont retirés de Leers-Autriche. A Templeuve et Nechin, aucun mouvement. Un piquet de 30 hommes à cheval à Bourghelles, qui communique avec Bachy. Dans ce village, les équipages sont toujours chargés. Au premier coup de fusil qu'ils entendent, ils se retirent sur leurs derrières. J'attends du monde demain ; je pourrai t'en dire davantage, ainsi que le rapport de mes découvertes que je ferai pousser le plus loin possible.

Le général Souham au Comité de Salut public.

Marquette, 9 germinal (29 mars).

Je vous adresse, citoyens, un rapport sur la position de l'ennemi devant nous. Il exécute un mouvement dont je ne prévois pas encore les suites. Quoi qu'il arrive, nous sommes toujours en mesure. L'établissement des camps que j'ai formés à Flers, Marque et Commines, les tiennent en respect. Il ne nous manque que de la cavalerie et des chevaux d'artillerie ; mais le déficit de ces derniers chevaux, qui est de 300, peut nous causer bien des obstacles lorsque nous marcherons, et avoir les suites les plus fâcheuses dans les affaires où nous aurons besoin de beaucoup d'artillerie. Les demandes réitérées que j'ai faites de ces chevaux ne m'en ont pas encore procuré et je vous les rappelle encore.

Le général Macdonald au général Souham.

Five, 10 germinal (30 mars).

Voici les nouvelles qui me parviennent : à Tournay et aux environs,

5,000 hommes. Il a passé, il y a deux jours, des Anglais ou Hanovriens à Tournay, qui se dirigent vers Valenciennes venant de Courtrai et Menin. Il en est encore arrivé hier environ 3,000 pour la même destination. A ce que l'on assure, 200 Hanovriens sont venus hier remplacer pareil nombre du régiment de Colloredo, à Templeuve. Les hussards de Blankenstein, qui étaient à Nechin, ont été renforcer Templeuve; ils sont remplacés par les dragons de Latour. Les troupes légères polacres, qui étaient à Bourghelles et Baisieu, sont parties pour Valenciennes et ont été remplacées pas des Wallons, qui parlent tous français. On assure que, parmi cette troupe, il y a des émigrés ainsi qu'à Leers, Nechin et Templeuve. Ils occupent tous les postes que l'on disait évacués. Il paraît qu'ils ont relevé tous leurs avant-postes. Toutes les découvertes que j'avais envoyées m'ont rapporté la même chose.

P.-S. — L'ennemi fait courir le bruit qu'ils doivent venir camper à Cysoing.

Le général Souham au général Pichegru.

Marquette, 10 germinal (30 mars).

Le 13e régiment des chasseurs à cheval, ci-devant commandé par Saint-Georges, est un régiment des plus complets de l'armée en hommes et en chevaux, mais très mal composé en officiers et sous-officiers, et il est mal avec les habitants de Lille. Le représentant du peuple Florent-Guyot, avec qui j'en ai parlé, pense comme moi qu'il serait important de lui faire changer de position. Si on faisait aller ce régiment à Douai, on terminerait et éviterait les discussions que ce régiment pourrait exciter à Lille. Pour cet effet, il faudrait que, de la division de Douai, on envoyât à celle que je commande 300 ou 400 hommes de cavalerie, et j'y enverrais 600 ou 700 hommes du 13e régiment de chasseurs à cheval. Tout le régiment serait de cette manière réuni dans la division du général Drut, qui en a 300 hommes à Pont-à-Marque.

La 11e compagnie d'artillerie légère est encore partagée entre cette division et celle de Douai. Comme avec la cavalerie que nous allons avoir il faudra de l'artillerie légère, il serait très important de réunir toute cette compagnie dans un même endroit. On forme à Douai de l'artillerie légère, ainsi il pourrait y en avoir assez pour cette division. Ne pourrais-tu pas réunir cette compagnie ici? Il n'y a rien de nouveau par rapport à l'ennemi; les troupes anglaises sont allées, comme je te l'ai dit, à Tournay et ont été remplacées à Menin, Courtrai par des Hanovriens et Hessois. On annonce que les Anglais vont aller du côté de Valenciennes, mais je n'ai pas encore de nouvelles de leur départ de Tournay.

Le même au même.

Marquette, 12 germinal (1er avril).

Depuis ta lettre du 7 germinal, j'ai donné ordre à un détachement de 38 hommes du 13e régiment de chasseurs à cheval de partir de Lille pour se rendre à Cassel. Comme il y a déjà à Bailleul un détachement de ce régiment et qu'il est le seul régiment de cavalerie de cette division qui soit divisé, j'ai préféré d'y joindre ce détachement. Je renvoie au dépôt tous les hommes et chevaux qui étaient à Lille hors d'état de servir, le reste est tout employé aux avant-postes.

Le campement va très bien. Tu ne manques pas à Lille d'effets de campement. La demi-brigade de l'Allier campera aujourd'hui au camp de Flers, qui sera par là, porté à neuf bataillons.

L'arrivée du 1er bataillon de tirailleurs m'a donné la facilité d'augmenter ce camp.

Je ferai aussi camper demain matin le 11e bataillon de volontaires nationaux. Le camp de Commines sera alors de 6 bataillons et nous aurons 19 bataillons sous la tente. Je ne prévois pas qu'on en puisse camper un plus grand nombre de ceux qui composent la division, dans la position que nous occupons. Nous aurons besoin surtout, si nous avons besoin de nous servir de l'équipage de siège, de quelques officiers de génie. Pourras-tu en envoyer à cette division? ou devrai-je appeler ceux qui sont à Lille?

Le parc d'artillerie de cette division étant augmenté par la formation de l'équipage de siège et le détail d'états très considérables, un seul officier supérieur n'y pourra suffire. On annonce un chef de brigade pour remplacer le citoyen Niger, que ses infirmités empêchent de faire la campagne. Ne serait-il pas possible d'envoyer un officier supérieur pour l'aider?

Je fais aujourd'hui sortir de Lille le 1er régiment de cavalerie, afin de reposer pendant quelques temps, avant l'ouverture de la campagne, le 6e de dragons, qui, depuis un an, fait le service des avant-postes.

Les troupes anglaises ne se sont pas arrêtées à Tournay; elles ont continué leur route sur Valenciennes. Les troupes légères autrichiennes d'O'Donnell, qui étaient aux avant-postes de Tournay, ont aussi suivi l'armée anglaise. Les émigrés de la Châtre, qui étaient à Menin, sont allés à Nieuport. Aussitôt que j'apprendrai quelque mouvement intéressant, je t'en donnerai avis.

Le général Souham au général Drut.

Marquette, 18 germinal (7 avril).

Le général en chef vient de m'écrire qu'il te donnait ordre d'envoyer à Lille 400 hommes de cavalerie pour remplacer les détachements du 13e régiment de chasseurs à cheval, qui sont dans cette division et à Cassel; ce régiment devant être réuni dans une seule division et éloigné de Lille, où il pourrait donner lieu à de nouvelles intrigues, tu voudras bien me prévenir du moment où tu pourras faire ce mouvement afin que je donne des ordres pour le départ du 13e régiment et pour faire relever les détachements qui sont dans la division de Cassel.

Le général en chef m'écrit aussi que tu devras m'envoyer le détachement de la 11e compagnie d'artillerie légère, qui est à Pont-à-Marque, pour réunir toute cette compagnie dans le même lieu. Je te prie de donner des ordres pour le faire partir promptement et l'adresser au faubourg de Five, où il rejoindra la 11e compagnie.

L'ennemi est toujours fort tranquille et peureux vis-à-vis de nous. Hier, on a fait 177 Hessois et Hanovriens prisonniers à Wervicke-Nord et Chapelle-Ten-Brulen. Dans le nombre de ces prisonniers, étaient 4 officiers et des cavaliers. Cette expédition était destinée à enlever des bestiaux et forcer des contributions qui avaient été exigées, mais que l'ennemi empêchait de délivrer.

Le général Souham au général Macdonald.

Marquette, 18 germinal (7 avril).

Je te préviens, général, que le détachement de la 11e compagnie d'artillerie légère, qui était à Pont-à-Marque, viendra, demain 19, à Five, pour rejoindre la compagnie. Tu voudras bien faire préparer le logement pour ce détachement et envoyer quelqu'un au-devant pour le conduire à ses logements afin qu'il ne se rende pas à Lille, comme il pourrait en avoir reçu l'ordre.

Le général Souham au général Drut.

Marquette, 19 germinal (8 avril).

D'après la lettre qui m'annonce pour ce soir l'arrivée du 19e régiment de cavalerie, j'ai envoyé quelqu'un au-devant, pour lui désigner les logements qu'il devra occuper aux faubourgs des Malades et de Notre-Dame, car il n'y aurait pas eu de place en ville, non plus qu'aux avant-postes, qu'il devait occuper, et qui auraient été trop éloignés pour s'y rendre dans un seul jour.

J'ai donné ordre aux détachements du 13e régiment de chasseurs, qui sont à Wasquehal, Mouvaux et Armentières, formant 300 hommes, de partir demain matin de bonne heure pour Douai. Les détachements de ce régiment, qui sont à Bailleul et Cassel, ne pourront arriver que dans trois ou quatre jours, parce qu'il faut que je les envoie relever.

Le général Souham au Comité de Salut public.

Marquette, 24 germinal (13 avril).

Je vous adresse, citoyens, de nouveaux journaux de la Belgique. Vous serez indignés de l'accueil qu'on a fait, à Bruxelles, au tyran. Je brûle, ainsi que tous les Républicains que je commande, de venger l'outrage qui a été fait à la Nature, en attelant des enfants à sa voiture. Nous espérons que nous recevrons bientôt le signal de l'attaque et de la victoire.

Vous trouverez ci-joint un état des forces ennemies et de leur position dans la Flandre autrichienne.

Le général Macdonald à l'adjudant général Reynier.

Five, 24 germinal (13 avril).

Depuis cinq ou six jours mes émissaires ne sont pas venus. Je les attends de moment à moment. Les avant-postes sont de même force; aucun mouvement n'a eu lieu, au moins n'en ai-je rien appris.

Leur position est la même. Devant moi ils occupent Nechin, Leers, Templeuve, Baisieu, Camphin et Esplechin. Peut-être ont-ils quelque mouvement en vue, d'après les réquisitions qu'ils ont faites de chevaux et voitures à Cherang et Bouvines, mais, très certainement, j'en serai instruit et je t'en rendrai compte.

Le général Macdonald à Bailly, commandant à Lamponpont.

Five, 29 germinal (18 avril).

Je viens de recevoir ton rapport. Je tâche de m'assurer de la vérité, mais je ne crois point que l'ennemi ait évacué Leers. La cavalerie est fatiguée depuis trois jours qu'elle est à cheval. Dès qu'il ne peut résulter aucun avantage pour la République dans les petites affaires, il ne faut pas se basarder. Fais les découvertes comme à l'ordinaire et assure-toi, par les habitants de Lannoy, si effectivement Leers est évacué.

Le général Macdonald au commandant du 1er régiment de cavalerie.

Five, 2 floréal (21 avril).

Il est ordonné au citoyen Maillard, commandant le 1er régiment de cavalerie, d'envoyer demain son piquet à Hellemmes, pour y être rendu à 4 heures précises du matin, où ils recevront de nouveaux ordres.

Le général Macdonald au commandant du 5e régiment de chasseurs.

Five, 2 floréal (21 avril).

Il est ordonné au citoyen Prudent, commandant le 5e régiment de chasseurs à cheval, d'envoyer demain son piquet à Hellemmes, pour y être rendu à 4 heures précises du matin, où ils recevront de nouveaux ordres.

§ 2. — Renseignements.

Le général Vandamme au général Moreau (1).

Hazebrouck, 18 pluviôse (6 février).

Je t'envoie deux lettres que je viens de recevoir, l'une de Bruges et l'autre d'Ostende, avec les gazettes de Bruxelles et les gazettes anglaises.

Voici les rapports particuliers que m'a donnés Pape : à Furnes, 250 Hessois et Anglais; à Nieuport, 2,500; à Schoorbacke et Pervyse, 700; à Dixmude, 600 Hessois; à Nieu-Capelle, 300 Hessois; à Cnocke, 300 Hessois et deux canons de 6 livres.

Toutes les troupes qui étaient entre Thorout et Dixmude sont allées du côté d'Ypres et Menin.

Comme j'ai appris ce soir que l'ennemi a reçu du renfort à Poperinghe, j'ai donné ordre ce soir à la compagnie de grenadiers du 1er bataillon de l'Ille-et-Vilaine de se rendre de suite à Godewaersvelde, où elle restera demain jusqu'à midi. Je pense que ce renfort n'est pas autre chose que de nouvelles troupes qui viennent remplacer celles qui étaient à Poperinghe.

Il y a à Saint-Venant une compagnie de grenadiers du 78e régiment qui est là depuis longtemps et qui demande à ne pas rester ainsi sur les derrières. Fais les démarches qu'il convient, si tu le veux, pour satisfaire une demande aussi juste de leur part.

P.-S. — Je n'ai plus d'argent; procure m'en, je t'en prie, car j'en ai absolument besoin.

---

(1) D'après cette pièce, adressée au général commandant la 2e division, Moreau aurait exercé ce commandement avant même d'avoir eu son brevet de général, car ce n'est que le 18 pluviôse que le Ministre de la guerre prescrit à l'adjoint à la 6e division de son ministère « d'expédier un brevet de général de brigade à Moreau, chef du 1er bataillon d'Ille-et-Vilaine nommé par les Représentants du peuple à l'armée du Nord ».

Le général Vandamme au général Moreau.

Hazebrouck, 3 ventôse (21 février).

J'ai fait hier la visite de tous mes avant-postes. J'ai trouvé les troupes en assez bon ordre malgré le mauvais temps.

Les rapports qui m'ont été faits m'annoncent qu'il y a 2,000 hommes à Ypres, 500 à Poperinghe, 200 à Reningelst et 200 à Dickebusch. Le cantonnement de Westoutre s'est retiré ; l'ennemi n'ose plus y laisser personne. Il paraît que ses forces se tournent vers Tournay et Mons. De ce côté-ci, il est très faible et a très peur du coup que l'on se propose de frapper.

Je n'ai pas encore eu de nouvelles de Pape. J'en suis très inquiet. J'ai envoyé hier deux hommes à Houten pour m'informer de lui. J'en saurai quelque chose aujourd'hui.

Je t'envoie ci-joint l'état de situation des troupes que je commande.

Rapport de l'émissaire Denys.

Du 5 au 7 ventôse (23 au 25 février).

A 9 heures ce jourd'hui, tambour battant, sont partis les Hanovriens, Régiment de Garde, pour Rousselaere, avec 4 pièces du canon de 3 et 6, de là pour Menin, environ 500 hommes, un peu regrettés cependant des bourgeois, à cause qu'ils commençaient à devenir des hommes. Aussi, il y en aura qui passeront en France à la première occasion. Ils sont partis suivis de plusieurs caissons, savoir : 8 avec des cartaches et cartouches à balles pour leurs pièces et une vingtaine remplis de leurs bagages. Après eux, à 10 heures, sont partis : un escadron des dragons hanovriens, aussi même destination ; en avant, leurs tentes, etc., chargés sur des chevaux et couverts d'une toile cirée, suivis de quatre à cinq caissons, et après, la procession ordinaire des fourrages, avoines, etc. Vers 4 heures d'après midi, sont entrés, de Rousselaere, les jean-f..... d'émigrés, environ 500, la plus grande partie sans armes, havresacs, uniformes, enfin sans aucunes munitions de canons, etc..... C'étaient presque tous des paysans des frontières de la France, probablement émigrés ou débauchés; il en pouvait avoir environ 350. On les va ici habiller, équiper, etc., puis enrégimenter dans leur corps, car on travaille journalièrement à leurs habillements. Ce pourquoi il faudra faire prendre garde, mon cher ami, aux avant-postes des frontières et les faire vigiler, car il entre et sort tout plein des débaucheurs, etc., comme je vous ai marqué par le billet que je vous ai fait parvenir par ma dernière, car nos amis sont trop bons de laisser entrer et sortir des gens sans aveu pour tromper la

République, et en laisser sortir pour rapporter leurs manœuvres, etc.... Et ceux qui sont pour le bien-être de la République, on les f..... dans les prisons et on les arrête comme c'est dernièrement arrivé à votre homme d'affaires, femme et enfant, à ce qu'on m'a dit. Probablement il est encore apprentif, c'est qu'il ne sait pas son métier; il faudra lui l'apprendre de quel bois on fait des flèches.

Du 6 ventôse. — Aujourd'hui, sont partis les dragons hanovriens et hessois des environs de Bruges, mais ils n'ont point passé la ville; ils se sont trouvés pour et au point de ralliement chemin de Thorout.

Je crois que nous ne verrons plus tant de chariots et caissons (sinon qu'ils auront la dernière déroute), à cause que le fourrage, etc. va partir de temps en temps par bélandres pour Courtrai, Tournay, Menin, etc.....

Hier, sont partis tous les Anglais de Gand, avec canons, armes et bagages, munitions, etc., pour Tournay, Audenarde, Courtrai, Ypres, etc., c'est-à-dire pour les environs, pour y camper; il ne leur reste plus qu'une compagnie ou deux et un escadron de dragons anglais pour garder les magasins, hôpitaux, etc.....

Il y a eu hier une affaire à Gand entre les gardiens anglais et les bouchers, à cause d'un vol de quelques livres de viande par les honnêtes Anglais, laquelle devenait très sérieuse; si les dragons n'étaient point venus au secours, c'aurait été un carnage. Enfin l'émeute est apaisée, il y a un bourgeois de blessé au talon par une balle et les bouchers ont tué trois Anglais qui sont restés sur le carreau.

On patrouille encore continuellement à Gand; ainsi en partant pour les frontières, les bourgeois seront bien aises de ne plus voir les satellistes d'un roi sot et d'un ministre Pitt imbécile, car ils sont presque tous voleurs ou coquins dans les villes ou endroits où ils sont cantonnés.

On parle d'un bruit qui court que nos braves amis, les Républicains français, ont enlevé et les enlèvent encore de temps en temps les avant-postes des despotes de l'armée combinée, et qu'on les fait transporter à Lille et ailleurs, et cela en les surprenant quand ils y pensent le moins. — Bravo, mes amis! continuez! et « Vive la République! ».

Du 7 ventôse. — Aujourd'hui, sont entrés une trentaine de paysans venant du côté de Boesschepe, pour être enrégimentés dans les émigrés, comme tous les autres jean-f.....

Nous allons être encore une fois chagrinés par ces renégats. Il y en a déjà plusieurs qui ont déjà une capote à la Kaiserlich, avec la cocarde et une branche de buis sur leurs chapeaux. J'avais cru que nous n'allions plus avoir de procession; mais point du tout, il y a de venu aujourd'hui passé de 200 chariots pour avoines, etc.....

M. Mack, général anglais, venu de Londres, a dit qu'il doit avoir 30,000 hommes pour couvrir le *furnanbaght* des incursions républicaines, mais comme c'est impossible d'avoir ces troupes, l'avis est d'inonder toutes les terres de *furnanbaght* le plus tôt possible que faire se peut par les écluses de Nieuport, etc. Ainsi, mon cher, voilà le sort que nous attendons de nos tyrans, d'avoir le pays submergé par les eaux salées plutôt que de laisser entrer nos braves délibérateurs.

Mais rien que cela j'espère qu'on y prendra attention et qu'ils seront trompés par nos amis, en temps, et déjoués de leur projet.

J'attendais ce soir le papier anglais que vous me demandez, mais rien d'arrivé ; nous n'avons même point reçu aujourd'hui de journaux de Bruxelles; je les attends demain ; ainsi ce sera pour le voyage prochain; vous deviez en avoir reçu le voyage passé et l'avant-voyage passé encore.

Cet après-midi sont arrivées deux pièces de 4, fondues à Douai pour les émigrés; ainsi, les voilà montés en canon.

Il est arrivé aussi cinq navires, avec environ 300 Hanovriens et Anglais hors d'état de faire le service militaire, ainsi ils partiront pour Londres et pour Brême.

Nous n'avons guère de troupes aux environs d'ici. Voilà le tout pour le moment, je vous réitère mes respects et je vous embrasse fraternellement.

P.-S. — Daignez faire passer, s'il vous plaît, l'incluse pour Dunkerque; c'est pour mon ami d'Ostende.

Le général Vandamme au général Moreau.

Hazebrouck, 10 ventôse (28 février).

Je t'envoie ci-joint, général, une lettre que je viens de recevoir de Bruges avec un journal de Bruxelles ; la malle n'étant pas arrivée le dernier voyage à Ostende, on n'a pu m'envoyer de journaux anglais.

Pape m'a fait le rapport suivant :

Il y a, à Nieuport, 2,000 hommes et dix canons seulement ; il n'y a, à Furnes, que 60 hommes ; à Schoorbacke, 500 hommes et cinq canons; à Dixmude, 600 hommes ; au fort de Cnocke, 300 hommes et deux pièces de 3, et, dans les villages environnant Dixmude, il y a des cantonnements formant ensemble 1,200 hommes.

L'ennemi, craignant une invasion dans son pays, vient d'arrêter que les grandes écluses de Nieuport seraient lâchées. Si cette nouvelle est vraie, nous aurons du mal à pénétrer dans ce pays, car les inondations s'étendent beaucoup, elles sont considérables.

Je vais demain visiter tous mes avant-postes ; je reviendrai dîner à

Steenwoorde, chez Michel; si tu peux t'y trouver, tu ne nous feras pas de peine.

P.-S. — Le rapport de Deryke de ce matin assure le renfort qui arrive à Ypres et environs. De la prudence et de la vivacité, et nos affaires iront; fais donc compléter nos bataillons, car il me paraît être temps. Je compte sur toi, tu peux compter sur moi. Les chevaux de Lepreux me sont arrivés ce soir.

Le général Moreau au Comité de Salut public.

Cassel, 17 ventôse (7 mars).

Je vous fais passer ci-joints les rapports de Bruges et d'Ostende, les gazettes anglaises et celles de Bruxelles. Un rapport particulier que j'ai reçu d'Ypres annonce que la garnison de cette ville s'est renforcée de 4,000 hommes.

La force actuelle de l'ennemi, depuis Nieuport jusqu'à Ypres, compris les garnisons de ces deux villes, est de 15,000 hommes.

Je me suis rendu à Bergues, les jours passés, avec les représentants du peuple Richard et Choudieu, où nous avons pris des informations sur l'arrestation de l'espion de Vandamme..... Les Représentants du peuple ont donné des ordres pour que cette partie importante du service n'éprouve plus d'obstacle de la part des autorités constituées.

Rapport de l'émissaire Denys.

1er décadi, ventôse an II.

.....Il part, vers les 3 heures, une compagnie d'émigrés, tous habillés, pour les frontières environs, un quatre-vingt ou nonante pour les avant-postes de Menin ou d'Ypres. Les forces se mettent toutes de ce côté-là, et ici tout est presque dégarni aux environs d'Ostende et paroisses circonvoisines, mais à Saint-Pee-Capelle, il y a comme à l'ordinaire, ainsi qu'à Mannekensvere, Schoorbacke, Dixmude, Merckhem, Langedewœre et environs d'Ypres et Furnes, en tout 6,000 à 7,000 hommes dans les différentes paroisses; s'il y a plus, je ne le crois point. Ceux de Merckhem fournissent Reninghe, etc. Le plus fort est du côté de Courtrai, Menin et Tournay. Là, je crois qu'il faut être de force pour entrer. On m'a dit qu'il y a bien une cinquantaine de mille hommes dans tous ces environs.....

Du 11 ventôse. — .....Sont partis d'ici pour les frontières : une trentaine d'émigrés pour Menin; pour Courtrai, 8 chariots de foin et 50 chariots ou plus d'avoine.....

Varin à Bouchotte, Ministre de la guerre.

Lille, 19 ventôse (9 mars).

D'après ta lettre du 5 et ton désir, j'ai communiqué les notes sur Valenciennes, tant celles que je t'ai envoyées que celles que j'ai recueillies depuis, et que voici, aux généraux en chef et autres.

NOTES.

Les généraux ont fait miner la citadelle de toutes parts. Ils y emploient un grand nombre d'ouvriers.....

Ils ont fait placer un grand nombre de bouches à feu sur les remparts et ont désigné quatorze bataillons pour la défense en cas d'attaque, car ils ont bien promis de soutenir le siège. Ils ne pouvaient pas moins pour encourager leurs troupes et les aristocrates, mais on ne croit pas qu'ils tiennent parole, d'autant mieux qu'ils ont fait marquer les logements en cas de retraite.

Ils font des ouvrages du côté de la porte de Mons et Marlis. Ils ont fait abattre tous les bâtiments de ce côté-là et, d'après leur proclamation, ils ne veulent pas qu'il en reste à moins de 200 toises de la place.....

Le général de division Michel paraît être un vrai républicain. Je crois que la place sera bien conduite par lui; mais il a besoin d'un commandant en second. Il m'a parlé d'un citoyen dont il fait le plus grand cas..... Chaussat, chef du 3e bataillon de la 24e demi-brigade, à Five.....

Le général Vandamme au général Moreau.

Hazebrouck, 19 ventôse (9 mars).

Je t'envoie ci-joint deux lettres que je viens de recevoir, l'une de Bruges et l'autre d'Ostende, avec les gazettes anglaises et bruxelloises. D'après ce que m'a rapporté Pape, l'ennemi est en forces de ce côté. Prends tes précautions. Préviens-en le général en chef; demande-lui au moins un régiment de cavalerie. Malgré que le pays soit couvert, il en faut; tu dois voir la célérité avec laquelle l'ennemi se prépare, s'arme, s'équipe et s'exerce. Au nom de la Patrie, complète, arme, équipe et habille les troupes à tes ordres. Partout tu demandes, partout on te promet et nulle part on ne te tient parole. Dis donc à tous ceux qui l'ignorent ou qui semblent l'ignorer, que des promesses ne font pas les armées. Ne suivons en rien l'exemple de nos ennemis, mais regarde cependant avec quel soin on habille les émigrés.

Je demande tous les jours des armes, des casques et des souliers, et je gémis que personne ne m'écoute, puisqu'il est vrai qu'on ne me donne rien. Je désirerais bien te voir demain. Si tu pouvais venir à Hazebrouck, nous causerions ensemble de choses essentielles.

Si tu viens, je te donnerai du sucre en pain. Il vient de m'en arriver du bon et du beau. Il ne te coûtera pas cher, mais apporte-moi de l'argent. Pour que le moulin tourne, il faut du vent.

P.-S. — Que fait la compagnie de grenadiers, à Saint-Venant? Que font les chasseurs à cheval, à Aire? Que fait le 9e bataillon de Seine-Inférieure, à Saint-Omer? Que fait le général Vandamme, à Hazebrouck, avec sa troupe? Si Rongiss (?) le savait, il dirait : « A la frontière, tous ces bougres-là! », et il aurait raison.

Demain, je continue mon mouvement, et après-demain il sera effectué.

Le général Moreau au Comité de Salut public.

Cassel, 20 ventôse (10 mars).

Je vous fais passer ci-joints les rapports de Bruges, d'Ostende, les gazettes anglaises et de Bruxelles. Par ma dernière lettre, je vous avais annoncé que l'ennemi avait renforcé ses postes voisins d'Ypres et la garnison de cette ville de 4,000 hommes; il vient encore de les renforcer considérablement :

A Ypres, 8,000 hommes de garnison; à Thooge, près Ypres, et à Elverdinghe, pour couvrir la route de Bruges, 6,000; Poperinghe, 1,000 hommes et autant de paysans armés; tous les autres postes sont augmentés dans la même proportion.

J'ignore encore d'où sont partis ces renforts, mais je pense que ce sont les troupes qui étaient cantonnées dans les environs de Gand, puisque York est actuellement à Courtrai.

Le général Vandamme au général Moreau.

Steenwoorde, 23 ventôse (13 mars).

Je t'envoie la correspondance de Bruges que j'ai reçue hier soir. Il n'y a point de journaux anglais.

Pape m'a envoyé le rapport suivant; il est conforme à celui que nous a fait hier Dericke : La garnison d'Ypres est de 5,000 hommes; 7,000 hommes sont entrés à Ypres le 18 et en sont sortis par la porte de Vlaemertinghe. Ils sont maintenant campés du côté de Thooge.

La situation de l'ennemi à Furnes, Dixmude, Schoorbacke, le fort de Cnocke, est toujours la même.

Nieuport a reçu quelques renforts; les deux bâtiments armés en guerre sont toujours en rade.

A Ostende, il y a 300 hommes. On y attend tous les jours les Hessois qui reviennent de l'Angleterre.

On compte que depuis la mer jusques et y compris Ypres et Menin, les forces de l'ennemi sont de 30,000 hommes.

Le général Moreau au Comité de Salut public.

Cassel, 24 ventôse (14 mars).

Je vous adresse, citoyens, quatre numéros de la *Gazette de Bruxelles* et le rapport d'un agent secret.

L'ennemi, dans cette partie de frontières, faisant faire à ses troupes des contremarches continuelles, il est difficile de fixer avec exactitude l'état de leurs forces, quoique cette précaution paraisse annoncer leur faiblesse.

Cependant, d'après les rapports comparés de divers agents secrets et les avis qui m'ont été donnés par les généraux qui avoisinent cette division, je crois pouvoir fixer la garnison d'Ypres à 5,000 hommes et ses avant-postes à 6,000 à 7,000 hommes, non compris les paysans armés qui sont en grand nombre.

Le général Macdonald au général Dumonceau.

Five, 5 germinal (25 mars).

Je te fais passer ci-joint, mon camarade, les gazettes qui viennent de m'arriver de Courtrai. L'émissaire, qui me les apporte, assure qu'il y a, depuis Herseaux jusqu'à Courtrai, environ 4,000 hommes tant infanterie que cavalerie et douze pièces de canon, le plus fort calibre est de 7, répandus sur la route avec de petits retranchements. Il n'y a pas grand monde à Courtrai. Le bruit public est que nous devons être attaqués par Menin, mais que les grandes forces se dirigent sur Valenciennes; que c'est par là que l'on doit opérer les grands mouvements. Il a entendu dire de ce côté que la canonnade de l'autre jour était relative à un mouvement qu'avaient fait les Français du côté de Bouchain où nous avions fait 2,000 prisonniers. Il part ce soir pour Tournay.

Le général Macdonald au général Souham.

Five, 5 germinal (25 mars).

Un émissaire arrive à l'instant de Tournay. Il assure que les forces ne sont point augmentées; que cependant on remarque du mouvement dans les troupes. On continue de mettre Tournay en état de défense. Ils se retranchent aussi à Lamain et à Esplechin. Ils ont requis hier toutes les voitures des villages qui avoisinent Tournay. On ignore l'usage qu'ils doivent en faire. On pense généralement que leurs avant-postes vont se retirer sur Orcq.

Leurs bagages d'iceux sont toujours chargés.

L'adjudant général Watrin au général Moreau.

Bailleul, 9 germinal (29 mars).

Nous avons, ce matin, attaqué le poste de Westoutre pour faire diversion aux forces de l'ennemi que Vandamme attaquait à l'Abeele. Je ne sais quel est le résultat de l'affaire qu'il a eue de son côté. Pour nous, nous avons tué six esclaves et blessé environ une quinzaine, parmi lesquels étaient un grand nombre de paysans. Sept fusils ont été aussi les fruits que nous avons recueillis de cette journée. Nos soldats sont toujours pleins d'ardeur et se battent comme des diables. Nous n'avons que deux officiers belges blessés. Je te fais passer un rapport que nous avons reçu aujourd'hui.

Le 30 ventôse, un régiment d'infanterie, passant par Ypres, en est sorti par la porte de Boesynghe pour garder le canal. La garnison d'Ypres est d'environ 7,000 à 8,000 hommes;

A Langhemarcq, 300 hommes de cavalerie;

A Kemmel, 600 hommes parmi lesquels beaucoup de paysans et des hussards de Blankenstein;

A Saint-Éloy, 700 à 800 hommes;

A Wytschaete, 500 à 600; on fait en ce dernier endroit des retranchements considérables; il y a trois pièces de canon;

A Messines, se trouvent des troupes hessoises au nombre de 400 à 500 hommes;

A Dickebusch, il y a 700 à 800 hommes;

Les troupes ennemies sont toujours en marche sur toute la ligne.

Il a été distribué au peuple des fusils et des munitions. On s'attend bientôt à nous voir marcher sur Ypres.

Le général Desenfans au général Moreau (Copie d'un rapport).

Dunkerque, 11 germinal (31 mars).

Parti le 8, par Reninghe et Cnocke, où il y a 150 hommes d'infanterie;

A Schoorbacke, 800 hommes d'infanterie, 200 de cavalerie, quatre pièces de canon de 7;

A Furnes, 300 hommes de garnison en infanterie; on leur a demandé 900 volontaires ou de l'argent pour en engager; ils ont payé en argent; les volontaires armés lèvent des contributions; il n'y a ni cavalerie ni canon;

A Nieuport, 3,000 hommes, dont 300 de cavalerie; il n'y reste que dix-huit pièces de 3, 7 et 9; il en est sorti quatre pièces conduites par Ypres où elles n'ont fait que passer; il a couché à la sortie de Nieuport.

Le 9, à Dixmude; il y a quatre pièces de 7 hors la porte de Nieuport, 100 hommes de cavalerie et 800 d'infanterie, un grand nombre de volontaires armés;

A Ypres, il part tous les jours de petits détachements composés de 50 et 100 hommes, qui vont du côté de Courtrai; environ 4,000 hommes d'infanterie et 800 hussards et dragons hanovriens, environ 70 pièces de canon de petit calibre, les plus fortes de 9, à l'exception de deux grosses; il y a quatre pièces de 9 à la porte de Bailleul.

Il a fait le tour du rempart sans avoir vu aucunes grosses pièces; il y a douze pièces de 7 sur leurs affûts devant l'église de Saint-Pierre, prêtes à marcher en avant; 200 ouvriers à Ypres; 2,000 de partis pour Menin; il a couché à Ypres.

Le 10, à Vlaemertinghe; 800 hommes d'infanterie et 200 de cavalerie; trois pièces de 3 et deux de 7; peu de retranchements;

A Poperinghe, le 10, à 11 heures du matin; 150 polacres et de Wurtemberg; point de cavalerie ni canon; une quantité considérable de volontaires de Reninghe, Merckhem, Waetone, Bœsynghe, qui sont à une lieue ou une demi-lieue de Poperinghe et se rassemblent pour arriver à Poperinghe au premier coup de fusil; les cloches sont le signal, on sonne l'alarme ou tocsin.

Le commandant de tous ces volontaires leur a défendu de s'avancer sur nos avant-postes et ordonne de rester à une lieue ou au plus une lieue et demie de Poperinghe pour être plus tôt réunis autour de Poperinghe en cas d'attaques de la part des Français.

Extrait d'une lettre (d'espion) écrite en flamand, venant d'Ypres, datée du 15 germinal (4 avril), communiquée par le général Vandamme au général Moreau.

..... Les Français ont été trop bons dans cet endroit (à Poperinghe), mais les paysans armés sont beaucoup plus modérés depuis ce temps.

Auparavant, ils allaient tous les jours piller en France et ramenaient leur butin à vendre en France.

Les forces de ce pays-ci diminuent tous les jours. Je ne crois pas qu'il y ait plus de 3,000 hommes à Ypres, 1,200 hommes à Gheluve. Les troupes qui sont venues du côté de Dixmude sont passées par ici. Nous attendons ici 2,000 hommes hessois, qui doivent venir d'Ostende, de ceux qui devaient faire cette fameuse descente, mais ils reviennent sans avoir rien fait. C'est un bon signe pour eux ! Il y a huit jours, il y avait beaucoup de troupes du côté de Menin et Courtrai ; elles sont maintenant toutes parties, je crois qu'ils en auront grand besoin. ...

Le général Vandamme au général Moreau.

Steenwoorde, 16 germinal (5 avril).

Je t'envoie ci-joint copie d'une lettre que je viens de recevoir du Comité de Salut public. J'y joins une lettre de Bruges, avec plusieurs journaux anglais et de Bruxelles, et un rapport sur la situation de l'ennemi, dont voici l'extrait :

A Schoorbacke, 800 hommes et deux canons de 3 ;

A Nieuport, 4,000 hommes, la plupart émigrés ; il y a 40 pièces de canons, tant de position que de campagne ; on travaille encore aux fortifications;

A Furnes, 250 émigrés, quelques hommes à cheval pour la correspondance ;

Depuis Elsendamme jusqu'à Poperinghe, le pays est gardé par des volontaires forcés ;

A Dixmude, il a 250 hommes de troupe ;

A Furnes, 50 hommes s'étaient offerts pour volontaires ; le magistrat les a renvoyés.

Le général Bertin au général Moreau.

Bailleul, 19 germinal (8 avril).

Je te fais passer le rapport que m'a fait un de mes espions rentré hier.

Voici l'état des forces de l'ennemi : A Kemmel, non compris les paysans armés pour les attaques, 600 hommes ; à Messines, point ; à Warneton, point ; à Wulverghem, point ; à Neuve-Eglise, point ; à Ypres, 6,000 hommes ; à Dickebusch, 1,000 hommes et deux pièces de 3 ; à Wytschaete, 1,000 hommes, trois pièces de 5 et un obusier ; au total 8,600 hommes, cinq pièces d'artillerie et un obusier.

A Ypres, on continue avec activité à se fortifier à l'avancée de la porte de Messines. Les ouvriers qui y travaillent ont avec eux des fusils et des cartouches. Il paraît que les gens d'Ypres croient à une irruption prochaine de notre part, et pour éviter la douleur de rester dans Ypres lors du siège, qu'ils estiment très proche, la plupart évacuent sur Bruges.

Les troupes se livrent, dans leurs cantonnements, à toutes sortes d'excès ; ils ne respectent ni propriétés ni personnes. Le viol et le pillage sont à l'ordre du jour parmi les soldats.

En conformité de la lettre de Lacour, j'ai suspendu l'organisation des compagnies de canonniers jusqu'à ce que tu m'aies fait passer tous les renseignements nécessaires à cet égard.

Watrin est allé à Lille pour tâcher de procurer ce qui est nécessaire à la brigade.

Ce matin, nos patrouilles ont été attaquées par des paysans qui s'étaient embusqués près de Dranoutre. Les carabiniers les ont chassés jusqu'au delà du village où le feu a été assez vif ; je l'ai fait cesser pour ménager nos cartouches. Nous avons eu un chasseur tué, et, comme l'ennemi le déshabillait, nous lui avons tué trois hommes. Je te prie de me faire passer 50,000 cartouches, car il ne m'en reste que 3,000 en magasin.

Extrait d'une lettre de Bruges.

20 germinal (9 avril).

..... Les magasins d'avoine, de foin et de paille qui étaient ici (Bruges) sont vidés et transportés à Tournay, parce que le quartier général des Anglais est à Saint-Amand.

..... Cet après-dîner sont partis d'ici plus de 100 chariots, la moitié par Menin et Rousselaere, la moitié par Courtrai et environs, tous chargés de foin et d'avoine.

Il n'y a plus ici que quelques Hanovriens et Hessois malades.....

Il y a encore quelques centaines d'émigrés..... Tous les émigrés sont à Nieuport ; on évalue leur nombre à 3,000. On travaille sans relâche aux fortifications de Nieuport et à celles d'Ostende.

Rapport sur le Cateau et ses environs, ainsi que sur les cantonnements de l'ennemi près de Landrecies.

22 et 24 germinal (11 et 13 avril).

Le Cateau. — La garnison du Cateau est forte présentement de 10,000 hommes, en y comprenant les cantonnements de Basuyau, Montay, Pomereul et Neuvieslis, dont majeure partie de cavalerie que l'on peut évaluer à 3,000 hommes.

L'on ne peut au juste évaluer l'artillerie ennemie, mais elle se renforce journellement.

Des rapports reçus annoncent que l'ennemi évacue ses cantonnements du côté de Valenciennes et multiplie considérablement ses forces sur le Cateau et la partie de Landrecies; on assure même qu'il vient d'arriver de la Hollande un gros train d'artillerie de fort calibre destiné en partie pour le Cateau et Maubeuge.

On a rapporté aussi que des hussards, cantonnés à Solesmes, avaient dit qu'une trahison prochaine offrirait aux Autrichiens une occasion d'attaquer avec succès.

L'Empereur a été à Valenciennes, et des déserteurs du Cateau ont assuré qu'il est arrivé en cette ville.

Le 20 germinal, une partie des cuirassiers qui étaient à Neuville et Saleisches, ont évacué ces villages et se sont rapprochés de Beaurein et Ovillers. La cavalerie, qui était à Beaurein et Ovillers, s'est transportée à Forest, Croix et Basuyau. Il y a dans ces villages environ 2,000 hommes d'infanterie et 800 de cavalerie. A Neuvieslis, sont arrivés, depuis quatre ou cinq jours, 800 à 900 dragons de Cobourg.....

L'émissaire assure que depuis Le Quesnoy et Solesmes, dans les cantonnements circonvoisins, formant l'étendue de trois lieues y compris la garnison du Cateau et environs, l'on peut compter pour le moins 22,000 hommes y compris la cavalerie.

Entre Solesmes et Le Quesnoy, il y a 6,000 hommes, dont un tiers de cavalerie.

A Englefontaine, un escadron de carabiniers, peu d'infanterie.

A Louvignies, 800 hommes d'infanterie, peu de cavalerie.

Le parc d'artillerie a été renforcé de dix pièces de plusieurs calibres et de trente caissons.

A la ferme de Fasciau, il y a peu d'infanterie.

A Saint-Crépin, il y a des tirailleurs.

L'ennemi a fait abattre les bois d'Ovillers et ceux de Clermont pour en faire des abatis.....

L'ennemi construit des ponts sur la rivière qui est entre Saint-Benin et le Cateau, de même qu'entre cette place et Neuvieslis. Il commence à faire des redoutes au bois de Clermont, qui est abattu.

Le 20 germinal, il y avait à Solesmes 600 hommes d'infanterie, 200 hussards et une compagnie de chasseurs à pied, avec six pièces de 9 et de 7 qui, depuis, ont été transférées au Cateau.

A Escarmaing, il y a 1,000 hommes d'infanterie;

A Vertaing, 800 hommes;

A Romerie, 700 hommes;

A Vendegies-au-Bois, 300 uhlans et 600 grenadiers hongrois;

A Poix, 450 hommes de cavalerie de Royal-Allemand;

A Robersat, 300 fantassins;

A Fontaine-aux-Bois, 1,400 hommes d'infanterie et huit pièces dans quatre redoutes;

A Bousies, 1,000 hommes d'infanterie et 400 de cavalerie.

Les forces ennemies, dans cette partie, sont de: 18,000 hommes d'infanterie, 4,000 hommes de cavalerie. L'artillerie est inconnue.

Rapport de l'adjudant général Reynier, sur les mouvements et la position des ennemis au 24 germinal.

Ostende. — Les troupes hessoises, destinées pour l'expédition de Moira, retournent. Il en est déjà arrivé une grande partie sur 28 vaisseaux de transport. Il y règne beaucoup de maladies et leur nombre s'élève au plus à 5,000 hommes. On ne sait pas encore quelle sera leur destination. Le 16 germinal, il est encore entré 19 vaisseaux de transport chargés de cavalerie anglaise.

Le 5e régiment hanovrien est en garnison à Ostende (800 h.).

Nieuport. — Le 10e régiment hanovrien (800 h.);

Emigrés de La Châtre.

Le 1er et le 4e régiment de dragons hanovriens sont tant à Nieuport qu'à Dixmude (500 h.).

La garnison de Nieuport fournit à Furnes un piquet de 250 hommes, principalement d'émigrés. Les inondations devant Nieuport sont très étendues et vont jusque vers Furnes et Dixmude. On y compte 40 pièces de canon tant de position que de campagne.

Dixmude. — Deux bataillons hessois (800 h.).

Des volontaires armés font le service et gardent les avant-postes depuis Elsendamme jusqu'à Poperinghe et Kemmel, avec des détachements du corps franc d'O'Donnell. La garnison d'Ypres y fournit des piquets.

Ypres. — Un bataillon du régiment Stuart autrichien (900 h.);

Cinq bataillons hessois (2,000 h.);

Le 10e régiment de dragons hanovriens (300 h.).

Outre les piquets que la garnison d'Ypres fournit à Wlaemertinge et Poperinghe, elle fournit encore à Saint-Éloy, Woormezeele et Gheluve.

Les remparts d'Ypres sont assez remis en état et garnis d'environ 80 pièces d'artillerie; quelques redoutes ont été remises en état du côté de Dickebusch. La porte de Thorout et Bruges, qui était ouverte l'année dernière, est actuellement retranchée.

3,000 fantassins et 1,500 cavaliers des Hessois, qui étaient débarqués à Ostende, sont arrivés à Ypres; les cinq bataillons hessois, qui y étaient, sont partis pour Courtrai.

Zantvoorde. — Il y a à Zantvoorde un bataillon hessois (400 h.), qui fournit des postes à Hollebeke et la Chapelle-Ten-Brulen, avec des dragons hanovriens. Il y a en outre à Becelaere, Ledeghem, etc., quelques bataillons hessois et hanovriens, mais dont je n'ai pu savoir la force.

Gheluve. — Le 4e régiment hanovrien (800 h.) et un détachement de dragons hessois.

Menin. — Le 6e régiment d'infanterie hanovrienne (800 h.);

Trois bataillons de grenadiers de divers bataillons hanovriens (1,200 h.);

Le 14e régiment d'infanterie légère est arrivé le 19 germinal à Menin. Il vient de Hanovre, d'où il est parti le 30 février, et est fort de 2,000 hommes.

Les gardes hanovriennes qui étaient à Menin en sont parties pour Courtrai à l'arrivée de ce régiment d'infanterie légère.

Il y a à Menin, au faubourg de Bruges et Gheluve, les 7e et 9e régiments de dragons hanovriens (500 h.);

Halluin. — Les chasseurs d'York (350 h.);

Uhlans britanniques, deux escadrons (250 h.).

Ces deux corps diminuent tous les jours par la désertion.

La garnison de Menin fournit des piquets à Wervicke-Nord, aux redoutes qui sont entre Gheluve et Bousbeck et à Halluin. On travaille journellement à relever les fortifications de Menin. On a mis des ponts à chacune des portes; celle dite de Courtrai est retranchée. On n'a fait aucun ouvrage à Halluin.

Courtrai. — Le régiment des gardes hanovriennes arrivé avant-hier de Menin (800 h.);

Les 2e et 3e bataillons du régiment de Stuart autrichien y étaient il y a quelques jours, mais on ne sait bien actuellement où ils sont; ils n'ont cependant pas été du côté de Tournay avec les Anglais. Ils sont forts de 1,800 hommes.

Il y a de plus quelques dépôts de bataillons hessois et hanovriens, des dragons hessois du prince Frédéric (350 h.).

Les villages de Mouscron et Herseaux ne sont pas occupés par l'ennemi, mais il y a des paysans armés.

Reckem, Lauwe et *Aelbecke.* — Il y a deux bataillons hessois (800 h.) et des dragons de Hesse-Darmstadt (400 h.).

Rolleghem, Dottignies, Evregnies et autres villages jusqu'à Templeuve sont occupés par des détachements des chasseurs de Laudon-Vert, de Le Loup, des dragons de Latour et des hussards de Blankenstein. Le major de Blankenstein commande ces postes et loge à Saint-Léger.

Tournay. — Les 1er et 9e régiments d'infanterie hanovrienne et un bataillon de grenadiers hanovriens arrivés depuis quelques jours de l'intérieur. Le régiment autrichien de Jordis-Colloredo est dispersé dans les avant-postes avec un bataillon du corps franc d'O'Donnell.

En cavalerie, des dragons de Latour, des cuirassiers autrichiens et des hussards de Blankenstein.

On travaille toujours avec beaucoup d'activité à rétablir les fortifications de Tournay.

Le général Bertin au général Moreau.

Bailleul, 28 germinal (17 avril).

Je viens de recevoir, général, le rapport d'un homme que j'avais depuis quelques jours du côté d'Ypres. Il m'annonce que le 26 du présent mois, il n'y avait à Ypres que 7,000 hommes, fort peu de troupes à cheval; que la majeure partie a été à Vlaemertinghe et Dickebusch aussitôt qu'on aperçut nos troupes; que 2,000 paysans environ sont accourus tant de l'autre côté d'Ypres que de ce côté-ci; que les troupes de Saint-Éloy sont venues à Kemmel où ils étaient alors au nombre de 800; qu'à Dickebusch, ils étaient alors 1,000 tant à pied qu'à cheval; qu'à Reningelst, il y avait 300 soldats et 300 paysans, non compris les troupes et paysans de Lokert et de Westoutre; que les Autrichiens s'imaginaient que les Français marchaient sur Ypres; que les habitants d'Ypres avaient beaucoup peur; qu'il y a à Zantvoorde et à Hollebeke beaucoup de troupes pour observer les villages de Wervicke, Commines et Warneton.

Le citoyen Lacour a parlé en passant ici de la Chapelle-Dalclite. Nos troupes avant-hier en étaient fort près; il n'y a aucun retranchement; c'est le rassemblement d'un certain nombre de paysans armés. Il y a une garde de soldats très faible à Messines; l'ennemi ne l'occupe toujours qu'avec un faible détachement de jour qui se retire la nuit sur le chemin de Wytschaete, où ils ont des retranchements considérables qu'ils ont fait faire par des paysans armés.

Si tu trouves bon que nous leur donnions une petite chasse de ce côté, j'irai remplir leurs retranchements.

Indigné des horreurs où s'est porté la troupe le 26, j'ai fait venir chez moi les chefs, un sous-officier et deux grenadiers par compagnie, qui m'ont bien promis que jamais personne ne se livrerait à de pareils excès. Je l'ai mis à l'ordre. Je voudrais bien que tu sollicites du général Guyot un arrêté à ce sujet, s'il n'y pas d'indiscrétion à le faire.

Le 19e régiment est campé, après midi; le 1er bataillon de l'Aisne le sera, et demain le 81e régiment; lorsque l'on a choisi la place pour camper nous n'avons pas fait attention que l'ennemi, du mont Rouge, peut compter toutes nos tentes; si tu crois que cela puisse être préjudiciable aux intérêts de la chose publique, je ferais mettre le camp ailleurs avant de camper davantage de troupes.

P.-S. — Un officier de tirailleurs m'a annoncé avoir pris avant-hier un drapeau aux paysans où il est écrit en flamand : « Toujours unis par l'amitié ». Je l'attends et te l'enverrai.

Le même au même.

Bailleul, 28 germinal (17 avril).

Je te préviens, général, que la commune de Neuve-Église continue à nous fournir beaucoup de denrées; qu'aujourd'hui elle nous a fourni 22,000 livres de foins et trois voitures de fèves. Gilles a été dans cette commune, ce matin. Il a causé avec beaucoup d'habitants; il en a vu plusieurs qui lui ont assuré que, depuis le 26 du présent mois, les habitants de Kemmel s'assemblent entre eux pour rendre les armes. Le mauvais traitement fait aux habitants de Lokert, Danoutre et Westoutre les fait trembler, tandis qu'ils admirent la conduite de la République envers les habitants de Neuve-Église à qui on paye toutes les denrées. Je crois que si le Représentant du peuple faisait un arrêté pour punir sévèrement les soldats qui brûlent et pillent, et une adresse aux habitants de la Flandre, qui ont pris les armes, en leur assurant la sûreté de leur personne et de leur propriété, le village de Kemmel, qui fut le premier à prendre les armes contre la République, montrerait l'exemple en remettant ses armes au tyran de l'Autriche. Si cette mesure était adoptée, je ferai négocier cette affaire par les habitants de Neuve-Église.

Le drapeau, signe de l'esclavage, que je t'ai annoncé ce matin, vient de m'être apporté. Je te l'envoie.

§ 3. — Escarmouches.

Le général Moreau au général Pichegru.

Cassel, 16 pluviôse (4 février).

Les 13,700 hommes partis d'Ypres, la veille à 7 heures du soir, ont attaqué le poste de Boesschepe, où il n'y avait que 350 hommes de chasseurs du Mont-des-Chats.

L'ennemi est entré dans le village; nos chasseurs se sont retirés dans l'église et la tour, d'où ils ont fait un feu très vif sur ces esclaves, qui se sont sauvés avec perte de 13 morts dans le cimetière et 8 qu'on a trouvés dans le chemin de Westoutre, où ils se sont retirés. On leur a fait 7 prisonniers et 21 fusils qu'ils ont laissés sur le champ de bataille.

Une patrouille du 16e régiment, partie de Godewaersvelde pour prendre connaissance de cette attaque, n'a pas peu contribué à la déroute de l'ennemi. Un soldat de ce régiment, fait d'abord prisonnier, s'est débarrassé de ceux qui le gardaient et en a pris deux.

Je ne te dissimulerai pas que si le temps des miracles n'était pas passé, je croirais qu'il s'en est opéré un dans cette affaire; mais le problème se résout facilement, quand on met en balance le courage des Français et la lâcheté de leurs ennemis.

Le général Macdonald au commandant Daendels.

Armentières, 30 pluviôse (18 février).

J'arrive de Lille. J'ai expédié les ordres nécessaires aux troupes, qui devront être rendues demain à 3 h. 30 précises du matin à Commines. Renard ira avec 300 hommes de son bataillon. Ainsi tu peux donner les ordres à Wervicke et Linselles. Instruis-moi de tes succès et de tout ce qui pourrait arriver, afin que je puisse te porter secours en cas de besoin.

Le général Bertin au général Moreau.

Bailleul, 1er ventôse (19 février), 5 heures.

J'écris sur-le-champ à Douai pour faire faire l'échange des pièces dont tu me parles, et, si on s'y refuse, je prendrai les mesures convenables. Le bataillon belge me serait de la plus grande utilité, vu que l'ennemi paraît se renforcer en avant de mes postes et que ma troupe est très fatiguée.

Ce matin, les esclaves ont paru en forces au mont Saint-Antoine. Ils se sont avancés sur trois colonnes jusqu'à portée de fusil de nos retranchements, mais leur pétulance a bientôt été rabaissée, leur ayant fait jouer deux petites pièces de fer masquées derrière un de nos retranchements. Ils se sont sauvés à toutes jambes. Nous avons eu 12 hommes tant tués que blessés, mais cette perte a été compensée par la destruction d'une vingtaine d'esclaves.....

Le même au même.

Bailleul, 1er ventôse (19 février).

Nous arrivons en ce moment, 4 h. 30 du soir, de notre expédition, qui s'est enfin heureusement terminée. Nous avons été attaqués sur notre droite d'une manière très vigoureuse, mais, grâce aux braves Républicains que je commande, l'ennemi a été repoussé vivement et avec perte. Honteux de n'avoir pu nous terrasser sur ce point, ils attaquèrent en forces le poste du Mont-Noir, mais toujours inutilement. 350 voitures chargées de blé, fèves, avoine et paille, etc., ont été les fruits que nous avons recueillis de nos travaux. J'en envoie 100 à Cassel, 100 à Hazebrouck et le reste pour Bailleul. Vandamme a réussi de son côté; tout a été pour le mieux. Je vois avec bien du plaisir que, depuis le mois d'octobre que je commande dans cette place, il n'en a rien coûté à la République pour la nourriture des hommes et des chevaux qui y sont cantonnés. C'est l'ennemi qui nous a constamment fournis de grains et fourrages, et j'espère bien que je continuerai ces sortes d'enlèvements avec mes braves frères d'armes, tant que je resterai dans cette ville. Le désir d'un vrai sans-culotte doit être d'enrichir sa patrie. Je ne démentirai jamais ces sentiments. « Vive la République ! »

Nous avons eu quatre Républicains de blessés légèrement. Les esclaves ont perdu beaucoup de monde et entre autres des paysans armés.

Le général Souham au représentant Varin.

Marquette, 2 ventôse (20 février).

L'expédition qui nous a produit hier 58 prisonniers a été faite par Daendels à Zantvoorde de la manière suivante : Après avoir posté des détachements à Houthem et Godthuy pour contenir l'ennemi sur ses flancs, il s'est avancé sur Zantvoorde, a tourné et surpris les postes de l'ennemi, qui a bravement jeté ses armes à l'approche des Républicains et a pris la fuite. Ils n'ont tiré que quatre coups de fusil, dont un fourrier du 20e de cavalerie a malheureusement été tué. On a pris 3 officiers, dont 1 de Bade-Dourlach, 1 Hanovrien et 1 des chasseurs d'York; 18 chasseurs d'York, 31 de Bade-Dourlach, 6 Hanovriens.

Le 26 pluviôse, il y eut aussi, près de Reckem, une petite affaire qui fut très meurtrière pour l'ennemi, car il perdit plus de 50 hommes de tués. On prit 21 hommes et 28 chevaux.

Ces affaires font grand peur à l'ennemi et contribuent beaucoup à le tenir éloigné de nos postes.

Le général Souham à Bouchotte, Ministre de la guerre.

Marquette, 2 ventôse (20 février).

En attendant le signal si désiré de tous les défenseurs de la République d'attaquer les ennemis, je saisis toutes les occasions de les éloigner de nos frontières et de faire connaître, à leurs soldats, notre bravoure.

Hier, on leur enleva, près du village de Zantvoorde, un poste de 58 hommes, dont 3 officiers. C'est Daendels qui a fait cette opération, qui nous a coûté un fourrier du 20e régiment de cavalerie. Les ennemis ayant jeté leurs armes presque aussitôt qu'ils se sont vus entourés, on n'en a tué que quelques-uns.

Le 20 pluviôse, on fit, près du village de Reckem, une autre expédition, qui fut beaucoup plus meurtrière pour l'ennemi et ne nous coûta qu'un maréchal des logis du 9e régiment de hussards. Les jours précédents, leurs patrouilles s'étaient avancées jusqu'au Pied-de-Bœuf et au Blanc-Four. Le 20, à la pointe du jour, les hussards du 9e régiment et des chasseurs du 13e, avec deux compagnies de grenadiers, partirent pour envelopper les patrouilles ennemies; une partie passa par le chemin du Dronquart. Ils rencontrèrent, près de Reckem, une patrouille composée de 40 hussards de Blankenstein et d'un petit détachement du régiment de Wentzel-Colloredo autrichien, les chargèrent et les poursuivirent jusque près de Lauwe. Ils ramenèrent 28 chevaux et 21 prisonniers. Ils tuèrent une cinquantaine de hussards et de fantassins.

Les troupes ennemies commencent à se mettre en mouvement. Les régiments autrichiens qui sont sur cette frontière partent pour aller du côté de Valenciennes et sont remplacés par les troupes anglaises qui étaient en quartiers d'hiver, à Gand. Aussitôt que j'aurai de plus grands détails sur ces mouvements, je t'en préviendrai.

Rapport de Florent-Guyot, envoyé près l'armée du Nord, à la Convention nationale (1).

Lille, 2 ventôse (20 février).

.....Le 26 pluviôse, près de Reckem, le général de brigade Dumonceau et le chef de bataillon Wattel, commandant à Pont-à-Brück, à la tête d'un détachement du 10e bataillon du Calvados, d'un autre détachement des dragons du 6e régiment et d'un troisième détachement des chasseurs du 13e, ne formant en tout que 100 hommes, ont rencontré dans une patrouille un corps de troupes ennemies, six fois plus considérable, et composé de cavalerie anglaise et allemande et d'infanterie autrichienne. Ils l'ont attaqué....., ont fait mordre la poussière à 50 ennemis et fait un pareil nombre de prisonniers, et pris 28 chevaux. Nous n'avons perdu qu'un seul homme.....

Hier, en arrivant à Commines....., le chef de bataillon Daen-

(1) *Moniteur universel*, t. IX, p. 652.

dels, qui le commande, avait enlevé le matin même 58 hommes des régiments de Dourlach, des chasseurs d'York et des chasseurs hanovriens, qui occupaient un poste à quelque distance de Commines. Parmi les prisonniers se trouvent le commandant du poste et deux autres officiers. Il a encore pris 7 chevaux. Nous n'avons également perdu dans cette affaire qu'un seul homme.....

Le général Pichegru au Comité de Salut public.

Réunion-sur-Oise, 8 ventôse (26 février).

Je vous envoie ci-joint, citoyens représentants, copie d'une lettre que je viens de recevoir du général Drut, qui m'annonce que le 29 pluviôse les troupes des avant-postes de Douai ont remporté un avantage sur les esclaves qui cherchaient à les surprendre. Elles ont dû cet avantage à leur bravoure et à l'intelligence du chef de brigade Compère, qui les commandait.

Le général Drut au général Pichegru.

Douai, 3 ventôse (21 février).

Je te rends compte, général, que, le 29 pluviôse, le chef de brigade Compère, commandant les avant-postes de Douai, ayant reçu l'avis que l'ennemi était à Flines et s'efforçait de tourner une patrouille, rassembla avec célérité 80 hommes de cavalerie qu'il cacha dans un bois entre Pont-à-Raches et le pont de Flines. Cette disposition faite, Compère vint se montrer avec quelques hommes de cavalerie à un détachement de 30 hussards de Latour, qu'il attira vers Flines en feignant de se replier. L'ennemi fut parfaitement la dupe de ce mouvement et s'avança imprudemment jusqu'à l'église de Flines, soutenu par une compagnie de tirailleurs à pied; c'était où Compère les attendait, et, en brave républicain, il revint sur les dragons et les chargea avec sa vigueur ordinaire; ses forces furent bientôt rassemblées, et plusieurs des esclaves furent bientôt abattus. Cependant, comme ceux-ci étaient en nombre supérieur, ils enlevèrent un officier et un dragon, qu'une nouvelle charge rendit bientôt aux braves sans-culottes auxquels ils avaient été arrachés. Cette seconde charge mit les dragons ennemis en fuite; il ne restait que la compagnie de tirailleurs, qui, en moins de cinq minutes, fut au pouvoir de Compère. Le feu de l'ennemi a enlevé à la République: 1 dragon du 13e régiment, 1 blessé, 1 cheval tué et 1 pris.

L'ennemi a perdu 30 hommes, que Compère a fait prisonniers, dont 1 officier et 1 dragon monté. Les rapports annoncent qu'il y encore eu 20 hommes de cavalerie mis hors de combat et 12 chasseurs à pied tués.

Je ne puis, général, te parler trop avantageusement de nos braves sans-culottes, parmi lesquels les dragons du 13e et les hussards du 6e se sont distingués par une intrépidité que l'on ne trouve que chez les Républicains. Compère a reçu six coups de feu dans ses habits, et son cheval a été frappé d'une balle à la cuisse.

P.-S. — Pour combattre nos ennemis, il nous faut des armes, et pour les poursuivre, des souliers. Nous manquons de l'un et de l'autre.

Le général Bertin au général Moreau.

Bailleul, 8 ventôse (26 février).

Ce matin, l'ennemi a attaqué au mont Noir et à la Croix de Poperinghe. Il a été repoussé après une fusillade courte, mais très vive; il a eu 6 morts et quelques blessés; nous n'avons reçu d'autres pertes que 4 blessés, dont 2 grièvement.

Si je n'eusse voulu économiser les munitions, j'aurais pu leur poivrer un peu mieux la salade; mais le temps approche, je l'espère.

P.-S. — La plupart des cartouches du dernier envoi ne sont qu'à demi-charge, cela est cause que l'ennemi a perdu moins d'hommes, ayant été chargé presque à bout portant.

Le général Souham au chef de bataillon Daendels.

Marquette, 9 ventôse (27 février).

Sur la demande qui m'a été faite par le citoyen Daendels, commandant à Commines, de chasser de Wervicke-Nord, un piquet ennemi, afin de s'emparer de tous les cuirs qui peuvent être dans les tanneries de Wervicke, on fera cette opération en prenant toutes les précautions nécessaires pour ne pas compromettre la chose publique; chargeons ledit Daendels de communiquer au général qui commande la brigade, la présente autorisation.

Le général Souham au général Dumonceau.

Marquette, 10 ventôse (28 février).

Il est étonnant, citoyen général, que tu te permettes de faire des sorties et attaques sans m'en prévenir.

Voilà cependant la seconde fois que cela t'arrive; tu dois savoir les instructions du Comité de Salut public. Il désapprouve toutes ces petites affaires de postes quand elles n'ont pas pour but de faire rentrer des denrées ou autres effets utiles à la République. Tu devrais savoir aussi que la perte d'un de nos Républicains vaut mieux que celle de mille des esclaves que tu pourrais prendre ou faire tuer; enfin tu aurais dû savoir que, militairement, tu ne devais pas faire une sortie sans m'en prévenir. Tu voudras donc bien rester chez toi jusqu'à ce que j'aie instruit le Comité de Salut public et le Ministre de toutes ces opérations illégales.

Tu voudras bien me faire passer sur-le-champ le nombre des troupes que tu avais prises pour cette expédition et l'état des pertes que tu as faites, tant en hommes qu'en chevaux, tués ou blessés.

Le général Souham au Comité de Salut public.

Marquette, 10 ventôse (28 février).

Le clocher de Wervicke-Nord a servi depuis le commencement de la campagne les desseins perfides de nos ennemis; au moyen des sentinelles qu'ils y avaient toujours, ils découvraient tous nos mouvements; ils y plaçaient aussi des tirailleurs, qui, plongeant sur la partie française de Wervicke, ont tué beaucoup de braves Républicains sans qu'ils pussent se venger. Dans les différentes fois qu'on avait été à Wervicke, on avait négligé de le détruire.

J'ai fait attaquer ce matin les piquets que l'ennemi avait dans ce poste, qui étaient de 150 hommes d'infanterie hessoise et de 64 tant uhlans britanniques que cavaliers hessois. Ces troupes étaient soutenues par d'autres, placées dans les redoutes qui forment une chaîne depuis Bousbeck jusqu'à Gheluve. Ces piquets étaient en outre à portée d'être secourus par la garnison de Menin. Les ennemis se croyaient hors de toute insulte dans cette position. Cependant aussitôt que les troupes républicaines ont paru, ils ont pris la fuite.

Le brave chef de bataillon Daendels, commandant à Commines, qui s'est si bien distingué dans toute la campagne dernière par son patriotisme et ses talents militaires, était chargé de cette expédition. Après avoir placé une réserve à Godthuys, pour empêcher l'ennemi de le prendre en flanc en venant de Zantvoorde, il s'est avancé avec un escadron du 20e de cavalerie, deux compagnies de grenadiers et des chasseurs de la demi-brigade de troupes légères, et a chargé l'ennemi sur deux colonnes; sa marche avait été ralentie par deux ruisseaux qu'il fallait passer, ce qui a donné le temps à l'infanterie ennemie de se sauver. Les uhlans ont voulu résister, mais, quoique égaux en nombre, ils ont dû céder à la valeur républicaine. Le major et plusieurs autres, principalement les émigrés, ont été tués; on en a pris 15, 30 chevaux; ils ont été poursuivis jusqu'à leurs redoutes où on leur a pris encore 7 fantassins hessois et tué d'autres.

Pendant qu'on les poursuivait, on a mis le feu à l'église et enlevé des cuirs, des bœufs, des vaches et des sacs de grains, enfin les fourrages et l'avoine qu'on venait d'amener pour la cavalerie ennemie.

C'était précisément décadi; les soldats ont eu leur fête et l'incendie de l'église a été un feu de joie.

La République n'a perdu aucun défenseur dans cette expédition; il n'y a eu que deux blessés, un brave chef de bataillon de la demi-brigade des troupes légères et un cavalier du 20e régiment. Nous avons gagné 30 chevaux et 22 prisonniers, parmi lesquels il y a plusieurs émigrés dont la guillotine fera justice. Les cuirs que nous avons pris seront utiles pour faire des souliers aux défenseurs de la République.

Je ne saurais vous exprimer l'ardeur de toutes les troupes que je commande. Les jeunes gens de première réquisition, nouvellement arrivés, vont déjà bien et attendent avec impatience le moment de montrer qu'aux Républicains français la valeur tient lieu de la longue instruction, et que l'amour de la Patrie apprend bien plus promptement les manœuvres que le bâton des Autrichiens.

Rapport de Varin sur l'affaire de Wervicke.

10 ventôse (28 février).

L'expédition projetée sur Wervicke s'est effectuée le matin par l'adjudant général Vanboecop, après que Daendels en eut chassé l'ennemi et pris 16 chevaux dont un blessé, et fait 21 prisonniers, savoir : 5 cavaliers hessois; 14 uhlans britanniques, dont 1 fut blessé; 2 fusiliers hessois.

L'on ignore encore s'il reste des prisonniers à Wervicke; l'infanterie ennemie nous a échappé par la trop grande chaleur que notre cavalerie a mise à poursuivre la cavalerie ennemie.

Le major (officier supérieur) Zœdenstern, de la cavalerie hessoise, a été tué et haché sur la place ainsi que plusieurs autres cavaliers, uhlans et autres; nous n'avons eu que le chef du 3e bataillon des chasseurs blessé d'un coup de feu; 3 tirailleurs qui étaient restés en arrière ont été hachés par l'ennemi et un blessé. (Le général assure qu'ils s'étaient écartés pour piller, ce qui diminue le regret qu'il peut avoir de leur perte.)

Le général a fait mettre le feu au clocher de Wervicke, qui servait à l'ennemi pour observer nos mouvements.

La plupart des prisonniers sont gibiers à guillotine, car ils sont presque tous émigrés, du moins parlent-ils bien français.

Divers papiers qu'on a trouvés, tant sur le major tué que sur divers blessés qui sont à l'hôpital, contiennent des jérémiades et annoncent la plus grande détresse de la part de l'ennemi. Il est question dans une, d'abandonner le pays à la merci des brigands français, en remettant tout entre les mains de la Providence, etc.

Un Hessois nous dit qu'on leur débitait que l'armée française n'était composée que de 20,000 hommes; un des nôtres lui répondit qu'on avait oublié un zéro, ce qui fait 200,000 hommes seulement sur cette frontière.

Le général Souham au général Dewinter.

Marquette, 10 ventôse (28 février).

Tu te rendras au quartier général de l'Entrepôt pour y prendre, jusqu'à nouvel ordre, le commandement des troupes qui composent la brigade du général Dumonceau.

Le général Souham au général Dumonceau.

11 ventôse (1er mars).

Lorsque je t'écrivis hier soir, je te marquai peut-être un peu durement combien j'étais fâché que tu fisses de pareilles expéditions et prisses des troupes des autres brigades sans m'en prévenir, ce qui est très dangereux et aurait pu avoir des suites très sérieuses. Tu voudras bien reprendre le commandement de ta brigade et renvoyer Dewinter à son poste. J'espère que, dorénavant, tu me communiqueras avec plus de soin tes projets.

Le général Souham au général Macdonald.

Marquette, 11 ventôse (1er mars), minuit.

Je te préviens que le général en chef Pichegru et les Représentants du peuple profiteront demain matin de l'enlèvement des blés que l'on va faire à Cysoing pour faire une reconnaissance. Comme ils ne partiront de Lille qu'entre 8 et 9 heures du matin, il serait à propos de retarder un peu le départ des troupes.

Tu recevras, à 8 heures du matin, 100 chasseurs du 5e régiment, qui sortiront de Lille.

Le général en chef se proposant, en passant, de visiter les cantonnements, tu voudras bien donner ordre aux troupes de se tenir prêtes.

Le général Pichegru à Bouchotte, Ministre de la guerre.

Cassel, 13 ventôse (3 mars).

Nous avons parcouru si rapidement la ligne jusqu'ici, citoyen Ministre, que je n'ai pas encore eu le temps de t'écrire. J'ai trouvé les différentes places et postes en bon état. Quelques commandants de place m'ont paru ne pas avoir tout ce qu'exige leur importance.....

On continue à faire de fréquents fourrages. Hier, à notre passage à Lille, en visitant les avant-postes, nous fûmes témoins de celui qui se fit sur Cysoing, où on enleva plusieurs voitures de grains. L'ennemi ne jugea pas à propos de l'empêcher. Il y eut seulement quelques coups de carabine de part et d'autre par des tirailleurs. Cette opération était commandée par un jeune général de brigade, nommé Macdonald, que l'on dit bon officier, mais dont les principes républicains ne sont pas très prononcés (1).

Toutes les troupes annoncent les meilleures dispositions et ne demandent que des armes, quoiqu'elles soient sans souliers. Les 25,000 fusils sont d'autant plus insuffisants qu'il en manque 10,000 dans la seule division de Souham. Il serait nécessaire d'en faire arriver sur différents points de l'armée pour faciliter leur distribution. Il est instant de penser au remplacement des baïonnettes perdues, il en manque au moins 20,000 à l'armée (2). Il manque aussi des sabres; il n'y en a dans aucun magasin pour le service des hussards.

Depuis le départ des ingénieurs belges, il y a peu d'officiers du génie à cette armée; il faudrait y en envoyer.

L'ennemi fait des inondations sur la Flandre maritime et paraît vouloir concentrer ses forces vers la Trouée.

P.-S. — Ne perds pas de vue ma demande pour une augmentation en cavalerie. Plus je m'étends sur le pays, plus je suis convaincu qu'elle est indispensable (3).

Le général Colaud m'informe qu'il a été rendu compte de la trahison du nommé Schmitz, adjudant de la place de Landrecies, qui entretenait correspondance avec les ennemis.

---

(1) *Note marginale* : « le surveiller ».
(2) *Ibid.* : « les bay. se perdent facilement; on n'en a pas soin ».
(3) *Ibid.* : « il reste les carab. ».

Le général Drut à Bouchotte, Ministre de la guerre.

Douai, 17 ventôse (7 mars).

Je t'envoie, citoyen Ministre, le récit d'un trait de bravoure qui a été omis dans ma lettre du 3 de ce mois.....

Le Loutre, chef du 2e bataillon du Finistère, au général Drut.

Dans le détail de l'affaire qui a eu lieu le 30 pluviôse en avant de la ci-devant abbaye de Flines, on a omis de faire mention d'un trait de bravoure dont l'histoire fournit peu d'exemple. Le citoyen Bedel, dragon du 13e régiment, emporté par son courage, s'élance au milieu de 10 dragons de Latour. Après s'être battu en désespéré, il reçoit plusieurs blessures, mais préférant la mort à la honte de se rendre aux barbares autrichiens, il emploie le peu de force qui lui reste à contenir son cheval que ces brigands s'efforçaient d'emmener. Enfin, il tombe frappé de sept coups de sabre; mais au même instant notre cavalerie a chargé impétueusement l'ennemi et a empêché qu'un Républicain aussi brave ne tombe en son pouvoir. Heureusement ses blessures ne sont pas mortelles, et nous espérons que la République ne perdra pas un de ses plus intrépides défenseurs.

Le général Bertin au général Moreau.

Bailleul, 20 ventôse (10 mars).

J'avais fait embusquer trois compagnies de grenadiers près Wulverghem pour envelopper une patrouille ennemie, mais, les malheureux paysans ayant prévenu l'ennemi, nos démarches furent inutiles. Le tocsin a sonné de toutes parts et différentes personnes de Wulverghem m'ont dit que l'ennemi venait d'envoyer à Wytschaete 300 à 400 hommes, non compris 300 hommes à Saint-Éloy; qu'il y avait, à Kemmel, 300 soldats autrichiens et anglais et 500 paysans des environs de Dixmude, qui s'étaient rassemblés; que les paysans de Saint-Éloy et ceux de Wytschaete, au premier coup de fusil, se rendaient à ce dernier endroit; que ceux de Dickebusch allaient se joindre à ceux de Kemmel; ceux de Reningelst et des autres villages jusqu'à Vlaemertinghe allaient à Westoutre et Lokert.

Lorsque les grenadiers ont passé dans Neuve-Église tous les habitants les ont reçus à bras ouverts. Ils demandaient qu'il reste des troupes avec eux, et je n'y vois aucun inconvénient car la droite de Neuve-Église donne du côté de Warneton, occupé par le général Daendels. L'ennemi n'a pas de troupes à Messines ni à Wulverghem. Il n'occupe que Kemmel et le Mont; un bataillon à Neuve-Église ferait doubler leur garde, porterait la terreur dans l'esprit des paysans qui prennent les armes et nous ouvrirait l'entrée de la Belgique, c'est-à-dire nous favoriserait pour la prochaine expédition. Je n'y en ai pas mis, à cause de ce que tu m'as écrit lorsque je t'en ai parlé la première fois. Je désirerais que tu me permettes d'y mettre un bataillon. J'y en enverrai un aussitôt.

Dans ta lettre du 17 de ce mois, tu me dis qu'il faudrait prendre l'ennemi par le flanc droit lorsqu'il attaque au mont Noir, c'est ce que nous faisons et ce qui chasse l'ennemi de Westoutre toutes les fois qu'il y a une affaire au mont Noir. Si tu le trouves bon, je ferai passer, à 3 heures du matin, trois compagnies de grenadiers entre le mont Rouge et Westoutre, deux autres compagnies de grenadiers et une compagnie de carabiniers sur la gauche de Westoutre. Ces derniers passeront au moulin de Boesschepe et descendront entre Reningelst et Westoutre. Aujourd'hui, une patrouille du 81e régiment attaquera les postes du château de Westoutre et attirera l'ennemi au mont Noir; les grenadiers et carabiniers ramasseront par ce moyen tous les paysans qui courraient aux armes et pourront enlever les soldats de ce cantonnement. Pour plus grande sûreté, une patrouille de 50 hommes attaquerait Lokert en front pour les empêcher de porter du secours à Westoutre.

Si mon projet est adopté, je le ferai exécuter.

Le même au même.

Bailleul, 26 ventôse (16 mars).

D'après les ordres que tu m'as donnés, j'ai fait partir hier, à 8 heures du soir, divers bataillons qui se sont portés, les uns au mont Noir, pour soutenir l'attaque que Vandamme devait faire du poste de Westoutre, les autres au mont Saint-Antoine, pour tâcher de surprendre le poste de Lokert, tandis que la droite était soutenue par un demi-bataillon qui se trouvait en observation à Neuve-Église, pour empêcher le mont de Kemmel de porter du secours à Lokert. Je ne sais par quelle fatalité, Vandamme, qui était convenu et qui m'avait écrit qu'il se trouverait à Westoutre à minuit précis, n'y est arrivé qu'à 4 heures du matin, ce qui, tu penses bien, m'a fort étonné. Watrin s'est présenté à minuit et demi aux postes de Lokert, avec deux compagnies de grenadiers et une de carabiniers. Il avait déjà passé, sans être reconnu, deux retranchements de l'ennemi, mais n'ayant pas répondu au factionnaire du grand poste du cimetière, qui avait déjà crié deux fois sur eux, alors la sentinelle tira son coup de fusil et se replia de suite; un autre factionnaire en tira un second et tout le poste autrichien, composé de

50 hommes à pied et 4 à cheval, en alarme, prit la fuite à toutes jambes en se retirant sur le mont de Kemmel, par où il était impossible de lui couper sa retraite sans engager une affaire très dangereuse. Des chemins glissants et des retranchements difficiles qu'il fallait escalader, empêchèrent de faire des prisonniers, mais on prit à leur corps de garde quelques sacs et fusils que la peur leur avait fait laisser. Cette expédition nous procura aussi 4 vaches et 2 chevaux. Tout étant terminé sans tirer un seul coup de fusil, comme je l'avais ordonné, nous nous repliâmes sur les postes du mont Saint-Antoine.

A la pointe du jour, l'ennemi nous y attaqua très vigoureusement et fut d'abord mis en déroute. La supériorité de ses forces nous obligea de nous replier pour un moment, mais nos braves Républicains les chargèrent ensuite avec tant de vigueur qu'ils les forcèrent, après une longue et vive fusillade, de se replier jusque dans leurs derniers retranchements. L'ennemi nous salua de 20 coups de canon de deux pièces de 6, qu'il a placées sur la cime du mont de Kemmel. Nous n'eûmes qu'un seul homme de blessé et les esclaves perdirent 20 hommes tant tués que blessés, dont un fait prisonnier et que je t'enverrai demain à Cassel.

Tous nos postes du mont Noir furent attaqués aussi très vigoureusement; là, nous eûmes 3 hommes blessés; l'ennemi perdit une douzaine d'hommes; nous lui prîmes 6 fusils.

Nous nous sommes battus sur tous les points de ma ligne depuis 5 heures du matin jusqu'à 3 heures de l'après-dîner. Tout est maintenant très calme et tous nos postes jouissent de la plus grande tranquillité. Je m'attends bien à être attaqué cette nuit et pendant quelques jours, mais je suis prêt à les recevoir. J'ai recommandé surtout à nos frères d'armes, sous les peines les plus graves, de ne pas quitter leurs retranchements.

J'oubliais de te marquer que Gilles, se présentant hier soir à Neuve-Église avec un demi-bataillon, y trouva un poste d'Autrichiens d'environ 40 hommes, qu'il n'eut pas de peine à mettre en déroute.

Je te ferai part du moindre mouvement.

Le général Colaud à Bouchotte, Ministre de la guerre.

Guise, 26 ventôse (16 mars).

Le général Souham m'annonce, en ce moment, que le général Daendels, commandant à Commines, a enlevé, le 22, à Wervicke-Nord, 17 prisonniers, dont 5 blessés, et en aurait pris davantage sans les inondations et barricades existant autour de ce poste.

J'ai reçu, en l'absence du général Pichegru, ta lettre et l'arrêté du

Comité de Salut public pour envoyer 12,000 à 15,000 hommes à l'armée des Ardennes. Je lui ai de suite expédié un courrier pour l'en prévenir et lui remettre ton paquet.

Le général Bertin au général Vandamme.

Bailleul, 27 ventôse (17 mars).

Je suis fâché que la fuite des esclaves t'ait empêché de leur faire mordre la poussière. Trois compagnies de grenadiers s'étant portées sur la droite de Westoutre, du côté de Reningelst, à minuit précis, comme nous en étions convenus, pour couper la retraite au poste de Westoutre que tu devais attaquer de front, j'ai été fort surpris de voir que l'on n'attaquait pas à cette heure indiquée. Nos troupes se sont repliées sur le mont Noir à 3 h. 30 du matin, ne voyant aucun mouvement du côté de Westoutre. Sur les 4 heures du matin, nous entendîmes tirer quelques coups de fusil de ce côté, et, sur les 7 heures du matin, l'ennemi est venu en force attaquer nos postes du mont Noir; nous l'avons repoussé avec vigueur jusque sur le mont Rouge et lui avons tué une dizaine d'hommes.

Nous avons été, à minuit précis, dans le plus grand silence, pour surprendre le poste de Lokert, mais l'ennemi, averti par les deux coups de fusil que tirèrent sur nous ses factionnaires, voyant que l'on ne leur répondait pas, prit de suite la fuite et se replia sur le mont de Kemmel. Nous trouvâmes dans leur corps de garde plusieurs sacs et fusils que la peur ne leur avait pas donné le temps d'enlever.

Sur les 6 heures du matin, nos postes du mont Saint-Antoine furent attaqués de toutes parts. Après une vive et longue fusillade, nous les repoussâmes jusqu'à la cime du mont de Kemmel, où nous fûmes salués d'une vingtaine de coups de canon d'une pièce de 6 qu'ils y avaient amenée, à notre grand étonnement. L'ennemi essuya une perte d'une d'une vingtaine d'hommes, tant tués que blessés, dont un fut fait prisonnier.

Tel est le résultat de notre journée d'hier, où nous nous sommes battus depuis le matin jusqu'à 2 heures de l'après-dîner.

Le général Moreau au général Vandamme.

Cassel, 28 ventôse (18 mars).

J'attendais le rapport de Bertin pour te répondre. Il m'écrit que l'attaque de Westoutre n'a eu lieu qu'à 4 heures du matin, mais qu'heureusement cette inexactitude n'a eu aucune suite fâcheuse, puisqu'on a repoussé l'ennemi de Lokert.

Le lendemain, il a été attaqué au mont Saint-Antoine, où nous avons eu l'avantage de repousser l'ennemi jusque dans ses retranchements.

L'hôpital des galeux de Wormhout est dans le plus grand désordre. Il faut que tu donnes l'ordre aux troupes qui sont à Hissel d'y envoyer une garde, commandée par un officier, et qui sera chargée de la police de cet hôpital, d'après les réquisitions qui pourraient lui être faites par les directeurs et officiers de santé.

P.-S. — Tâche de m'envoyer pour demain le marchand de chevaux de Vleteren.

Le général Pichegru à Bouchotte, Ministre de la guerre.

Réunion-sur-Oise, 30 ventôse (20 mars).

Je t'envoie, citoyen ministre, l'état de situation de l'armée du 15 au 30 pour les troupes disponibles et ce qui compose les différentes garnisons; un autre état du 25 au 30 ventôse pour la troupe disponible seulement.

Les cantonnements sont les mêmes que ceux occupés la décade précédente.

Mouvements. — Trois bataillons sont partis pour Saint-Omer, deux pour Dune-Libre, un autre pour Cassel; deux autres sont partis d'Aire pour se rendre à Cassel.

Le 5e régiment de hussards a reçu l'ordre de partir d'Hesdin pour se rendre à Douai.

Douze bataillons doivent être partis, d'après l'ordre qui leur a été donné, pour l'armée des Ardennes. Un détachement de 146 hommes du 3e régiment de cavalerie, venant de Beauvais, sont arrivés à l'armée.

Les opérations se sont bornées à plusieurs fourrages considérables et très avantageux que l'on a enlevés à l'ennemi, à qui l'on a tué et blessé une trentaine d'hommes, pris 17 chevaux. De notre côté, nous n'avons eu que 3 hommes blessés.

Extrait du Précis des opérations de la brigade Macdonald, du 8 *ventôse au* 3 *prairial an II* (26 *février*-22 *mai* 1794), *par le général Pamphile Lacroix.*

Le 1er germinal..... (21 mars), le général Dumonceau fit enlever les cloches de Roncq. L'ennemi l'avait un peu canonné. Le soir, l'officier du piquet à Lezenne, que le bruit de ce canon occupait peut-être, crut voir l'ennemi dans la plaine; il nous fit dire qu'il était même déjà dans les carrières. Nous montâmes de suite à cheval et courûmes à Hellemmes. Après avoir fait tâter le pays, nous nous assurâmes que ce n'était qu'une fausse alerte. Nous revînmes à Five par le camp; il avait été averti; la troupe était en bataille devant son front de bandière. L'ordre, le silence et la faible clarté de la nuit rendaient le coup d'œil on ne peut pas plus majestueux.....

Le général Macdonald au général Dumonceau.

Five, 1er germinal (21 mars).

Je te rends compte, général, que nous avons ici eu une alerte à 2 heures du matin; on a cru voir l'ennemi dans la plaine de Lezenne. Toutes les troupes que je commande ont été sous les armes jusqu'à ce que je me sois bien assuré qu'il n'y avait rien à craindre. Le fait est que 3 hommes à cheval ont paru vers nos vedettes aux carrières de Lezenne. On leur a crié dessus, ils se sont éloignés; on leur a tiré quelques coups de carabine, ils ont disparu. J'ai envoyé de fortes patrouilles à Sainghin, Bouvines et plaines de Cysoing; elles n'ont rien vu et rien appris. Je présume que ces 3 hommes étaient des déserteurs, qui ont eu peur des carabines. On ne sait ce qu'ils sont devenus.

Vatel me rend compte que l'ennemi est en force à Roubaix, surtout en cavalerie. J'y envoie des patrouilles. Je te ferai part de ce qui se passera.

On entend ici une canonnade du côté de Bondues ou Linselles. Je ne sais ce que c'est.

Le général Pichegru à Bouchotte, Ministre de la guerre.

Réunion-sur-Oise, 7 germinal (27 mars).

Je te préviens, citoyen ministre, que le 30 ventôse l'ennemi s'est porté, au nombre de 800 hommes, sur nos avant-postes du côté de Steenwoorde; malgré sa supériorité en nombre, les soldats de la République, sans s'en étonner, ont opposé la plus belle résistance. L'affaire est devenue des plus vives et nos braves l'ont terminée en repoussant les esclaves jusqu'à Poperinghe (1). L'ennemi a perdu 12 hommes tués, 3 faits prisonniers et un grand nombre de blessés. La République n'a

---

(1) *Note marginale de Bouchotte :* « Il faut s'arranger si bien qu'ils soient toujours prévenus. »

perdu, dans cette action, qu'un de ses défenseurs, et sept autres ont été blessés. Les volontaires de la première réquisition se sont très bien battus; ils ont même montré trop d'opiniâtreté à se rallier au rappel.

Le 1er régiment de carabiniers n'étant que de 240 hommes, il me paraît bien faible. N'y aurait-il pas quelques moyens de l'augmenter? (1).

Le général de division Dubois, employé à l'armée de la Moselle, vient de m'écrire pour que je t'engage à le faire passer à cette armée. Il est de ce pays-ci; il en connaît les localités; nous avons servi ensemble au Rhin. Je t'invite à lui envoyer les lettres de passe qu'il sollicite (2).

Extrait du Précis des opérations de la brigade Macdonald, par le général Pamphile Lacroix.

.....A peu près à cette époque (10 germinal), des paysans d'Hem arrêtèrent un espion nommé Copleux. Ils nous le conduisirent lié et garrotté. On trouva sur lui des preuves convaincantes. Il ne désavoua rien et monta sur l'échafaud avec beaucoup de courage. Dans l'instruction de son procès, il avait chargé quelques paysans de Willem et de Cherang. Mon général fut requis de les faire arrêter, et deux membres du Comité révolutionnaire de Lille furent mandés près de lui à cet effet. Je fus chargé d'aller protéger l'arrestation de ceux de Willem, et Sarrut fut envoyé à Cherang. Tous les deux nous rencontrâmes l'ennemi; nous le chassâmes avec la troupe qu'on nous avait confiée, mais nous ne pûmes joindre les paysans, qui délogèrent à notre approche. Moi, je risquais perdre mon révolutionnaire. L'ennemi revenait en force sur Willem et nous poussait déjà en deçà du village. Je ne voyais nulle part mon homme; enfin, il sortit d'une ferme à droite de Willem, où il était allé fouiller, à ce qu'il me dit.

Le général Macdonald au général Souham.

Five, 12 germinal (1er avril).

Je te rends compte que deux membres du comité de surveillance sont

---

(1) *Note marginale de Bouchotte :* « En écrire aux Représentants du peuple chargés de compléter la cavalerie au Nord; écrire aussi au dépôt des carabiniers, qui pourrait peut-être leur fournir des hommes en ce moment. »

(2) *Ibid. :* « Je fais écrire à Dubois. »

venus hier, à 8 heures du soir, avec un arrêté du Comité et du Représentant du peuple, requérir la force armée pour aller arrêter des citoyens de Willem et de Cheraug, sur les dénonciations de l'espion d'hier. J'ai, en conséquence, fait toutes les dispositions nécessaires en faisant passer des troupes à Pont-à-Bouvines, Pont-à-Tressin et par Lamponpont. L'expédition a très bien réussi. On s'est beaucoup tiraillé sans coup férir. L'ennemi a montré beaucoup de cavalerie en avant de Baisieu et dans la plaine de Cysoing.

On a tué un cheval à l'ennemi.....

Le général Pichegru à Bouchotte, Ministre de la guerre.

Réunion-sur-Oise, 13 germinal (2 avril).

Le général Desenfans, commandant provisoirement la division près Dune-Libre, m'informe, citoyen ministre, qu'il vient de faire du côté de Rousbrugghe et Beveren, une expédition qui, tout en donnant une réprimande civique aux paysans armés qui l'avaient inquiété pendant trois jours sur ce point, a valu à la République 30,000 livres de plomb, environ 4,000 gerbes de blé, 300 rasières et 374 sacs de blé battu, des chevaux, des vaches, etc. Il ajoute qu'il a vu avec admiration que l'ardeur et l'intrépidité des jeunes gens de réquisition ne permettaient pas qu'on les distinguât de leurs anciens camarades.

Je te renvoie ci-joint, citoyen ministre, le brevet du citoyen Gueydan, dont je t'ai fait passer hier la lettre de service.

Le général Charbonnier m'informe qu'il n'a point les chevaux nécessaires pour le service de son parc; ceux qui me sont annoncés n'arrivent pas non plus, et le général Éblé me mande que les 263 qui étaient au dépôt de Soissons ont été disséminés par ordre de l'administration. Il serait pourtant bien nécessaire que les chevaux destinés au service de l'artillerie ne puissent être détournés de leur emploi.

Les troupes anglaises et autrichiennes désertent à force. Dans la seule division de Lille, il en est arrivé 79 en moins de huit jours.

Rien autre de nouveau. La pluie continue.

P.-S. — Nos troupes étaient entrées dernièrement à Poperinghe en poursuivant l'ennemi; mais Moreau n'a pas jugé à propos de s'y établir, à cause de la proximité du camp de Wlaemertinghe.

Le général Macdonald au général Souham.

Five, 14 germinal (3 avril).

Un commissaire du Représentant du peuple et membre du Comité de surveillance de Lille, qui était venu ici il y a quelques jours requérir la force armée pour aller faire des arrestations à Cherang, est revenu hier soir en faire autant pour aller à Sain, sur la route de Tournay, entre Cherang et Baisieu. J'ai, en conséquence, fait les mêmes dispositions, à l'exception que j'ai doublé la force de cavalerie sur la grande route de Tournay, avec une pièce d'artillerie légère. L'ennemi a montré beaucoup de cavalerie, environ le triple de la nôtre. On s'est beaucoup tiraillé; nous avons eu un cheval tué et un autre blessé. La force qui a passé par Bouvines a rencontré la cavalerie ennemie entre Bourghelles et Camphin; elle a chargé sur nos tirailleurs, mais la nôtre a chargé à son tour et les a poussés jusque dans Camphin. Un de nos dragons a reçu un coup de sabre sur le bras qui n'a coupé que son habit. L'arrestation a eu lieu.

L'ennemi a doublé sa cavalerie dans les cantonnements qu'il occupe; l'infanterie est la même ainsi que les positions; il n'y a point d'augmentation à Tournay. La majorité de leurs forces se dirige sur Mons. Le bruit public, à Tournay, est que l'on va faire le siège de Landrecies et de Maubeuge. Il est arrivé de la grosse artillerie à Mons.

Le général Souham au général Pichegru.

Marquette, 18 germinal (7 avril).

Je te fais part, citoyen général, d'une expédition qui a eu lieu hier matin, sur la gauche de la Lys. Elle avait pour but d'éloigner l'ennemi qui s'était trop avancé de nos avant-postes; elle avait encore celui de nous donner la facilité d'enlever les bestiaux sur le territoire ennemi et de nous mettre à même de forcer les habitants de ces cantons à payer les contributions auxquelles ils avaient été imposés.

Le brave et intrépide Daendels, chargé de cette expédition, s'est conduit comme à son ordinaire avec un courage et une prudence dignes des plus grands éloges. Il est sorti à 2 heures du matin et s'est porté sur la Chapelle Ten-Bruck, en passant entre ce poste et celui de Zantvoorde. Il a tourné la Chapelle et est tombé sur l'ennemi comme la foudre. La victoire qui l'accompagne toujours, ne l'a point abandonné, et il a fait prisonniers : 4 officiers hanovriens, 4 sous-officiers, 169 fusiliers et 2 dragons hessois. Il a amené une bonne quantité de vaches et a tué beaucoup d'ennemis.

Pendant qu'il a fait cette attaque, une autre colonne a attaqué Wervicke-Nord et une troisième, sous les ordres du l'adjudant général Vanbœcop, a passé le pont de Wervicke-France et pris le poste de Wervicke-Nord, sans éprouver de résistance. La retraite s'est faite en très bon ordre. « Vive la République ! »

Tout le monde s'est conduit avec un héroïsme et un courage extraordinaires, et nos frères d'armes de la première réquisition ont montré que, comme les fondateurs de Thèbes, les Français naissent soldats.

Nous avons à regretter dans cette expédition le brave Mervan, chef de brigade du 20e régiment de cavalerie, excellent officier et intrépide soldat; un autre officier et un cavalier du même régiment; 3 officiers et 3 cavaliers ont été blessés. Voilà toute la perte que nous avons faite.

On ne saurait donner trop d'éloges au 20e régiment de cavalerie, mais tous nos braves Républicains se comportent si bien que les actions héroïques ne sont plus que des faits ordinaires.

Le général Vandamme au général Moreau.

Steenwoorde, 23 germinal (12 avril).

Je te rends compte, général, que ce matin à 6 heures, la découverte de Steenwoorde rencontra à l'Abeele une forte patrouille de l'ennemi; le feu s'engagea aussitôt de part et d'autre; l'ennemi fut repoussé. Mais bientôt après il reçut un renfort de Poperinghe, qui le portait à 800 hommes et 50 cavaliers. J'envoyai aussi au secours de ma découverte, le bataillon des chasseurs du Mont-Cassel, la compagnie des grenadiers du 16e et un détachement de ce régiment. Le commandant de Godewaersvelde envoya à l'Abeele deux compagnies de grenadiers et 150 hommes, et le commandant de Boesschepe sa compagnie de carabiniers. Ces détachements arrivèrent au secours de ma découverte en même temps que l'ennemi recevait du renfort de Poperinghe. L'affaire s'engagea avec plus de force; le feu fut très vif et continuel et dura jusqu'à 2 heures; l'ennemi fut repoussé jusqu'à Poperinghe. Il fut deux fois pris en flanc et mis en déroute. Il perdit beaucoup de monde et eut une vingtaine de blessés; nous lui avons fait 3 prisonniers et pris plusieurs fusils, sabres et gibernes. Nous n'avons perdu qu'un brave sergent des chasseurs du Mont-Cassel et nous eûmes 4 blessés.

Tous nos soldats se sont distingués par leur courage. Je ne saurais assez te faire de louanges de la conduite qu'ont tenue tous nos braves frères de la réquisition; ils se sont comportés comme des héros et ont donné des preuves du plus grand courage. Quelle différence, général, entre des hommes libres et les esclaves! On voyait les officiers et sous-officiers de ces derniers les battre pour les faire avancer, et les nôtres ne peuvent pas retenir nos braves défenseurs qui, aussitôt qu'ils voient l'ennemi, se jettent dessus à corps perdu.

Je t'enverrai demain les 3 prisonniers. Je suis allé ce soir à Godewaersvelde et à Boesschepe. Tout y est tranquille. Les troupes sont rentrées dans leurs cantonnements.

Nous avons entendu ce matin tirer le canon du côté de Warneton ou Lille.

Le général Bertin au général Moreau.

Bailleul, 24 germinal (13 avril), 9 h. 30 matin.

Tu sais que depuis quelque temps nous pensions à enlever Kemmel. Aujourd'hui que j'ai bien examiné la position, je crois ce projet très facile à exécuter ; mais, pour qu'il ait un succès complet, il est nécessaire que j'enlève Lokert et Westoutre en même temps. En conséquence, voici la disposition que j'estime devoir faire.

Quatre compagnies de grenadiers et le bataillon des fédérés partiront du Jean (?) à 1 heure après minuit, conduits par un officier de l'état-major. Arrivé à Neuve-Église, il y laissera 500 hommes, se portera avec le reste et les quatre compagnies de grenadiers vers Wulverghem. Il passera dans ce village et viendra prendre Kemmel par derrière. Dans ce temps, un bataillon parti à une heure déterminée de Saint-Antoine se dirigera sur le mont Aigu en passant entre Kemmel et Lokert et tâchera de faire sa jonction avec la colonne qui aura passé par Wulverghem. On attaquera en même temps Lokert par le flanc gauche et on fera filer deux compagnies de grenadiers sur le mont Aigu pour empêcher l'ennemi de s'y coller, car c'est là son point. Je ferai aussi attaquer Westoutre par son flanc droit et son flanc gauche par un demi-bataillon des Basses-Alpes et le 3ᵉ des tirailleurs, tandis que le reste de ce bataillon se mettra en bataille au moulin du côté de Boesschepe, pour tenir l'ennemi en échec du côté de Poperinghe. Il faudrait que Vandamme renforçât ma gauche. Il faudrait que l'expédition s'exécutât au point du jour. En conséquence, je n'ai pas besoin que Daendels soit prévenu parce qu'il faut que le coup soit exécuté à 6 heures, pour que Dickebusch et Reningelst ne puissent pas nous inquiéter. En même temps, je me porterai en réserve avec 1,000 hommes entre la Croix de Poperinghe et Saint-Antoine. Si tu goûtes ce plan, je te prie de me le dire ; alors je l'exécuterai sauf les modifications que tu pourras y faire.

P.-S. — Je te prie de nous envoyer de suite des couvertures pour camper au moins un bataillon. Il est impossible dans la saison actuelle de camper sans couvertes, sur une terre aussi humide, sans exposer les soldats à tomber tous malades. Marescot, qui a pris les couvertes du magasin de Saint-Omer, est chargé de procurer l'approvisionnement non seulement de la brigade Vandamme, mais de toute la division. Réal étant le commissaire particulièrement attaché à Steenwoorde, si tu veux m'envoyer des couvertes je ferai camper un bataillon. Donne-moi réponse de suite par la même ordonnance.

Le général Macdonald aux Officiers municipaux de la commune de Cherang.

Five, 24 germinal (13 avril).

Je viens d'être instruit, citoyens, que les satellites de l'esclave Clerfayt avaient sommé votre commune de conduire à Baisieu tous les chevaux et voitures qui s'y trouvent. Je compte trop sur votre patriotisme pour penser que vous accédiez à une fanfaronnade et que vous composiez avec ces despotes. Je vous requiers, au nom de la République, de résister à leurs sommations. Si l'un de vos concitoyens était assez osé pour leur fournir ce qui a été demandé, sa maison serait sur-le-champ brûlée, et lui, livré au glaive de la loi comme traître à sa Patrie; et au contraire, si vous exécutez ce que la Patrie attend de vous, vous serez soutenus et protégés, vous et vos propriétés, par tous les moyens que la République a mis en mon pouvoir, en me confiant la défense de cette frontière.

Le général Macdonald au général Souham.

Five, 25 germinal (14 avril).

Nos découvertes sont allées de bonne heure en avant de Bouvines et n'ont rien vu. A l'instant, Osten me mande que l'ennemi y est et qu'il exécute sa menace, qui était d'enlever les chariots, chevaux, etc. Osten s'y porte avec 50 cavaliers, 100 chasseurs et 80 carabiniers à pied. J'en fais autant de mon côté. Je vais partir à l'instant avec 100 cavaliers, 100 chasseurs, deux pièces d'artillerie légère, un bataillon que j'envoie à Maisoncelle et 200 tirailleurs à Pont-à-Tressin. Je te ferai part du résultat.

Le général Bertin au général Moreau.

Bailleul, 25 germinal (14 avril).

L'ennemi, général, a attaqué à 6 heures du matin nos postes du Mont-Noir, d'où il fut vivement repoussé par nos chasseurs. Mais, comme c'était aujourd'hui le jour où il était relevé, et par conséquent où sa force était doublée, il est revenu à la charge. L'affaire a été très vive et des plus chaudes, depuis 3 heures jusqu'à 8 heures du soir. Une petite pièce de canon de 3, prise autrefois sur les Autrichiens, et que j'avais masquée derrière un retranchement, nous a été d'un très grand secours et a étendu par terre 9 esclaves. L'ennemi a perdu environ 60 à 70 hommes, tant tués que blessés. Nous avons eu 3 soldats blessés. Leurs paysans tiraient à force sur nous. Nous avons mis le feu au château de Westoutre, qui servait d'un fort redoutable, et au clocher de l'église, d'où l'ennemi retranché a fait feu sur nous.

Tous nos frères d'armes se sont battus avec courage et intrépidité. Les nouveaux réquisitionnaires même, n'ayant pas de fusils, portaient des cartouches à leurs camarades, au milieu des balles qui sifflaient de toutes parts. Le feu a été mis aussi à différentes fermes dont les propriétaires ont pris les armes contre nous. Je n'ai qu'à me féliciter de cette journée, qui, je suis sûr, nous a formé plus de 300 soldats des nouveaux incorporés.

Tout est maintenant calme. Je crains bien cependant quelque attaque cette nuit. Je veille avec activité. Envoie-moi de suite 50,000 paquets de cartouches dont j'ai bien besoin.

Berthen a été aussi attaqué, et l'ennemi fut vivement repoussé, sans perte de notre part.

Le général Macdonald au général Souham.

Five, 25 germinal (14 avril).

Je rentre à l'instant avec la troupe. J'ai trouvé le général Osten de ce côté-ci avec sa cavalerie; le peu de chasseurs qu'il avait laissés au-dessus de Bouvines a été obligé de se replier, l'ennemi ayant tiré quelques coups de canon dirigés sur le retranchement qui est au-dessus de Sainghin. Il paraît qu'ils avaient eu du renfort à Tournay, car ils avaient des pièces de position du calibre de 7. Tout le monde s'accorde à dire que c'était de l'artillerie légère, car ils allaient aussi vite que les nôtres et n'avaient pas un homme d'infanterie. Mon artillerie légère et ma cavalerie sont arrivées dans le moment où on évacuait Bouvines, et, dès que l'ennemi l'a aperçu, il s'est rejeté sur Cysoing, Baisieu et Camphin. Je n'ai pas jugé à propos de les poursuivre, quoique j'aie passé le pont. Aucun accident de ce côté; ils étaient venus pour enlever les chevaux et voitures. Osten est arrivé à temps pour faire retirer le tout sur Fretain, les chevaux, bestiaux et voitures. Les tirailleurs que j'avais envoyés à Pont-à-Tressin ne se sont pas conduits aussi sagement que la prudence l'exigeait; quelques-uns ont passé la rivière. L'ennemi en a pris trois. Nous ne nous sommes retirés que lorsque nous avons perdu l'ennemi de vue. Osten s'est retiré à Pont-à-Marque, et nous dans nos cantonnements.

Le même au même.

Five, 26 germinal (15 avril).

L'ennemi a fait hier l'après-midi la même sommation au village de Willem qu'à celui de Bouvines. Il n'a pas été plus heureux à l'un qu'à l'autre. On y a embusqué cette nuit de l'infanterie et de la cavalerie. Leur patrouille eût été infailliblement prise sans l'imprudence d'un tirailleur qui s'est trop pressé de tirer. Le bruit nous a fait découvrir. On les a cependant chargés, tué 1 hussard de Blankenstein, blessé 3 autres et l'officier. Rien autre chose de nouveau dans mes postes. L'ennemi fait un grand rassemblement de voitures à Tournay. Je fais mon possible pour découvrir l'usage qu'il en veut faire. On y attend les Anglais et Hanovriens qui doivent remplacer les casquettes qui se dirigent sur Valenciennes. Bonjour, compte sur mon zèle et mon activité.

Ordre du général Vandamme. (Instruction pour le Commandant des troupes cantonnées à Eecke.)

Steenwoorde, 27 germinal (16 avril).

Lorsque le commandant sera informé que les troupes cantonnées à Boesschepe ou Godewaersvelde sont attaquées, il enverra sur-le-champ à leur secours sa compagnie de grenadiers et 300 hommes des plus instruits.

Si le poste du ci-devant château de Steenwoorde et Steenwoorde étaient attaqués, le commandant assemblerait sur-le-champ son bataillon et se rendrait avec toute sa troupe à Steenwoorde, où il recevrait de nouveaux ordres. Il aurait soin de faire filer ses bagages sur le pavé de Cassel.

Le commandant enverra tous les jours une découverte de 25 grenadiers, qui se portera un jour au château de Steenwoorde et l'autre à Godewaersvelde.

Le commandant enverra sur-le-champ un détachement de 150 hommes au ci-devant château de Steenwoorde, pour y relever un détachement du 16e régiment. Il fera relever ces 150 hommes tous les cinq jours.

Le général Bertin au général Moreau.

Bailleul, 27 germinal (16 avril).

Le poste du Mont-Noir n'était pas en sûreté depuis quelques jours. L'ennemi avait fait de nouveaux retranchements tout près de ces postes, et tous les jours au matin des paysans en grand nombre venaient nous insulter. J'ai pris hier à midi les grenadiers, un bataillon et 250 soldats avec des pelles et des pioches, pour abattre tous leurs retranchements de Lokert et Westoutre. J'ai réussi bien au delà de mes espérances.

L'ennemi, poursuivi à l'Abeele, à Reningelst et jusqu'au pied de

Dickebusch et de Kemmel, nous a laissé le temps d'abattre les retranchements du Mont-Aigu et beaucoup d'autres qui étaient entre le Mont-Rouge et ce dernier mont, Westoutre et Reningelst. J'ai voulu faire brûler le moulin du Mont-Aigu, qui servait à l'ennemi pour faire des signaux. Ce moulin, d'où on pouvait découvrir presque tous nos avant-postes, tournait dans les attaques toutes les fois que nous avancions et s'arrêtait aussitôt que nous battions en retraite.....

On apporte beaucoup de fusils qu'on leur a pris hier. L'ennemi peut avoir perdu 30 hommes hier et autant de blessés; nous leur en aurions tué bien davantage, mais ils ont trop bonne jambe; ils nous ont montré trop tôt leurs talons. Nous n'avons eu que 3 blessés par l'ennemi et 1 par accident.

CHAPITRE II

La marche sur Menin et Courtrai (1er au 8 floréal an II)

Rapport généra

Désignation des corps.		Officiers présents.	Sous-officiers et so… Force d'hier.	Remplac. Soldats rentrés au corps.	Perte. Morts ou désertés.	Force d'aujourd'hui.	Détachés.	s…
Camp de Pont-à-Marque, aux ordres du général Osten. Quartier général à Pont-à-Marque. *Aide de camp :* Renard. *Adjudant général :* Bonneville. *Adjoints :* Salomon, Varlet.	1er bataillon d'Eure-et-Loir	27	1,081	»	»	1,081	46	
	8e de la Meurthe	30	1,085	»	1	1,084	10	
	2e du 90e régiment	25	1,044	»	»	1,044	110	
	1er du 90e régiment	30	1,051	»	»	1,051	53	
	Dét. du 27e de la réserve	15	595	1	»	596	»	
	1er de Valenciennes	23	1,046	»	»	1,046	226	
	5e des chasseurs à pied	27	1,058	10	»	1,068	10	
	Un bataillon du 25e régiment	22	1,022	»	»	1,022	31	
	6e régiment de hussards	6	106	»	»	106	»	
	13e des chasseurs à cheval	21	327	»	»	327	124	
	14e des chasseurs à cheval	11	239	»	»	239	»	
	25e rég. de cavalerie, détacht.	4	91	»	»	91	»	
	Détachement des douanes	2	58	»	»	58	»	
	27e cie d'artillerie légère	1	27	»	»	27	»	
	6e rég. d'artillerie, détacht	5	83	»	»	83	»	
	11e cie d'artillerie de la Seine-Inférieure	3	58	»	»	58	24	
	9e rég. d'artillerie, détacht	»	9	»	»	9	»	
	Cie du 8e bataillon de Paris	1	21	»	»	21	»	
		253	9,001	11	1	9,011	634	
Division cantonnée sur la Lys, aux environs de Lille, sous les ordres du général Souham. Quartier général à Marque-en-Barœuil. *Généraux de brigade :* Macdonald, Dumonceau, Daendels. *Aides de camp :* Marescot, Doussaud, Blessimard, Vichery, Mulle. *Adjudants généraux :* Duverger, chef de brigade, Reynier, chef de brigade, Dazémar, Métrot, Van Boecop.	5e bataillon de l'Aisne	27	1,021	»	»	1,021	102	
	1er du 2e régiment	28	1,029	»	»	1,029	66	
	5e de la Côte-d'Or	26	1,025	»	»	1,025	58	
	10e des volontaires nationaux	25	1,037	»	»	1,037	21	
	2e du 12e régiment	42	1,054	»	»	1,054	40	
	3e de la Somme	23	1,032	»	»	1,032	21	
	1er de l'Allier	30	1,059	»	2	1,057	44	
	2e de la Manche	28	1,036	»	»	1,036	21	
	7e du Pas-de-Calais	29	1,048	1	»	1,049	43	
	10e du Calvados	31	1,094	»	»	1,094	51	
	1er des tirailleurs	113	1,027	»	»	1,027	»	
	1er rég. de cavalerie	28	511	»	»	511	10	
	5e des chasseurs à cheval	34	448	44	»	492	50	
	11e cie d'artillerie légère	4	91	»	»	91	»	
	Cie can. de la Franciade	3	58	»	»	58	»	
	Id.	2	38	»	»	38	»	
	8e d'artillerie, détachement	»	17	»	»	17	»	
	Cie d'artillerie de Vermandois	1	21	»	»	21	»	
	2e du Pas-de-Calais	34	1,030	1	»	1,031	35	
	A reporter	508	13,676	46	2	13,720	562	1

réal an II.

UTE ARME.								CHEVAUX			
ECTIF.											
En prison.	Présents sous les armes.	Manque au complet.	Canonniers attachés aux bataillons.	Domestiques d'officiers.	Charretiers.	Vivandiers.	Femmes de soldats.	de troupe ou d'artillerie.	d'officiers ou d'équipages.	Manque au complet.	OBSERVATIONS.
2	941		23	5	10	2	6	20	2		Mérignies, Rupilly, le Camp.
1	994		21	2	9	2	5	16	10		Pont-à-Marque.
2	885		25	4	15	4	4	37	4		Camp de Mons-en-Pesvele.
»	863		»	3	11	»	4	15	3		Château d'Aigremont.
2	578		18	»	5	»	2	12	»		Seclin.
4	602		18	1	15	4	4	26	3		Camp de Mons-en-Pesvele.
7	974		»	2	2	»	»	4	4		Pont-à-Marque, Rupilly, Fretain, Bersée.
11	869		31	7	12	2	4	25	4		Seclin.
»	106		»	5	»	»	»	106	7		Pont-à-Marque, Croquet.
»	203		»	13	3	»	»	290	39		Château d'Aigremont, Bersée.
»	239		»	4	2	»	»	208	10		Fretain.
6	85		»	1	1	3	»	74	4		Ponthibault.
»	56		»	»	»	»	»	14	2		Marlinsart.
»	27		»	»	20	»	»	57	»		
»	83		»	»	12	1	1	39	2		Pont-à-Marque.
»	34		»	»	18	1	»	35	1		
»	9		»	»	»	»	»	»	»		Camp de Mons-en-Pesvele.
»	21		»	»	5	»	»	8	»		Pont-à-Marque.
35	7,569		136	47	140	19	30	986	95		
10	826		27	3	10	1	4	18	2		
22	838		29	4	15	1	4	30	6		
20	844		27	3	12	1	4	23	2		
»	873		24	»	10	2	2	18	8		
1	929		24	2	12	2	2	18	11		Camp de Flers.
»	872		25	5	9	2	2	18	6		
»	911		27	4	12	2	4	18	11		
»	901		25	2	12	2	4	18	9		
»	901		25	1	14	3	1	28	8		
1	987		47	»	11	4	4	22	5		Hellemmes.
»	925		»	4	4	1	6	»	23		Lamponpont, Pont-à-Brück.
1	483		»	10	4	»	4	485	42		Five, Hellemmes, Flers.
»	362		»	10	»	2	2	362	45		
»	91		»	»	80	»	»	63	143		Mons-en-Barœuil.
»	58		»	»	24	1	»	46	3		Redoutes de Five.
»	38		»	»	41	»	»	82	»		Sous le camp de Flers.
»	17		»	»	»	1	1	»	»		Redoutes de Five.
»	21		»	»	4	»	»	8	»		Pont-à Brück.
»	904		33	3	11	4	4	21	6		Camp de Marque.
55	11,781		313	51	285	29	48	1,278	330		

	DÉSIGNATION DES CORPS.	Officiers présents.	SOUS-OFFICIERS ET S[OLDATS]				
			Force d'hier.	Rem-plac. Soldats rentrés au corps.	Perte. Morts ou désertés.	Force d'aujourd'hui.	Détachés.
	Report	508	13,676	46	2	13,720	562
DIVISION CANTONNÉE SUR LA LYS, aux environs de Lille, sous les ordres du général SOUHAM (*Suite*). *Adjoints :* MARLIANI, MILLET, AUSSET, LA BOISSEILLE, FALCK, SARRUT, ROUSSEAU, LACROIX, VAN MERLEN, PLAICHARD, HESPE, GUILLARD.	1er du 12e régiment	27	989	1	»	990	56
	3e du Calvados	26	994	»	2	992	25
	1er du Pas-de-Calais	19	1,036	»	»	1,036	32
	1er du 14e régiment	19	1,040	»	»	1,040	30
	11e des fédérés	28	1,044	»	»	1,044	16
	2e de la 30e division de gendarmerie	21	339	»	»	339	31
	1er bat. id.	19	342	»	»	342	34
	9e rég. de hussards	6	129	»	»	129	5
	19e rég. de cavalerie	21	350	»	»	350	»
	Id. détachement	6	115	»	1	314	»
	29e cie d'artillerie légère	4	86	»	»	86	»
	Compagnie d'artillerie	4	63	»	»	63	»
	Préposés aux douanes à cheval	1	10	»	»	10	»
	Préposés aux douanes à pied	2	90	»	»	90	»
	1er bat. des troupes légères	27	1,042	»	»	1,042	15
	2e bat. des troupes légères	26	1,033	»	16	1,017	9
	3e bat. des troupes légères	26	1,021	»	»	1,021	8
	14e des fédérés	24	975	»	»	975	23
	1er du 15e régiment	23	1,075	»	2	1,073	26
	4e de la Sarthe	27	1,037	»	»	1,037	13
	1er des Lombards	32	1,082	»	1	1,081	31
	11e des volontaires nationaux	27	1,078	»	»	1,078	15
	16e des volontaires nationaux	26	1,053	»	»	1,053	46
	20e rég. de cavalerie	22	457	»	3	454	»
	Parc d'artillerie	6	114	»	»	114	»
	31e division de gendarmerie	38	660	»	»	660	42
	Détachement du 20e de cavalerie	7	139	»	»	139	»
	1er bat. de l'Égalité	23	1,035	»	4	1,031	26
	7e du Nord	30	1,088	2	2	1,088	48
	2e de l'Yonne	27	1,087	»	»	1,087	52
	Détachement du 19e de cavalerie	1	30	»	»	30	16
	Canonniers du 4e de l'Yonne	4	81	»	»	81	»
	Détachement du 6e d'artillerie	1	15	»	»	15	»
	Parc d'artillerie	39	839	»	»	839	»
		1,147	35,244	49	33	35,260	1,161

…UTE ARME.								CHEVAUX			
…ECTIF.											
En prison.	Présents sous les armes.	Manque au complet.	Canonniers attachés aux bataillons.	Domestiques d'officiers.	Charretiers.	Vivandiers.	Femmes de soldats.	de troupe ou d'artillerie.	d'officiers ou d'équipages.	Manque au complet.	OBSERVATIONS.
55	11,781		313	51	285	29	48	1,278	330		
»	851		30	3	11	4	4	22	5		Mouvaux.
6	874		29	»	9	4	4	17	4		
»	853		25	3	37	4	4	18	56		Camp de Marque.
»	870		25	3	37	4	4	18	56		
1	941		24	2	7	2	6	18	10		
1	290		19	3	12	2	4	27	4		Bondues.
2	254		25	8	13	»	6	18	14		Wasquehal.
»	106		»	2	»	1	1	91	8		Bondues.
»	350		»	»	»	»	»	353	44		Camp de Marque.
»	114		»	»	»	»	»	109	8		Wasquehal.
»	86		»	»	55	»	»	152	7		Marque.
»	63		»	»	51	»	»	76	5		Pont-à-Marque.
»	10		»	»	»	»	»	10	1		Marque.
»	90		»	»	»	»	»	»	»		Mouvaux.
»	958		»	6	4	2	4	4	8		Linselles.
10	910		»	4	4	2	4	4	4		Le Blaton.
5	950		»	1	4	2	4	4	11		Commines.
6	839		37	2	11	2	6	18	9		
4	872		37	7	11	2	3	19	10		
5	905		35	2	11	2	4	18	7		
3	997		41	3	9	1	3	18	8		Camp de Commines.
»	957		22	4	11	2	3	18	10		
4	945		40	3	12	»	3	18	7		
5	414		»	5	»	»	1	394	40		
»	114		»	»	»	»	»	111	76		Commines.
11	507		93	6	21	4	10	36	10		
»	139		»	»	»	»	»	124	9		Linselles.
6	814		39	»	8	1	4	16	7		Wervicke.
»	920		43	»	10	2	4	16	8		Les Écluses.
»	986		18	8	11	2	4	16	8		
»	14		»	»	»	»	»	30	1		Armentières.
»	81		»	»	»	»	»	»	»		
»	15		»	»	17	»	»	29	1		Le Pont-Rouge.
»	839		»	»	398	»	»	759	»		Lille.
24	30,709		895	(1) 116	(2) 757	74	138	3,859	(3) 786		(1) Lire 126. (2) Lire 1,059. (3) Lire 686.

DÉSIGNATION DES CORPS.		Officiers présents.	SOUS-OFFICIERS ET S				
				Remplac.	Perte.		
			Force d'hier.	Soldats rentrés au corps.	Morts ou désertés.	Force d'aujourd'hui.	Détachés.
DIVISION AUX ENVIRONS DE CASSEL, aux ordres du général MOREAU. Quartier général à Cassel. *Généraux de brigade :* VANDAMME, BERTIN. *Aides de camp :* GOBRECHT, GILLES. *Adjudants généraux :* LACOUR, SCHINER, SÉRON, WATRIN. *Adjoints :* BAUDOT, VALLET, SERON, BAYLE, WATRIN.	1er bataillon de l'Aisne	23	1,059	2	»	1,061	44
	2e des Basses-Alpes	25	1,053	»	»	1,053	»
	2e du 81e régiment	26	1,048	1	»	1,049	24
	3e des fédérés	23	1,045	»	»	1,045	25
	2e du 19e régiment	27	1,042	»	»	1,042	31
	3e des chasseurs francs	23	1,043	»	»	1,043	2
	3e des tirailleurs	125	1,053	»	»	1,053	»
	Dét. du 6e d'artillerie	1	13	»	»	13	»
	Dét. du 19e de cavalerie	1	28	»	»	28	9
	Dét. du 19e chasseurs	1	35	»	»	35	9
	14e d'infanterie légère	23	1,105	»	»	1,105	58
	9e de Paris	24	804	»	»	804	46
	2e de l'Ille-et-Vilaine	23	714	»	»	714	22
	1er du 16e régiment	27	1,075	»	»	1,075	14
	Dét. du 21e de cavalerie	2	33	»	»	33	»
	Dét. du 1er d'artillerie	»	23	»	»	23	»
	Chasseurs de Cassel	22	1,069	»	»	1,069	25
	1er du Calvados	24	1,050	»	»	1,050	25
	Chasseurs tirailleurs	23	554	»	»	554	»
	3e des chasseurs belges	97	968	»	»	968	30
	2e du 1er régiment	27	778	»	»	778	72
	2e du 24e régiment	24	1,040	»	»	1,040	45
	1er de l'Ille-et-Vilaine	19	706	»	»	706	123
	Gendarmes	1	27	»	»	27	»
	Détachement du 3e dragons	»	15	»	»	15	»
	Parc d'artillerie	12	180	»	»	180	29
		623	17,560	3	»	17,563	633
DIVISION AUX ENVIRONS DE DUNKERQUE, aux ordres du général MICHAUD. Quartier général à Rosendal. *Généraux de brigade :* ALMAIN, VARÉ, GOUGELOT, DESENFANS.	2e du 3e régiment	22	859	»	1	858	137
	1er d'Indre-et-Loire	23	818	»	»	818	94
	2e d'Indre-et-Loire	24	973	»	3	970	85
	6e de la Seine-Inférieure	22	1,067	»	»	1,067	19
	Dét. du 21e de cavalerie	3	100	»	»	100	69
	1er du 22e régiment	26	1,021	1	2	1,020	14
	6e des fédérés	21	1,046	»	»	1,046	23
	Dét. du 1er régiment d'infanterie	»	13	»	»	13	»
	A reporter	141	5,897	1	6	5,892	441

…TE ARME.								CHEVAUX			
…CTIF.											
En prison.	Présents sous les armes.	Manque au complet.	Canonniers attachés aux bataillons.	Domestiques d'officiers.	Charretiers.	Vivandiers.	Femmes de soldats.	de troupe ou d'artillerie.	d'officiers ou d'équipages.	Manque au complet.	OBSERVATIONS.
»	1,016		24	4	14	2	3	18	4		Bailleul.
»	1,021		53	2	8	2	4	14	4		Meteren et Berten.
3	967		42	6	»	2	5	16	7		Bailleul.
2	938		33	1	12	2	4	18	5		Steenwerck.
3	933		32	7	3	1	6	4	15		Bailleul.
3	948		»	5	2	2	4	»	10		Mont Saint-Antoine.
4	1,015		»	»	4	2	8	»	31		Saint-Jean-Capelle.
»	13		»	»	9	»	»	16	1		Moulin de Lille.
»	19		»	»	»	»	»	28	1		Bailleul.
»	22		»	»	»	»	»	33	2		
1	945		»	7	1	2	6	»	7		Herzeele.
5	707		»	»	1	1	2	»	12		Houtkercke.
8	590		23	4	13	1	4	26	4		Steenwoorde.
1	833		»	»	11	1	5	18	»		
»	33		»	»	»	»	»	33	»		
»	23		»	»	»	»	»	12	»		
»	853		23	2	1	4	2	»	7		Caester.
»	934		»	3	10	2	4	2	»		Godewaersvelde.
»	526		27	3	1	2	3	»	7		Vinnezeele.
1	846		»	»	»	»	6	16	»		Boesschepe.
2	620		13	2	13	1	6	18	11		Eecke.
2	870		19	»	12	2	4	18	4		Bailleul.
»	480		33	2	9	3	1	22	3		
1	25		»	»	»	»	»	27	1		
»	15		»	»	»	»	»	15	»		
»	133		»	»	»	»	»	»	»		
…6	15,325		322	48	124	22 (1)	77	354	136		(1) Lire 32.
»	665		29	1	14	1	5	18	22		Leysele.
7	645		33	5	5	»	5	18	22		Hondtschoote.
2	823		28	5	13	2	3	18	14		Houthem.
4	902		37	3	11	»	4	17	8		Hondtschoote.
1	30		»	3	1	»	1	96	14		
4	916		18	7	10	2	4	15	14		Beveren.
5	937		31	4	11	2	2	18	8		Rousbrugghe.
»	13		»	»	6	»	»	18	»		
3	4,931		176	28	71	7	21	218	102		

DÉSIGNATION DES CORPS.		Officiers présents.	SOUS-OFFICIERS ET				
				Remplac.	Perte.		
			Force d'hier.	Soldats rentrés au corps.	Morts ou désertés.	Force d'aujourd'hui.	Détachés.
	Report	141	5,897	1	6	5,892	441
DIVISION AUX ENVIRONS DE DUNKERQUE, aux ordres du général MICHAUD (*Suite*). *Aides de camp.* — On ignore les noms des officiers attachés à cet état-major, n'étant point portés dans l'état de situation.	4e de Seine-et-Oise	28	952	»	»	952	89
	2e du 22e régiment	29	1,057	»	»	1,057	102
	5e de Rhône-et-Loire	24	929	»	»	929	119
	Dét. du 21e de cavalerie	»	15	»	»	15	»
	21e régiment de chasseurs à cheval	18	469	»	»	469	50
	1er bataillon du Finistère	30	1,092	»	»	1,092	29
	9e du Pas-de-Calais	31	795	»	»	795	47
	3e de l'Oise	25	1,067	»	»	1,067	55
	8e de Soissons	27	1,056	»	»	1,056	67
	1er de la Marne	25	1,032	»	»	1,032	119
	3e de la Marne	27	965	»	»	965	66
	2e du 45e régiment	30	960	»	»	960	46
	Détachement du 3e d'artillerie	8	131	»	»	131	»
	Détachement du 6e d'artillerie	3	69	»	»	69	»
		446	16,486	1	6	16,481	1,230
Général de division : ÉBLÉ.	Canonniers de différents régiments attachés au parc d'artillerie	46	954	»	»	954	»
	Grenadiers du 1er bataillon de la Moselle	3	75	»	»	75	»
		49	1,029	»	»	1,029	»
Chef de bataillon : BONNARD.	Canonniers du parc	20	631	»	»	631	382
	4e compagnie du 17e bataillon de fédérés	11	428	»	»	428	9
	5e bataillon de la Meurthe	32	1,069	»	»	1,069	22
	Détachement du 19e chasseurs	2	40	»	»	40	»
		65	2,168	»	»	2,168	413

…TE ARME. …TIF. …en prison.	Présents sous les armes.	Manque au complet.	Canonniers attachés aux bataillons.	Domestiques d'officiers.	Charretiers.	Vivandiers.	Femmes de soldats.	CHEVAUX de troupe ou d'artillerie.	CHEVAUX d'officiers ou d'équipages.	Manque au complet.	OBSERVATIONS.
3	4,931		176	28	71	7	21	218	102		
2	754		21	2	11	2	4	19	10		Les Cinq-Chemins.
6	821		16	5	9	1	5	13	10		Bambecke.
3	666		42	1	11	3	3	16	14		Rexpoëde.
»	15		»	»	»	»	»	15	»		
4	280		»	»	»	»	»	255	»		Dunkerque.
1	983		29	3	9	1	5	17	54		
5	631		40	2	»	2	4	»	7		Camp.
»	946		35	»	12	3	4	18	6		Gyvelde, Zuytcoote.
4	859		34	»	12	2	4	18	5		Dunkerque.
3	771		23	3	10	3	6	18	7		Au camp.
»	850		22	7	12	1	5	18	6		Gyvelde.
»	790		18	9	»	»	6	»	9		Dunkerque.
»	131		»	»	»	»	»	»	»		
»	69		»	»	»	»	»	»	»		
1	13,497		456	60	157	25	70	625	230		
»	954		»	»	»	»	»	1,275	»		Grand parc d'artillerie à La Fère.
»	75		»	»	»	»	»	»	»		
»	1,029		»	»	»	»	»	1,275	»		
1	176		»	»	»	»	»	»	»		Réunion-sur-Oise.
»	346		»	»	»	»	»	»	»		
»	967		»	3	2	2	6	»	10		
»	40		»	»	»	»	»	46	»		
[illegible]	1,529		»	3	2	2	6	46	10		

DÉSIGNATION DES CORPS.		Officiers présents.	SOUS-OFFICIERS ET				
			Force d'hier.	Rem-plac. Soldats rentrés au corps.	Perte. Morts ou désertés.	Force d'aujourd'hui.	Détachés.
RÉC							
Généraux divisionnaires :	MULLER	239	8,511	5	5	8,511	2
	DESPEAUX	233	8,498	3	»	8,501	18
	DESJARDIN	483	17,931	6	9	17,928	1,15
	FROMENTIN	532	18,60[illegible]	»	»	18,609	54
	BALLAND	404	15,543	16	2	15,557	28
	GOGUET	410	13,164	155	2	13,317	47
	PIERQUIN	338	9,692	»	»	9,692	42
	OSTEN	253	9,001	11	1	9,011	63
	SOUHAM	1,147	35,244	49	33	35,260	1,16
	MOREAU	623	17,560	3	»	17,563	63
	MICHAUD	446	16,486	1	6	16,481	1,23
	ÉBLÉ	49	1,029	»	»	1,029	»
Chef de bataillon d'artillerie, BONNARD		83	3,231	»	»	3,231	66
23e régiment de chasseurs à cheval		6	158	»	»	158	8
Gendarmerie nationale		5	74	»	»	74	»
Guides de l'armée		2	16	»	»	16	»
		5,283(5)	174,747	249	58	174,938	7,69

É

Général en chef	PICHEGRU.
Officiers généraux	FERRAND, général de division.
Général chef de l'état-major	LIÉBERT.
Aides de camp	ABBATUCCI, DOUMÈRE, CHOMETTE, GAUME, VIGIER, GUDIN, DELELÉE.

TOUTE ARME.									CHEVAUX			
EFFECTIF.												
En prison.	Présents sous les armes.	Manque au complet.	Canonniers attachés aux bataillons.	Domestiques d'officiers.	Charretiers.	Vivandiers.	Femmes de soldats.	de troupe ou d'artillerie.	d'officiers ou d'équipages.	Manque au complet.	OBSERVATIONS.

TION.

En prison.	Présents sous les armes.	Manque au complet.	Canonniers attachés aux bataillons.	Domestiques d'officiers.	Charretiers.	Vivandiers.	Femmes de soldats.	Chevaux de troupe ou d'artillerie.	Chevaux d'officiers ou d'équipages.	Manque au complet.	OBSERVATIONS.
2	6,795		207	17	66	10	26	215	60		
11	6,999		252	37	147	18	30	257	78		
89	14,308		348	58	330	13	54	1,376	439		
88	15,719		475	105	422	47	63	2,297	405		
25	12,701		340	70	301	21	62	2,564	311		
108	11,282		223	46	270	19	50	2,517	288		
19	8,569		190	35	179	19	36	1,420	347		
35	7,569		136	47	140	19	30	986	95		
124	30,709		895	116(1)	757(2)	74	138	3,859	786 (3)		(1) Lire 126. (2) Lire 1,059. (3) Lire 686. (4) Lire 32. (5) Lire 5,253. (6) Lire 656. (7) Lire 3,200. (8) Lire 299. (9) Lire 654. (10) Lire 17,941. (11) Lire 3,103.
36	15,325		322	48	121	22(4)	77	354	136		
71	13,497		456	60	157	25	70	625	230		
»	1,029		»	»	»	»	»	1,275	»		
1	2,284		»	3	2	2	16	46	10		
2	66		»	»	3	»	2	66	8		
»	69		»	3	»	»	»	68	7		
»	16		»	1	»	»	»	16	3		
611	146,937		3,814	616(6)	2,908(7)	189(8)	644(9)	16,841(10)	3,203(11)		

général.

dants généraux	FORGUES, NIVET, LAUTOUR, SAUVIAC (chefs de brigade); CROUZAT, Xavier DONZELOT, DÉPLANQUES, BARBOU (chefs de bataillon).
ints aux adjudants généraux.....	Marcotte FORCEVILLE, MALHERBE, Joseph DONZELOT, DURAND, COLIGNON, DUVERNET, CONCHY, GUILLEMINOT, MARCHANT.

Le général Pichegru au général Moreau.

Lille, 30 germinal (19 avril).

Je t'invite, citoyen général, à te rendre sur-le-champ ici, pour nous concerter sur des mesures relatives au bien du service.

P.-S. — Je ne te fais pas de compliment sur ton nouveau grade. Je te témoigne seulement ma satisfaction sur la justice que l'on t'a rendue. Empresse-toi de venir ici. Je t'y attends, ainsi que Souham, pour l'expédition projetée.

Le général Pichegru au Comité de Salut public.

Lille, 2 floréal (21 avril).

Depuis les attaques du 28, citoyens Représentants, l'ennemi ne s'est point enfoncé dans la trouée, mais s'est jeté sur sa gauche jusqu'à La Capelle, en sorte qu'il intercepte toutes les communications entre Landrecies et Maubeuge; la dernière de ces places communique pourtant encore avec moi, mais par le détour de Rocroi. Nos deux divisions qui étaient contre Le Cateau sont maintenant au camp retranché en avant de Réunion, ce qui rend la position de l'ennemi un peu hasardée. J'espère qu'il ne la tiendra pas longtemps. 20,000 hommes sont en marche pour le presser sur son flanc entre Courtrai et Bouchain, et couper la retraite à ce qui vient de s'avancer. Ce mouvement sera secondé par les divisions de Maubeuge, tandis que celles de Réunion attaqueront de front. J'envoie le général Ferrand pour diriger cette opération et y mettre l'ensemble et l'accord qui doivent en assurer le succès (1).

La division de Douai a fait le 29 une excellente opération sur les avant-postes de l'ennemi, de laquelle il est résulté environ 100 prisonniers, dont 6 officiers, 160 chevaux armés et équipés, beaucoup de bestiaux et autres effets.

Le général Souham au général Pichegru.

Marquette, 2 floréal (21 avril).

Lorsque nous nous vîmes hier, nous convînmes que tu tirerais de Dun-

(1) *De la main de Pichegru :* « Je vais faire ici une puissante diversion. J'espère mettre sous quatre jours cinquante et quelques mille hommes en marche pour se porter sur Ypres, Menin et Courtrai. »

kerque et arrondissement, toutes les troupes qui n'y seraient pas absolument nécessaires, et que tu les ferais porter de ce côté-ci. Le 2e bataillon de tirailleurs ci-devant belge, qui travaillait à Dunkerque, est actuellement à Bergues et complètement armé. Comme ce bataillon a déjà été dans ce pays et s'est battu dans les mêmes endroits où nous devrons rencontrer l'ennemi, il y serait très nécessaire, d'autant plus que nous n'avons pas beaucoup d'infanterie légère instruite.

Je te prie donc de lui donner ordre de revenir à Lille, d'où je le placerai aux avant-postes, en attendant le moment de l'attaque.

Je t'ai déjà dit que nous sommes bien faibles en cavalerie et que le 6e régiment de dragons, qu'on nous a ôté, nous serait bien nécessaire. Je te le demande encore.

Le général Pichegru au général Moreau.

Lille, 3 floréal (22 avril).

Il est ordonné au général de division Moreau, commandant Cassel et arrondissement, d'envoyer le 6 floréal la brigade de Bailleul à Lille, où elle sera aux ordres du commandant de division Souham, et de partir le même jour à la tête de tout le reste de sa division pour l'exécution du plan arrêté au conseil le 3 du même mois, dont les dispositions ont été concertées avec lui.

Le général Liébert au général Michaud (1).

Lille, 3 floréal (22 avril).

Le général en chef me charge, général, de te donner l'ordre de faire partir, sous le commandement du général Desenfans, les 8,000 hommes pour lesquels tu as été prévenu hier. Tu les dirigeras sur Rousbrugghe, de manière qu'ils y arrivent le 5 au soir et qu'ils puissent agir le 6 de grand matin.

P.-S. — Je te préviens que tu dois faire partir la totalité de ta cavalerie à l'exception de ce qui t'est nécessaire pour les ordonnances. Je crois inutile de te dire que le général Desenfans sera sous les ordres du général de division Moreau.

---

(1) Lettre partie par un courrier le 3 floréal, à 2 h. 30 du soir.

Le général Michaud au général Moreau.

Bergues, 4 floréal (23 avril), 8 h. 30. Très, très pressée.

Il paraît, général, que le nouvel ordre que tu as fait passer au général Desenfans, et que je ne connais pas, contrarie les dispositions contenues dans l'ordre du général Liébert.

La colonne du général Desenfans devait marcher par Rexpoëde, et j'avais donné mes ordres en conséquence aux bataillons qui se trouvent cantonnés de ce côté, de manière qu'ils se seraient joints à cette colonne lors de son passage ou bien à un point indiqué pour le rassemblement sur cette route.

L'adjudant général Bruyant vient de m'adresser copie de l'ordre à établir entre les différents bataillons et le rang projeté que tiendront les demi-brigades. Il indique le point de rassemblement sur la chaussée au sortir de la porte de Bergues à Cassel, ce qui paraît démontrer que la colonne prendra sa route par Wormhout.

Dans ce cas, les ordres donnés aux bataillons qui doivent en faire partie et qui se trouvent encore dans les cantonnements de Rousbrugghe, Hondtschoote, etc., doivent être changés.

Je ne le ferai cependant que lorsque j'aurai appris, par ta réponse, que ma conjecture est vraie, et que ces bataillons, en se rendant demain matin à Bergues, ne feront pas une marche inutile.

L'adjudant général Durutte parcourt en ce moment toute la ligne en avant de nous, depuis les Moeres jusqu'à Rousbrugghe. Il donnera les ordres nécessaires pour que l'ennemi ne puisse pas s'apercevoir que nos forces sont affaiblies.

Le général Souham au Commandant du parc d'artillerie.

Marquette, 5 floréal (24 avril).

J'ai été bien surpris, citoyen, d'apprendre qu'il n'y a au parc que douze pontons tandis que je pensais qu'il y en avait neuf de plus, comme il avait été convenu, il y a quelque temps, avec le citoyen Niger. Il devait les envoyer chercher à Douai. Comme ces pontons pourraient nous être très nécessaires, tu voudras bien les envoyer chercher sur-le-champ à Douai, et donner ordre qu'on soit de retour demain soir au plus tard. Envoie-moi un état de toutes les pièces, caissons et voitures qui composent le parc d'artillerie.

Tu dois te préparer à faire sortir le parc demain, et à le faire camper à la Madeleine.

Le général Souham au Commissaire ordonnateur de l'armée.

Marquette, 5 floréal (24 avril).

Tu voudras bien, citoyen, donner des ordres pour que demain on fasse, à toutes les troupes de cette division, une distribution de pain et de viande pour quatre jours.

Prends aussi des mesures pour qu'il y ait des vivres et un équipage de vivres prêt pour en conduire autant à l'armée dans trois ou quatre jours.

La division d'ambulance que je t'ai demandée hier pour la brigade commandée par le général Macdonald, lui doit être envoyée quoiqu'il en ait déjà une.

Le Commissaire des guerres Marescot au général Moreau.

Cassel, 6 floréal (25 avril).

Je suis autant surpris que vous, citoyen général, que les 25 voitures qui devaient accompagner l'ambulance ne l'aient pas fait. Vous devez vous rappeler que c'est à moi que vous avez donné l'ordre pour l'ambulance; j'ai, en conséquence, motivé le mien sur le vôtre en la faisant partir. Rioult a reçu de vous celui relatif aux 25 chariots dont est question; c'est à lui de remédier à cet inconvénient.

Conformément à vos désirs motivés dans la lettre que vous avez bien voulu adresser au commissaire des guerres de Cassel, et dont je viens de prendre lecture, je vais faire partir pour Armentières 55,000 rations de pain restées ici. Vous pourrez en disposer demain à 7 heures du matin au plus tard. J'envoie le citoyen Mille, préposé aux distributions, pour les escorter; je le charge d'y attendre vos ordres. J'écris en même temps au citoyen Margaine, sous-inspecteur, qui doit se trouver près de vous, pour le prévenir de cette arrivée et disposer du pain suivant vos intentions.

Je vous préviens que je garde ici 15,000 rations qui seront prêtes à la demande qui pourrait m'être faite pour la ligne depuis Rousbrugghe jusqu'à Ekelsbecke. Resté à Cassel, je ne dois que prendre des mesures pour l'approvisionnement; je le fais et vous pouvez être assuré que je ne négligerai rien.

En réfléchissant sur la marche que sont obligés de faire les caissons qui vous porteront le pain depuis Saint-Omer jusqu'à Armentières (distance de 11 lieues), je me crois en devoir, citoyen général, de vous demander s'il ne serait pas plus à propos de prendre à Lille une partie du pain nécessaire à la colonne qui se trouve dans ce parage; alors ils n'auraient plus que 3 lieues et une grande route. Cette différence apporterait de grands avantages. J'attendrai votre décision à cet égard.

Pour me mettre plus à portée de satisfaire à tous les points de service, je vous prie de vouloir bien me faire parvenir l'état de la situation effective des troupes et des différents emplacements qu'elles occupent. A ce moyen, je tiendrai prêtes et les subsistances et les voitures, pour les porter où le besoin l'exigera.

Pour avant-courrier de vos conquêtes, il est déjà entré dans la place 26 prisonniers, dont un officier. Le commandant temporaire les a fait mettre aux prisons. Il me prie de vous demander si vos intentions sont qu'il les fasse conduire de suite dans l'intérieur ou qu'il en attende un plus grand nombre. Il attend votre réponse sur ce point et moi sur les autres.

Le général Pichegru à Pille, adjoint à la Commission de l'organisation et du mouvement des armées.

Lille, 6 floréal (25 avril).

Les 20,000 hommes qui occupaient une position en avant de Cambrai et Bouchain ont été attaqués hier par des forces supérieures et obligés de se retirer au camp de César, après toutefois avoir fait éprouver de grandes pertes à l'ennemi.

Le général Chapuy, qui les commande, m'informe que le 2e régiment de carabiniers a taillé en pièces le régiment de Latour et qu'un escadron du 6e régiment de hussards a également sabré 200 hussards hongrois; nous avons fait une soixantaine de prisonniers. Mais la lâcheté et la malveillance sont venues encore jeter le désordre et l'effroi dans une colonne d'infanterie qui se retirait vers Bouchain; déjà même elle était presque sous le canon de cette place, dans le meilleur ordre possible, lorsque des charretiers d'artillerie, lâches ou malveillants, sont venus se jeter au milieu d'elle en galopant et jetant des cris de frayeur, ce qui l'a entièrement débandée. Je viens de donner des ordres pour que ces charretiers soient recherchés et punis sous vingt-quatre heures. Déjà un sous-lieutenant du 1er bataillon de la 71e demi-brigade a été condamné et mis à mort le 4, pour avoir jeté l'épouvante dans les rangs, en criant : « Sauve qui peut ! » Comme ces exemples sont nécessaires pour contenir ceux qui voudraient imiter leur lâcheté, les jugements seront imprimés et distribués. Je ne puis encore te donner l'état de nos pertes, ne l'ayant pas reçu des généraux. Je viens de leur en renouveler la demande. Il est certain que nous avons perdu quelques armes et quelques pièces de canon, et qu'il y a eu quelques villages de brûlés, mais je n'ai point eu connaissance de compagnies jetées dans la Sambre, ni de bataillons cernés, à moins qu'on ait voulu parler d'un bataillon qui, après la prise d'Ors et de Catillon, s'est retiré sur Landrecies.

D'après les dépêches qui me sont parvenues hier, la communication d'Avesnes et Maubeuge est toujours libre, mais celle de Landrecies est interceptée et le camp retranché de cette place a été forcé, ce qui nécessite qu'on lui porte de prompts secours.

Je viens d'écrire au général Ferrand d'attaquer vigoureusement l'ennemi sur tous les points pendant que j'opérerai ici la diversion; la gauche a commencé son mouvement aujourd'hui, et demain les 50,000 hommes seront tous en marche sur Courtrai; j'espère que cela produira un bon effet.

Il serait bien nécessaire d'augmenter un peu les forces de l'armée des Ardennes qui, jusqu'ici, ne m'a été d'aucun secours, malgré les 16 bataillons que je lui ai envoyés et qui m'eussent été bien nécessaires dans ce moment-ci. J'ai donné ordre au général Charbonnié de rassembler ses forces sur la gauche de Vedette-Républicaine (Philippeville) pour se porter sur Beaumont et tâcher de faire jonction avec les divisions de Maubeuge. Si cette jonction s'opère et que Landrecies soit débarrassé, je me trouverai à même de porter des forces sur Mons et d'intercepter les communications de l'ennemi.

Le général Michaud au général Moreau.

Hondtschoote, 6 floréal (25 avril).

J'ignore, mon camarade, le résultat de tes opérations d'hier. Je n'ai pas reçu de nouvelles du général Desenfans. Voici de quelle manière j'ai exécuté les ordres du général en chef :

Hier, à 3 h. 30 du matin, trois bataillons se sont emparés de la position de Bulscamp. Une patrouille de 400 hommes du cantonnement de Gyvelde est entrée à Furnes, où les 100 hommes qui ont ordre de se retirer devant des forces supérieures sur Bulscamp ou sur Gyvelde (*sic*).

J'ai trois bataillons commandés par Almain dans la position que m'a indiquée le général en chef, entre le canal de Furnes et le canal de Loo et les deux petits ruisseaux de Steen-Graght et Cram-Graght.

Hier, à 3 heures du matin, j'ai fait avancer le 22e régiment d'infanterie sur la chapelle Saint-Éloy, sur la chaussée de Furnes, et lui ai fait attaquer Elsendamme et l'abbaye d'Eversam. Ces postes, qui étaient défendus par beaucoup de paysans soutenus des troupes de ligne, étaient inattaquables à cause de la rivière et des retranchements formidables qu'on y avait formés. Cependant j'ai cru qu'il était nécessaire, pour faciliter l'opération du général Desenfans, de repousser vivement cette masse de tirailleurs qui se trouvaient à Elsendamme, Westvleteren, Stavele, Crombeecke et l'Abeele.

Je me suis porté, moi-même, avec deux bataillons, au-dessus de Rousbrugghe. J'ai chassé de tous ces cantonnements nos ennemis, les uns après les autres, et j'ai été joindre le 1er bataillon du 22e d'infanterie à Elsendamme, où j'ai fait construire un pont de communication sur l'Yser. Je t'avoue que je ne m'attendais pas à trouver tant de résistance et villages fortifiés.

J'occupe en ce moment toute la chaussée de Furnes, depuis Elsendamme jusqu'à Bulscamp, avec trois bataillons.

L'ennemi, sortant de Loo, d'Alveringhem et La Fintelle, vient continuellement tirailler sur nos troupes. Pour éviter cette tiraillerie continuelle, je suis d'avis de m'emparer entièrement du canal de Loo. Mais, pour cela, il faut morceler mes postes. Alors j'occuperai seulement la petite rivière Cram-Graght et les villages de Oeren, Alveringhem, Pollynckhove et le poste de La Fintelle. J'abandonnerai entièrement Furnes.

Je te prie de me répondre sur-le-champ et de me donner ton avis. Tu te rappelles que le général en chef nous ordonne de nous concerter.

Je suis généralement très satisfait de nos troupes; j'ai à faire part au général en chef d'une multitude de traits de valeur, qui étonneraient s'ils n'étaient faits par des Républicains.

J'espère que tu voudras bien me faire part des événements qui ont eu lieu dans ta division; et je ne changerai aucunement mes dispositions auparavant ta réponse.

P.-S. — Le général Michaud a fait prévenir les communes environnantes sur le territoire ennemi qu'il ne sera fait aucun tort à toutes celles qui ne s'armeront pas contre les soldats de la République, mais qu'au contraire que celles qui prendraient les armes contre les défenseurs de la République seraient rigoureusement punies.

Le général Michaud tient toujours son quartier général à Bergues; et, si le tien est changé, il te prie de l'en prévenir (1).

---

(1) De la main du général Vandamme : *P.-S.* — « J'ai reçu, mon cher Moreau, cette lettre par ton adjoint Baudot. J'ai cru (devoir) la décacheter. Tu ne t'en fâcheras pas, j'en suis persuadé d'avance. Mais comme elle te regarde beaucoup, je te la fais passer. »

D. VANDAMME.

Le général Moreau au général Souham.

Dickebusch, 7 floréal (26 avril).

Nous avons réussi dans toutes nos attaques. Je serai ce soir à Commines. La division que je commande est forte d'environ 11,000 hommes d'infanterie et 200 hommes de cavalerie.

J'attends, ce soir, ou une instruction écrite ou un officier de ton état-major pour conférer de l'attaque de demain.

Mon parc d'artillerie est à Armentières depuis hier; je lui ai donné l'ordre d'arriver ce soir à Commines.

Nous avons une quarantaine de prisonniers, dont 1 officier.

Le général Souham au général Macdonald.

Au quartier général entre Aelbeke et Marcke, 7 floréal (26 avril), à 2 h. 30.

L'ennemi se retire devant nous et nous occupons déjà Marcke et Aelbeke et nous allons poursuivre jusqu'à Courtrai. Continue toujours et redouble de vivacité dans la marche que je t'ai ordonné de faire sur Rolleghem et Belleghem, et ensuite sur Courtrai. Garde toujours ta droite et aies soin de laisser une réserve sur la route de Tournay lorsque tu marcheras de Belleghem sur Courtrai.

Ce soir, je t'indiquerai la position que tu devras occuper la nuit.

Le général Thierry au général Souham.

Five, 7 floréal (26 avril).

Depuis ce matin, à 3 h. 30, j'ai mis le camp en mouvement. La demi-brigade de l'Allier, que j'ai fait conduire, est placée depuis Lannoy jusqu'à Templeuve. Vers les 5 heures, les deux premiers bataillons d'icelle, en arrivant à la hauteur du Pont-à-Tressin, ont fait le coup de fusil, et l'ennemi a rebroussé chemin.

Il est 1 h. 20, et tout est dans le plus grand calme. Le canon s'est fait entendre sur notre droite, mais infiniment plus fort sur notre gauche pendant toute la matinée, et le silence qui s'observe dans ce moment nous fait espérer que le succès de nos armes a eu lieu sur Menin.

Si, à la nuit, je n'ai point ordre contraire, je ferai rentrer toute la troupe dans ses camps et cantonnements pour répéter demain la même marche afin d'inquiéter l'ennemi.

Je t'ai écrit à la hâte ce matin. C'est pourquoi je rappelle par celle-ci ma marche générale.

Fais-moi le plaisir de me donner de tes nouvelles; tu m'obligeras.

Le général Bertin au général Souham.

Mouscron, 7 floréal (26 avril), 9 h. 30 soir.

Je t'ai déjà rendu compte que j'occupais la position indiquée à Mouscron. Je te fais passer les rapports des détachements que j'ai fait pousser du côté de Dottignies et Evregnies. L'ennemi s'est présenté et est venu jusqu'au moulin d'Herseaux et s'est ensuite retiré à Dottignies dans ses retranchements, où il est, dit-on, fort de 14 pièces de canons et 3,000 Hanovriens. Je ferai faire avant le jour des découvertes mêlées de cavalerie et d'infanterie. Je te prierai de me donner des nouvelles des colonnes de droite et de gauche. Il serait très essentiel que je connusse leur position. Le paysan venant de Dottignies m'a encore dit que les paysans étaient désarmés et que ceux qui avaient encore des armes étaient formés en corps de volontaires.

Extrait du Journal raisonné de la campagne de l'armée du Nord et particulièrement de la 1re division, depuis le 7 floréal an II, par l'adjudant général Reynier.

Les affaires qui ont eu lieu autour de Cambrai, de Landrecies, etc..., au commencement de la campagne, n'étaient que comme une suite des malheureuses opérations de la précédente année.

On n'en donnera que le petit aperçu suivant, pour mettre au fait de la position des armées à l'époque d'où nous datons l'ouverture de la campagne, qui est celle où la gauche de l'armée du Nord a marché sur Courtrai, et la droite, qui, depuis, a formé l'armée de Sambre-et-Meuse, a marché sur Charleroi et passé la Sambre.......

On manquait de voitures pour bien assurer le service des vivres et fourrages. On retira celles destinées à porter les effets de campement, et toute la campagne s'est faite sans tentes. Le soldat se fit des baraques en paille à chaque position. Ce système de baraquement a beaucoup contribué aux succès, en facilitant toutes les marches, mais les pays que l'armée a traversés en ont beaucoup souffert parce qu'on n'a pas toujours pu empêcher de prendre de la paille non battue.....

La 1re division de l'armée du Nord se mit en mouvement le 7 floréal, à 2 heures du matin, sur quatre colonnes, pour s'emparer de Courtrai et y prendre une position.

Celle de droite, servant de flanqueurs, était commandée par le général Jardon; elle se rassembla à Lamponpont, passa par Watrelos et Herseaux, d'où l'ennemi se retira à son arrivée. De là il fut à Loinge, Tombrouck, Belleghem, et près ce village à la route de Courtrai et

Tournay, où il se posta ainsi qu'à Belleghem et envoya des patrouilles sur Coeyghem et Dottignies.

2e colonne, brigade du général Macdonald, se rassembla au camp de Flers vers le château du Sart, passa par Pont-à-Brück, Wasquehal, Roubaix et Mont-à-Leux, où elle se déploya pour attaquer Mouscron, d'où l'ennemi se retira après un peu de résistance. Le général Macdonald continua sa marche sur le moulin Cornélis, le moulin d'Aelbeke, Rolleghem et Belleghem, et prit position sur les hauteurs entre Belleghem et Courtrai.

3e colonne, commandée par le citoyen Dehay, chef de la 27e demi-brigade, se rassembla à la Croix-Blanche et forma deux corps, dont un d'avant-garde commandé par le chef de brigade Dewinter, composé de la 30e division de gendarmes, le 1er bataillon d'infanterie légère et le 9e régiment de hussards, et le corps de bataille composé des 23e, 27e et 29e demi-brigades et le 19e régiment de cavalerie.

Ces troupes prirent le chemin du Dronquart, chassèrent un petit poste que l'ennemi avait au bureau du Dronquart, envoyèrent un parti par Neuville sur Risquons-Tout et les moulins de Castrel pour occuper les troupes que l'ennemi y avait, pendant que Dewinter marchait sur Aelbeke et Dehay continuait sa route par le chemin nommé du Dronquart, sur les moulins de Hooghe-Poorte, et que Macdonald forçait Mouscron. L'ennemi prévoyant ce mouvement, qui l'aurait coupé, se retira sans faire de résistance. Dewinter continua sa marche par Aelbeke sur Oudesmesse et le Pottelberg. Dehay traversa le village de Marcke après les grenadiers et gendarmes de la brigade de Daendels et se déploya sur la hauteur du Pottelberg. Dewinter, qui y arriva en même temps, se plaça du côté du faubourg de Tournay. On établit des batteries sur la hauteur du Pottelberg; l'ennemi en avait du côté de Bisseghem sur la rive gauche de la Lys et répondait avec trois pièces placées sur les buttes des moulins de Courtrai. Après avoir canonné pendant une demi-heure, on rassembla les grenadiers et gendarmes et on battit la charge.

L'ennemi retira ses pièces. On enfonça les portes dites de Lille et de Tournay, et on entra dans la ville. Il y avait encore quelques pelotons de Hanovriens sur la place ; une partie fut faite prisonnière avec deux pièces de canon.

La 27e demi-brigade entra à Courtrai avec un escadron du 19e régiment de cavalerie pour y tenir garnison. Dewinter plaça son avant-garde au faubourg de Tournay et sur les routes d'Audenarde et de Gand. Le reste de cette colonne bivouaqua sur le Pottelberg.

La 4e colonne, commandée par le général de brigade Daendels, composée de : 199e demi-brigade, 2e bataillon de l'Yonne, 21e des volontaires nationaux, 7e bataillon du Nord, 31e division de gendarmes, 3e bataillon demi-brigade d'infanterie légère, 20e régiment de cavalerie, se rassembla à Linselles, marcha par le Colbra-en-Roncq sur Halluin, d'où il chassa l'ennemi dans le même moment où Dehay arrivait au Dronquart. Le général Daendels laissa à Halluin, pour contenir la garnison de Menin, le 21e bataillon des volontaires nationaux et le 7e bataillon du Nord avec un escadron du 20e régiment de cavalerie et une pièce de 12, deux de 8 et deux obusiers, et continua sa route par Reckem, Lauwe et Marcke sur Courtrai.

Les grenadiers et gendarmes qui formaient l'avant-garde de cette colonne précédèrent, comme je l'ai dit, Dehay sur le Pottelberg (1); la 199e demi-brigade et le 20e régiment de cavalerie furent placés, le soir, entre le Pottelberg et Oudesmesse; le 2e bataillon de l'Yonne traversa Courtrai et fut placé avec un détachement de cavalerie en avant de la porte de Courtrai.

La brigade du général Bertin composée de : 1er bataillon de l'Aisne, 2e du 81e régiment, 2e bataillon des Basses-Alpes, 2e bataillon du 19e d'infanterie, 3e bataillon des tirailleurs, 3e bataillon des fédérés, 19e de cavalerie (200), 19e chasseurs (50), demi-compagnie d'artillerie légère, avait bivouaqué entre Wambrechies et Marquette. Elle se mit en marche à 3 heures du matin et forma la réserve dans cette marche. Elle passa par Pont-à-Marque, Marque, Mouvaux et Tourcoing.

Le général Bertin laissa 1,200 hommes à Tourcoing, envoya un poste à Watrelos et se porta par la Chapelle-Marlière sur Mouscron, après que la brigade du général Macdonald y eut passé. Il prit position entre Mouscron et les moulins de Castrel et occupa le premier village.

La brigade du général Bertin était par cette position destinée à couvrir la route de Lille à Courtrai.

La brigade du général Thierry, qui resta au camp de Flers, composée de la demi-brigade de l'Allier (2,710 h.), 10e du Calvados (980 h.), 8e des fédérés (900 h.), 3e des fédérés (900 h.), 3e bataillon franc (900 h.), 1er régiment de cavalerie (483 h.), deux pièces de 8, un obu-

---

(1) *Nota.* — Les 3e et 4e colonnes se croisèrent par trop de précipitation à marcher sur le Pottelberg, et contre les instructions du général Souham, qui n'arriva à ce point que lorsque le mouvement était commencé.

La 3e colonne devait passer des moulins de Hooghe-Poorte par Oudesmesse et le Pottelberg; la 4e aurait traversé seule Marcke.

Cette erreur fit tuer quelques chevaux et blesser des hommes parce que les chemins, depuis Marcke à Courtrai, étaient sous le feu d'une batterie que l'ennemi avait à Bisseghem.

sier d'artillerie légère, une pièce de 12, deux pièces de 8 et un obusier, fit une fausse attaque sur Baisieux et Templeuve afin d'occuper l'ennemi autour de Tournay pendant la marche sur Courtrai, et prit position le soir derrière Lannoy, en laissant des postes à Flers, Annappes et Hellemmes.

La brigade d'Osten, qui était à Pont-à-Marque, fit aussi une fausse attaque sur Orchic.

La 2e division de l'armée du Nord, général de division Moreau, marcha sur deux colonnes (brigade du général Vandamme et brigade du général Desenfans) et s'avança à Wytschaete pour contenir la garnison d'Ypres.

Des détachements de la garnison de Dunkerque s'emparèrent de Furnes et s'y établirent. D'autres détachements de la même garnison avaient remplacé, le 5, les postes que la 2e division avait à Rousbrugghe, Hondtschoote, etc. Ces derniers s'avancèrent sur les bords du canal de Loo et de l'Yser.

Le parc d'artillerie composé de trois pièces de 12, trois pièces de 8, deux obusiers, avec les caissons nécessaires et 400,000 cartouches d'infanterie, escorté par quatre compagnies du 2e bataillon de la demi-brigade d'infanterie légère, partit à 4 heures du matin, passa par Bondues, la Croix-Blanche, le Dronquart et le moulin et cabaret de Hooghe-Poorte, où il se plaça le soir.

Toute espèce de voitures d'équipage restèrent dans les anciennes positions.

On fit suivre chaque brigade, excepté celle du général Jardon, d'une division d'ambulance.....

Extrait du Précis des opérations de la brigade Macdonald, par le général Pamphile Lacroix.

..... L'armée n'était, pour ainsi dire, alors que de deux divisions, celle de Souham et celle de Moreau ; la première forte de plus de 35,000 hommes et la seconde de 20,000 à 25,000. Nous étions de celle de Souham et notre seule brigade comptait plus de 15,000 combattants.

Ces deux divisions se mirent en marche le 7 floréal, à 2 heures du matin. Le général Moreau se porta avec toutes ses troupes sur Menin ; il en forma le blocus.

Le général Souham marcha sur Courtrai par tous les chemins qu sont à la droite de la route de Lille à Menin. Nous tenions la droite de la division, et nous eûmes à forcer les hauteurs retranchées de Risquons-Tout. Après nous être assez longtemps canonnés, mon général fit longer sa brigade à droite pour tâcher de tourner l'ennemi. Il fit faire à gauche le même mouvement par l'avant-garde qu'il avait confiée à

Dazémar. J'étais avec le général. Nous eûmes beaucoup d'abatis à ranger, de coupures à fermer, d'obstacles à vaincre avant de pouvoir dépasser les ennemis. Arrivés sur leurs derrières, ils ne jugèrent pas à propos de nous attendre, se retirèrent, furent suivis, poussés avec vigueur jusque dans Courtrai par notre avant-garde et par les troupes des généraux Dumonceau et Dewinter. On leur prit trois canons et quelques prisonniers. Notre avant-garde resta dans la ville. La brigade prit position à Belleghem, son front vers Tournay. Nous perdîmes peu de monde dans nos attaques. J'ai, depuis, été bien étonné de la faiblesse du cordon des ennemis.

Le feu avait ravagé plusieurs maisons du village de Belleghem; en outre, quand nous y arrivâmes, il avait déjà été visité par notre avant-garde. Aussi eûmes-nous bien de la peine à y faire un mauvais souper que nous partageâmes avec trois officiers hanovriens pris dans Courtrai.....

Le général Souham au général Daendels.

Courtrai, 8 floréal (27 avril).

Le général de brigade Daendels fera bivouaquer les troupes suivantes, en avant et vers la route d'Halluin : 29e demi-brigade, 11e bataillon de volontaires nationaux, bataillon des Lombards, 16e bataillon de volontaires nationaux ainsi que 20e régiment de cavalerie.

Il placera en avant de la porte de Bruges et sur la route du village de Cuerne : le 2e bataillon de l'Yonne, la 31e division de gendarmerie, les grenadiers qu'il a tirés de ses bataillons avec les cavaliers du 20e régiment qu'il a jugé nécessaires.

Le général de brigade ordonnera d'envoyer des détachements au pont de Cuerne et à Heule, et commandera de fortes patrouilles sur tous les points par où l'ennemi pourrait venir, et du côté de Menin. Il tâchera de découvrir la position que l'ennemi a prise.

Le même au même.

Courtrai, 8 floréal (27 avril).

Il est ordonné au général de brigade Daendels de placer les troupes suivantes entre la route de Bruges et la Heule, faisant face à gauche de la route de Bruges : 29e demi-brigade, 2e bataillon de l'Yonne, 199e demi-brigade, 31e division de gendarmerie, 3e bataillon d'infanterie légère qui viendra dans la journée, 20e régiment de cavalerie.

Il établira, avec ces troupes, des postes derrière la rivière de Heule, et fera couper les ponts qu'il y a sur cette rivière, ne laissant que quelques passages pour les découvertes.

Le général Macdonald devant se rendre vers Bisseghem, avec neuf bataillons, le général Daendels ne placera ses troupes que lorsque le général Macdonald sera arrivé.

En attendant cela, le général Daendels continuera d'envoyer de fortes découvertes sur tout son front.

Le général Souham au général Macdonald.

Courtrai, 8 floréal (27 avril).

Le général de brigade Macdonald rassemblera sur-le-champ toutes ses troupes dans une position sur la route de Tournay, à un quart ou une demi-lieue de Courtrai. Il veillera à ce que toutes ses troupes soient bien réunies et ne quittent pas leur position. Il laissera des postes à Belleghem et sur la route de Tournay, et enverra de fortes découvertes du côté de Dottignies et sur la route d'Audenarde, afin de découvrir les premiers postes ennemis et les mouvements qu'il pourrait faire.

Il me rendra compte de ce qu'il aura découvert.

Il attendra, dans cette position, de nouveaux ordres.

On pourvoira ce matin à envoyer des vivres à la troupe.

Le même au même.

Courtrai, 8 floréal (27 avril).

Il est ordonné au général de brigade Macdonald de faire sur-le-champ ses dispositions pour partir avec les troupes suivantes : 3e, 24e et 68e demi-brigades, 2e régiment de carabiniers, 11e compagnie d'artillerie légère, pour Courtrai qu'il traversera, sortira par la porte de Menin, et se placera dans la position que je lui ferai indiquer vers Bisseghem.

Il y disposera ses troupes en bataille et les fera bivouaquer jusqu'à l'arrivée des tentes.

Il recommandera aux chefs la plus grande surveillance pour empêcher que le soldat ne s'écarte.

Il placera des postes en avant, à Bisseghem, et en avant sur les chemins de Moorseele et Gulleghem et enverra des découvertes fréquentes pour découvrir la position et les mouvements de l'ennemi.

Le général Macdonald enverra au général Jardon les cinq compagnies du 2e bataillon de la demi-brigade d'infanterie légère et le 5e régiment de chasseurs à cheval. Il lui fera passer l'ordre ci-joint et concertera avec lui son mouvement, de manière que la route de Tournay soit toujours couverte pendant sa marche, et qu'au moyen des patrouilles qu'il enverra en avant, l'ennemi ne s'aperçoive pas du mouvement rétrograde.

Le général Souham au général Jardon.

Courtrai, 8 floréal (27 avril).

Le général de brigade Jardon recevra du général Macdonald cinq compagnies du 2e bataillon de la demi-brigade d'infanterie légère et le reste du 5e régiment de chasseurs à cheval.

Après que le général Jardon aura fait son mouvement, qu'il devra couvrir, suivant les instructions que le général Macdonald lui donnera en lui envoyant cet ordre, le général Jardon placera son quartier général et son principal corps de troupes à Aelbeke et détachera des postes vers Belleghem et Rolleghem et sur la route de Tournay, ainsi que du côté de Tombrouck. Il correspondra avec le général Bertin, qui occupe Mouscron, et avec Dewinter, qui commande une avant-garde vers Courtrai et qui sera au faubourg de Tournay.

Le général Jardon aura soin que ces postes soient établis de manière à être bien soutenus. Il ordonnera les patrouilles les plus fréquentes pour découvrir ce qui pourrait venir du côté de Dottignies et de Tournay. Il y enverra aussi des émissaires, et on me rendra compte dans la journée de la position des premiers postes ennemis.

En cas d'attaque, il m'en rendrait compte sur-le-champ, et, s'il le jugeait nécessaire, se retirerait au mont Castrel. Il recommandera la plus grande surveillance.

Le parc d'artillerie est à Bisseghem, s'il a besoin de munitions.

Le général Souham au général Dehay.

Courtrai, 8 floréal (27 avril).

Il est ordonné au chef de brigade Dehay, commandant à Courtrai, de placer les troupes suivantes sous le commandement du citoyen Dewinter, pour servir d'avant-garde et couvrir Courtrai sur les routes de Tournay, Audenarde et Haerlebeke, savoir : la 23e demi-brigade, la 30e division de gendarmerie, les grenadiers, le 1er bataillon d'infanterie légère, le 9e régiment de hussards, les cavaliers du 19e qui ne seront pas nécessaires pour le service de la place, et la 29e compagnie d'artillerie légère.

Le principal corps de troupes, qui sera commandé, sous les ordres de Dehay, par Dewinter, sera placé sur les hauteurs par lesquelles nous avons attaqué Courtrai, en détachant de forts postes sur les routes de Tournay, Audenarde et Haerlebeke. Il enverra toujours de fortes découvertes en avant pour découvrir l'ennemi, en cas qu'il s'avançât en force sur Courtrai. Après en avoir donné avis, les troupes, excepté celles qui seraient sur la route d'Haerlebeke, devraient se retirer sur la hauteur qu'il faudra retrancher afin de la défendre. Dewinter devra loger, pour commander cela, au faubourg de Tournay ou plus près de la hauteur. Il faut qu'il fasse bien attention aux routes de Tournay et d'Haerlebeke, et qu'outre les détachements qu'il y place, il envoie de fréquentes découvertes.

Il faut veiller à l'établissement des bateaux aux portes de Tournay, Audenarde et Haerlebeke. Il faudra donner des ordres pour faire avancer le 1er bataillon d'infanterie légère et envoyer à la porte de Bruges le 3e bataillon d'infanterie légère, lorsque le 1er sera arrivé.

Le général Souham au Commandant du parc d'artillerie.

Courtrai, 8 floréal (27 avril).

Il est ordonné au commandant du parc d'artillerie de faire jeter les pontons entre Bisseghem et Courtrai, dans la position qu'il jugera la meilleure. Ce pont établi, il fera passer le parc d'artillerie, qu'il établira derrière Bisseghem.

Le général Souham au chef de bataillon Dejean.

Courtrai, 8 floréal (27 avril).

Il est ordonné au citoyen Dejean, chef de bataillon du génie, de se pourvoir des moyens de retrancher Courtrai, principalement les portes de Tournay, Audenarde et Haerlebeke, en établissant des batteries. Il requerra dans Courtrai et environs tous les pionniers qui lui seront nécessaires.

Le général Liébert au Garde d'artillerie de Lille.

Lille, 8 floréal (27 avril).

Il est ordonné au citoyen garde d'artillerie à Lille, de faire charger, au reçu du présent, une voiture d'outils de pionniers pour être de suite conduite en diligence à Courtrai, où ces dits outils seront à la disposition du citoyen Dejean, chef de bataillon du génie.

Le garde d'artillerie me rendra compte de l'envoi de ces outils.

Le général Bertin au général Souham.

Mouscron, 8 floréal (27 avril), 5 heures.

Je t'avais envoyé un rapport par lequel je te disais que l'ennemi avait 3,000 hommes à Dottignies (1). Je t'en fais passer un plus circonstancié : l'ennemi a fait un mouvement et n'a laissé que 100 hommes à Dottignies. Il est sur la grande chaussée de Tournay à Courtrai, placé entre les deux villages d'Espierres et Coeyghem ; il a trois pièces de 13 en batterie, une enfilant la route du côté de Courtrai, l'autre battant la route de Tournay et la troisième la chaussée qui conduit à Watrelos et Roubaix. Il y a aussi 400 hussards rouges et un escadron de bleus et sept pièces de campagne. Le détachement de Watrelos a pris trois chasseurs de Leloup. Comme je crains que cette nuit l'ennemi n'enlève Watrelos, ce qui serait facile en le tournant par Herseaux et qu'il occupe d'ailleurs Leers avec 4 compagnies de chasseurs et trois pièces de campagne, je le ferai replier cette nuit sur Tourcoing et demain matin je lui ferai reprendre sa position.

J'exercerai toujours la surveillance la plus active.

P.-S. — A minuit, je recevrai encore un rapport, et je te le ferai passer de suite. J'envoie copie de ce rapport au général Jardon et au général Thierry.

Il existe trois fortes cloches pesant environ chacune 7,000 à 8,000 kilogrammes et différents autres effets précieux que je n'ai pas cru devoir faire enlever sans un ordre exprès, mon instruction n'en faisant pas mention.

J'ai cependant pris sur moi de faire enlever des fourrages et avoines pour la nourriture des chevaux de cavalerie, artillerie et équipages pour lesquels on n'a pas encore pris de rations de magasins.

Le pillage se continuant parmi les troupes que je commande, malgré les ordres et les lois qui le défendent, j'ai cru qu'il était de mon devoir de couper court au mal dans sa racine.

En conséquence, pour y parvenir, j'ai mis à l'ordre que tout homme qui serait pris en main garnie d'effets pillés serait attaché à un piquet, à la tête du camp, pendant deux heures, avec un écriteau attaché sur la poitrine portant ces mots : « soldat indiscipliné et désobéissant ». Déjà cet exemple a eu lieu aujourd'hui et a produit un grand effet.

Le général Souham au général Bertin.

Courtrai, 8 floréal (27 avril).

Le général de brigade Bertin conservera aujourd'hui la position qu'il occupe à Mouscron et Tourcoing. Il continuera à avoir de fréquentes

(1) Voir p. 74.

découvertes sur les postes ennemis, et m'instruira de ce qu'il a appris sur leur position.

Il est averti que le général Jardon occupera Aelbeke et Rolleghem; il correspondra soigneusement avec lui, afin d'être bien instruit des mouvements que pourrait faire l'ennemi. Il correspondra aussi avec le général Thierry, qui commande le camp de Flers.

Le général Thierry au général Souham.

Five, 8 floréal (27 avril).

Ce matin, à 3 h. 30, je mis le camp en mouvement et j'exécutai la même marche que je fis hier. Mais l'ennemi s'était précautionné d'hommes et de canons; il a voulu nous couper la retraite près de Hem et n'a pu réussir. Une pièce d'artillerie volante l'a fait rétrograder de la belle manière. Ces vils esclaves ont brûlé de la poudre, ou voulu venir et n'ont osé lutter avec nous.

La troupe vient de rentrer dans ses camps et cantonnements jusqu'à nouvel ordre.

Fais-moi le plaisir de me dire ce qu'il y a de nouveau aujourd'hui. Le canon ne s'est point fait entendre dans notre voisinage.

Toute ma troupe est harassée. Je ne pourrai pas la mettre en mouvement demain. Je garnirai seulement mes principaux postes.

La demi-brigade de l'Allier et quatre compagnies du 8e des fédérés ont marché depuis deux jours sur Templeuve avec trois escadrons de cavalerie et la 11e compagnie d'artillerie légère.

Je reçois à l'instant une lettre du général Bertin qui me demande une correspondance avec lui. Je vais en conséquence et pour le bien du service envoyer demain à Lannoy un bataillon d'infanterie, deux pièces de canon et quelques cavaliers afin d'instruire mon camarade et d'être instruit de lui.

Le général Thierry au Comité de Salut public.

Lille, 8 floréal (27 avril).

Le général de brigade Thierry, qui commande dans ce moment le camp de Flers sous Lille et cette place, me charge de vous faire part du succès de nos armes. Nos braves défenseurs, dans la journée d'hier 7 floréal, ont bloqué la ville de Menin et se sont emparés de celle de Courtrai, vers la nuit. Ils dirigent aujourd'hui leur marche sur Tournay. Je ne puis vous faire un plus long détail de ce qui s'est passé. La lettre du général Souham adressée au général Thierry est très brève à ce sujet. Ce que je puis vous assurer, c'est que nos Républicains sont animés d'une ardeur brûlante et se battent bien. Vous en jugerez par la victoire remportée dans cette journée mémorable.....

Dans l'absence et par ordre du général de brigade Thierry :

LHERMINÉ,
Chef du bureau secret.

Le général Liébert à Florent-Guyot.

Lille, 8 floréal (27 avril).

Je reçois à l'instant, citoyen Représentant, une lettre de Courtrai, et je m'empresse de te communiquer les détails que l'on me donne. Les troupes de la République sont entrées hier dans cette ville, à 5 h. 15 après midi. Les grenadiers ont chargé avec une valeur soutenue. On a pris quelques pièces d'artillerie et fait quelques prisonniers. C'est le présage heureux de la victoire.

J'aurai soin, citoyen Représentant, de te transmettre le résultat des rapports qui me seront faits sur nos opérations militaires, aussitôt qu'ils me seront parvenus.

Florent-Guyot au Comité de Salut public.

Lille, 8 floréal (27 avril).

L'armée de la République est entrée hier, sur les 5 heures du soir, à Courtrai. Une de ses colonnes s'est mise en marche vers Gand, et l'ardeur des soldats de la patrie, comme les bonnes dispositions des habitants, me font attendre à chaque instant la nouvelle que nous sommes en possession de cette place.

Menin est cerné, chauffé et ne peut nous échapper. Sa résistance est l'ouvrage de 400 à 500 émigrés, qui se trouvent placés entre nos baïonnettes et la guillotine.

Nos braves soldats marchent au combat en chantant et dansant la carmagnole. Tous les rapports s'accordent sur le bon ordre et la discipline qu'ils observent. Ça va et ça ira.

Le général Pichegru au Comité de Salut public.

Courtrai, 8 floréal (27 avril).

Hier, citoyens Représentants, l'attaque a été générale sur toute la ligne depuis Dune-Libre jusqu'à Givet, et peut-être même jusqu'à l'armée du Rhin. J'ignore encore ce qui s'est passé vers le centre et la droite. La gauche est fort bien allée. Nous sommes entrés ici au pas de charge, vers les 5 heures après midi. L'ennemi n'y a pas fait toute la résistance dont le poste était susceptible et nous n'y avons perdu personne. Nous avons fait une centaine de prisonniers, dont 4 officiers d'artillerie, et nous avons pris trois pièces de canon. Ypres et Menin sont encore occupés par l'ennemi, mais déjà masqués par différents corps de troupes, en attendant celles qui sont ici et qui vont se rabattre sur les derrières de ces deux places lorsqu'elles auront assuré la position. Il y a à Courtrai plusieurs magasins en fourrages, avoine, farines, etc. Nous espérons en tirer parti. Nous allons mettre en réquisition les fers, charbons, cuirs, draps, serges, etc., pour les faire passer à Lille et nous tirerons du pays tout ce qui sera possible.

Les représentants du peuple Richard et Choudieu au Comité de Salut public.

Courtrai, 8 floréal (27 avril).

Hier, 7, l'armée s'est mise en mouvement sur tous les points, et ses premiers pas ont été marqués par des succès importants. Nous avons pris Courtrai, et notre ligne s'avance de front sur le pays ennemi. Nous n'avons pas le temps de vous donner des détails. Nous espérons avoir dès demain de nouveaux avantages à vous annoncer. Les troupes se sont bien présentées et bien battues. Nous avons pris des magasins de subsistances que nous faisons évacuer sur Lille. L'ennemi nous a laissé des prisonniers et du canon.

Le général Liébert au général Pichegru.

Lille, 8 floréal (27 avril).

Le commissaire-ordonnateur en chef, mon cher général, vient de me demander s'il doit faire passer des fourrages et de la viande à la division qui agit sur Menin et Courtrai. Il est à présumer que les troupes trouveront des ressources en ce genre dans ce pays; mais cependant, pour ne pas laisser en souffrance ce service essentiel, je te prie de me donner avis de tes intentions à cet égard pour que je puisse donner des ordres en conséquence. On fait partir un convoi de pain pour les troupes de cette division.

Je te préviens que le 3e bataillon des volontaires nationaux est au camp de Flers. Ce bataillon est arrivé il y a deux jours de Bailleul, et son chef est venu ce matin me témoigner le désir de servir plus activement. Si tu prévois en avoir besoin, je te le ferai passer.

Te voilà à Courtrai, mon cher général; sans doute aujourd'hui à Menin. Je regrette de ne pouvoir pas partager tes fatigues, tes soins et tes succès. La fièvre m'a tourmenté ce matin d'une manière bien douloureuse; mais, ce qui me console, c'est le triomphe de nos armes. Tes succès sont le présage de la victoire.

Extrait du Journal de l'adjudant général Reynier.

..... (1) On établit (le 8) un pont de neuf pontons sur la Lys, au-dessus de Courtrai, vis-à-vis de la chapelle de la Magdelaine.

On fit prendre la position suivante aux troupes :

La 23e demi-brigade, deux escadrons du 19e régiment de cavalerie avec une demi-compagnie d'artillerie légère, placées sur la hauteur du Pottelberg;

Le 1er bataillon de tirailleurs, cinq compagnies du 2e bataillon d'infanterie légère, 150 hommes de 5e régiment de chasseurs à cheval, commandés par le général Jardon, se placèrent à Aelbeke et fournirent des postes à Rolleghem et Belleghem;

La 30e division de gendarmes, le 1er bataillon d'infanterie légère, neuf compagnies de grenadiers et le 9e régiment de hussards, commandés par Dewinter, qui fut au faubourg de Tournay, gardèrent les routes de Tournay, d'Audenarde et de Gand;

La 31e division de gendarmerie, le 3e bataillon d'infanterie légère, six compagnies de grenadiers, gardèrent la Heule depuis le pont de Cuerne à Heule;

Le 20e régiment de cavalerie, la 29e demi-brigade, la 199e demi-brigade, deux bataillons de l'Yonne, traversèrent Courtrai et baraquèrent à cheval sur la route de Bruges, la droite à la Lys, la gauche à la Heule, en face de la chapelle Warande;

La 3e demi-brigade, la 24e demi-brigade, la 68e demi-brigade, le 2e régiment de carabiniers, une demi-compagnie d'artillerie légère, traversèrent Courtrai, en sortirent par la porte de Menin et se baraquèrent la droite à Heule, vers la ferme de Leyaerde, la gauche à la Lys vers Nederbeke, fournissant des postes à Heule, Gulleghem et sur la route de Menin.

Pendant que cette infanterie se plaçait, on fit avec le 2e régiment de carabiniers et l'artillerie légère une reconnaissance sur Menin, et on communiqua vers le faubourg de Bruges avec les troupes de la division de Moreau qui y arrivaient.

Le parc d'artillerie passa la Lys sur le pont établi vers la chapelle de la Magdelaine et se plaça vis-à-vis, à côté du moulin dit de Schraus.

---

(1) Voir p. 74 à 77.

La brigade du général Bertin conserva sa position à Mouscron et Tourcoing. Celle du général Thierry rentra au camp de Flers, mais continua d'inquiéter les avant-postes ennemis par des partis nombreux.

2e division de l'armée du Nord. — La brigade de Vandamme s'avança par la rive gauche de la Lys sur Menin, qu'elle investit du côté des portes d'Ypres et de Bruges; celle de Courtrai resta libre, mais on y envoya de Courtrai de fréquentes patrouilles.

Cette brigade envoya des postes entre Gheluve et Gheluvelt, sur la route d'Ypres, et à Keselbergh ainsi qu'au pont de Clippe, sur la route de Bruges.

Le général Desenfans resta à Wytschaete, devant Ypres.

On commença dans la nuit (1) à tirer sur Menin, des batteries qu'on établit, placées de la manière suivante : à Halluin, deux pièces de 12 ; deux obusiers de 6 pouces, deux pièces de 8 et un mortier de 10, sur la gauche de la Lys, au faubourg de Bruges.

Toutes ces batteries étaient à barbette.....

Extrait des Opérations du général en chef Pichegru.

.....Après ces premiers succès, voici la position que prit l'aile gauche : Moreau resta avec sa division autour de Menin; Souham laissa 7,000 hommes à Mouscron, aux ordres du général Bertin, pour couvrir ses communications avec Lille; il plaça le général Dewinter avec sa brigade, forte de 8,000 hommes, en avant de Courtrai, gardant la route de Haerlebeke; Jardon, avec 3,000 hommes de troupes légères, barrait celle de Tournay. La brigade du général Macdonald, forte de plus de 12,000 combattants, campa derrière la Heule, sa droite à Courtrai, sa gauche vers Wevelghem.....

Extrait du Précis des opérations de la brigade Macdonald, par le général Pamphile Lacroix.

..... (2) Le 8, au matin, nous portâmes notre brigade sur la ville. Nous fîmes halte au faubourg de Tournay et vînmes camper le soir derrière la Heule. L'armée faisait alors un angle dont Courtrai se trou-

---

(1) La *Relation* de Vandamme ne fait ouvrir le feu contre Menin que dans la matinée du 9.

(2) Voir p. 77-78.

vait le sommet. Notre avant-garde, revenue à Belleghem, formait, avec les troupes du général Bertin, une ligne depuis Tourcoing jusqu'à Courtrai, et nous étions de l'autre côté de la Lys avec les généraux Dewinter et Dumonceau.....

Le général Liébert au général Pichegru.

Lille, 9 floréal (28 avril).

Je te fais passer une lettre d'Abbatucci. Tu y verras que nous n'avons pas été aussi heureux que nous aurions dû l'être.

Osten me demande toujours des forces, et je lui fais toujours la même réponse. Cependant, si tu n'avais pas besoin du 3e bataillon des volontaires nationaux, qui est arrivé il y a trois jours et qui est au camp de Flers, on pourrait le lui faire passer : ordonne.

Le parc d'artillerie arrive aujourd'hui ici.

Je n'ai toujours aucune nouvelle de Courtrai. Je chargerai le courrier, qui m'apporte la dépêche d'Abbatucci et qui s'en retourne à Réunion, d'une lettre pour Cambrai. Aussitôt que je saurai quelque chose, je te le manderai.

Tu as dû recevoir des voitures ce matin.

Marescot, commissaire des guerres, au général Vandamme.

Cassel, 9 floréal (28 avril).

La désunion paraît à son comble, citoyen général, entre les camarades Rioult, Réal et moi; ils ne répondent nullement à mes lettres, de manière que j'ignore encore lequel des deux suit la brigade que tu commandes et les moyens qu'elle a de subsister. Il y a plus, je ne sais où elle est située. Un silence semblable les compromet violemment et ils attentent aux intérêts de la République. Ils doivent bien sentir que, resté à Cassel, je dois être instruit des points sur lesquels il faut faire porter les vivres, l'heure et les jours de distributions pour que le service ne souffre pas d'un instant et qu'au moyen de la bonne intelligence et de l'exactitude nos frères d'armes soient autant et aussi bien soignés que de valeureux républicains le méritent.

L'ordonnateur en chef me recommande surtout de me concerter, tant avec le général de division qu'avec ceux de brigade, et de lui rendre un compte exact de mes opérations.

C'est à ce titre, citoyen général, que je te prie de vouloir bien me faire connaître tes intentions sur les divers établissements à faire pour assurer le service.

Florent-Guyot au Comité de Salut public.

Lille, 11 floréal (30 avril), 7 heures matin.

Je reçois à l'instant votre lettre du 9 floréal par laquelle vous m'invitez à me rendre à Cambrai, qui semble être menacé par l'ennemi. Je pars sous deux heures pour me conformer à vos instructions. J'y remplirai mes devoirs, et si les satellites des despotes se présentent devant cette place, je vous promets qu'ils n'y entreront que sur mon cadavre.

Dès l'instant que j'y serai arrivé, je vous en ferai part, ainsi que de mes premières observations.

Je vous remercie de cette nouvelle preuve de confiance, et j'espère que je la justifierai.

Notre collègue Choudieu ou le général en chef Pichegru vous ont sans doute expédié un courrier pour vous faire part de la victoire que l'armée de la République vient de remporter auprès de Courtrai; elle est complète et nos braves soldats se sont battus comme des Républicains.

Les suites heureuses de cette affaire me paraissent incalculables sous tous les rapports, et l'ennemi déjà étonné par la brusque prise de Courtrai, à laquelle il ne s'attendait pas, est dérouté dans son plan de campagne.

Extrait du Mémoire historique et militaire des campagnes de 1793, 1794 et commencement de 1795, dans les Pays-Bas et la Hollande, par l'armée britannique, aux ordres de S. A. R. le duc d'York, par le colonel H.-E. d'Arnaudin.

Événements militaires qui ont accompagné et suivi immédiatement l'affaire du 26 avril, tant dans la West-Flandre que dans le pays d'entre Sambre-et-Meuse, et au delà.

Les Hanovriens chassés du poste de Castrel et de Mouscron, qu'ils avaient repris sur l'ennemi.

..... A présent, nous allons rendre compte des opérations offensives que les Français poussaient sur la droite et sur la gauche de la grande armée combinée, en même temps qu'ils l'occupaient au centre de la manière que l'on vient d'expliquer plus haut, opérations dont le premier effet fut d'obliger les Alliés d'abandonner peu à peu leur position entre l'Escaut et la Sambre, malgré la manière victorieuse dont ils l'avaient défendue dans ses attaques directes. Nous commencerons par la droite, c'est-à-dire par le côté de la West-Flandre.....

Nous avons vu plus haut que le général Clerfayt, qui commandait le corps d'armée autrichien chargé conjointement avec les Hanovriens de la défense de la Flandre, avait eu ordre de s'avancer sur Saint-Amand (1) avec une partie de ses forces, pour être en mesure de soutenir le général hessois de Wurmb, qui commandait le petit camp de Denaing, ainsi que les postes de la Selle sur la rive droite de l'Escaut. Les ennemis ne manquèrent pas de profiter de l'état de faiblesse où on laissait cette frontière pour y pénétrer, en même temps qu'ils occupaient la grande armée des Alliés réunie autour de Landrecies, par une attaque qui avait toutes les apparences d'une entreprise sérieuse, ainsi qu'on a pu le remarquer dans le compte que nous en avons rendu ci-dessus.

Dès le 25, des corps de troupes qui couvraient Dunkerque et Bergues, renforcés vraisemblablement par la réunion des garnisons de ces villes, avaient déjà marché sur Furnes, avant-poste, qui, n'étant défendu que par un détachement de Loyal-Emigrans de 100 hommes au plus, avait été aisément enlevé; et tous les autres postes entre cette ville et Ypres, tels que Loo, le fort de la Cnocke, Dixmude, Schoorbacke, Poperinghe et Neuve-Église, assaillis en même temps par des forces supérieures, avaient été aussi emportés. Des détachements français avaient pénétré jusqu'à Vlaemertinghe, à trois quarts de lieue de la ville d'Ypres.

Le lendemain 26, l'armée française rassemblée à Lille et aux environs, sous la conduite du général Pichegru, se partagea en deux divisions : l'une, forte de près de 30,000 hommes, commandée par le général Souham, se dirigea droit sur Courtrai. Ayant pénétré par tous les chemins qui sont à la droite de la Lys, elle attaqua tous les postes situés sur son passage, et particulièrement ceux de Castrel et de Mouscron défendus par les Hanovriens, lesquels postes ayant été forcés, tous les détachements de la même nation qui gardaient les postes collatéraux s'étendant vers Tournay, tels que Herseaux, Leers, Nechin, Watrelos et Templeuve-en-Dossemez, furent obligés de se replier pour éviter d'être enveloppés.

---

(1) *Extrait du Journal général de politique, littérature et de commerce*, Tournay, 23 avril 1794 :

« Hier (3 floréal), le général Clerfayt est parti d'Orchie avec une partie de son corps d'armée pour se porter vers Saint-Amand. Il y a apparence que son projet est de faire une diversion. Il mène avec lui le régiment de Latour, celui du prince Ernest d'Angleterre, des Hessois et une bonne artillerie. Le reste de son armée est resté dans sa position, sous les ordres des généraux Sztarray et Wenckheim. »

L'autre division républicaine, forte d'environ 20,000 hommes et commandée par le général Moreau, se partagea en deux colonnes, dont l'une fila le long de la rive droite et l'autre le long de la rive gauche de la Lys; et, ayant pour objet d'envelopper Menin des deux côtés de la rivière, elle enleva tous les postes qui se trouvaient sur son chemin tels que Warneton, Commines, Wervicke, etc. Les uhlans britanniques et les chasseurs d'York, qui gardaient Halluin, espèce de faubourg de Menin sur la rive droite de la Lys, craignant de se voir enfermés dans ce poste, se replièrent sur la ville, d'où ils eurent encore le temps de sortir par la porte de Courtrai pour gagner Wevelghem, dans l'intention d'y défendre un pont de pontons établi sur la Lys en cet endroit. Mais la colonne française qui avait enlevé Halluin, ayant laissé dans ce poste un détachement suffisant pour cerner Menin de ce côté, continua de pousser le long de la rive droite de la Lys vers le pont de pontons dont on vient de parler. D'un autre côté, tout annonçant que les postes de Castrel et de Mouscron étaient emportés, les uhlans britanniques ainsi que les chasseurs d'York ne se crurent plus en sûreté à Wevelghem. Ils se hâtèrent de démonter le pont et gagnèrent aussitôt Courtrai, filant sur la rive gauche de la rivière, tandis que l'ennemi filait sur la droite, et ils y arrivèrent à temps pour accompagner le général de Walmoden dans la retraite qu'il faisait de cette ville. L'ennemi qui poursuivait ses avantages, y entra le même jour vers les 6 heures du soir; de sorte que, dans le même temps et du même coup, Courtrai se trouva pris et Menin, qui était alors dans une sorte d'état de défense, se trouva investi. Les Hanovriens cependant se retiraient à Haerlebeke.

On observera que cette attaque se trouvait liée avec celle qui avait lieu dans le même moment contre les armées occupées du siège de Landrecies, par une attaque intermédiaire que les troupes républicaines rassemblées à Pont-à-Marque et à Mons-en-Pesvele exécutaient le même jour contre tous les avant-postes du petit corps d'armée d'Orchie, aux ordres du général autrichien Frohlich. Malgré la résolution que manifestèrent les Républicains en cet endroit, dans leur première impulsion, ils ne réussirent pas à faire reculer les Alliés plus loin que Capelle, village situé sur la chaussée d'Orchie, et par un effet de cette première résistance, ils furent d'abord obligés de s'arrêter en arrière de ce village, vraisemblablement pour attendre des secours. Vers midi, ils recommencèrent; alors ayant dépassé le village, tambours battants, l'infanterie sur la chaussée, et la cavalerie à droite et à gauche développée en échiquier, ils réussirent à repousser tous les détachements autrichiens. Mais ces derniers, ayant aussi de leur côté reçu des renforcements, ils contraignirent l'ennemi à se retirer encore une fois derrière Capelle, village qui cependant demeura à sa disposition ainsi que Templeuve-en-Pesvele, Bouvines et tous les autres postes situés sur la petite rivière de Marque.....

Tandis que ces choses se passaient sur tout le front de la position générale des Alliés, depuis la Meuse jusqu'à l'Océan, le général Clerfayt était encore avec une partie de son armée sur les bords de l'Escaut et de la Selle, se tenant en mesure de soutenir le corps hessois campé à Denaing, ainsi que la droite de la grande armée occupée à couvrir le siège de Landrecies. L'importance des forces que les Français déployaient alors dans cette partie semblait ne devoir pas permettre de soupçonner de leur part des entreprises aussi sérieuses que celles qu'ils exécutaient en effet dans la Flandre et dans le pays d'entre Sambre et Meuse. Mais les instructions trouvées avec le général Chapuy (1), fait prisonnier le même jour, donnèrent là-dessus d'amples éclaircissements. Dès lors, le général Clerfayt, à la tête du corps d'armée qu'il commandait

---

(1) *Extrait d'une lettre particulière datée de Bruxelles, 1er mai 1794.* (12 floréal an II) :

« On a trouvé sur le général Chapuy le plan d'attaque de la West-Flandre, qui devait s'opérer au moment où les grandes forces conventionnelles attaquaient l'armée d'observation de Landrecies. Le général Cobourg, informé par ce moyen des projets de l'ennemi, a détaché de devant Landrecies 14 bataillons et plusieurs escadrons qu'il a envoyés au secours de cette province.

« Tandis que les Alliés remportaient une victoire dans le Cambrésis, le sort des armes ne leur était pas si avantageux vers la droite. Les Conventionnels firent une attaque sur Furnes, Ypres, Menin et Courtrai tout à la fois. Pendant que plusieurs colonnes menaçaient principalement Menin et Ypres, afin de donner le change aux troupes alliées, un gros corps s'avança de Lille et attaqua le camp de Mouscron, où le général hanovrien comte de Walmoden avait sous ses ordres une petite armée destinée à couvrir Courtrai et Tournay. Après un combat très rude, les troupes hanovriennes se replièrent sur la dernière de ces villes. Alors les Français passèrent la Lys et entrèrent à Courtrai le 26, à 6 heures du soir.

« L'ennemi s'empara de divers magasins appartenant aux Anglais. Les Conventionnels sont déjà devant Ypres et Menin, et ces deux places ont déjà été vivement canonnées. Le général Clerfayt, renforcé par les troupes détachées de l'armée du prince de Cobourg, s'avance à la tête de plus de 20,000 hommes pour attaquer l'ennemi. Hier soir, ce général devait être rendu devant Courtrai et l'on s'attend à une affaire sanglante si l'ennemi ne se retire pas. Tous les habitants de la frond'abord, augmenté depuis de six bataillons autrichiens détachés de la grande armée, eut ordre de marcher au secours de la West-Flandre.....

---

tière des Flandres, en fuyant sur Gand, avaient jeté dans cette ville une terreur panique.

« Le général Jourdan n'a pas encore évacué Arlon, comme on l'avait dit ; en occupant cette ville, il coupe la communication du général Beaulieu avec le général Cobourg.

« Du côté de la Sambre, les Français s'approchent de Charleroi. »

CHAPITRE III

La victoire de Mouscron [9-10 floréal (28-29 avril)].

Le général Souham au général Pichegru.

Courtrai, 9 floréal (28 avril).

Je viens de recevoir ta lettre, et je t'observe que je pense que les dispositions que tu fais peuvent nous exposer à des revers, tandis que celles que nous avons déterminées ce matin à Halluin, nous mettent beaucoup plus à l'abri des entreprises de l'ennemi du côté de Tournay.

Tu fais porter le général Thierry entre Leers et Roubaix ; mais pendant ce temps, l'ennemi le prendra en flanc et par les derrières, comme il l'a fait hier lorsque Thierry marchait sur Templeuve, et que l'ennemi est venu par Hem pour lui couper la retraite. Heureusement, l'ennemi a été repoussé ; mais il pouvait faire beaucoup de mal aux troupes de Thierry, et en ferait encore plus si elles marchaient sur Leers, que l'ennemi occupe.

La marche d'une partie des troupes du général Moreau a aussi des inconvénients. Moreau n'est pas trop fort pour investir Menin, aux portes d'Ypres, de Bruges et de Courtrai, et se garder contre les troupes que l'ennemi pourrait envoyer par les routes d'Ypres et de Bruges.

La marche du général Macdonald sur la droite de la Lys à Aelbeke et mont Castrel et sa retraite avec les troupes du général Bertin et du général Jardon nous aideront beaucoup à contenir l'ennemi du côté de Tournay.

Jardon me mande que l'ennemi est sur la route de Tournay vers Belleghem. Je vais m'y porter et prendre de l'artillerie légère. Je te donnerai ce soir des nouvelles de ce que j'aurai vu et appris sur la force de l'ennemi. S'il est avec beaucoup de forces, cela marque toujours que notre marche a fait une grande diversion, et que le centre de l'armée du Nord peut agir avec avantage.

Le général Souham au général Bertin.

Courtrai, 9 floréal (28 avril).

Je n'ai appris qu'un peu tard, ta retraite, que la faiblesse de quelques-uns de tes bataillons t'a obligé de faire. Il paraît que ce n'est qu'une forte reconnaissance de l'ennemi. J'envoie le général Macdonald avec 9,000 hommes pour t'appuyer et reprendre une bonne position vers le mont Castrel, et tu auras peut-être déjà reçu de lui l'ordre de marcher. Veille bien sur tes troupes et prépare-toi à faire une vigoureuse défense si l'ennemi attaque demain matin.

Tu dois déjà avoir reçu une lettre dans laquelle je t'annonce que tu es sous les ordres du général Macdonald.

Le général Bertin au général Souham.

Tourcoing, 9 floréal (28 avril), 10 heures soir.

J'obéirai aux ordres que tu viens de me donner, en me conformant à ceux que me dictera le général Macdonald. La partie de mes troupes qui, par la lâcheté des chefs de deux bataillons, avait battu en retraite sans en avoir reçu l'ordre, est parfaitement rassurée et m'a juré de se couvrir de gloire à la première occasion, et toute ma brigade est animée de la même ardeur.

L'ennemi nous a attaqués avec une infanterie bien supérieure à la nôtre (je n'avais, comme tu le sais, que quatre bataillons, ayant laissé le 19e pour occuper Tourcoing et Watrelos, conformément à tes ordres), une cavalerie nombreuse, plusieurs obusiers, des pièces de gros calibre. Nous avons été attaqués par cette même colonne dont je t'avais fait rapport et qui se trouvait entre Coeyghem et Espierres. Elle avait été renforcée la nuit par des troupes venues de Tournay, ce qui nous prouve que ce n'est pas une reconnaissance, et que si notre escorte ne nous avait pas soutenus avec un courage au-dessus de tout éloge notre retraite aurait été coupée à la Chapelle-Marlière. D'ailleurs, le rapport que je t'envoie te convraincra de ma retraite.

L'ennemi a envoyé au mont Castrel 2,000 hommes, la plupart de cavalerie. Il a, sur le front de la Chapelle-Marlière, 3,000 hommes de toutes nations, c'est-à-dire Hessois, Hanovriens, Anglais, Hollandais. Il occupe entièrement Mouscron et le mont Castrel. Encore, n'ose-t-il pas rester dans tous les retranchements tant il craint Aelbeke. Il a, à Herseaux, 50 paysans volontaires, 20 chasseurs de Laudon-Vert et 30 dragons de Latour, 200 hommes d'infanterie et 60 hommes de cavalerie. Il n'ose bouger de Mouscron. Il s'attend à être attaqué par Watrelos. Sur le front de la Chapelle-Marlière se trouvent 16 pièces de canon et 2 obusiers. Fais-moi part des rapports qui te seront faits. Je suis très bien gardé de tous côtés.

Donne-moi tes ordres, et les exécuterai avec plaisir et la plus grande célérité.

Le général Souham au général Pichegru.

Courtrai, 9 floréal (28 avril).

Tu auras sûrement reçu des nouvelles de l'échec qu'a eu le général Bertin. J'espère que nous pourrons nous réparer demain matin. L'ennemi occupe encore les hauteurs du mont Castrel et Mouscron, et on vient de me faire un rapport, qui ne m'est pas confirmé, qui annonce qu'il y a à Mouscron 9,000 ennemis. J'ai donné ordre au général Macdonald de réunir les brigades du général Bertin et du général Jardon, et de reprendre la position du mont Castrel. Toutes ces troupes font un corps de 16,000 hommes ; elles sont bien en état de tenir tête aux rassemblements ennemis, à moins qu'il n'aient reçu des renforts bien considérables de l'armée de Cobourg. J'attends de nouveaux rapports sur la force de l'ennemi, et, s'il paraît qu'il soit fort, je ferai marcher le général Daendels, afin de recevoir ou attaquer l'ennemi avec un corps de 23,000 à 24,000 hommes. Les circonstances devront décider cette disposition, et je désirerais que tu fusses ici, afin de concerter ces mouvements, et de savoir si je dois marcher à l'ennemi s'il avance encore davantage.

La nuit étant venue avant que Macdonald ait pu être rendu vis-à-vis de l'ennemi, il n'a pu le chasser du mont Castrel ; il est resté dans la position suivante :

Le général Jardon à Aelbeke, Belleghem et la route de Tournay;

La brigade du général Macdonald à Aelbeke, au moulin de Lauwe et au Dronquart;

La brigade du général Bertin à Tourcoing.

D'après les ordres que j'ai donnés au général Macdonald, il doit réunir davantage ces troupes et chasser l'ennemi de la position du mont Castrel, afin d'y prendre une position avantageuse et qui puisse couvrir la route de Courtrai à Lille et les troupes qui sont à Halluin. Il serait bon que le camp de Flers fît demain matin un mouvement pour occuper l'ennemi de ce côté, mais cependant sans trop s'exposer.

Comme la journée de demain peut avoir des suites fort importantes, si l'ennemi s'opiniâtre à nous couper la route de Courtrai à Lille, je désirerais bien que tu pusses venir nous voir, et donner ordre au général Moreau d'accélérer la prise de Menin.

Le général Souham au général Thierry.

Tourcoing, 9 floréal (28 avril).

Il est nécessaire, général, que tu fasses sur-le-champ une fausse attaque du côté de Leers et Templeuve, en tâchant d'occuper vivement l'ennemi de ce côté et couvrant les troupes que le général Bertin envoie à Watrelos. Tu auras soin de placer tes troupes de manière à bien couvrir ta droite. L'avis que j'avais donné au général en chef, et qui l'a engagé à t'écrire de renoncer à te porter sur Saint-Léger, avait ce but, non pas de t'empêcher d'inquiéter l'ennemi, mais de ne pas t'engager trop loin dans un pays où l'ennemi pouvait se porter sur les derrières. Mais il est nécessaire, pour favoriser une attaque que nous allons faire sur les derrières de l'ennemi, qui occupe encore le mont Castrel et Mouscron.

Le général Souham au général Macdonald.

Courtrai, 9 floréal (28 avril)

La nuit t'ayant empêché d'agir ce soir, tu dois faire les dispositions nécessaires pour faire évacuer à l'ennemi la position du mont Castrel, de laquelle il gênerait beaucoup nos convois. Tu as 16,000 hommes, en comptant les brigades des généraux Bertin et Jardon, et tu dois, d'après les ordres que je t'ai donnés, faire en sorte de les réunir dans une position avantageuse et qui couvre la route de Courtrai à Lille.

Envoie-moi sur-le-champ les rapports que tu auras sur la position et la force des ennemis; je pourrai faire faire un mouvement sur la gauche, mais je t'en donnerai avis, si je l'ordonne, d'après les rapports que j'attends.

Le général Souham au commandant du parc d'artillerie.

Courtrai, 9 floréal (28 avril), 11 h. 30 soir.

Il est ordonné au commandant du parc d'artillerie d'envoyer demain, à 3 ou 4 heures du matin, une pièce de 8 et un obusier à la porte de Bruges. On les placera sur la butte du moulin, qui est à la gauche de la porte.

Lorsque la colonne du général Daendels, qui doit partir à 3 h. 30 du matin, aura passé les pontons, le parc devra la suivre et marcher ensuite à Marcke et sur la route de Lille, jusqu'à la hauteur des moulins de Hooghe-Poorte, à gauche de Lauwe, avant le chemin qui conduit de ces moulins à Lauwe, où le parc parquera sur la droite de la route et attendra de nouveaux ordres.

Après avoir passé sur le pont, on le détruira, et les pontons suivront le parc.

Le général Souham au général Macdonald.

Courtrai, 9 floréal (28 avril), minuit.

Je te préviens, général, que je viens de donner ordre au général Daendels de partir demain à 3 h. 30 du matin pour Aelbeke, avec sa brigade. Il se placera entre Aelbeke et Belleghem, afin de se disposer à agir en même temps que toi sur l'ennemi et à le prendre par ses derrières, tandis que tu marcheras d'Aelbeke sur le mont Castrel.

Je me rendrai demain matin auprès de toi pour voir notre position et celle de l'ennemi, ainsi que celle que tu devras prendre après l'avoir chassé du mont Castrel.

Le parc d'artillerie, si tu avais besoin de munitions, sera placé aux moulins de Hooghe-Poorte, au-dessus de Lauwe.

Le général Souham au général Pichegru.

Courtrai, 9 floréal (28 avril).

Ayant reçu encore des rapports que l'ennemi rassemblait ses forces du côté de Tournay et qu'il lui était arrivé des renforts, j'ai donné ordre à Daendels d'exécuter le mouvement dont je t'ai parlé hier, et il est parti pour Aelbeke. Je laisse ici 900 hommes pour la garde de la ville et la couvrir principalement sur les routes de Tournay et Gand.

Le parc d'artillerie se rend à Lauwe. L'armée aurait besoin de ta présence aujourd'hui, ainsi que des Représentants. Tout présage qu'il y aura une affaire sérieuse.

On vient de m'annoncer dans ce moment que les avant-postes, à une demi-lieue d'ici, sur la route de Tournay, sont attaqués. J'y vais, ainsi que joindre l'armée qui attaquera depuis Tourcoing et le Dronquart jusqu'à Belleghem. La principale colonne partira d'Aelbeke sur le mont Castrel et Mouscron, afin de chasser l'ennemi de cette position qui nous gêne beaucoup.

Il serait bien important que les autres divisions agissent.

Le général Souham au général Moreau.

Courtrai, 9 floréal (28 avril), minuit. Très pressé.

Je te préviens que l'ennemi a, ce matin, forcé le général Bertin à se retirer de Mouscron sur Tourcoing, et qu'il s'est avancé jusqu'au mont Castrel, où il est encore. Je donne ordre de l'en chasser demain matin, et, afin d'être avec des forces au moins égales, si ce n'est supérieures, dans le point où l'ennemi porte toutes ses forces qui lui sont arrivées de Tournay et de la grande armée, j'y ai déjà fait porter la brigade du général Macdonald, et demain matin, à 3 h. 30 du matin, celle du général Daendels s'y rendra. Je laisse ici une bonne garnison.

Je t'engage à pousser vivement Menin.

Le Général Osten au général Liébert.

Pont-à-Marque, 10 floréal (29 avril).

L'ennemi s'est présenté hier deux fois sur la hauteur de Bouvines. La compagnie des carabiniers et une patrouille de chasseurs du 14e de chasseurs à cheval les ont repoussés jusque dans leurs retranchements sans perdre un seul homme.

Il y a continuellement des patrouilles qui côtoient la rivière et des rondes de nuit successivement.

L'ennemi occupe toujours ses mêmes postes.

P.-S. — A l'instant, je reçois une lettre du général en chef, qui m'ordonne de continuer d'inquiéter l'ennemi de mon côté. Je vais ce soir faire donner des ordres pour un mouvement, demain matin, à 3 heures, du côté du camp de Cysoing.

Je me recommande toujours à toi, général, pour de la cavalerie ; tu sais que j'en ai un besoin urgent. Je continuerai à te donner des détails de mes mouvements et de ceux de l'ennemi.

Le général Souham au général Pichegru.

Courtrai, 10 floréal (29 avril).

Tu auras déjà su, par voies indirectes, que nous avons battu complètement l'ennemi au mont Castrel et à Mouscron. Je ne puis encore te faire un rapport exact de cette affaire et des prises que nous y avons faites. Mais je suis certain que l'ennemi nous a laissé une trentaine de pièces de canon, deux drapeaux qu'on vient de m'apporter et peut-être plus, et qu'il a perdu 3,000 ou 4,000 hommes, tant tués que blessés ou fait prisonniers. Nous avons poursuivi l'ennemi jusqu'à Saint-Léger.

Je te rendrai, demain matin, un compte plus exact de cette affaire, que les circonstances rendront très importante.

On m'assure que le général Clerfayt, qui commandait en chef les ennemis, a été blessé, et que nous avons pris un général hanovrien.

A demain pour de nouveaux détails. Cette victoire nous donne bien plus de moyens d'agir.

Le général Souham au général Moreau.

Courtrai, 10 floréal (29 avril).

Je te préviens, général, que la division que je commande vient de battre l'ennemi à plate couture. Je lui ai fait au moins 2,000 prisonniers. Les champs où étaient ces esclaves sont jonchés de morts. Il nous avait cependant repoussé deux fois et presque mis en déroute la dernière fois. Mais les braves chasseurs du 5e régiment, à la tête duquel je me suis mis, nous ont valu cette victoire, qui fera sans doute tomber Menin demain. Je ne t'en dis pas davantage. Je suis éreinté. Nous nous sommes battus depuis 5 heures du matin jusqu'à 4 heures du soir.

Relation de l'affaire du 10 floréal au mont Castrel et à Mouscron, par le général Souham.

Après la marche de l'armée sur Courtrai et le commencement du siège de Menin, l'ennemi, effrayé des progrès des troupes de la République et dans l'intention de nous faire lever le siège de Menin, vint, le 9 floréal, attaquer les troupes commandées par le général Bertin, qui occupaient Mouscron. Ayant été surprises, elles se retirèrent sur Tourcoing et laissèrent à l'ennemi la route libre pour aller jusqu'au mont Castrel et même jusqu'à Halluin s'il l'avait osé. Il s'établit au mont Castrel avec 15,000 ou 16,000 hommes, partie Hanovriens et l'autre d'Autrichiens. Cette armée était commandée par le général Clerfayt.

Dans cette belle position, l'ennemi interceptait presque entièrement notre seule communication de Lille à Courtrai, qui était par le chemin du Dronquart, et le petit corps qu'on avait laissé à Halluin pour le siège de Menin.

N'ayant pas de route par l'autre côté de la Lys, parce que Menin faisait encore de la résistance, il nous était de la plus grande importance de chasser l'ennemi de cette position, et je fis les dispositions suivantes :

Les brigades commandées par les généraux Macdonald et Daendels, qui étaient vers Courtrai, entre la Lys et la Heule, furent portées sur la droite de la Lys, la première dès le 9 au soir, et celle du général

Daendels le 10 au point du jour. La brigade du général Macdonald eut ordre d'attaquer la droite de l'ennemi, aux moulins de Castrel, et celle du général Daendels la gauche, vers Mouscron, tandis que le général Bertin, qui était à Tourcoing, faisait une fausse attaque de front sur le Risquons-Tout et Mouscron. Par cette disposition, l'ennemi était pris par deux fronts et la principale attaque se faisait du côté opposé à celui que les ennemis étaient accoutumés à défendre.

Après la plus vigoureuse résistance, avoir repoussé deux fois nos troupes sur la droite et sur la gauche, nous avoir démonté une partie de la 11e compagnie d'artillerie légère et incommodé plusieurs autres pièces, impatient d'être arrêté si longtemps par des esclaves, j'ordonnai de battre la charge sur la droite et de marcher contre les moulins de Castrel, hauteur où l'ennemi avait une batterie de cinq pièces. Le premier mouvement étonna l'ennemi, qui se croyait inattaquable dans cette position. Je me mis à la tête du 5e régiment de chasseurs à cheval, qui a passé par la grande route, tandis que l'infanterie s'avançait à droite et à gauche sans être arrêtée par les fossés, les bois et les haies. Arrivé vers les moulins de Castrel, le 5e régiment de chasseurs se déploya et chargea sur les bataillons hanovriens qui se retiraient encore assez en ordre sur Mouscron, les mit bientôt en désordre et continua sa route sur Mouscron, laissant derrière lui un grand nombre de prisonniers et de morts. A Mouscron, l'ennemi avait placé une batterie vers l'entrée du village. Il espérait que cela protégerait sa retraite; mais rien n'arrête les braves chasseurs du 5e régiment; ils entrent dans le village avec quelques grenadiers et volontaires qui les avaient suivis en courant malgré la promptitude de leur charge. Ils trouvent à la sortie du village des bataillons qui, à leur approche, jettent leurs armes, à l'exception de quelques-uns qui veulent encore se défendre et dont ils eurent bientôt fait raison. Ils poursuivent ensuite les Autrichiens jusqu'à Dottignies et Saint-Léger, en dispersant les bataillons aussitôt qu'ils en approchent. La cavalerie ennemie ayant pris les devants dans la fuite, on ne put prendre que quelques dragons de Latour et hussards de Blankenstein.

Outre les pièces qu'on prit dans cette poursuite et que les ennemis laissèrent vers les moulins de Castrel, ils furent obligés d'abandonner le reste de leur artillerie et de leurs caissons dans un chemin creux entre Herseaux et Estaimpuis.

Les champs étaient couverts de fusils et de casquettes.

Toutes les troupes ont montré la plus grande bravoure dans cette affaire. On ne fait plus de différence entre les anciens soldats et ceux de première réquisition. Malgré le feu de l'artillerie et de la mousqueterie, qui était un des plus vifs qu'on ait jamais vu, ils restaient calmes à leur poste et marchaient avec le plus grand ordre. Le 5e régiment de chasseurs à cheval s'étant trouvé sur la droite et à portée de charger, s'est principalement distingué; le 2e régiment de carabiniers et le 20e régiment de cavalerie étaient sur la gauche et n'ont pu arriver qu'un peu après la première charge, mais ils ont parfaitement fait leur devoir ainsi que le 19e régiment de cavalerie.

Quatre drapeaux ont été pris sur les Hanovriens. Un seul a été pris par le citoyen Hardouin, chasseur au 5e régiment. Les citoyens Allé, officier, et Taulin, chasseur au 5e régiment, en ont pris un qu'ils ont rejeté sur le champ de bataille parce qu'il les embarrassait dans la charge. Ce drapeau a été rapporté par le citoyen Pinot, sergent dans la 5e compagnie du 3e bataillon de la 29e demi-brigade. Le troisième drapeau a été pris à Mouscron par les citoyens Antoine Kailon et Marc Meunier, fusiliers au 2e bataillon des Basses-Alpes. Un quatrième drapeau a été pris avec l'enseigne par les citoyens Pinchemaille et Ambroise Pierre, grenadiers dans la 29e demi-brigade.

On a proposé aux chasseurs du 5e régiment qui ont pris ces drapeaux de les porter à la Convention. Ils ont répondu qu'ils préféraient rester à l'armée pour avoir l'occasion d'en prendre d'autres.

L'ennemi a perdu dans cette affaire au moins 3,000 hommes. Je n'ai pas encore l'état des prises que nous avons faites, mais on a ramassé sur le champ de bataille beaucoup de fusils, 30 ou 35 pièces de canon avec des caissons, et environ 1,200 prisonniers, dont une cinquantaine d'officiers.

On a aussi trouvé sur le champ de bataille beaucoup de blessés, qui ont été conduits à l'hôpital.

Le gain de cette bataille a décidé de la prise de Menin, car la garnison qui était composée de beaucoup d'émigrés, voyant qu'elle ne pouvait plus tenir, a fait, la nuit suivante, une forte sortie, au moyen de laquelle une partie s'est échappée, mais avec une perte de 300 hommes, presque tous émigrés, qui ont été tués, de 13 pièces de canon et de 500 hommes, qui ont été pris tant dans la ville que lors de la sortie.

Tous ces succès présagent la ruine prochaine des armées combinées contre la liberté du peuple français. Des Républicains sont sûrs de vaincre lorsqu'ils attaquent.

Extrait des Opérations du général en chef Pichegru.

.....(1) Le général Clerfayt, à la première annonce de notre invasion, se mit en marche de Tournay avec 25,000 hommes d'élite. Au

(1) Voir p. 87.

lieu de se porter vers Courtrai, il se dirigea sur notre faible corps d'observation, l'attaqua et le culbuta le 9 floréal vers le soir, et vint prendre position à Mouscron et au mont Castrel. Il n'avait qu'un pas à faire pour secourir Menin dans lequel étaient renfermés 500 à 600 de nos émigrés et un bataillon hanovrien. La nuit, fort heureusement pour nous, ne lui permit pas de pousser plus avant.

Pichegru voit et calcule toujours froidement le danger. A peine sut-il la marche des ennemis qu'il ordonna au général Macdonald de venir sans retard avec sa brigade garder la route du Dronquart.

Le général Daendels, qui jusque-là avait agi à la disposition du général Moreau, fut envoyé avec 8,000 hommes sur les hauteurs d'Aelbeke. Il fut expédié des ordres à tous les corps pour prévenir et attaquer les alliés le lendemain matin. Bertin, qui s'était retiré dans Tourcoing, devait agir sur les derrières des ennemis, en prenant à revers le mont Castrel, où se trouvaient leurs principales forces. Macdonald devait attaquer de front, Daendels agir à sa gauche vers Mouscron ; Dewinter resta seul devant Courtrai ; Jardon se joignit au général Macdonald sous lequel il a toujours servi depuis.

Osten devait harceler les ennemis de son côté.

Le 10, à la pointe du jour, nos troupes marchèrent à l'ennemi. Bertin, qui s'était trop pressé pour l'attaquer, commençait à être fortement repoussé quand le corps de Macdonald s'engagea. Le pays, très couvert, ne lui permettait pas aisément de se déployer ; ce ne fut que très lentement et avec bien de la peine qu'il y parvint. L'ennemi, quoique arrivé de la veille, avait couvert son artillerie de bonnes redoutes et obstrué son front par de nombreux abatis. On ne pouvait arriver à lui que par des défilés étroits qui en étaient encombrés et qu'il couvrait de mitraille et d'une grêle de balles. Après l'avoir quelque temps fusillé et canonné, Souham donna l'ordre à nos troupes de marcher en bataille sur les hauteurs. L'ennemi sortit alors de ses retranchements, et, soutenu par son artillerie, il nous força à reculer. Nous revînmes à la charge : mêmes difficultés, mêmes désavantages ; enfin, à la troisième tentative, vers les 3 heures de l'après-midi, on parvint à l'enfoncer. Les chocs furent terribles. Une charge à propos du 5e régiment de chasseurs décida tout. La hauteur du mont Castrel fut bientôt couronnée de nos troupes. Les 68e et 24e demi-brigades y grimpèrent les premières. L'ennemi, culbuté, se retira par sa droite sur Mouscron.

Si le général Daendels, au lieu de suivre la brigade de Macdonald, derrière laquelle il se tint pendant presque tout le combat, eût entamé l'affaire dans la position qu'on lui avait indiquée, en tâchant de forcer Mouscron, plus de doute alors que presque tout était pris. Son faux mouvement fut cause que l'ennemi, faisant mine de se porter sur

Aelbeke, empêcha Macdonald, au moment où celui-ci l'enfonçait, de tirer un plus grand parti de la victoire. Il ne put se servir des deux régiments de carabiniers; l'adjudant-général Reynier les avait déplacés pour couvrir la gauche qu'eut dû garder Daendels; la pesanteur de leurs chevaux ne leur permit pas d'arriver assez vite pour prendre part à l'affaire. L'ennemi, néanmoins, fit des pertes immenses; il nous abandonna tous ses bagages, 33 pièces d'artillerie, un grand nombre de chevaux, 5,000 fusils et 1,800 hommes, sans compter les morts et blessés. On le poursuivit jusqu'au delà de Dottignies. C'était un composé d'Autrichiens, de Hessois et de Hanovriens que la déroute avait entre-mélangés; nous prîmes cependant moins de ces derniers que d'Autrichiens, parce que ceux-ci couvraient la retraite.

Le désordre était aussi à son comble parmi nous; on ne put rallier nos troupes que le soir sur le mont Castrel où elles bivouaquèrent. Les succès de cette journée furent dus à l'audace du général Souham et à la bravoure réfléchie de Macdonald. On les vit se montrer partout, marcher toujours à la tête de nos bataillons dans leurs diverses charges; les rallier avec calme chaque fois que l'ennemi les repoussait; enfin ce furent eux qui, les premiers, entamèrent les ennemis, suivis du 5e régiment de chasseurs à cheval.....

Extrait du Journal de l'adjudant général Reynier.

..... Aussitôt que le général Souham sut que Bertin avait été repoussé et que la route de Lille, par le chemin du Dronquart, était sur le point d'être interceptée, il fit partir le général Macdonald avec sa brigade pour Aelbeke, d'où il lui donna ordre de se porter aux moulins de Castrel, afin d'en chasser l'ennemi et d'y prendre une position propre à couvrir la route de Lille; il lui confia pour cela, outre sa brigade, le commandement des brigades Bertin et Jardon.

Le général Macdonald passa la Lys sur le pont qui avait été établi vers la chapelle de la Magdelaine. De là, il fut à Marcke, Oudesmesse et Aelbeke, d'où l'ennemi s'était retiré et où Jardon était rentré. Comme il était tard et que la brigade du général Bertin n'était pas encore bien rassemblée, il ne put attaquer le même jour. Il se contenta d'envoyer des troupes au Dronquart et aux moulins d'Hooghe-Poorte. Bertin resta à Tourcoing et envoya des postes à Neuville.

On envoya aussi d'Halluin deux bataillons pour occuper la hauteur du Dronquart. Par cette disposition, la route fut couverte, mais un peu tard; et il est bien surprenant que l'ennemi, qui était aux moulins de Castrel depuis midi, voyant passer à un quart de lieue de lui des convois, qui retournaient à Lille, et pouvant prendre à dos les troupes qui étaient à Halluin, y soit resté tranquille jusqu'au lendemain.

Il se contenta de faire quelques retranchements aux moulins de Castrel.

On reçut le soir des rapports qui confirmaient que ce n'était pas seulement une simple reconnaissance de l'ennemi, mais qu'il était avec 18,000 à 20,000 hommes entre Mouscron et les moulins de Castrel.

Le général Daendels eut, à 11 h. 30 du soir, l'ordre de partir le 10, à 3 h. 30 du matin, avec la 29e demi-brigade, la 199e demi-brigade, la 31e division de gendarmes et le 20e régiment de cavalerie, pour prendre la gauche du général Macdonald et se placer entre Aelbeke et Belleghem, en attendant que la troupe se mit en marche pour l'attaque.

Le parc d'artillerie passa après lui la Lys et fut se placer vers les moulins de Hooghe-Poorte.

Moreau continua de tirer sur Menin.

On fit les dispositions suivantes pour attaquer, le 10, Clerfayt, au mont Castrel.

Bertin, avec sa brigade, eut ordre de partir de Tourcoing pour faire deux fausses attaques, l'une par la Chapelle-Marlière sur Mouscron, l'autre par le Risquons-Tout sur les moulins de Castrel. Il devait seulement occuper l'ennemi sur ces points et profiter, pour le charger, du moment où il le verrait ébranlé par les autres attaques.

Cette disposition était fondée sur ce que la position entre Castrel et Mouscron était superbe de ce côté et que l'ennemi s'était placé dans les anciens retranchements. D'ailleurs, on ne pouvait pas beaucoup compter, pour une attaque sérieuse, sur des troupes qui avaient été battues la veille.

Le général Macdonald, ayant pour avant-garde les troupes légères commandées par le général Jardon, devait partir d'Aelbeke, suivre la route qui passe aux moulins de Castrel et y attaquer l'ennemi en se déployant à droite et à gauche de la route. Il devait laisser quelques postes sur sa droite, entre le Dronquart et Castrel, pour correspondre avec la fausse attaque de Bertin.

Le général Daendels devait suivre le général Macdonald jusqu'au moulin Cornélis et ensuite prendre le chemin de Mouscron afin d'attaquer ce village et les troupes qui étaient entre ce village et les moulins de Castrel, en appuyant sa droite à la gauche du général Macdonald.

Le parc d'artillerie passa la Lys sur les pontons, après le général Daendels, et fut aux moulins de Hooghe-Poorte. Après son passage, le pont sur la Lys fut détruit, et les pontons suivirent le parc.

On laissa à Courtrai la 27e demi-brigade avec le 2e bataillon de l'Yonne et deux escadrons du 19e régiment de cavalerie, qui fournirent des postes sur la route de Menin et aux ponts sur la Heule.

Dewinter resta au faubourg de Tournay avec la 23e demi-brigade, la

30e division de gendarmes, le 1er d'infanterie légère, le 9e régiment de hussards et deux escadrons du 19e régiment de cavalerie pour garder les routes de Gand, Audenarde et Tournay ; il eut ordre d'avoir, pendant toute la journée, beaucoup de partis sur la route de Tournay.

Les troupes se mirent en marche dans l'ordre que je viens d'indiquer, et l'attaque commença à 10 heures du matin.

L'ennemi était en bataille sur la hauteur entre Mouscron et mont Castrel. Les Autrichiens occupaient la droite, qui était à Mouscron, et les Hanovriens, la gauche, qui était aux moulins de Castrel. Il avait beaucoup d'infanterie dans les bois ou haies qui sont autour des fermes des Fossés, de la Blanquerie, des Fontaines et du château de Mouscron. Il avait plusieurs fortes batteries sur les hauteurs.

Aussitôt que l'avant-garde s'avança dans ces bois, il s'engagea un feu de mousqueterie des plus vifs pendant que l'infanterie se déployait, en faisant des chemins à travers les champs coupés de fossés et de haies et déblayant de forts abatis sous le feu des batteries de l'ennemi. A l'attaque de Macdonald, on fit soutenir par une partie de l'infanterie les tirailleurs qui étaient repoussés. Cette infanterie n'eut d'abord pas beaucoup de succès et n'avançait pas. On établit vers la ferme de la Blanquerie une batterie d'une pièce de 12, deux de 8 et deux obusiers ; mais l'ennemi en avait, vers les moulins de Castrel, cinq pièces de 13 et d'autres batteries à droite, qui démontèrent une partie de ces pièces.

Du côté de Daendels, le pays était encore plus fourré ; l'infanterie gagnait un moment le bois qui est entre le château de Mouscron et la ferme de la Blanquerie, et en était repoussée un moment après par le feu de l'infanterie ennemie et des canons chargés à mitraille. Le terrain étant fort coupé, les troupes ne pouvaient pas beaucoup se développer, et le boulet faisait du ravage dans les rangs. Il n'y avait pas de terrain pour établir des batteries.

A la gauche de Daendels, il n'y avait que des patrouilles, qu'il envoyait pour s'éclairer et correspondre avec les partis de Dewinter. Il parut de ce côté, entre le hameau Het Forreest et la cense de l'Hôpital, des partis de cavalerie ennemie. Il était à craindre que, s'ils étaient nombreux, ils ne se portassent sur le moulin Cornélis ou Aelbeke, et c'était la seule route où les chariots pussent passer pour l'évacuation des blessés et la communication avec le parc d'artillerie. Le 2e régiment de carabiniers était resté en réserve vers le moulin Cornélis. On le fit aller sur la gauche, entre la cense de l'Hôpital et Het Forreest, afin de contenir ces partis, qui s'éloignèrent.

Bertin avait, au commencement, mal compris ses instructions et, au lieu de faire une fausse attaque, il avait commandé à des détachements de s'avancer vigoureusement sur les deux points indiqués. Ces détachements furent repoussés, mais on arriva heureusement assez à temps pour rétablir l'ordre, et les troupes restèrent en présence de l'ennemi qui fut obligé de tenir une partie de ses troupes de ce côté.

On se battait ainsi depuis quatre heures, en faisant le feu le plus vif de mousqueterie, et sans avantage décidé. L'ennemi, cependant, se disposait à la retraite ; il était attaqué de tous les côtés et s'exposait, en résistant plus longtemps, à être entièrement défait. Au moment où les généraux observaient que son feu diminuait et qu'une partie de ses pièces du moulin de Castrel se retiraient, la cavalerie ennemie charge quelques tirailleurs qui s'étaient un peu avancés. La terreur s'empare de quelques bataillons et le désordre s'y met. Le 5e régiment de chasseurs était vers la ferme de la Blanquerie, derrière l'infanterie. On le fait marcher sur les bataillons qui s'étaient séparés ; il les rallie et charge ensuite sur la batterie des moulins de Castrel. L'ennemi commençait déjà à s'en retirer ; il se met en déroute à la vue des chasseurs, abandonne quatre pièces de canon et songe plutôt à se sauver qu'à se défendre : officiers, comme soldats, se rendent à l'approche d'un seul Français. Les Autrichiens veulent tenir à Mouscron pour soutenir la retraite, et tirent quelques coups de canon de l'entrée du village ; mais on les charge et les pièces sont prises. Les Autrichiens, à leur tour, se rendent en troupe à un seul chasseur. Les champs étaient couverts de ces casquettes à genoux et les fusils renversés et plantés en terre ; la cavalerie ne s'arrêtait pas. Elle laissait à l'infanterie, qui suivait, le soin de conduire les prisonniers. On voyait les régiments de dragons de Latour et des hussards de Blankenstein, qui avaient tant de réputation, renverser l'infanterie qu'ils devaient soutenir et fuir devant un peloton de trente chasseurs. La cavalerie s'était beaucoup dispersée dans cette poursuite. Il n'y avait pas un seul escadron réuni ; les bataillons n'ayant pas pu suivre en ordre, toute l'infanterie était en tirailleurs. On fit halte vers Herseaux.

Les carabiniers, d'après le mouvement qu'ils avaient fait sur la gauche, n'avaient pu, quoiqu'on les eût envoyé chercher, arriver assez tôt pour la première charge. Ils suivirent et furent sur la droite de Mouscron, entre Herseaux et Watrelos, avec une partie du 19e régiment de cavalerie ; le 20e, avec une partie de l'infanterie de Daendels, poursuivit par Loinge sur Evregnies.

On trouva entre Herseaux et Watrelos, le parc d'artillerie de Clerfayt qu'il avait été obligé de laisser dans sa retraite.

On fit, dans cette journée, 1,200 prisonniers à l'ennemi et 80 officiers dont plusieurs supérieurs. Le champ de bataille était couvert de morts et de blessés quoiqu'il en eût emmené plusieurs chariots pendant la bataille. Sa perte, tant tués que blessés, peut s'évaluer à 600. Notre perte fut d'environ 150 morts et 400 blessés.

On prit en tout 33 pièces de canon avec beaucoup de caissons.

Il y eut aussi 4 drapeaux de pris, dont 3 aux Hanovriens et 1 aux Autrichiens.

Ces prises furent faites par les chasseurs du 5e, mais, comme ils les embarrassaient pour charger, ils les jetèrent et l'infanterie qui les suivait eut l'honneur de les avoir pris. Les officiers en donnèrent l'exemple. Amiot, qui commandait un des premiers pelotons, en prend un et le jette à l'entrée du village de Mouscron. Un seul chasseur, nommé Hardouin, en rapporta un. Sur la proposition qu'on lui fit de le porter à la Convention, il répondit : « J'aime mieux rester à l'armée pour en prendre d'autres. » Ce chasseur a été avancé par la Convention.

On ramena à Lille 5,000 fusils trouvés sur le champ de bataille et sur les routes par lesquelles les troupes s'enfuirent.

Les troupes bivouaquèrent le 10 au soir sur le champ de bataille.

La brigade de Bertin, qui avait suivi l'ennemi lorsqu'il s'ébranla, resta autour de Mouscron ; la brigade de Macdonald se retira entre les moulins de Castrel et le moulin Cornélis ; Jardon fut à Loinge, et la brigade de Daendels entre Aelbeke et le moulin Cornélis.....

Extrait du Précis des opérations de la brigade Macdonald, par le général Pamphile Lacroix.

.....(1) Le 9, le général autrichien Clerfayt, à la tête de 30,000 hommes d'élite, attaqua vigoureusement la brigade du général Bertin, s'empara de la position du mont Castrel et menaçait de rendre difficile notre communication avec Lille, où était le général Pichegru, et d'aller délivrer Menin.

Mon général reçut ordre, l'après-dîner, de venir passer la Lys sur des pontons établis à Bisseghem et de placer sa brigade la droite au Dronquart, la gauche vers Aelbeke. Le soir, je fus envoyé chez le général Souham à l'effet de prendre les instructions pour l'attaque du lendemain, qu'on nous disait être la suite de notre premier mouvement. Le général Souham me remit ses ordres, m'observant qu'on devait attaquer à 3 heures du matin et que j'eusse à faire diligence pour donner le temps à mon général de faire ses dispositions ultérieures. Il était 11 heures du soir. Je me mis en route seul. Je rôdais toute la nuit pour trouver notre quartier général. Je cherchais encore à 2 heures du matin. J'étais dans une cruelle anxiété quand je rencontrai un chasseur à cheval du 5e régiment, qui en revenait et qui m'y conduisit. C'était à un moulin, au-dessus de Lauwe. De suite on rassembla les

---

(1) Voir p. 87-88.

troupes et nous nous portâmes à la pointe du jour, par Aelbeke, sur le mont Castrel.

Dewinter devait couvrir Courtrai, Daendels devait attaquer à notre gauche et le général Bertin par la route de Tourcoing. Mais l'ennemi avait prévenu ce dernier en l'attaquant lui-même ; il commençait à le repousser quand nous arrivâmes. Le pays, très couvert, ne nous permit pas aisément de nous déployer. Ce ne fut que très lentement et avec bien de la peine que nous en vînmes à bout. L'ennemi tenait des hauteurs retranchées. On ne pouvait arriver à lui que par des défilés très étroits qu'il couvrait de mitraille et d'une grêle de balles. Après avoir longtemps fusillé et canonné, mon général donna ordre de marcher en bataille sur les hauteurs. L'ennemi, sorti de ses retranchements, soutenu par une artillerie formidable, nous força bientôt à reculer. Nous revînmes à la charge : mêmes difficultés, même désavantage. Ce ne fut qu'à la troisième tentative qu'on parvint à les enfoncer. Les chocs furent terribles. Une charge à propos du 5e régiment de chasseurs à cheval décida tout. La hauteur fut bientôt couronnée par nos troupes. La 68e et la 24e demi-brigade y grimpèrent les premières. L'ennemi, culbuté, se retira par sa droite sur Mouscron.

Si le général Daendels ne se fût pas jeté sur nous et eût attaqué dans la véritable position à lui indiquée, il arrivait à Mouscron avant l'ennemi.

Plus de doute alors que presque tout eût été pris. Nous lui enlevâmes néanmoins 35 pièces de canon; on lui fit 1,500 à 1,800 prisonniers et on lui tua plus de 2,000 hommes. Tous ses bagages tombèrent en notre pouvoir.

Les anciens tacticiens disent que l'influence physique des généraux est de peu de chose dans un combat. Cependant, dans la guerre présente, il faut avouer que tout est dû à leur audacieuse conduite, et ce fut, dans cette occasion, l'exemple des généraux Souham et Macdonald qui détermina nos succès. Ceux-ci chargèrent à la tête de leurs troupes. Je ne me trouvais pas alors avec mon général. Il m'avait envoyé chercher les carabiniers. Je ne pus pas les joindre de suite ; l'adjudant général Reynier les avait déplacés pour couvrir Aelbeke, où la cavalerie des ennemis faisait mine de vouloir se porter. La pesanteur de leurs chevaux ne leur permit pas d'arriver assez vite pour prendre part à l'affaire. L'ennemi fut suivi en déroute jusques à Dottignies.

Je me rappellerai longtemps un volontaire, qui s'en allait boitant au moment de la seconde charge. Le général Souham lui demande ce qu'il avait. Il lui répond qu'il est blessé. « Va-t-en vite à l'hôpital ! » lui dit alors le général ; et zeste ! il disparaît comme un éclair. Je n'ai jamais vu courir aussi vite. Quoique au milieu du danger, très occupé du reste à rallier les troupes, je ne pus m'empêcher de rire jusqu'aux larmes, en voyant la légèreté de ce peureux qui, deux minutes auparavant, s'en allait tout éclopé.

L'armée ennemie était un composé d'Autrichiens et d'Anglais que leur défaite avait entre-mélangés. Nous prîmes cependant moins de ces derniers que d'Autrichiens. Le désordre était aussi à son comble parmi nous. Nous ne pûmes nous rallier que le soir sur le mont Castrel. Nous y bivouaquâmes.....

Richard, Représentant du peuple, au Comité de Salut public.

Lille, 11 floréal (30 avril).

Je m'empresse de vous annoncer que nous venons de remporter sur les coalisés une victoire signalée.

L'ennemi, que notre marche hardie sur Courtrai avait d'abord déconcerté, s'est bientôt rassuré par la résistance de Menin, et il a formé le dessein de nous chasser du pays dont nous venions de nous rendre maîtres. Hier, 10, dès la pointe du jour, il s'est présenté au nombre d'environ 20,000 hommes devant l'excellente position qu'occupait en avant de Courtrai la division du général Souham. L'action s'est engagée quelques heures après. Le succès a d'abord été balancé ; mais cette résistance n'a fait que doubler l'énergie des soldats de la République. Ils ont chargé avec impétuosité, et bientôt la victoire s'est déclarée pour eux. Nous avons pris 32 pièces de canons, plusieurs drapeaux, et tué ou pris plus de 4,000 hommes parmi lesquels plusieurs officiers de marque. Le général Clerfayt a été grièvement blessé.

La déroute des ennemis a été complète. Nous vous ferons passer des détails plus étendus. Je repars à l'instant pour rejoindre l'armée. Cette victoire aura des suites avantageuses pour la République.

Je n'ai point encore de nouvelles de l'attaque qui a dû avoir lieu à notre centre contre la Grande Armée. On me fait espérer qu'elle ira bien.

P.-S. — Dans l'instant, j'apprends la nouvelle officielle de la prise de Menin. La garnison a voulu s'échapper. 1,500 sont restés sur la place ; on poursuit le reste. Nous avons trouvé beaucoup d'artillerie dans la place. Dites à Paris, à toute la France, que l'armée du Nord répondra complètement aux espérances qu'on a fondées sur elle. On a tué un très grand nombre d'émigrés.

Le Clercq, secrétaire du quartier général, à Lherminé, secrétaire du général Thierry.

Five, 11 floréal (30 avril).

Notre ami Mathiot, aide de camp du général Thierry, est revenu hier vers les 9 h. 30 du soir des environs de Mouscron, qui est repris par nos frères d'armes. L'ennemi en déroute a perdu 17 pièces de canon de tout calibre, qui ont été enlevées, à la connaissance du citoyen Mathiot, qui a chargé à la tête du détachement qu'il commandait et contribué à leur prise. Beaucoup d'hommes et de chevaux sont en notre pouvoir, poudres, caissons, un trésor, etc... Le camp ennemi au-dessus de Mouscron a été forcé par les colonnes réunies des généraux Daendels, Macdonald et Bertin; 9 autres pièces de canon ont été prises sur l'ennemi, d'après le dire de plusieurs officiers au citoyen Mathiot. Enfin ils se sont repliés en désordre sur Templeuve.

Quant au général Thierry, Mathiot ne l'avait pas vu depuis hier à 8 heures du matin au village de Leers où il l'a quitté; il croit fort qu'il sera de retour ici aujourd'hui.

Menin n'était qu'un brasier hier entre 9 et 10 heures du soir. On n'entend plus rien de ce côté-là. L'affaire d'hier va, je crois, terminer le différend.

Le général Liébert à Olivier, commissaire des guerres, à Lille.

Lille, 11 floréal (30 avril).

L'adjudant général Reynier me mande de Courtrai, citoyen, que les mouvements que les troupes ont tentés hier matin pour livrer la bataille que l'on a donnée et qui nous a si bien réussi, les ont empêchés de prendre la viande que tu devais leur faire conduire. Tu voudras bien prendre des mesures pour que le pain et la viande leur soient délivrés aujourd'hui de bonne heure aux endroits suivants : porte de Tournay, pour la brigade du chef de brigade Dehay et de Dewinter; à Aelbeke, pour la brigade du général Daendels; au mont Castrel, pour la brigade du général Macdonald et Daendels, et à Mouscron, pour la brigade du général Bertin. Cela est pressant.

Le général Osten au général Liébert.

Pont-à-Marque, 11 floréal (30 avril).

Rapport des divers mouvements que j'ai faits aujourd'hui et sur ceux de l'ennemi. — Sur les 4 heures du matin, j'ai porté des forces sur Genech. Je me suis avancé jusque dans leurs retranchements de ce côté. L'ennemi a pris la fuite à mon aspect, et j'ai observé que ses postes et ses forces étaient toujours dans le même état. J'ai de même fait avancer mes troupes sur Capelle, qui ont montré un grand courage, mais je leur ai ordonné de ne pas s'avancer de crainte de surprise. Tout s'est passé parfaitement, et je crois que mon mouvement a donné de grandes inquiétudes à l'ennemi.

Les troupes cantonnées à Bersée ont fait une marche sur Coutiche, et ont forcé tous les avant-postes de l'ennemi sans perte d'hommes. Ils sont restés embusqués jusqu'à 11 heures du matin, où je leur ai donné ordre de rentrer (1).

J'ai fait faire des marches et contremarches qui l'ont singulièrement occupé du côté de Cysoing. L'ennemi s'est présenté avec une force assez considérable en cavalerie sur la hauteur de la plaine. Ses divers mouvements semblaient nous vouloir charger; mais nous nous sommes aperçus que l'intention de l'ennemi était absolument de nous attirer dans toute

---

(1) *Copie de la lettre du citoyen Compère, chef de brigade, au général Osten*, 11 floréal (30 avril) :

« D'après la lettre du général Pichegru qui m'a été communiquée par le général Drut, qui t'engage à donner des ordres à tous les commandants d'avant-postes, de harceler l'ennemi sur tous les points possibles, c'est en conséquence que j'étais venu pour te voir pour concerter ensemble une forte reconnaissance sur Coutiche. L'attaque m'en paraissant difficile pour notre peu de force, je suis seulement décidé à le harceler vigoureusement, et je te prierai, pour favoriser mon mouvement, de faire porter le cantonnement de Bersée à la pointe du bois qui est sur la droite dudit village, avec des fréquentes patrouilles sur Auchy. Les postes de la ferme la Croix et Fauxmont se réuniront pour se porter sur la ferme d'Escamps. Je compte sur tes ordres en conséquence, et demain, à 5 heures précises du matin, je serai en position.

« S'il se rencontrait quelque empêchement de ton côté, tu me le ferais savoir. J'en ferai de même. »

Réponse du général Osten :

« Approuvé les dispositions nécessaires pour seconder Compère dans ses opérations; avons ordonné au citoyen Sandeur de les mettre à exécution avec toute la prudence possible. »

Le commandant Sandeur au général Osten. — Rapport de divers mouvements que j'ai faits dans les villages des Watinnes, et ceux de l'ennemi d'après les ordres que j'ai reçus du général Osten.

« A 5 heures du matin, je me suis transporté avec mes troupes à Bersée où j'ai pris les dispositions nécessaires. Alors j'ai attendu que la droite commence son feu. Au premier coup de fusil, j'ai fait partir des forces qui se sont portées au moulin des Pages, d'autres au moulin des Watinnes. Là, elles ont attaqué l'ennemi dans ses retranchements dont

l'étendue de la plaine; d'après quoi nous avons laissé nos tirailleurs en observation et nous avons braqué sur le haut du Pont-à-Bouvines pour protéger notre retraite et les travailleurs, qui ont fait une grande redoute qui peut contenir 500 hommes et quatre pièces de canon qui protégeraient le défilé du pont.

Notre perte se monte à deux chevaux blessés et un de tué, sans perte d'hommes. L'ennemi, qui s'est avancé sur nos tirailleurs embusqués, en a reçu une décharge qui lui a été très funeste, et, sur le rapport des habitants nous en avons tué une certaine quantité, et nous avons observé que l'ennemi n'avait aucun changement dans tous ses postes et dans ses forces.

Je reçois à l'instant une lettre de l'adjudant général chef de brigade Blémont, qui m'annonce qu'il a fait faire de fréquentes patrouilles sur le Pont-à-Tressin. Je t'observe que cela ne suffit pas, à moins que tu n'aies donné des ordres que ce pont ne soit pas gardé par un bataillon, tel que tu me l'as annoncé. Tu n'ignores pas que je ne quitterai jamais ce poste à moins que tu ne me l'ordonnes. C'est une observation sur cette position que je trouve susceptible d'être tournée. Je t'engage donc à me donner des instructions à cet égard.

Ordre du 11 au 12 floréal.

Le général en chef annonce à toute l'armée, avec une satisfaction bien pure et bien vive, la victoire complète que les troupes de la République ont remportée hier au mont Castrel et Mouscron sur les satellites du despotisme. L'ennemi, forcé et battu sur tous les points par l'ardeur des soldats animés et brûlants du feu sacré de la liberté, nous a laissé

---

il n'est pas sorti. D'après différents rapports, l'ennemi a eu 4 hommes de tués et quelques blessés; de mon côté, je n'ai eu qu'un chasseur à pied blessé légèrement à la main. Je suis resté dans cette même position jusqu'à 11 heures. Alors le feu de la droite étant cessé, j'ai donné l'ordre de la retraite, qui s'est faite dans le meilleur ordre. J'ai envoyé au citoyen Compère deux ordonnances pour savoir quelle était sa position et le résultat de son opération. Je n'ai reçu aucune réponse ni de l'une ni de l'autre de mes deux ordonnances, et alors j'ai continué ma retraite et suis rentré dans mes postes.

« A 2 heures de l'après-dîner, j'ai fait partir une forte patrouille vers les postes que j'avais quittés le matin. Elle est rentrée et il n'y a rien de nouveau. »

dans sa fuite, après avoir perdu, par ses morts, ses blessés et ses prisonniers que nous lui avons faits, 3,000 à 4,000 hommes, deux drapeaux et une trentaine de pièces de canon au moins. Il a été poursuivi jusqu'à Saint-Léger.

Voilà les premiers détails de cette belle affaire dont il est si doux de féliciter les troupes qui ont combattu avec tant de valeur. En effet, quel heureux présage pour nos armes républicaines! quel exemple pour toutes les divisions de l'armée ! et quelle lutte heureuse en va naître et s'élever de toutes parts pour frapper et exterminer, et les tyrans qui ont voulu nous rendre des fers, et les esclaves qui ont voulu nous faire partager les leurs !

Extrait du Mémoire historique et militaire de d'Arnaudin.

.....(1) Il (Clerfayt) se porta, sans perdre de temps, sur Tournay, et il était sur le point de joindre les Hanovriens. Ces derniers, sous la conduite du général de Oeynhausen, venaient de reprendre poste sur les hauteurs de Mouscron et de Castrel. Ils en avaient chassé les Français qui, dans cette affaire, perdirent quelques pièces de canon. Mais c'était le moindre dommage qui résultait pour eux de cette expédition. La communication directe de Courtrai à Lille leur était en même temps enlevée, et en conséquence ils se trouvaient exposés d'être forcés, au premier moment, d'abandonner Halluin, de renoncer à leur entreprise sur Menin, et de perdre ainsi tout le fruit de la pointe hardie qu'ils venaient de faire le long de la Lys.

Cet événement avait eu lieu le 28, et le lendemain l'ennemi reparut avec des forces plus considérables qu'auparavant. Après un choc impétueux, il réussit d'abord à dégager la communication qu'il lui était si important de conserver.

Les Hanovriens se replièrent sur les hauteurs de Castrel, où ils se trouvaient sous la protection d'un feu formidable de plusieurs batteries, qui défendaient toutes les issues par lesquelles on pouvait les aborder. Mais, s'étant aperçu que tout cela n'empêchait pas les Républicains de continuer à les serrer de près, et que déjà ils menaçaient de forcer la position, même par les côtés les moins accessibles, leur résolution commença à s'ébranler.

C'était le moment où le général Clerfayt arrivait avec son armée.

---

(1) Voir p. 93.

Ses corps avancés composés de hussards, loin de rassurer les Hanovriens par leur apparition, ne servirent qu'à compléter la frayeur dont ils ressentaient déjà les premières atteintes. Une sorte de ressemblance, qui se trouvait par hasard entre le costume de ces troupes et celui des hussards français connus sous le nom de hussards de la République, leur fit croire que ces derniers les prenaient à gauche et à dos. Dès lors, l'épouvante fut portée à son comble du côté des Hanovriens ; rien ne fut plus capable de les retenir, et ils s'abandonnèrent à la déroute la plus complète, laissant derrière eux canons, caissons et même leurs fusils et leurs sacs. Les uns gagnaient le pays par Audenarde, et les autres par Tournay, où ils semaient également l'alarme ; et de là, ils se répandaient dans les campagnes sur la rive droite de l'Escaut où l'on croyait l'ennemi déjà maître de Tournay. Les Français, en cette occasion, prirent 33 bouches à feu et un grand nombre de fusils.

Cependant, les avant-corps autrichiens qui, par un effet de la méprise dont on vient de parler, avaient déterminé la déroute des Hanovriens, voyant la confusion qui régnait dans cette partie des troupes des alliés, commencèrent eux-mêmes à s'ébranler, et, se repliant en désordre sur le corps d'armée qu'ils précédaient, y communiquèrent les sentiments de frayeur dont ils étaient pénétrés. On conclut dès lors que la communication entre les Hanovriens et les Autrichiens était entièrement coupée par l'ennemi. Dans cette situation alarmante, le général Clerfayt hors d'état de rien entreprendre avec une armée fatiguée à l'avance par des marches forcées, et qui n'était même point encore toute rassemblée, jugea à propos de borner les opérations de ce jour à prendre une position à portée de la chaussée qui mène de Courtrai à Tournay, afin de pouvoir couvrir en même temps cette dernière ville et l'Escaut, en attendant de nouveaux renforts.

La nouvelle de ce contretemps fâcheux étant parvenue au quartier général autrichien, Sa Majesté Impériale pénétrée du danger imminent qui en résultait pour la Flandre et pour la Grande Armée même, qui pouvait de suite se trouver enveloppée, pria Son Altesse Royale le duc d'York de se porter aussi promptement que possible sur Tournay pour laisser au général Clerfayt la facilité de défendre le reste de la Flandre.

En conséquence, le soir même du 30 avril, jour de la reddition de Landrecies, toute l'armée britannique leva son camp en avant du Cateau. Une partie de la cavalerie avait déjà atteint Saint-Amand le lendemain au soir. Mais la chaleur excessive et un orage très fort qui dura toute la nuit furent cause que l'infanterie n'arriva que le 2 mai au matin, et le 3, toute l'armée ayant débouché devant Tournay, elle campa la droite un peu en arrière de Blandain et la gauche à Lamain.....

Les Hanovriens, qui avaient eu le temps de se rallier depuis la malheureuse affaire du 29, remplaçaient derrière le ruisseau d'Espierres l'armée du général Clerfayt. Ce dernier avait profité de l'arrivée du duc d'York en avant de Tournay pour faire un mouvement à gauche, qui le mit en mesure de couvrir plus efficacement la Flandre menacée, ainsi qu'on le verra plus en détail dans la suite de ce Mémoire.....

CHAPITRE IV

La prise de Menin [7-11 floréal (26-30 avril)].

Le général Pichegru au général Moreau.

Courtrai, 9 floréal (28 avril), 7 heures matin.

Il est indispensable, général, que tu me fasses connaître sur-le-champ si Menin peut être enlevé de vive force, comme je l'ai cru d'après les rapports ou renseignements que vous m'aviez donnés. Quelle est donc ta position actuelle? On dit qu'il est entré cette nuit un renfort d'infanterie et de cavalerie dans cette place. Tu n'en fermes donc pas les communications, ce qui est pourtant de la première nécessité. Si l'on ne peut pas enlever Menin d'un coup de main, je le ferai battre vigoureusement du côté d'Halluin; mais il faudrait renforcer ce poste, où il n'y a que 1,800 hommes, et tu y ferais passer 2,000 des tiens.

P.-S. — Je vais monter à cheval pour me rendre à Halluin. Si tu as un moyen de m'y faire passer promptement ta réponse, je pourrai l'y attendre jusqu'à 10 ou 11 heures du matin.

Est-ce que Vandamme n'a pas exécuté ce que tu lui avais ordonné? Si l'investissement n'est pas fait, exécute-le sur-le-champ (1).

Le même au même.

Halluin, 9 floréal (28 avril).

La nécessité où tu te trouves, général, de garder tes derrières me détermine à retirer l'ordre que je t'ai donné ce matin de faire passer

(1) *Note marginale de Moreau (?)* : « L'investissement a été rompu, Souham ayant été obligé de retirer ses troupes de Moorseele pour battre l'ennemi à Mouscron. »

ici 2,000 hommes. Tu voudras donc bien le regarder comme non avenu et prendre des mesures sages pour assurer tes derrières. Je vais faire établir ici de bonnes batteries de mortiers et de canons, qui faciliteront, je l'espère, la prise de Menin. Prends communication avec les 4,000 hommes (1) que tu as laissés devant Ypres ; rapproche-les même de toi si les rapports t'annoncent quelque rassemblement de ce côté. Tu te trouves à portée d'être soutenu par les troupes en position sur Courtrai.

P.-S. — Je compte me rendre d'ici à Lille. Tu pourras m'adresser là tes dépêches.

Le général Moreau au général Vandamme.

Menin, 9 floréal (28 avril).

L'attaque de Wervicke est, je crois, une peur. Je donne l'ordre à Séron de laisser deux bataillons à Halluin et de n'en envoyer qu'un à Wervicke. Reste tranquille jusqu'à nouvel ordre. Je crains plus pour Courtrai que pour nous, ou bien gare la diversion sur Dunkerque.

P.-S. — Je t'envoie Baudot (son aide de camp) qui vaut mieux qu'une longue lettre.

Le général Pichegru au général Moreau.

Halluin, 9 floréal (28 avril).

Si, d'après les rapports qui te parviendront sur les mouvements de l'ennemi, tu penses, général, pouvoir laisser tes derrières à découvert, tu feras marcher les 2,000 hommes que je t'avais demandés ce matin pour venir augmenter les forces de ce côté-ci, où elles sont réduites à un bataillon, me trouvant dans le cas d'en faire partir un à l'instant pour le mont Halluin, afin de couvrir notre communication. Le poste de Mouscron a été forcé de se replier ce matin sur Tourcoing, ce qui annonce que l'ennemi veut s'avancer de ce côté-ci pour secourir Menin. Cela me paraît nécessiter le rapprochement des troupes qui sont sous Ypres, dont je t'ai parlé dans ma seconde lettre d'aujourd'hui. Je crois inutile de te dire que c'est par Wervicke que devront arriver les forces que tu pourras envoyer.

---

(1) C'était sans doute la brigade Desenfans, à Wytschaete.

Le même au même.

Lille, 9 floréal (28 avril).

J'ai vu avec beaucoup de satisfaction, mon cher général, les bonnes dispositions que tu as faites pour la reddition de Menin. J'ai été moi-même témoin de l'incendie qui a eu lieu dans plusieurs points, ce qui annonce que le service de l'artillerie se fait parfaitement bien. Et je te prie d'en témoigner mon contentement à tous les officiers et soldats de cette arme.

Après avoir prouvé à la place que tu es en mesure de la réduire en cendres par les batteries établies cette nuit, tu pourras faire une sommation dont les conditions seront que la garnison entière sera prisonnière, de quelque manière qu'elle soit composée; sans cela, tu la brûleras ou tu la prendras d'assaut, si tu as quelque espérance de succès sans trop exposer la troupe.

Puisque tu es le seul général de division employé au siège de Menin, nul doute que c'est toi qui commande toutes les forces que j'ai destinées à la conquête de cette place, de quelque division qu'elles viennent. Tu te concerteras pour tous les objets importants avec le commandant du génie et celui de l'artillerie.

Situation de Menin, le 9 floréal, le soir, à 9 heures (fournie par Moreau, d'après un compte rendu d'espion probablement).

La porte de Courtrai est défendue par deux pièces de 22; il y a un pont en planches que l'on peut lever.

Il y a deux autres pièces du même calibre qui battent sur la Lys et Halluin.

A la porte d'Ypres, il y a trois pièces de 6; cinq de 7, aux batteries du côté de Bruges.

La maison de ville est brûlée et cinq autres places de la ville. Le feu continue encore et beaucoup de monde travaille à l'éteindre.

Il dit avoir vu deux canonniers blessés au col. Il dit qu'il y a 4,000 hommes de garnison, dont 300 émigrés.

Il y a près de 300 hommes de cavalerie anglaise.

Il a vu sur la place plusieurs chariots brisés par nos boulets.

Il y a vu des Hessois infanterie dans les mailhon (?).

Il dit qu'ils attendent des secours du côté de Bruges; et hier, ils croyaient les voir arriver; déjà, ils étaient bien aises, mais ils furent trompés et maintenant ils sont frappés de terreur, malgré qu'ils semblent être assez bien décidés.

Dejean, chef de bataillon du génie, au général Moreau.

Halluin, 9 floréal (28 avril), 11 h. 30 soir.

Nos mortiers, citoyen général, sont arrivés avec environ 300 bombes. Au lieu du 8 pouces, on nous a envoyé du 10. J'espère qu'il n'y aura pas de méprise sur la portée. Je te prie de ne point négliger de nous instruire à cet égard, afin de corriger le tir s'il vous devenait incommode. Il importe que le passage pour communiquer par la Lys soit promptement établi. Il importe encore plus que nous convenions d'un signal pour que le feu des bombes et des obus cesse de ce côté-ci, lorsqu'il pourrait nuire à tes attaques ou à celles dirigées sur le front de Courtrai. Il faut absolument, quel que soit le plan qu'on adopte, convenir de tous nos faits.

Demain, au jour, je déplacerai un des obusiers, que je porterai à droite sur un point beaucoup plus rapproché pour disséminer le feu.

J'ai fait doubler les gardes, et j'ai recommandé au chef de bataillon qui commande la troupe la plus grande surveillance en face et derrière lui.

Le général Moreau au général Souham.

Gheluve, 10 floréal (29 avril), 10 heures matin.

Je reçois à l'instant ta lettre d'hier. J'avais appris avec bien de la peine par Sauviac que l'ennemi s'était porté sur Tourcoing ; mais je ne doute pas que tu ne l'en chasses, ce qui me paraît d'autant plus important qu'il a quelques forces à Rousselaere et à Ypres, et que nous sommes obligés de faire face de deux côtés. J'ai même renforcé la demi-brigade d'Halluin de 1,000 hommes.

Nous avons mis le feu à Menin dans cinq ou six endroits ; le clocher et la maison de ville sont brûlés.

Tu verras par le rapport que je t'envoie que l'ennemi est assez fort à Menin, et qu'il y a beaucoup d'artillerie.

Je fais actuellement sommer la ville de se rendre. Si elle refuse, nous allons chauffer vivement.

Dejean, chef de bataillon du génie, au général Moreau.

Halluin, 10 floréal (29 avril).

Arrivé très tard ici hier au soir, je n'ai pu me procurer que quelques ouvriers paysans. Ce soir, j'aurai des travailleurs soldats, et je me porterai beaucoup plus en avant, afin que les pièces de 8 puissent produire plus d'effet.

Je crains bien que ce matin la fusillade, après la cessation du feu, n'ait induit à erreur nos canonniers toujours trop ardents. J'ai couru et crié après eux ; je désire que leur erreur ne t'ait point contrarié. Je l'avais fait cesser ; ils ont recommencé de nouveau sur l'invitation d'un adjudant général, passant à la batterie avec escorte. Il serait bien à désirer que nous agissions de concert. L'officier qui commande ici a l'air d'un bon soldat, mais je le crois peu propre à des dispositions.

Il m'est arrivé hier deux ingénieurs et un adjoint, et aujourd'hui deux autres adjoints. Malheureusement, ils ne sont pas tous montés. Ils sont autorisés à acheter des chevaux de prisonniers, et il importe qu'ils en aient promptement pour servir plus utilement. Si tu as besoin, dans ton attaque, de notre aide, je t'enverrai quelques-uns d'eux. J'en eusse fait partir aujourd'hui pour Courtrai, sans le mouvement des troupes dont je ne savais la marche qu'en partie.

Rapport fait par deux Français, déserteurs de Nieuport (1).

10 floréal (29 avril).

Le garnison est forte d'environ 1,800 hommes, dont à peu près 150 émigrés, 50 ou 60 cavaliers, tant Anglais que Hessois, environ 60 bouches à feu, parmi lesquelles se trouvent quelques pièces de 4, françaises, et de 7, anglaises ; les autres pièces sont en fer et montées sur des affûts de fer.

Le magasin à fourrages est près la tour, appelée la tour du Diable, auprès de laquelle se trouvent aussi les caissons de munitions pour le service habituel des remparts de ce côté.

Ces déserteurs, partis il y a trois jours de la place, sont arrivés à Dixmude sans rencontrer aucun de nos postes. Ils ont eu à traverser les inondations, qui paraissent guéables dans plusieurs endroits.

Il paraît, d'après le rapport de ces déserteurs, qu'il y a dans la place beaucoup plus de vivres que de munitions. Ils ont entendu dire qu'ils avaient presque mille coups à tirer par pièce.

La garnison ne paraît pas disposée à se rendre. Les habitants se disposent à faire le sacrifice de leurs propriétés pour la défense de la place.

Parmi les émigrés se trouve un de leurs généraux, le marquis ou baron de Vilaine.

---

(1) Rapport non signé. L'original porte en marge le nom : « L'Humain ».

Le général Pichegru au général Moreau.

Lille, 10 floréal (29 avril).

J'ai envoyé à Halluin les obusiers et mortiers nécessaires pour incendier Menin. Cette position m'a paru la plus avantageuse pour le placement des bouches à feu. Si, cependant, tu crois pouvoir en employer plus utilement d'un autre côté, comme tu commandes tout ce qui est employé à ce siège, tu pourras retirer d'Halluin tout ce que tu jugeras pouvoir être mieux placé sur d'autres points.

Je viens de donner ordre au général Songis de te faire passer vingt fusées à signaux.

Extrait du Journal de l'adjudant général Reynier.

.....(1) Depuis trois jours qu'on tirait sur Menin, la ville était ruinée. Il n'y avait que des munitions de campagne pour les pièces qui étaient dans la ville; plusieurs caissons que l'ennemi ne pouvait mettre à couvert avaient sauté. Le rempart était bien rétabli en terre et fraisé, mais les ouvrages avancés et le chemin couvert ne l'étaient pas encore; et la garnison n'y pouvait plus tenir. Les secours qu'elle devait attendre de Clerfayt étaient nuls après la bataille du mont Castrel.

La garnison était composée d'environ 4,000 hommes des corps suivants : Royal-émigrés, 14e régiment d'infanterie légère hanovrienne et deux autres régiments hanovriens, avec une centaine de hussards britanniques. Le général hanovrien de Hammerstein qui y commandait, profita, dans la nuit du 10 au 11, d'une faute que nous avions faite, en investissant Menin. Les batteries avaient été établies en rase campagne, sans établir seulement de parapet, et les routes n'avaient point été coupées. On n'avait pas seulement barré l'entrée du faubourg de Bruges. Par une erreur, il n'y avait pas de troupes devant la porte de Courtrai, depuis le faubourg de Bruges jusqu'à la Lys. La nuit était fort noire; la garnison, les émigrés à la tête, sortit à 2 heures du matin par la porte de Bruges, surprit les troupes qui gardaient le faubourg et les réveilla à coups de baïonnette. Les émigrés suivirent, sans s'arrêter, la route de Bruges, à travers des troupes qui étaient au Keselbergh. Un uhlan britannique précédait au galop sur la chaussée. Il arrive au pont de Clippe, qui était coupé et où nous avions un poste, répond au cri de : « Qui vive? », « *Ordonnance pressée* », et se précipite dans le ruisseau de

(1) Voir p. 108.

Heule. Il est suivi de plusieurs autres. Les troupes avaient eu le temps de se mettre sous les armes. Celles qui étaient au Keselbergh marchent sur ces émigrés, qui étaient arrêtés au pont de Clippe, et les tuent presque tous. Quelques-uns seulement purent se sauver par Moorseele.

Les troupes s'étaient aussi rassemblées au faubourg de Bruges et, remises du premier désordre, elles poursuivirent le reste de la garnison, ainsi que les équipages et artillerie qui avaient pris le chemin de Moorseele et, de là, celui d'Iseghem. Elles ramenèrent presque toutes les pièces de canon et voitures et quelques prisonniers.

On se porta en même temps sur Menin, où il était resté une arrière-garde de 300 hommes du 14e régiment d'infanterie légère hanovrienne, qui se rendirent prisonniers. On trouva encore plusieurs pièces de canon sur les remparts, ce qui, avec les pièces qu'on ramena, fit un total de 13 pièces.

Cette sortie fait honneur au général-major de Hammerstein, Hanovrien, qui commandait à Menin.

Nous perdîmes dans cette sortie ... morts et ... blessés. L'adjudant général Schiner reçut, au faubourg de Bruges, un coup de feu à la cuisse, dont il sera estropié. L'adjudant général Lacour fut pris en poursuivant la garnison près d'Iseghem.....

Extrait des Opérations du général en chef Pichegru.

.....(1) Le gain de ce combat, que l'indispensable nécessité avait seule fait livrer, nous valut la prise de Menin qui, n'espérant plus d'être secourue, se rendit le 11, à 5 heures du matin.

Deux jours auparavant, on avait offert à M. Hammerstein, général hanovrien commandant cette place, une honorable capitulation, dans laquelle, cependant, nos généraux refusaient de comprendre les émigrés. Mais ce brave officier la rejeta. Touchant au moment où le sort l'eût peut-être contraint de sacrifier ces malheureux, il résolut de tenter un coup d'audace que l'histoire doit recueillir comme l'un des actes militaires les plus sublimes : le projet de se faire jour à travers notre armée fut arrêté et la ruse suivante employée pour l'exécuter.

Dans la nuit obscure du 10 au 11, 200 Hanovriens et les émigrés sortirent par la porte de Bruges. Un détachement les précédait et s'avançait sur nos postes. Nos vedettes, entendant du bruit du côté de la ville, firent feu, mais les émigrés, loin de riposter, crient : « Que faites-vous ! Ce sont vos frères d'armes, les chasseurs du 14e ! » Et, tandis que l'in-

(1) Voir p. 104.

certitude suspend les coups de nos soldats, ils s'avancent tête baissée avec tout le corps de sortie, culbutent et massacrent notre grand'garde et traversent le faubourg en se dirigeant sur Bruges. Au premier avis de la sortie, des troupes étaient accourues de toutes parts, mais par une méprise des plus fatales, elles se prirent réciproquement pour des émigrés et s'entre-fusillèrent assez longtemps. Pendant ce temps, ceux-ci continuaient leur marche victorieuse. Arrivés devant la hauteur de la croisière de Moorseele, ils ne tardent pas à attaquer les troupes que nous y avions, et qui, ayant entendu la fusillade, s'étaient mises sous les armes. Mais par suite de l'étonnement que cause toujours une action téméraire, les émigrés n'eurent pas de peine à les enfoncer, et arrivèrent à Rousselaere, après nous avoir fait plusieurs prisonniers et enlevé une pièce de canon. Moreau perdit à cette sortie ses deux adjudants généraux, Lacour et Schiner ; le premier fut pris et le second eut la cuisse cassée d'un coup de crosse de fusil.....

Le général Pichegru au Comité de Salut public.

Lille, 11 floréal (30 avril).

Je ne vous ai pas écrit depuis la prise de Courtrai parce que nos opérations ont été si rapides que je n'ai pas eu un moment à moi. Les troupes prirent dans la même journée, c'est-à-dire le 7, une position entre la Lys et la Deule, et, dès le lendemain, formèrent l'investissement de Menin. Cette place défendit ses approches par une canonnade des plus vives, qui ne nous causa presque aucun dommage et qui ne cessa qu'à la nuit, à la faveur de laquelle nos Républicains établirent leurs postes de circonvallation. Le 9, le général de division Moreau, qui occupait le front d'attaque, fit avec le général de brigade Vandamme une reconnaissance sur la place pour examiner si elle pouvait être emportée de vive force. Il fut bientôt convaincu que ses nouvelles fortifications, quoique en terre, la mettait parfaitement à l'abri d'un coup de main et que nous ne pourrions le tenter sans nous exposer à perdre plusieurs mille hommes, ce qui me détermina à en ordonner le bombardement, qui commença dans l'après-midi du même jour et fut continué toute la nuit.

Le lendemain matin, il fut fait une sommation au général Hammerstein, commandant dans la place, qui, comptant sur des secours de la part de l'armée ennemie, répondit simplement qu'accoutumé à faire son devoir, il ne se rendrait pas. Sur cette réponse, le bombardement recommença contre le vœu de nos troupes, qui demandaient toutes l'assaut. Le général Vandamme leur ayant observé que les fossés larges et profonds, dont la place était environnée, ne permettaient pas que l'on cédât à leur ardeur, plusieurs répondirent : « Eh bien ! puisque les fossés sont un des plus grands obstacles à la prise de la place, nous vous demandons à y arriver les premiers; nos corps les combleront, et nos camarades monteront alors facilement ! »

Pendant que les troupes qui formaient l'investissement témoignaient leur empressement d'emporter la place, celles qui formaient l'armée d'observation se trouvèrent attaquées par l'armée aux ordres de Clerfayt, qui occupait l'avantageuse position du mont Castrel.

Prévenu dans la nuit, de sa marche, je retirai promptement une brigade des troupes d'investissement pour renforcer celle-ci. L'attaque commença vers 5 heures du matin. Déjà l'ennemi forçait ce qu'il avait en front, lorsque les sages dispositions concertées entre les généraux Souham, Macdonald et Daendels mirent l'armée attaquante dans une position à peu près pareille à celle de la place investie, c'est-à-dire qu'elle se trouva prise en front et par ses deux flancs. L'ennemi, quoique ainsi enveloppé résista pendant cinq heures à l'attaque la plus vive et la plus soutenue ; mais enfin il fut obligé de céder aux charges impétueuses et réitérées de nos braves Républicains. Il s'ébranla, se rompit et prit la fuite en déroute. Il fut poursuivi aussi vivement qu'attaqué, et nos troupes légères profitèrent de ce moment pour en faire déconfiture. J'estime sa perte environ 3,000 hommes, tant tués que blessés et prisonniers. Je ne puis vous dire positivement le nombre de ces derniers; on en trouve et on en amène encore de toutes parts. J'estime qu'il y en a déjà environ 1,500, avec trente et quelques pièces d'artillerie et 5 drapeaux, que les représentants Choudieu et Richard vous envoient par ceux qui les ont pris.

La présence continuelle de vos dignes collègues sous les murs de Menin et sur le champ de bataille a singulièrement animé le courage des troupes. Toutes se sont signalées à l'envi. Je ne puis trop en faire l'éloge. Le 5ᵉ régiment de chasseurs à cheval s'est surtout distingué. Cette bataille, plus chaude que celle de Jemappes, au dire de ceux qui ont vu l'une et l'autre, s'est ainsi terminée à la gloire et à l'avantage de la République.

Le commandant de Menin s'étant aperçu du départ de la brigade qui allait renforcer l'armée, a profité de ce vide pour faire une sortie dans la nuit, à la faveur de laquelle une partie de la garnison s'est échappée et l'autre a été tuée. Il n'a laissé dans la place que 500 hommes, qui ont été fait prisonniers. Il a tenté d'emmener son canon, mais nous l'avons repris en le poursuivant. La ville n'offre qu'un tas de cendres et de pierres et, quoique le bombardement n'ait duré qu'environ trente heures, il n'y a pas une seule maison intacte. Nous y avons trouvé quelques petits magasins de munitions. J'ignore encore s'il y en a de vivres ou de fourrages.

Je n'ai pas encore de nouvelles d'une attaque qui a dû être faite le 10, sur les troupes qui bloquent Landrecies ; si elle a été heureuse, nos affaires se trouvent en bon train.

De la main de Pichegru : « Vive la République! »

Ordre du 13 au 14 floréal.

Encore un nouveau succès! Menin est au pouvoir des troupes de la République. L'ennemi n'a pu résister à leur valeur. Le général en chef l'annonce à toute l'armée. Que toutes les divisions soient animées de de la même ardeur, et les satellites pâliront et fuiront toujours. Le triomphe est assuré!

CHAPITRE V

Le séjour à Courtrai du 11 au 24 floréal.

Le général Liébert au général Malbrancq.

Lille, 10 floréal (29 avril).

Tu trouveras ci-joint, citoyen, l'ordre de partir de Saint-Omer dans le plus court délai pour te rendre à Lille, où tu recevras de nouveaux ordres. Tu remettras provisoirement le commandement au commandant de la place, en attendant l'arrivée du général Leclaire, qui s'y rendra sous peu.

Le général Souham au Commandant du parc d'artillerie.

Courtrai, 11 floréal (30 avril).

Il est ordonné au commandant du parc d'artillerie de faire rétablir demain matin, 12 floréal, le pont qui était entre Courtrai et Bisseghem. Le pont rétabli, il fera avancer son parc jusqu'à Marcke, et attendra pour passer ce pont que les brigades du général Daendels et du général Macdonald y aient passé. Le commandant du parc fera ensuite parquer son artillerie dans la même position qu'il avait avant-hier.

Ces ponts devront être rétablis à la pointe du jour.

Le général Souham au général Bertin.

Courtrai, 12 floréal (1er mai).

Je te préviens, général, qu'en conséquence des ordres du général en chef, le chef de brigade Dewinter viendra prendre le commandement des troupes que tu as à Tourcoing et Neuville.

Le général Souham au général Dewinter.

Courtrai, 12 floréal (1er mai).

Il est ordonné au chef de brigade Dewinter de remettre au général Jardon, lorsqu'il arrivera, le commandement des troupes qui sont sur la hauteur derrière Courtrai et sur les routes de Tournay, Audenarde et Gand.

Il donnera au général Jardon toutes les instructions sur les postes qu'il doit attaquer, sur leurs moyens de retraite et sur la position des ennemis.

Le chef de brigade Dewinter se rendra ensuite à Tourcoing pour prendre le commandement du corps de troupes du général Bertin, composé du 1er bataillon de l'Aisne, 2e bataillon du 81e régiment d'infanterie, 2e bataillon des Basses-Alpes, 2e bataillon du 19e régiment d'infanterie, 3e bataillon des fédérés, 3e bataillon des tirailleurs, 19e régiment de cavalerie, 19e régiment de chasseurs à cheval, une demi-compagnie d'artillerie à cheval, dont la destination est de couvrir la route de Menin à Lille, en prenant des positions sur Tourcoing ou Neuville.

Le chef de brigade Dewinter, avec ses troupes, observera soigneusement les mouvements de l'ennemi par des découvertes et par les émissaires qu'il devra envoyer. Il saisira toutes les occasions d'inquiéter l'ennemi et d'enlever les postes qu'il avancerait, ainsi que d'attaquer en flanc s'il marchait du côté de Courtrai.

Le chef de brigade Dewinter emmènera avec lui le 9e régiment de hussards et enverra au général Jardon les cavaliers du 19e qui sont à Tourcoing.

Le général Souham au général Jardon.

Courtrai, 12 floréal (1er mai).

Il est ordonné au général de brigade Jardon de partir d'Aelbeke avec les tirailleurs qu'il commande et 200 chasseurs à cheval que le général de brigade Macdonald doit lui laisser. Il se rendra vers Courtrai, au faubourg dit de Tournay, où le chef de brigade Dewinter lui remettra le commandement des troupes suivantes : 23e demi-brigade, 30e division de gendarmerie, 1er bataillon d'infanterie légère, six compagnies de grenadiers, des cavaliers du 19e régiment.

Le citoyen Dewinter donnera au général de brigade Jardon les instructions qu'il a déjà reçues sur la destination de ces troupes, qui est de couvrir Courtrai par de bons postes établis sur les routes de Gand, d'Audenarde, de Tournay, Belleghem et Aelbeke, et de défendre la hauteur qui domine Courtrai, où le corps de troupes doit rester.

Les postes détachés sur les routes de Gand, d'Audenarde, de Tournay, s'ils y étaient obligés par des forces très supérieures, ne doivent pas se retirer dans Courtrai, mais passer autour de la ville et se réunir sur la hauteur afin d'en défendre l'approche à l'ennemi. Aussitôt que le général Jardon se verrait attaqué, il en préviendrait sur-le-champ le chef de brigade Dehay.

Le général Jardon doit avoir continuellement des découvertes sur toutes les routes afin d'être instruit des mouvements que l'ennemi pourrait faire. Il me fera part de tout ce qu'il apprendra.

Il fera et ordonnera pendant la nuit de fréquentes visites de tous les postes afin d'être assuré de leur surveillance et de les empêcher d'être surpris.

Extrait du Journal de l'adjudant général Reynier.

.....On rétablit à la pointe du jour (12 floréal) le pont sur la Lys, vers la chapelle de la Magdelaine.

Le 7e bataillon du Nord et le 21e bataillon des volontaires nationaux, qui étaient restés à Halluin, devant Menin, rejoignirent, le matin, l'armée et furent placés avec le 2e bataillon de l'Yonne et un détachement du 20e régiment de cavalerie en dehors de la porte de Bruges et gardèrent les ponts sur la Heule.

Les troupes partirent toutes à la pointe du jour pour la nouvelle position qu'on fit prendre à l'armée.

Le général Bertin se retira à Tourcoing, où il prit la position des moulins; il détacha des postes à Watrelos, la Chapelle-Marlière et au Risquons-Tout.

La brigade du général Daendels passa par Oudesmesse, Marcke, le pont établi sur la Lys et Gulleghem, et s'établit derrière Moorseele, la droite au moulin de Pœsel Hoeck, la gauche à la ferme de Cassier Goet, et envoya des postes à Gulleghem, vers Ledeghem et à Keselbergh.

La brigade du général Macdonald suivit cette même route, et, après avoir passé la Lys sur le même pont, fut placée la droite vers la chapelle de la Vierge et la gauche vers la ferme de Het Schoon Waeter; elle envoya des postes à Waetermeulen et à Heule, ainsi qu'aux pontons.

Le général Jardon fut à Aelbeke et Sainte-Anne avec le 1er bataillon de tirailleurs, cinq compagnies du 2e bataillon d'infanterie légère et 200 chasseurs du 5e régiment.

Le parc d'artillerie passa la Lys sur les pontons, après les brigades de Daendels et de Macdonald, et se parqua vers le moulin de Schrans.

La 2e division n'étant plus occupée à Menin, y laissa en garnison une demi-brigade, qui fournit un poste à Gheluve, et la brigade de Vandamme vint prendre position à la gauche de celle du général Macdonald, derrière le ruisseau de Nederbeke, la gauche appuyée à Wevelghem. La brigade du général Desenfans resta dans la position de Wytschaete.

Le général Bertin ayant eu un commandement dans l'intérieur, le chef de brigade Dewinter fut envoyé à Tourcoing pour prendre le commandement de cette brigade. Il devait avec ce corps couvrir la communication de Lille à Menin et Courtrai, et inquiéter l'ennemi du côté de Tournay avec des partis nombreux.

Le général Jardon eut le commandement du corps que Dewinter commandait devant Courtrai.....

Le général Daendels au général Souham.

Moorseele, 13 floréal (2 mai).

J'ai, conformément à tes ordres, fait marcher la brigade sous mes ordres, hier matin, d'Aelbeke à Moorseele. J'ai établi, à Gulleghem, les gendarmes et trois compagnies de chasseurs, et le restant, qui fait le plus grand nombre, je l'ai établi ici. Les habitants s'étaient presque tous sauvés d'ici, ce qui n'est pas étonnant. J'ai trouvé un bataillon de chasseurs ici, de Vandamme, qui ont tout pillé et ravagé. J'en ai fait arrêter quelques-uns sur qui on a trouvé des effets volés, et envoyer à la Commission à Courtrai. Cela a produit un bon effet. Les habitants commencent à revenir, et la confiance reviendra de la manière dont je m'y prends. J'ai donné les ordres les plus sévères, et on me dénoncera les coupables, et je puis répondre du bon ordre de ma troupe.

A mesure que les habitants reviendront, je les engagerai à remonter un peu leurs maisons. Ils commencent à ramener aussi les vaches, chevaux, etc., et, par ce moyen, les vivres reviendront.

Je ferai brasser, s'il est possible, de la bière, qu'on ne peut plus trouver.

P. O. *L'adjudant général,*
VAN BOECOP.

Almain, chef du 2e bataillon d'Indre-et-Loire, au Comité de Salut public.

Furnes, 13 floréal (2 mai).

.... Je suis entré dans cette ville (Furnes) le 6, à 11 heures du matin, faisant fuir 200 coquins d'émigrés, qui ont tué un Républicain et blessé trois autres, mais ce n'a pas été sans revanche.

Le général Pichegru au général Moreau.

Lille, 13 floréal (2 mai).

J'ai reçu hier, mon cher camarade, une lettre du général Michaud à laquelle était jointe une lettre du général Desenfans, qui se plaint de ce que, depuis qu'il est à Vlaemertinghe, il n'a reçu aucun ordre de personne et qu'il ignore s'il est encore sous le commandement du général Michaud ou le tien. J'ai répondu qu'il n'y avait point de doute, qu'il se trouvait sous tes ordres, et que s'il n'en avait pas reçu de toi depuis qu'il est en station, c'est qu'il n'avait aucun objet à remplir que celui qui lui avait d'abord été indiqué, c'est-à-dire de rester en observation.

Je présume que tu lui as fait passer, ainsi que nous en sommes convenus, celui de venir prendre la position de Wytschaete. Tu continueras à lui donner tous ceux relatifs au service et tu regarderas les troupes qu'il commande comme faisant partie de ta division.

Le général Souham au général Malbrancq.

Courtrai, 13 floréal (2 mai).

Le général de brigade Malbrancq, nommé pour prendre le commandement de la brigade ci-devant commandée par le général de brigade Bertin, se rendra à Tourcoing où il prendra le commandement de ces troupes et suivra les instructions que j'avais données au chef de brigade Dewinter, en l'envoyant provisoirement commander cette brigade.

Le général Souham au général Dewinter.

Courtrai, 13 floréal (2 mai).

Il est ordonné au chef de brigade Dewinter, aussitôt que le général Malbrancq sera arrivé à Tourcoing, de lui remettre le commandement des troupes qui sont autour de Tourcoing, ci-devant commandées par le général Bertin, ainsi que les instructions qu'il a reçues et les renseignements qu'il pourrait avoir sur la position et les mouvements de l'ennemi.

Le chef de brigade Dewinter reviendra ensuite au faubourg de Tournay, où le général de brigade Jardon lui remettra le commandement des troupes qu'il commandait en avant de Courtrai, sous les ordres du chef de brigade Dehay, avant son départ pour Tourcoing. Le chef de brigade Dewinter se conformera, pour les dispositions de ces troupes, aux instructions qu'il a déjà reçues, et éclairera soigneusement les mouvements de l'ennemi sur la route de Tournay, sans cependant négliger les autres routes, celles d'Aelbeke et de Mouscron.

Le 9e régiment de hussards doit être relevé demain matin à Tourcoing par deux escadrons du 19e régiment de cavalerie et venir te joindre au faubourg de Tournay. Les chasseurs du 5e régiment ne devront partir qu'après son arrivée.

Le général Souham au général Jardon.

Courtrai, 13 floréal (2 mai).

Il est ordonné au général de brigade Jardon de remettre au chef de brigade Dewinter le commandement des troupes qu'il lui a laissées hier, et de partir, après l'arrivée du chef de brigade Dewinter et du 9e régiment de hussards, avec le 1er bataillon de tirailleurs, les cinq compagnies du 2e bataillon d'infanterie légère et 200 chasseurs du 5e régiment pour Peke-Thaering, premier pont sur la route de Courtrai à Bruges, où il établira son principal corps de troupes, détachera des postes sur la route de Bruges au pont de Cuerne et à Waetermeulen.

Le général de brigade Jardon enverra de fréquentes découvertes sur les routes de Cuerne, Bruges, etc., afin d'être instruit de la position de l'ennemi et de tous les mouvements qu'il pourrait faire.

Le général Souham au général Moreau.

Courtrai, 14 floréal (3 mai).

Nous n'avons rien de nouveau dans notre position; l'ennemi n'a encore fait aucun mouvement. Il n'y a presque aucune troupe du côté de Bruges et Gand; mais les rassemblements qu'on fait du côté de Tournay, à Peke et vers Orcq, sont considérables. J'ignore encore quand et de quelle manière ils nous attaqueront, mais je pense qu'il serait à propos que nous fussions plus près l'un de l'autre afin de pouvoir mieux conférer ensemble et exécuter les opérations qu'il sera nécessaire de faire, ou pour attaquer ou pour nous défendre. Je t'engage donc à venir me voir demain matin.

Il serait nécessaire que j'eusse l'état des troupes qui forment le camp commandé par Vandamme et une copie des rapports qu'il reçoit sur l'ennemi.

Le général Souham au général Pichegru.

Courtrai, 14 floréal (3 mai).

On vient de me dire qu'il y a à Dunkerque 14 pontons qui sont inutiles. Comme nous n'en avons que deux équipages, encore incomplets, je te prie de donner ordre d'amener ces pontons au parc de notre division.

Le général Pichegru au général Moreau.

Lille, 14 floréal (3 mai).

J'ai donné des ordres, citoyen général, au chef de l'état-major pour qu'il fasse arriver ici le bataillon de tirailleurs qui est à Dune-Libre.

Il y a 3,000 et quelques fusils d'arrivés; envoie chercher ceux qui te manquent.

P.-S. — Je joins ici un mémoire du commandant de Menin, qui réclame différents objets et dit avoir fait une capitulation avec le général Vandamme. Assure-toi des faits et fais droit à tout ce qui est fondé. Il y a eu des chevaux pris dans la place, il n'en a été rendu compte à personne. Ne laisse pas ignorer à ceux qui les ont que les Représentants veulent qu'il leur en soit rendu compte, et que ceux qui n'en feraient pas la déclaration seront sévèrement punis.

Le général Moreau au général Vandamme.

Lille, 14 floréal (3 mai).

Je t'écris de chez le général en chef. Il désire que tu te concertes avec Daendels pour l'enlèvement du poste de Rousselaere. Tu voudras donc bien te rendre sur-le-champ à Moorseele et concerter cette opération, qu'on pourra faire après-demain matin.

Le général demande instamment le procès-verbal des chevaux pris à Menin. On lui a dit qu'il y avait eu dilapidation. Prends là-dessus les informations les plus précises.

P.-S. — J'attends de tes nouvelles demain, à Commines. Desenfans est à Wytschaete.

Le général Souham au général Malbrancq.

Courtrai, 15 floréal (4 mai).

L'ennemi paraissant faire des rassemblements considérables du côté de Pecq et de Coeyghem, sur la route de Tournay à Courtrai, il pourrait très bien faire une attaque fausse ou vraie sur les postes que tu commandes. Ainsi je t'engage à te tenir sur tes gardes et à envoyer de bonne heure de fortes découvertes.

Rends-moi compte de tout ce que tu apprendras.

Le général Souham au général Daendels.

Courtrai, 15 floréal (4 mai).

D'après les instructions qui t'ont été données, tu dois faire de fréquentes découvertes, inquiéter l'ennemi et profiter des avantages que les circonstances pourraient te donner sur lui. Ainsi tu n'avais pas besoin de mon autorisation pour faire la découverte sur Rousselaere, mais tu dois faire attention de la faire avec prudence.

J'ai déjà ordonné des découvertes sur la route de Bruges, et je vais encore les recommander au général Jardon.

Continue de m'instruire de tout ce que tu apprendras sur l'ennemi.

Le général Souham au général Jardon.

Courtrai, 15 floréal (4 mai).

Dans les instructions que je t'ai données, je t'ai recommandé de faire de fréquentes découvertes sur les différentes routes qui aboutissent aux portes que tu gardes. Il est nécessaire que tu en fasses, ce matin, une forte sur la route de Bruges jusqu'aux premiers postes ennemis, qui doivent être à Ingelmunster. Tâche de découvrir la force et l'espèce des troupes qui y sont, et marche toujours avec prudence en te faisant éclairer sur ta droite et sur ta gauche.

On doit faire en même temps une découverte du côté de Rousselaere. Ne néglige rien pour avoir de bons renseignements par des espions.

Le général Souham au général Vandamme.

Courtrai, 15 floréal (4 mai).

Tu voudras bien, général, te rendre ce soir auprès du général Daendels, à Moorseele, afin de concerter une opération que je le charge de faire, si les circonstances sont favorables. Tu voudras envoyer sur-le-champ, à Moorseele, les carabiniers du 2e régiment que tu as encore, et tu mettras, pour cette expédition, toute la cavalerie dont tu pourras disposer aux ordres du général Daendels.

Le général Vandamme au général Moreau.

Wevelghem, 15 floréal (4 mai).

Je me suis rendu ce matin, conformément à ton ordre reçu la nuit dernière, près du général Daendels pour me concerter avec lui sur les moyens d'attaquer le poste de Rousselaere. J'avais fait monter avec moi à Vermezele (*sic*) 100 hommes à cheval; mais je fus fort surpris d'apprendre que Daendels était parti la nuit pour attaquer. Je m'avançai aussitôt sur Rousselaere et je n'y étais pas encore que je vis les troupes de Daendels revenir.

L'expédition n'a pas eu de succès. L'ennemi, quoique chassé de Rousselaere et poursuivi assez loin, nous a pris un obusier, deux pièces de 8 et deux caissons d'artillerie légère. Il nous a tué 20 hommes et nous eûmes 50 blessés. Tel est le rapport que Daendels envoie au général en chef.

Si tu désires que l'on recommence cette attaque, tu voudras bien me donner des ordres aujourd'hui.

Le général Souham au général Daendels.

Courtrai, 15 floréal (4 mai).

Après les informations que tu dois prendre et les rapports que tu dois recevoir sur la force de l'ennemi, qui serait revenu après l'affaire de ce matin à Rousselaere, si tu crois pouvoir marcher avec avantage sur eux et te venger de la prise qu'ils nous ont faite aujourd'hui, tu pourras y aller cette nuit avec une partie des troupes que tu commandes et de la cavalerie que j'écris au général Vandamme de te fournir. Tu dois faire attention de ne partir qu'avec l'assurance de faire du mal à l'ennemi, et marcher avec prudence, te gardant soigneusement sur tes flancs.

Le même au même.

Courtrai, 15 floréal (4 mai).

L'ennemi faisant des rassemblements du côté de Tournay, qui pourraient nous forcer à employer toutes nos forces, il n'est point prudent de faire l'expédition projetée sur Rousselaere, qui ne pourrait plus nous procurer de grands avantages. Il est nécessaire de l'abandonner. Ainsi tu ne feras faire aucun mouvement aux troupes que tu commandes; elles doivent seulement se tenir sur leurs gardes et prêtes à partir, s'il est besoin de les porter ailleurs. Le détachement de carabiniers que Vandamme t'enverra doit aller rejoindre son corps à Bisseghem.

Le général Daendels au général Vandamme.

Moorsecle, 15 floréal (4 mai).

Je reçois dans l'instant une lettre du général Souham, qui me dit que les ennemis faisaient des rassemblements du côté de Tournay qui pourraient nous forcer à employer toutes nos forces. Il n'est pas prudent de faire l'expédition projetée sur Rousselaere, qui ne pourrait pas nous procurer de grands avantages. Il est nécessaire de l'abandonner. Ainsi, tu ne feras faire aucun mouvement aux troupes sous tes ordres ; elles doivent seulement se tenir sur leurs gardes et prêtes à partir, s'il était besoin de les porter ailleurs.

Le détachement de carabiniers que le général Vandamme trouvera doit aller rejoindre son corps à Bisseghem.

J'ai des nouvelles que l'ennemi s'est retiré de Rousselaere sur Thorout, et les pièces prises ce matin ont été menées à Dixmude. Il y a quelque cavalerie hessoise à Bruges. Tu vois par là qu'il n'y a rien à faire et qu'il faut rester tranquille.

Pour le général Daendels :

L'adjudant général,

VAN BOECOP.

Le général Souham au général Pichegru.

Courtrai, 15 floréal (4 mai).

Nous ne voyons pas encore l'ennemi de bien près, mais il avance tous les jours davantage ses patrouilles. Ce matin, les découvertes du poste qui est vers Ten-Houtte, sur la route de Tournay, ont rencontré l'ennemi embusqué, avec du canon, à Belleghem et au moulin Coeyghem. On s'est tiraillé pendant quelque temps et ensuite on est rentré de part et d'autre. Un cheval de hussards a été tué et quelques gendarmes blessés.

Les découvertes se sont rencontrées vers la route d'Audenarde, en avant de Sweveghem, et sur la route de Gand, à Haerlebeke. Sur la route de Bruges, l'ennemi ne s'est pas avancé ; mais j'ai envoyé le général Jardon sur la route de Bruges avec une forte découverte. Il doit reconnaître les postes que l'ennemi a à Ingelmunster, tandis que Daendels s'avance avec une forte découverte sur la route de Rousselaere, afin de savoir les troupes qu'il y a et, s'il voit l'occasion, les enlever. Je n'ai pas encore de rapports sur ces découvertes.

L'ennemi fait ses rassemblements trop loin d'ici pour que je puisse les empêcher.

Je n'ai pas encore eu de rapports bien exacts sur l'ennemi. Suivant ceux que j'ai, que je n'assure pas, il n'y a aucun changement dans la garnison d'Ypres, qui est d'environ 3,000 hommes, mais il y est entré 4,000 ou 5,000 paysans armés.

Il est arrivé hier, à Rousselaere, 300 cavaliers hanovriens. J'ignore l'infanterie qu'il y avait, mais on a dit que cette infanterie était déjà partie pour Bruges.

Il est arrivé hier, à Thielt, 700 dragons hanovriens venant de Bruges. A Ingelmunster, il y a des troupes que j'ai envoyé reconnaître. A Gand, il n'y a que deux escadrons de dragons hessois ; les prisonniers français en ont été retirés.

A Deynze, il y avait déjà 250 chasseurs d'York et 150 uhlans britanniques ; il y est arrivé hier 2,000 hommes de l'armée du centre, qui ont passé par Condé, Leuze, Renaix et Audenarde.

L'ennemi fait des rassemblements à Audenarde et à Pecq. Je n'ai pas encore de renseignements exacts sur ces rassemblements, mais on assure que le camp de Pecq est de 10,000 hommes. L'ennemi occupe Saint-Genoix, Coeyghem, Dottignies, Évregnies, Saint-Léger et Leers.

On éprouve les plus grandes difficultés à se procurer des pionniers. Il n'y a pas d'habitants et je suis obligé d'employer des ouvriers tirés des bataillons. Le bataillon de sapeurs qui est à Saint-Omer nous serait très utile.

Si tu étais ici, nous pourrions examiner ensemble la position de l'armée. Elle est placée, comme tu me l'a ordonné, entre Menin et Courtrai, mais elle est très divisée et n'a aucun champ de bataille. Si toutes les troupes étaient plus rapprochées de Courtrai, sa position serait meilleure quoique toujours ce côté de la Lys est dominé par les hauteurs de Pottelberg et de Lauwe ; et, étant plus rassemblées, nous pourrions mieux porter les forces du côté où l'ennemi voudrait nous attaquer.

Je vois encore tous les jours qu'il est bien difficile de tenir les troupes en ordre et les armes en état sans avoir de tentes.

Au moment où je finissais cette lettre, j'ai reçu le rapport ci-joint du général Daendels sur la reconnaissance qu'il a faite à Rousselaere. Nous y devions prendre trois escadrons de dragons hanovriens et, par la lâcheté de quelques cavaliers du 20e régiment, qui ont mis la déroute dans le régiment, nous avons perdu quelques hommes et trois pièces d'artillerie légère. L'infanterie a un peu réparé cela, puisqu'elle a chassé l'ennemi de Rousselaere, repris cinq caissons et le bagage des officiers qui contenait plusieurs notes importantes sur la défense du pays.

Demain, je fais faire un grand fourrage à Haerlebeke.

De nouveaux rapports m'annoncent que les forces de l'ennemi, du côté de Tournay, augmentent. On estime 1,000 hommes à Coeyghem; il y a des Hollandais venus du siège de Landrecies.

Ce serait bien le moment, je crois, de former le camp de Sainghin afin de soutenir notre supériorité sur l'ennemi dans cette partie.

J'ai reçu ta lettre pour faire arrêter les nobles et magistrats du pays. On va les arrêter (1).

Le général Liébert à Piogé, commandant la citadelle de Lille.

Lille, 15 floréal (4 mai).

Il est ordonné au citoyen Piogé, commandant la citadelle de Lille, de faire préparer sur-le-champ des logements pour les nobles et les magistrats de Menin, Courtrai et banlieue, et à fur et à mesure qu'ils arriveront, il en rendra compte.

Le général Liébert à Choudieu, Représentant du peuple, à Lille.

Lille, 15 floréal (4 mai).

Je t'adresse, ci-joint, citoyen Représentant, copie de l'arrêt de tes collègues Saint-Just et Lebas. Je viens de donner des ordres pour qu'il soit mis à exécution ; j'attends *ces messieurs* et je leur ai fait préparer un logement à la citadelle.

---

(1) *Le général Pichegru au général Moreau*, Pont-à-Marque, 15 floréal an II :

« Je reçois à l'instant, général, un arrêté des Représentants du peuple Saint-Just et Lebas, actuellement à Réunion-sur-Oise, par lequel il m'est enjoint de faire arrêter les nobles et magistrats de Menin, Courtrai et banlieue. Tu voudras bien, en conséquence, faire arrêter ceux de Menin et des environs, et les faire conduire à Lille sous bonne et sûre garde. Tu auras l'attention de ne point comprendre, dans cette disposition, ceux des magistrats ou municipaux nommés depuis notre arrivée dans le pays.

« J'écris au général Souham d'en faire autant du côté de Courtrai. C'est une représaille envers les Autrichiens, qui, dit-on, ont assassiné les magistrats du peuple à Landrecies ».

Extrait du Journal de l'adjudant général Reynier.

...Le général Daendels (14 floréal) proposa de surprendre et d'enlever 300 dragons hanovriens qui étaient à Rousselaere.

Il partit de Moorseele, à 11 heures du soir, avec le 20e régiment de cavalerie, un détachement du 21e, deux pièces de 8, un obusier d'artillerie légère et six compagnies de grenadiers. Il arriva à Rousselaere à 3 heures du matin, surprit effectivement la cavalerie ennemie; mais ses dispositions avaient été mal faites. Après un détachement de 30 cavaliers, marchait toute l'artillerie légère avec ses caissons, et ensuite le reste de la troupe. Cette artillerie entre dans la rue qui était très large et va jusque vers la place; les caissons embarrassent encore le pont qui est à l'entrée du bourg; quelques cavaliers ennemis, qui étaient montés à cheval, paraissent vouloir charger nos premiers cavaliers, qui se mettent en désordre; la cavalerie qui était derrière pouvait difficilement entrer dans le bourg et ensuite s'y former parce que l'artillerie la gênait. L'artillerie, embarrassée par les chevaux, ne pouvait tourner et mettre des pièces en batterie. Les pièces et caissons furent abandonnées dans ce désordre à une cavalerie bien inférieure à la nôtre et dont une partie était montée à poil.

Le 20e régiment perdit une vingtaine de cavaliers qui voulurent résister.

L'ennemi n'osa pas rester à Rousselaere et emmena les pièces que Daendels lui avait laissées. L'infanterie qui était de cette expédition rentra un moment après à Rousselaere et reprit cinq caissons de l'artillerie légère et les bagages des officiers ennemis.....

Rapport d'un espion sur la force et la position des troupes à Tournay et dans les environs.

Pont-à-Raches, 15 floréal (4 mai).

J'ai appris aujourd'hui que le rassemblement fait à Brillon, et que je t'ai annoncé dans ma dernière, s'était porté sur Tournay.

Une nouvelle plus importante encore vient de m'être rapportée. On fait de grands préparatifs pour recevoir un corps de troupes nombreux en infanterie, cavalerie et artillerie, entre Helesmmes et Denaing. Les ingénieurs ont tracé un chemin dans les bois de Wallers, ont disposé un pont sur la Scarpe entre Warling et Hasnon pour répondre à Rosuth. On m'annonce que dans ce dernier endroit il doit incessamment y arriver un attirail de siège.

Les avantages que nous avons remportés vers Courtrai sont arrivés fort à propos pour changer en stupeur la folle joie qui éclatait dans Valenciennes. Cette dernière ville prouve qu'elle a de vives inquiétudes par le grand nombre de ses habitants qui l'abandonnent pour refluer dans les Pays-Bas.

Rapport de Froïennes.

16 floréal (5 mai), 6 heures matin.

Sur la place de Tournay, il y a 14 pièces de plusieurs calibres et 25 environ placées sur les remparts.

Il y a plusieurs batteries et redoutes en avant des portes de Lille, Valenciennes et Courtrai.

A la cense de l'Évêque, proche de Froïennes, il y a une batterie de quatre pièces de 13, qui battent sur Lannoy et Templeuve.

Les postes de Templeuve, Baisieu et Nechin, qui avaient été renforcés le 13 floréal de 400 hommes chacun et de quatre pièces de canon, ont été presque entièrement dégarnis, le 15 au matin, d'hommes et de canons.

Le camp de Marquain s'est levé hier, 15 floréal, à 4 heures du matin. Il a passé par Froïennes, le Pont-à-Chin, et s'est porté de là sur le chemin de Pecq. Il y a tout lieu de croire qu'il est allé joindre celui de Pecq pour se porter de là sur Courtrai. Nonobstant cela, il reste des tentes à Marquain.

Il est à craindre, et l'on doit se tenir sur ses gardes, que l'ennemi ne tente de nous envelopper devant Courtrai, car suivant les apparences il fait une prolongation de troupes depuis le chemin de Lille jusqu'à une lieue au delà de Courtrai. Il fait la même manœuvre sur le chemin de Gand à Courtrai, de sorte qu'il n'y a que la porte de Courtrai à Menin qui ne soit pas cernée.

Le camp de Rousselaere cerne la porte de Bruges.

Hier, 15, à 8 heures du matin, l'ennemi a poussé une forte patrouille jusqu'aux environs de Mouscron.

A Belleghem, à une lieue de Courtrai, il y a eu une rencontre de patrouille et une légère escarmouche. L'ennemi a été repoussé avec perte et nous avons eu quatre hommes faits prisonniers et deux de blessés.

L'ennemi avait deux pièces de canon de 3.

Le général Liébert au général Souham.

Lille, 16 floréal (5 mai).

J'ai reçu, général, les dépêches que tu m'a adressées, datées du 15 courant. J'attends le général en chef aujourd'hui ; en conséquence, je ne les lui ferai pas passer, car cela les retarderait plutôt que de les avancer.

L'affaire qu'a eue hier le général Daendels est bien malheureuse. Il paraît que le 1er escadron du 20e régiment de cavalerie s'est fort mal conduit. Ce corps n'a pas soutenu l'arme précieuse qui lui était confiée ; il a laissé prendre l'artillerie volante qu'il devait défendre et, d'après le rapport du général, la victoire était assurée.

Ci-joint, je te fais passer un rapport d'un émissaire de l'adjudant général Nivet, qui m'a été remis cette nuit ; d'après ce qu'il contient, il est bon de redoubler de surveillance aux avant-postes.

P.-S. — Ci-inclus, je t'envoie de plus, général, un autre rapport qui vient de m'être remis et qui est infiniment intéressant. Le mouvement que l'ennemi fait, paraît vouloir se diriger sur Courtrai et Menin. Beaucoup de surveillance, général, crainte de surprise (1).

Le général Souham au général Pichegru.

Courtrai, 16 floréal (5 mai).

Le général Liébert m'annonce que tu dois revenir aujourd'hui à Lille. Cela me fait bien plaisir parce que tu pourras peut-être venir demain examiner notre position. Je la regarde actuellement comme très mauvaise, nos troupes étant divisées et n'ayant aucun bon champ de bataille. Cette position nous expose a de très grands revers si nous sommes attaqués un peu vigoureusement. C'est pour l'éviter que je pense qu'il faudrait prévenir l'ennemi et l'attaquer à Coeyghem et Dottignies, où il a de forts postes tirés de Pecq, et le battre s'il est possible.

Ayant une mauvaise position dans laquelle nous ne pouvons attendre l'ennemi qu'avec la crainte d'un échec, je pense que notre seul moyen de conserver la supériorité est d'aller toujours à la rencontre de l'ennemi et de le chasser des postes qu'il occuperait trop près de nous. Je fais assembler demain matin les généraux de cette division afin de concerter cette attaque. Il serait très important que tu puisses y venir. Personne mieux que toi ne peux déterminer la relation que cette opération peut avoir avec celles des autres divisions. Si nous attendons trop longtemps, nous nous exposons à perdre le fruit des succès que nous avons eus jusqu'à présent.

---

(1) Même post-scriptum de Liébert au général Vandamme et au général Moreau, Lille, 16 floréal an II.

Je n'ai pas encore de rapports exacts sur les rassemblements que l'ennemi fait au camp de Pecq, qui s'étend derrière l'Espierre, la droite à Espierres et la gauche à Saint-Léger, non plus que sur les rassemblements qu'on fait à Audenarde. Il y a, je crois, 2,000 hommes à Coeyghem, autant à Dottignies et 1,000 à Saint-Genoix. Ils ont de forts avant-postes au moulin de Coeyghem et même jusqu'à Belleghem, où ils amènent de temps en temps des pièces qui répondent à celles des gendarmes placées sur la hauteur en avant de Ten-Houtte.

Sur la route d'Audenarde, ils ont avancé leurs vedettes jusque vers Sweveghem.

Sur la route de Gand, les avant-postes sont vers Beveren et sont fournis par sept compagnies du régiment de Wurtemberg et des dragons de Latour, placés à Saint-Éloysvysve. Ce régiment de Wurtemberg était parti de la tranchée devant Landrecies, et arrivé à Pecq le jour de la journée de Mouscron.

Je n'ai pas de rapport sur Deynze, mais il y a peu de monde.

Sur la gauche de la Lys, il n'y a presque pas d'ennemis. Je t'ai parlé de 700 hommes de cavalerie hanovrienne arrivés à Thielt. Ils n'ont avancé que quelques patrouilles à Ingelmunster, où nos troupes ont encore été ce matin.

L'ennemi n'est pas revenu à Rousselaere depuis l'affaire d'hier. Les pièces qu'il nous a prises ont été conduites à Dixmude.

Je t'envoie ci-jointe la traduction de lettres qui ont été trouvées dans les équipages des officiers à Rousselaere. Si notre cavalerie avait seulement pu se rallier et charger, nous aurions non seulement repris les pièces, mais encore beaucoup de chevaux dans la fuite de l'ennemi, puisque l'infanterie seule a repris 5 caissons et les équipages des ennemis.

Je n'ai pas de nouvelles de changement dans la garnison d'Ypres.

J'ai fait ce matin un fourrage à Haerlebeke. L'ennemi, qui y était avec une forte patrouille, a été chassé au delà de Beveren; l'artillerie légère lui a tué une douzaine de chevaux et des hommes; nous avons eu quelques tirailleurs blessés. Ce fourrage n'a pas produit autant que je l'espérais parce que les commissaires qui devaient y procéder n'y sont pas venus. Les voitures ont été trois heures dans le village à les attendre. On a été obligé de les charger dans le premier endroit qu'on a trouvé et de se retirer ensuite, pour ne pas trop s'exposer avec l'ennemi qui aurait pu rompre, dans quelques endroits, la chaîne que nous avions été obligés de tendre pour le couvrir. On a cependant ramené du blé et du fourrage.

Je te rappelle encore l'importance de ta présence ici pour déterminer nos opérations. Nous nous exposons beaucoup si nous restons dans l'inaction.

Le général Vandamme au général Moreau.

Wevelghem, 16 floréal (5 mai).

Je te fais passer ci-joint copie d'un rapport qui m'a été fait ce matin par deux paysans que j'avais envoyés à cet effet.

Il paraît que l'ennemi a fait un rassemblement du côté de Tournay et que leurs découvertes se sont rencontrées avec les nôtres. Nous avons entendu tirer le canon ce matin de ce côté.

P.-S. — Si je venais à être forcé, me retirerai-je par Menin? Devrai-je faire l'arrière-garde de la division de Souham ou flanquerai-je ses colonnes? Si nous marchions en avant, quelle est la colonne que je dois suivre? Dis-moi deux mots à cet égard et fais-moi passer de l'argent. J'ai inspecté hier ma troupe, elle est dans le plus grand ordre.

Le général Daendels au général Vandamme.

Moorseele, 16 floréal (5 mai).

Le rapport qui t'est fait est conforme au mien, relativement à Rousselaere et Bruges, où il n'y a que trois escadrons de gendarmes hessois à cheval. Le rapport de l'assassinat commis sur notre cavalier.... est faux, car le cavalier est écrasé sous son cheval, que nos gens ont tué eux-mêmes. Il est de même (*sic*) que les habitants du côté de la nouvelle place sont armés. Il est possible, au contraire, que les habitants armés de Passchendaele, dont un certain Césac est le chef, le plus grand gueux du monde, et ceux d'Artois, se montrent dans le bois, du côté du pavé de Menin à Thorout.

A Gand, il n'y a que 150 hommes; les prisonniers sont transportés, et le peuple y est dans les meilleures dispositions.

Ne croyez donc pas à tous ces rapports, qui sont nuisibles à nos opérations, au maintien de la discipline et au succès de nos armes, car si nous supposons trouver partout des ennemis nous agissons avec crainte. Je n'ai pas été trahi dans ma marche d'hier.....

Le général Liébert au général Vandamme (1).

Lille, 16 floréal (5 mai).

Je t'adresse ci-inclus, général, copie d'un rapport d'un émissaire de

---

(1) Même lettre de Liébert au général Moreau, Lille, 16 floréal an II.

l'adjudant général Nivet, qui peut être utile. Il paraît que nous devons plus que jamais porter de la surveillance sur nos avant-postes.

Extrait du Journal de l'adjudant général Reynier.

.....(1) On fit (16 floréal) un fourrage à Haerlebeke, Beveren et Deerlyck, qui fut protégé par le 2e régiment de carabiniers, le 9e régiment de hussards, une demi-compagnie d'artillerie légère et un détachement de la 30e division de gendarmerie. L'ennemi fut chassé des deux derniers villages et ensuite les troupes rentrèrent au camp.

La demi-brigade de l'Yonne passa la Lys sur les pontons et fut campée au Pottelberg.

Les ennemis travaillaient, suivant les rapports, à des rassemblements à Pecq et vers Audenarde. Ils se rapprochaient de nous par la route de Tournay et établissaient même un camp sur la hauteur de Roncheval, près Coeyghem.

Clerfayt réunit les troupes qui avaient été battues à Mouscron et les fit camper, le 17, à Vichte, avec quelques troupes qui lui furent envoyées du centre de l'armée autrichienne par Renaix et Audenarde.

Nous ne pouvions soupçonner son but, et nous ne sûmes qu'après le 21 que c'était pour leur faire passer la Lys à Saint-Éloysvysve et Péteghem, et prendre la position de Thielt afin de profiter de l'occasion pour nous attaquer.....

Le général Liébert à Bourcier, commissaire ordonnateur, à Lille.

Lille, 17 floréal (6 mai).

Tu me demandes, camarade, la force de la troupe qui doit former le camp de Sainghin. Suivant le rapport que m'a fait un adjudant général, que j'ai envoyé chez toi, il compte à peu près sur 17,000 hommes d'infanterie et 6,000 chevaux, tant d'artillerie que de cavalerie. Ces troupes coucheront aujourd'hui vers Pont-à-Marque, et demain elles se rendront au camp. J'ai recommandé à l'adjudant général de me procurer une situation exacte. Aussitôt qu'elle me sera parvenue, je te la ferai passer. En attendant, il faut un à peu près, c'est-à-dire plutôt plus que moins. Tu trouveras ci-joint une lettre du général Drut au général en chef, tu y feras droit.

(1) Voir p. 139.

Le même au même.

Lille, 17 floréal (6 mai).

Je te prie, citoyen, de me dire en réponse, si tu as assuré la subsistance et la paille pour les troupes qui vont occuper le camp de Sainghin.

Le général Moreau au général Liébert.

Commines, 17 floréal (6 mai).

Je viens d'apprendre, général, que les paysans armés qui étaient dans les bois de Saint-Six se sont portés, depuis que nos troupes ont quitté la position de Vlaemertinghe, à Poperinghe et dans les bois qui avoisinent l'Abeele, d'où ils font des incursions dans les villages français voisins des frontières. Il est même à craindre qu'ils ne se portent à piller Steenwoorde, où il n'existe plus de troupes. Il serait, je crois, nécessaire que le général Michaud tâche d'y envoyer un détachement au moins de 200 hommes. Je donne l'ordre à Desenfans de pousser continuellement de forts détachements sur les derrières de l'ennemi pour l'empêcher d'entreprendre sur nos frontières.

Un détachement assez considérable de paysans et de volontaires armés nous ont fait le jour avant-hier quelques prisonniers à l'Abeele. C'étaient des soldats qui, ignorant le mouvement de Desenfans, allaient le rejoindre par Poperinghe.

Le général Liébert au général Moreau.

Lille, 17 floréal (6 mai).

Je reçois, général, ta lettre de ce matin. Je vais prévenir le général Michaud de ta crainte que des paysans armés des villages ennemis ne fassent des incursions sur le territoire de la République et ne se portent surtout sur Steenwoorde pour le piller. Je lui ordonnerai en même temps d'y envoyer un détachement suffisant pour s'opposer à toutes tentatives de leur part.

Tu fais bien de faire pousser de forts détachements pour empêcher les entreprises de l'ennemi sur cette partie de la frontière. Je t'invite à prendre à cet égard toutes les mesures nécessaires.

Il serait bien à désirer que les volontaires ne s'écartassent pas de leurs bataillons parce qu'alors ils ne s'exposeraient point partiellement lorsque leurs corps sont en mouvement. Je te prie de donner des ordres en conséquence.

Le général Liébert au général Michaud.

Lille, 17 floréal (6 mai).

Je reçois à l'instant, citoyen général, une lettre du général Moreau par laquelle il me prévient que des paysans armés et ennemis, qui étaient dans les bois de Saint-Six, se sont portés, depuis que nos troupes ont quitté la position de Vlaemertinghe, à Poperinghe et dans les bois voisins, d'où ils font des incursions sur les villages de la République. Je crois qu'il est nécessaire, pour assurer la frontière dans cette partie contre de telles incursions, d'envoyer à Steenwoorde un détachement suffisant pour s'opposer à ces paysans, dans le cas où ils se présenteraient. Il est nécessaire aussi d'exiger un service actif de la garde nationale de chaque commune, puisqu'elle ne veillera d'ailleurs que pour la conservation de ses propriétés. Je t'invite au surplus, citoyen général, à prendre toutes les précautions indispensables pour assurer la frontière dans le commandement qui t'est confié, et pour s'opposer aux tentatives de ces paysans armés.

Extrait des Opérations du général en chef Pichegru.

.....Pichegru fit rapprocher de l'aile gauche la division de Bonnaud, forte de 20,000 hommes et qui avait tâté de l'échec de Cambrai. Elle vint camper le 18 floréal à Sainghin, derrière la Marque, en barrant la route de Tournay.....

Extrait du Journal de l'adjudant général Reynier.

.....(1) Le général de division Bonnaud arriva à Sainghin (17 floréal) avec la division qu'il amenait de Cambrai. Il la plaça la droite à Sainghin et la gauche à Anstaing. Il eut en outre le commandement de la brigade du général Osten, dont il plaça trois bataillons en flanqueurs de droite sur les hauteurs de Péronne et le reste en avant-postes sur la Marque, depuis Pont-à-Marque à Pont-à-Bouvines.....

Le général Osten au général Liébert.

Pont-à-Marque, 18 floréal (7 mai).

Je te remets ci-joint le rapport que je reçois à l'instant du chef d'escadrons du 13e régiment de dragons, commandant à Pont-à-Tressin.

---

(1) Voir p. 144.

L'ennemi paraît vouloir et même attaquer avec force ce poste. J'arrive de Capelle avec une pièce d'artillerie légère. Il était aussi venu de ce poste m'attaquer, mais il a été repoussé vigoureusement ; il est rentré dans ses postes.

Général, tu sais que la trop grande étendue de ma brigade a affaibli de trop tous mes postes, et il m'est impossible d'envoyer aucun renfort de ce côté. Je t'engage à faire partir sur-le-champ plusieurs pièces d'artillerie à Hellemmes pour soutenir en cas que je fusse forcé de Pont-à-Tressin.

L'adjudant général Malher au général Liébert.

Sainghin, 18 floréal (7 mai), 2 heures.

Je te rends compte, général, que nous venons d'établir notre position, ainsi que le portait l'ordre du général Pichegru, dans la plaine de Sainghin, la droite appuyée à ce village et la gauche à celui de Anstaing; neuf bataillons sont campés sur la première ligne et six autres sur la deuxième. La brigade du général Osten est campée et cantonnée au-dessus de Péronne; elle garde depuis Templeuve jusqu'à Pont-à-Bouvines. Celle du général Compère est cantonnée le long de Pont-à-Tressin. La cavalerie est répartie dans tous les villages de la droite et de la gauche.

J'ai rencontré ce matin un adjudant général, qui m'a dit être envoyé de ta part pour tracer notre camp. Il le traçait dans la plaine de Lezenne tandis que j'en faisais autant dans celle de Sainghin. Comme cette dernière position est celle qui avait été indiquée par le général Pichegru, nous l'avons suivie. Si cependant il y a des ordres postérieurs pour le faire reculer, je te prie de me les transmettre. Sois persuadé que je ferai tous mes efforts pour les exécuter ponctuellement.

Dans les dix huit bataillons campés, il n'existe point de manteaux d'armes ni de piquets. Je te prie de donner des ordres pour qu'il nous en parvienne; la sûreté des armes l'exige.....

Depuis le 12, général, que les Représentants du peuple m'ont nommé adjudant général de cette division, je n'ai pu encore obtenir d'état de situation. Jusqu'au 13, nous n'avons cessé de marcher sur l'ennemi, et depuis cette époque nous avons été en mouvement, ce qui m'a empêché de te fournir d'état de situation. Je viens de donner les ordres les plus sévères pour les obtenir demain, et j'espère être assez heureux pour t'en envoyer un demain. Mais je viens d'apprendre qu'il en existe de nouveau modèle. Je te prie en ce cas de m'en faire passer ainsi que la date de leur envoi. J'espère demain avoir le plaisir de t'écrire pour avoir les ordres des adjoints que j'ai choisis.

Le général Liébert aux Représentants du peuple, à Lille.

Lille, 18 floréal (7 mai).

Je vous préviens que dans le nombre des nobles et des magistrats arrivés de Courtrai, Menin et banlieue, il s'en trouve quelques-uns qui n'ont pas de quoi vivre. Il serait indispensable que vous déterminassiez de quelle manière l'on doit pourvoir à leur subsistance.

Le général Liébert au général Michaud.

Lille, 18 floréal (7 mai).

Je te préviens, général, qu'il part aujourd'hui, de l'arsenal de Lille, pour Bergues, 1,008 fusils en bon état garnis de leurs baïonnettes; 500 tire-bourres neufs; 1,000 baïonnettes neuves et 12 sabres d'infanterie en bon état. C'est tout ce qui nous reste en ce genre.

Je te préviens également que je viens de donner ordre au commandant de la place à Cassel (1), de faire passer à Bergues les pièces d'artillerie et munitions qui sont dans cette première place. Sur la demande du commandant de la place de Bailleul, je viens de faire expédier pour cette ville 200 fusils, qui serviront à l'armement de la garnison (2). Quant aux secours en hommes qui pourront t'être demandés par les différents commandants des places qui t'avoisinent pour arrêter le pillage qu'exercent quelques bandes de paysans dans différentes communes des environs, tu feras, conséquemment à tes moyens, tout ce que ton patriotisme te suggérera.

---

(1) *Le général Liébert à Pradel, commandant à Cassel,* Lille, 18 floréal an II :

« En réponse, citoyen, à tes deux lettres des 16 et 17 courant, tu peux faire passer à Bergues les pièces d'artillerie et munitions qui se trouvent à Cassel. Quant aux secours en hommes, dont tu peux avoir besoin, demande-les, pour plus de célérité, au général Michaud. Je lui fais aussi passer des armes. »

(2) *Le général Liébert à Bourg, commandant temporaire à Bailleul,* Lille, 18 floréal an II :

« En réponse à ta lettre du 17 courant, citoyen, je donne aujourd'hui des ordres pour qu'il te soit expédié 200 fusils, qui serviront à armer les volontaires qui composent la garnison que tu commandes. Quant aux secours en hommes, il faut t'adresser, pour plus grande célérité, aux

Le général Desenfans au général Moreau.

Messines, 18 floréal (7 mai).

Les mouvements que les ennemis m'ont paru faire sur ma gauche, autant que ton silence relativement au projet que je t'ai montré de transporter le quartier général ici, m'ont déterminé à l'effectuer sur-le-champ. En conséquence, je suis venu hier soir m'établir ici. Si tu y trouves quelques inconvénients, j'écouterai tes avis avec plaisir et je m'empresserai de m'y conformer.

J'ai reçu, cette nuit, deux lettres de la municipalité de Bailleul, qui me témoigne les plus vives alarmes sur les incursions que l'ennemi fait dans les environs de Boesschepe, où il a pillé plusieurs fermes. Je lui ai envoyé sur-le-champ un adjoint pour tranquilliser les magistrats du peuple de cette commune et leur rendre compte des mesures que j'ai prises, d'après tes ordres, pour assurer la tranquillité de ces pays, en envoyant de forts détachements sur Westoutre et en avant. L'adjudant général Bruyant s'est rendu sur ce point. J'attends son retour pour connaître les résultats de cette marche salutaire pour la sûreté de ces pays menacés par les satellites des despotes. Je joins ici les lettres de la commune de Bailleul, afin qu'après en avoir pris connaissance tu puisses me donner les ordres que tu jugeras convenables.

J'ai fait fouiller les chemins par où je pourrais faire ma retraite en cas de besoin. Je me suis convaincu que le seul point où pourraient passer mon artillerie et mes équipages était Commines, et que, partout ailleurs, les voitures couraient les risques de rester dans les mauvais chemins.

Je t'envoie aussi ci-joint un état détaillé des besoins du parc d'artillerie, afin que tu fasses compléter les objets manquants. On nous avait promis 5,000 pierres à fusil demandées depuis cinq à six jours, et elles n'arrivent pas. J'ignore les causes de ce retard.

Donne-moi la destination des quatre bataillons que tu as pris dans

---

généraux les plus à ta portée, qui t'en feront passer suivant les besoins. »

Le général Liébert au Garde d'artillerie à Lille, Lille, 18 floréal an II :

« Tu feras partir aujourd'hui, citoyen, s'il est possible, la quantité de 200 fusils pour la place de Bailleul. Tu les adresseras au commandant temporaire de cette ville ; envoie-moi aussi aujourd'hui l'état de tout ce que tu as fait passer à Bergues. »

ma division, afin que je puisse renvoyer à leur corps respectif les soldats que j'ai en subsistance dans ceux qui me restent. Il serait convenable aussi que tu me donnasses les noms des bataillons de ta division, afin que je puisse y renvoyer les militaires égarés de leur route qui se présenteraient à moi. Il m'en arrive de toutes parts.

Le représentant du peuple Choudieu m'a dit qu'il allait faire déposer au bureau de l'état-major, à Lille, des cartes géographiques du pays. Je te prie, mon camarade, de faire une demande de ces objets indispensables, que je recevrai par ton intermédiaire.

P.-S. — .....Je t'envoie aussi deux hommes et une femme; l'un d'eux, venant d'Ypres, a été arrêté aux avant-postes. L'autre et la femme sont de Wytschaete, et passaient aussi les avant-postes, sous prétexte de porter des subsistances à leurs enfants.....

Le même au même.

Messines, 18 floréal (7 mai).

J'ai reçu cette nuit trois lettres venant de Bailleul : une de la municipalité, une autre du commandant amovible et une troisième de la commune de Boesschepe, qui annoncent que l'ennemi ravage une partie de cette frontière et qu'il est en assez grand nombre. Ils me demandent des secours à Bailleul pour empêcher les ennemis d'entrer dans cette commune. La chose me paraît essentielle et je crois que tu ne pourras te refuser pour le bien public d'y envoyer des forces.

J'ai fait, comme tu me l'as dit par ta lettre d'hier, pousser de fortes patrouilles dans les endroits que tu m'avais dictés. Je crois que cela pourra donner un peu d'inquiétude à nos ennemis.

J'en attends le résultat ainsi que les renseignements que pourront me donner les troupes que j'y ai envoyées ; vois, je te prie, ce que tu pourras faire au sujet de ma présente demande et fais-moi le plaisir de me répondre par l'ordonnance porteur de la présente.

La Municipalité de Steenwoorde aux Administrateurs du district d'Hazebrouck.

Steenwoorde, 18 floréal (7 mai).

Nous vous faisons savoir que, hier au matin, 400 brigands se sont rendus à Boesschepe et ont pris tous les bestiaux chez le nommé... Sitôt que nous avons été informés, avons requis du commandant temporaire de Cassel 100 hommes de troupes, qui sont arrivés de suite pour tenir poste en ce lieu.....

Les Administrateurs du district d'Hazebrouck au général Vandamme.

Hazebrouck, 18 floréal (7 mai).

Nous te prévenons, citoyen, que 400 brigands ou plus rôdent dans les bois près Boesschepe. Nous t'adressons copie d'une lettre de la municipalité de Steenwoorde, qui te convaincra de ce fait... Nos habitants n'ont point d'armes; ils les ont remises à leurs concitoyens partant pour la défense de la Patrie. 600 hommes, avec ce que l'on pourrait tirer de Bailleul et Cassel, les cerneraient peut-être.....

Nous t'apprenons aussi qu'un chasseur nous a déclaré avoir été désarmé par des paysans, près Messines.....

Le général Souham au général Pichegru.

Courtrai, 18 floréal (7 mai).

Je t'adresse, général, un extrait de différents rapports que nous avons reçus hier soir et dans la nuit. Ils ne sont pas très conformes, mais cependant ils s'accordent à dire qu'une partie des troupes qui étaient à Pecq se sont avancées à Coeyghem, et l'autre par Audenarde vers Peteghem et Sainte-Éloysvyve, sur la route de Courtrai à Gand.

Les généraux que j'avais assemblés hier ici, d'après l'annonce que tu m'as faite de la formation du camp de Sainghin, ont préféré d'attendre, pour faire une attaque sur Coeyghem et autres postes ennemis, le moment où tu pourras faire agir le camp de Sainghin de concert avec nous, et, par un mouvement combiné, mettre encore une fois l'ennemi en déroute. Cela serait très important pour assurer nos succès dans ce pays-ci, et je pense qu'on ne devrait pas attendre que l'ennemi eût encore fait marcher de nouvelles troupes de son armée du centre; ce que, suivant les rapports, il n'a pas fait, à l'exception des troupes arrivées le jour de la bataille de Mouscron.

Nous pourrions attaquer demain matin, si tu veux, et nous aurions des succès certains, si le camp de Sainghin agit bien de concert avec nous. J'attends, avant de rien décider, ta réponse ou ton arrivée ici.

P.-S. — L'un de ces rapports annonçait que nous serions attaqués aujourd'hui, mais tout est fort tranquille.

Le général Souham au général Macdonald.

Courtrai, 18 floréal (7 mai).

Le général de brigade Macdonald voudra bien sur-le-champ donner ordre à une demi-brigade, une demi-compagnie d'artillerie légère et deux escadrons de carabiniers de se tenir prêts à marcher au premier ordre.

Le même au même.

Courtrai, 18 floréal (7 mai).

Il est ordonné au général de brigade Macdonald de partir demain, 19 floréal, à 3 heures du matin, avec les troupes qu'il commande. Il passera la Lys au pont établi à Bisseghem, se rendra à Marcke, prendra le chemin qui passe vers l'église de ce village, ira ensuite à Oudesmesse, où il placera ses troupes sur la hauteur derrière le chemin. Il placera sa droite aux hauteurs d'Oudesmesse, fera occuper Marcke par un petit détachement, se couvrira par des avant-postes, placera des batteries et ordonnera des abatis sur tout son front, ne laissant que quelques passages pour les découvertes.

Le général Macdonald laissera jusqu'à nouvel ordre les carabiniers à Bisseghem avec une demi-compagnie d'artillerie légère, et emmènera l'autre demi-compagnie avec le 5e régiment de chasseurs à cheval.

Le général Macdonald est prévenu que le général Jardon viendra occuper Aelbeke et le général Daendels sa gauche sur les hauteurs du Pottelberg.

Le général Souham au général Jardon.

Courtrai, 18 floréal (7 mai).

Il est ordonné au général de brigade Jardon de partir demain matin avec les troupes qu'il commande, aussitôt que le général Vandamme aura envoyé des troupes pour le remplacer, ce qui doit se faire entre 3 et 4 heures du matin.

Il passera la Lys sur les ponts établis entre Bisseghem et Courtrai et se rendra à Aelbeke, où il s'établira militairement, et se gardera soigneusement, principalement du côté de Belleghem, où l'ennemi a des piquets soutenus par une force assez considérable à Coeyghem. Il correspondra avec le général Macdonald, dont les troupes seront placées sur les hauteurs d'Oudesmesse.

Le général de brigade Jardon voudra bien donner ordre au chef de bataillon Bruce, qui est à Cuerne, de se préparer à partir à minuit, lorsqu'il arrivera de Courtrai, un ingénieur avec des sapeurs et des voitures chargées de fagots et de paille pour brûler les deux ponts qui conduisent à Haerlebeke. Le chef de bataillon Bruce devra veiller à la promptitude de cette expédition et la protéger si l'ennemi voulait l'empêcher. Il devra, pour cet effet, avoir assez de troupes avec lui et placer quelques postes sur le chemin de Bavichove. S'il n'a pas assez de troupes pour cela, tu lui en enverras sur-le-champ. Elles rentreront aussitôt qu'on sera assuré que les ponts seront brûlés, et devront suivre la marche sur Aelbeke après l'arrivée du général Vandamme.

Pour bien assurer cette expédition, aussitôt que le détachement sera arrivé aux ponts, il devra les tourner.

Le général Souham au général Daendels.

Courtrai, 18 floréal (7 mai).

Il est ordonné au général de brigade Daendels de partir demain, à 3 heures du matin, avec toutes les troupes qu'il commande. Il passera par le chemin de Moorseele à Courtrai, traversera la Lys sur le pont de bateaux établi au-dessus de Courtrai, vis-à-vis la chapelle de la Magdelaine, montera sur les hauteurs du Pottelberg, où il placera ses troupes à gauche de celles du général Macdonald. Il placera des batteries dans la meilleure position qu'il examinera et ordonnera des abatis sur son front, ne laissant que de petits passages pour les découvertes.

Le général Souham au général Dewinter.

Courtrai, 18 floréal (7 mai).

Le chef de brigade Dewinter est prévenu que demain, à 3 heures du matin, les brigades commandées par les généraux Macdonald et Daendels se rendront sur les hauteurs d'Oudesmesse et du Pottelberg, qu'elles devront occuper. Il fera réunir sur la hauteur du Pottelberg et le faubourg de Tournay les troupes qu'il y a en réserve et celles qui garnissent les hauteurs jusqu'à Oudesmesse, et les placera de manière à bien résister à l'ennemi, s'il forçait à la retraite les troupes qui sont en observation sur les routes de Gand et d'Audenarde, ainsi que sur celle de Tournay. Le chef de brigade Dewinter ordonnera la plus grande surveillance dans tous les postes, cette nuit et demain matin, et fera partir de fortes découvertes à la pointe du jour.

Le général Liébert au général Songis.

Lille, 18 floréal (7 mai).

Je t'envoie ci-jointe, mon camarade, une lettre du général en chef. Tu m'en accuseras la réception, en me désignant l'heure à laquelle tu l'auras reçue. Je te préviens que tu pourras délivrer provisoirement les objets d'artillerie et munitions qui te seront demandés sur la signature du général Bonnaud, pour demain seulement (1).

Le général Liébert au général Bonnaud.

Lille, 18 floréal (7 mai).

Il est 11 heures du soir. Je te fais passer, camarade, deux lettres du général en chef; tu m'en accuseras la réception en m'indiquant l'heure à laquelle tu les auras reçues.

Le général en chef me mande de Courtrai que je te donne ordre de faire partir demain matin du camp de Sainghin les trois régiments de hussards et le 6e régiment de dragons pour se rendre à Courtrai en passant par Menin. Tu voudras bien mettre cet ordre à exécution et m'en donner avis.

Tu tiendras toutes les troupes qui sont sous ton commandement prêtes à faire un mouvement demain au soir ou dans la nuit. Tu compléteras, s'il est possible, l'artillerie des bataillons, les munitions, caissons à cartouches d'infanterie et généralement tout ce dont tu pourras avoir besoin. Je donne ordre au commandant d'artillerie et au directeur du parc de te délivrer sur ta signature tous les objets en artillerie et munitions que tu demanderas.

Renseignements d'espion (C. Denys).

Bruges, 18 floréal (7 mai).

.....Le comte de la Châtre est ici avec 300 à 400 émigrés..... Ils ont deux pièces de canon volée de 4. Nous avons en outre 400 à 500 dragons hanovriens et hessois, dont la moitié va le jour jusqu'à Rousselaere et la nuit retourne pour patrouiller et placer de temps en temps des piquets.....

A Ypres, il y a 1,200 hommes tout au plus et 4,000 paysans réduits à manger du pain de munition..... On m'a dit que les Français n'étaient plus à Poperinghe, qu'il y avait 400 O'Donnel et des paysans, que Furnes était évacuée aussi, que les Français étaient du côté de Wytschaete et environs.

A Nieuport, il y a 800 hommes..... encore 800 dans les environs de Schoorbacke, Dixmude, Saint-Peeters Capelle, etc.....

---

(1) Même lettre à Labreau, directeur du parc d'artillerie, à Lille, Lille, 18 floréal (7 mai).

A Ostende, une compagnie de canonniers et ce qui arrive de temps en temps.....

Thorout est fourni par les dragons, et la cavalerie qui y arrive pendant le jour et la nuit revient ici.

J'apprends à ce moment que la cavalerie, en place de sortir par la porte de Rousselaere, a pris la route de Courtrai, et que les émigrés et le restant doivent partir aussi pour Courtrai ou environs. Peut-être y a-t-il quelque chose sous le tapis.

Daignez prendre attention sur l'entrée des juifs dans ce pays, car la plupart sont des espions.....

Le général Liébert à Bourcier, Commissaire ordonnateur.

Lille, 19 floréal (8 mai).

Je viens de recevoir une lettre du général Bonnaud, mon camarade, qui commande les troupes qui forment le camp de Sainghin. Il me mande qu'il a besoin d'un commissaire ordonnateur des guerres et d'un payeur pour une division aussi forte. Tu voudras bien faire droit à sa demande.

Il y a 18 bataillons de campés dans cette partie; il y manque des manteaux d'armes et des piquets. Il faut donner des ordres afin qu'il en soit envoyé. Ce camp fera un mouvement ce soir ou dans la nuit.

Le général Liébert au général Bonnaud.

Lille, 19 floréal (8 mai).

Le général en chef, camarade, me charge de te mander que l'ennemi a poussé hier des patrouilles sur la route de Douai à Lille; qu'en conséquence, tu me manderas la quantité de troupes à cheval que tu pourras détacher pour envoyer à Pont-à-Marque et à Pont-à-Raches, afin de repousser ces brigands et d'assurer notre communication sur cette route. Prends des mesures convenables. Demain il t'arrivera un bataillon de tirailleurs en remplacement. Donne-moi avis par le retour de l'ordonnance de ce que tu auras décidé, afin que j'en rende compte au général en chef. Fais partir ce détachement le plus tôt que tu pourras.

Le même au même.

Lille, 19 floréal (8 mai).

Je te préviens, général, que je viens de donner ordre au commandant du 5e bataillon de tirailleurs de partir demain, 20 du courant, de cette place pour se rendre au camp de Sainghin. Tu lui donneras les ordres que tu jugeras convenables pour le bien du service.

Le général Souham au Commandant du 6e régiment de dragons.

Courtrai, 19 floréal (8 mai).

Le commandant du 6e régiment de dragons, à son arrivée à Marcke, enverra à Aelbeke un détachement de 280 dragons. Ils relèveront un détachement du 5e régiment de chasseurs à cheval et recevront de nouveaux ordres du général Jardon.

Le reste du régiment se rendra au faubourg de Lille, où il fera reposer ses chevaux et attendra de nouveaux ordres de moi.

Le général Souham au Commandant du 3e régiment de hussards.

Lille, 19 floréal (8 mai).

Il est ordonné au 3e régiment de hussards de rester à l'entrée du faubourg de Lille, où il fera reposer ses chevaux et attendra de nouveaux ordres du général Daendels.

Le général Souham au général Macdonald.

Courtrai, 19 floréal (8 mai).

Je t'envoie, général, des ordres que tu voudras bien faire remettre aux 6e régiment de dragons et 3e de hussards lorsqu'ils arriveront à Marcke.

Le 5e régiment de chasseurs à cheval sera tout réuni sous ton commandement, ainsi que les carabiniers.

Tu donneras ordre à la demi-compagnie 11e d'artillerie légère, qui est à Bisseghem avec les carabiniers, d'aller au faubourg de Tournay, où elle recevra de nouveaux ordres du chef de brigade Dewinter.

Comme nous aurons à conférer des opérations prochaines, viens ici dîner.

Les abatis sur les chemins qui conduisent d'Oudesmesse à Rolleghem et Belleghem doivent être faits de manière à pouvoir être facilement détruits.

Le général Souham au général Daendels.

Courtrai, 19 floréal (8 mai).

Je te préviens que j'ai donné ordre au 3e régiment de hussards d'aller au faubourg de Lille, où il se reposera et attendra de nouveaux ordres de toi, lorsque tu jugeras nécessaire de l'employer.

Tu mettras le 20e régiment de cavalerie à la disposition du chef de brigade Dewinter.

Fais reconnaître le chemin qui conduit de la position à Belleghem, mais sans qu'on puisse savoir le dessein d'y marcher; et fais tes dispositions pour que les abatis qu'on y fait soient faciles à détruire.

Viens dîner ici et recevoir de nouveaux ordres.

Le général Souham au général Malbrancq.

Courtrai, 19 floréal (8 mai).

Tu voudras bien, général, te porter demain, à la pointe du jour, avec le principal corps de troupes que tu commandes, aux moulins de Castrel, où tu t'établiras dans une bonne position, en détachant des postes en avant du côté d'Aelbeke, Mouscron, et en envoyant de fréquentes patrouilles pour découvrir l'ennemi.

Tu laisseras de forts postes à Watrelos, ainsi que du côté de la Chapelle-Marlière et pour couvrir ta droite. Le général Jardon est à Aelbeke ; tu correspondras avec lui. Si l'ennemi faisait quelques mouvements sur notre droite, et que tu puisses l'attaquer en face, tu le feras. Écris-moi soigneusement tout ce que tu apprendras sur l'ennemi.

Extrait du Journal de l'adjudant général Reynier.

.....Le camp sur la gauche de la Lys ayant été reconnu mauvais, principalement parce qu'il ne donnait aucun champ de bataille et était dominé par les hauteurs sur la droite de la Lys, on détermina (19 floréal) de porter la plus grande partie de l'armée sur la droite de la Lys. L'ennemi faisant ses rassemblements de ce côté tandis qu'il ne paraissait presque pas dans la Flandre, c'était le côté que l'on devait croire le plus exposé. D'ailleurs, étant maîtres de Menin et de Courtrai, on pouvait sans danger abandonner la rive gauche de la Lys qui, entre ces deux villes, est entièrement dominée par les hauteurs qui bordent la rive droite.

Les brigades des généraux Macdonald et Daendels et les 23e demi-brigade et demi-brigade de l'Yonne, qui étaient déjà au Pottelberg, formant la réserve du corps de Dewinter, prirent position sur les hauteurs du Pottelberg et d'Oudesmesse, la droite à Oudesmesse et la gauche à Courtrai, entre le faubourg de Lille et celui de Tournay. Ces demi-brigades, pour se rendre dans cette position, passèrent la Lys sur les pontons.

Le parc passa aussi la Lys sur le pont de Bisseghem et fut à Marcke.

La brigade de Vandamme prit la position de celle du général Macdonald, en rapprochant un peu sa droite de la Lys, et garda les ponts sur la Heule.

Jardon passa la Lys aussitôt qu'il fut relevé sur la Heule par Vandamme. Il se plaça à Aelbeke et envoya des partis sur Rolleghem et Belleghem, qui étaient occupés par l'ennemi.....

Extrait du Journal historique de la 5e division, par le général Bonnaud.

.....Le 19 floréal, je reçus ordre d'envoyer le général Compère avec cinq bataillons et un régiment de cavalerie prendre poste à Lannoy, et d'envoyer à la division du général Souham, à Courtrai, le 3e régiment de hussards et le 6e régiment de dragons. Le général Salme vint le même jour pour être employé à la division ainsi que le général Pierquin, à qui je donnai le commandement du camp, fort de 18 bataillons, avec lui, les généraux Noël et Salme; le général Baillot commandait la cavalerie.

Le même jour, tous ces mouvements étaient faits.....

Le général Souham au général Dehay.

Courtrai, 20 floréal (9 mai).

Le chef de brigade Dehay fera ses dispositions pour que demain, au point du jour, toutes les portes de la ville de Courtrai soient bien garnies de troupes nécessaires pour leur défense, ainsi que de l'enceinte de la ville. Il veillera aux bons établissements des batteries autour de l'enceinte, et à ce que tout soit prêt pour faire une bonne défense en cas d'attaque.

Il fera à cet effet évacuer toutes les voitures inutiles, et partir par la porte de Lille et le chemin de Dronquart; l'ambulance devra aussi évacuer tous les blessés.

Le chef de brigade Dehay donnera aussi, à la porte de Menin, la consigne de ne laisser passer personne par cette route, et de renvoyer à la porte de Lille tous ceux qui se présenteraient.

Le général Vandamme, en se portant sur la droite de la Lys, laissera deux bataillons d'infanterie et un de tirailleurs sur la route de Cuerne et Bruges, pour avertir de la marche de l'ennemi. S'ils étaient forcés, il devra se retirer par le pont établi près Courtrai, et se défendre avec opiniâtreté jusqu'au retour de l'armée.

Il y aura toujours, sur les routes de Gand et d'Audenarde, des points d'avertissement fournis par les bataillons de Vandamme et Dewinter, jusqu'à ce qu'ils marchent vers l'ennemi.

Le parc d'artillerie sera à Aelbeke.

Le général Moreau au général Vandamme.

Courtrai, 20 floréal (9 mai) (1).

Le général Vandamme quittera demain, à 4 heures du matin, la position qu'il occupe le long de la Heule. Il en fera rompre tous les ponts, y laissera un bataillon qui sera relevé par la garnison. Il passera la Lys sur deux colonnes. L'une passera les positions de Bisseghem et l'autre les pontons les plus voisins de la ville. Il se portera sur les hauteurs de Lauwe, appuiera sa droite au moulin de ce nom, et sa gauche sur la droite de la brigade du général Macdonald. Le général Malbrancq occupe la position d'Aelbeke et le général Thierry celle du mont Castrel. Il établira des postes le long de la Lys pour en défendre les approches vers l'abbaye de Wevelghem.

Extrait du Journal de l'adjudant général Reynier.

.....(2) La brigade du général Malbrancq fut rapprochée de l'armée (20 floréal) et vint prendre position aux moulins de Castrel, d'où elle détacha des postes à Mouscron et Loinge, et en laissa à Watrelos et à la Chapelle-Marlière jusqu'à l'arrivée des troupes du général Thierry.

Le 6e régiment de dragons et le 3e régiment de hussards arrivèrent du camp de Sainghin à Marcke.

Le 3e régiment de hussards avec la moitié du 6e régiment de dragons furent mis sous le commandement du général Daendels, et un escadron du 6e régiment de dragons envoyé à Jardon, qui renvoya à Macdonald 200 chasseurs du 5e régiment.

Le général Compère fut détaché du camp de Sainghin à Lannoy ; il prit position derrière cette ville avec cinq bataillons et un régiment de cavalerie. Le général Thierry vint avec sa brigade prendre la position que quittait le général Malbrancq à Tourcoing.

L'ennemi détruisit pendant la nuit les écluses d'Haerlebeke, ce qui fit baisser les eaux de la Lys et rendit la navigation de cette rivière impossible depuis Courtrai à Menin.....

---

(1) Cette date n'est pas indiquée sur l'original de la pièce, qui appartient à M. le lieutenant-colonel Chéré ; mais elle est donnée par le *Récit abrégé des campagnes de 1793 et 1794,* par Vandamme.

(2) Voir p. 158.

Le général Pichegru au général Moreau.

Tourcoing, 21 floréal (10 mai).

Je reçois à l'instant, général, la lettre du général Vandamme, qui m'annonce l'attaque de Courtrai. Je vois, par l'augmentation des forces que tu as fait entrer dans cette place, qu'elle doit être parfaitement défendue. Je donne cependant des ordres au général Souham pour qu'il en fasse rapprocher la plus grande partie de sa cavalerie et qu'il reporte ses troupes sur son ancienne position, ce qui le mettra plus à même de te secourir. Il n'y a pas de troupes assez près de Menin pour les y faire entrer cette nuit. Après les fatigues de la journée, un trajet aussi long les rendraient incapables de la sortie dont tu parles. Je les ferai approcher le plus possible. Je compte me rendre ce soir à Roncq. Je désirerais que tu pusses t'y rencontrer afin de pouvoir concerter des mesures ultérieures.

P.-S. — Si ta présence est nécessaire à Courtrai, envoie-moi tes rapports et ton avis par écrit.

Ne pourrais-tu pas tirer parti des 4,000 hommes commandés par Desenfans ?

Où est le parc d'artillerie ? Prends des mesures pour sa sûreté.

Le général Pichegru au général Vandamme.

Tourcoing, 21 floréal (10 mai).

J'ai reçu, général, le compte que tu me rends de l'attaque dirigée sur Courtrai, et j'ai de suite donné ordre au général Souham d'y faire passer la plus grande partie de sa cavalerie. Il me paraît qu'au moyen du renfort que Moreau y a fait entrer, cette place doit être parfaitement défendue. Toutes les troupes vont rentrer dans la position qu'elles avaient la nuit dernière, ce qui les mettra plus à même de vous secourir en cas de besoin. Je compte me rendre ce soir à Roncq; c'est là où tu m'adresseras tes lettres.

Le chef de brigade Dehay au général Daendels.

Courtrai, 21 floréal (10 mai).

Grâce aux secours que j'ai reçus et à la bonne conduite de plusieurs compagnies qui, avant l'arrivée de la troupe, se sont mises en tirailleurs et ont repoussé l'ennemi, ce qui a retardé leurs progrès d'un moment et nous a mis à même de faire de nouvelles dispositions et de nous renforcer, actuellement nous espérons trouver le moyen de leur résister; mais ce ne sera pas sans consommer diablement des munitions.

Nous faisons un feu continuel auquel l'ennemi répond. Je vais redoubler de surveillance surtout pour la nuit. J'aurai soin, pendant la nuit, de me faire remplacer tout ce qui me manquera en munitions, comme de faire réparer mes batteries afin de me mettre en bonne disposition pour recommencer demain. S'il m'arrivait du nouveau, tu en seras informé. Je communique avec le général Vandamme, et ne veux rien négliger pour la surveillance de la place. Reçois l'assurance du sincère attachement de ton camarade et frère d'armes.

P.-S. — Les deux points où il m'attaque sont : la porte de Menin et celle de Bruges.

Le général Moreau au général Vandamme.

Courtrai, 21 floréal (10 mai).

J'arrive, mon cher camarade, de Roncq, où je n'ai pas trouvé le général en chef, quoiqu'il m'eût annoncé devoir y être.

Les troupes de Souham viennent de rentrer; nous allons concerter les moyens de chasser l'ennemi du pays qu'il occupe et reprendre nos positions d'hier matin.

Je suis au quartier général de Souham. Si tu as quelque chose à me faire dire, on m'y trouvera.

Le général Souham au général Pichegru.

Moulin de Coeyghem, 21 floréal (10 mai).

Je te prie, général, de m'envoyer par le gendarme qui te portera ce billet les ordres que tu m'as promis pour ce soir. Il est important de déterminer promptement la position que nous devons prendre ou les opérations que nous devons faire demain matin.

L'ennemi, qui avait passé ce matin l'Escaut à Pecq, vient de revenir ce soir à Espierres et à Saint-Léger. Il a même attaqué, mais faiblement, l'avant-garde du général Jardon, derrière Espierres. Il occupe aussi Saint-Genoix, j'ignore avec quelles troupes. Si le camp de Flers ne se maintient pas en avant de Leers, notre droite sera entièrement découverte, et les troupes du général Malbrancq, qui occupent Dottignies, très en l'air. Dans les positions que nous occupons, nous ne pouvons pas attendre d'être attaqués.

On n'entend plus rien du côté de Courtrai. L'ennemi se sera retiré. Je vais m'y rendre et, si tu ne viens pas, j'y attendrai tes ordres.

La fusillade va toujours à l'avant-garde commandée par Jardon.

Le général Liébert au général Pichegru.

Lille, 21 floréal (10 mai).

Je viens de voir le général Thierry. Sa brigade occupait les postes de Watrelos, Leers, Nechin et Lannoy. Maintenant, cette brigade fait sa retraite sur Lannoy. Les motifs en sont détaillés dans la lettre ci-jointe écrite au général Thierry par son secrétaire.

Lannoy, 21 floréal (10 mai).

J'apprends à l'instant, général, par différents militaires de la colonne qui était sur Nechin, et qui revient, que la colonne de droite a été repoussée vivement et a forcé le général Compère, qui commandait ladite colonne de Nechin, de se replier sur Sainghin, après avoir, toutefois, forcé les retranchements de l'ennemi. Ces derniers détails me sont donnés à l'instant par le général Compère, qui passe ici. Je viens d'apprendre aussi, par un officier de son état-major, qu'il y avait aussi une déroute du côté de Courtrai, mais sans autres détails. Tous ces mouvements ont été cause d'un mouvement en ville, qui a fait fermer les portes ; effet de la part des fuyards. Voilà tout ce que je puis, général, vous apprendre de nouveau. Il est venu de différents endroits treize prisonniers, que le général Compère a emmenés avec lui. J'attends maintenant vos ordres et de vos nouvelles, n'ayant pu vous en donner des miennes qu'au moment de votre ordonnance.

Signé : LECLERC.

Le général Thierry se propose de loger sa brigade, si rien ne s'y oppose, comme il suit, en occupant : Lannoy, Lis, Touflers route de Templeuve, et Hem route de Willem.

Extrait des Opérations du général en chef Pichegru.

.....Le général Clerfayt remis de ses premières pertes et joint par de nouveaux renforts se porta de Tournay, dans la nuit du 19 au 20, sur la rive gauche de la Lys. Il nous déroba savamment sa marche et, pour cacher ses véritables desseins, il fit avancer un camp léger, qu'il posta près Roncheval ; il l'avait établi sur un pays couvert et entrecoupé qui ne permettait pas aisément de juger de sa force.

L'inexactitude des rapports des espions donna le change à nos généraux ; ils furent d'abord plus occupés du camp de Roncheval que de la majeure force des ennemis, qui avaient déjà passé la Lys au-dessous d'Haerlebeke.

On avait envoyé la brigade du général Macdonald camper sur les hauteurs d'Oudesmesse.

Le 21, de très bon matin, une brigade de la division de Moreau se mit en marche pour venir occuper le camp des troupes de Macdonald, qui, avec le général Malbrancq, fut chargé de marcher sur les ennemis, qui se retirèrent à son approche. On les poursuivit sur la route de Tournay jusqu'à la rivière d'Espierres; là seulement, ils opposèrent de la résistance; l'on s'y fusilla assez vivement, sans grande perte néanmoins de part et d'autre.

C'était à un corps d'Hanovriens, d'Hessois et d'Anglais aux ordres du duc d'York que Macdonald eut à faire. Sa retraite simulée, en éloignant de Courtrai une partie de nos forces, devait favoriser les projets du général Clerfayt. En effet, celui-ci passa la Heule, repoussa nos avant-postes et vint canonner vivement Courtrai. Le chef de brigade Dehay, qui y commandait, défendit vaillamment cette place; il fit faire à propos une sortie vigoureuse pour chasser les ennemis du faubourg de Bruges, dont ils s'étaient emparés, et qui lui réussit pleinement. Clerfayt, étonné de la résistance et apprenant l'arrivée successive de nos secours, cessa l'attaque et campa néanmoins sous les murs de la place, en interceptant sa communication avec Menin par la gauche de la Lys (1).

Au peu de défense des ennemis à Roncheval et à Espierres, nos généraux s'aperçurent bien de la fausseté de notre manœuvre; alors, pour leur faire croire sans doute que nous étions toujours dans l'erreur, on fit baraquer nos soldats à Coeyghem, comme s'ils eussent dû y rester.....

Extrait du Journal de l'adjudant général Reynier.

.....(2) L'ennemi commençait à se rapprocher de nous. Il avait, à Roncheval, un camp d'environ 5,000 Hanovriens, qui poussaient des postes à Belleghem et inquiétaient souvent nos avant-gardes.

Nous savions que Clerfayt avait campé à Vichte avec 17,000 ou 18,000 hommes. Des espions et déserteurs disaient bien qu'il en était parti, mais on ignorait qu'il eût pris la route de la West-Flandre et on ne soupçonnait pas ses desseins.

Afin de n'être pas prévenu par une attaque imprévue de l'ennemi, on

---

(1) Les troupes de la division de Moreau, qui étaient venues aux ordres du général Vandamme occuper le camp d'Oudesmesse, se jetèrent de suite dans Courtrai.

(2) Voir p. 159.

résolut de le battre au camp de Roncheval et ensuite d'aller attaquer Clerfayt à Vichte, s'il y était encore (1).

Pour cet effet, les troupes qu'on destina à cette expédition se mirent en marche à 3 heures du matin sur trois colonnes. Le corps du chef de brigade Dewinter s'avança sur la route de Tournay, vers le hameau de Ten Houtte, afin de couvrir la gauche des troupes qui feraient l'attaque du camp de Roncheval et de se porter ensuite sur Vichte quand on en ferait l'attaque. Comme dans cette marche l'armée abandonnait la gauche de la Lys, la brigade du général Vandamme passa cette rivière et se plaça en réserve sur le Pottelberg. On laissa sur la Heule deux bataillons d'infanterie légère, qui eurent ordre, s'ils étaient attaqués, de se retirer, en passant sous Courtrai, sur les pontons, qui devaient être levés après qu'ils auraient passé la Lys.

La brigade du général Malbrancq passa par Mouscron, Loinge, Malcense et Lassus, attaqua l'ennemi à Dottignies, où il avait 500 hommes et de l'artillerie, le força, fit une centaine de prisonniers et envoya à sa poursuite des détachements à Coeyghem et Saint-Léger (2).

Le général Macdonald, précédé de l'avant-garde commandée par le général Jardon, passa par Aelbeke et Tombruck, d'où il s'avança sur Roncheval, d'où l'ennemi se retira sans engager que des tirailleurs. Cette brigade fut placée ensuite vers le moulin et l'auberge de Saint-Joseph, pendant que Jardon poursuivait l'ennemi jusqu'à l'Espierre et lui faisait quelques prisonniers.

Daendels passa par Belleghem, d'où il repoussa un poste que l'ennemi y avait, fut ensuite sur la grande route de Tournay, qu'il suivit pour

---

(1) Il est possible que ce camp fut une ruse de Clerfayt pour nous faire éloigner de Courtrai afin de l'attaquer pendant ce temps. Dans ce cas, il réussit parfaitement dans ses projets et calcula tout, à l'exception de la résistance de la garnison de Courtrai.

(2) *Le général Malbrancq au général Souham*, Dottignies, 21 floréal (10 mai).

« Je me suis emparé de Dottignies après une résistance assez vigoureuse de la part de l'ennemi. Au moment où je me portais sur Coeyghem, un de tes aides de camp m'a dit verbalement de rester à Dottignies jusqu'à nouvel ordre. Je te prie de m'envoyer tes ordres à cet égard. Je fais occuper Évregnies et Saint-Léger par l'infanterie légère et quelque peu de cavalerie. Écris-moi de suite où est ma destination.

« *P.-S.* — Nous avons fait 12 prisonniers. Nous n'avons eu que 8 hommes tant tués que blessés. »

attaquer le camp de Roncheval vers le moulin de Coeyghem. Il y arriva lorsque l'ennemi s'était déjà retiré et fut placé le long de la route de Tournay. Sa droite appuyait au moulin de Coeyghem, sa gauche se prolongeait vers le corps de Dewinter. Il envoya des partis à Saint-Genoix et par le moulin de Claren du côté de Vichte.

Dewinter en envoya aussi de ce côté ; ils ne rencontrèrent que de petits postes ennemis, et les rapports annonçaient que Clerfayt en était parti depuis trois jours. On s'y serait porté pour achever d'éloigner l'ennemi de la rive droite de la Lys, mais on apprit que, pendant la marche, Courtrai avait été attaqué par la rive gauche de la Lys, et il parut renoncer au premier projet.

Le parc d'artillerie marcha à Aelbeke.

Courtrai était presque sans défense. Le seul reste des anciennes fortifications était, de ce côté, un fossé large de 3 toises sans parapet et où il n'y avait dans certains endroits qu'un demi-pied d'eau. Il y avait en avant des deux portes de petites redoutes construites par les Autrichiens ; des deux côtés vers la rivière, il y avait des passages non fermés, qu'on ne connaissait pas et par où l'ennemi aurait pu entrer sans qu'on s'en doutât.

On avait établi sur les buttes des Moulins, près les portes de Menin et de Bruges, deux batteries à barbettes, qui étaient, le matin, l'une d'une pièce de 8, l'autre d'une pièce de 8 et d'un obusier.

Le bataillon de tirailleurs qui gardait encore la Heule, se retira suivant son instruction, d'abord qu'il fut attaqué par le pont sur la Lys, qui fut levé malgré le feu de l'ennemi.

Les Autrichiens, qui suivirent ce bataillon, se portèrent d'abord sur la porte de Bruges. On n'était pas encore bien en défense. Les troupes qui gardaient la barrière étaient surprises de cette attaque. Si l'ennemi avait eu de l'audace et eût connu les issues qui n'étaient pas gardées, il serait certainement entré dans la ville ; cinq compagnies de grenadiers firent une sortie et éloignèrent l'ennemi. Clerfayt plaça ses troupes, partie derrière la Heule, entre Waetermeulen et Cuerne, et l'autre partie entre Heule et Bisseghem. Il établit six batteries. Il en voulut établir sur la route de Menin, mais les pièces qu'on plaça sur le Pottelberg l'en chassèrent. Les batteries des Moulins furent augmentées de deux pièces de 12. Clerfayt se contenta toute la journée de tirer sur les batteries et les postes, et d'envoyer des tirailleurs qui s'approchaient beaucoup à la faveur des maisons et des colzas, mais que de petites sorties repoussaient.

Comme il pressait de porter secours à Courtrai, on fit revenir, à 2 heures du soir, toutes les troupes, à l'exception de la brigade de Vandamme, dans la position qu'elles occupaient la veille, en attendant qu'on eût déterminé de quelle manière on chasserait Clerfayt. Pour cet effet, le général Moreau partit le soir, avec l'adjudant général Reynier, pour Roncq, où le général en chef Pichegru avait annoncé qu'il serait. Il y était en effet, mais au château, et un guide, qui avait ordre d'attendre à Roncq pour l'indiquer, ne s'y trouva pas. Ils cherchèrent inutilement le général en chef et retournèrent à Courtrai.

La négligence de ce guide fut cause qu'on ne mit pas les troupes en mouvement le matin et que l'attaque ne pouvant être complète le soir, nous perdîmes beaucoup de monde et trouvâmes plus de résistance.

Cette même journée, le général Bonnaud, commandant le camp de Sainghin, afin de tenir l'ennemi en respect du côté de Tournay, eut ordre de faire une fausse attaque pour cet effet.

Le général Osten attaqua Templeuve-en-Pesvele et Cysoing, et poussa des partis sur Orchie.

Les généraux Pierquin et Noël passèrent la Marque à Gruson, et s'avancèrent dans la plaine entre Camphin et Baisieu avec 15 bataillons.

Le général Salme passa au Pont-à-Tressin et marcha sur Baisieu.

Le général Baillot précédait ces mouvements avec la cavalerie qu'il commandait.

Le général Bonnaud, par cette disposition, mettait toute son infanterie en seconde ligne. Il chassa l'ennemi de Camphin et Baisieu, et le repoussa jusque sur les hauteurs en avant de ce village.

Un moment après, sa droite fut forcée à Camphin. Le 13e régiment de chasseurs et le 5e de hussards, qui la soutenaient, prirent la fuite; le 13e régiment de cavalerie, qui était envoyé pour les soutenir, suivit leur exemple. Le centre de la ligne du général Bonnaud fut découvert et pressé vivement par la cavalerie anglaise. La confusion et la terreur s'emparèrent des troupes, qui repassèrent en désordre le village de Baisieu.

Le 1er régiment des carabiniers et le 13e régiment de dragons soutinrent longtemps la charge de la cavalerie anglaise beaucoup plus nombreuse.

Le 2e bataillon des Ardennes, le 1er du 54e régiment et le 25e régiment d'infanterie soutinrent bravement la charge et repoussèrent vivement la cavalerie ennemie par leur feu.

Ces troupes rentrèrent dans leur position du matin. Nous perdîmes là, 500 hommes, tant tués que prisonniers, et 5 pièces de canons. Les ennemis perdirent beaucoup de cavalerie.

Le général Compère fit aussi ce jour-là une fausse attaque sur Templeuve-en-Dossemez, et le général Thierry sur Leers.

Il ne se passa rien d'important, et ils rentrèrent le soir dans leurs positions.....

Extrait du Journal historique de la 5e division.

.....(1) Je reçus l'ordre de marcher, le 21, bon matin, pour attaquer l'ennemi sur Baisieu, pendant que le général Compère devait marcher sur Templeuve. Les ordres furent donnés en conséquence ; le général Osten reçut celui de faire attaquer Templeuve-en-Pevele, Cysoing et d'observer Orchie. Le général Pierquin, le général Noël, avec 15 bataillons, passèrent la Marque à Anstaing, par Gruson, et le général Salme passa le Pont-à-Tressin, avec le restant de l'infanterie. Le général Baillot avait ordre de faire précéder ces mouvements par la cavalerie, qui se déploya dans la plaine en avant de Gruson, l'infanterie derrière elle en seconde ligne. L'avant-garde commença bientôt l'attaque, l'artillerie la rendit vigoureuse; l'ennemi fut repoussé avec pertes jusque sur les hauteurs en avant de Baisieu. Les troupes faisaient bonne contenance, tout était en ordre, lorsqu'on vint me rapporter que l'ennemi forçait ma droite dans le village de Camphin. J'ordonnai à l'instant au 13e de cavalerie de s'y porter ; à son arrivée, déjà le 13e de chasseurs était mis en déroute et avait entraîné avec lui le 5e de hussards, où quelques malveillants avaient crié : « A la trahison ! Sauve qui peut ! » A cet exemple, le 13e de cavalerie en fit autant ; ma droite se trouva par ce moyen découverte ; je fus obligé de reculer mon centre. L'ennemi profita du mouvement, m'attaqua vigoureusement sur ce point, pendant que, d'après la facilité que leur en avait donnée la fuite de la cavalerie, il pressait vigoureusement ma droite. Obligé de lui faire face avant de repasser le village de Baisieu, plusieurs charges s'exécutèrent. L'affaire fut sérieuse. Le 7e de cavalerie ébranlé par le nombre lâcha le pied ; les carabiniers, le 13e de dragons furent obligés d'en faire autant, après s'être bien battus. La confusion se mit dans les rangs (c'est le grand défaut de nos troupes, on ne peut en jouir lorsqu'il faut manœuvrer par le peu de silence qu'on observe et le peu de fermeté de certains officiers), la retraite fut précipitée et nous causa quelques pertes. Nous fûmes obligés de repasser la Marque, de prendre la position que nous avions quittée le matin. En général, les troupes firent leur devoir. Ce jour-là, elles en sont convenues, je n'ai pas lieu de leur en vouloir ; peu après, elles ont bien réparé leurs fautes et leur conduite, et ne se sont point démenties de toute la campagne : le 2e bataillon des Ardennes et le 1er bataillon du 54e régiment firent des merveilles. Entourés de la cavalerie ennemie, ils formèrent le bataillon carré et parvinrent à se faire jour ; le 25e régiment d'infanterie en fit autant à la gauche, ce dernier

(1) Voir p. 158.

perdit 150 hommes. La perte, ce jour-là, fut de 500 hommes, tant tués que prisonniers, et 5 pièces de canon; l'ennemi perdit beaucoup de cavaliers.....

Extrait du Précis des opérations de la brigade Macdonald, par le général Pamphile Lacroix.

.....Nous partîmes, avec toutes nos troupes, le 21, de très bon matin, pour aller attaquer le camp des ennemis. Ils le levèrent à notre approche. Nous les poursuivîmes sur la route de Tournay jusques à la rivière d'Espierres. Là, seulement, ils opposèrent de la résistance. L'on s'y fusilla assez vivement sans grande perte de part et d'autre.

C'était au duc d'York à qui nous avions à faire. Sa retraite simulée devait servir par notre diversion à favoriser les progrès du général Clerfayt. En effet, celui-ci ne manqua pas de s'approcher de Courtrai et vint, ce jour-là même, occuper notre ancien camp d'Heule, coupant par ainsi la communication d'avec Menin.

Au peu de défense des ennemis, on s'aperçut bien de la fausseté de notre manœuvre. Alors, pour leur faire croire que nous étions toujours dans l'erreur, on fit baraquer le soldat à Coeyghem, comme s'il avait dû y rester. A 2 heures du matin, l'ordre de la contremarche arriva. Toute la troupe fut mise en mouvement pour se replier sur nos anciens camps. La retraite se fit sans bruit. Nous arrivâmes donc le 22, à 9 heures du matin, dans nos positions de la veille.....

Extrait du Journal des marches, combats et prises de la gauche de l'armée du Nord, depuis le 7 floréal an II jusqu'au 18 brumaire an III.

.....Depuis le 10 jusqu'au 20 floréal, l'ennemi s'occupa à faire marcher des troupes sur Courtrai, et, par une marche circulaire, qu'il leur fit faire loin de nos avant-postes, il nous en déroba la connaissance. Dans la nuit du 19 au 20, il prit des positions sur la gauche de la Lys et établit sept batteries, depuis le moulin qui est sur la droite de la chaussée de Bruges jusqu'à celui qui est sur la gauche de la chaussée de Menin.

Comme nous ne savions pas quelles forces l'ennemi avait sur la droite de la Lys, pour nous en assurer, une partie de la division que Souham commande fit une marche sur la gauche, chassa l'ennemi de tous les postes qu'il occupait jusqu'au delà de Dottignies et s'arrêta vers les 3 heures du soir. On fit baraquer le soldat comme s'il avait dû y rester. A 11 heures du soir, l'ordre de la contremarche arriva. A 2 heures du matin, toute la troupe se mit en mouvement pour se replier sur Courtrai. La retraite se fit sans bruit et on arriva à Courtrai à 4 heures du matin.

Les troupes reprirent les positions de la veille et se reposèrent jusqu'à 3 heures du soir.....

Extrait du Mémoire historique et militaire de d'Arnaudin.

Réflexions sur les moyens de défense dont la West-Flandre était alors pourvue. — Affaire de Rousselaere, le 4 mai. — Affaire du 10 mai devant Tournay. — Affaire devant Courtrai, le lendemain.

Immédiatement après la retraite de Menin, les Français entrèrent dans la place. La perte de ce poste, jointe au dernier échec des Alliés vers Mouscron, dont elle était la suite, laissaient toute la Flandre à découvert. Les villes de Nieuport et d'Ostende, où s'était repliée une partie des avant-postes de la West-Flandre, étaient abandonnées à elles-mêmes; et la consternation avait pénétré jusqu'à Bruges, Gand et Anvers, où l'on s'attendait de voir paraître l'ennemi au premier jour. Il est bien vrai que cette consternation n'était pas pour tout le monde dans ces villes, où beaucoup d'habitants manifestaient assez publiquement leur penchant pour les Français.

En cet état de choses, le salut de la Flandre se trouvait reposer, pour le moment, sur la résistance éventuelle de quelques places que l'ennemi pouvait négliger, sur quelques corps de cavalerie hanovrienne échappés des avant-postes d'Ypres, que le colonel de Linsingen avait rassemblés à Thorout, sur la garnison de Menin, qui venait de gagner Bruges, et enfin sur l'armée du général Clerfayt, forte au plus de 14,000 ou 15,000 hommes. Tout ce qu'avait pu opérer ce dernier, après le mauvais succès du 29 avril, près de Mouscron, s'était réduit à faire prendre à cette armée une position défensive, qui couvrait en même temps Tournay, la rive gauche de l'Escaut et Gand. Et, pour cet effet, il l'avait fait camper en arrière du ruisseau d'Espierres, à droite et à gauche de la chaussée de Tournay à Courtrai. De là, il poussait des corps avancés sur Coeyghem, Dottignies et Herseaux ; et, en attendant l'arrivée de l'armée du duc d'York, il avait garni autant qu'il avait pu tous les postes en avant de Tournay, du côté de Lille. D'une autre part, le 29 même, au matin, il avait eu la précaution de faire passer à Audenarde quelques bataillons avec de la cavalerie, qui furent suivis le lendemain par des forces plus considérables, de manière que, dès le 1er mai, on avait déjà pu envoyer de cette place des détachements sur Deynze et Sainte-Éloysvysve. Le quartier général était à Espierres.

Mais aussitôt que l'armée du duc d'York eut pris devant Tournay (1) la position dont on a rendu compte plus haut, le général Clerfayt porta le gros de ses forces sur Vichte et Sainte-Éloysvysve, d'où, moyennant des ponts sur la Lys, il se trouvait en mesure de communiquer avec le peu de troupes des Alliés disséminé dans le Nord de la West-Flandre proprement dite.

La garnison de Menin, qui en faisait partie, s'était retirée derrière Bruges pour s'y remettre un peu des fatigues qu'elle venait d'éprouver, et le corps de cavalerie aux ordres du colonel de Linsingen était à Thorout et aux environs. Cet officier, qui avait eu le commandement des postes établis en avant d'Ypres et entre cette ville et Menin, ayant vu cette dernière place cernée par des forces supérieures, lors de l'invasion du 26 avril, s'était replié d'Ypres sur Rousselaere. Là, il avait rassemblé trois régiments de cavalerie hanovrienne faisant en tout six escadrons, savoir : les 9e et 10e régiments de dragons et le régiment du Roy. Avec cette petite force, qui n'était soutenue d'aucun corps d'infanterie, et dans un pays où la cavalerie n'est souvent que d'un usage fort embarrassant, il se mit en devoir, en attendant de nouveaux renforts, de couvrir l'intérieur de la Flandre et particulièrement la ville de Bruges contre les progrès ultérieurs des ennemis. Il en forma une chaîne de postes qui s'étendait d'Hooghlede à Thielt.

Le petit engagement qu'il eut à soutenir dans cette position, le 4 mai, quoique peu important en lui-même et d'une très faible conséquence pour la suite des événements qui signalèrent cette campagne, mérite d'avoir ici sa place pour conserver, s'il se peut, le souvenir d'une action où se sont déployés, d'une manière si éclatante, le courage et la présence d'esprit de ce brave officier, ainsi que des troupes qui le secondèrent si avantageusement.

Le colonel de Linsingen, désirant lier Rousselaere à la chaîne de postes dont on vient de parler, s'en était approché le 3 mai au soir à la tête d'un escadron du régiment du Roy et de deux escadrons du 10e régiment de dragons dit du prince de Galles, dont il était alors colonel. Après avoir détaché des piquets en avant de la ville, il passa la nuit au bivouac avec sa troupe sur la chaussée de Thorout. Le lendemain, à

---

(1) *Extrait des Opérations du général en chef Pichegru :*

..... Le prince de Cobourg sentit alors l'insuffisance des renforts qu'il avait envoyés au général Clerfayt et, pour le mettre à même de nous déloger de Courtrai, il fit partir le duc d'York avec le reste de l'armée britannique, qui quitta les environs du Cateau le 11 floréal, pour se porter, sans faire halte, jusqu'à Saint-Amand, d'où elle ne tarda pas à se diriger sur Tournay.....

4 h. 30 du matin, l'ennemi, fort de 2,000 ou 3,000 hommes, tant infanterie que cavalerie, marcha avec tant de rapidité sur les piquets hanovriens qu'il les repoussa jusqu'à Rousselaere, et ses corps avancés y entrèrent avec eux. La cavalerie ennemie, qui se présenta dès lors dans la ville, portait un uniforme assez approchant de celui du régiment hanovrien du Roy. Le colonel, trompé par cette ressemblance, lui criait de s'arrêter et de faire face à l'ennemi. Au même moment, un cavalier républicain lui lança un coup de pointe, qui le tira de son erreur. Pour parer un nouveau coup, il replia son cheval ; mais la selle, n'étant pas assez serrée, tourna, et il se trouva renversé. On le fit prisonnier, et deux cavaliers à la garde desquels il était confié le conduisaient sur les derrières lorsque le régiment du prince de Galles, qui voyait son colonel dans un si grand embarras, s'élança avec furie sur l'ennemi et, dans un très court espace de temps, il parvint à le dégager. Un cheval de dragon lui est aussitôt présenté ; il le monte et, reprenant la tête de sa colonne, il marche avec elle à la rencontre des Français.

La cavalerie républicaine était déjà très nombreuse sur la grande place de la ville, ce qui n'empêcha pas la bravoure et l'intrépidité des cavaliers et dragons hanovriens de réussir à la culbuter. Mais, tandis que ces derniers serraient l'épée dans les reins les Français qui se pressaient en désordre sur le pont de Rousselaere pour gagner le pavé de Menin, l'infanterie ennemie, à la faveur des haies et des fossés, s'avançait de tous les côtés autour de la ville qui, bientôt, allait se trouver enveloppée. Dans cette occurrence, le colonel de Linsingen n'avait pas d'autre parti à prendre que de se replier sur Thorout, ce qu'il fit immédiatement en emmenant avec lui trois pièces d'artillerie de l'ennemi trouvées dans Rousselaere, dont deux canons de 8 et un obusier, et sa retraite s'exécuta sans être inquiétée par personne.

Les Hanovriens perdirent peu de monde dans cette affaire ; mais les Français ont dû y laisser beaucoup de tués, surtout au passage du pont.

Le petit corps de cavalerie du colonel de Linsingen se trouva bientôt joint par la garnison de Menin, toujours aux ordres du général von Hammerstein. Elle avait été augmentée de quelques bataillons hessois et hanovriens et d'un escadron de gendarmes hessois. D'un autre côté, il était arrivé depuis peu d'Angleterre, à Ostende, trois bataillons d'infanterie, savoir : les 12e, 38e et 55e régiments, et deux escadrons du 8e régiment de dragons légers. Le général major White, détaché de l'armée du duc d'York, où il avait eu à commander une brigade de cavalerie, en était venu prendre le commandement; et le 8 mai, il se réunit à la petite armée du général von Hammerstein, avec laquelle il campa en arrière de Rousselaere, ayant en front le ruisseau appelé le Mandel.

Les postes de Hooghlede et de Rumbeke étaient occupés par de forts piquets.

Ce petit accroissement de forces, dans cette partie, semblait fournir les moyens de resserrer un peu davantage l'ennemi dans ses postes. Aussi l'armée du général von Hammerstein ne resta qu'un jour dans sa position de Rousselaere. Elle fit le 9 un mouvement sur sa gauche et vint camper en arrière d'Emelghem, à la portée du grand chemin de Courtrai à Bruges.

Le bourg d'Iseghem fut occupé par le corps de Loyal-Émigrans, et Emelghem par des chasseurs hanovriens. Dans cette nouvelle situation, le corps anglo-hanovrien se trouvait en mesure de communiquer avec la chaîne d'avant-postes de l'armée de Clerfayt, établis sur la rive droite de la Lys. Dès le 4 mai, le colonel comte de Gontreuil, qui les commandait, avait déjà forcé les Français, qui s'étaient avancés jusqu'à Beveren, à se replier au delà d'Haerlebeke. Ces derniers avaient le gros de leurs forces placé sur la gauche de Courtrai, en arrière de la Heule, où ils occupaient trois petits camps : l'un à Moorseele, l'autre à Gulleghem et le troisième à Heule; et leurs avant-postes s'étendaient à Cuerne, Hulste et Winckel Saint-Éloy. Ils avaient aussi une petite réserve à Lauwe, sur la rive droite de la Lys, vis-à-vis Wevelghem, et d'un autre côté, ils continuaient de tenir toujours les postes importants des moulins de Castrel et de Mouscron, par lesquels était assurée la communication de Courtrai avec Lille.

Dans le même temps, le général Clerfayt quittait son camp de Vichte, passait la Lys à Sainte-Éloysvysve et, dirigeant sa marche par Wacken, venait camper sur les hauteurs de Lendelede. Des corps de troupes légères s'établirent à Winckel Saint-Éloy et Hulste. Ils en avaient repoussé jusque dans Courtrai les avant-postes français qu'ils y avaient trouvés; et les petits corps ennemis campés derrière la Heule avaient levé leurs camps pour se rapprocher de la Lys.

Il était alors urgent de faire, dans cette partie, quelques puissantes diversions pour y attirer l'attention de l'ennemi dont les forces extrêmement accrues en avant de Lille menaçaient l'armée de Tournay qu'elles étaient en mesure de prendre du fort au faible.

En effet, attentifs aux mouvements des Alliés qu'ils étudiaient avec une extrême diligence, ils pressentaient bien que ces derniers allaient faire refluer dans la West-Flandre et en avant de Tournay une forte partie des troupes de leur armée du centre, qui continuait d'occuper une position près du Cateau. Ils se hâtèrent de les prévenir, en faisant marcher sur Lille une partie des forces qu'ils avaient au camp de César et autour de Cambrai. C'étaient précisément les mêmes troupes qui avaient été si maltraitées par la cavalerie anglaise et autrichienne, à l'affaire du 26 avril. En passant à Douai, on les avait munies d'une nouvelle artillerie, en remplacement de celle qui leur avait été prise en avant du Cateau. On les fit camper à Sainghin, en arrière de la petite rivière de Marque. Ce renfort était de près de 20,000 hommes, qui, ajoutés à près de 70,000 déjà agissant dans la West-Flandre, produisaient une force de 90,000 hommes pour cette partie seulement.

Le général républicain ne se vit pas plutôt pourvu de ce surcroît de moyens qu'il se hâta d'en venir aux prises avec l'armée de Tournay. Il savait qu'elle n'avait pas encore reçu les augmentations qu'elle attendait. Une forte colonne détachée de l'armée de Courtrai devait se porter contre les postes de l'armée hanovrienne campée en arrière de la rivière d'Espierres, autour de Warcoing. Et ainsi, le 10 mai, de très grand matin, tous les postes avancés du camp de Tournay, depuis Dottignies, près de la rive gauche de l'Escaut, jusqu'à Cysoing, furent attaqués. Les ennemis débouchèrent en même temps sur différentes colonnes par Templeuve-en-Dossemez, Willem, Baisieu, Camphin et Bachy, et partout ils firent replier tous les corps avancés. Leurs efforts semblaient tendre particulièrement à s'établir sur les hauteurs de Blandain, Hertain, Marquain et Lamain. Arrivés à la portée du camp, ils débutèrent par une vive canonnade dirigée particulièrement contre une redoute située sur la route de Templeuve, à la droite de Blandain, qui répondit vigoureusement à leur feu. Ils en faisaient autant sur la gauche contre quelques ouvrages qui couvraient le camp des Hessois auprès de Lamain, et ils y éprouvaient la même résistance. Toutes ces attaques directes des Français étaient accompagnées d'un mouvement par leur droite contre la gauche du camp. Et peut-être de ce côté auraient-ils réussi à tourner et à prendre à dos la position des Alliés, s'ils n'avaient pas été arrêtés par le régiment de Kaunitz, que l'on avait eu la précaution de détacher dans les bois en arrière de Bachy. C'était précisément par ce village que les ennemis tâchaient de pénétrer sur la grande route d'Orchie, qui leur présentait une issue facile entre Tournay et la queue du camp. Cependant leur feu se soutenait contre le centre et contre la gauche, où ils s'étaient avancés avec beaucoup de résolution, malgré un feu d'artillerie très bien servi. Mais dans cette dernière partie, c'est-à-dire au-dessous de Lamain où semblait réuni le plus gros de leurs forces, on s'aperçut bientôt que leur droite présentait le flanc à un terrain favorable aux manœuvres de la cavalerie. Aussitôt le lieutenant général Harcourt fut détaché avec seize escadrons de cavalerie anglaise et deux de hussards autrichiens (1). Ce général parvint bientôt à atteindre le côté découvert de l'ennemi. Il n'éprouva

---

(1) Lettre du duc d'York, commandant en chef les forces britanniques,

aucune résistance de la part de la cavalerie, qui prit aussitôt la fuite. Mais l'infanterie se piéta avec courage et, après avoir épuisé ses munitions de mousqueterie, elle présenta la baïonnette dans une contenance assez résolue, de sorte que la cavalerie anglaise, n'étant soutenue par aucune pièce d'artillerie, n'essaya pas dès lors de rompre cette épaisse colonne. Bientôt quelques pièces de campagne étant venues seconder ses efforts, les Français commencèrent à s'ébranler et, peu après, à se retirer en désordre. Deux bataillons entièrement enveloppés firent front en tous sens contre la cavalerie, de sorte qu'il n'en échappa que le petit nombre de ceux qui réussirent à se faire jour à travers les Anglais. Et ceux qui furent faits prisonniers en cet endroit étaient presque tous mis hors de combat par les blessures qu'ils avaient reçues.

A cette époque, le feu de l'ennemi contre le front du camp commença à se ralentir, et la grosse colonne des Français en retraite se mit à couvert derrière le village de Baisieu, où, après s'être ralliée, elle continua quelque temps à se défendre sous la protection d'une forte batterie qui y était établie. Le feu supérieur de l'artillerie anglaise les

---

au secrétaire d'État lord Dundas, sur l'affaire du 10 mai 1794, dans les environs de Tournay, datée de cette ville le lendemain 11.

« L'ennemi m'ayant attaqué hier sur différentes colonnes au nombre de 30,000 hommes, j'ai la satisfaction de vous informer qu'après un engagement qui a duré cinq heures, nous l'avons repoussé avec beaucoup de pertes, lui ayant pris 13 pièces de canon et plus de 400 prisonniers. L'attaque commença à la pointe du jour lorsque l'ennemi essaya de tourner mon flanc gauche; mais il fut repoussé par le régiment autrichien du prince de Kaunitz, qui était posté dans un bois pour nous couvrir de ce côté-là. L'ennemi dirigea alors ses efforts suivants sur mon centre, contre lequel il s'avança, sous une forte canonnade, avec beaucoup de résolution. Mais une occasion favorable s'étant offerte pour l'attaquer sur son flanc droit, qui ne me parut pas être protégé, le lieutenant général Harcourt fut détaché à cette fin avec 16 escadrons de cavalerie britannique et 2 de hussards autrichiens. Le général Harcourt ayant réussi à gagner le flanc de l'ennemi, l'attaqua avec tant de résolution et d'intrépidité qu'il commença immédiatement sa retraite dans le cours de laquelle il fut bientôt enfoncé et essuya une perte considérable. Pendant que ceci se passait au corps sous mes ordres particuliers, celui des Hanovriens, à ma droite, fut attaqué avec une égale vigueur; ce combat néanmoins quelque rude qu'il fût se termina encore à l'avantage des Hanovriens, qui maintinrent leur poste et repoussèrent l'ennemi avec beaucoup de pertes..... ».

contraignit enfin d'abandonner ce poste, où ils avaient perdu beaucoup de monde, ainsi que dans les autres points de l'attaque.

La colonne française, venant de Courtrai, qui faisait en même temps une apparition contre les postes avancés du camp hanovrien de Warcoing, n'obtenait pas plus de succès.

Cette journée coûta à l'ennemi 13 pièces de canon et au delà de 400 prisonniers. Le nombre de ses tués et blessés fut peut-être plus considérable encore; il ne serait pas aisé de l'apprécier au juste. Il avait déployé dans cette affaire une force de près de 30,000 hommes, en y comprenant la colonne venant de Courtrai, qui tenait les Hanovriens en respect.

De son côté, le général Clerfayt travaillait dans le même temps à occuper les forces ennemies réparties aux environs de cette dernière ville; et tandis que le corps particulièrement à ses ordres, qui avait passé la Lys à Sainte-Éloysvysve, ainsi qu'on l'a vu plus haut, menaçait de front la position des Républicains, dans cette partie, l'armée du général von Hammerstein faisait un mouvement par sa droite pour tourner leur gauche. Elle passa par Winckel Saint-Éloy et Ledeghem où, ayant traversé la Heule, elle trouva que le petit camp ennemi de Moorseele était évacué. Un escadron du régiment de Latour y avait déjà pris poste. Cette division de l'armée combinée s'y établit aussitôt en se couvrant du ruisseau. Le 38e régiment fut détaché au moulin qui est situé en avant du pont de Ledeghem. Le colonel de Gontreuil avec le régiment de Wurtemberg occupait le poste de Keselbergh, où on avait fait des coupures sur la grande route du côté de Menin qu'il convenait de tenir en échec dans cette partie. D'un autre côté, l'escadron du régiment de Latour que l'armée du général von Hammerstein avait trouvé à Moorseele lors de son arrivée, s'était avancé jusqu'à Wevelghem, d'où la ville de Menin était encore observée par la chaussée de Courtrai. Le général Clerfayt poussait en même temps des postes jusqu'à Cuerne et Gulleghem.

Quant aux Français, dont tous les postes, comme on l'a vu plus haut, s'étaient repliés sur Courtrai et derrière la Lys, ils se tenaient alors, partie dans la ville et les faubourgs, partie entre Marcke et Lauwe.

Ce fut un grand inconvénient pour les Alliés que leur attaque de Courtrai ne put pas avoir lieu immédiatement ce jour-là. C'était précisément le moment où les ennemis étaient occupés de leur expédition contre le camp de Tournay; et une partie considérable de leur armée de Courtrai y était employée à inquiéter les postes de l'armée hanovrienne, comme on l'a vu plus haut. Le général républicain, prévenu de ce dont il était menacé à Courtrai, dépêcha des ordres, dans la nuit du 10 au 11, vers la colonne pour qu'elle eût à rejoindre Courtrai, dans le plus court délai, et elle arriva assez tôt pour participer à l'affaire dont nous allons rendre compte.....

Le général Michaud au général Moreau.

Hondtschoote, 22 floréal (11 mai).

J'entends depuis deux jours le bruit du canon. Tu n'es sûrement point inactif et j'imagine que c'est toi qui fais ce vacarme.

Il me semble qu'il serait utile que nous correspondissions plus souvent ensemble. Je te prie donc de vouloir bien m'instruire de tes travaux et de tes succès. Crois que le temps que tu emploieras à m'écrire ne sera point entièrement perdu pour la chose publique.

J'occupe toujours Furnes et les bords de la mer, le canal de Loo et l'Yser jusqu'à Houtkercke, avec neuf bataillons. Les patrouilles vont jusqu'auprès de Nieuport, de Schoorbacke, de Dixmude et du fort de la Cnocke.

On m'assure que la garnison d'Ostende est sortie, probablement pour aller du côté de Rousselaere. Il n'y a que peu de monde à Nieuport, mais cette place est armée de 50 pièces de canon.

L'éloignement de mes postes avancés m'a décidé à m'établir à Hondtschoote où j'espère recevoir bientôt de tes nouvelles.

P.-S. — Durutte te donne le bonjour, te souhaite une bonne santé et désire apprendre aussi le résultat de tes premiers succès.....

Le général Desenfans au général Moreau.

Messines, 22 floréal (11 mai).

Sur l'avis qui m'était parvenu hier, mon camarade, que l'ennemi avait retiré ses avant-postes, j'ai poussé de nombreuses patrouilles sur Voormezeele et l'abbaye de Saint-Éloy. J'ai éprouvé quelques résistances sur ces différents points, mais l'impétuosité des Républicains a eu bientôt levé toutes les difficultés et mis en fuite les esclaves et quelques paysans qui partagent leurs travaux guerriers. L'abbaye de Saint-Éloy et quelques autres maisons qui leur servaient principalement de repaires ont été réduites en cendres. J'ai poussé cette reconnaissance jusque sous les murs d'Ypres, où j'ai essuyé un feu de rempart et sept coups de canon. J'ai pu remarquer les retranchements de Saint-Éloy. Ils m'ont paru de nature à ne pas nous donner de grandes inquiétudes parce qu'ils peuvent être tournés aisément et qu'ils ne sont pour ainsi dire que l'ouvrage de la nature. Un officier du 1er bataillon de la Marne a été atteint d'une balle au bras, mais cette blessure a été vengée par la mort de sept de nos adversaires. Tout a été tranquille pendant la nuit ; les postes ont été doublés à 2 heures du matin, et je me suis assuré de l'exactitude du service pendant la nuit, dont j'ai été satisfait.....

Le général Pichegru au général Macdonald.

Courtrai, 22 floréal (11 mai).

Le général Souham m'a fait part, général, de la lettre que tu lui as écrite dans laquelle tu lui donnes connaissance de tes dispositions pour l'attaque de demain. Nous les avons jugées bonnes. Je ne puis, en conséquence, que te recommander de les mettre à exécution de très bonne heure. Tu recevras, cette nuit ou demain de grand matin, le 1er régiment de carabiniers pour se joindre au second. J'espère, d'après cela, que tu seras en état de frapper avec vigueur.

P.-S. — C'est nous qui avons attaqué cet après-midi. L'ennemi a été repoussé, mais l'affaire a été très meurtrière. Nous avons beaucoup de blessés.

Le général Souham au général Macdonald.

Courtrai, 22 floréal (11 mai). Pressée.

Le général de brigade Macdonald partira demain matin, au point du jour, pour faire sa jonction avec le corps de troupes qui est entre Courtrai et Bisseghem. La marche qu'il m'a proposée est bonne, mais il n'est pas besoin de se diviser autant en marchant sur Moorseele ; il faut seulement s'éclairer de ce côté. Le général Malbrancq marchera sur la gauche, vers Moorseele, entre ce village et la gauche du général Macdonald.

Je ferai aussi marcher des troupes en avant sur la route de Menin, du côté de Coeyghem (1), afin de faciliter la jonction.

Si l'ennemi est encore dans sa position vers Gulleghem jusqu'à la Lys, nous l'attaquerons des deux côtés.

L'affaire de ce soir a été fort chaude. La déroute, qui s'est mise dans notre cavalerie, a manqué nous perdre ; mais l'infanterie a soutenu, et ensuite l'ennemi s'est retiré. Il a été forcé de quitter Cuerne et les ponts sur la Heule ; mais il est encore vers Heule et Gulleghem. J'ignore s'il y en a encore sur la route de Menin et à Wevelghem. Tu seras instruit de sa position et tu pourras faire dans tes dispositions les changements que tu croiras convenables.

Nous avons pris une pièce et environ 60 hommes et rien perdu en artillerie, mais nous avons beaucoup de blessés.

---

(1) Il doit y avoir erreur ; il faut vraisemblablement lire Gulleghem et non Coeyghem.

Le 1er régiment de carabiniers arrivera demain matin à Menin. Tu en disposeras comme tu le jugeras convenable. Écris-moi soigneusement ce que tu apprendras sur l'ennemi.

Comme on a eu des craintes que l'ennemi ne tentât le passage de la Lys, j'ai envoyé des postes à Marcke et à Lauwe. Ordonne des patrouilles sur la droite de la Lys, depuis Menin à Lauwe.

Le général Souham au général Moreau.

Courtrai, 22 floréal (11 mai).

Il serait, je crois, général, nécessaire de faire mettre demain, à la pointe du jour, toutes les troupes commandées par le général Vandamme sous les armes, et les disposer de manière à ne laisser que les troupes nécessaires aux ponts de Cuerne, de la route de Bruges et de Waetermeulen. Il porte sa gauche vers la droite de Daendels et se place de manière à remonter la Heule, comme la première instruction le portait. Ses troupes devront être placées et ne se mettre en mouvement que dans le cas où nous devrions marcher pour opérer la jonction avec le général Macdonald, ce que les nouvelles que nous aurons de l'ennemi peuvent seules déterminer.

Le général Souham au général Malbrancq.

Courtrai, 22 floréal (11 mai), la nuit.

Le général de brigade Malbrancq partira demain matin à la pointe du jour pour exécuter le mouvement que la longueur de la journée ne lui a pas permis de faire aujourd'hui. Il concertera sa marche avec le général Macdonald, afin d'être tous les deux à la même hauteur. Pour ne pas trop se diviser d'avec la colonne du général Macdonald, le général de brigade Malbrancq passera seulement à la droite de Moorseele, et qu'il attaquera cependant, si l'ennemi y est. Dans sa marche, il s'éclairera soigneusement sur sa gauche sans laisser cependant des troupes à Keselbergh, sur la route de Bruges.

Le général Souham au général Daendels.

Au Lion d'or, la nuit, 22 floréal (11 mai).

Le général de brigade Daendels fera mettre demain matin, avant la pointe du jour, toutes les troupes qu'il commande, sous les armes, et enverra de fortes découvertes en avant, du côté de Bisseghem et de Gulleghem, afin de découvrir l'ennemi et de servir ensuite à faciliter la jonction du corps de troupes commandé par le général Macdonald et se préparer à marcher : ce que je devrai déterminer suivant les circonstances.

Extrait des Opérations du général en chef Pichegru.

.....(1) Le 22 floréal, à 2 heures du matin, par une rapide contremarche, Macdonald et Malbrancq se replièrent : l'un, sur le camp d'Oudesmesse, l'autre, sur Mouvaux et Wasquehal. Macdonald fit si bien sa retraite que le duc d'York ne s'en aperçut que fort tard dans la matinée (2).

Les généraux Dewinter, Daendels et Vandamme se canonnaient déjà de l'autre côté de la Lys avec le général Clerfayt. Ils avaient ordre de l'attaquer vigoureusement à 3 heures précises de l'après-midi. On avait également expédié à Macdonald celui d'aller passer la Lys à Menin pour attaquer l'ennemi par sa droite et lui couper la retraite sur Moorseele, mais malheureusement l'ordonnance chargée de porter cet ordre s'égara. Trois heures après seulement, l'aide de camp du général Souham, passant par hasard à portée de cette brigade, vint témoigner à son général sa surprise de ce qu'il n'était pas encore en route. Il s'y mit de suite, mais comme ses troupes étaient harassées de la veille, et qu'elles avaient encore bien du chemin à faire, elles ne prirent qu'une très petite part à cette action.

Sans le secours de cette brigade, l'ennemi fut complètement battu. Il ne put résister à deux sorties bravement dirigées par les généraux Daendels et Vandamme. Une grêle de balles et de mitraille ne put arrêter l'impétuosité de nos attaques. Le combat fut longtemps opiniâtrément soutenu de part et d'autre. Il fut un des plus vifs qui aient eu lieu ; il dura jusqu'à 11 heures du soir.

L'ennemi, dont la gauche avait été repoussée, qui était venu jusque sous les murs de Courtrai, qui avait été intimidé par la persévérante résistance de nos troupes, et qui craignait aussi peut-être de se voir compromis le lendemain par l'arrivée de la brigade Macdonald, profita de l'obscurité de la nuit pour battre en retraite. Il le fit si précipitamment qu'il laissa sur le champ de bataille ses morts et ses blessés ; le

---

(1) Voir p. 163.

(2) Les Alliés avaient aussi, la veille, fait paraître de fortes reconnaissances dans la plaine de Cysoing, en avant de la division du général Bonnaud. Une terreur panique avait saisi notre cavalerie ; elle s'était mise en route rien qu'à la vue des ennemis.

nombre en était conséquent. Nous fîmes aussi des pertes sérieuses : 200 de nos défenseurs y perdirent la vie et 600 au moins scellèrent de leur sang la cause de la République. La perte de l'ennemi équivalut au moins à la nôtre. Ils eurent beaucoup à souffrir par le feu d'une nombreuse artillerie que nous avions sur les remparts de Courtrai. Un de leurs généraux, M. de Wenkheim, y perdit la vie.

Tous les corps d'infanterie, mais particulièrement la 29e demi-brigade, se conduisirent supérieurement pendant l'action. Ils tinrent ferme et repoussèrent la cavalerie ennemie, qui venait de mettre la nôtre en désordre.

Le général Clerfayt, au lieu de se retirer sur Tournay, fut prendre à Thielt une position respectable.....

Extrait du Journal de l'adjudant général Reynier.

.....(1) Le général en chef vint le matin à Courtrai. On n'avait qu'un seul moyen d'attaquer Clerfayt. On ne pouvait passer la Lys qu'à Courtrai et Menin. L'ennemi étant maître de la rive gauche de la Lys, on ne pouvait jeter des ponts entre ces deux villes. Il fut déterminé que les brigades de Daendels et de Vandamme traverseraient Courtrai pour attaquer, à 3 heures après midi, Clerfayt, en sortant, le premier par la porte de Menin, et le second par la porte de Bruges.

Les brigades de Macdonald et Malbrancq eurent ordre de partir promptement pour Menin, qu'elles devaient traverser, et ensuite marcher sur Clerfayt : le premier sur deux colonnes, l'une de 2,000 hommes suivant par Wevelghem la route de Courtrai à droite du Nederbeke, et l'autre de 7,000 hommes prenant le chemin à gauche du Nederbeke. Malbrancq devait prendre le chemin de Moorseele et, le laissant à gauche ainsi que le village de Gulleghem et la rivière de Heule, marcher sur Courtrai. Ces deux corps auraient pris à dos Clerfayt pendant qu'il aurait été occupé à combattre les brigades de Daendels et Vandamme ; mais ils ne purent arriver à Menin que trop tard pour l'entreprendre, et les troupes se placèrent à la nuit, en dehors de Menin, sur le chemin qu'elles devaient prendre.

On s'était douté qu'elles n'arriveraient pas à temps, mais le temps pressait. Clerfayt, las de tirer, pouvait tenter un coup de main dont il était impossible d'empêcher la réussite. On détermina l'attaque par Courtrai avec 15,000 hommes contre Clerfayt, qui, avec 18,000 hommes, était dans une très bonne position couverte par de fortes batteries et où

(1) Voir p. 166.

on ne pouvait arriver que par deux portes étroites, et dont les sorties étaient rendues fort dangereuses par les batteries croisées de l'ennemi.

On proposa, pour augmenter le nombre des débouchés, de tenter de rétablir le pont sur la Lys, vers la chapelle de la Magdelaine, et d'y faire passer des troupes lorsque la sortie aurait été commencée, mais on y trouva trop d'obstacles.

Le passage des troupes par Courtrai était long. Afin que les deux sorties se fissent en même temps, on rassembla, dans les rues, vers la porte de Menin, une avant-garde, pour la sortie de Daendels, composée de six compagnies de grenadiers, le 3e bataillon d'infanterie légère, le 2e bataillon de l'Yonne, le 3e régiment de hussards et de l'artillerie légère.

La brigade de Vandamme traversa ensuite la ville et sortit par la porte de Bruges. Les six bataillons et le 6e régiment de dragons (reste de la brigade Daendels) devaient suivre ensuite et rejoindre son avant-garde déjà engagée.

La brigade de Vandamme devait d'abord marcher sur les chemins de Cuerne et de Bruges, afin de chasser l'ennemi des bords de la Heule, y laisser des troupes pour garder les ponts et la remonter en la côtoyant par Waetermeulen, Heule et Gulleghem, afin de couper la retraite à ce qui aurait résisté à Daendels, entre la Lys et la Heule, et qui aurait été pris à dos par les brigades de Macdonald et de Malbrancq, s'ils avaient pu agir.

On laissa, sur la droite de la Lys, Dewinter pour occuper les routes de Gand, Audenarde, Tournay et le village de Belleghem. Jardon resta aussi à Sainte-Anne et Aelbeke.

On renforça les batteries qu'on avait établies au-dessous du Pottelberg, sur la rive droite de la Lys, afin de prendre en flanc l'ennemi lorsqu'il s'approcherait trop de la route de Menin. Ces batteries firent un très bon effet.

L'avant-garde, qui sortit par la porte de Menin, souffrit beaucoup en se déployant sur le chemin de Heule et la route de Menin. Le 3e régiment de hussards eut, dans un moment, 24 chevaux tués par le boulet et plusieurs hommes de blessés. Le pays étant coupé et les champs couverts, ou de blé très élevé ou de colza, on fit avancer une partie de l'infanterie en tirailleurs. Ils repoussèrent les tirailleurs ennemis jusque près de l'infanterie et des canons, en furent chassés et regagnèrent à leur tour en faisant grand feu de mousqueterie jusqu'à l'arrivée de la brigade de Daendels, qui ne passa qu'après celle de Vandamme.

La brigade de Vandamme souffrit aussi en sortant de Courtrai par la porte de Bruges. Aussitôt qu'elle fut déployée, elle marcha vers la Heule et s'empara des ponts de Cuerne et de celui sur la route de Bruges, qui étaient gardés par plusieurs bataillons et où l'ennemi avait des batteries. Sa gauche se porta sur Waetermeulen, où l'infanterie ennemie résista derrière la Heule jusqu'à la nuit.

Les six bataillons et le 6e régiment de dragons, de la brigade de Daendels, étaient arrivés pendant ce temps-là et s'étaient déployés comme on avait pu dans ce pays coupé, la droite vers la chapelle de la Vierge et la gauche entre les dernières maisons du faubourg et le premier moulin à vent; les corps d'infanterie de l'avant-garde étaient un peu en avant pour soutenir les tirailleurs, et le 2e bataillon de l'Yonne, entre la chapelle de la Vierge et le moulin à vent sur le chemin de Waetermeulen, pour couvrir l'intervalle des deux brigades. Il fut joint vers la nuit par trois bataillons que Vandamme envoya sur sa gauche après avoir chassé l'ennemi de la Heule.

Les batteries qui étaient sur les buttes des Moulins de Courtrai tiraient toujours sur les batteries de l'ennemi. Il n'y avait pas de place et on était trop resserré pour en établir d'autres en dehors. On mit seulement l'artillerie légère en batterie en avant du faubourg de Menin; quelques pièces de bataillon eurent aussi occasion de tirer.

L'attaque du général Vandamme fut vive ainsi que la résistance des ennemis; mais il parvint en assez peu de temps à se rendre maître des ponts de Cuerne et de la route de Bruges. A la droite de la route de Menin, il y avait des champs un peu moins couverts de colza et qui formaient une plaine assez unie entre la barrière de Stamprot et le calvaire de Bisseghem, où était une batterie de trois pièces de canon protégée par les dragons de l'Empereur, qui formaient la droite de l'ennemi. On les fit charger par le 6e régiment de dragons, qui repoussa l'ennemi et s'empara de deux pièces ; mais il se dispersa dans la poursuite et on ne put le rallier assez tôt pour recevoir la contre-charge des dragons de l'Empereur. Ils prirent la fuite. Le 3e régiment de hussards, qu'on avait fait avancer à droite de la barrière pour le soutenir et faire une seconde charge s'il était nécessaire, le voyant s'ébranler, prit la fuite. Ces deux régiments ne s'arrêtèrent qu'à la barrière de Courtrai, qu'on ferma. Les dragons de l'Empereur les suivirent mais furent arrêtés par l'infanterie. Quatre cependant vinrent se faire tuer à la barrière de Courtrai.

A voir ce désordre, on aurait cru nos affaires désespérées; mais l'infanterie était restée ferme. Pendant la charge, on l'avait fait avancer d'environ 200 toises, principalement sa gauche, ce qui l'avait, il est vrai, mise en plaine, mais lui donnait plus de liberté pour ses mouvements.

Lorsqu'elle vit la déroute de notre cavalerie une partie s'ouvrit pour la laisser passer. Le chef du bataillon des Lombards, Mercier, et le chef du 3e bataillon de la 29e demi-brigade, qui prêtaient un peu le flanc du côté par où venaient les dragons de l'Empereur, firent avec beaucoup de calme un changement de front et arrêtèrent ces dragons par leur contenance ferme et leur feu.

On parvint peu à peu, sous la protection de ces bataillons, à reformer la cavalerie et faire avancer les tirailleurs d'infanterie, qui avaient été entraînés par la fuite de la cavalerie ; et le feu de la mousqueterie, qui n'avait pas été interrompu sur le chemin de la Heule, recommença partout. Les dragons de l'Empereur et quelque infanterie qui s'était rapprochée avec eux s'éloignèrent. On s'aperçut que les batteries que l'ennemi avait sur la route de la Heule diminuaient leur feu. Pendant la charge, on s'était un peu avancé de ce côté, mais le terrain était si coupé, couvert et difficile que l'infanterie ne pouvait presque marcher qu'en tirailleurs. Aussi le feu de mousqueterie était-il très vif, et, comme il faisait un brouillard très fort, augmenté encore par la fumée de la poudre, on ne distinguait rien.

La nuit vint encore augmenter cette obscurité. L'ennemi diminuait son feu; nos tirailleurs le suivaient, mais nous ignorions si Clerfayt se tiendrait pour battu et s'il faisait seulement rentrer ses troupes à Heule, Gulleghem et Bisseghem. Comme on n'apprenait rien des attaques du côté de Menin, on se doutait qu'elles n'auraient pas pu avoir lieu et qu'on n'aurait présenté à l'ennemi que quelques partis.

On passa la nuit dans cette incertitude, et ce ne fut que le matin qu'on apprit qu'il était parti en désordre.

Nous eûmes, dans cette affaire, 600 hommes de blessés et environ 200 de tués. Les ennemis perdirent aussi beaucoup, car, outre ce qu'ils évacuèrent pendant l'affaire et la nuit, nous trouvâmes à Heule et Gulleghem, 200 de leurs blessés. On ne prit pas de canons parce que les dragons abandonnèrent les deux pièces qu'ils avaient prises dans la charge.

On ne fit que quelques prisonniers.

Le général autrichien de Wenkheim fut tué.....

Extrait du Journal des marches, combats et prises de la gauche de l'armée du Nord.

.....(1) Le même jour, 22, l'ordre d'attaquer l'ennemi à 3 heures précises fut donné. Tous les généraux s'y conformèrent ponctuellement. Le général Macdonald avait reçu l'ordre d'aller passer la Lys à Menin, et, comme il y avait trop de chemin, il ne put prendre qu'une très petite part à cette affaire. L'attaque commença à 3 heures précises, et le combat dura jusqu'à 11 heures du soir. Il fut un des plus opiniâtres

(1) Voir p. 169.

qui aient eu lieu. Les batteries de l'ennemi étaient supérieurement placées. Elles battaient les deux chaussées, qui étaient les seuls défilés par lesquels nous pouvions sortir, et leurs batteries les couvraient de mitraille. Leurs tirailleurs étaient placés dans les colzas, dans les seigles et dans les maisons qui se trouvent entre ces deux chaussées et jusque sous nos retranchements et nos cavaliers. Leurs bataillons étaient supérieurement placés ainsi que leur cavalerie. Ils se croyaient si sûrs de réussir qu'on les entendait crier : « *Coupez tout, la ville est à nous!* ». Malgré tous ces obstacles, nous parvînmes à faire une sortie, à nous développer et à étonner tellement l'ennemi qu'il fut obligé de profiter de l'obscurité de la nuit pour battre en retraite, et qu'il laissa sur le champ de bataille ses morts et ses blessés. Ce combat fut opiniâtrément soutenu de part et d'autre.....

Extrait du Rapport des marches, campements et actions de l'armée du Nord, depuis le 7 floréal an II jusqu'au 18 vendémiaire an III, par le général Souham.

..... Le lendemain, 22, les troupes de la 1re division, qui étaient revenues pendant la nuit, attaquèrent Clerfayt devant cette ville, et, après un combat sanglant, le battirent. On prit plusieurs canons et caissons et 150 prisonniers. Nous eûmes dans cette affaire 200 hommes de tués et environ 600 blessés. Les ennemis en perdirent au moins autant. Le général autrichien Wenkheim fut tué.....

Extrait du Mémoire historique et militaire de d'Arnaudin.

..... (1) Dès le grand matin du 11, le général autrichien fit attaquer tous les postes que les Français tenaient encore à Cuerne et à Heule. Il les eut bientôt forcés à se replier vers Courtrai, où ils se trouvaient protégés par la grosse artillerie dont les remparts de cette place étaient garnis et qui fournissait un feu terrible. De cette manière, les Alliés tenaient la ville cernée, depuis le moulin de Cuerne, sur la chaussée de Bruges, jusqu'à Wevelghem, sur la chaussée de Menin. Dans l'étendue de ce développement, on avait établi sept batteries, deux desquelles enfilaient chacune des chaussées dont on vient de parler. Des tirailleurs étaient postés dans une partie des maisons des deux faubourgs et dans les blés, qui étaient alors déjà fort hauts. La

---

(1) Voir p. 175.

cavalerie et l'infanterie étaient rangées en arrière, dans l'intervalle des batteries. A l'égard des Français, leur front de défense se trouvait circonscrit dans l'espace compris entre la porte de Bruges et celle de Menin. Leurs piquets, établis dans les maisons des deux faubourgs les plus rapprochées de l'enceinte de la place, soutenaient le feu des remparts par un feu de mousqueterie et de grenades, qui incommodait beaucoup les postes avancés des Autrichiens. Il résulta de cet ordre de choses un feu des plus violents de mousqueterie et d'artillerie également soutenu de part et d'autre. A 3 heures de l'après-midi, dans un moment où ce feu semblait un peu ralenti des deux côtés, et tandis que les Autrichiens étaient occupés à se couvrir de retranchements du côté du moulin de Cuerne, les Français firent une sortie par la porte de Bruges, attaquèrent à leur tour et repoussèrent les avant-postes autrichiens de Cuerne et de Heule. Mais bientôt repoussés eux-mêmes vers la ville, le régiment de Sztarray, qui les serrait de près, aurait peut-être réussi à y entrer avec eux si la mort du général de Wenkheim, qui fut atteint dans cette circonstance et renversé d'un éclat de mitraille, n'avait produit tout à coup, dans cette partie de l'armée, une sorte d'irrésolution et de désordre, dont l'ennemi profita pour se développer de nouveau et recommencer l'engagement avec plus d'acharnement que jamais.

Tandis que ce nouvel engagement était dans toute sa force, c'est-à-dire vers les 6 heures du soir, les ennemis firent une autre sortie par la porte de Menin. Cette manœuvre inquiétait d'autant plus le général autrichien qu'elle pouvait être concertée avec une autre sortie de Menin même, au moyen de quoi la droite des Alliés, qui aboutissait à la Lys, à moitié chemin de Menin à Courtrai, se serait trouvée entre deux feux. Une moitié de la colonne sortie de Courtrai suivit le chemin de terre le plus parallèle à la grande route, et l'autre marcha par la grande route même. Le but de l'ennemi était d'envelopper et d'enlever le poste de Wevelghem, en lui coupant sa retraite sur Keselbergh et sur l'armée de Moorseele. Les dragons de Latour qui l'occupaient avec un peu d'infanterie légère, se replièrent à temps et gagnèrent Keselbergh, où ils remplacèrent les deux bataillons de Wurtemberg dont l'un se porta de suite à Dadizeele et l'autre à Moorseele. Cependant le mouvement que l'ennemi aurait pu faire en même temps de Menin par les chaussées de Bruges et de Courtrai, pour prendre alors à dos les postes de Keselbergh et de Wevelghem, n'eut pas lieu; ce qui engage à croire que toutes les forces des Français en cette partie étaient concentrées autour de Courtrai.

Cette affaire, qui ne s'étendit que sur un petit front, ne fut pas moins très meurtrière. La perte en hommes, à peu près égale de part et d'autre, n'était guère au-dessous de 600 hommes de chaque côté....

Le général Pichegru au Comité de Salut public.

Courtrai, 23 floréal (12 mai).

Le 21, nous avons attaqué les rassemblements de l'ennemi qui couvrent Tournay. Nous avons trouvé peu de résistance sur la gauche. Nous l'avons débusqué de toutes ses positions et poussé jusque sur l'Escaut. Notre droite, composée des troupes nouvellement tirées des environs de Cambrai, n'a pas eu les mêmes avantages, soit par l'effet d'une plus forte résistance, soit par celui des revers qu'elles avaient éprouvés au centre, et dont peut-être elles n'étaient pas encore assez rassurées. Cette dernière considération me détermine à faire le mélange de ces troupes avec les autres divisions.

Au moment où nous attaquions la Lys et l'Escaut, il a jugé à propos de nous attaquer lui-même entre la Heule et la Lys pour venir nous chasser de Courtrai. Il a été reçu comme il ne s'y attendait peut-être pas, et ses efforts de la journée ont été impuissants. Il a bivouaqué la nuit dans ses positions entre les deux rivières et a augmenté considérablement ses forces. J'ai, de mon côté, fait des dispositions nécessaires pour le bien recevoir le lendemain, persuadé qu'il recommencerait ses attaques. Il a effectivement, dès le matin, fait avancer ses troupes et commencé à canonner la place, mais si faiblement que je me suis bientôt aperçu qu'il cherchait seulement à nous occuper et à temporiser, pour attendre sans doute encore de nouvelles forces, ce qui m'a déterminé à lui faire moi-même une attaque décidée, qui a commencé hier à 2 heures après midi et n'a cessé qu'à 9 h. 30. L'affaire a été des plus chaudes et des plus meurtrières de part et d'autre. Nous avons eu surtout beaucoup de blessés ; le champ de bataille nous est resté et nous avons été à même de juger de sa perte. Nous lui avons fait environ 150 prisonniers et enlevé une pièce de canon. Il a profité de l'obscurité de la nuit pour se retirer. Dès que nous nous en sommes aperçus, nos troupes légères se sont mises à sa poursuite ; et à l'instant où je vous écris, elles ont atteint la queue de sa colonne et sont aux prises avec elles. Déjà, elles ont fait quelques prisonniers.

C'est encore Clerfayt qui commandait à cette affaire, dont il attendait sans doute plus de succès, puisqu'il avait rassemblé toutes ses meilleures troupes.

J'ai été très satisfait des nôtres et surtout de l'infanterie, qui a soutenu plusieurs charges de cavalerie avec tout le sang-froid et la fermeté possibles.

P.-S. — Je joins ici un extrait de correspondance secrète qui annonce que l'ennemi tourne tous ses efforts sur l'armée du Nord.

Le général Souham au général Pichegru.

Courtrai, 23 floréal (12 mai).

On est toujours à la poursuite de l'ennemi. Vandamme, qui suit la route de Bruges, est vers Ingelmunster. Daendels marche sur Lendelede; Macdonald sur Winckel Saint-Éloy, Malbrancq du côté de Rousselaere. Vandamme est aux prises avec la queue de la colonne et nous envoie des prisonniers.

Je n'ai pas de nouvelles des autres.

Le reste de l'armée est placé derrière la Heule, depuis vis-à-vis Cuerne jusqu'à Moorseele.

J'ai envoyé Dewinter avec une forte patrouille à Haerlebeke; s'il est possible, on réparera les écluses.

Je viens de recevoir le rapport que le petit camp d'Hanovriens que nous avons chassé avant-hier du moulin de Coeyghem, y est revenu ce matin.

Il est important de déterminer la position que l'armée prendra demain. Je te propose les dispositions suivantes; si tu les adoptes, nous pourrons, au moyen de deux ponts établis sur la Lys, faire agir, comme tu le voudras, 35,000 ou 40,000 hommes, de l'un ou de l'autre côté de la Lys.

Je te prie de me faire sur-le-champ une réponse.

Le général Malbrancq au général Souham.

Gulleghem, 23 floréal (12 mai).

Je suis avec ma brigade à Moorseele et j'ai fait ma jonction avec les troupes républicaines à Gulleghem où on rétablit le pont. J'attends tes ordres, et je vois avec peine que la journée d'hier a été trop courte pour la cause de la liberté.

P.-S.—J'ai fait porter des tirailleurs et de la cavalerie en avant.

Le général Souham au général Malbrancq.

Courtrai, 23 floréal (12 mai).

Le général Malbrancq placera ses troupes derrière Moorseele et à Heule, raccommodera les ponts et enverra sa cavalerie et son infanterie en avant, à la poursuite de l'ennemi. Il me rendra compte de ce qu'il apprendra sur la position qu'aura prise l'ennemi. Il devra bien se garder sur sa gauche.

Le général Souham au général Macdonald.

Courtrai, 23 floréal (12 mai).

Le général Macdonald placera ses troupes derrière Gulleghem, en avant sur la gauche de la position qu'il occupait avant; il mettra des batteries pour défendre la Heule, réparera les ponts sur la Heule et enverra de forts partis à la poursuite et découverte de l'ennemi, se joignant aux troupes du général Malbrancq.

Extrait des Opérations du général en chef Pichegru.

.....(1) Toute la cavalerie fut détachée le 23, à la poursuite des ennemis. Cette expédition conduite par Daendels et Vandamme fut poussée avec trop de vivacité, puisque des corps qui s'étaient portés au delà de la Mandel furent obligés de la repasser sous un feu très vif. L'ennemi perdit trois canons et 300 prisonniers. Ingelmunster était couvert de ses morts.....

Extrait du Journal de l'adjudant général Reynier.

.....(2) Les brigades de Macdonald et Malbrancq firent à la pointe du jour (23 floréal) le mouvement qui leur avait été ordonné pour la veille; mais, comme l'ennemi était parti, on arrêta la brigade du général Malbrancq à Moorseele où elle se plaça le long de la Heule, la gauche appuyée à ce village et la droite vers Gulleghem; il envoya des partis à la poursuite de l'ennemi.

La brigade de Macdonald fut placée entre Heule et Gulleghem et envoya aussi à la poursuite de l'ennemi sur Winckel Saint-Éloy, où il fit quelques prisonniers.

La brigade de Daendels changea aussi de position pour se placer aussi le long de la Heule, entre Heule et Waetermeulen.

Vandamme et Daendels eurent ordre de marcher à la poursuite de l'ennemi avec leur avant-garde par les points où il était vraisemblable qu'il eût passé la Mandel, qui étaient Ingelmunster et Iseghem. Vandamme devait suivre la route de Bruges jusqu'à Ingelmunster, et Daendels passer par Lendelede et Iseghem.

Vandamme joignit l'arrière-garde de l'ennemi vers le hameau den

---

(1) Voir p. 180.

(2) Voir p. 183.

Branbielck, la poussa jusqu'à Ingelmunster, entra dans ce bourg et prit quatre pièces de canon, environ 100 hommes et des voitures d'équipage; n'ayant pas son flanc droit bien couvert et craignant de trouver des forces supérieures en poussant au delà de ce village et de l'autre côté de la Mandel, il s'y arrêta et commençait à se retirer lorsque Daendels y arriva et traversa ce village au lieu de marcher de Lendelede sur Iseghem comme son instruction le portait et où il aurait fait des prises. Il avait entendu le canon du côté d'Ingelmunster et s'y était porté.

Sans s'informer à Vandamme de la position de ses troupes et vouloir entendre qu'il se retirait, quoique Vandamme le lui fit savoir, il s'avance sur la route de Bruges sans éclairer ses flancs, et, lorsqu'il est à quart de lieue d'Ingelmunster, il se trouve pris en flanc par des Autrichiens qui venaient d'Iseghem. Ses troupes se retirèrent en désordre sur Ingelmunster, où l'ennemi entra, et passèrent très heureusement la Mandel sans beaucoup de pertes.

Vandamme, qui pendant ce temps avait placé ses troupes derrière la Mandel, soutint leur retraite. L'ennemi fit quelques tentatives pour le poursuivre, mais il fut repoussé et on rentra au camp.

Le 1er régiment de carabiniers joignit à ce camp la brigade du général Macdonald et fut réuni au 2e régiment de carabiniers.....

Extrait du Rapport des marches, campements et actions de l'armée du Nord, par le général Souham.

.....(1) Le lendemain 23, on poursuivit l'arrière-garde de l'ennemi. On fit des prisonniers et on prit quatre pièces de canon.

Ces succès donnaient de l'inquiétude aux généraux ennemis. Ils déterminèrent des marches et attaques pour entourer l'armée qui était à Courtrai.....

Extrait du Mémoire historique et militaire de d'Arnaudin.

.....(2) Au surplus, en supposant que cette opération (du 11 mai sur Courtrai) eut aussi pour but, de la part des Alliés, la délivrance de Courtrai et de Menin, c'était une entreprise manquée. Elle fut suivie de beaucoup d'autres dont le succès n'a pas été plus heureux.

La fatigue extrême des troupes et les pertes qu'elles venaient d'éprouver ne leur permettaient pas de revenir immédiatement sur le

---

(1) Voir p. 184.
(2) Voir p. 185.

coup. Il était même prudent de quitter le plus tôt possible une position dont la droite prêtait sensiblement le flanc par deux superbes chaussées venant de Menin, d'où l'ennemi pouvait faire sortir des forces à volonté. Aussi le général Clerfayt profita-t-il de la nuit pour se retirer, d'abord dans sa précédente position de Lendelede, et le lendemain, avant le jour, il se mit en mouvement sur Iseghem pour gagner la chaussée de Courtrai à Bruges. Il trouva à Iseghem les corps d'armée des généraux White et Hammerstein, qui l'y avaient précédé de quelques heures. Aussitôt le général Hammerstein à la tête de l'arrière-garde de cette force se porta sur la chaussée de Bruges pour couvrir la retraite de l'armée de Clerfayt. Il y atteignit les corps avancés de l'ennemi, qui avaient déjà pénétré jusqu'au Santbergh, en avant d'Ingelmunster. Il les combattit et les repoussa sur le château d'Ingelmunster et même au delà du village du même nom, tandis que la colonne autrichienne, avec artillerie et bagages, filait sur la chaussée et gagnait Thielt. Après un engagement de quelques heures, dans lequel le petit corps hanovrien eut l'avantage de tenir toujours l'ennemi à distance, il se replia et se porta lui-même sur Thorout où était le général White, qui avait recueilli à son passage à Rousselaere le 53e régiment anglais, qui y avait été laissé en réserve.

Ce fut là que les Anglais se séparèrent d'avec les Hanovriens et les Hessois. Les premiers marchèrent sur Ostende et les autres sur Bruges.

L'attaque sur Courtrai n'ayant pas réussi, les généraux qui commandaient dans la West-Flandre, convinrent, sans doute, entre eux, de se borner à la simple défensive jusqu'à la réception de nouvelles instructions de la part de Sa Majesté Impériale. En conséquence, les corps anglais, hanovriens et hessois devaient être employés à la défense immédiate de Bruges et d'Ostende, tandis que l'armée du général Clerfayt, campée à Thielt, couvrirait la ville de Gand.

On fut informé dans l'intervalle qu'un corps français d'environ 1,000 hommes de toutes armes était venu le 13 camper à Adinckercke et que les volontaires de Dunkerque s'étaient portés à Furnes avec du canon. En conséquence, on détacha une estafette à Nieuport pour en faire retirer les bagages des Hanovriens, et le commandant de cette place, qui s'attendait à voir paraître l'ennemi au premier moment, commençait déjà à employer la ressource des inondations qui sont les moyens de défense les plus assurés de cette forteresse.....

Richard et Choudieu, Représentants du Peuple, au Comité de Salut public.

Lille, 24 floréal (13 mai).

La division de gauche de l'armée du Nord continue de répondre aux espérances de la Patrie et d'apprendre aux puissances coalisées contre la République ce qu'elles doivent attendre de l'énergie du Peuple français.

Nos mouvements sur la Flandre maritime et la fameuse journée de Mouscron, où nous avons défait complètement les troupes aux ordres du général Clerfayt, avaient déterminé Cobourg à faire filer de ce côté des forces considérables. Nous ne nous sommes pas laissés prévenir, et le 21 nous avons attaqué tout ce que nous avions devant nous. A notre gauche et au centre, l'ennemi nous a opposé peu de résistance. Nous l'avons poussé vigoureusement et l'avons forcé de se replier jusque sur Tournay et le mont Trinité.

Notre droite, composée de divisions que des défaites précédentes avaient un peu intimidées, n'a pas profité des premiers avantages qu'elle avait obtenus d'abord. La cavalerie, excepté les carabiniers qui se sont conduits avec leur bravoure ordinaire, a abandonné l'infanterie et celle-ci s'est vue obligée, pour ne pas s'exposer, de se replier sur la première position. Elle a montré la plus grande valeur surtout dans ce mouvement dangereux. Deux bataillons, le 1er du 54e régiment et le 2e des Ardennes, ont poussé au plus haut degré l'intrépidité républicaine. Coupés dans leur retraite et entourés par un gros de cavalerie ennemie, ils se sont fait jour à coups de fusil et ont fait éprouver à l'ennemi une perte considérable.

Pendant que ceci se passait, l'ennemi portait des forces sur Courtrai, à dessein de s'en emparer et d'arrêter les progrès de la gauche et du centre. Mais nous avions prévu ce mouvement, et il a été vivement repoussé par notre colonne d'observation.

Le lendemain, à la pointe du jour, les Coalisés se sont présentés et nous ont légèrement attaqués. Tout était disposé pour les attaquer eux-mêmes. Ils avaient réuni sur ce point l'élite de leurs troupes, tant en infanterie qu'en cavalerie. Leurs forces se montaient au moins à 30,000 hommes, devant Courtrai seulement. L'action s'est bientôt engagée. L'ennemi, vigoureusement attaqué, s'est défendu de même. Jamais on n'a vu un feu plus vif, un combat plus opiniâtre. Mais enfin il a fallu céder à l'incroyable bravoure de l'infanterie républicaine. Culbutée par la déroute de notre cavalerie (il faut en excepter quelques corps qui ont bien fait, entre autres le 20e régiment de cavalerie qui mérite les plus grands éloges), chargée plusieurs fois par la cavalerie ennemie, elle a tout soutenu, tout repoussé; et malgré l'étonnante résistance de l'infanterie autrichienne, rien n'a pu tenir devant les phalanges républicaines. L'ennemi a cédé le champ de bataille et l'a laissé couvert de ses morts. Nous avons pris plusieurs pièces de canons et des caissons. On le poursuit depuis ce moment et nous ne lui laisserons pas le temps de se remettre.

Cet avantage est inappréciable sous tous les rapports. Il doit assurer le succès du plan adopté. Déjà l'ennemi a retiré de la trouée presque toutes ses forces disponibles et les a portées sur notre gauche et notre droite. Nous gagnons à cela de diviser ses forces et de le contraindre de se battre devant nos places, qui assurent nos retraites en cas d'échec, lorsque lui-même n'a rien derrière lui. Ayez confiance, et dans peu de temps vous verrez vos efforts et les nôtres couronnés par des succès étendus et solides.

Ne soyez pas étonnés si Ypres, Nieuport et Tournay ne sont pas encore au pouvoir de la République. Ces places ne nous échapperons pas, mais nous avons tous pensé que le moyen le plus sûr de les avoir, c'était d'éloigner l'armée destinée à les défendre; et c'est à quoi nous travaillons avec succès en la détruisant.

Que la division des Ardennes continue sa marche avec activité à l'aide des renforts que nous lui avons fait passer; que l'armée de la Moselle agisse de son côté et le succès n'est pas douteux.

Nous croyons très important de mettre la division des Ardennes sous les ordres immédiats du général en chef de l'armée du Nord, afin qu'il y ait de l'accord entre ses mouvements et les nôtres.

Nous vous recommandons de ne donner de publicité aux lettres qui vous parviennent des armées qu'avec beaucoup de circonspection. Les gazettes étrangères copient nos journaux mot à mot, et il en résulte des rapprochements qui peuvent être souvent très dangereux pour le succès de nos opérations.

Comptez, citoyens collègues, sur notre dévouement sans bornes. Le général Pichegru est un homme digne plus que jamais de votre confiance. L'ennemi a fait de vains efforts pour l'arrêter. Il a entassé les obstacles devant nous. Il a dépensé des sommes immenses pour fortifier les places de la Flandre maritime. Menin seul avait absorbé plus de cinq millions : il est aussi fort que Landrecies. Mais toutes les redoutes ennemies n'arrêteront pas la marche victorieuse de l'armée du Nord.

P.-S. — Le général Sztarray, l'un des plus distingués de l'armée ennemie par ses talents, a été tué à l'affaire du 22.

Le général Vandamme au général Moreau.

Courtrai, 24 floréal (13 mai).

D'après ton ordre, j'ai disposé les troupes que je commande à faire une sortie par la porte de Bruges pour chasser l'ennemi de devant Courtrai. Mon mouvement commença à 3 heures de l'après-midi. Je fis appuyer ma droite à la Lys et ma gauche à la droite de la brigade du général Daendels. L'ennemi voulut s'opposer à notre sortie par un feu très vif d'artillerie et de mousqueterie soutenu pendant plus de quatre heures. Mais nos braves soldats, soutenus par notre artillerie, chargèrent avec une telle force que l'ennemi fut débusqué des positions qu'il occupait et obligé de se retirer de l'autre côté de la Heule.

Nos troupes bivouaquèrent le long de la Heule, et le lendemain matin je me mis encore à la poursuite de l'ennemi sur deux colonnes. J'en fis passer une par Cuerne sur Hulste et l'autre par le pavé de Bruges. Je trouvai l'ennemi, sur tous les points, un peu retranché, avec des coupures et en force; il disputait chaque pas aux Républicains, mais il fut obligé de se retirer jusqu'à Ingelmunster où il était retranché.

J'attendis, pour l'attaquer, l'arrivée de la colonne commandée par le général de brigade Daendels, et, aussitôt notre jonction, nous commençâmes l'attaque. On fit un feu très vif de part et d'autre, et après..... heures de combat, nous chassâmes l'ennemi et le chargeâmes jusqu'à passé une demi-lieue du village. La nuit nous ayant empêchés d'aller plus loin, nous revînmes prendre nos positions du matin dans le plus grand ordre.

Je ne saurais assez louer le courage et le sang-froid qu'ont montrés tous nos braves défenseurs dans ces deux jours de combat. Ils se sont tous battus comme des héros et ont toujours chargé l'ennemi. Aussi en ont-ils fait un grand carnage. Ils tuèrent à l'ennemi plus de 1,200 hommes et firent une très grande quantité de prisonniers dont je n'ai pu encore avoir l'état. Le général Wenkheim, général-major ennemi, a été tué au moulin de Lendelede.

Le 20e régiment et un détachement du 21e de cavalerie enlevèrent deux pièces de canon après avoir chargé et repoussé les dragons de Latour qui les gardaient.

J'occupe à présent une position depuis la Lys jusqu'à la Heule. Mes avant-postes n'ont pas encore vu l'ennemi.

Correspondance de Courtrai. — Rapport sur la retraite de l'ennemi du 24 floréal.

L'ennemi, battu devant Courtrai, a fait sa retraite dans l'ordre suivant :

Les dragons de Latour au nombre de 150 avec 50 dragons de Kayser, 800 soldats de Clerfayt avec 4 pièces de canon, qui occupaient Wevelghem en opposition à Menin, se sont retirés le 22 floréal, à 1 heure de la nuit, sur Moorseele, où les Anglais, au nombre de 800, venaient au secours, mais ils y reçurent l'ordre de se retirer vers Thielt, par Iseghem, pour flanquer leur gauche contre les sorties de Menin par le grand pavé de Bruges, tandis que le corps d'armée au nombre d'environ 25,000 hommes se retirait par Lendelede à Ingelmunster, tandis qu'une colonne d'environ 3,000 hommes fit sa retraite par le grand pavé de Bruges, pour s'opposer à la sortie de Courtrai.

L'ennemi, battu et poursuivi, est allé jusqu'à Thielt, Ardoye, Pitthem et Rousselaere, pour se couvrir par la Mandel.

Il fut également poursuivi et battu à Ingelmunster, où il perdit beaucoup de monde et deux pièces de canon.

L'ennemi est resté à Ingelmunster et établit ses avant-postes; il a pillé tout ce qu'il a trouvé dans le pays.

Il n'y point de poste établi du côté de la Mandel; le gros corps d'armée se trouve à Thielt, où est le parc d'artillerie et le quartier général de Clerfayt.

Le Comité de Salut public à Richard et Choudieu, Représentants du peuple (1).

Paris, 25 floréal (14 mai).

Nous avons reçu avec la plus grande satisfaction les nouvelles de Courtrai, Menin et Mouscron; mais par quelle fatalité la victoire, qui semblait être si active, si prononcée, s'est-elle pour ainsi dire paralysée subitement? Comment des ennemis fugitifs ne sont-ils pas taillés en pièces? Nous nous étonnons de cette lacune dans des succès aussi nécessaires et qui s'annonçaient si fortement. Le résultat naturel d'une action comme celle de Courtrai et de Mouscron devait être la prise des autres villes. Ce n'est pas assez de repousser l'ennemi : il faut le vaincre. La fuite des Autrichiens ne suffit pas à la République : il n'y a que les morts qui ne reviennent pas!

Reprenez de plus fort et tous les jours les derniers errements de Courtrai et de Menin ; ne laissez ni trêve ni repos à nos atroces ennemis. La République a, sur la frontière du Nord, la plus nombreuse armée; il faut qu'elle soit aussi la plus célèbre ; elle a contracté de grandes dettes envers la Patrie. Ce qu'elle a fait nous prouve ce qu'elle peut faire; mais faites donc qu'elle s'acquitte, voilà le moment. Le Comité pense que vous n'avez pas profité de la victoire, que l'inertie s'est communiquée à cette partie de l'armée, et que la victoire est trop longtemps en suspens. La Convention attend impatiemment des nouvelles de l'armée que vous avez déjà conduite à la victoire.

B. Barère, Collot-d'Herbois, Carnot.

---

(1) Publiée par Aulard, *Recueil des actes du Comité de Salut public*, t. XIII, p. 521-522.

Richard et Choudieu, Représentants du peuple, au Comité de Salut public (1).

Lille, 25 floréal (14 mai).

Encore une victoire, citoyens collègues; nos colonnes, en continuant de pousser l'ennemi après la victoire du 22, l'ont enfin rejoint le lendemain 23, dans l'après-midi, à Ingelmunster. Il a été aussitôt chargé vigoureusement par les troupes de la République, et, après un combat de plus de quatre heures, il a été forcé de tourner le dos. Il a perdu un grand nombre d'hommes dans cette nouvelle affaire, et nous lui avons pris quatre pièces de canon et des caissons. Dans toutes ces batailles, nous avions en tête des forces prodigieuses et composées de l'élite des troupes de Cobourg. Mais que peuvent la tactique, le courage même des plus vieux soldats des despotes contre le dévouement, l'abandon des enfants de la République française?..... Au milieu des plus grandes fatigues et des privations de tout genre auxquelles condamne le métier de la guerre, il ne leur échappe jamais une plainte, un murmure. L'image sacrée de la Patrie leur fait tout supporter, tout braver.

Le chef de brigade du 6e des dragons, le citoyen Vincent, atteint d'une balle, le 22, voit, après cette sanglante bataille, le général Souham s'approcher de lui. « La bataille est-elle gagnée ? », lui demande ce généreux républicain. — « Oui, mon ami, lui répond le général; la Liberté vient d'obtenir un grand triomphe. — Ah ! Vive la République ! Je meurs bien content », dit Vincent, et il expire un moment après......

..... Le général en chef va se rendre au centre et à la droite avec un de nous (Richard).....

Le général Moreau au général Pichegru.

Commines, 26 floréal (15 mai).

J'ai reçu le rapport du général Vandamme sur la bataille de Courtrai. Il est inutile de t'en donner les détails. Tu as été témoin de la bravoure de l'infanterie de l'armée, et, dans l'ordre d'hier, tu as rendu justice à la conduite du 20e régiment de cavalerie. Le lendemain, à la poursuite de l'ennemi, ce régiment, joint à un détachement du 21e, a enlevé, dans Ingelmunster, deux pièces de canon à l'ennemi. Cette poursuite extrêmement vive est encore une preuve de la grande bravoure

(1) Publiée par Aulard, *loc. cit.*, t. XIII, p. 522-523.

des Français. Ils l'ont même poussée un peu loin puisque quelques corps ont passé la Mandel; et c'était s'exposer beaucoup que de laisser derrière soi un défilé qu'il fallait repasser sous un feu très vif de l'ennemi.

Cette expédition a été faite par Daendels et Vandamme. L'ennemi y a perdu trois pièces de canon, près de 300 prisonniers; Ingelmunster était couvert de ses morts.

Je n'ai eu à me plaindre que de ceux qui sont chargés des voitures destinées au transport des blessés. Malgré le grand nombre d'ordonnances que j'ai envoyées à Courtrai pour en chercher, on n'a pu en avoir que très peu, et j'ai vu avec douleur plusieurs de nos camarades dangereusement blessés, forcés de faire près de 3 lieues à pied.

J'ai été hier voir la brigade de Desenfans. Je l'ai trouvée très bien placée, les postes bien établis et à l'abri de toute surprise. L'effet des patrouilles que j'avais ordonnées du côté de Boesschepe et Steenwoorde a été tel que je le désirais. L'ennemi a cessé ses brigandages de ce côté.

Une partie de la garnison d'Ypres, qui avait marché vers Courtrai, est rentrée hier dans cette ville. J'espère avoir aujourd'hui ou demain des nouvelles certaines sur les forces qui sont dans cette ville.

Je ne me rappelle pas de t'avoir rendu compte sur l'arrêté de Saint-Just et Le Bas, relatif aux magistrats de Menin. Ainsi j'aime mieux le répéter que de ne pas l'avoir fait. Tous les anciens magistrats, dont je joins ici les noms, sont partis de cette ville il y a longtemps.

Le 21e régiment de chasseurs, que j'ai dans ma division, me fait une réclamation que je trouve extrêmement juste et que je t'envoie pour y faire droit. Ce corps est entièrement disséminé, ce qui nuit à sa discipline et instruction. Je demande que des quatre escadrons capables d'être en campagne, il n'y en ait qu'un de destiné aux détachements et que les trois autres servent dans l'armée.

Le général Souham au Comité de Salut public.

Courtrai, 27 floréal (16 mai).

Je dois vous faire part, citoyens Représentants, des détails de la bataille qui a eu lieu le 22 aux portes de cette ville, et du mouvement que nous avons fait le 21 pour nous assurer le succès de cette affaire.

La bataille du mont Castrel, qui a eu lieu le 10, et où l'armée ennemie fut taillée en pièces, a fait prendre à Clerfayt la résolution de se venger. Il a donc dû faire tous ses efforts pour nous enlever Courtrai. Mais le génie qui préside à nos succès nous a encore accordé une victoire. « Vive la République! ».

Pour parvenir à ses fins, Clerfayt a fait venir, depuis le 10 jusqu'au 21, de nouveaux renforts, et il nous a été impossible d'en empêcher le rassemblement parce que : 1° nous n'en avons pas été avertis et, en second lieu, les forces se sont rendues par une marche circulaire qu'il leur a fait faire dans l'intérieur et loin des avant-postes.

Nous avons donc été avertis que l'ennemi était aux portes de Courtrai et sur la gauche de la Lys avec une nombreuse infanterie et 35 escadrons de cavalerie, et qu'il s'était emparé des chaussées de Menin, Bruges et Gand; ayant à notre gauche les postes qui sont entre Tournay, Audenarde et Courtrai, il était à craindre que l'ennemi n'occupât les routes qui conduisaient de Courtrai à ces villes. Par ce moyen, nous aurions eu l'ennemi à la droite et à la gauche de la Lys. Ces motifs nous déterminèrent à nous assurer des forces que l'ennemi avoit sur la droite. Voilà pourquoi le 21, la majeure partie de la division que je commande fit une marche, enleva tous les postes depuis Courtrai jusqu'au delà de Dottignies et força les troupes que l'ennemi avait de ce côté à se replier sur Tournay.

Ce mouvement fut terminé à 3 heures après-midi. Je donnai l'ordre de prendre des positions, et l'on se baraqua comme si l'on avait dû rester. A 11 heures du soir, l'ordre fut donné de se replier sans bruit sur Courtrai et d'abandonner toutes les positions qu'on avait prises. Tout fut en mouvement à 2 heures après minuit, et nous arrivâmes à Courtrai à 4 heures du matin; les troupes reprirent leurs anciennes positions et restèrent dans l'inaction jusqu'à 3 heures après midi.

J'avais donné ordre à tous les généraux de brigade de commencer l'attaque à 3 heures précises, et tous s'y conformèrent, chacun dans le point qui lui était indiqué. Il n'y eut que la colonne commandée par le général Macdonald à qui il fut impossible de se rendre à temps, quelque promptitude qu'elle mit dans sa marche, parce qu'elle devait aller passer la Lys à Menin et qu'il était impossible qu'elle fût rendue en même temps que les autres. On ne devait même pas s'y attendre; mais le temps était court, et cette colonne quoique arrivée tard, n'a pas laissé d'incommoder l'ennemi, et son avant-garde l'a même chargé et l'a beaucoup déconcerté.

Le combat s'est donc engagé à 3 heures précises et a duré jusqu'à 11 heures du soir. Je ne puis vous exprimer, citoyens Représentants, l'acharnement avec lequel les deux partis ont combattu. Le temps était couvert d'un brouillard épais, qui faisait qu'on ne se voyait que lorsqu'on était barbe à barbe. Cet inconvénient a fait que nous n'avons presque pas pris d'artillerie, et les brouillards épais, joints à l'obscurité de la nuit, ont fourni à l'ennemi les moyens de nous échapper; mais, il a été si pressé dans sa retraite qu'il a été obligé de laisser tous ses blessés (et il n'y en avait pas une petite quantité). Le lendemain, nous l'avons poursuivi jusqu'à Ingelmunster; nous lui avons tué beaucoup de monde, fait beaucoup de prisonniers et pris quatre pièces de canon. Cette victoire nous est très avantageuse puisqu'elle nous délivre de la présence de ces monstres et qu'elle nous assure Courtrai; mais, sans les brouillards et l'obscurité, elle aurait été infiniment plus profitable parce que l'ennemi n'en aurait pas ramené une pièce d'artillerie.

L'ennemi avait 7 batteries supérieurement placées entre les chaussées de Menin et de Bruges. Ses tirailleurs étaient embusqués dans les colzas, dans les seigles et derrière toutes les maisons qui se trouvent entre les deux chaussées. Ses bataillons, sa nombreuse cavalerie s'étaient également emparés des meilleures positions. Il se croyait si sûr de la réussite qu'on les entendait crier : « Hachez-tout! La ville est à nous! ». Mais la valeur républicaine les a tellement déconcertés qu'ils ont bientôt changé de gamme.

Nous ne pouvions sortir que par les portes de Bruges ou de Menin; leurs batteries, qui dominaient ces deux défilés, nous tiraient à mitraille, Ils nous ont même blessé beaucoup de braves Républicains et une certaine quantité de chevaux, mais rien ne déconcerte les hommes libres. Nous avons donc bravé tous les dangers; nous sommes parvenus à faire notre sortie, à nous développer et à faire mordre la poussière à un nombre infini d'esclaves.

Voilà, citoyens Représentants, deux affaires bien chaudes que nous avons eues depuis que nous sommes à Courtrai. Elles nous ont procuré près de cinquante pièces d'artillerie et cinq drapeaux; nous avons tué ou fait prisonniers près de 8,000 hommes; nous avons gagné 7 lieues de terrain et deux villes; mais un plus grand avantage, c'est que ces expéditions encouragent beaucoup nos troupes. Ainsi nous devons nous attendre à de plus grands avantages; et, quoique nous combattions contre des hommes qui, de tout temps, ont employé les ruses de l'art de la guerre, le courage républicain déjouera leur finesse, et il faut espérer que ça ira toujours de mieux en mieux.

Le citoyen Vincent, colonel du 6e régiment de dragons, a reçu dans cette affaire une balle qui l'a traversé. Je le fis enlever du champ de bataille et porter chez moi pour lui faire donner des soins particuliers. Il est malheureusement mort le 24, généralement regretté de toute l'armée. C'était un excellent officier et un vrai républicain. Un moment avant sa mort, je fus le voir. Il me demanda comment allaient les affaires. Je lui répondis qu'elles allaient bien. « Eh bien! me répliqua-t-il, puisque les affaires vont bien, je me meurs, mais je meurs content. Vive la République! ». Il ne tarda pas quatre minutes à expirer.

Choudieu, Représentant du peuple, au Comité de Salut public (1).

Courtrai, 27 floréal (16 mai).

Vous devez connaître maintenant, citoyens collègues, le résultat de nos différentes opérations sur Courtrai et Menin, et les détails qui vous sont parvenus ont dû vous instruire des motifs qui nous ont empêchés de poursuivre nos premiers succès.

Je reçois à l'instant, et en l'absence de mon collègue Richard et du général en chef, qui se sont portés à l'aile droite de l'armée pour en connaître la position, votre lettre en date du 25 de ce mois (2), par laquelle vous semblez vous étonner que les ennemis fugitifs ne soient pas encore taillés en pièces.

Quels sont donc les renseignements que vous avez sur la position de l'ennemi, et quels sont ceux qui vous les adressent? Comment a-t-on pu s'imaginer et comment pouvez-vous dire que le résultat naturel d'une action comme celle de Mouscron et de Courtrai, devait être la prise des autres villes? Donnez-vous la peine de jeter les yeux sur notre correspondance et sur celle du général en chef, et vous y verrez que l'ennemi a rassemblé des forces considérables du côté de Courtrai, qu'il a fait des efforts incroyables pour nous en débusquer, et que nous ne devons nos succès qu'au courage et au dévouement des soldats de la République.

Donnez-vous aussi la peine d'examiner notre position militaire, et, en l'examinant militairement, vous demeurerez convaincus qu'il était impossible de former le siège de Tournay ou celui d'Ypres en présence d'une armée qui, à la vérité, a essuyé quelques échecs, mais qui n'a pas été complètement battue sur tous les points. Examinez aussi les rapports de la partie secrète, et vous y verrez que les villes d'Ypres et de Tournay ne sont pas d'un accès aussi facile que dans les dernières campagnes. On en peut juger par la seule ville de Menin, qui, dans tous les temps, a été regardée comme un poste qui pouvait à peine tenir quelques heures, et qui, d'après les ouvrages qu'on y a faits, aurait pu arrêter pendant quinze jours une armée tout entière, si elle n'eût été bombardée comme elle l'a été.

Nous ne nous sommes peut-être pas assez appesantis sur tous ces détails en vous rendant compte de nos succès, mais nous avons pensé que vous sauriez apprécier tous ces obstacles, et que, pleins de confiance

(1) Publiée par Aulard, *loc. cit.*, p. 535-537.

(2) Voir p. 194.

dans le général en chef, vous n'aviez pas besoin de connaître toutes les difficultés que nous avions à surmonter. Nous servons la République sans ostentation, et nous avons présenté nos succès sans les faire valoir.

Nous ne donnons aux ennemis ni trêve ni repos. Mais, quand ils peuvent, dans un moment, rassembler contre nous des forces bien supérieures ; quand nous sommes certains qu'ils en ont rassemblé, vous ne pouvez blâmer la prudence du général qui veut avant tout connaître les autres mouvements des divisions confiées à son commandement. Vous blâmeriez, au contraire, des mesures hasardées qui pourraient compromettre les armes de la République, lorsqu'avec de la prudence, ses succès paraissent certains.

Nous devrions nous affliger du reproche que vous nous faites de n'avoir pas profité de la victoire, si nous n'étions certains que vous n'avez pas connu notre position. Croyez que nous ne négligerons rien pour le succès des armes de la République et pour le triomphe de la Liberté.

CHAPITRE VI

La victoire de Tourcoing [28-29 floréal (17-18 mai)].

Extrait du Rapport des mouvements qui se sont opérés dans l'armée des puissances coalisées, sur la frontière du Nord, pendant la 3e décade du mois de floréal de l'an II républicain, envoyé au Comité de Salut public.

Autre rapport du 21 floréal, à 6 heures du soir.

Au-dessus de la place de Templeuve, il existe un petit camp de 200 hommes d'infanterie et aux environs 400 de cavalerie, qui, hier, dans l'après-midi, se sont portés sur le camp de Pecq; il n'a resté que 100 hommes de cavalerie à Templeuve.

Le cantonnement de Nechin a été renforcé depuis hier de 400 hommes; il y a quatre pièces de 6.

A Baisieu, 600 hommes, dont 200 de cavalerie et trois pièces.

Hier, l'ennemi est venu, par trois fois, battre patrouille dans Lis, de même qu'à Leers, Toufflers et environs.

Il est parti, hier au matin, deux bataillons et quatre pièces de campagne du camp de Marquain, qui ont pris la route de Tournay à Courtrai.

A la ferme de Jacques Le Fèvre, il y a un piquet de 10 hommes de cavalerie.

Le mouvement du camp de Marquain jusqu'à Tournay a été extraordinaire; hier, dans l'après-midi, l'ennemi a tenté et détenté trois fois, et, après toutes les marches et contremarches, il s'en est détaché 2,000 hommes, qui ont été joindre le camp de Pecq.

Du camp de Pecq, il est parti pareillement le même nombre, qui s'est porté sur la route de Courtrai et d'Audenarde.

Les forces du camp d'Orcq, y compris tous les postes et cantonnements depuis Lille jusqu'à Tournay, sont évaluées à 12,000 hommes, et celui de Pecq entre 7,000 à 8,000 hommes.

Le camp de Maulde a été dégarni hier dans l'après-midi de 2,000 hommes environ d'infanterie et 300 de cavalerie; ces troupes se sont portées sur la partie de Saint-Amant, et ont pris le chemin de Condé.

Autre rapport du 22 floréal, au matin.

Hier, à 8 heures du soir, il est arrivé, du camp de Maulde, aux environs de 4,000 hommes, dont 500 de cavalerie, et neuf pièces à celui de Marquain.

Le camp de Maulde sert d'entrepôt dans ce moment aux troupes qui viennent d'arriver de Valenciennes, Condé et des environs, et qu'on a détachées pour renforcer les camps des environs de Tournay.

Il ne s'est rien passé de nouveau depuis hier aux avant-postes; ceux de Templeuve, Nechin, Baisieu n'ont reçu aucun renfort.

Autre rapport du 22 floréal, à 7 heures du soir.

Depuis la porte de Bruxelles, dite de Marwick, jusqu'au village de Ramecroix, sur la chaussée de Vaulx et d'Alain, tous les fossés sont comblés et le terrain aplani pour y asseoir un camp.

Le 21, à midi, la moitié du camp de Pecq s'est levée pour se porter sur Tournay, et aujourd'hui, à 6 heures du matin, le même nombre est revenu bivouaquer vers le pont d'Espierres et Warcoing.

A la porte de Lille, à Tournay, on a construit plusieurs nouvelles batteries, mais il y a peu de canons.

Entre la porte de Sept-Fontaines et celle de Lille, il y a deux redoutes avec deux pièces de 24.

Sur les remparts, vers la porte Saint-Martin, il n'y a que deux pièces de moyen calibre.

L'esplanade de Tournay est remplie de caissons et le canal couvert de bateaux chargés de munitions de guerre et de bouche. Il y a peu de monde dans la citadelle. Aux vieux remparts, à la place du vieux bastion, on a construit de nouveaux retranchements garnis de dix pièces de canon de gros calibre battant sur la chaussée de Gand.

Au-dessus de la rivière, vers la porte de Sept-Fontaines, on a construit deux batteries pour y placer du canon aussitôt d'une attaque.

Il y a dans la ville environ 3,000 hommes d'infanterie tirés de différents dépôts.

Le camp du moulin de Croget, proche Blandain, est augmenté, depuis hier matin, de moitié; il y a actuellement 4,000 hommes, tant infanterie que cavalerie; il y a dix pièces de canon et deux obusiers.

Les forces de Templeuve sont les mêmes, mais aujourd'hui, à

4 heures du matin, il y est arrivé quatre pièces de gros calibre, qui sont placées pour battre sur Willem, Sailly et d'autres villages adjacents.

Autre rapport du 23 floréal, au matin.

Hier, 22 floréal, depuis 8 heures du matin jusqu'à 4 heures du soir, tous les bagages, tentes, effets de campement et voitures de munitions de tous les petits camps éparpillés depuis Baisieu et Templeuve jusqu'à Tournay, se sont mis en route et ont passé par la porte Morelle; ils ont campé en partie et bivouaqué sur les glacis de cette porte pour prendre le chemin d'Audenarde.

Hier soir, vers les 6 à 7 heures, l'ennemi est revenu prendre ses mêmes postes, aussitôt que les Français se sont retirés; ses camps occupent la même position.

Templeuve, Nechin, Baisieu et d'autres villages sont occupés comme ci-devant par l'ennemi, avec le même nombre de canons; il répare même les retranchements que les Français avaient détruits; il n'a cessé d'y travailler pendant toute la nuit.

Le camp de Pecq, qui s'était replié hier sur Audenarde, est revenu de même se replacer à Pecq.

Le camp de Marquain, de même, et le nombre de ses tentes est augmenté, depuis ce matin, pour au moins 3,000 hommes de plus; on ne peut savoir si elles sont toutes garnies, car on n'a pas vu arriver de de nouvelles troupes.

Deux compagnies du corps franc d'O'Donnell ont été presque entièrement détruites dans un retranchement entre Nechin et Templeuve; 250 hommes ont été tant tués que blessés et faits prisonniers.

Tous les riches habitants aristocrates de Tournay ont plié bagages depuis trois jours et les ont fait évacuer sur Audenarde.

Un de ses émissaires n'a pu avoir des papiers-nouvelles, les boutiques étaient fermées et personne ne voulait vendre, tant la consternation était grande dans Tournay.

Autre rapport du 23 floréal, au soir.

Le 22 floréal au matin, toutes les tentes du camp de Maulde furent levées, et tous les équipages et voitures de munitions chargés; à 8 heures du soir du même jour, le camp était encore dans le même état et il n'y restait plus que les pièces de canon des bataillons; toute la grosse artillerie, au nombre de 10 pièces, était partie et arrivée au camp de Tournay hier, de grand matin, mais l'émissaire ne peut assurer si les troupes ont suivi ou non.

Le poste de Nechin a été renforcé hier matin de 1,000 hommes d'infanterie ; il y a six pièces, dont quatre au moulin ; il n'y a pas beaucoup de cavalerie.

A Templeuve, il y a pareillement 2,000 hommes et quatre pièces d'assez fort calibre dans les retranchements.

Tant à Camphin qu'à Baisieu, il peut y avoir de même 2,000 hommes et quatre pièces de 6 dans chaque village.

Autre rapport du 24 floréal, au matin.

Le restant du camp de Maulde a évacué hier dans la matinée ; il n'y reste plus qu'environ 1,000 hommes et quelques pièces. Ces troupes n'ont pas passé par Saint-Amant, ni du côté de Tournay; elles ont pris le chemin de Mortagne, Hollain et Antoing pour se porter vers Leuze, au moyen des pontons qui se trouvent sur l'Escaut à Mortagne, Hollain et Antoing.

Aujourd'hui, depuis 8 heures jusqu'à 11 heures du matin, il a passé à Tournay aux environs de 2,000 hommes, dont 500 de cavalerie, entrant par la porte de Valenciennes et sortant par celle de Bruxelles, dite de Marwick.

Toutes les voitures qui avaient emmené les effets de campement et les équipages la journée du 22 au matin à Tournay et qui ont bivouaqué sur les glacis de la porte de Bruxelles, sont rentrées aujourd'hui, 24. Sur l'esplanade de Tournay, elles sont là toutes chargées et prêtes à partir.

La fameuse abbaye de Saint-Martin est aussi évacuée ainsi que tous les magasins des plus riches habitants de la ville.

Pour ce qui regarde le camp de Marquain et les autres postes de l'ennemi, il n'y a rien de changé.

Autre rapport du 24 floréal, au soir.

Le camp de Maulde, où il ne restait plus que 1,200 hommes environ, a été renforcé hier dans la nuit d'environ 3,000 hommes, dont 500 à 600 de cavalerie; ces troupes venaient des environs de Valenciennes et n'avaient avec elles que les canons de bataillon; elles étaient encore aujourd'hui, à 8 heures du matin, audit camp.

Le poste de Baisieu a encore été renforcé dans la matinée de 500 hommes et de deux pièces de canon; 300 pionniers travaillent sans relâche à des retranchements proches le moulin, où ils ont quatre pièces de 7. Ce poste est fort présentement de 1,800 hommes, dont un quart de cavalerie.

Les forces de Templeuve, Nechin, Camphin, etc., sont les mêmes, à l'exception qu'elles ont reçu un renfort de deux pièces de canon chacune.

Le petit camp qui était à Blandin, proche le moulin, s'est joint ce matin avec celui de Marquain.

Les Hanovriens qui étaient au camp de Marquain, l'ont quitté hier; ils ont passé à Tournay par la porte Morelle, depuis 4 heures jusqu'à 7 heures du soir, et ont pris le chemin d'Audenarde; il y avait au moins 600 hommes de cavalerie.

Grand nombre de chariots tout chargés sont toujours sur l'esplanade de Tournay, et les bateaux, dont l'Escaut est couvert, sont encore dans le canal de cette ville.

Hier, dans l'après-midi, il s'est détaché aux environs de 600 hommes d'infanterie du camp de Marquain, et se sont portés sur celui de Pecq.

Autre rapport du 25 floréal, au matin.

Hier, il est arrivé, du côté d'Orchie, environ 4,000 hommes, dont 500 de cavalerie, qui se sont portés à la Maison-Blanche, entre Camphin, Lamain, Esplechin. L'ennemi a renforcé cette nuit le poste de Baisieu de 400 hommes.

Celui de Templeuve, il l'a renforcé de même de 500 hommes.

L'émissaire présume que ce sont les 4,000 hommes désignés ci-dessus qui ont fourni ces renforts.

A Pecq, sont passés, hier soir, 1,500 hommes, dont un tiers de cavalerie, se portant sur Audenarde. Ils ont eu l'air de se replier sur Rousselaere, Haerlebeke et Courtrai.

L'émissaire estime, d'après les troupes qui ont filé depuis quelques jours de ces côtés et qui ont été tirées du camp de Pecq et de celui de Tournay, qu'il peut y avoir de 12,000 à 15,000 hommes portés de ces côtés.

L'émissaire observe que l'ennemi, à la faveur des bois qui avoisinent Orchie, fait arriver et retirer ses troupes, qui, se trouvant couvertes par les bois, cachent leurs manœuvres; que la possession d'Orchie arrêterait leurs manœuvres et couperait à Tournay toute communication de ce côté avec Saint-Amant et Valenciennes et nous servirait au besoin contre Maulde.

Autre rapport du 25 floréal, à 7 heures du soir.

Les 3,000 hommes qui étaient restés à Maulde se sont portés, hier soir 24, au camp d'Orcq. Ces 3,000 hommes, partis de Maulde, ont été remplacés par 6,000 autres venant des environs de Valenciennes, parmi lesquels il y avait à peu près 800 hommes de cavalerie.

Une grande partie du camp de Marquain a traversé Tournay hier soir et est sortie par la porte de Bruxelles pour se monter au mont

Saint-Aubert, qui se trouvait garni de bois il y a peu de jours et qui maintenant se trouvent abattus.

A Herinnes, il y a un camp de marqué, de manière que l'émissaire pense que ces troupes dont il est parlé vont y camper plutôt qu'au mont Saint-Aubert, parce que par cette position elles peuvent se porter à l'improviste sur Courtrai.

Les 3,000 hommes qui bivouaquaient entre Pecq et Warcoing ont été en mouvement toute la journée. L'émissaire ignore positivement où elles peuvent se porter.

Les postes de Templeuve, Nechin, Leers, Baisieu, Camphin sont toujours les mêmes.

A Tournay, les dispositions sont toujours les mêmes.

Autre rapport du 26, à midi.

Il n'y a rien de changé dans les camps de Marquain et celui de Pecq, ni dans les postes ennemis.

On n'a pas encore vu de tentes, ni au mont de la Trinité ni à Herinnes.

A Tournay, il n'y a rien de nouveau non plus; les voitures sont toujours chargées sur l'esplanade, et les bateaux au même nombre sur la rivière.

A Rousselaere, il y a présentement 4,000 hommes, dont beaucoup de cavalerie.

Derrière Ingelmunster, à une lieue et demie de Courtrai, il y a un camp d'environ 3,500 à 4,000 hommes, tant Anglais qu'Autrichiens.

On ne sait pas le nombre de troupes qui se sont reployées sur Thielt; elles sont en force.

A une demi-lieue d'Audenarde, sur le chemin de Gand, campent au moins 5,000 hommes, beaucoup de cavalerie, sur une hauteur.

Autre rapport du 26 floréal, à 7 heures du soir.

Le camp de Maulde était détendu aujourd'hui entre 4 et 5 heures du matin, les tentes chargées, et prêt à partir; tout était encore dans le même état à 10 heures du matin, que l'émissaire a quitté le camp. On ne pourra savoir que demain si ces troupes sont parties et où elles se sont portées.

Le camp de Marquain et celui de Pecq sont dans la même position, ils n'ont fait aucun mouvement; de même que les postes ennemis établis dans les villages de Templeuve, Leers, Nechin, Baisieu et Camphin.

A Tournay, il n'y a rien de changé non plus.

Autre rapport du 27, à 8 heures du soir.

Les troupes qui restaient encore au camp de Maulde sont parties hier dans l'après-midi remplacer celles qui étaient à Orchie, et celles d'Orchie sont allées à Maulde.

Hier soir, 4,000 hommes venus des environs de Valenciennes sont arrivés au camp de Marquain ; ils ont passé par Saint-Amant.

Environ 2,000 hommes du camp de Marquain se sont portés sur celui de Pecq; ils ont passé à 5 heures du matin à Pont-à-Chin, à une lieue de Pecq.

Au mont de la Trinité, il y a des tentes pour environ 2,000 hommes et autant à Herinnes.

L'ennemi fait des fascines du bois qu'il a coupé au mont Aubert (ou de la Trinité), et les fait porter à Tournay à la porte de Bruxelles ; il évacue aussi les hôpitaux de Tournay sur Mons et transfère les malades par bateaux.

Il n'y a rien de changé aux postes de l'ennemi.

A Orchie, il y a environ 1,000 hommes de garnison, pas beaucoup de cavalerie, 15 pièces, tant autour que dans la ville, dont 9 de gros calibre.

Autre rapport du 28 floréal, à 10 heures du matin.

Les troupes qui ont attaqué nos avant-postes du côté de Lannoy, Touflers, Sailly et Leers font partie du camp de Marquain et des troupes qu'ils ont aux avant-postes de Templeuve, Baisieu, Nechin et Camphin. L'émissaire croit que le dessein de l'ennemi est de faire replier nos avant-postes pour se frayer le passage à Courtrai; de ce côté-là, hier 27, depuis 5 heures jusqu'à 8 heures du soir, il est parti environ 2,000 hommes du camp de Marquain avec un grand train d'artillerie, pour se porter sur celui de Pecq.

L'ennemi a quatre postes en avant du bois de Barry, pas loin de Leuze; il a aussi un camp d'environ 2,000 hommes dans les environs de cette ville.

Il n'y a rien de changé à Tournay depuis hier soir.

Rapport d'un émissaire arrivant de Valenciennes, du 20 floréal.

Il rapporte que, dans cette ville, il n'y a personne, qu'environ 400 fantassins qui montent la garde aux portes avec les bourgeois, point de cavalerie.

A Condé, il n'y a personne ; plus que des convalescents qui font le service comme ils peuvent.

Il dit que, le 18 floréal, il est parti 6 pièces de gros calibre avec deux obusiers, de Valenciennes et de Condé; celles de Valenciennes ont pris le chemin de Mons pour aller sur Tournay, et celles de Condé ont pris la route de Peruwels pour la même destination.

L'ennemi forme un camp au mont de la Trinité, à une lieue et demie de Tournay; 12,000 hommes, partis de Valenciennes, Condé et des environs de Mons, doivent composer ce camp; ils ne doivent pas encore être arrivés, n'étant partis que le 18 floréal; nonobstant cela, il y a des tentes.

Il assure pour certain qu'il n'y a personne au camp de Maulde; qu'à la vérité, il y avait passé des troupes par le village et les environs, mais qu'elles ne s'y sont pas arrêtées; il confirme la chose en ajoutant que les redoutes et les retranchements du camp sont couverts de blés, colzas et autres grains.

Il n'y a personne non plus à Saint-Amant, qu'un dépôt de convalescents.

Il assure que l'Empereur est arrivé hier, 19 floréal, à Tournay; qu'il y était venu incognito, et qu'on n'y avait fait aucune fête ni réjouissance.

Autre rapport d'un émissaire, du 20 floréal.

Il assure qu'il y a 10,000 hommes au camp de Maulde, dont la moitié cavalerie.

Le 18 floréal, il en est parti 800 hommes, dont 200 de cavalerie, sur Valenciennes.

Le même jour au soir, il est parti du camp de Tournay 4,000 hommes, tant infanterie que cavalerie, pour aller renforcer le camp de Pecq.

Les trois camps, savoir, celui d'Orcq, de Marquain et Froïennes (qui n'en composent qu'un seul, étant contigus) n'excèdent pas 14,000 à 15,000 hommes.

Depuis deux jours, les chevaux d'artillerie n'ont point dételé des canons dans le camp de Tournay.

Autre rapport du 22 floréal.

Deux espions, partis de Wevelghem, passant la Lys à l'Abbaye, sont allés de là à Mergroux; ils ont passé entre Belleghem et Logueghem.

Il y a là, des Hanovriens campés, qui occupent une longue étendue de pays, mais les tentes sont sur deux rangs seulement; l'on évalue ce camp à 6,000 hommes, peu de cavalerie.

Il y a à Belleghem, 500 hommes avec 4 pièces de canon, dont 2 batteries vers Belleghem et deux batteries au camp.

Les dragons hessois sont partis de Logueghem et Espierres et sont maintenant du côté de Haerlebeke.

Le régiment de Clerfayt, qui était à Espierres, est aussi parti pour aller du côté de Haerlebeke.

Les Autrichiens qui étaient à Autryve sont aussi partis vers Haerlebeke; ce mouvement s'est effectué le 15 floréal; le passage a duré depuis 3 heures l'après-midi jusqu'à 7 heures du soir; les canons au nombre de 40 pièces ont suivi avec les bagages.

L'avant-garde était composée de dragons hessois, suivie par l'infanterie hessoise, précédée des régiments de Clerfayt, Murray, Ligne, Vorsailles (*sic*) et Wittemberg, suivis des dragons de Latour et un autre régiment de dragons autrichiens; le tout peut se monter à 15,000 hommes.

Leurs patrouilles de cavalerie sont venues aujourd'hui jusqu'à Rolleghem, et leur infanterie à une demi-lieue de là.

Autre rapport d'un émissaire, du 23 floréal.

L'ennemi porte des forces dans les environs de Bavay et de Mons.

Les forces du camp de Maulde se portent encore sur Mons.

Dans Valenciennes, il y a deux régiments d'infanterie et 48 pièces de canon de tout calibre sur les remparts.

Dans tous les environs du Quesnoy et de Landrecies, Montay et Forest, il y a approchant 22,000 hommes; l'ennemi est toujours dans la même position de côté.

Dans Le Quesnoy, il n'y a que 800 hommes et 28 pièces de canon de tous calibres.

Dans Landrecies, il y a 500 hommes.

Au pont d'Hachette, près de Maroilles, il y a deux pièces de canon masquées, battant sur Marbaix, gardées par 150 hommes.

Autre rapport du 25 floréal, 6 heures du soir.

Il est arrivé la nuit dernière environ 6,000 hommes, tant du camp de Denaing que de celui d'Hellemmes à Anzin; ils ont bivouaqué entre Beuvry et Orchie, leur cavalerie est à Landas et à l'hôpital proche d'Orchie et à Nomain.

Au Quesnoy, il y a environ 1,500 hommes y compris un petit camp, qui est à une demi-lieue de la ville sur le chemin de Valenciennes.

A Valenciennes, il n'y a que 700 à 800 hommes.

A Anzin, 300 hommes d'infanterie.

A Brillon, il y avait aux environs de 600 hommes, mais ils sont partis il y a deux jours pour se porter sur Saint-Amant.

A la porte de Tournay, à Condé, dite porte de Bruxelles, bivouaquent environ 600 hommes.

A Antoing, cantonne un bataillon d'infanterie.

A Rume, il y a un petit camp d'environ 600 hommes.

La force de l'ennemi augmente journellement dans les environs de Tournay.

Autre rapport du 24 floréal.

A Ingelmunster, qui devait être occupé, suivant le rapport qu'on avait fait au général Souham, de 200 cavaliers, un bataillon de Wurtemberg et un bataillon de Colloredo nouvellement arrivé, il n'y a personne.

Le bois qui est situé à une demi-lieue en delà d'Ingelmunster, sur la gauche de la route de Bruges, est occupé de 300 hommes d'infanterie et autant de cavalerie, avec trois pièces de canon sur la route.

A Rousselaere, sur la route d'Ypres, il y a bien 3,000 hommes, dont une grande partie d'émigrés.

Waereghem, sur la route d'Audenarde, est occupé par 50 dragons de Cobourg et 150 hommes d'infanterie.

Sainte-Éloysvysve, sur la route de Gand, est occupé de 1,000 hommes, dont 400 de cavalerie.

L'ennemi vient ordinairement faire des patrouilles jusqu'à Iseghem au nombre de 50 hommes à cheval. Les paysans en font aussi pour eux.

Rapport d'un prisonnier du régiment de Beaulieu-infanterie, le 23 floréal au matin.

Il rapporte que le camp de Tournay est fort de 18,000 hommes depuis le renfort qu'il a reçu depuis trois jours, tant Anglais qu'Autrichiens, qui sont venus du Cateau et du Quesnoy; ce renfort peut se monter à 5,000 hommes avec des canons.

C'est le régiment de Clerfayt qui fournit les avant-postes depuis Templeuve jusqu'au camp de Marquain.

Il assure aussi que le duc d'York a son quartier général à Tournay.

Un cavalier hanovrien déserté de Haerlebeke, le 20 au soir, rapporte que ce poste n'est fort que de 150 hommes d'infanterie et 30 cavaliers hanovriens.

Il y a quatre pièces de 3 dans une petite redoute en avant du village et deux à une demi-lieue de là, sur une petite éminence.

Il dit aussi que le camp de Pecq, qu'il a quitté depuis quatre jours, n'est fort que de 4,000 à 5,000 hommes, mais qu'une partie était allée joindre celui de Tournay.

Autre rapport du 24 floréal.

Six déserteurs de Wittemberg, partis de Dadizeele, sur le chemin d'Ostende, déposent qu'à cet endroit ils sont aux environs de

1,200 hommes de ce régiment et 150 hussards d'Esterhazy avec quatre pièces de 7.

Ils bivouaquent là depuis quatre jours, qu'ils ont quitté le camp de Pecq, qui pouvait être pour lors, fort de 5,000 à 6,000 hommes dont 1,500 de cavalerie.

Ils ne se sont pas trouvés à l'affaire du 22.

Déclaration de trois déserteurs anglais, du 23 floréal.

Les nommés Henry Wilson, Joseph Spencer et Archibald Kars, du 53e régiment d'infanterie nommé Shropshire, déclarent qu'ils sont venus du Cateau pour renforcer le camp de Marquain, près de Tournay; que dans la bataille du 21 courant la cavalerie anglaise a perdu au moins 1,000 hommes ayant voulu charger l'artillerie française; que tous les équipages étaient chargés et que les tentes ont été conduites à Tournay; enfin que pendant la bataille tout annonçait une retraite certaine. Ils déclarent aussi qu'il ne se trouve au camp de Marquain que six régiments anglais infanterie, dont trois sous les numéros 53, 14 et 37, composés d'environ 700 hommes chacun, et trois autres sous les numéros 1, 2 et 3, portant les noms de régiments du Roi, forts d'environ 900 hommes chacun au plus; que quatre à cinq corps anglais à cheval ne forment plus qu'un corps qui se trouve réduit à 1,500 hommes par les pertes que ces corps ont éprouvées; quant à la force au camp de Marquain, il leur est impossible de pouvoir l'apprécier; que le duc d'York se trouvait pendant la bataille à Tournay et que selon leur usage, ils ne sont venus que lorsque l'affaire était finie. Ils rapportent qu'ils vivent en mauvaise intelligence avec les Autrichiens, qui les volent continuellement, et que les officiers anglais par faiblesse ne leur font pas rendre justice.

Le général Bonnaud au général Liébert.

Sainghin, 25 floréal (14 mai), 8 heures soir.

Je m'empresse, citoyen général, de te faire part des avis que je reçois à l'instant : un émissaire sûr vient de me rendre compte que 6,000 hommes étaient arrivés cette nuit et bivouaquaient en ce moment aux environs d'Orchie. Ces troupes viennent du côté de Denaing et du Cateau; plus de 3,000 hommes consistent en cavalerie. Dans l'incertitude de ce mouvement, j'ai pris toutes les mesures qu'exige la prudence. Toutes mes troupes ont ordre d'être sous les armes avant le point du jour, et, ce qui rend cette mesure indispensable, c'est un avis qu'Osten me fait passer. On le prévient qu'un ex-curé, onduit à Paris par la gendarmerie, avait dit tenir d'un émigré en prison à Lille depuis ces jours-ci que cette division devait être attaquée demain 26.

Je te prie de faire passer de suite cet avis au général Souham, qui commande l'armée en l'absence du général en chef Pichegru (1).

Je reçois à l'instant ta lettre à laquelle est jointe copie de la lettre des représentants Richard et Choudieu. Je m'occupe sérieusement à chercher les causes qui ont produit la déroute de la cavalerie dans l'affaire du 21. J'ai passé aujourd'hui une revue générale; j'ai parlé à chaque corps en particulier et surtout à ceux de cavalerie. J'ai vu avec satisfaction qu'ils convenaient de leurs torts et qu'ils n'aspiraient qu'au moment de trouver l'occasion de les réparer. Je les ai conjurés de me faire connaître ceux d'entre eux qui auraient pu tenir quelques propos ou employer tout autre moyen pour les décourager et les engager à fuir devant les esclaves. Le 5e régiment de hussards, de qui je t'ai fait passer copie de la lettre qu'ils m'ont écrite à ce sujet, m'ont assuré de vive voix ne connaître d'autres coupables que les deux hussards livrés à la Commission. Le 13e régiment de cavalerie, qui, de tout temps, s'est bien conduit, n'a eu exactement qu'un escadron qui se soit débandé. Ils m'ont aussi assuré qu'ils ne savaient pas la cause de ce désordre, mais moi, qui depuis longtemps étudie cette arme, je crois la deviner; elle n'existe exactement et en plus grande partie que dans le peu d'ordre qui existe dans nos rangs, ce qui est cause que le soldat n'est pas assez dans les manœuvres à la main de l'officier; nul silence n'est observé; au moindre mouvement l'officier n'est plus entendu, le commandement se perd, les pelotons, les escadrons, les régiments, etc. se désunissent, la force n'est plus ensemble. La tumulte ébranle les âmes, diminue le courage, le mouvement rétrograde s'ouvre et rien ne peut arrêter cette impétuosité de mouvement. L'ennemi en profite. Ainsi viennent les déroutes complètes. C'est ce que j'ai fait sentir aujourd'hui à tous les corps : ils en sont convenus. Ils m'ont tous juré de profiter de mes leçons et je compte sur eux. Je leur ai juré à mon tour de ne plus servir si encore une fois j'avais le malheur d'être témoin d'une pareille affaire.

J'ai eu la satisfaction de voir leur sensibilité se manifester par des larmes, ce qui me confirme leur désir de se venger et nous montre

---

(1) *Le général Souham au général Macdonald*, Courtrai, 24 floréal (13 mai).

« Obligé de partir pour Lille, tu voudras bien, mon cher général, prendre le commandement de la division qui m'est confiée. »

évidemment les ressources que l'on trouve dans des âmes républicaines.

L'infanterie est dans les meilleures dispositions du monde. J'ai été parfaitement content de la tenue des armes et de l'esprit qu'ont manifesté généralement tous les soldats. Après le sérieux qui doit accompagner une revue militaire, une espèce de fête a eu lieu. Les soldats ne finissaient point de crier : « Vive la République ! » ; les chapeaux ont été mis avec enthousiasme, en chantant : « ça ira », au bout des baïonnettes. Les vedettes ennemies ont été témoins qu'un petit revers n'abattait point le courage des Républicains.

Fais connaître, je te prie, ces détails aux Représentants et aux généraux ; ils sont faits pour calmer leurs inquiétudes.

Je te prie de faire connaître à l'ordre les bons sentiments dont sont animés les citoyens composant le 5e régiment de hussards.

Le général Souham aux généraux Bonnaud et Compère.

Courtrai, 25 floréal (14 mai).

Le général en chef m'ayant, en partant pour la droite de l'armée du Nord, confié le commandement de toutes les troupes, depuis le camp de Sainghin jusqu'à Courtrai, il est important que je connaisse l'état et la position de toutes les troupes. Je te prie, général, de m'envoyer cet état et tous les rapports que tu as reçus sur l'ennemi. Nous devons nous attacher à bien connaître sa force et tous ses mouvements.

Tu voudras bien me communiquer les projets que tu pourrais concevoir pour battre les ennemis de la République. Nous en concerterons ensemble l'exécution.

Le général Souham au général Moreau.

Courtrai, 26 floréal (15 mai).

Le général en chef m'ayant ordonné, en partant, de prendra le commandement de toutes les troupes depuis le camp de Sainghin jusqu'à Courtrai, et de conférer avec toi pour toutes les opérations, il est important que tu te rendes ici. Le bien du service exige d'ailleurs que tu sois près des brigades commandées par les généraux Vandamme et Malbrancq. Je t'engage donc, général, à venir à Courtrai le plus tôt que tu pourras.

L'ennemi est éloigné, mais j'espère qu'il ne tardera pas à nous donner des occasions de le battre.

L'adjudant général Reynier au général Vandamme.

Courtrai, 26 floréal (15 mai).

L'ennemi est venu ce soir en patrouille en avant d'Haerlebeke et s'est tiraillé avec nos postes près la porte de Gand. J'ignore encore si cela annonce quelque mouvement. Il est possible qu'il y soit venu parce que, hier, de nos troupes, principalement des chasseurs passés par les ponts de Cuerne, y ont commis des horreurs, tué et violé. Il serait nécessaire que tu donnasses de nouveaux ordres pour empêcher ce passage.

J'ai reçu un rapport qui m'apprend qu'hier une partie du camp de Thielt est partie pour Peteghem, notamment les régiments de Clerfayt et Weilkem (*sic*).

Un homme, parti ce matin d'Audenarde, dit qu'il n'y a pas de troupes dans la ville. Un bataillon de Hanovriens est campé vers la porte. Des dragons de Latour ont passé ce matin à Audenarde et sont partis par la porte de Bevere. On ignore s'ils ont pris la route de Gand ou de Tournay.

Tu trouveras ci-joint une lettre qui demande les deux pièces d'artillerie légère ; elles sont très nécessaires à Dewinter, et il les faut pour ce soir ou demain matin au plus tard.

P.-S. — Si tu as quelques rapports sur l'ennemi, envoie-les moi par le retour de l'ordonnance. Moreau vient d'arriver.

Le général Moreau au général Vandamme.

Courtrai, 27 floréal (16 mai).

Le général Vandamme fera demain, à la pointe du jour, une forte reconnaissance sur Bavichove, Hulste et le château de ce village. Il tâchera de s'assurer de la force du camp de Roosebeke. Il fera avancer sur la route d'Ingelmunster des forces suffisantes pour assurer son flanc gauche. Le 20e régiment de cavalerie se trouvera à la pointe du jour près le pont de la Heule, sur la route de Bruges.

Les généraux Malbrancq et Dewinter feront pareilles reconnaissances sur Rousselaere et la route d'Audenarde.

Le général Drut au général Liébert.

Douai, 28 floréal (17 mai).

Je te rends compte, citoyen général, que l'ennemi s'est porté aujourd'hui en forces sur le poste de Fauxmont et Bersée, entre Pont-à-Raches et Pont-à-Marque; il s'est même porté au camp de Mons-en-Pesvele. Le peu de troupes qui sont restées sous mon commandement et que j'ai pu rassembler les ont empêchés de pousser plus loin. Ils ont même arrêté un convoi de fourrages, que j'avais fait escorter, pour le camp de Sainghin. Les charretiers qui en sont revenus ont abandonné leurs voitures.

De plus, ils ont mis le feu à plusieurs maisons. Les troupes que j'ai sous mon commandement de ce côté-là bivouaquent cette nuit au mont Écouvet pour les inquiéter et les tenir en échec. Il n'est pas possible que je puisse me porter en avant avec si peu de forces. En conséquence, tu me donneras tes ordres pour que j'agisse. J'ai écrit une pareille lettre au général de division Bonnaud.

Je te préviens que les convois qui partent de Douai éprouveront quelques retards, vu que je les fais passer par Lens, Carvin et sur Lille.

Le général Souham au général Bonnaud.

Courtrai, 28 floréal (17 mai).

L'ennemi ayant forcé Lannoy, suivant tous les rapports que je reçois, tu ne peux y faire porter les troupes que je te disais ce matin d'y placer; mais tu dois réunir toutes les troupes que tu commandes pour secourir le général Compère et repousser l'ennemi.

Le mouvement que fait l'ennemi a, suivant toutes les apparences, le but de nous chasser de Tourcoing et de gagner la droite de la Lys, afin de couper notre communication par la droite de cette rivière, tandis que le général Clerfayt s'avance sur Menin et Wervicke, par Rousselaere.

Tu dois les prendre en flanc dans cette marche et les attaquer vivement, en passant par Lamponpont, le pont des Fontaines et Pont-à-Brück, ainsi que par Forest, suivant la position de l'ennemi, et que tu penseras ces passages plus favorables pour attaquer.

Devant agir en masse, il n'est pas nécessaire de laisser beaucoup de monde au camp de Sainghin; quelques détachements aux ponts seront suffisants pour que l'ennemi ne passe pas la rivière et ne soit pas trop vite instruit de notre mouvement.

Une partie des troupes que je commande sont en marche pour attaquer l'ennemi à Ledeghem, Dadizeele, etc., où l'ennemi s'est avancé.

Demain, je ferai porter toutes les troupes sur la droite de la Lys, afin d'attaquer les troupes ennemies qui se sont avancées de Tournay.

Le général Souham au général Jardon.

Courtrai, 28 floréal (17 mai).

Le général Jardon voudra bien envoyer sur-le-champ une forte découverte vers Tombrouck, afin d'observer l'ennemi du côté d'Evregnies, Estaimpuis, etc., et de correspondre avec le général Thierry, que l'attaque de l'ennemi sur Lannoy et Watrelos a empêché de prendre la position d'Aelbeke.

Il m'écrira tout ce qu'il apprendra sur les mouvements de l'ennemi.

J'espère que demain nous aurons l'occasion d'employer le général Jardon à rabattre l'audace des ennemis.

Le général Souham au général Compère.

Courtrai, 28 floréal (17 mai).

Les deux caissons que tu demandes vont partir pour le mont Castrel. Tiens toujours fortement ainsi que Thierry. J'ai déjà envoyé au général Bonnaud ordre d'attaquer Lannoy, mais cela lui sera peut-être difficile aujourd'hui, l'ennemi ayant forcé Pont-à-Marque; mais nous, demain matin, nous nous vengerons. La brigade du général Macdonald va ce soir occuper le mont Halluin et le Dronquart, ainsi que Neuville. Le général Malbrancq ira aussi à Roncq et au Blanc-Four.

Je vais combiner une attaque générale pour demain matin, et tout me donne lieu d'espérer que nous prendrons notre revanche. Je t'en enverrai ce soir les ordres et la marche que tu devras tenir.

Écris-moi, sur-le-champ, quelle est ta position, ainsi que celle du général Thierry et celle de l'ennemi, ainsi que la force que tu conjectures qu'il peut avoir.

Le général Souham au général Vandamme.

Courtrai, 28 floréal (17 mai).

Il est étonnant que le général Vandamme n'ait pas encore reçu l'ordre du général Moreau pour se rendre sur-le-champ à Menin avec toutes ses troupes, afin de le placer derrière la Lys et de garder cette rivière en renforçant Wervicke et Commines et envoyant quelques troupes à Reckem, Lauwe et Marcke, afin d'observer le cours de la Lys et de la défendre en cas d'attaque.

Il est important que tu t'y rendes le plus tôt possible et par le chemin le plus court, afin de prendre cette position.

Si le général Malbrancq n'a pas encore reçu son ordre, il faut que tu lui donnes aussi celui d'aller à Menin, de traverser cette ville afin de se rendre à Roncq, en avant duquel village il se placera, en appuyant sa droite à Blanc-Four, et envoyant quelques postes en avant du côté de Tourcoing.

Il faut que tu le préviennes qu'il recevra ce soir l'ordre d'attaquer Tourcoing à 3 heures du matin.

Le général Liébert au général Bonnaud.

Lille, 28 floréal (17 mai).

Le général chef de l'état-major revient de Menin. Il me charge de te mander que les généraux ont arrêté que l'on garderait demain par quelques brigades la rive droite de la Lys jusqu'à Commines, et que le surplus de l'armée dans cette partie attaquerait l'ennemi par son flanc droit. Je t'observe qu'il s'est emparé de Tourcoing et autres endroits ciconvoisins. Le général Souham te fera d'ailleurs passer les ordres sur ce que tu auras à faire demain pour repousser l'ennemi. Le chef de l'état-major me charge en outre de te prévenir de mander le plus tôt possible au général Souham, qui a établi son quartier général à Menin, la position que tu occupes à présent et ce que tu sais de celle de l'ennemi, ainsi que de la force qu'il peut avoir devant toi. Le général Liébert t'invite au surplus à lui envoyer également le détail de la journée d'aujourd'hui et à lui faire adresser demain des détails successifs sur les mouvements que tu seras dans le cas de faire, ainsi que sur tes succès.

Le général Liébert au général Souham.

Lille, 28 floréal (17 mai).

Je te fais passer, général, une lettre du général Bonnaud. Je te prie de me faire mander demain matin si la communication de Lille à Courtrai n'est pas rompue ; je crains de Lille à Menin. J'ai vu, en m'en retournant, le feu dans le village de Mouvaux, qui n'est pas éloigné de la route de communication. J'ai donné l'ordre que les convois attendent à demain matin pour partir, car je craindrais à présent. Le général Bonnaud a établi son quartier général à Hellemmes.

Le général Liébert à Lobreau, directeur du parc, au faubourg de la Magdelaine.

Lille, 28 floréal (17 mai).

En réponse à la tienne, mon camarade, pour l'instant je n'ai aucun ordre à te donner. Tiens le parc dans un état toujours prêt à partir sans confusion et avec célérité en cas d'événements malheureux; que chacun soit et se tienne à son poste. Veilles-y. Quant aux chevaux qui ont amené les pontons de Douai, garde-les jusqu'à nouvel ordre.

Le général Liébert au général Bonnaud.

Lille, 28 floréal (17 mai).

Lorsque le général Thierry est parti pour Lannoy, il a laissé le camp de Flers tendu et gardé par un détachement aux ordres du citoyen Giraud, capitaine. Puisque tu occupes la position de Flers à Lezenne, tu voudras bien, général, prendre le commandement de ce camp, le réunir à ta division et lui donner tous les ordres que tu trouveras convenables au bien du service de la République.

Le général Bonnaud au général Liébert.

Hellemmes, 29 floréal (18 mai), 4 heures matin.

Tu me marques, citoyen, que le camp de Flers est tendu et que je le prenne sous mon commandement. Je t'observerai que je viens de recevoir ordre de marcher en avant, et ne puis me charger de ces ordres. Il serait, je crois, plus convenable que tu le fisses détendre, charger sur des voitures et préparer à suivre la division de Thierry dont j'ignore la destination. Comme le pays sur lequel nous marchons est très couvert, nous y brûlerons beaucoup de cartouches. Je te prie de ne m'en pas laisser manquer. J'ai provisoirement établi mon parc à Flers.

Le général Souham au général Moreau.

Tourcoing, 29 floréal (18 mai).

Nos troupes sont entrées à Tourcoing, mais l'ennemi est encore à Mouvaux. Macdonald avance ses troupes dans Tourcoing et tâche de chasser l'ennemi des avenues et fermes où il est encore. Le passage est fort difficile dans un pays aussi couvert, mais il faut espérer que nous en viendrons à bout.

Malbrancq va attaquer Mouvaux et de là se portera sur Roubaix.

Je vais voir Thierry, Compère et Daendels pour les faire agir vivement sur le flanc de l'ennemi.

De ton côté, fais promptement avancer Vandamme afin de chasser l'ennemi de ce côté de la Lys, et d'empêcher la réunion de ses colonnes.

Je reviendrai à Tourcoing.

Le général Liébert au général Desenfans.

Lille, 29 floréal (18 mai).

Je t'adresse ci-joint, général, copie d'une lettre que vient de m'écrire le Commissaire des guerres, ordonnateur en chef de l'armée, au sujet de la crainte qu'il a sur la navigation de la Lys du côté de Deulsemont.

Tu voudras bien faire ce que tu jugeras convenable à l'intérêt de la République dans cette partie.

Pour le chef de l'état-major :
L'adjudant général,
DONZELOT.

Copie de la lettre du Commissaire-ordonnateur en chef de l'armée du Nord au général Liébert, du 29 courant.

D'après la prise de Commines et de Wervicke, il y a à craindre que la Lys ne soit interceptée.

Je te prie donc de vouloir bien écrire aux généraux qu'il est de la plus grande importance qu'ils s'assurent du poste de Deulsemont.

BOURCIER.

P.-S. — Je t'adresse en outre copie d'une lettre du général Moreau. Tu y verras ses intentions. Tourcoing et Mouvaux sont au pouvoir de nos troupes.

Le chef de l'état-major te sera bien obligé de le faire prévenir de ta position et de tes mouvements.

Le général Moreau au général Vandamme.

Roncq, 29 floréal (18 mai).

Nous sommes à Tourcoing. Fais sur-le-champ avancer tes troupes. Ton principal objet est d'empêcher la jonction des colonnes ennemies. L'ennemi est encore à Mouvaux. On va l'attaquer. Ainsi, tâche de te mettre en travers de Linselles, en avançant beaucoup ta gauche ; mais laisse quelques forces pour couvrir le parc. Il y aura de l'ensemble, car je reçois à l'instant une lettre de Bonnaud qui annonce qu'il va attaquer.

Surtout, l'essentiel est d'empêcher la jonction des colonnes ennemies, et que Malbrancq, qui va attaquer Mouvaux, ne soit pas pris à dos.

J'irai te joindre bientôt.

Le général Moreau au général Liébert.

Roncq, 29 floréal (18 mai).

Nous sommes dans Tourcoing. Les attaques arrêtées hier vont s'exécuter. Déjà nous sommes maîtres de Tourcoing. Malbrancq va attaquer Mouvaux. Ce qui nous gêne beaucoup, c'est le passage de la Lys. Vandamme, que je destinais à longer la rive droite de la Lys pour en chasser l'ennemi, vient de recevoir celui de partir sur Linselles pour empêcher la jonction de ses colonnes et soutenir l'attaque de Malbrancq.

Tu ne te fais pas d'idée combien l'inexactitude des ordonnances nous a fait de mal.

Je n'ai nulle communication avec Desenfans, mais je pense qu'on pourrait lui donner ordre de faire occuper Armentières ou d'envoyer quelques forces joindre ce qui s'est retiré de Commines, qui, de concert, inquiéteraient beaucoup le flanc droit des troupes qui ont passé la Lys, et opérer une diversion heureuse. Au reste, tu dois avoir des rapports de notre position de ton côté.

En adressant à Roncq tes dépêches, elles y trouveront ou Souham ou moi. Nous y viendrons d'heure en heure.

Le général Souham au général Macdonald.

Courtrai, 29 floréal (18 mai).

Je te préviens, général, que je viens de donner ordre aux deux bataillons de la 68e demi-brigade, qui étaient ici, de se porter à Roncq. L'ennemi y a forcé nos troupes ainsi qu'à Halluin. Il est important que tu reviennes ici avec toutes les troupes et la cavalerie que tu pourras, ne laissant à la poursuite de l'ennemi que ce qui sera nécessaire pour qu'il ne s'aperçoive pas du mouvement.

Les généraux Bonnaud et Compère doivent se resserrer et garder leur position vers Lannoy et Watrelos.

Envoie toujours des chasseurs à cheval en avant. Nous devons attaquer promptement Clerfayt.

P.-S. — Malbrancq marche sur Linselles.

Le général Desenfans au général Liébert.

Bailleul, 29 floréal (18 mai).

Ne sachant, mon camarade, où est le général Moreau, je prends le parti de t'instruire de la position que j'occupe en ce moment. Ma droite est au Sceau et ses postes s'étendent de droite et de gauche et en avant.

J'ai laissé aussi des forces au Mont-Noir et au Moulin de Lille; cinq compagnies à Meteren; un bataillon à Boesschepe et un bataillon à Steenwoorde. Le reste est à Bailleul et garde la position de ce dernier lieu. Voici l'état des forces que je commande : le 1er bataillon de la Marne, le 3e de la Marne, le 4e du Nord, le 6e des fédérés et le 9e du Pas-de-Calais, deux escadrons très faibles du 21e régiment de chasseurs.

Tu connais sans doute les causes de ce mouvement, qui a été occasionné par la retraite des forces de Commines, en sorte que, me trouvant tourné et en ayant reçu l'avis par l'adjudant général Augé, j'ai été obligé, conformément aux ordres antérieurs du général Moreau, de faire ma retraite sur Bailleul. J'avais soutenu hier dans la journée un feu très vif en avant de moi, où j'avais forcé trois fois l'ennemi à se retirer avec pertes sur ses glacis, et resté trois fois maître du champ de bataille; j'y avais fait bivouaquer ma troupe pendant la nuit. Dans cette occurrence, l'adjudant général Augé me demanda un bataillon d'infanterie et de la cavalerie. Je lui fis passer quatre compagnies du 4e du Nord et un escadron du 21e de chasseurs: c'était tout ce que je pouvais faire sans m'exposer à être repoussé par des forces considérables que j'ai eu à soutenir sur mon front. Ce matin, à 2 heures, j'ai été encore attaqué vigoureusement sur mon front, et les Républicains ont soutenu le choc avec leur intrépidité ordinaire. Lorsque différents avis d'Augé m'ont instruit que l'ennemi avait passé la Lys et était maître des hauteurs de Wervicke, j'ai redoublé de vigueur; mais peu de temps après, il m'apprit qu'il était forcé à la retraite sur Le Quesnoy, et que j'étais tourné. C'est alors que je me suis retiré sur les points dont je t'ai fait le détail.

Le général Desenfans à l'adjudant général Augé.

Bailleul, 29 floréal (18 mai).

D'après les reçues de tes lettres, nous avons effectué notre retraite sur Bailleul et nous tenons les positions ainsi qu'il suit, savoir :

4 compagnies du 4e bataillon du Nord au Sceau; 3 compagnies des fédérés sur la route de Bailleul à Armentières; 3 compagnies du 3e bataillon de la Marne au Mont-Noir; le reste du 3e bataillon de la Marne au camp sous Bailleul; 5 compagnies du Pas-de-Calais au camp; 4 compagnies du 1er bataillon de la Marne à Meteren; le reste du 1er bataillon de la Marne à Boesschepe; 7 compagnies du 6e bataillon des fédérés à Steenwoorde et 4 compagnies du 9e du Pas-de-Calais à Armentières et Houpplines.

Si tu crois d'autres dispositions plus avantageuses, tu nous en feras part sur-le-champ.

Le général Bonnaud au général Liébert.

Lannoy, 29 floréal (18 mai).

Il est on ne peut plus nécessaire, mon camarade, que tu m'envoies à Lannoy tous les chevaux de trait qu'il sera possible. Outre les pièces de canon que j'ai déjà envoyées à Lille, on vient de me dire qu'il y en avait encore quatre de 17 abandonnées par l'ennemi.

Le général Noël me prévient aussi qu'il est maître du parc de l'ennemi et qu'il lui manque des chevaux pour l'emmener. A l'entendre, c'est une prise considérable en canons. Ainsi il serait très urgent de lui (envoyer) aussi une grande quantité de chevaux tout enharnachés, à Roubaix, pour faire l'enlèvement, de peur que l'ennemi ne fasse un mouvement pour le reprendre.

Ça va. Cette journée coûtera cher à l'ennemi.

Le général Bonnaud à Richard et Choudieu, Représentants du peuple.

Lannoy, 29 floréal (18 mai).

Persuadé, citoyens Représentants, de la part que vous prenez au succès des armes républicaines, je m'empresse de vous rendre compte de l'affaire qui a eu lieu aujourd'hui dans la division que je commande. Conformément à l'ordre que j'avais reçu du général Souham, j'ai attaqué, vers les 8 heures du matin, Lannoy et Roubaix. L'ennemi a d'abord voulu se maintenir par une vigoureuse résistance. La canonnade d'abord a été vive de part et d'autre. Les Républicains que je commande ont bientôt su y mettre fin. Je n'ai pas plutôt commandé la charge que tous ont été aux fortifications et aux portes de la ville. L'ennemi alors intimidé, après quelques fusillades, a demandé à se rendre. Quoique, dans les règles de la guerre, il eût mérité de passer au fil de l'épée parce qu'il a été pris d'assaut, j'ai cru devoir lui faire grâce pour apprendre et montrer à toutes les nations que les Républicains français ne sont à craindre que dans le combat. Près de 300 Hessois sont tombés en notre pouvoir. Beaucoup ont été tués sur les remparts ou dans la ville, lors du premier mouvement du centre.

Le 6e régiment de hussards a chargé sur la cavalerie pendant que nous cernions la ville. Le fruit de cette charge a donné plusieurs chevaux de cavalerie et quatre pièces de canon et leurs caissons. D'autres ont été prises encore dans la fuite de l'ennemi; j'en ai trouvé aussi quatre dans la ville.

Le général Noël, qui a marché sur Roubaix, a, de son côté, fait 300 prisonniers et a pris à l'ennemi un parc de vingt-deux pièces de canon et tout son attirail.

Il résulte de là que l'ennemi a perdu environ 1,000 hommes prisonniers, autant de tués ou blessés et près de cinquante pièces de canon. De mon côté, je ne crois pas avoir perdu 25 hommes et une cinquantaine de blessés. Si mes troupes n'eussent été excessivement fatiguées, s'étant battues hier toute la journée, j'aurais pris sur moi de poursuivre l'ennemi plus loin. Il aurait fait d'autres pertes parce qu'il était en pleine déroute. Néanmoins, j'ai cru qu'il était prudent de garder ma position sur Roubaix, Lannoy, pendant que ma brigade de droite et le fort de ma cavalerie me flanquent du côté d'Ascq, Annappes, Forest et Hem.

Le général Pierquin a été blessé d'une balle qui lui a traversé le genou.

Encore quelques affaires de cette nature, et bientôt l'ennemi renoncera à nous faire quitter l'avantageuse position que nous tenons sur notre gauche. Cette affaire est d'autant plus avantageuse pour la République que cette division en avait besoin d'après quelques petits (échecs) qu'elle avait essuyés et que j'aurais évités sans doute si, plus tôt, j'avais pu animer les esprits, tant par des écrits que par un langage républicain que j'ai tenu à chaque corps en particulier dans une revue qui a eu lieu avant-hier. Ça va bien, ça ira encore mieux, et Vive la République !

Choudieu, Représentant du peuple, au Comité de Salut public (1).

Lille, 29 floréal (18 mai).

La lettre de change tirée par les armées d'Italie et des Pyrénées sur celle du Nord commence à s'acquitter : la victoire est ici à l'ordre du jour comme sur les autres points de la République. Déjà nous vous avons rendu compte des efforts que faisait l'ennemi pour réparer ses pertes de Courtrai, de Menin et de Mouscron, et pour nous empêcher de pénétrer dans la West-Flandre. L'espoir que nous avions de les rendre inutiles n'a point été trompé, et le courage des soldats républicains a répondu entièrement à notre attente.

Hier, l'ennemi, après avoir rassemblé une grande partie des forces qu'il tenait ordinairement au centre, s'est présenté sur presque tous les points et a attaqué avec vigueur plusieurs de nos postes. Celui de Pont-à-Marque, qui n'était occupé que par 300 hommes, a été forcé. Ceux de Lannoy, de Tourcoing et de Mouvaux se sont également repliés en bon ordre, après avoir fait beaucoup de mal à l'ennemi, qui, fier de cette espèce de succès, se proposait déjà d'intercepter nos communica-

(1) Publiée par Aulard, *loc. cit.*, t. XIII, p. 595-597.

tions. Nous ne lui avons pas donné le temps d'exécuter ce projet. Dès la pointe du jour, nous l'avons attaqué à notre tour sur tous les points, et partout la victoire a suivi nos pas. La division commandée par le général Bonnaud a fait des prodiges de valeur. L'arme des Républicains (la baïonnette) a fait presque tous les frais du combat. L'ennemi est en pleine déroute ; plus de 60 pièces de canon sont en ce moment en route pour la ville de Lille, ainsi qu'environ 2,000 prisonniers, tant Hessois qu'Anglais et Hanovriens. La brigade du général Noël s'est emparée du parc d'artillerie tout entier. La garnison de Lannoy, composée de Hessois, a été faite prisonnière.

Nous avons à regretter peu de défenseurs de la Patrie. La perte de l'ennemi est considérable, mais, comme on le poursuit encore en ce moment, il m'est impossible de vous en rendre un compte fidèle. Le général Pierquin a été blessé d'une balle qui lui a traversé le genou.

Je n'ai point encore de nouvelles officielles des divisions des généraux Souham et Moreau, que je n'ai pas eu le temps de visiter, mais tout annonce qu'elles ont bien fait leur devoir. Si leurs succès répondent à ceux de la division de Bonnaud, cette journée sera une des plus glorieuses pour la République. D'après tous les rapports, l'ennemi nous a opposé dans cette partie environ 60,000 hommes.

Le général en chef arrive demain, avec Richard, de la tournée qu'ils ont faite vers la droite de l'armée. Les mouvements vont, par ce moyen, avoir de l'ensemble et j'espère bientôt avoir à vous annoncer de nouveaux succès.

P.-S. — Je joins ici le compte que m'a rendu par écrit le général Bonnaud à mon retour à Lille, où je suis rentré à la nuit, pour y arrêter avec l'état-major de nouvelles dispositions.

J'apprends à l'instant que l'ennemi a évacué Pont-à-Marque pour se replier sur Orchie. Par ce moyen, la communication de Lille à Douai est rétablie.

Le général Drut au général Liébert.

Pont-à-Raches, 29 floréal (18 mai), 8 heures soir.

Mes lettres d'hier, citoyen général, répondent au contenu de celle que tu m'as adressée ce matin par un courrier. J'avais prévu tes intentions en gardant le poste de l'Estrade, qui est entre le Roy de France et Fauxmont ; en établissant dans les bois de Fauxmont et dans les bois de Raimbaucourt deux lignes qui m'assuraient ma retraite et une vigoureuse défense sur le mont Écouvet.

J'ai sans cesse fait reconnaître l'ennemi dans sa position. Je l'ai trouvé à la Motte, à Maladrie et dans Mérignies. Il a poussé sur moi ses patrouilles jusqu'au Pont-à-Beuvry, dans l'intention sans doute de m'empêcher de profiter de ce qui reste du convoi de fourrages et de poudre auquel ils ont mis le feu. J'ai pu compter aujourd'hui que nous avions perdu 40 voitures. J'ignore ce que sont devenus les chevaux de trait. Je n'ai point encore non plus de renseignements sur le détachement du 13e régiment de chasseurs qui l'escortait. Je soupçonne qu'ils ont pu joindre les troupes de Pont-à-Marque et se retirer avec elles.

La position de l'ennemi m'a décidé à me priver de 100 hommes sur mon front pour faire garder les ponts d'Auby, à Sault et Maudy. Je te préviens de cette mesure afin que, jugeant ces postes trop faiblement gardés, tu puisses y remédier.

Je suis toujours en mesure pour seconder l'attaque que tu dois faire sur Pont-à-Marque. Cependant, mes mouvements seront mesurés sur ma position et sur mes forces.

Donne-moi, par le retour de l'ordonnance, des nouvelles de ce qui se passe du côté de Lille.

Le général Thierry au général Liébert.

Mont Castrel, 30 floréal (19 mai).

J'ai donné avis, citoyen général, au général en chef de l'affaire que j'ai eue à Mouscron avant-hier. Je pense que tu en as eu connaissance. L'ennemi ayant forcé mes retranchements et gagné le village de Mouscron, j'ai été contraint de prendre trois bataillons, que j'ai formés en plusieurs colonnes ; j'ai fait battre la charge ; j'ai foncé sur les tyrans ; leur ayant tué ou blessé beaucoup de monde, pris près de 400 prisonniers, quatre pièces de canon et quelques chevaux, je n'ai pas eu un homme de tué sur le champ de bataille et très peu de blessés. Ma journée d'hier a été assez agréable. Après avoir forcé le village de Mouscron, je me suis porté du côté de Roubaix, où j'ai pris dans les environs vingt pièces de canon et leurs caissons, beaucoup d'hommes et de chevaux, que j'ai fait conduire à Lille. Je te prie de vouloir bien faire mention dans les papiers publics de la manière dont ma brigade s'est comportée pendant ces deux jours.

Tu m'avais promis de m'envoyer un adjudant général. Je te préviens, je ne puis pas à mon âge supporter une telle fatigue, car je t'avoue avec vérité que je n'en puis plus.

Le général Souham au général Pichegru.

Courtrai, 30 floréal (19 mai).

Trop occupé jusqu'à présent à faire les dispositions pour repousser l'ennemi, je n'ai pu te rendre compte de son attaque ni de la victoire que nous avons remportée hier.

L'armée, commandée par Clerfayt, forte d'environ 25,000 hommes, qui était depuis l'affaire du 22 à Thielt, à Roosebeke et à Ingelmunster, d'où elle faisait des menaces sur nous par la route de Bruges, fit, dans la nuit du 27 au 28 floréal, une marche forcée par Rousselaere et se porta par Gheluve sur Wervicke, Commines et le corps commandé à Wytschaete par le général Desenfans.

L'armée anglaise, commandée par le duc d'York, forte d'environ 35,000 hommes, marcha le 28 des environs de Tournay sur Lannoy et Watrelos, d'où elle chassa les troupes que nous y avions, ainsi que de Tourcoing, Roubaix, etc.

Les brigades des généraux Thierry et Compère, qui occupaient Watrelos et Tourcoing, se sont retirées sur le mont Castrel; celle du général Noël, qui occupait Lannoy, se retira sur Lamponpont, derrière la Marque.

Une autre colonne ennemie attaqua le camp de Sainghin et s'empara du poste de Pont-à-Marque, ce qui força les troupes du camp de Sainghin à prendre une autre position vers le camp de Flers.

Malgré ce terrain gagné, l'ennemi eut encore un revers, car le général Thierry leur prit à Mouscron, dont ils s'étaient emparés un moment, 450 hommes du 1er régiment hanovrien, quatre pièces de canon et des chevaux.

Enfin, averti dans la nuit du 27 au 28 de la retraite de Clerfayt de Roosebeke et Thielt, et de sa marche sur Rousselaere, le général Vandamme avait déjà ordre de faire une forte reconnaissance sur le camp de Roosebeke, afin de savoir s'il reviendrait pour nous attaquer directement; il ne trouva que quelques traces de l'ennemi et poussa jusqu'à Ingelmunster.

Je m'occupai des moyens de marcher sur ce corps et de l'attaquer vers Rousselaere et principalement au pont de Clippe et Dadizeele. J'ordonnai aux généraux de brigade Macdonald, Malbrancq et Vandamme de marcher : Macdonald, par Bisseghem, sur Moorseele et Keselbergh ; les généraux Malbrancq et Vandamme, par la gauche de la Heule, sur la route de Menin à Rousselaere. Ayant appris que l'ennemi s'était déjà porté sur Gheluve et Wervicke, je changeai de dispositions en faisant agir toutes les troupes entre la Lys et la Heule. Le général Vandamme ayant emmené toutes ses troupes à Ingelmunster, il fallut beaucoup de temps pour revenir. L'ordre pour le général Macdonald ayant été retardé par erreur de l'ordonnance, l'ennemi était entre Gheluve, Wervicke et Tourcoing, et son passage vers Dadizeele fini. Les troupes pouvaient difficilement arriver, en présence de l'ennemi, avant la nuit.

J'appris à Menin que le général Compère avait été repoussé de Watrelos et ensuite de Tourcoing, et que l'ennemi était à Mouscron. Il était important d'arrêter l'ennemi et de lui empêcher la réunion des deux corps d'York et de Clerfayt. Ne pouvant d'ailleurs attaquer ce dernier le même jour, je me déterminai à faire passer toutes les troupes de l'autre côté de la Lys, en plaçant : le général Macdonald au mont Halluin et Neuville; le général Malbrancq à Roncq et au Blanc-Four, et le général Vandamme à Halluin, Bousbeck et Wervicke, pour défendre le passage de la Lys, ce que Vandamme ne put faire, étant arrivé seulement le matin après que l'ennemi eut passé la Lys à 2 heures de la nuit à Bousbeck, forcé les troupes que nous avions à Wervicke-France et Commines à se replier sur Le Quenoy, et ensuite occupé Linselles et le Blaton.

Le général Desenfans, qui commandait un corps de 4,000 hommes à Wytschaete, fut aussi obligé de se replier sur Armentières et Bailleul.

Je fis les dispositions suivantes pour attaquer le 29, à la pointe du jour.

Le général de division Bonnaud ne laissa que quelques troupes au camp de Flers et marcha avec tout le reste de sa division par Lamponpont et Pont-à-Brück sur Lannoy et Roubaix.

Le général de brigade Malbrancq se porta du Blanc-Four sur Tourcoing, qu'il devait tourner par sa droite, mais comme l'ennemi occupait Mouvaux, je le dirigeai, après qu'il eut chassé quelques troupes que l'ennemi avait dans Tourcoing, sur Mouvaux, qu'il attaqua du côté de Bondues.

Le général Macdonald marcha, par Neuville, le Pont de Neuville et le chemin de Risquons-Tout, sur Tourcoing, qu'il devait attaquer directement, tandis qu'il détacherait quelques troupes pour le tourner par sa gauche et s'emparer du moulin Fagot.

Je changeai un peu ces dispositions lorsque je donnai ordre au général Malbrancq d'attaquer Mouvaux ; je le fis passer par Tourcoing sur les routes de Watrelos et de Roubaix.

Les généraux Thierry et Compère, qui étaient au mont Castrel, marchèrent sur la route de Tourcoing et Watrelos, afin de couper la retraite à l'ennemi.

Le général Daendels vint du camp de Pottelberg, près Courtrai, par Aelbeke, Loinge et Herseaux. Il devait attaquer Watrelos par la gauche et couvrir la gauche de l'armée, du côté de Saint-Léger, ainsi que le général Jardon, qui resta en observation sur les hauteurs de Malcense.

Je comptais, en faisant ces dispositions, que le général Vandamme arriverait assez tôt sur la Lys pour en défendre le passage. L'ennemi étant parvenu à la passer, j'ordonnai à Vandamme d'attaquer, afin que, si on ne pouvait pas le faire repasser, on empêchât au moins à Clerfayt de faire sa jonction avec les troupes d'York.

Toutes ces attaques se firent avec succès. L'ennemi, après avoir évacué Tourcoing, restait embusqué dans toutes les issues de Tourcoing, sur les routes de Watrelos et Roubaix, et il était très difficile de le déloger d'un terrain aussi couvert et coupé. Nos troupes, après avoir été trois fois repoussées, le chargèrent et culbutèrent l'infanterie anglaise, tandis que le général Thierry forçait Watrelos, et que la division du général Bonnaud attaquait Roubaix et Lannoy. L'ennemi, pris de tous côtés, se mit en déroute, abandonna son artillerie, et nos troupes le poursuivirent jusqu'à ses retranchements de Leers.

On a pris à l'ennemi, dans cette affaire : 60 pièces de canon de divers calibres, des caissons et bagages, environ 1,500 prisonniers, dont plusieurs officiers supérieurs, et 2 drapeaux, beaucoup de chevaux de selle et d'artillerie, et délivré une centaine de prisonniers que l'ennemi nous avait faits le jour précédent. Le duc d'York doit à ses chevaux le bonheur de nous avoir échappé.

L'attaque du général Vandamme sur le corps de Clerfayt, qui avait passé la Lys, n'eut pas le même succès. Avec des forces inférieures, il fut obligé de se replier sur Halluin, Roncq ; et encore, dans sa retraite, le citoyen Sylvestre, cavalier au 20e régiment, prit un étendard du 8e régiment de dragons anglais ; on tua un colonel anglais dont j'envoie la croix de Malte, prit 100 dragons et de bons chevaux.

Après la victoire remportée sur York, je voulais en remporter une autre sur Clerfayt et le précipiter dans la Lys. Pour cet effet, je fis revenir à Bondues la brigade du général Malbrancq pour attaquer Linselles, et je donnai ordre aux généraux de brigade Macdonald et Daendels, qui étaient à la poursuite de l'ennemi vers Leers, de revenir promptement, le premier au Blanc-Four et à la Croix-Blanche, le second au mont Halluin, laissant poursuivre l'armée anglaise par la division du général Bonnaud et les brigades des généraux Thierry et Compère. Toutes ces troupes avaient beaucoup de chemin à faire pour revenir dans ces positions ; elles ne purent y arriver qu'à la nuit et trop tard pour attaquer Clerfayt.

Je fis mes dispositions pour attaquer le 30 floréal, à la pointe du jour, l'armée du général Clerfayt, dans la position de Linselles, Wervicke et Bousbeck, mais il partit la nuit et ne laissa qu'une petite arrière-garde du côté droit de la Lys, qui se retira à l'approche de nos troupes. Espérant le joindre assez tôt de l'autre côté de la Lys, je fis passer par Menin les brigades des généraux Daendels et Malbrancq ; celle du général Vandamme passa à Wervicke, que l'ennemi avait évacué. Mais Clerfayt avait pris l'avance pendant la nuit, et on ne joignit près de Dadizeele qu'une petite arrière-garde qu'on poursuivit jusque près de Rousselaere, où l'armée ennemie fit une halte avant de retourner à son ancienne position de Thielt, trop éloignée de nous pour que nous puissions aller l'attaquer.

Nous sommes rentrés dans notre ancienne position vers Courtrai, en attendant une autre occasion de battre l'ennemi.

Le général Bonnaud conserve sa position derrière Lannoy, le général Compère à Watrelos et le général Thierry à Mouscron.

Le général Pichegru au citoyen Pille.

Lille, 30 floréal (19 mai).

Le 28, l'ennemi avait repoussé nos avant-postes de Tourcoing, Roubaix, Mouvaux, Lannoy et Pont-à-Marque. Le 29, nos troupes l'ont attaqué avec une intrépidité et une valeur incroyables, et ont chassé l'ennemi de ces mêmes postes, ont fait au moins 1,500 prisonniers, pris plus de 60 pièces d'artillerie, des caissons, des chevaux et des équipages en grande quantité. On peut évaluer la perte de l'ennemi dans cette journée, tant en prisonniers que tués et blessés, à 6,000 hommes. Notre perte en tués n'a pas été considérable, nous avons eu environ 800 hommes blessés.

La division du général Bonnaud et la brigade du général Thierry se sont surtout distinguées.

J'avais écrit au Ministre il y a quelque temps de vouloir bien faire expédier des brevets pour les officiers de la compagnie des guides de l'armée du Nord ; je te prie de te faire remettre sous les yeux ma lettre et les pièces qui y étaient jointes.

Le citoyen Labbé, capitaine au 3e régiment d'artillerie, désirerait rentrer dans un régiment d'artillerie légère, ayant déjà servi dans cette arme ; s'il n'y a aucun inconvénient, je m'intéresse à ce qu'il obtienne satisfaction à cet égard.

Le général Desenfans à l'adjudant général Calendiny.

Bailleul, 30 floréal (19 mai).

J'apprends avec une véritable satisfaction que tu es rentré dans Commines et que 6,000 hommes occupent maintenant cette position.

J'attends des ordres du général Moreau, et je crois qu'il serait utile que j'aille reprendre la position que j'occupais à Wytschaete ; le général Malbrancq pourrait protéger cette opération en appuyant sa gauche vers Messines. Je crois cette position très utile; je t'engage donc à consulter le général Moreau. Mes troupes brûlent d'ardeur et d'impatience, et je n'e puis espérer que des succès de leur valeur.

L'adjudant général,
BRUYANT.

Le général Osten au général Liébert.

Pont-à-Marque, 30 floréal (19 mai).

J'arrive en ce moment de visiter les postes de Bersée, Templeuve, Capelle, Pont-à-Marque, etc. L'ennemi a évacué tous ces postes cette nuit et est retourné dans ses anciennes positions.

Si tu veux que les villages ci-dessus et surtout Pont-à-Marque soient occupés, envoie-moi des ordres à ce sujet. Cependant je t'observe qu'il faudrait faire garder le terrain depuis Pont-à-Bouvines jusqu'à Mons-en-Pesvele.

A la première entrevue, je te rendrai compte des dégâts qu'a faits l'ennemi dans cette partie ; quant aux retranchements, il n'y a de détruit que ceux de Pont-à-Bouvines.

Le frère de l'Empereur a logé dans mon logement à Pont-à-Marque et m'a volé mes bottes.

Le général Souham au général Macdonald.

Menin, 30 floréal (19 mai).

Le général de brigade Macdonald viendra sur-le-champ à Menin avec toutes les troupes qu'il commande, afin de faire une sortie par la porte d'Ypres sur Gheluve et Wervicke. Il fera avancer, à la tête de sa colonne, principalement sa cavalerie et son artillerie légère.

En passant à Menin, je lui donnerai de nouvelles instructions.

Sa colonne entrera à Menin après celle de Daendels.

Le général Souham au général Moreau.

Courtrai, 30 floréal (19 mai).

L'ennemi étant déjà trop éloigné, je n'ai pas pu beaucoup le poursuivre et j'ai fait prendre à Daendels position à Moorseele, et à Macdonald à Wevelghem et sous les glacis de Menin. Demain, à la pointe du jour, ils reviendront prendre leur ancienne position sur le Pottelberg, et il sera bon que tu en fasses de même pour les brigades de Vandamme et de Malbrancq, qui viendront sur la Heule le plus matin possible, ne laissant à Commines et Werwicke-France que ce qui sera nécessaire.

Le général Bonnaud au général Souham.

Lannoy, 30 floréal (19 mai).

Je t'avais déjà écrit ce matin, citoyen général, pour te rendre compte de ma position depuis Watrelos jusqu'à Lezenne. Je reçois ici la tienne du 30, qui m'a été remise par le porteur de la présente. Je ne m'étais point trompé sur les intentions de l'ennemi, et j'apprends à l'instant, par des reconnaissances que j'ai fait faire, qu'il a évacué Pont-à-Marque.

D'après les rapports qui me sont faits, il paraît qu'il s'affaiblit aussi devant cette partie; il a, ce matin, fait battre la générale pour se mettre en mesure, preuve qu'il s'attendait à être attaqué de nouveau, et il n'est point sorti de ses retranchements de Nechin et Templeuve.

Je ne manquerai pas de l'inquiéter ainsi que tu me le marques.

Si tu ne sais pas que l'Empereur a passé ici avant-hier et que le duc d'York a logé avant-hier au soir à Roubaix, dépêchons-nous, ils ont peur, et il est temps.

P.-S. — J'avais clos ma lettre; je la rouvre pour t'y donner copie d'un rapport que je viens de recevoir :

L'Empereur, arrivé le 28 à Tournay; avant de partir, il a beaucoup encouragé ses soldats; il leur disait qu'il venait prendre Lille avec les colonnes de Lannoy, Roubaix, Tourcoing et celle des environs de Mouscron. Il commandait une colonne de 20,000 hommes. Il n'y avait plus de troupes dans Tournay, excepté les bourgeois qui y montaient la garde. Le 29, les troupes sont revenues et ont formé un camp à Pecq sur l'Escaut, dont le nombre ne m'est pas connu.

Osten me marque que l'ennemi file du côté de Courtrai.

Le général Moreau au général Vandamme.

Menin, 30 floréal (19 mai).

Aussitôt les moulins de Wervicke forcés, comme tu éprouveras sans doute de la difficulté à passer le pont de Wervicke, tu te rabattras sur-le-champ vers Menin, où tu passeras la Lys, et tu te mettras à la suite de l'ennemi avec Macdonald et Daendels, qui y sont actuellement.

Cependant, il vaudrait mieux que tu puisses passer par Wervicke, mais il est possible que l'ennemi en défende le passage, et c'est dans ce cas que tu exécuteras le mouvement vers Menin, en prévenant Malbrancq de défendre le passage de la Lys, même d'attaquer Commines, de concert avec les troupes qui sont au Quenoy et qui ont ordre d'agir.

Le général Drut au général Liébert.

Mérignies, 30 floréal (19 mai).

J'ai poussé, citoyen général, une reconnaissance jusqu'à Pont-à-Marque. Je n'ai pas rencontré l'ennemi; il a évacué hier, à 6 heures du soir, Pont-à-Marque et Bersée; il s'est retiré par le pavé d'Orchie. On assure qu'il était au nombre de 6,000 hommes. Je rentre au poste de l'Estrade; je m'y garderai avec la même surveillance sur ma droite; l'ennemi, fort à Orchie et au camp de Denaing, est à craindre pour les avant-postes de Douai.

Si tu juges à propos de reprendre Pont-à-Marque, préviens m'en; je retirerais les postes de Pont-à-Sault et Pont-Maudy que ma faiblesse ne me permet pas de garder.

Je ferai filer aujourd'hui les hussards du 8e et demain les chasseurs du 13e.

Pour le général Drut :

MORIN, *commandant les avant-postes.*

Ordre du 1er au 2 prairial (20-21 mai).

Les Républicains composant la brigade aux ordres du général Thierry ont montré, dans l'affaire du 28, la plus grande bravoure. L'ennemi, en force supérieure, attaqua leurs retranchements, les contraignit de se retirer et s'empara du village de Mouscron; mais les soldats de la République, que ce revers anima d'une nouvelle ardeur, foncèrent, le 29, à la baïonnette, sur les tyrans, leur firent 400 prisonniers et s'emparèrent de quatre pièces de canon et de quelques chevaux. Leur courage ne se borna pas à cet avantage. Le général Thierry fit marcher sa troupe du côté de Roubaix; vingt pièces de canon, leurs caissons, beaucoup d'hommes et de chevaux furent le prix de la valeur de ces braves qui se montrèrent dignes d'être les enfants et les défenseurs de la République.

Le général Vandamme au général Moreau.

Courtrai, 1er prairial (20 mai).

D'après ton ordre du 27 floréal, j'ai fait, le 28 au matin, une reconnaissance avec la brigade que je commande sur Bavichove, Hulste, Roosebeke et Ingelmunster. L'ennemi avait évacué la veille au soir les postes et les petits camps qu'il y avait pour se porter vers Rousselaere et Ypres. J'ai trouvé à Ingelmunster plusieurs de leurs voitures vides et beaucoup de foin, que j'ai fait charger et conduire à Courtrai.

Aussitôt la rentrée de ma colonne dans sa position du matin, j'ai reçu ton ordre d'aller attaquer l'ennemi vers Ledeghem. A peine étais-je rendu de ce côté qu'un nouvel ordre me fit porter sur Menin; ce mouvement fut exécuté le 29. Dans la matinée, à midi, je me portais vers Bousbeck pour attaquer l'ennemi, qui y était en force très supérieure en nombre à celle que je commande et qui s'était déjà emparé des hauteurs de Wervicke, du Blaton et des Voirines, où il s'était retranché. Je le chassai cependant du village; il revint m'y attaquer et pendant trois heures nous nous battîmes. Je fis retirer ensuite une partie de ma troupe sur la hauteur d'Halluin, une autre à Roncq et le reste du côté de la Croix-Blanche; nous passâmes la nuit dans cette position. Le lendemain, je me portai, par les moulins des Voirines, sur Wervicke, où l'ennemi était sur les hauteurs; le général Malbrancq, placé sur le chemin de Linselles, commençait de l'attaquer. Je l'attaquai aussi de mon côté, et, après une légère canonnade, il se retira dans Wervicke-Nord, après avoir coupé le pont placé sur la Lys. Je fis ensuite rétablir le pont pour le poursuivre, mais il se sauva à toutes jambes.

Que de louanges à donner à toutes les troupes! Malgré le mauvais temps et la fatigue, elles ont chargé l'ennemi, dans la journée du 29, avec un courage qui n'appartient qu'à des Républicains.

Nos soldats, quoique chargés par une nombreuse cavalerie, sont toujours restés en bon ordre et l'ont repoussée; je t'envoie un étendard pris au 8e régiment de dragons anglais par le citoyen Silvestre, cavalier au 20e régiment, et une croix de Malte, par le citoyen C....., hussard au 8e régiment.

Ce régiment de dragons anglais, nouvellement débarqué à Ostende, a presque été entièrement détruit. Il était de 400 hommes; il est réduit à 100 hommes et moins de chevaux. Le nombre des morts des autres régiments ennemis est considérable; le 8e régiment de hussards, le 20e régiment de cavalerie et un détachement de 30 hommes du 21e régiment n'ont fait que sabrer pendant plus de deux heures. Nous avons perdu environ 200 hommes et nous avons autant de blessés, et trois pièces de canon, qui avaient été démontées.

Dans la journée du 30, nous ne perdîmes personne et nous eûmes une vingtaine de blessés.

Dans la journée du 28, l'ennemi s'est approché de Menin en s'emparant de Wervicke et Commines; il plaça devant Menin plusieurs batteries et tira sur la ville. Je fis brûler plusieurs maisons qui masquaient nos batteries; la garnison fit continuellement des sorties qui inquiétèrent l'ennemi et l'empêchèrent d'approcher la ville de près. J'ai à louer sa conduite et celle du 14e bataillon d'infanterie légère, qui, chassé de Wervicke par des forces nombreuses de l'ennemi, se retira dans le plus grand ordre à Commines. Il empêcha l'ennemi de l'entraîner, aussi ne perdit-il personne.

Je fis faire par 150 hommes et 30 hommes à cheval une sortie de Menin, le 30 au matin, avec une pièce de canon, lorsque j'appris que l'ennemi se retirait de Wervicke. Ils se portèrent sur Gheluve; ils en chassèrent l'ennemi, ce qui mit encore l'épouvante dans la colonne de Wervicke et la fit retirer plus vite. Un régiment de cavalerie ennemie vint cependant de Wervicke sur Gheluve, et tomba sur notre détachement, qui ne put se retirer; nous en perdîmes les trois quarts, et le reste rentra dans Menin avec la pièce de canon.

J'ai pris cette nuit une position avec mes troupes sur les routes de Bruges et d'Ypres près Menin, et ce matin je la quittai et suis venu reprendre mon ancienne position, en avant du faubourg de Bruges à Courtrai, depuis la Lys jusqu'à Waetermeulen.

L'ennemi s'est retiré hier de Wervicke sur Becelaere, Rousselaere et Thielt, où il est à présent. J'espère que, frotté si bien dans les journées des 28, 29 et 30, il ne reviendra pas de si tôt de ce côté. Je me tiendrai néanmoins toujours prêt, et s'il vient, il sera reçu comme à l'ordinaire, battu et chassé dans ses repaires.

Le général Desenfans au général Moreau.

Bailleul, 1er prairial (20 mai).

Il est 9 heures du matin et je reçois l'ordre d'aller reprendre ma position à Wytschaete; je fais de suite mes dispositions. A midi, je crois que toute ma troupe sera en mouvement. Je suivrai, pour retourner, la même marche que j'ai prise pour la retraite; sois assuré des mesures que je prendrai pour lever tous les obstacles qui pourraient se rencontrer sur ma route. Je te demande seulement d'éclairer ma droite. J'espère arriver sur les 4 heures et occuper de suite tous mes postes. Sitôt mon arrivée, je t'annoncerai mes dispositions et ce qui pourrait m'être arrivé en route.

Le général Malbrancq au général Moreau.

Faubourg de Courtrai, porte de Menin, 2 prairial (21 mai).

Je profite, général, du moment de repos dont nous jouissons actuellement pour te donner par écrit le rapport que je ne t'ai fait que verbalement des journées des 29 et 30 floréal.

Conformément à tes ordres, j'ai attaqué le 29 les hauteurs en avant de Tourcoing, proche les moulins, à 4 heures précises du matin. Nous n'avons pas eu de peine à en débusquer l'ennemi, qui s'est replié sur

Tourcoing, où il a fait une vigoureuse résistance. Nous nous sommes fusillés et canonnés assez longtemps dans les rues de ce bourg, et ce n'est qu'après deux heures de combat et l'arrivée du général Macdonald que la victoire s'est entièrement déclarée en notre faveur. L'ennemi sorti de Tourcoing, je l'ai vivement poursuivi avec une partie de mes troupes jusqu'à Roubaix, où, se trouvant attaqué par les flancs, il essuya une déroute complète, tandis qu'une autre partie de ma colonne se porta sur Mouvaux, où il avait établi de fortes batteries, et dont nous ne nous emparâmes qu'à la baïonnette et avec beaucoup de peine. Nous lui fîmes une trentaine de prisonniers, lui prîmes une pièce de 3, un obusier et trois caissons attelés de leurs chevaux. Nous eûmes la douce consolation de tirer de l'esclavage une cinquantaine de nos frères d'armes, qui y avaient été pris la veille, et qui par là échappèrent aux horreurs qui furent exercées sur leurs camarades d'infortune, que les féroces Autrichiens coupaient par morceaux, massacraient à coups de sabre, en faisant couler du suif dans leurs plaies pour augmenter encore leurs tourments, et sur lesquels ils ont commis les scélératesses les plus horribles et que je n'aurais jamais osé croire si je n'eusse vu de mes propres yeux ces malheureuses victimes de tout ce que le fanatisme et la tyrannie peuvent inventer de plus barbare.

De Mouvaux, je reçus ordre du général Souham de me porter de suite avec toute ma brigade à Linselles, que je devais attaquer par la gauche, pour favoriser le général Vandamme. J'y arrivai sur les 8 heures du soir et il n'y avait pas encore une heure que je m'y battais que je reçus ordre de me retirer sur Bondues jusqu'au lendemain matin.

Le 30, à 3 h. 30 précises du matin, je me portai sur Linselles que l'ennemi venait d'évacuer ; je marchai de suite à sa poursuite et j'attaquai vigoureusement les hauteurs de Wervicke, où sont les deux moulins qui font face au Blaton ; j'y éprouvai une résistance très forte et, après trois heures d'un combat opiniâtre, l'ennemi se trouvant attaqué par le flanc droit a battu en retraite sur Wervicke, où je l'ai poursuivi conjointement avec Vandamme. Il tint encore assez longtemps dans cette ville, probablement pour favoriser sa retraite et le passage de son artillerie sur le pont qu'il coupa, et que nous fîmes de suite rétablir pour le poursuivre dans sa fuite; nous prîmes 12 hommes à l'ennemi dans cette affaire. Je me plaçai suivant tes ordres avec toute ma troupe entre Wervicke et Commines, et le lendemain tu m'envoyas l'ordre de reprendre mon ancienne position de Heule que j'occupe actuellement.

Je ne puis pas encore t'envoyer l'état exact de nos pertes en hommes et en chevaux. Nous n'en avons fait aucune en artillerie. Les mouvements continuels et les marches fréquentes que nous avons été forcés de faire, n'ont pas permis aux chefs de corps de me satisfaire encore sur cet objet. Je te le ferai passer aussitôt que je l'aurai reçu. Nous pouvons avoir perdu sur toute ma brigade, tant en tués, blessés que prisonniers, environ 500 hommes. Il est inutile de te faire l'éloge de la valeur et de l'intrépidité de nos braves Républicains. Tu en as été toi-même le témoin oculaire.

Le général Souham au Comité de Salut public.

Courtrai, 2 prairial (21 mai).

Encore une victoire, citoyens Représentants, et une victoire signalée. Je ne vous en donnerai point les détails; je suppose que le général en chef, à qui j'en ai fait un rapport très détaillé, vous a déjà tout dit. Il me suffira de vous dire que si les batailles de Mouscron et de Courtrai étaient chaudes, celle du 29 était brûlante.

L'ennemi, deux fois battu à plate couture, combina toutes ses forces de droite et de gauche pour nous couper les communications de Lille à Menin et à Courtrai. En conséquence, 35,000 hommes, sous les ordres du duc d'York, s'emparèrent le 28 de tous les postes qui se trouvent à la droite de la route de Lille à Menin, et 23,000 hommes, sous les ordres de Clerfayt, passèrent la Lys à Wervicke et s'avancèrent sur la gauche de la même route jusques à Linselles. Il ne leur fallait plus que trois quarts d'heure pour opérer leur jonction, puisque l'armée de droite s'était avancée jusqu'à Bondues et celle de gauche jusqu'à Linselles. J'ai été assez tôt averti pour les prendre sur le temps. La droite fut attaquée au point du jour et la gauche à 8 heures du matin. On a combattu de part et d'autre avec un acharnement inconcevable et je puis vous assurer que les esclaves du Nord ne défendent pas mal leurs chaînes, car je crois que nous en tuerions la moitié que le reste ne bougerait pas plus qu'un terme; mais malgré leur fine tactique et leur ténacité au combat, il leur a fallu céder à l'ardeur et à l'activité des Républicains. Nous les avons donc chassés bien loin hors de notre territoire; nous leur avons pris plus de 65 pièces de canon de différents calibres, beaucoup de caissons et de bagages, une grande quantité de chevaux de selle et d'artillerie, au moins 1,500 prisonniers, deux drapeaux et un étendard et nous avons jonché 4 lieues de notre terrain de leurs indignes cadavres.

Il est à remarquer que la division que je commandais à Dunkerque prit toute l'artillerie du duc d'York et que celle que je commande encore la lui a furieusement ébréchée le 29, car elle lui a pris 29 canons, parmi lesquels il y en a de 17 et beaucoup de 13 et de 7. Son Altesse méprisable avait établie son quartier général à Roubaix et, là, elle a eu besoin d'avoir de meilleurs chevaux pour elle que pour son artillerie, car peu s'en est fallu qu'elle n'ait été accompagner ses canons à Lille, mais qu'elle.....

Dans ces trois affaires, on peut évaluer la perte de l'ennemi à 150 canons au moins, à plus de 1,200 chevaux et à mieux de 15,000 hommes. Nous cherchons l'ennemi tous les jours, nous le trouverons sans doute bien dans quelque moment, et vous pouvez compter sur les dispositions de cette armée. Si l'aile gauche avait passé la nuit à la droite de la Lys, c'en était fait d'elle; mais elle a été habile à s'esquiver; nous l'avons poursuivie toute la journée du 30 sans fruit.

Si j'entre dans de si grands détails sans m'en apercevoir, c'est que je suis ravi de l'ardeur des Républicains. Entre une foule de faits héroïques que je pourrais vous citer, je vous prie de donner de la publicité à celui-ci.

Le citoyen Lebrun, sous-lieutenant au 4e bataillon des tirailleurs, a chargé (le 29), seul, 5 canonniers ennemis, en a tué un d'un coup de carabine, un deuxième d'un coup de pistolet, a mis en fuite les autres à coups de sabre, et s'est emparé de la pièce et des chevaux.

P.-S. — Je pars à l'instant pour poursuivre l'ennemi du côté de l'Escaut et vous pouvez être assurés qu'il sera chargé vigoureusement.

Le Comité de Salut public au général Pichegru.

Paris, 3 prairial (22 mai).

Lorsque le Comité, citoyen général, a écrit sa dernière lettre à Choudieu et Richard, Représentants du peuple près l'armée que tu commandes (1), il ne connaissait ni ne pouvait connaître les derniers succès annoncés par la lettre de Choudieu en date du 29 floréal (2). Ne recevant plus de nouvelles de cette armée depuis quelques jours, il craignait que le mouvement qu'elle avait pris ne se ralentît, et que les bruits répandus à côté de nous par les malveillants ne pussent acquérir quelque degré de probabilité par votre silence ou par l'inaction de l'armée.

Le silence des Représentants envoyés au centre et le pas rétrograde de la partie de l'armée qui devait s'avancer vers Mons, et qui cependant revenait à Thuin, devaient naturellement donner quelque inquiétude au Comité de Salut public et exciter de nouveau sa surveillance. C'est le devoir que nous avons rempli. Vous avez aussi rempli le vôtre en nous répondant par une marche victorieuse, et le résultat a été tout entier pour la République.

L'action du Gouvernement et sa surveillance ne détruisent pas le sentiment de la confiance. Ce sentiment n'a pas cessé d'accompagner

(1) Voir p. 194.
(2) Voir p. 223.

un instant l'armée du Nord et le général qui la commande ; nous nous plaisons à t'en renouveler le témoignage par le même courrier que tu viens de nous envoyer.

Quant à l'opinion publique, elle accompagne l'armée du Nord et lui demande avec confiance la réintégration prochaine des frontières de la République et l'anéantissement des armées autrichiennes et anglaises. C'est le résultat des opérations que vous avez si heureusement commencées.

Le bulletin de la Convention nationale du 1er prairial, envoyé aux armées avec le rapport du Comité de Salut public, est le dernier état de l'opinion qui doit encourager de plus fort l'armée et son général.

COLLOT-D'HERBOIS, B. BARÈRE, CARNOT, BILLAUD-VARENNE, ROBESPIERRE.

Le Comité de Salut public à Choudieu et Richard, Représentants du peuple (1).

Paris, 3 prairial (22 mai).

Nous venons de recevoir une lettre du général Pichegru, en date du 2 de ce mois, relative à celle que nous vous avions écrite pour activer les succès de l'armée du Nord. Nous la recevons après la bonne nouvelle que vous nous apprenez par votre lettre du 29 floréal. Vous avez répondu par une victoire à notre inquiétude, mais notre inquiétude était légitime ; c'est celle du Gouvernement qui répond à la Convention et au Peuple français de tous les événements, et qui lui répond même du silence des Représentants et des armées.

Notre inquiétude a eu de plus des motifs pris de la cessation momentanée de la correspondance du centre, cessation occasionnée par la réorganisation de cette partie de l'armée, et de la rétrogradation nécessaire de celle qui marchait vers Mons.

Mais vous connaissez trop la surveillance active du Comité, l'étendue de ses devoirs et son zèle à les remplir pour vous être mépris un instant sur le sens de notre lettre.

Le Comité vient d'annoncer la dernière victoire du 28 floréal, avec le caractère de satisfaction patriotique qui doit redonner un nouveau courage à l'armée, au général et aux Représentants qui sont envoyés près de cette armée. Nous vous adressons le Bulletin de la Convention nationale, où se trouve le rapport fait par Couthon, le 1er de ce mois. Cela répond à toutes les inquiétudes inséparables des devoirs du Gouvernement et des fonctions des Représentants.

---

(1) Publiée par Aulard, *loc. cit.*, t. XIII, p. 672.

Nous attendons de nouvelles victoires de l'armée près de laquelle vous accélérez tous les jours les succès.

CARNOT, B. BARÈRE, BILLAUD-VARENNE, C.-A. PRIEUR.

Le général Liébert au Comité de Salut public.

Lille, 6 prairial (27 mai).

Je vous envoie les citoyens Poncet, sergent-major, et Dupont, grenadier au 2e bataillon du 83e régiment d'infanterie, qui, à l'affaire du 29 floréal dernier, ont pris à Roubaix un drapeau sur l'ennemi. Ces braves Républicains en font hommage à la Convention nationale. Ils se croiront trop heureux s'ils en obtiennent un en remplacement de celui que leur bataillon a malheureusement perdu à l'affaire qui s'est passé le 21 septembre (style esclave) entre Bouchain et Valenciennes. Je m'empresse de le demander pour ce bataillon, qui ne cesse de donner depuis des preuves constantes de bravoure et d'intrépidité. Je les charge de plus de vous présenter un étendard enlevé dans la même journée au 8e régiment de dragons anglais, ainsi qu'une ci-devant croix de Malte prise sur un des satellites des despotes terrassé par nos braves soldats.

Extrait des Opérations du général en chef Pichegru.

.....(1) Tandis que nos troupes se maintenaient si vaillamment en Flandre, l'aile droite de l'armée du Nord, jointe à l'armée des Ardennes, retentait le 22 de repasser la Sambre. Ce ne fut que le 23 que ces troupes purent réussir. Leur réussite fut d'abord marquée par la prise de Lobbes, de Fontaine l'Évêque et de Binch, mais le 24 les Autrichiens et les Hollandais, renforcés sur ce point par 20,000 hommes presque tous de cavalerie, qui arrivaient de leur grande armée par Valenciennes et Mons, nous forcèrent bientôt à la retraite.

Pichegru arriva le 25 pour visiter ce corps d'armée; il le trouva revenu dans ses anciennes positions et, quoique pendant trois jours il eût eu à engager et à soutenir diverses actions assez vives, il ne paraissait pas se ressentir de ses pertes. Elles n'étaient pas considérables.

La victoire nous délaissant toujours sur les bords de la Sambre, continuait à fixer nos succès sur la Lys. Notre invasion soutenue déroutait les généraux ennemis. Ils ne pouvaient donner suite à leurs projets qu'après nous avoir entièrement chassés de la Flandre. En conséquence,

---

(1) Voir p. 188.

la grande armée alliée commandée par S. M. l'Empereur, qui menaçait Cambrai et Bouchain, fut par de nouveaux arrangements divisée en trois corps bien distincts : le premier vint se concentrer sur les bords de la Sambre vers Charleroi ; les garnisons qui occupaient nos quatre places formaient le second, c'était le plus faible ; le troisième vint par des marches forcées joindre l'armée anglaise et le corps du général Clerfayt. Il opéra sa jonction le 27 floréal.

Dès le 26 floréal, l'Empereur et le prince de Cobourg, avec les généraux Mack et Rollin, se rendirent à Tournay pour y déterminer les attaques dont nous allons parler.

Le 28, l'ennemi, par une marche savamment combinée, enveloppa presque toute notre aile gauche. Le général Clerfayt, dont les ressources semblaient s'accroître dans le malheur, se porta avec 23,000 hommes sur la Lys, s'y empara de tous nos postes, passa cette rivière à Commines et à Wervicke, et se posta près de Linselles.

La nouvelle de ce mouvement fut un coup de foudre pour nos généraux. Ils n'ignoraient pas la marche du général Clerfayt ; on l'avait su parti de Thielt, mais tous les rapports s'étaient accordés à dire qu'il se dirigeait sur Ypres. Effectivement, il avait fait marcher sur cette ville un petit corps qui, joint à la garnison, débusqua de Vlaemertinghe le général Deseufans.

Souham, qui commandait l'aile gauche en l'absence de Pichegru, ordonna à Macdonald de quitter son camp d'Oudesmesse, pour passer la Lys et se porter par Wevelghem sur Menin. On lui avait recommandé d'activer sa marche pour aller attaquer Wervicke, mais à l'arrivée de cette brigade à Menin, l'approche de la nuit et les nouvelles que l'on apprenait de la droite (de l'aile gauche) firent changer les premières combinaisons. Le duc d'York venait de s'emparer de tout le territoire à la droite de la route de Lille à Menin. Il était parti de Tournay avec 45,000 hommes ; il marchait sur cinq colonnes ; ses deux colonnes de gauche s'étaient portées sur tous nos postes le long de la Marque, avaient forcé le passage de cette rivière à Pont-à-Marque, et menaçaient de se rabattre sur les derrières du camp de Sainghin, ce qui obligea le général Bonnaud à se retirer sous le canon de Lille. Les trois autres colonnes ennemies, après nous en avoir chassés, occupèrent Lannoy, Watrelos, Roubaix et Tourcoing.

La tentative dirigée par le général de Bussche sur Mouscron fut la seule infructueuse. Le général Thierry, qui défendait ce poste, repoussa fortement les Alliés, leur prit 400 hommes et 4 pièces de canon.

Le projet des ennemis était très évident. Ils voulaient, par la réunion de leurs deux corps d'armée, couper toute communication avec Lille aux deux divisions Souham et Moreau, les attaquer par leurs derrières et leur faire courir alors la chance d'une troupe qui combat sans espoir de retraite. Leur plan supérieurement calculé manqua d'ensemble dans son exécution.

Toute la faute en fut au duc d'York, qui, se trouvant de sa personne à la colonne du centre, perdit un temps précieux en lui faisant faire halte près de Lannoy, et en arrêtant son avant-garde à Roubaix. Il ignorait les progrès de ses autres colonnes et, pour attendre de leurs nouvelles, il faisait prendre position à ses troupes, quand l'Empereur lui intima l'ordre impératif de continuer à pousser en avant. Il eut beau de suite faire avancer la brigade du général Fox, et faire emporter par M. Abercromby le village de Mouvaux, la nuit vint l'empêcher de faire sa jonction avec le général Clerfayt. Nous osons nous permettre de nommer pusillanimité cet acte de prudence du duc d'York, car il est certain que, s'il n'eût pas tergiversé, il eût pu, avant la fin du jour, opérer sa réunion.

Cependant, quelque difficile qu'il soit d'agir dans l'obscurité, les tacticiens ne concevront jamais comment les Alliés ne firent pas occuper la route de Cambrai à Lille, nullement défendue. Cet impardonnable défaut de négligence ou d'irréflexion sauva, on peut le dire, l'armée française.

Nos généraux s'étaient en partie réunis dans Menin pour concerter leur conduite. Leur conseil de guerre était à chaque instant troublé; à chaque instant, ils se voyaient forcés de prendre d'autres mesures par les désastreuses nouvelles qui affluaient de toute part : c'était un rapport qui annonçait la prise de Tourcoing; un autre celle de Mouvaux; un autre celle de Lannoy, Roubaix, Watrelos; un autre celle de Pont-à-Marque, sur la route de Douai; un autre la retraite du général Bonnaud, des bords de la Marque sous Hellemmes; enfin, pendant plus de trois quarts d'heure, on ne fit qu'apprendre malheurs sur malheurs.

Nos généraux, sans s'apitoyer trop longtemps sur leur déplorable position, virent qu'il n'y avait pas un instant à perdre. Malbrancq fut jeté d'abord en avant de Roncq, au Blanc-Four; ils convinrent ensuite de prévenir l'ennemi en l'attaquant le lendemain à la pointe du jour. On envoya bivouaquer la brigade Macdonald sur les hauteurs du Dronquart.

On résolut d'accabler, par la majeure partie de nos forces, le duc d'York, tandis qu'on occuperait sérieusement le général Clerfayt. Les ordres pour tous du lendemain furent expédiés et parvinrent heureusement à tous les généraux, chose qui eût été impossible si les ennemis eussent seulement envoyé des patrouilles sur la route de Courtrai à Lille. Souham s'était réservé la partie du duc d'York; il devait être secondé par le général Bonnaud, qui, en s'emparant de Lannoy, était chargé de presser le flanc gauche du corps principal des Alliés.

Moreau, dont la division se trouvait très affaiblie par les détachements qu'elle avait sur Ypres, se chargea néanmoins d'attaquer le corps du général Clerfayt. Il s'attendait bien à être repoussé, mais ce modeste général connaissait la véritable gloire; il accepta volontiers sa pénible tâche et fit de grand cœur le sacrifice de son amour-propre au bien-être de la chose.

Le 29, à la pointe du jour, nos troupes fondirent sur les ennemis. L'attaque fut générale sur toute la ligne, mais le principal effort de notre armée se dirigea contre la droite des Alliés.

Il faudrait un volume pour faire le détail des combats de cette journée; partout les attaques furent vigoureuses et la résistance opiniâtre. Nous détaillerons seulement celle de Tourcoing, parce que ce fut aux troupes qui l'emportèrent qu'on doit les brillants succès de cette journée.

La majeure partie de la division Souham s'y dirigeait, appuyée à droite par la brigade du général Malbrancq, qui cheminait sur Mouvaux.

Le général Otto défendait Tourcoing d'une manière qui mérite d'être honorablement citée. Sa ligne passait derrière ce village qu'il n'avait pas garni de troupes; il s'était contenté d'en obstruer et d'en tenir les bouts de rue. Il les défendait par la mitraille. Il avait crénelé plusieurs maisons. Macdonald entra dans Tourcoing sans difficulté, mais quand ses soldats voulurent le dépasser alors s'engagea un feu des mieux nourris et des plus meurtriers. Nos troupes souffrirent beaucoup avant qu'on pût trouver un terrain propre à leur déploiement. Cependant on parvint à les former dans les jardins dont est entrecoupé le village. Dès lors, nos attaques furent si vivement dirigées qu'à midi l'ennemi fut enfoncé et chassé de tous les points qu'il défendait.

Macdonald, maître de Tourcoing, divisa sa brigade en deux corps : l'un, aux ordres de l'adjudant général Dazémar, fila sur Watrelos, poursuivant sans relâche le général Otto; l'autre, dont il se réserva le commandement, gagnait du côté de Roubaix. Le but de ce dispositif était d'envelopper le duc d'York, dont le corps se trouvait découvert par sa droite. Dans le même moment, des partis de la brigade de Malbrancq se montrèrent entre Mouvaux et Roubaix. Le peu de troupes qui restaient au duc d'York lâchèrent bientôt pied. Dans cette extrémité, ce général voulut joindre le brigadier Fox, qu'il avait laissé sur la route de Roubaix à Lille, mais en se portant dans ce dessein vers Roubaix, il trouva ce poste occupé par de nos troupes légères. Il ne balança pas alors à se faire jour vers le général Otto. Il en vint à bout avec bien de la peine; il n'était accompagné que des officiers de sa suite et de quelques dragons.

Le général Otto était lui-même dans l'infortune. Ses troupes, harcelées par l'adjudant général Dazémar, étonnées de notre acharnement, se sauvaient dans le plus grand désordre. Ils avaient abandonné une nombreuse artillerie : c'était le parc de l'armée. Pendant ce temps, le succès était devenu général. Nos différents corps d'attaque avançaient de toutes parts; le brigadier Fox avait été forcé à la retraite par la brigade de gauche du général Bonnaud; il l'effectua sur Leers.

Au moment où le général Macdonald arrivait avec son corps en masse à Roubaix, il aperçut à sa droite, près de lui, le général Abercromby, qui, quoique assailli par des forces bien supérieures, se retirait en bon ordre. Macdonald crut lui couper la retraite en longeant de suite vers Leers, mais les Anglais s'aperçurent de sa manœuvre, se rabattirent sur Launoy. Le général Bonnaud venait d'en chasser les Hessois, mais il n'avait pas encore dépassé ce village, ce qui fut cause qu'Abercromby qui, visiblement, devait tomber en notre pouvoir, parvint à s'échapper en passant sans hésiter sous le feu des tirailleurs de Bonnaud, qui débouchaient de Lannoy. Déjà nous avions partout obtenu les succès les plus brillants; presque partout l'ennemi s'était sauvé en désordre ; totalement englobé par la brigade de Macdonald, pressé sur tous les points par nos autres corps, ses pertes furent immenses. On ne trouvait sur ses traces qu'artillerie, chevaux, bagages et fusils. On ramassait à chaque pas des prisonniers. On trouvait quantité de charretiers encombrés dans des fermes avec leurs pièces. Par recensement général des prises faites dans cette journée, l'on eut 67 pièces de canon de campagne, avec presque tout leur attirail. Nous fîmes 1,400 à 1,500 prisonniers. L'ennemi eut un nombre infini de morts et nous laissa environ 400 blessés.

Nos pertes ne furent pas conséquentes ; Macdonald, qui eut le plus à souffrir du feu des ennemis, perdit, tant de tués que blessés, tout au plus 400 hommes, et toutes les brigades n'essuyèrent que des pertes légères.

Le duc d'York ne put se rallier que derrière Leers ; ce fut là que se rassemblèrent les débris de toutes ses colonnes.

La division du général Moreau avait attaqué l'armée de Clerfayt à 8 heures du matin, sur la rive droite de la Lys. La brigade de Vandamme, malgré les talents de son général et la bravoure connue de ses troupes, fut forcée de céder au nombre; elle plia. Sa cavalerie se sauva en désordre sur la route de Menin à Lille. Quelques dragons anglais du corps de Clerfayt suivaient de si près les troupes de Vandamme qu'ils pénétrèrent jusque dans un parc d'artillerie et de charrois établi à Halluin. Mais les braves canonniers, que la rumeur n'effrayait pas, en assommèrent une partie à coup d'écouvillon et vinrent à bout de chasser le reste.

Cependant le général Clerfayt, entendant et s'apercevant bien que nous avions repoussé le duc d'York, ne songea plus qu'à opérer sa retraite. Il repassa la Lys dans la nuit. Son mouvement rétrograde sur

Thielt fut exécuté avec tant de célérité et tant d'ordre que les troupes qu'on lâcha le lendemain à sa poursuite ne découvrirent aucun vestige de son armée.

Après la victoire, nos troupes étaient tellement disséminées qu'on ne put leur donner, la nuit du 29 au 30, qu'une position très imparfaite. Dès le premier moment de la déroute du duc d'York, on fit revenir rapidement la brigade de Malbrancq pour couvrir Le Quenoy.

Le 30, Macdonald fut envoyé à la poursuite de Clerfayt; il poussa jusqu'à Dadizeele sans rien apercevoir, et revint bivouaquer entre Wevelghem et Menin.

Le général fit aussi le même jour pousser des reconnaissances sur la gauche du corps du duc d'York.

Enfin, le 1er prairial, nos troupes, qui n'étaient pas encore entièrement ralliées, reprirent les positions qu'elles tenaient avant la bataille; Michaud reprit aussi les siennes.....

Extrait du Journal des marches, combats et prises de la gauche de l'armée du Nord.

.....Le 28, l'ennemi combina si bien ses forces que le duc d'York, à la tête de 35,000 hommes, s'empara de tout le territoire qui est à la droite de la route de Lille à Menin, et ses avant-postes allèrent jusqu'à Mouvaux et même jusqu'à la Croix-Blanche. Clerfayt, à la tête de 23,000 hommes, passa la Lys à Wervicke et s'avança jusqu'à Linselles. Leur projet était de réunir ces deux corps d'armée, de nous couper toute communication avec Lille et de bloquer toutes les troupes qui étaient à Courtrai et à Menin. Ses manœuvres furent si bien faites qu'il ne fallait plus que trois quarts d'heure pour que ces deux corps d'armée opérassent leur jonction. Souham, en l'absence de Pichegru, commandait, dans cette occasion, toute l'armée depuis Dunkerque jusqu'au camp de Sainghin. Il fallait de l'activité pour prendre l'ennemi sur le temps, et l'on peut dire que celle qu'on y mit est presque sans exemple.

L'ennemi s'était emparé, le 28, de Lannoy, Tourcoing, Roubaix, Mouvaux et de tous les postes qui sont à la droite de la route de Lille à Menin, et Clerfayt était maître de tout le territoire qui est à la gauche de la même route.

L'ordre fut donné d'attaquer l'armée du duc d'York à 3 heures du matin, le 29.

L'attaque fut si vive sur cette aile qu'à midi, l'ennemi fut chassé de tous les points qu'il occupait la veille et fut obligé de se replier jusqu'à Tournay. Mais ce ne fut pas sans éprouver une perte immense d'hommes, de canons, de chevaux d'artillerie et de beaucoup de bagages. Nous prîmes, dans cette journée, 61 canons; nous fîmes 1,300 ou 1,400 prisonniers, et l'ennemi eut un nombre infini de morts et de blessés.

La division de Moreau attaqua l'armée de Clerfayt à 8 h. 30 avec des forces très inférieures. La brigade de Vandamme fut obligée de céder un moment au nombre. Elle plia un peu et il y eut même une espèce de déroute dans le parc et les charrois. Mais enfin l'ardeur républicaine se montra; l'ennemi fut étonné; il s'ébranla et ne songea plus qu'à opérer sa retraite. Il profita de l'obscurité de la nuit pour repasser la Lys et il se replia si loin que le lendemain on ne trouva aucun vestige de cette armée.....

Extrait du Précis des opérations de la brigade Macdonald, par le général Pamphile Lacroix.

.....Le 28, l'ennemi, par une marche savamment combinée, enveloppa presque les deux divisions de Moreau et de Souham. Le général Clerfayt, dont les ressources semblaient s'accroître dans le malheur, se porta avec 23,000 hommes sur la Lys, s'y empara de tous nos postes, passa cette rivière à Commines et à Wervicke et fit même avancer de ses troupes jusques à Linselles.

La nouvelle de ce mouvement fut un coup de foudre pour nos généraux. Ils n'ignoraient pas la marche du général Clerfayt. On l'avait su passer à Haerlebeke, mais tous les rapports s'étaient accordés à dire qu'il se dirigeait sur Ypres.

L'on ordonna de suite à mon général de faire passer la Lys à sa brigade, de la porter par Wevelghem sur Menin et de s'y avancer de sa personne pour venir recevoir des instructions sur la manière d'attaquer Wervicke. Mais, à notre arrivée à Menin, l'approche de la nuit et les nouvelles que l'on apprenait de la droite avaient fait changer d'avis nos généraux.

Le duc d'York, avec 40,000 hommes, venait de s'emparer de tout le territoire qui est à la droite de la route de Lille à Menin. J'avais accompagné mon général chez Souham. J'étais présent à la réception des désastreuses nouvelles qui y affluaient de toute part: c'était un rapport qui annonçait la prise de Mouscron, un autre celle de Tourcoing, un autre celle de Mouvaux, de Bondues, de Marque-en-Barœuil, un autre celle de Pont-à-Marque, sur la route de Douai ; enfin, pendant plus de trois quarts d'heure, on ne fit qu'apprendre malheurs sur malheurs.

Le projet des ennemis était très évident. Ils voulaient, par la réunion de leurs deux corps d'armée, nous couper toute communication avec Lille, nous attaquer par nos derrières et nous faire courir alors la chance d'une troupe qui combat sans espoir de retraite. Leurs manœuvres étaient si bien faites que les deux corps étaient au point de faire leur jonction. Clerfayt avait déjà poussé jusques à Linselles et le duc d'York jusques à la Croix-Blanche. La nuit, fort heureusement, ne leur avait pas permis d'aller plus avant.

Le général Pichegru était du côté de Maubeuge. Il n'y avait pas un seul instant à perdre. Nos généraux, sans s'apitoyer trop longtemps sur notre déplorable position, conviennent donc qu'il fallait prévenir l'ennemi en l'attaquant le lendemain à la pointe du jour. A cet effet, l'on envoya bivouaquer notre brigade sur les hauteurs d'Halluin et du Dronquart.

Le général Moreau, dont la division était très affaiblie par les détachements qu'il avait sur Ypres, se chargea néanmoins d'attaquer le général Clerfayt. Souham, qui commandait en chef, se réserva la partie du duc d'York. Les ordres furent expédiés de suite à tous les généraux pour l'attaque du lendemain.

Tourcoing était notre lot; c'était aussi le fort de l'armée ennemie. Nous nous y portâmes le 29, à la toute petite pointe du jour. L'ennemi ne l'occupait pas. Sa ligne passait derrière le village dont il tenait les bouts de rues; il les défendait par une grêle de boulets, de mitraille et de balles. Il avait crénelé plusieurs maisons. Nous entrâmes dans Tourcoing sans difficulté; mais quand nous voulûmes le dépasser, alors s'engagea un feu des plus nourris et des plus meurtriers. Un seul coup de canon tiré par les ennemis du bout de la rue qui conduit à Roubaix, cassa la tête à 13 soldats de la 3e demi-brigade. Cette troupe, comme toutes nos autres, souffrit beaucoup avant que de pouvoir trouver un terrain propre à son déploiement. Elle était suivie du 3e régiment de hussards, qu'on avait plié jusques à nouvel ordre en colonne serrée sur la grande place. On le tenait là pour l'avoir sous la main. L'ennemi tirait à toute volée sur Tourcoing, et ses boulets sillonnaient partout.

Mon général avait envoyé un bataillon de la 24e demi-brigade pour garder la route de Mouvaux et pour communiquer avec le général Malbrancq, qui devait attaquer à notre droite ; mais le chef de ce bataillon prit une position trop à gauche, ce qui risqua de devenir bien funeste, car l'instant d'après nous vîmes arriver par la rue de Mouvaux, des volontaires qui se sauvaient en criant : « Au secours ! ». Ils étaient poursuivis par de la cavalerie que nous entendîmes fort distinctement. Dans la minute, il se produisit un mouvement de bagarre parmi les hussards; chacun quitta son rang en désordre, rien ne put les arrêter; ils étaient sourds aux cris de leurs officiers. Plusieurs de ceux-ci qui se trouvaient vis-à-vis la rue de Mouvaux s'y précipitèrent ventre à terre, en criant : « A moi, hussards ! ». Il furent aussitôt suivis par une grande partie du régiment et n'aperçurent que quelques ennemis qu'ils poussèrent très loin sur la route de Mouvaux. Ils revinrent ensuite prendre leur ancienne position. Cette première bagarre, occasionnée par une trentaine de hussards autrichiens, nous faisait mal augurer de la journée. Cependant les troupes continuèrent à filer sans désordre et, avec bien de la peine, nous parvînmes à les former dans les jardins dont est entrecoupé le village. Dès lors, nos attaques furent si vivement dirigées qu'à midi l'ennemi fut enfoncé et chassé de tous les points qu'ils nous défendait. Nous mîmes parmi eux le désordre à son comble.

Nous les suivîmes par Roubaix jusqu'à Leers. Nous ne trouvions sur leurs traces qu'artillerie, chevaux et bagages. Leurs charretiers abandonnés cherchaient à se cacher dans les fermes. On en trouva plusieurs qui avaient été s'y encombrer avec leurs pièces. Nous fîmes quantité de prisonniers.

Arrivé avec mon général au-dessus de Roubaix, nous aperçûmes en arrière de nous sur notre droite un corps d'Anglais, que nous avons su être depuis les régiments des Gardes avec le duc d'York. Nous leur coupâmes la retraite sur Leers.

La division du général Bonnaud, fraîchement arrivée à notre armée, attaquait du côté de Lannoy et de Toufiers. Les gazettes du temps accordèrent à ce général les succès de cette journée, tandis que le sens commun démontre qu'il n'y prit qu'une très petite part. En effet, nous avions forcé Tourcoing et dépassé le duc d'York, qui se retira du côté de Lannoy. Si donc le général Bonnaud eût enfoncé le premier les ennemis, il leur eût à coup sûr rendu la retraite impossible.

Au fait, ce fut de tous les généraux celui qui réussit le plus tard. Nous rencontrâmes le premier bataillon de sa division qui arrivait sur Leers battant la charge: c'était le 5e de Paris. Il y avait plus d'une heure que nous étions sur le terrain quand il nous joignit.

La division du général Moreau avait attaqué l'armée de Clerfayt à 8 h. 30 du matin avec des forces très inférieures. La brigade de Vandamme avait été forcée de céder un moment au nombre. Elle plia un peu. Il y eut aussi une espèce de déroute dans le parc d'artillerie et des charrois. Cependant le général Clerfayt fut repoussé et ne songea plus qu'à opérer sa retraite. Il repassa la Lys dans la nuit.

Par recensement général des prises faites dans cette journée, l'on eut 75 pièces de canon de campagne avec presque tout leur attirail. Nous fîmes 1,400 à 1,500 prisonniers. L'ennemi nous laissa un nombre infini de morts et de blessés.

Nous vînmes bivouaquer le même soir aux environs de Tourcoing sur la route de Lille à Menin.

Le lendemain (30 floréal), dès la pointe du jour, l'on nous fit partir pour aller sur les traces du général Clerfayt. Nous marchâmes par Menin sur Gheluve et ne trouvâmes aucun vestige de son armée à l'exception d'un hussard de Blankenstein, qui fut pris dans une ferme. Nous occupâmes le soir notre ancien bivouac au-dessus de la porte de Courtrai. Le lendemain, nous regagnâmes nos baraques d'Oudesmesse.....

Extrait du Journal historique de la 5e division.

..... (1) On peut bien penser que je n'avais pas lieu d'être content : joint à ces revers, nous manquions souvent de vivres et surtout pour les chevaux.

Jamais commencement de campagne ne fut plus propre à donner des inquiétudes. Je dis avec franchise que j'ai douté un instant de nos succès, mais jamais le courage ne m'a abandonné, et je dois faire connaître ici ce que ce même courage et l'amour de ma patrie me suggérèrent. Je pensai que rien ne pouvait ramener la confiance dans les troupes que je commandais, ranimer leur courage et leur énergie qu'en s'en faisant complètement connaître, ainsi que tous les généraux et officiers des états-majors, qu'en fraternisant avec les soldats et les forçant, pour ainsi dire, par ces moyens, à sortir de cette situation pénible et de stupeur où ils étaient.

Le 23, j'ordonnai une revue générale, qui commença le 24. Je passai chaque corps individuellement, je les pérorai et leur représentai leur conduite passée. Les corps qui avaient quelque chose à se reprocher en convinrent et me jurèrent au nom de la Patrie de réparer leurs fautes (comme je l'ai dit plus haut, ils ont bien tenu leur parole). A cette époque, j'appris à connaître le bon esprit qui régnait parmi mes frères d'armes, et toute la ressource qu'il y avait en eux ; l'allégresse la plus douce régnait dans tous les cœurs et fut le résultat des observations que je leur faisais ; les bouches s'ouvrirent toutes à la fois pour crier : « Vive la République ! ».

Je vis avec plaisir que cette revue avait produit tout l'effet que j'en avais lieu d'attendre ; elle fut finie le 27. Dès ce moment, j'avais lieu de compter sur la confiance générale et réciproque (l'avenir nous le prouve). Cette victoire remportée sur le moral de mes dignes camarades fut l'avant-garde de toutes celles remportées sur les esclaves qui en ont été la suite sans aucune interruption.

Le lendemain, l'ennemi nous attaqua sur quatre colonnes : 1° sur Lannoy ; 2° sur Pont-à-Tressin ; 3° sur Pont-à-Bouvines ; 4° sur Pont-à-Marque. L'affaire fut très chaude ; elle dura depuis le matin 6 heures jusqu'à 9 heures du soir. L'ennemi perdit beaucoup de monde, et il

---

(1) Voir p. 167.

n'aurait eu aucun avantage s'il n'était parvenu à forcer Pont-à-Marque (parce que ce poste était faible, d'après les ordres que j'avais reçus), ce qui mit ma droite à découvert et m'obligeai de me mettre en potence pour résister à son attaque, qui fut de toute vigueur et qui avait pour but de nous prendre en flanc et nous mettre en déroute par leur cavalerie. La bonne contenance de la nôtre et des bataillons que je portai à la hâte sur ce point, à l'aide d'une batterie que j'avais fait construire la veille sur les hauteurs à la droite de Sainghin, déjoua leur projet. Je me retirai en bon ordre sur Hellemmes avec très peu de pertes.

C'est de ce jour que date le commencement des succès de la division. Ce n'étaient plus les mêmes troupes; tout le monde se battit avec un courage vraiment français; l'ennemi perdit au moins 3,000 hommes.

Le général Noël, qui, le 24, avait marché avec sa brigade sur Lannoy pour y remplacer le général Compère, qui s'était porté sur Watrelos, se retira sur Flers et ce dernier sur Tourcoing.

Cette heureuse journée nous valut celle du lendemain 29, plus heureuse encore, qui donna à la République par la division: 52 pièces de canon et leurs munitions, environ 1,200 hommes prisonniers, des chevaux et beaucoup d'équipages.

La division garda la position Lannoy-Roubaix (1).....

Extrait du Mémoire historique et militaire de d'Arnaudin.

.....(2) Mais le grand projet d'attaque générale concerté au quartier général de la grande armée des Alliés ne permit pas longtemps de s'en tenir à des dispositions purement défensives. Conformément à ce projet, le corps anglais, qui avait déjà établi son camp à la droite de la chaussée d'Ostende, se mit de nouveau en mouvement pendant la nuit du 14 au 15 et revint à Thorout. Là, il se réunit encore une fois à l'armée du général Hammerstein, qui revenait de Bruges dans le même moment, et, de là, les deux corps se portèrent sur Rousselaere et y prirent la position qu'ils y avaient occupée le 8. L'armée du général Clerfayt était alors toujours à Thielt, d'où elle communiquait par une chaîne de postes avec la gauche de l'armée anglo-hanovrienne.

De cette manière, les forces des Alliés dans cette partie du théâtre de la guerre couvraient en même temps Bruges et Gand et se trouvaient

---

(1) Le 1er et le 2 prairial.

(2) Voir p. 190.

en mesure de concourir pour leur part à l'exécution de la grande entreprise que l'on avait alors en vue.

Attaque générale des 17 et 18 mai sur les bords de la petite rivière de Marque et de la Lys entreprise par les armées combinées, qui ne réussit pas.

Enfin les Alliés avaient rassemblé et combiné les moyens qu'ils croyaient suffisants pour reprendre l'offensive et sauver par un même coup la Flandre, le Hainaut et le Brabant à la fois menacés. Plusieurs corps autrichiens et hollandais de toutes armes étaient détachés du camp en avant du Cateau pour renforcer l'armée de Tournay, et une forte partie de cette même armée du Cateau devait se mettre en mouvement à une époque convenue, pour être en mesure de concourir, par une attaque particulière sur un point désigné, à l'exécution de l'opération projetée. L'Empereur et le prince de Cobourg avaient joint le duc d'York à Tournay le 15 mai au matin. Les troupes hollandaises nouvellement arrivées au camp en avant de cette ville devaient être employées en réserve pour en former la garde pendant le cours de l'attaque.

L'opération dont il s'agit, que devait seconder un mouvement du corps d'armée du général Clerfayt vers la Lys, avait pour but d'envelopper l'ennemi, de le prendre en flanc et de revers, de manœuvrer sur ses derrières et de lui couper la retraite de la West-Flandre, en le tenant enfermé dans Menin et dans Courtrai.

La base des dispositions qui devaient conduire à cet important résultat reposait sur la coopération simultanée de tous les corps détachés, liés entre eux par des corps intermédiaires, qui leur fourniraient les moyens de s'observer et de se soutenir. Mais le corps d'armée du général Clerfayt, réuni à celui des généraux White et Hammerstein, qui devaient agir sur un front séparé par la Lys de celui qu'avait en opposition l'armée de Tournay, était par cette même raison exposé à l'inconvénient de ne pouvoir correspondre d'une manière assez précise aux mouvements de l'autre. Et c'est principalement à ce manque de précision, qui malheureusement eut lieu lors de l'exécution, qu'il faut attribuer le peu de succès de cette grande entreprise. Au surplus, nous allons employer tous nos soins à en développer les détails avec le plus d'exactitude qu'il nous sera possible. Nos efforts tendront surtout à mettre le lecteur à portée de démêler par lui-même les vraies causes de l'échec qu'éprouvèrent les Alliés en cette occasion, échec qui, dans le temps, donna lieu à des jugements si divers et si opposés.

Le 16 au soir, toute l'armée de Tournay sortit de son camp et se porta en avant, chaque corps vers le lieu particulier assigné pour le rassemblement de la colonne à laquelle il devait appartenir. Le même jour, était arrivé à Orchie un corps considérable de toutes armes parti la veille du camp du Cateau. Ce corps avait passé la nuit du 15 au 16 à Saint-Amant; il devait former une colonne à part destinée à agir sur la gauche.

Le nombre des colonnes devait être de cinq, de ce côté.

La première, en commençant par la droite, était composée de 11 bataillons et de 10 escadrons. Elle était fournie par le corps d'armée hanovrien qui occupait les petits camps de Saint-Léger et d'Espierres, en avant de Warcoing. Il était laissé en réserve pour la garde des passages de la petite rivière d'Espierres 4 bataillons et 3 escadrons, de sorte qu'il ne restait plus pour marcher à l'ennemi que 7 bataillons et 7 escadrons, qui, commandés par le lieutenant général hanovrien de Bussche, devaient s'avancer par Dottignies sur Mouscron, pour en former immédiatement l'attaque, gagner ensuite les hauteurs de Castrel et couper la communication de Courtrai à Lille.

La seconde colonne, aux ordres du général Otto, était de 12 bataillons et 10 escadrons. Elle devait diriger sa marche par Leers, pour tomber sur Watrelos et Tourcoing.

La troisième colonne, commandée par le duc d'York et composée de 10 bataillons et 16 escadrons, devait se porter contre Lannoy, Roubaix et Mouvaux.

La quatrième colonne, commandée par le lieutenant général Kinsky, forte de 10 bataillons et 16 escadrons, était destinée à agir contre le corps d'armée ennemi campé à Sainghin, en arrière de la petite rivière de Marque, depuis Pont-à-Tressin jusqu'à Pont-à-Bouvines. Un bataillon et 2 escadrons devaient en être détachés pour se porter sur la droite, à l'effet de communiquer avec la gauche du duc d'York par Willem, Hem et Lamponpont; ces deux derniers postes sont aussi sur la rivière de Marque. La cavalerie pesante anglaise, commandée par le lieutenant général Erskin, faisait partie de cette colonne. Cette cavalerie, soutenue de 2 obusiers, était particulièrement destinée à en couvrir la droite.

Le corps d'armée qui arrivait du Cateau formait la cinquième colonne, forte de 17 bataillons et de 32 escadrons. Elle était commandée par S. A. R. l'archiduc Charles. Sa destination était contre le poste de Pont-à-Marque, sur la chaussée de Lille à Douai. Il en devait être détaché deux bataillons et quelques escadrons de cavalerie légère pour marcher sur Templeuve-en-Pesvele, et gagner de là les bords de la Marque entre Bouvines et Pont-à-Marque, afin d'entretenir une communication assurée avec la gauche de la colonne Kinsky. Après que l'archiduc aurait réussi contre le poste de Pont-à-Marque, il devait y laisser un détachement de quelques bataillons pour la garde de ce passage et pour observer Douai, et, avec le reste de la colonne, il devait avancer sur la chaussée de Lille, où il serait joint à une certaine hauteur par la colonne qui aurait passé la Marque à Bouvines et chassé l'ennemi de la position de Sainghin.

Les cinq colonnes ainsi organisées passèrent au bivouac la nuit du 16 au 17, chacune à portée du lieu de sa destination particulière.

Sur la rive gauche de la Lys, le général Clerfayt devait avancer le 15 de son camp de Thielt vers une position qui lui était indiquée entre Ingelmunster et Oyghem. Les corps des généraux White et Hammerstein, campés à Rousselaere, avaient ordre de faire un mouvement parallèle au sien le même jour; puis, tous ensemble, ils devaient se porter sur la chaussée d'Ypres à Menin le 16, et se trouver le 17 en mesure de passer la Lys aux environs de Wervicke, d'où ils gagneraient immédiatement les hauteurs du Blaton, de Linselles et de Roncq, pour tendre la main aux colonnes qui auraient pu forcer les postes de Tourcoing, Mouvaux et Bondues, et couper ainsi, par la jonction de ces différents corps, toute communication entre les troupes françaises qui s'étaient avancées jusqu'à Menin et Courtrai, et le camp de Lille.

Telles étaient les dispositions générales de cette savante opération, dont le mérite ne sera pas moins bien senti par les militaires instruits, malgré le peu de succès dont elle a été suivie.

Quant à l'ennemi, si l'on en juge d'après les mesures qu'il mit en œuvre pour déconcerter le projet des Alliés, il y a tout lieu de croire que des intelligences secrètes l'avaient prévenu sur l'attaque qu'on lui préparait. Avant que les premières dispositions en eussent été manifestées, on avait remarqué beaucoup d'agitation dans les différents endroits où ses forces étaient répandues; d'où quelques-uns avaient conclu qu'il songeait dès lors à parer le coup dont il était menacé, en évacuant par avance Courtrai et Menin. En effet, tous les postes avancés qui couvraient ces deux points s'étaient repliés de leur propre mouvement. Mais les Français n'avaient réellement pas d'autre intention que de concentrer leurs forces autour d'Halluin et de Mouscron, tandis que, d'un autre côté, ils prenaient soin d'augmenter autant qu'ils le pouvaient leurs principaux corps d'armée campés à la Madelaine et à Sainghin.

Développons maintenant la manière dont a été conduite par les Alliés l'exécution de l'opération dont il s'agit.

Le 17, à la pointe du jour, les cinq colonnes se mirent en mouvement.

La 1re, aux ordres du général hanovrien de Bussche, qui était destinée contre Mouscron, ayant trouvé toutes les issues de ce poste important gardées par des forces supérieures, se crut obligée d'abandonner son entreprise et de regagner le camp en avant de Warcoing.

Tandis que sur la droite une colonne de flanc manquait ainsi son objet, sur la gauche les 4e et 5e colonnes ne réussissaient qu'imparfaitement dans l'exécution de ce dont elles étaient chargées.

La 4e, celle du général Kinsky, déboucha par Cysoing, d'où, ayant chassé l'ennemi, elle se présenta devant Bouvines, poste situé sur la rivière de Marque, qu'elle emporta, tandis qu'une forte division de la même colonne, qui avait suivi la grande route de Tournay à Lille, forçait le poste de Pont-à-Tressin sur la même rivière et s'y établissait. Mais dans toute cette partie on ne s'occupa pas de pousser plus avant. On se contenta de canonner jusqu'à la fin du jour contre des bois et des haies où quelques piquets ennemis étaient embusqués. On ne songea pas même à se saisir des postes de Hem et de Lamponpont, en s'étendant à droite le long du ruisseau ; de sorte que la communication avec la colonne du duc d'York ne fut jamais établie. Des patrouilles atteignirent à peine Willem et Sailly.

Pendant ce temps-là, les Français levaient tranquillement leur camp de Sainghin et se repliaient sur Flers en avant de Lille, ce qui les rapprochait de Lannoy, Roubaix et Mouvaux, où le général républicain les employa avec succès dans l'exécution de la contre-attaque du lendemain. Kinsky n'avança pas d'avantage. « Kinsky sait ce qu'il a à faire », disait le général de ce nom aux aides de camp envoyés par l'Empereur, l'archiduc Charles et le duc d'York, pour lui recommander de poursuivre sa marche, de traverser la rivière de Marque et de tomber sur le camp de Sainghin, que la colonne de sa gauche était sur le point de prendre de flanc et par derrière. Dans le compte que le général Kinsky rendit depuis de sa conduite en cette occasion, il s'excusa sur l'extrême fatigue qu'avaient éprouvée ses troupes dans la marche qu'elles avaient eu à faire pour atteindre Cysoing et Pont-à-Tressin. Mais il est de fait que, de leur point de départ, qui était à la gauche du camp en avant de Tournay, elles avaient eu au plus deux lieues à parcourir pour atteindre le lieu où elles s'arrêtèrent. On dirait que, dans ce quartier, on commençait déjà à se prêter à l'exécution du plan qui avait pour objet l'abandon des Pays-Bas dont on a déjà parlé.....

La 5e colonne, celle de l'archiduc Charles, après avoir forcé les postes de Templeuve-en-Pesvele et de Pont-à-Marque et poussé des détachements le long de la petite rivière de Marque pour communiquer avec la colonne du général Kinsky, s'avança presque jusqu'à moitié chemin de Pont-à-Marque à Lille; et, quoique les troupes dont elle était composée eussent dû éprouver une fatigue extrême de la marche forcée qu'elles avaient été obligées de faire pour atteindre le lieu particulier où elles avaient à agir, elles auraient sans doute poussé plus avant si elles avaient été soutenues par la colonne de leur droite, et n'auraient pas laissé à l'armée française campée à Sainghin le loisir de faire tranquillement sa retraite sur Flers.

Les 2e et 3e colonnes, au moyen desquelles devait s'opérer la jonction projetée avec les troupes alliées qui avaient ordre de passer en même temps la Lys, eurent d'abord plus de succès. Mais il est à présumer que ce succès même, qui n'était pas soutenu par les colonnes collatérales, fut une des principales causes de l'échec qu'elles éprouvèrent le lendemain.

La seconde colonne, celle du général Otto, qui avait dirigé sa marche par Leers, après une résistance de quelques moments, emporta le poste de Watrelos. Mais le gros de la colonne n'alla pas plus loin que Leers. Seulement il fut laissé pour la garde du poste enlevé un fort détachement composé de trois ou quatre bataillons autrichiens avec un peu de cavalerie et de l'artillerie.

De son côté, le duc d'York, à la tête de la 3e colonne, ayant quitté de très grand matin le village de Templeuve-en-Dossemez, en arrière duquel il avait passé la nuit au bivouac, tomba sur la petite ville de Lannoy et en chassa l'ennemi après une canonnade de peu de durée. On y laissa deux bataillons hessois avec de l'artillerie, et le duc, avec le reste de son corps d'armée, s'avança sur Roubaix. Là, l'ennemi était en plus grande force, tant en hommes qu'en artillerie; aussi la résistance fut-elle un peu plus soutenue. Mais bientôt les Français furent obligés de céder et ils se retirèrent sur Mouscron. Après cet événement, le duc d'York fut pendant quelque temps sans obtenir aucune nouvelle, ni de la colonne qu'il avait à sa droite ni de celle qu'il avait à sa gauche. Dans cette situation, les dispositions étaient déjà prises pour laisser l'avant-garde, commandée par le lieutenant général Abercromby, à Roubaix, et pour faire prendre au reste de la colonne une position en arrière de Lannoy, mais S. M. Impériale, qui s'était avancée jusqu'à cette petite ville, empressée de voir effectuer la réunion avec l'armée du général Clerfayt, qu'Elle supposait, vraisemblablement, avoir été en mesure de traverser la Lys le même jour, ordonna à S. A. R. d'attaquer Mouvaux. Ce poste, qui est situé sur la communication de Lille à Tourcoing, était fortement retranché. Le général Abercromby, avec les quatre bataillons de la brigade des Gardes, fut chargé de cette expédition. Après une canonnade qui dura peu, le bataillon des grenadiers et chasseurs des Gardes, soutenu par le premier bataillon du même corps, s'avança par la droite pour donner l'assaut aux retranchements. L'ennemi ne l'attendit pas et abandonna le poste avec trois pièces de canon et quelques hommes tués. Les dragons légers poursuivirent les fuyards jusqu'à Bondues et en sabrèrent un grand nombre.

Dans le même temps, le général Otto, qui avait emporté le poste de

Watrelos, faisait avancer du côté de Tourcoing un détachement commandé par le colonel Devay. Ce détachement s'étant arrêté à la distance d'une demi-lieue en arrière de cette ville, y envoya des patrouilles, qui s'y introduisirent sans difficulté. L'ennemi s'en était retiré spontanément, et, de cette façon, les deux colonnes sur lesquelles reposait particulièrement l'exécution de la jonction avec les troupes qui devaient passer la Lys, se trouvaient à peu près à la même hauteur.

Mais on n'avait aucun indice de l'apparition du général Clerfayt, et d'un autre côté, le général Otto avait envoyé sur le soir plusieurs patrouilles vers le village d'Herseaux, qui rapportèrent que ce village était encore occupé en force par les Français, ce qui ne laissait plus aucun doute sur la non-réussite du général de Bussche contre le poste essentiel de Mouscron. Dans cette situation, le duc d'York ordonna au lieutenant général Abercromby de rester à Mouvaux avec les quatre bataillons des Gardes. Il fit placer trois bataillons autrichiens en avant de Roubaix pour couvrir cette ville du côté de Tourcoing. La 2e brigade d'infanterie anglaise, sous les ordres du général-major Fox, fut détachée pour prendre poste à la gauche sur le grand chemin de Lille à Roubaix, un peu en arrière de Croix.

Quant à la cavalerie, elle était répartie entre ces trois divisions pour faire des patrouilles, la nature du terrain ne permettant pas de l'employer à d'autre usage. Les avant-postes communiquaient sur la droite avec ceux du général Otto, du côté de Tourcoing et de Watrelos. Il ne fut pas possible d'en faire autant avec la colonne de la gauche, et il paraît que les postes importants de Croix et de Lamponpont, qui couvraient Roubaix et Lannoy du côté de Lille, n'ont jamais été gardés par les troupes des Alliés, de sorte que de ce côté la 3e colonne prêtait le flanc. La non-réussite de l'entreprise sur Mouscron laissait la droite de la 2e colonne dans une situation qui n'était pas plus assurée; d'où l'on peut conclure que les deux colonnes du centre de la grande armée, en outre de ce qu'elles avaient manqué leur objet par leur défaut de correspondance avec la marche de l'armée de Clerfayt, se trouvaient encore dans une situation très dangereuse par le non-succès de la colonne du général de Bussche sur Mouscron et par le succès imparfait des 4e et 5e colonnes le long de la petite rivière de Marque.

L'ennemi ne manqua pas de tirer avantage de cette circonstance. La communication entre Courtrai et Lille étant demeurée libre, il fut aisé au général Pichegru, qui commandait en chef l'armée française du Nord, de combiner pendant la nuit une manœuvre offensive entre les forces qu'il avait dans le voisinage de ces deux villes. Dès l'aube du jour, le 18, les troupes alliées commencèrent à s'apercevoir de la présence de l'ennemi en même temps en front et sur les flancs.

D'abord, un corps de troupes françaises, qui avait passé la nuit au bivouac sur les hauteurs d'Halluin, se porta vers Tourcoing, qui n'était occupé par personne. De là, il s'avança contre le détachement du colonel Devay, qui, comme on l'a dit précédemment, était posté à la distance d'une demi-lieue en arrière de cette ville. Il l'attaqua avec tous les avantages qu'il pouvait retirer de la supériorité du nombre et de la nature du terrain, qui, dans un pays coupé de haies et de fossés comme est celui dont il s'agit ici, le mettait à l'abri des atteintes de la cavalerie. Le colonel Devay se voyant pressé de tous les côtés, se hâta d'informer le duc d'York de sa situation, en le priant de faire une diversion en sa faveur. Le duc était alors auprès des trois bataillons autrichiens postés à la droite de Roubaix. En conséquence, il en fut sur-le-champ détaché deux, qui eurent ordre de se porter vers le lieu de l'engagement. Ce renfort arriva à sa destination au moment où le corps du colonel Devay était dans le fort de l'action ; il se joignit à lui pour l'aider à en soutenir le poids.

Tandis que ces choses se passaient de ce côté, une autre colonne française marchait de Mouscron sur Watrelos, ce qui menaçait la droite. Sur la gauche, le corps d'armée qui avait abandonné le camp de Sainghin à l'approche de la colonne du général Kinsky, et s'était replié jusqu'à Flers, y ayant passé la nuit sous les armes, se trouva en mesure, dès le grand matin, d'agir, de son côté, concurremment avec les corps d'Halluin et de Mouscron. A la pointe du jour, il se mit en mouvement sur deux colonnes. Celle de gauche, qui se dirigeait vers Roubaix, après avoir traversé Croix, se développa d'une telle manière que, par sa gauche, elle atteignit le chemin qui va de Roubaix à Mouvaux et coupa ainsi la brigade des Gardes, placée en arrière de ce village, d'avec le reste de la colonne postée autour de Roubaix ; et dans le même temps, cette même colonne, par le prolongement de sa droite derrière les haies et les buissons, prenait Roubaix à dos, y introduisait quelques hommes par le chemin de Lannoy et continuait de pousser sur Watrelos, comme pour tendre la main au corps de troupes qui avançait de Mouscron sur le même poste, menacé également en front par le corps alors aux prises avec le colonel Devay. On observera que la colonne française qui avait pénétré par Croix avait tourné autour de la brigade du général Fox sans que celle-ci s'en fût aperçue. Les Républicains, dans cette partie de leur manœuvre, s'étaient abstenus de tirer un seul coup, et ils étaient d'ailleurs favorisés par la nature du pays, qui, en cet endroit, est extrêmement couvert.

La colonne française de droite, qui se dirigeait sur Lannoy, enleva ce poste avec les quatre pièces de canon et les deux bataillons hessois qu'on y avait laissés.

Le général Otto, ainsi qu'on l'a dit plus haut, était resté à Leers avec la principale partie de sa colonne. Aussitôt qu'il fut informé que Watrelos était menacé à la fois à droite, à gauche et en front, il ordonna à la brigade d'infanterie autrichienne, qu'il y avait placée, de faire sa retraite, ce qui fut exécuté à la faveur de l'engagement qu'avait à soutenir en avant le corps du colonel Devay. Il ne fut laissé dans ce poste qu'un faible bataillon hessois, avec ordre de s'y maintenir aussi longtemps qu'il le pourrait.

Il est à présumer que le général Otto, si justement estimé pour sa bravoure et ses talents militaires, croyait alors que le duc d'York, avec sa colonne, s'était replié sur Templeuve-en-Dossemez, et il est bien vrai que toutes les apparences concouraient à l'entretenir dans cette opinion. En effet, lorsqu'il voyait l'ennemi venir à lui à travers des postes tels que Roubaix et Lannoy, que la colonne du duc d'York avait dépassés la veille, il était en droit de supposer que cette même colonne n'était plus en avant de ces mêmes postes ; ce qui malheureusement était contrarié par le fait; et ainsi l'abandon du poste de Watrelos exposait le duc d'York et sa colonne au danger le plus imminent. En sorte que l'on peut regarder comme une espèce de miracle que cette journée, si désastreuse à tous égards, ne le soit pas devenue encore davantage.

Watrelos, qui n'était plus défendu que par un faible corps d'infanterie, attaqué à la fois à droite et à gauche par un ennemi supérieur, fut bientôt obligé de se rendre. Jusqu'alors les troupes qui composaient le détachement aux ordres du colonel Devay avaient résisté aux efforts des Français avec autant de courage que de succès. Mais dès l'instant qu'elles entendirent tirer derrière elles, en même temps qu'elles avaient l'ennemi en front et sur les flancs, elles se crurent complètement enveloppées et, perdant tout espoir de secours, elle ne songèrent plus qu'à se retirer comme elles pourraient ; ce qu'elles firent à travers la campagne entre Roubaix et Watrelos. Et, après avoir eu à soutenir le feu de l'ennemi de tous les côtés, elles atteignirent, en désordre, le gros de la colonne du général Otto, qui était réunie à Leers.

Il nous reste maintenant à expliquer ce que devint celle du duc d'York. La prise des postes de Roubaix, Lannoy et Watrelos la privait de tous moyens de retraite. Mais ce n'était pas là tout le désavantage de sa position. Elle se trouvait divisée en plusieurs détachements que les troupes ennemies empêchaient de se communiquer entre eux. Les mêmes corps qui avaient tourné Roubaix, ainsi que partie de ceux qui avaient enlevé le poste de Watrelos et obligé le colonel Devay à se retirer, ne tardèrent pas à se présenter contre le seul bataillon autrichien qui restait auprès du duc d'York. Ce faible corps fut bientôt obligé de céder à une force supérieure qui l'attaquait à la fois de tous les côtés ; et aucuns efforts du prince et des officiers qui l'accompagnaient en furent capables de prévenir leur fuite. Dans ce même moment, des détachements de la colonne française qui avait pénétré à travers

Croix, ayant atteint le chemin de Roubaix à Mouvaux, ainsi qu'on l'a dit plus haut, S. A. R. ne pouvait plus communiquer avec la brigade des Gardes placée en arrière de ce dernier village. Il paraissait encore praticable de joindre la brigade du général Fox postée entre Roubaix et Croix. Mais au moment où le prince approchait de Roubaix, qu'il fallait traverser ou tout au moins côtoyer pour cela, il fut accueilli d'une décharge de mousqueterie, qui lui annonçait que l'ennemi était dans la ville.

Se voyant ainsi coupé de tous les côtés et privé de tout moyen de se réunir à aucune partie de sa colonne, il prit la résolution de se faire un passage vers le général Otto, en atteignant Watrelos qu'il supposait encore occupé par un des corps avancés de la colonne de ce général. Il n'avait plus pour toute escorte que quelques dragons légers du 16e régiment. Lorsqu'il arriva à une certaine distance de ce poste, il fut reçu de la même manière qu'à son approche de Roubaix. Les Français en étaient dès lors devenus maîtres. Dans une situation aussi critique, il ne lui restait plus d'autre ressource que de marcher vers Leers, où il espérait trouver la totalité de la colonne du général Otto, ce qu'il fit enfin ; et, à travers un pays fourré où l'ennemi était disséminé de tous les côtés, il eut le bonheur d'atteindre ce poste. Il était accompagné de 18 individus, qui tous étaient officiers. A cette époque seulement, il se trouvait à l'abri de tous dangers, mais il se voyait totalement séparé de sa colonne, qu'il ne pouvait pas joindre par Lannoy, où l'ennemi était entré depuis quelque temps.

Au commencement de l'attaque, le duc d'York avait fait dire au général Abercromby de se retirer de Mouvaux et de gagner, sans perdre de temps, les hauteurs en arrière de Roubaix, lieu désigné pour le rendez-vous général de toute la colonne. En conséquence de cet ordre, le général anglais se disposa à la retraite. Mais cette opération n'était plus exécutable qu'en se faisant jour au travers des ennemis l'épée à la main; et de cette manière, la brigade atteignit Roubaix, qu'elle traversa au milieu d'un feu continuel. Lorsqu'elle fut arrivée sur les hauteurs désignées, elle se trouva serrée de si près par l'infanterie légère des Républicains qu'il ne fut pas possible de se rallier de manière à prendre un ordre régulier de marche, de sorte qu'il fallut remettre l'exécution de cette manœuvre au moment où l'on aurait atteint une place moins dangereuse. Lannoy était tombé au pouvoir de l'ennemi. Le général Abercromby jugea à propos de tourner cette petite ville, et, malgré un feu très vif dont les Anglais étaient assaillis de tous côtés, ils arrivèrent à Templeuve-en-Dossemez, où la principale partie de la brigade se rallia, et, après avoir repris son ordre de marche accoutumé, elle rentra dans son camp. Elle laissait derrière elle un assez grand nombre de tués et de blessés et encore plus de prisonniers.

Quant au général Fox, sa brigade eut d'abord à soutenir une attaque vigoureuse de la part d'une partie de la colonne qui avait traversé Croix, et bientôt après elle songea à se retirer. Le général s'étant aperçu que sa communication avec la brigade des Gardes était interceptée, et aussi que l'ennemi était dans Roubaix, il dirigea sa marche extérieurement à cette ville et poussa vers Leers, laissant à sa droite Lannoy qu'il n'était plus possible de traverser, et ainsi il fit sa jonction avec le général Otto après avoir été harassé de tous les côtés par l'ennemi, ainsi que l'avaient été tous les autres corps.

Le général Otto ayant pris la précaution de ne pas porter le gros de sa colonne plus loin que Leers et s'étant hâté d'ordonner l'évacuation de Watrelos, son principal poste avancé, et cela avant l'arrivée des ennemis qui le menaçaient de tous les côtés, ce fut principalement sur la colonne anglaise que tombèrent les efforts des Français. Néanmoins, la perte particulière éprouvée par les troupes britanniques fut beaucoup moins considérable qu'on ne l'avait d'abord imaginé, et peut être que ne permettait de le supposer la nature même de l'action. 60 tués, 200 blessés et 450 prisonniers, tel est à peu près le total du dommage éprouvé par les Anglais. Mais ils laissèrent dans Roubaix presque toute leur artillerie avec quelques chariots d'hôpital. Dans tout ceci n'est pas comprise la perte des Autrichiens et des Hessois qui faisaient partie de la colonne britannique. Elle fut moindre en tués et blessés, mais plus considérable en prisonniers : les deux bataillons hessois qui avaient été laissés dans Lannoy ayant été pris en totalité.

Maintenant nous devons nous transporter sur la rive gauche de la Lys. Nous y suivrons la marche de l'armée du général Clerfayt, et nous verrons les efforts qu'elle fit pour correspondre aux mouvements des différentes divisions de la grande armée, et particulièrement à ceux des 2e et 3e colonnes auxquelles elle devait se réunir.

Le corps du général Clerfayt, conformément à l'ordre général, s'était transporté le 15 de son camp de Thielt entre Ingelmunster et Oyghem. Les corps des généraux White et Hammerstein, campés à Rousselaere, qui avaient eu ordre de s'en rapprocher, s'avancèrent pour cet effet le 16 jusqu'à Cachtem, où ils s'arrêtèrent d'abord. Pendant ce temps, l'armée du général Clerfayt fit un mouvement par sa droite, traversa Ingelmunster, Emelghem, Iseghem et arriva à Ouckene, où elle passa au bivouac la nuit du 16 au 17. Le 17, de très grand matin, elle se remit en mouvement, et, après avoir traversé la chaussée de Menin à Bruges, elle gagna Moorslede, Becelaere et Cruys Eecke. Ce dernier endroit était le lieu du rendez-vous où devait se trouver, et où se trouva en effet, le corps anglo-hanovrien qui arrivait de Cachtem, où il s'était arrêté la veille. De Cruys Eecke, on détacha une colonne commandée par le général Hammerstein, particulièrement composée de la garnison de Menin. Elle s'avança sur cette ville jusqu'à Gheluve. Le général Clerfayt voulait ménager à cette brave troupe et au général qui la commandait la satisfaction d'être les premiers à rentrer dans Menin, en supposant que l'expédition fût couronnée par le succès.

Le surplus du corps, aux ordres du général White, presque tout composé d'Anglais, resta avec l'armée du général Clerfayt entre Cruys Eecke et Wervicke, où elle passa la nuit du 17 au 18.

Dès le soir du 17, le colonel Gontreuil avec le régiment de Wurtemberg avait pris poste dans la partie du bourg de Wervicke qui est située sur la rive gauche de la Lys. Les dragons de Latour en avaient fait autant dans la partie du bourg de Commines située du même côté de la rivière; et le lendemain de très grand matin, après une canonnade de peu de durée, on chassa les Français du reste de chacun de ces postes qu'ils avaient tenus chacun avec un bataillon et un canon. Immédiatement après on se hâta d'établir un pont de pontons entre Wervicke et Bousbeck, comme aussi de réparer celui de Wervicke que l'ennemi avait détruit; et l'armée partagée en deux colonnes traversa la Lys se dirigeant, savoir : la colonne de gauche sur Roncq et celle de droite, conduite par le général Clerfayt lui-même, sur Linselles.

La colonne de gauche, que commandait le général Sztarray, rencontra dans sa marche un détachement de l'armée française qui se portait sur Wervicke, ce qui donna lieu à un engagement dont le résultat fut que le général autrichien, après un combat de quelques heures, réussit à repousser les Français. Il était soutenu à sa droite par un fort détachement que le général Clerfayt faisait marcher de Linselles, où sa colonne (celle de droite) avait pénétré sans opposition. Les ennemis, après avoir laissé derrière eux deux pièces de canon, se retirèrent avec précipitation vers Roncq et les hauteurs d'Halluin, où l'on marcha à leur poursuite.

D'un autre côté, le corps de troupes que le général Clerfayt avait détaché de Linselles pour soutenir le général Sztarray prenait aussi la route de Roncq. Il était précédé de deux escadrons, l'un anglais, du 8e régiment de dragons légers, et l'autre hessois, des chevau-légers de Hesse-Darmstadt, le tout commandé par le colonel Hart. Ces deux escadrons, fort en avant de la petite colonne à laquelle ils appartenaient, au lieu de n'avoir qu'à poursuivre des fuyards, comme ils s'y attendaient à cause de l'avantage que venait de remporter le général Sztarray, tombèrent eux-mêmes au milieu d'un corps ennemi composé de toutes armes qui, à la faveur d'un terrain coupé, parvint à les envelopper. La cavalerie des Alliés ne voulant pas se rendre sans combattre, comme elle y était invitée par le chef des troupes françaises, eut à soutenir un engagement inégal dans lequel un tiers à peine fut assez heureux pour échapper, après s'être fait jour à travers l'ennemi le sabre à la main.

Le reste de la colonne, qui consistait en infanterie et en artillerie, arriva au moment où les faibles débris de ce corps se retiraient sur Bousbeck. Les Alliés à leur tour atteignirent l'ennemi, l'attaquèrent, le mirent en fuite, en le forçant d'abandonner encore deux pièces de canon, et le poursuivirent jusqu'au delà de Roncq. Quelques corps avancés de la colonne du général Sztarray arrivant par un autre côté se montraient aussi alors dans le même quartier. Dans cette circonstance, quelques cavaliers de troupes légères autrichiennes, qui avaient eu la témérité de s'avancer jusqu'à Halluin même où était le grand parc d'artillerie des ennemis, y répandirent une telle épouvante que la déroute y devint générale, et la colonne d'artillerie commençait déjà à défiler sur Lille sans en avoir reçu l'ordre de personne. Mais les Républicains ne tardèrent pas à revenir de leur première frayeur. Et peut-être la connaissance qui leur parvint des succès qu'ils obtenaient du côté de Tourcoing et Roubaix contribua-t-elle à opérer ce changement.

Toutes les affaires dont on vient de parler étaient finies avant midi. Le général Clerfayt, en même temps qu'il faisait avancer sur Roncq une partie de sa colonne pour soutenir le général Sztarray, avait aussi poussé des éclaireurs vers Tourcoing, Bondues et Le Quenoy-sur-Deule pour voir à se procurer des éclaircissements sur la position et les progrès des colonnes de la grande armée avec lesquelles devait se former la jonction. Mais on n'était déjà plus en mesure d'y réussir, puisque la reprise des postes de Tourcoing, Mouvaux et Roubaix avait précédé de quelques heures l'arrivée de l'armée du général Clerfayt sur les hauteurs de Linselles et de Roncq. Dès lors, la situation de cette armée devenait très hasardée.

L'apparition trop tardive du général Clerfayt sur les hauteurs de Linselles, ou, si l'on veut, les progrès trop précipités du duc d'York et du général Otto vers le même point, avait rompu l'ensemble des opérations. Il n'y avait plus de liaison dans les attaques, de correspondance et de soutien dans les mouvements. Les avantages partiels devenaient inutiles et même dangereux. Pour tout dire en peu de mots, l'étendue et les difficultés d'un terrain coupé de rivières, de ruisseaux, de haies et de fossés, semé de postes fortifiés et de troupes ennemies, dans lequel on ne voit jamais à douze pas devant soi, qui, à chaque instant, présente des obstacles pour la marche et les communications, et qui particulièrement fait devenir inutile et souvent à charge la cavalerie, arme dans laquelle la supériorité des Alliés n'avait pas encore été disputée, avaient beaucoup contribué à rendre infructueuses les savantes dispositions d'une des plus grandes et des plus belles manœuvres militaires.

En somme, toutes ces particularités démontraient sensiblement combien les Français, en parvenant à transférer le théâtre de la guerre des plaines éclairées du Cambrésis et du Hainaut, où ils avaient éprouvé tant et de si sanglantes disgrâces, dans les régions fourrées et obscures de la West-Flandre et du Brabant, s'étaient montrés ou heureux ou adroits.

L'avantage particulier que le corps du général Clerfayt venait de remporter ne portait pas à la défaveur des Français le caractère d'une défaite décidée. Ce qui se passa avant la fin de la journée en était bien une preuve. Entre les 5 ou 6 heures du soir, une nouvelle colonne ennemie venant de Lille se présenta contre les Alliés en station sur les hauteurs de Linselles. Il est vrai qu'elle fut encore repoussée, même avec perte de beaucoup d'hommes laissés sur le champ de bataille, d'un grand nombre de prisonniers et de quelques pièces de canon. Néanmoins, le général jugea à propos de faire replier son armée vers les bords de la Lys, d'où il pouvait être encore en mesure de se porter vers Roncq ou Linselles, dans le cas où il aurait pu lui arriver quelques indices de l'apparition des colonnes avec lesquelles il devait se joindre. Mais tous les éclaircissements qu'il put se procurer ne lui permettant plus de douter de la retraite des deux colonnes du centre de la grande armée, il prit le parti de faire repasser la Lys à ses troupes, mouvement qui s'opéra sans aucune perte, quoique l'ennemi qui s'avançait de tous les côtés, à mesure que l'on se retirait, ne cessât de harceler les flancs des Alliés, en tiraillant pendant toute la durée de l'opération.

Dans le même temps, la garnison de Menin sortait de la ville pour attaquer le général Hammerstein posté à Gheluve; mais, ayant été reçue avec vigueur par les Hanovriens, elle fut obligée de se retirer avec perte.

Le reste de l'armée de Clerfayt continua sa retraite par Becelaere, Dadizeele et Moorslede, et toutes les forces de la West-Flandre étant réunies à Rousselaere, elles prirent ensemble une position provisoire derrière la Mandel.

Le 21, les deux corps d'armée se séparèrent. Les Autrichiens, sous les ordres du général Clerfayt, se retirèrent à Thielt, et les Anglo-Hanovriens à Thorout.....

Rapport général du 20 au 25 floréal an II.

DÉSIGNATION DES CORPS.		Officiers présents.	SOUS-OFFI… Force d'hier.	Rem-plac. Soldats rentrés au corps.	Perte. Morts ou désertés.
Division aux ordres du général MICHAUD. *Généraux de brigade :* GANIER, à Rosendal ; GOUGELOT, à Dune-Libre. *Aides de camp :* PESCHELOCHE, BOULANGER. *Adjudant général :* DURUTTE. *Adjoints :* D'APREMONT, SACHON, WEBER, NOUVEAU.	3e bataillon du Lot	27	864	»	»
	1er du 22e régiment	28	997	»	»
	2e des tirailleurs	97	1,116	»	»
	4e de Seine-et-Oise	34	1,003	»	»
	1er d'Indre-et-Loire	34	1,043	»	»
	2e du 5e régiment	31	1,038	»	»
	2e d'Indre-et-Loire	35	1,028	»	»
	Dét. du 1er d'artillerie	2	23	»	»
	3e de l'Oise	32	1,054	»	»
	8e de Soissons	33	985	»	»
	1er du Finistère	34	1,064	»	»
	Dét. du 1er d'artillerie	1	18	»	»
	Dét. du 21e de cavalerie	7	99	»	»
	Dét. du 1er d'artillerie	»	42	»	»
		395	10,374	»	»
Division aux ordres du général MOREAU. LE GUAY, son aide de camp. *Généraux de brigade :* VANDAMME, DESENFANS. *Aides de camp :* GOBRECHT, DARD. *Adjudants généraux :* AUGÉ, SERON, BRUYANT. *Adjoints :* ÉNÉE, VALLIS, RIVART, CAZENEUVE, SERON, FRANÇOIS.	21e régiment de chasseurs à cheval	29	440	»	»
	9e bataillon du Pas-de-Calais	36	1,131	»	»
	6e des fédérés	27	1,022	»	»
	1er de la Marne	28	1,020	»	»
	3e de la Marne	27	964	»	»
	4e du Nord	24	1,205	»	»
	1er du 16e régiment	26	974	»	»
	1er d'Ille-et-Vilaine	22	1,114	»	»
	2e d'Ille-et-Vilaine	23	973	»	»
	Dét. du 21e de chasseurs à cheval	2	52	»	»
	1er de l'Égalité	24	1,071	»	»
	Dét. du 8e de hussards	6	116	»	»
	Chasseurs du Mont Cassel	26	920	»	»
	Chasseurs tirailleurs	27	637	»	»
	14e d'infanterie légère	21	1,101	»	»
	Bataillon de grenadiers	31	871	»	»
	Dét. du 21e régiment de cavalerie	2	32	»	»
	Dét. des carabiniers	1	25	»	»
	2e du 1er régiment	21	1,005	»	»
	9e de Paris	26	997	»	»
	2e du 22e régiment	28	1,057	»	»
	5e de Rhône-et-Loire	24	909	»	»
	2e du 24e régiment	25	968	»	»
	1er du Calvados	23	949	»	»
	2e du 45e régiment	27	908	»	»
	Parc d'artillerie	13	194	»	»
	6e de la Seine-Inférieure	17	808	»	»
	Gendarmerie Nationale	1	19	»	»
		587	21,482	»	»

u 25 floréal an II.

…RS ET SOLDATS DE TOUTE ARME.							CHEVAUX		
	SITUATION DE L'EFFECTIF.								
Force d'aujourd'hui.	Détachés.	Aux hôpitaux.	En congés ou en permissions.	En prison.	Présents sous les armes.	Canonniers attachés aux bataillons.	de troupe ou d'artillerie.	d'officiers ou d'équipages.	OBSERVATIONS.
864	»	»	»	»	864	42	»	»	Houtkercke.
997	15	130	3	11	838	20	23	3	Rousbrugghe et Beveren.
,116	30	150	23	14	899	»	4	10	Pont d'Elsendamme, La Fintelle.
,003	84	119	1	5	794	21	23	4	Loo et Vorthem.
,043	60	78	»	1	904	43	24	4	
,038	27	77	4	8	922	33	28	7	Camp de Bulscamp.
,028	42	58	2	1	925	29	24	5	
23	»	»	»	»	23	»	13	»	Pont de Rousbrugghe.
,054	66	63	2	2	921	52	25	4	Entre Gyvelde et Furnes.
985	198	148	3	4	632	91	22	3	Zuytcoote.
,064	67	90	2	4	901	48	22	5	Camp de Rosendal.
18	»	»	»	»	18	17	»	»	Lefferynchoucke.
99	75	»	»	1	23	»	98	10	Hondtschoote.
42	»	»	»	»	42	»	36	»	Camp de Rosendal.
,354	664	913	40	51	8,706	399	342	55	
440	240	49	2	2	147	»	366	44	Messines.
,131	305	118	»	1	707	36	18	7	Saint-Éloy.
,022	65	103	3	1	850	30	14	4	Belleck et Killem.
,020	129	96	3	6	786	22	22	3	
964	91	41	11	»	818	20	23	3	Camp de Wytschaete.
,205	43	210	»	1	951	39	16	1	
974	30	240	»	»	704	»	19	8	
,114	»	351	»	»	763	»	24	4	
973	304	56	2	5	606	»	23	4	Menin.
52	»	»	»	»	52	»	52	»	
,071	27	122	»	6	916	»	28	8	Commines.
116	»	»	»	»	116	»	116	11	
920	38	155	12	7	708	»	»	»	
637	»	»	»	»	637	»	»	6	
,101	64	114	4	1	918	»	»	6	Cette division est campée et cantonnée aux environs de Menin.
871	»	»	»	»	871	»	»	»	
32	»	»	»	»	32	»	35	»	
25	»	»	»	»	25	»	25	»	
,005	308	101	»	»	596	»	12	4	
997	125	90	»	»	782	»	8	11	
,057	138	110	»	6	803	»	»	»	
909	138	158	»	»	613	»	18	16	
968	20	164	»	»	781	»	18	2	
919	13	55	»	»	881	»	18	3	
908	99	123	»	»	686	»	14	7	
191	»	»	»	»	191	»	»	»	Menin.
808	58	164	»	»	586	»	»	»	
19	»	»	»	»	19	»	19	1	Commines.
,482	2,235	2,623	37	36	16,551	147	888	153	

DÉSIGNATION DES CORPS.			Officiers présents.	Force d'hier.	SOUS-OFF[...] Remplac. Soldats rentrés au corps.	Perte. Morts ou désertés.
Division aux ordres du général SOUHAM.						
Adjudants généraux : DUVERGER, VAN BOECOP, VATRIN, REYNIER, DAZÉMAR, MÉTROT.						
Aides de camp : MARESCOT, DOUSSAUD.						
Adjoints : MARLIANI, MILLET, AUSSET, HESPE, SARRUT, ROUSSEAU, LACROIX, BAYLE, VATRIN, VAN MERLEN, PLAICHARD, LA BOISSEILLE, CASSIÈRE, FALCK.						
Brigade commandée par le général DAENDELS. MULLE, son aide de camp.	Parc d'artillerie		10	160	»	»
	3ᵉ bat. de troupes légères		20	1,194	»	»
	29ᵉ demi-brigade..	14ᵉ des fédérés	23	1,047	»	»
		1ᵉʳ du 15ᵉ régiment	23	1,047	»	»
		4ᵉ de la Sarthe	23	981	»	»
	199ᵉ demi-brigade..	1ᵉʳ des Lombards	24	1,029	»	2
		11ᵉ des volontaires nationaux	20	1,088	»	»
		16ᵉ des volontaires nationaux	23	1,118	»	9
	31ᵉ division de gendarmerie		39	648	»	»
	9 compagnies de grenadiers		25	779	»	»
	20ᵉ rég. de cavalerie		24	477	»	14
	Détachement du 19ᵉ de cavalerie		1	19	»	»
Brigade commandée par le général MACDONALD. BLESSIMARD, son aide de camp.	3ᵉ demi-brigade....	5ᵉ de l'Aisne	27	1,040	»	»
		1ᵉʳ du 2ᵉ régiment	29	1,039	»	»
		5ᵉ de la Côte-d'Or	27	1,040	»	»
	24ᵉ demi-brigade..	10ᵉ des volontaires nationaux	21	847	»	»
		2ᵉ du 12ᵉ régiment	37	1,055	»	»
		3ᵉ de la Somme	23	1,091	»	»
	68ᵉ demi-brigade..	2ᵉ de Loir-et-Cher	27	1,066	»	»
		2ᵉ du 34ᵉ régiment	29	1,088	»	»
		13ᵉ des volontaires nationaux	28	1,054	»	»
	200ᵉ demi-brigade..	2ᵉ de l'Yonne	28	1,022	»	»
		21ᵉ des volontaires nationaux	34	1,070	»	»
		7ᵉ du Nord	27	993	»	»
	4ᵉ des tirailleurs		90	1,051	»	»
	2ᵉ rég. de carabiniers		17	370	»	1
	11ᵉ cⁱᵉ d'artillerie légère		3	98	»	»
	5ᵉ rég. de chasseurs à cheval		27	480	»	»
Brigade commandée par le général MALBRANCQ. MILON, son aide de camp.		1ᵉʳ de l'Aisne	21	1,058	»	»
		2ᵉ du 81ᵉ régiment	25	1,070	»	3
		2ᵉ des Basses-Alpes	21	1,003	»	2
	3ᵉ des fédérés		23	1,025	1	»
	3ᵉ des tirailleurs		118	1,184	»	»
	2ᵉ du 19ᵉ régiment		23	987	»	»
	29ᵉ cⁱᵉ d'artillerie légère		3	47	»	»
	19ᵉ rég. de cavalerie		17	244	»	»
	Dét. du 19ᵉ de chasseurs		1	36	»	»
A reporter			987	30,651	1	31

RS ET SOLDATS DE TOUTE ARME.							CHEVAUX		OBSERVATIONS.
	SITUATION DE L'EFFECTIF.								
Force d'aujourd'hui.	Détachés.	Aux hôpitaux.	En congés ou en permissions.	En prison.	Présents sous les armes.	Canonniers attachés aux bataillons.	de troupe ou d'artillerie.	d'officiers ou d'équipages.	
160	»	»	»	»	160	»	183	»	
,194	13	176	»	»	1,005	»	4	13	
,047	51	73	»	1	922	30	18	8	
,047	55	109	3	6	874	38	18	7	
984	19	67	»	4	894	29	18	9	
,027	64	121	»	4	838	41	18	8	
,088	64	80	2	6	936	23	15	5	
,109	51	80	»	1	977	39	19	7	
648	42	86	12	11	467	91	38	11	
779	»	»	»	»	779	»	»	»	
463	57	61	1	5	339	»	482	39	
19	»	»	»	»	19	»	19	1	
040	30	56	2	»	952	27	19	2	
039	36	61	»	»	912	29	30	6	
040	30	62	2	2	944	27	22	2	
847	22	216	»	»	609	21	18	8	
055	34	183	1	2	835	21	18	9	
091	25	162	»	2	902	24	18	6	
066	52	138	»	1	875	25	18	1	
088	64	122	»	12	890	26	18	7	
054	56	159	»	10	829	25	18	1	
022	50	71	»	1	900	20	16	9	
070	38	85	»	1	946	21	18	8	
993	3	72	»	»	918	44	»	»	
051	120	124	»	3	807	»	»	10	
369	33	11	»	1	321	»	367	17	
98	»	»	»	»	98	»	70	148	
480	276	41	10	2	148	»	148	45	
058	40	90	»	»	928	23	18	5	
067	60	98	11	1	897	14	16	9	
001	26	65	»	»	910	53	11	4	
026	10	102	12	1	901	61	18	6	
184	»	97	18	2	1,067	»	»	31	
987	33	111	»	»	810	52	19	43	
47	»	»	»	»	47	»	116	3	
244	»	»	»	»	244	»	248	17	
36	»	1	»	1	31	»	32	2	
621	1,454	3,019	101	80	25,964	810	2,111	510	

DÉSIGNATION DES CORPS.		Officiers présents.	Force d'hier.	SOUS-OFFI[CIERS] Rem-plac. Soldats rentrés au corps.	Perte. Morts ou désertés.
	Report	987	30,651	1	31
Brigade aux ordres du chef de brigade Dehay (en l'absence du général Dumonceau). Vichery, son aide de camp.	27e demi-brigade.. 1er du Pas-de-Calais	19	1,102	»	»
	27e demi-brigade.. 1er du 14e régiment	20	1,105	»	»
	27e demi-brigade.. 11e des fédérés	21	1,148	»	»
	Dét. du 19e de cavalerie	5	100	»	»
	Détachement d'artillerie	11	87	»	»
	23e demi-brigade.. 2e du Pas-de-Calais	22	959		»
	23e demi-brigade.. 1er du 12e régiment	21	979	»	»
	23e demi-brigade.. 3e du Calvados	20	962	»	»
	1er bat. de la 30e division de gendarmerie	20	338	»	»
	2e bat. id	19	339	»	»
	1er d'infanterie légère	28	1,101	»	»
	9e rég. de hussards	17	420	»	»
	Dét. du 19e de cavalerie	5	100	»	»
Brigade aux ordres du général Jardon.	1er des tirailleurs	111	1,031		»
	5 compagnies du 2e d'infanterie légère	16	458	»	»
	Dét. du 5e rég. de chasseurs à cheval	11	268	»	»
Aux ordres du chef de brigade Delpire.	Parc d'artillerie de la division	32	537	»	»
	4 compagnies du 2e d'infanterie légère	9	405	»	»
		1,394	42,090	1	31

Division aux ordres du général BONNAUD.

Bridel, aide de camp.

Adjudants généraux : Malher, Bonneville, Delaunay.

Adjoints : Massabeau, Klimberc, Simmer, Salamon, Varlet, Prévôt Turc, Malherbe, Roussel, Fabus, Ouzouf, Sauvan, Fontaine, Coytier.

DÉSIGNATION DES CORPS.		Officiers présents.	Force d'hier.	Soldats rentrés au corps.	Morts ou désertés.
Général de brigade Baillot. Renard, aide de camp.	5e régiment de hussards	37	517	»	»
	6e Id	28	360	»	»
	10e Id	21	218	»	»
	13e rég. de chasseurs	21	732	»	»
	14e Id	8	220	»	»
	13e rég. de dragons	25	511	»	»
	1er des carabiniers	15	334	»	»
	7e de cavalerie	23	520	»	»
	13e Id	28	549	»	»
	Détacht du 25e rég. de cavalerie	4	97	»	»
	Gendarmerie	1	50	»	»
Général de brigade Osten. Fouchard, aide de camp.	2e bataillon du 90e régiment	26	995	»	»
	1er d'Eure-et-Loir	28	1,051	»	»
	8e de la Meurthe	30	1,086	»	»
	1er des Côtes-du-Nord	18	668	»	»
	4e de l'Yonne	25	1,041	»	»
	A reporter	311	9,039	»	»

RS ET SOLDATS DE TOUTE ARME.							CHEVAUX		OBSERVATIONS.
	SITUATION DE L'EFFECTIF.								
Force d'aujourd'hui.	Détachés.	Aux hôpitaux.	En congés ou en permissions.	En prison.	Présents sous les armes.	Canonniers attachés aux bataillons.	de troupe ou d'artillerie.	d'officiers ou d'équipages.	
,621	1,454	3,019	104	80	25,964	810	2,111	510	
,102	124	125	»	»	853	25	18	3	
,105	106	129	»	»	870	25	18	3	
,148	84	75	»	»	989	25	18	2	
100	»	»	»	»	100	»	100	5	
87	»	»	»	»	87	»	65	8	
959	140	93	»	2	721	22	17	3	
979	155	89	»	»	735	32	»	3	
962	131	84	»	4	743	29	22	3	
338	29	44	»	2	263	24	18	14	
339	33	20	»	1	285	22	17	3	
,101	18	134	»	1	948	»	4	8	
420	8	102	»	11	299	»	293	18	
100	»	»	»	»	100	»	100	5	
,031	1	103	»	1	926	»	»	12	
458	»	»	»	»	458	»	»	»	Cette division est campée et cantonnée aux environs de Courtrai.
268	»	»	»	»	268	»	268	11	
537	»	»	»	»	537	»	»	»	
405	»	»	»	»	405	»	»	»	
,060	2,283	4,017	104	102	35,554	1,014	3,069	641	
547	66	56	32	8	385	»	391	56	
360	»	»	»	»	360	»	370	50	
248	»	»	»	»	248	»	247	42	
732	350	»	»	»	382	»	382	»	
220	»	20	»	1	199	»	206	18	
541	71	21	15	»	434	»	433	49	
334	»	»	»	»	334	»	335	42	
520	3	72	»	7	438	»	461	37	
549	30	37	»	3	479	»	525	51	
97	»	»	»	»	97	»	74	4	
50	2	»	»	»	48	»	44	1	
995	»	53	10	»	932	25	22	3	
,051	»	58	1	4	988	25	23	2	
,086	14	84	1	»	987	24	»	»	
668	60	120	»	2	486	35	18	»	
,041	22	110	2	2	905	34	21	9	
,039	618	631	61	27	7,702	143	3,552	364	

DÉSIGNATION DES CORPS.			Officiers présents.	Force d'hier.	SOUS-OFFIC[...] Remplac. Soldats rentrés au corps.	Pertes. Morts ou désertés.
		Report	311	9,039	»	»
Général de brigade OSTEN. FOUCHARD, aide de camp (*Suite*).		1er du 102e régiment	16	457	»	»
		5e de chasseurs à pied	23	1,086	»	»
		10e du Pas-de-Calais	30	900	»	»
		27e des volontaires nationaux	27	1,060	»	»
Général de brigade PIERQUIN. DAMONT, aide de camp.	Général de brigade SALME.	5e de Paris	34	1,003	»	»
		2e des Ardennes	28	857	»	»
		1er du 54e régiment	19	1,018	»	»
		3e des volontaires nationaux	18	902	»	»
		15e Id.	24	969	»	»
		23e Id	26	826	»	»
		1er bataillon républicain	24	734	»	»
		2e du 104e régiment	18	589	»	»
		1er du 90e régiment	24	1,047	»	»
	Général de brigade NOEL.	1er du 83e régiment	28	1,047	»	»
		1er de Valenciennes	29	1,029	»	»
		1er du 25e régiment	18	1,015	»	»
		1er de l'Oise	29	1,035	»	»
		1er du 104e régiment	26	544	»	»
		3e de l'Yonne	23	849	»	»
Général de brigade COMPÈRE. Adjudant général HOUSSEAU.		5e Franc	22	364	»	»
		1er du 71e régiment	26	1,052	»	»
		8e de Paris	24	1,056	»	»
		17e des volontaires nationaux	25	1,045	»	8
		4e des fédérés	16	982	20	9
		3e de l'Aube	27	1,014	»	»
		1er de la Somme	26	1,011	»	»
		12e cie d'artillerie légère	3	109	»	»
		Dét. de la 27e cie d'artillerie légère	1	27	»	»
		28e cie d'artillerie légère	3	108	»	»
		Dét. du 6e régiment d'artillerie	5	106	»	»
			983	32,880	20	17
Brigade aux ordres du général Thierry. MATHIOT, aide de camp. Adjudant général, BLÉMONT. Adjoints, GARNIER et HELLIN.	Brigade de l'Allier	1er de l'Allier, 2e de la Manche, 7e du Pas-de-Calais	74	2,921	»	»
		10e du Calvados	31	976	»	»
		3e des chasseurs francs	23	941	»	»
		1er de cavalerie	27	475	»	»
		26e cie d'artillerie légère	2	54	»	»
		1re cie de la Charente, canonniers	1	76	»	»
		8e des fédérés	26	964	»	»
			184	6,407	»	»

ERS ET SOLDATS DE TOUTE ARME.							CHEVAUX		OBSERVATIONS.
	SITUATION DE L'EFFECTIF.								
Force d'aujourd'hui.	Détachés.	Aux hôpitaux.	En congés ou en permissions.	En prison.	Présents sous les armes.	Canonniers attachés aux bataillons.	de troupe ou d'artillerie.	d'officiers ou d'équipages.	
9,039	618	631	61	27	7,702	113	3,552	364	
457	»	»	»	»	457	»	»	»	
1,086	»	100	3	»	983	»	4	4	
900	13	95	»	»	792	65	20	9	
1,060	»	112	»	»	918	18	12	1	
1,003	39	158	»	»	806	»	16	10	
857	»	217	»	2	638	31	3	9	
1,018	117	215	6	5	675	36	»	9	
902	87	134	1	1	679	39	»	28	
969	113	115	»	»	741	26	10	25	
826	3	63	»	»	760	»	»	8	
734	»	»	»	»	734	20	14	2	
589	»	»	»	»	589	»	»	»	
,047	52	116	»	»	879	26	15	7	
,047	159	»	»	»	888	»	»	28	
,029	25	193	4	2	805	15	14	6	
,015	40	178	8	8	781	24	»	»	
,035	52	142	2	1	838	29	»	14	
544	»	»	»	»	544	»	»	3	
849	15	108	1	3	722	»	»	»	
364	»	»	»	»	364	»	»	»	
,052	»	186	28	5	833	23	»	16	
,056	97	130	»	2	827	36	19	10	
,037	12	66	1	»	958	32	19	20	
993	10	233	»	»	750	»	6	»	
,014	»	151	16	2	815	26	16	8	Cette division est campée à Sainghin et cantonnée aux environs.
,011	56	148	»	»	807	26	18	2	
109	1	9	»	3	96	»	200	5	
27	»	»	»	»	27	»	69	»	
108	4	13	10	2	79	»	270	»	
106	»	2	»	»	104	»	70	»	
883	1,513	3,515	141	63	27,651	615	4,317	583	
921	»	»	»	»	2,921	80	58	28	
976	»	»	»	»	976	25	22	5	
941	»	»	»	»	941	»	»	17	Cette brigade est campée au Mont Castrel et cantonnée aux environs.
475	»	»	»	»	475	»	475	47	
54	»	»	»	»	54	»	55	130	
76	»	»	»	»	76	»	72	»	
964	»	»	»	»	964	65	18	15	
407	»	»	»	»	6,407	170	700	242	

DÉSIGNATION DES CORPS.		Officiers présents.	Force d'hier.	SOUS-OF[illegible] — Rem-plac. — Soldats rentrés au corps.	Pert[illegible] — Morts[illegible]
Parc d'artillerie aux ordres du général ÉBLÉ	Canonniers de différents régiments	35	1,082	»	[illegible]
	Canonniers volontaires du 1er de la Moselle	18	1,063	»	[illegible]
	5e de la Meurthe pour la garde du parc	32	1,069	»	[illegible]
		85	3,214	»	[illegible]
Troupes omises	3e régiment de hussards	20	523	»	[illegible]
	6e régiment de dragons	8	202	»	[illegible]
		28	725	»	[illegible]

RÉCAPITT[illegible]

		Officiers présents.	Force d'hier.	Soldats rentrés au corps.	Morts[illegible]
FERRAND commandant en chef.	MICHAUD	395	10,374	»	[illegible]
	MOREAU	587	21,482	»	[illegible]
	SOUHAM	1,394	42,090	1	31[illegible]
	BONNAUD	983	32,880	20	1[illegible]
	THIERRY	184	6,407	»	[illegible]
	DRUT	70	1,678	»	[illegible]
	BALLAND	304	11,939	»	[illegible]
	MAYER	243	12,286	»	[illegible]
	DUBOIS	220	5,039	»	[illegible]
	FROMENTIN	460	17,280	»	[illegible]
FAVEREAU commandant en chef.	MULLER	212	7,465	»	[illegible]
	DESPEAUX	229	8,389	»	[illegible]
	DESJARDIN	446	16,829	»	[illegible]
Parc d'artillerie aux ordres du général ÉBLÉ		85	3,214	»	[illegible]
Gendarmes, guides et 23e de chasseurs		18	153	»	[illegible]
Troupes omises		28	725	»	[illegible]
		5,858	198,230	21	481

État-m[illegible]

Général en chef................ PICHEGRU.

Général chef de l'état-major...... LIÉBERT.

Aides de camp................. ABBATUCCI, DOUMÈRE, CHOMETTE, GAUME [illegible] général en chef), LA BRUNE, VIGIER (du géné-ral LIÉBERT).

…IERS ET SOLDATS DE TOUTE ARME.							CHEVAUX		
	SITUATION DE L'EFFECTIF.								
Force d'aujourd'hui.	Détachés.	Aux hôpitaux.	En congés ou en permissions.	En prison.	Présents sous les armes.	Canonniers attachés aux bataillons.	de troupe ou d'artillerie.	d'officiers ou d'équipages.	OBSERVATIONS.
1,082	490	83	2	11	496	»	1	2	La Fère et Réunion.
1,063	255	53	»	»	755	»	13	18	Audigny.
1,069	22	80	»	»	967	»	10	46	Baurain.
3,214	767	216	2	11	2,218	»	24	66	
523	34	98	34	3	354	»	358	22	Ces 2 régiments avaient été omis. Ils font partie de la division Souham.
202	»	7	»	8	187	»	192	8	
725	34	105	34	11	541	»	550	30	

…ATION.

10,374	664	913	40	51	8,706	399	342	55	Hondtschoote.
21,482	2,235	2,623	37	36	16,551	147	888	153	Commines.
42,060	2,283	4,017	104	102	35,554	1,014	3,069	641	Courtrai.
32,883	1,513	3,515	141	63	27,651	615	4,347	583	Sainghin.
6,407	»	»	»	»	6,407	170	700	242	Mont Castrel.
1,678	»	»	»	»	1,678	»	311	»	Douai, avant-postes.
11,939	343	1,711	12	11	9,862	197	711	53	Lesquilles.
12,286	208	2,952	6	16	9,104	284	409	274	Saint-Germain.
5,039	476	512	1	61	3,986	»	4,106	356	Réunion-sur-Oise.
17,280	644	2,725	267	56	13,588	440	2,968	270	Avesnes.
7,465	135	1,423	14	8	5,885	215	106	60	Camp de Falize.
8,389	71	1,528	34	10	6,746	246	413	90	Limon.
16,829	633	2,776	47	78	13,295	374	1,523	413	Beaumont.
3,214	767	216	2	11	2,218	»	24	66	La Fère.
153	6	6	»	»	141	»	141	20	Lille.
725	34	105	34	11	151	»	550	30	
98,203	10,012	25,022	739	517	161,913	4,101	20,908	3,336	

…r général.

…djudants généraux	FORGUES, NIVET, LAUTOUR, SAUVIAC (chefs de brigade) ; Xavier DONZELOT, DÉPLANQUES, CROUZAT (chefs de bataillon).
…djoints aux adjudants généraux	GUILLEMINOT, MARCHANT, CONCHY, Joseph DONZELOT, LEFEBVRE, DURAND, MORAS, COLIGNON, Marcotte FORCEVILLE, THIÉBAUT.

CHAPITRE VII

La bataille de Pont-à-Chin [3 prairial (22 mai)].

Le général Michaud au général Moreau.

Hondtschoote, 2 prairial (21 mai).

Je reçois, mon camarade, une lettre du général en chef qui m'invite à correspondre souvent avec toi. Je le désire autant que j'en sens la nécessité.

J'ai appris avec autant de surprise que de peine par le général Desenfans que tu t'étais replié sur Le Quenoy, et qu'il avait fait sa retraite sur Bailleul. Sa lettre ne m'en disait pas davantage. Juge de mon embarras, de mon anxiété!..... Avions-nous été forcés d'abandonner Menin et Courtrai? Quels étaient les points que l'ennemi occupait? Quelles étaient ses forces? Voilà les questions que je me faisais, que je me répétais, sans pouvoir les résoudre.

Enfin des nouvelles particulières, confirmées depuis par l'ordre d'hier, m'ont rendu la tranquillité. Nos lâches ennemis ont donc payé cher les avantages éphémères qu'ils avaient obtenus la veille! Quelle victoire! Mais remarque bien, mon cher camarade, que je ne suis pas plus instruit qu'auparavant sur la direction que l'ennemi a prise, ni sur sa position actuelle d'après sa déroute.

Desenfans m'écrivait hier qu'il était probable que tu allais reprendre ton ancienne position. Je désire plus que des probabilités, plus que des présomptions, et je me flatte que pour l'intérêt de la chose publique et le bien du service, tu voudras bien entrer avec moi dans des détails, et me présenter au juste les mouvements que tu feras, et ceux de l'ennemi. Tu peux compter sur la plus exacte réciprocité de ma part.

J'occupe toujours Furnes, le canal de Loo, Rousbrugghe, Bambecke et Houtkercke; ma force effective n'est que de 10,000 hommes sans cavalerie. L'ennemi est très faible devant moi, et il paraît avoir dégarni les points qui me sont opposés, pour porter ses forces au centre.

Je t'apprendrai que je suis informé que l'ennemi fait travailler à réparer la route d'Ypres à Dixmude; il m'est impossible de m'y opposer, puisqu'il faudrait pour cela passer le canal de l'Yperlé, mais j'ai cru devoir t'en donner l'avis, comme je vais le transmettre à Desenfans.

Le général Desenfans au général Moreau.

Commines, 2 prairial (21 mai).

Sur des bruits alarmants, et qui semblaient s'accréditer que l'ennemi faisait un mouvement sur ma droite, je me suis rendu à Commines avec un escadron de chasseurs, une pièce d'artillerie et un demi-bataillon d'infanterie. J'ai éclairé ma marche avec le plus grand soin, et le résultat des découvertes que j'ai poussées très avant du côté d'Houthem m'a convaincu que les bruits qui ont occasionné ce mouvement sont sans vraisemblance.

Je laisse ici 50 chasseurs commandés par le chef d'escadron Murat. Cette cavalerie a pour objet d'éclairer les avants de Commines et Wervicke, et d'entretenir avec moi une correspondance très active par des patrouilles fréquentes. Il serait à désirer que tu pusses établir à Houthem quelques postes d'infanterie pour communiquer avec ceux que j'ai à Wambeke. Nous aurions par ce moyen l'avantage d'être scrupuleusement gardés et nous ne serions plus exposés à faire sur de faux bruits des mouvements inutiles et fatigants pour la troupe dont l'ardeur doit être ménagée pour des occasions importantes.

Extrait de la Correspondance de Douai.

2 prairial (21 mai).

Le 30 floréal, 6,000 hommes venant de Preseau et Villers-Pol passèrent avec dix pièces de canon dans Valenciennes, et vinrent camper entre Diet-Braffe. Ce corps de troupes, d'après les rapports, ne peut être compris dans les 20,000 hommes, dont la gauche de l'ennemi a renforcé la droite et de la marche desquels je t'ai donné avis par ma lettre d'avant-hier. On peut donc estimer à 30,000 hommes le renfort que l'ennemi a reçu du côté de Tournay; il les a trouvés, ces 30,000 hommes, en dégarnissant Landrecies, Le Quesnoy, Valenciennes et Condé, et les rives de l'Escaut et de la Selle. Tout se préparait, il y a quelques jours, pour tenter un coup de main sur Bouchain.

La défaite que l'ennemi a éprouvé le 29 nous a bien servi, puisqu'elle a fixé son attention du même côté.

Le camp de Denaing tient toujours; il est de 4,000 hommes infanterie et 1,200 de cavalerie; sa constance à tenir cette position me donne beaucoup à penser.

Rapport du 2 prairial (21 mai).

Deux hommes sont partis ce matin de Wevelghem, à 4 heures du matin, et sont allés à Rousselaere, où ils ont trouvé un corps d'Hanovriens et Anglais, au nombre d'environ 2,000 hommes. A Rumbeke, il y a 2,000 hommes, et environ autant à Ouckene. A Iseghem, il y a un corps d'Autrichiens d'environ 8,000 à 9,000 hommes, y compris les dragons de Latour et les hussards de Blankenstein. Il y a à Emelghem, des Anglais et Hessois au nombre à peu près de 4,000 hommes; à Ingelmunster, il y a environ 200 hommes à cheval et 800 à pied et quatre pièces de canon, deux au pont sur la Mandel et deux au moulin à la gauche du pont.

Hier, ils devaient se retirer à Thielt; l'ordre était donné, et le contre-ordre a été donné aussitôt. Cependant aujourd'hui l'on dit qu'ils vont partir dans le jour, prendre l'ancienne position de Thielt, Roosebeke, Meulebeke, Pitthem. Les espions ont dit avoir (vu) 4 Autrichiens passés aux verges pour avoir été pris en désertion.

Pour copie conforme :
D. VANDAMME.

P.-S. — Un homme est parti pour Ardoye; demain, nous aurons des nouvelles.

Le général Pichegru au général Macdonald.

Watrelos, 3 prairial (22 mai), 11 heures matin.

Je reçois à l'instant une lettre signée Barouville, adjudant général, par laquelle il me mande que l'ennemi est délogé du poste de Saint-Léger; il est important que, conformément à tes instructions, tu poursuives vivement l'ennemi.

J'ai reçu des nouvelles de la droite; elles sont toutes satisfaisantes, puisque nous sommes maîtres depuis longtemps de Leers, Nechin et Templeuve; mais je n'ai encore reçu aucune nouvelle de ta gauche.

Je transporte mon quartier général à Leers, où tu m'adresseras directement tes dépêches, et tu en feras part à tous les généraux de la division de Souham que tu seras à portée de voir.

Comme la retraite de l'ennemi est coupée à la droite, il est de la dernière conséquence de la couper de même à la gauche, afin qu'il ne lui reste d'autre ressource que de passer l'Escaut, où il doit nécessairement essuyer de grandes pertes.

Le même au même.

Pecq, 3 prairial (22 mai), 5 h. 30 soir.

Je reçois à l'instant une lettre signée Barouville, adjudant général, datée de 2 h. 30, dans laquelle il me fait part de l'opiniâtreté que l'ennemi met dans la défense de Pont-à-Chin. Il faut continuer la vigueur de ton attaque jusqu'aux nouveaux ordres qui suivront les dispositions que je suis en ce moment occupé à prendre avec le général Souham.

Je viens de recevoir une lettre du général Bonnaud, datée de 3 heures; il me dit être dans la position que je lui avais indiquée sur Templeuve et Ramegnies; il a fait quelques prises, entre autres six pièces de canon.

L'adjudant général Reynier au général Moreau.

Courtrai, 3 prairial (22 mai).

Tout va bien, mon cher Moreau. On poursuit l'ennemi vers Ramegnies et Pont-à-Chin. Déjà 200 ou 300 prisonniers, une pièce de canon. On a pris un de ses ponts à Pecq. Nous allons poursuivre et prendre des positions.

J'ai reçu la lettre de Vandamme qui annonce que l'ennemi s'est retiré à Thielt. Si tu apprends son passage, écris-nous à Warcoing.

Rapport de deux déserteurs du régiment de l'Archiduc Charles.

Courtrai, 3 prairial (22 mai).

Ils sont désertés de 5 lieues de Courtrai; ils étaient bivouaqués sur la chaussée de Bruges.

Toutes les troupes sont parties avant-hier pour aller du côté de Tournay, entre autres les régiments de Sztarray, Wenkheim, Clerfayt, Wurtemberg, Callenberg, Laudon vert, Lully, deux régiments hanovriens et un régiment hessois. La cavalerie était composée des régiments de Kayser, Blankenstein, Latour et quelques régiments anglais, hanovriens et hessois.

Toutes les troupes en général sont parties pour Tournay, et il n'est resté personne du côté de Bruges.

Le général Pichegru au Comité de Salut public.

Courtrai, 4 prairial (23 mai).

Nous nous sommes battus hier toute la journée; nous avons poussé l'ennemi jusqu'au delà de l'Escaut, où nous avons intercepté un convoi de foin, d'avoine et de charbon; nous en avons enlevé ce qu'il était possible et brûlé le reste en nous retirant. L'affaire a été sanglante de part et d'autre. Il y a eu grand nombre de blessés; nous avons enlevé sept pièces de canon à l'ennemi qui, de son côté, nous en a pris deux; nous avons fait environ 500 prisonniers.

Les traits de bravoure et d'héroïsme se sont multipliés; j'ai chargé le chef de l'état-major de les recueillir pour vous en faire part, mais aussi la malveillance et la lâcheté ont agi en sens inverse: beaucoup de soldats se sont éloignés de leur corps pour se livrer au pillage, ce qui a tellement affaibli les bataillons que, sur le soir, nous faillîmes être repoussés.

La droite de l'armée était, le 2, sur Binch et a dû se porter de suite sur Mons ou Charleroi.

P.-S. — J'apprends à l'instant par plusieurs espions que l'ennemi reçoit aujourd'hui un renfort de 30,000 hommes; si cela est, ils vont nous donner de la tablature.

Rapport du duc d'York sur l'affaire de Tournay.

Tournay, 23 mai.

J'ai la satisfaction de vous apprendre qu'hier matin, l'ennemi ayant fait une attaque contre l'armée combinée aux ordres de S. M. I., a été repoussé après une action longue et opiniâtre. L'attaque commença à 5 heures, mais ne parut être sérieuse que vers les 9 heures, lorsque toutes les forces de l'ennemi, consistant, d'après tous les rapports, en plus de 100,000 hommes, furent amenées contre l'aile droite, dans l'intention de forcer, s'il était possible, le passage de l'Escaut pour investir ensuite Tournay.

D'abord ils firent replier nos avant-postes et obligèrent le corps du général de Bussche, qui était posté à Espierres, à rétrograder sur le gros de l'armée; mais du secours lui ayant été envoyé, le général Valmoden, qui, quoique très indisposé, reprit le commandement des troupes hanovriennes, maintint sa position. L'ennemi, en amenant sans cesse des troupes fraîches, se vit par là à même de continuer l'attaque sans interruption jusqu'à 9 heures du soir. Les troupes de l'aile droite étant extrêmement fatiguées, il devint nécessaire de les soutenir de mon aile. A cet effet, outre 7 bataillons autrichiens, je détachai la seconde brigade britannique, sous les ordres du général-major Fox. Rien ne saurait surpasser l'ardeur et la bravoure avec lesquelles cette brigade se conduisit, particulièrement à l'assaut du village de Pont-à-Chin, qu'elle força la baïonnette basse.

L'ennemi commença immédiatement sa retraite, et, pendant la nuit, il retira tous ses postes; suivant toutes les informations, il s'est replié sous Lille. Sept pièces de canon et environ 500 prisonniers nous sont tombés entre les mains; et la perte de l'ennemi en tués et blessés est évaluée peu au-dessous de 12,000 hommes, ce qui n'est nullement improbable, attendu qu'il fut exposé à un feu non interrompu d'artillerie et de mousqueterie pendant plus de douze heures.

Rapport du prince héréditaire d'Orange sur la bataille de Tournay.

Forest, 23 mai.

Je reçois à l'instant l'agréable nouvelle que l'ennemi a attaqué hier matin, à 5 heures, la position des armées combinées, sous les ordres de l'Empereur, près de Marquain, mais qu'il a été repoussé, ainsi qu'à l'attaque de l'aile droite de cette armée, particulièrement à la redoute près du moulin à vent sur la hauteur derrière la Delmote. Le combat a duré jusqu'à 11 heures dans la nuit, lorsqu'enfin l'ennemi a été contraint à plier avec beaucoup de pertes et l'abandon de plusieurs pièces de canon. Je ne saurais encore rien dire de fixe sur la perte qu'ont essuyée dans cette action les troupes de l'État.

Richard et Choudieu, Représentants du peuple, au Comité de Salut public (1).

Lille, 5 prairial (24 mai).

Nous vous avons promis de ne pas laisser un moment de repos à l'ennemi : nous tenons bien exactement parole. Avant-hier, dès la pointe du jour, nous avons attaqué l'ennemi sur tous les points; il a été successivement chassé de tous les postes qu'il occupait, malgré la plus vigoureuse résistance; nous l'avons enfin acculé sur Tournay et le mont Trinité. Mais la nuit étant arrivée, et l'ennemi ayant reçu un renfort assez considérable, le général a cru devoir ordonner la retraite, qui s'est faite en bon ordre. Le combat a duré quinze heures, et il a été des plus chauds. Nous avons enlevé à l'ennemi un convoi considérable sur l'Escaut : une partie a été brûlée. Nous lui avons pris sept pièces de canon, mais nous en avons perdu deux qui ont été démontées. Il a dû perdre un grand nombre d'hommes et de chevaux. Nous avons fait plus de 600 prisonniers. Nous ne tarderons pas à recommencer.

Quelques lâches ont quitté leurs corps pour se livrer au pillage. Cette conduite a excité un moment de désordre et aurait pu nous devenir

---

(1) Publiée par Aulard, *loc. cit.*, t. XIII, p. 722-723.

funeste, si on n'y eût pas promptement remédié. Nous ferons punir les coupables.

Extrait d'une lettre particulière du 25 mai.

Jamais il n'y a eu de bataille plus vive, plus acharnée, plus longtemps soutenue que celle que les Français sont venus livrer, le 22 de ce mois au matin, aux troupes alliées, qui occupaient le terrain sous Tournay, depuis Marquain jusqu'à l'Escaut. Jamais aussi, du moins durant cette guerre, il n'y eut plus de sang répandu sur le même champ de bataille. L'on compte qu'il y eut peut-être 20,000 hommes tués ou blessés, dont deux tiers du côté des Français. Cependant, après tant de monde sacrifié, on n'avait gagné ni perdu un seul pouce de terrain de part et d'autre; l'ennemi a été obligé de retourner dans ses anciennes positions, et le 23, il s'est rapproché de Lille et de Courtrai.

S. M. l'Empereur a été, pendant tout le combat, sur le champ de bataille, parcourant les rangs et ranimant le courage de ses troupes. Au moment qu'épuisées de fatigues et plus par lassitude que par la supériorité de l'ennemi, elles semblaient avoir besoin de retraite et paraissaient sur le point de plier, il arriva un grand secours; le soldat ne recula point d'un pas, au milieu du feu le plus violent, depuis 6 heures du matin jusqu'à 10 heures du soir.

Extrait d'une lettre de Bruxelles du 26 mai, contenant quelques détails authentiques sur la bataille du 22 mai.

Les combats continuent de se succéder avec une rapidité dont l'histoire n'offre point d'exemple, et les différentes parties de nos frontières sont tour à tour ensanglantées par des batailles également fréquentes et meurtrières. La grande armée combinée commandée par S. M. l'Empereur paraissait avoir repris le plan de couper l'armée conventionnelle qui se trouve dans la Flandre, plan qu'avait fait manquer l'échec essuyé le 18 de ce mois par l'armée anglaise et hessoise. En conséquence, elle avait de nouveau avancé ses positions au-dessus de Tournay, dans la vue d'attaquer tous les postes que l'ennemi occupait avec des forces considérables entre Lille et Courtrai. Mais l'armée conventionnelle, commandée par le général Pichegru, a encore prévenu l'exécution de ce projet en attaquant l'armée alliée le 22 de ce mois. La bataille qui s'est donnée ce jour-là a été sans contredit la plus longue, la plus opiniâtre de toute cette guerre, et celle aussi qui a coûté le plus de sang. Voici ce que nous avons appris de plus authentique sur cette journée à jamais mémorable.

Le 22 de ce mois, à la pointe du jour, l'armée conventionnelle, forte d'environ 60,000 à 70,000 hommes, se mit en mouvement de tous les côtés et s'avança dans le plus bel ordre de bataille. Elle était conduite par le général Pichegru et par les Commissaires de la Convention, qui marchaient à la tête des colonnes. Ce fut vers les 6 heures du matin que les Français commencèrent leur attaque, la dirigeant principalement contre notre aile droite qui s'étendait de Marquain à Pont-à-Chin et à l'Escaut. Leur but était de passer cette rivière afin de prendre Tournay par derrière, du côté où cette ville ne présente aucune défense, et de se faciliter ainsi les moyens de s'en emparer. La bravoure des troupes alliées a fait entièrement manquer ce projet, d'ailleurs très bien combiné. Depuis 6 heures du matin jusqu'à 10 heures, le combat fut faible de part et d'autre ; mais vers les 10 heures, l'ennemi ayant commencé ses plus grands efforts, l'affaire devint très chaude et horriblement sanglante. Les troupes des deux armées s'étaient approchées à une très petite distance les unes des autres, et, ni le feu des canons, ni celui de la mousqueterie ne discontinua ni ne s'affaiblit un seul instant depuis 10 heures du matin jusqu'à 9 heures du soir. On peut d'après cela se faire une idée du carnage affreux qui eut lieu dans cette journée; mais il est impossible de rendre l'acharnement qui régnait soit parmi les assaillants soit parmi nos troupes, qui défendirent leurs positions avec une intrépidité au-dessus de tout éloge. Des rangs entiers étaient enlevés et aussitôt remplacés sans que de part et d'autre il y eut l'apparence d'un mouvement rétrograde ; et cette terrible boucherie ne faisait qu'animer le soldat de plus en plus. Les plus anciens officiers qui ont fait la guerre de Sept Ans et celle des Turcs, ne se rappellent pas d'avoir vu un carnage et un feu pareils pendant un aussi long espace de temps. Il fut un moment où l'on craignit que le centre de nos troupes ne succombât sous la fatigue, mais dix-huit bataillons vinrent bientôt le soutenir. Les conventionnels, après avoir inutilement fait des efforts incroyables pour enfoncer notre aile droite, se retirèrent vers la nuit dans leurs anciennes positions, et nos troupes conservèrent les leurs. L'Empereur n'est point descendu de cheval pendant toute l'action, et il n'a cessé d'encourager les troupes par sa présence et son exemple. L'archiduc Charles s'est aussi infiniment distingué, ayant à plusieurs reprises chargé l'ennemi à la tête de la cavalerie. Il est impossible, dans ces premiers moments, d'avoir une notion exacte des pertes respectives, mais tout annonce qu'elles ont été énormes. Il n'en faut pas d'autre preuve que la grande quantité de blessés amenés à Tournay ; les habitants de cette ville se sont empressés de donner à ces malheureux tous les secours et tous les soins qui étaient en leur pouvoir.

Le même jour 22, le général comte de Clerfayt a remporté de son côté un avantage sur l'ennemi.

Le lendemain 23, notre armée a fait un petit mouvement en avant; mais il est probable qu'on accordera aux troupes quelque repos.....

Extrait des Opérations du général en chef Pichegru.

..... (1) Le même jour (1er prairial), notre aile droite repassait la Sambre. Ce corps eut bien de la peine à débusquer celui du général Kaunitz ; cependant leurs constants efforts lui firent obtenir des avantages marqués. Nous nous emparâmes de Fontaine l'Évêque, de Binch, et l'on forma en partie l'investissement de Charleroi.

Pichegru était allé lui-même ordonner ce mouvement, mais instruit de ce qui s'était passé à l'aile gauche, il s'empressa d'y revenir sans attendre le résultat des opérations de la droite. A son arrivée à Courtrai, on lui rendit compte qu'un grand convoi de munitions de toutes espèces, destiné pour l'armée alliée, remontait l'Escaut venant d'Audenarde ; on ajouta qu'il arriverait à la hauteur de Pecq le 3 prairial. Pichegru, dans la vue de l'intercepter et profiter peut-être du dénuement d'artillerie de campagne dans lequel devait se trouver l'armée du duc d'York, ordonna à la majeure partie de nos troupes victorieuses de se mettre en mouvement. Moreau, avec sa division et quelques détachements de celle de Souham, fut laissé pour couvrir Courtrai. Le reste de nos troupes s'ébranla dans la nuit du 2 au 3 prairial. Daendels descendait par la grande route de Courtrai à Tournay ; Macdonald cheminait par Tombrouck sur Mauroy ; Thierry se trouvait à sa droite et se dirigeait par Estaimpuis vers Saint-Léger ; Bonnaud marchait en même temps sur Templeuve, en jetant sur sa droite un fort détachement pour occuper l'ennemi vers Baisieu. La tâche de ce général était de faciliter à la division Souham le but de l'opération qu'elle seule devait remplir.

Cette division et la brigade Thierry arrivèrent sur l'Espierre au point du jour. Le corps du général de Bussche en défendait le passage; l'affaire s'engagea à coups de canon, l'on s'y fusilla peu. L'ennemi ne résista pas longtemps, craignant pour sa droite que le général Daendels poussait vigoureusement. De Bussche fit sa retraite en bon ordre par les deux rives de l'Escaut. Malgré la brièveté de ce premier combat, nos troupes perdirent assez de monde. L'Espierre forcée, Macdonald et Daendels poursuivirent jusqu'à Pecq. On courut de suite à l'Escaut, et, au lieu de ce fameux convoi, l'on n'y trouva qu'un mauvais pont de bateaux que l'ennemi n'avait point eu le temps de replier.

Les instructions de nos généraux se bornaient à ce point ; il leur était néanmoins recommandé de profiter de nos succès, pour accabler, s'il

(1) Voir p. 244.

était possible, un ennemi dont le moral devait encore se ressentir de la bataille du 29.

Daendels opinait de passer l'Escaut, afin de suivre l'ennemi sur la droite, mais la difficulté de la retraite en cas de revers fit tomber ce projet. On résolut de n'agir que sur la rive gauche. Daendels resta à Pecq, pour observer l'Escaut, et Macdonald à la tête de cinq régiments de cavalerie se dirigea rapidement vers Pont-à-Chin, dans l'intention de couper la retraite sur ce point à quelques corps que Thierry et Compère chassaient devant eux. Mais l'artillerie placée en avant du pont retint le mouvement de Macdonald, qui ne voulut s'avancer davantage sans son infanterie : ce qui donna le temps à l'ennemi de défiler. Dès qu'elle fut arrivée, on la fit longer l'Escaut et la droite de la grande route, tandis qu'avec la cavalerie et l'artillerie légère, Macdonald grimpa ventre à terre dans le village, qu'il traversa sans difficulté, l'ennemi l'ayant évacué ; mais lorsqu'il voulut se déployer et tomber sur les Alliés, qui regagnaient en désordre une ligne de redoutes, un peu au delà de Pont-à-Chin, il fut assailli par une grêle de balles et de mitraille, qui le firent rétrograder jusque derrière le village.

Cependant le reste de l'infanterie de la division Souham avait joint et se déployait ainsi que les brigades de Thierry et de Compère dans la plaine qui s'étend depuis l'Escaut jusqu'à Templeuve. Bonnaud, avec deux brigades, s'était emparé de ce poste et s'engageait vers Blandain. Souham, voyant les troupes de Macdonald et Thierry entièrement formées, et présumant que Compère ne tarderait pas à l'être, fit passer le ruisseau à Thierry, tandis qu'il fait emporter à Macdonald le Pont-à-Chin. Les ennemis sentant toute l'importance de ce poste dirigèrent tous leurs efforts de ce côté ; renforcée de plusieurs bataillons, l'aile droite de l'armée alliée, soutenue de plusieurs pièces de position, l'attaque à son tour avec la plus grande fureur. La supériorité immense de l'artillerie ennemie faisait un ravage épouvantable dans nos rangs ; Souham allait faire évacuer ce village lorsque Pichegru, trompé par un rapport inexact, lui envoya l'ordre de s'y maintenir. Un officier lui avait mandé seulement : « Nos troupes sont à telle hauteur », sans lui détailler les pertes cruelles que nous faisions pour nous y maintenir. Ce fatal laconisme, en faisant ordonner une résistance qui devint inutile contre les efforts redoublés des ennemis, coûta la vie à bien des malheureux sans que l'on pût parvenir à tenir dans ce poste encombré de morts des deux partis.

Pendant ce terrible carnage, à la gauche, Thierry était parvenu à passer le ruisseau sous le feu le plus vif, et enfoncer le centre des ennemis. Il devait être secondé dans ce mouvement par Compère, dont les troupes par une lenteur inconcevable n'étaient pas encore formées. Lorsqu'elles le furent, au lieu d'appuyer sa droite, elles vinrent, par quelque mésentendu sans doute, doubler en deçà du ruisseau les troupes de Thierry, qui, se trouvant découvertes à droite et attaquées en même temps par le centre ennemi renforcé considérablement, repassèrent précipitamment le marais et le ruisseau, en laissant sur la place grand nombre de tués.

L'attaque de Bonnaud, quoique poussée très vivement aussi, n'eut pas un résultat plus heureux. Il ne put non seulement forcer Blandain mais même se maintenir au delà du ruisseau, qu'il fut obligé de repasser après avoir beaucoup souffert.

Les troupes de la division Souham venaient d'être chassées pour la cinquième fois du Pont-à-Chin, et toujours après une résistance des plus opiniâtres. Toutes nos troupes se trouvaient alors avoir repassé le ruisseau, dont les bords marécageux nous séparaient seuls de l'armée ennemie, qui s'en était approchée. La fusillade devint alors plus terrible que jamais. On ne peut se faire une idée de l'acharnement des deux partis. Des rangs entiers étaient enlevés et remplacés. Cette horrible boucherie, prolongée par l'acharnement de nos soldats, dura jusqu'au déclin du jour. Enfin l'aile droite des Alliés, ayant pour renfort sept bataillons autrichiens et la 2e brigade d'infanterie britannique, se forme en colonne serrée, débouche en se déployant du Pont-à-Chin, et force à la retraite l'infanterie de Macdonald, qui, excédée de fatigue et découragée par ses nombreuses pertes, résiste à peine et gagne le pays couvert.

Le centre et la gauche de l'ennemi étaient également parvenus à traverser le ruisseau. Notre gauche étant découverte par la retraite presque entière de la division Souham, celle du reste de l'armée fut décidée; mais pour l'exécuter on résolut d'attendre les ombres de la nuit pour dérober aux ennemis le désordre que la fatigue de nos troupes rendait probable.

On se fusilla encore vivement dans la plaine, surtout au centre. Nos premiers bataillons attendaient l'ennemi à 200 pas, lâchaient leur décharge et se retiraient alors derrière les seconds bataillons, qui attendaient l'assaillant à pareille distance. La bonne contenance de toute notre cavalerie et le feu bien nourri de notre artillerie légère facilitèrent beaucoup ces différents mouvements de retraite. Ce ne fut cependant que vers les 11 (*sic*) de la nuit que la plaine fut entièrement évacuée par nos troupes. L'ennemi n'osa l'attaquer que par des grand'-gardes. Il ignorait sûrement le désordre qui se mit dans nos bataillons lorsqu'ils eurent gagné le pays fourré.

Thierry, n'ayant peut-être pas une connaissance exacte du terrain, fut se jeter dans Templeuve avec une partie de ses troupes; le reste gagna son ancienne position. Cette faute inconcevable manqua lui devenir personnellement funeste.

Cette malheureuse affaire qui s'était successivement allumée, quoique le premier but fut rempli, devint sans contredit la plus sanglante qui ait jamais eu lieu. L'action dura depuis 3 heures du matin jusqu'à 11 heures du soir presque sans discontinuer. On n'a pas eu d'exemple, disent les rapports des ennemis, d'un feu, d'un acharnement et d'une résistance semblables; jamais on ne vit peut-être des efforts aussi vifs, des attaques réitérées avec autant d'importance et soutenues avec autant de valeur. Les anciens officiers autrichiens, qui ont fait la guerre de Sept-Ans et celle des Turcs, ne se rappellent point avoir vu un carnage et un feu pareils pendant un aussi long espace de temps. Les Alliés avouent avoir perdu plus de 3,000 hommes. Notre perte égalait au moins la leur; il y eut en outre dans les deux armées quantité de blessés, qui presque tous l'étaient mortellement.

Cette cruelle lutte, qui n'aboutissait à rien, ne laissa pas que de nous servir.

Les Alliés achevèrent de se convaincre de la bravoure de nos troupes et commencèrent dès lors à se décourager. On assure même que l'Empereur, témoin oculaire de cette bataille, se plaignit amèrement de ce qu'on lui avait tu jusqu'à ce jour ce dont pouvaient être capables les armées françaises.....

Extrait de l'Exposé des opérations des armées du Nord depuis l'arrivée du général Pichegru, par le général Reynier.

..... Le 3 prairial, toute l'armée se mit en mouvement dans la nuit pour se rapprocher de Tournay, reconnaître les moyens qu'il y aurait de passer l'Escaut, de faire l'investissement de Tournay et profiter, si l'on en trouvait l'occasion, du désordre et du dénûment d'artillerie de campagne qu'il y avait dans l'armée ennemie après la victoire du 29 floréal.

L'ardeur de l'armée l'entraîna beaucoup plus loin que Pichegru ne le voulait, et fit engager un combat des plus vifs et meurtriers de la campagne, particulièrement à Pont-à-Chin.

Les troupes se battirent depuis le matin jusqu'à la nuit sans aucun avantage de part ni d'autre, et, pendant la nuit, l'armée rentra dans sa position.

La perte de l'ennemi fut très considérable, ainsi que la nôtre. Ils estimèrent la leur, dans leurs relations officielles, à 3,000 hommes.

L'Empereur, voyant qu'il ne pouvait acquérir aucune gloire dans cette campagne, partit de Tournay, fut à Bruxelles et bientôt reprit la route de Vienne.....

Extrait du Journal des marches, combats et prises de la gauche de l'armée du Nord.

..... (1) Le 3 prairial, il y eut à Pont-à-Chin une affaire très chaude, où l'ennemi a perdu immensément de monde, et nous avons brûlé dans cette occasion toutes les bélandres chargées de toutes sortes de provisions qui se sont trouvées sur l'Escaut. Le combat fut très opiniâtre et même très meurtrier de part et d'autre.....

Extrait du Précis des opérations de la brigade Macdonald, par le général Pamphile Lacroix.

..... (2) Jusque-là, dans tous nos mouvements, notre avant-garde, commandée par le général Jardon, n'avait pas bougé de sa position de Sainte-Anne. Elle y était restée comme corps d'observation.

Le 2 prairial, nous reçûmes l'ordre de nous porter avec toutes nos troupes sur Saint-Léger, d'y forcer ainsi qu'à Mauroy le passage de l'Espierre, pour tomber de là sur les ennemis qu'on disait s'être ralliés au-dessous de Pecq, et à l'effet de gagner ensuite l'Escaut sur lequel on croyait trouver un transport considérable de vivres.

Nous partîmes le 3, à 2 heures du matin. Nous marchâmes par Aelbeke et Tombrouck et arrivâmes à l'aube près Saint-Léger. Nous y trouvâmes effectivement l'ennemi. Mon général chargea Jardon de Saint-Léger, et la brigade s'étendit sur la gauche du côté de Mauroy. L'affaire s'engagea de suite à coups de canon. L'on s'y fusilla peu. L'ennemi ne nous résista pas longtemps, craignant pour sa droite que le général Daendels poussait vigoureusement sur la route de Courtrai à Tournay. Il se retira, mais en bon ordre. Malgré la brièveté de ce premier combat, nous y perdîmes assez de monde, entre autres des canonniers.

Nous passâmes l'Espierre en nous dirigeant sur Pecq. Là, nous fîmes notre jonction avec le général Daendels, qui y arrivait en même temps que nous. L'ennemi n'eut pas le loisir d'enlever le mauvais pont de bateaux qu'il avait sur l'Escaut au-dessous du village et par où s'était en partie retiré ce qui nous faisait face.

---

(1) Voir p. 245.
(2) Voir p. 248.

Extrait du Journal historique de la 5e division.

..... (1) Le 3 prairial, elle marcha sur Willem, Templeuve et Nechin, d'où elle chassa l'ennemi avec vigueur jusqu'au delà du marais en avant de Templeuve, où elle aurait tenu sans coup férir, si l'imprudence d'un chef, qui porta sans ordre deux bataillons en avant de Blandain et se fit charger par la cavalerie, fût mis en déroute et ébranla toute la division et engagea l'affaire la plus sanglante que la division ait eue de toute la campagne sans compter la poudre qu'on avait brûlée le matin. L'affaire reprit après midi et dura jusqu'à la nuit, pendant lequel temps le canon et la fusillade allèrent de la première force.

Nous eûmes environ 400 hommes de blessés; l'ennemi perdit plus que nous (des officiers supérieurs ennemis, qui étaient à cette affaire et faits prisonniers depuis, ont avoué avoir perdu dans cette partie ce jour-là 3,000 hommes). A la brume, la retraite se fit en bon ordre et sans que personne cherchât à nous inquiéter. Nous reprîmes les positions de Lannoy, Roubaix, etc. Le général Thierry, qui, le même jour, s'était battu avec le bataillon à la gauche de la division, fit sa retraite sur Templeuve au moment où je venais de l'évacuer; l'ennemi surprit ces troupes dans la nuit et elles causèrent en se retirant sur Lannoy quelques confusions qui furent bientôt réparées.....

Extrait du Mémoire historique et militaire de d'Arnaudin.

Longue et sanglante affaire du 22 mai, où les Français essayent en vain de traverser l'Escaut au-dessous de Tourcoing, pour prendre cette ville de revers.

Si l'on fait bien attention à la nature ainsi qu'à la suite des événements qui se font remarquer pendant le cours de cette funeste guerre depuis son principe, on verra que, par une fatalité inexplicable, les succès les plus brillants en apparence n'ont été, du côté des Alliés, d'aucun avantage pour l'avenir, tandis que quelques échecs, de peu d'importance au premier aperçu, leur ont presque toujours amené des désastres de la plus grande conséquence.

Ce qui venait de se passer n'était pour les Alliés qu'une entreprise manquée. Leurs forces n'avaient point été essentiellement entamées, et,

---

(1) Voir p. 249.

après l'affaire, ils se trouvaient dans le même état qu'auparavant. D'où l'on est en droit de conclure que cet échec était peu de chose en lui-même. Mais par l'effet qu'il produisit sur l'opinion, il était dès lors difficile d'assigner un terme aux résultats fâcheux qui pouvaient en provenir. D'abord, il donna naissance à une sorte d'altération dans la confiance réciproque des généraux des différentes puissances coalisées, qui fut une des principales causes de la suite d'événements désavantageux, dont celui-ci ne fut que le précurseur. Ensuite, à l'égard des troupes et des officiers particuliers, il devint un principe de découragement qui, les empêchant de compter aussi fermement sur la réussite des entreprises ultérieures, les empêchait en même temps de s'y employer avec toute l'énergie qui aurait été nécessaire pour amener cette réussite. Enfin, ce qui mettait le comble à la défaveur des Alliés, c'était le contraste de leur situation à cet égard avec celle des ennemis. Chez ces derniers, la confiance s'établissait par le succès. L'idée qu'ils se formaient de leur bonne fortune et de leur valeur leur persuadait que rien ne leur était plus impossible. L'entreprise, aussi téméraire que mal conçue, qu'ils tentèrent quelques jours après contre la ville de Tournay peut être considérée comme un effet sensible de ces dispositions. On va les voir entasser très imprudemment des forces très considérables entre la gauche de la grande armée combinée, dont leur droite était entièrement dépassée, et une rivière, de la rive opposée de laquelle une artillerie bien servie aurait été en mesure de foudroyer leur gauche. On va les voir, dans une position aussi peu militaire, faire effort, pendant la durée de près de 14 heures, sur un seul point dont l'attaque n'était soutenue par aucune diversion collatérale. Enfin, si cette tentative ne leur a pas réussi, comme il était très difficile que cela fût, on ne peut pas s'empêcher de convenir qu'ils se sont tiré d'embarras, sinon avec habileté, du moins avec bonheur. Leur perte dans cette affaire, quoique très grande, aurait pu l'être bien davantage si les Alliés eussent tiré tout le parti possible de la mauvaise disposition de leurs ennemis. On supposait la force qu'ils avaient en cet endroit à opposer aux efforts des Français, d'environ 80,000 hommes. Elle pouvait bien être de 60,000 à 70,000.

L'attaque commença à 5 heures du matin, mais elle ne devint sérieuse que vers les 9 heures. L'ennemi semblait avoir pour principal objet de traverser l'Escaut au-dessous de Tournay, pour pousser une colonne contre le côté de cette ville situé sur la rive droite de cette rivière, où l'on n'avait rien disposé pour sa défense. Leur front d'attaque, en commençant, s'étendait d'Espierres à Templeuve-en-Dossemez. Le corps d'Hanovriens campé à la gauche d'Espierres, en arrière du ruisseau, de l'un et l'autre côté de la chaussée de Tournay à Courtrai, ainsi qu'un autre corps de la même nation campé en arrière du même ruisseau vis-à-vis de Saint-Léger, furent obligés de se retirer à l'approche de deux colonnes considérables, qui se dirigeaient par chacune de ces issues. Ils se replièrent, partie sur le gros de l'armée, partie derrière l'Escaut. Ces derniers traversèrent cette rivière près de Warcoing sur un pont de pontons qu'ils replièrent après eux, et prirent une position sur la rive droite pour disputer le passage. Les Français parvenus aux bords de l'Escaut y brûlèrent quelques bateaux chargés de fourrage qui remontaient vers Tournay.

D'autres fortes colonnes, qui s'avançaient par Leers, Nechin et Templeuve-en-Dossemez, après avoir forcé sans difficulté les retranchements pratiqués dans toute cette étendue, contraignirent les Alliés à abandonner les postes d'Estaimbourg, Baillœul et Ramegnies.

De Templeuve-en-Dossemez, ils pénétrèrent à la batterie de Blandain érigée en avant de la droite du camp anglais, dont ils parvinrent à s'emparer. Sur leur gauche, ils s'établissaient, dans le même temps, derrière les bocages, haies, ruisseaux et fossés qui sont autour de Pont-à-Chin, et ils envoyaient des tirailleurs qui pénétrèrent jusqu'aux maisons de Froïennes, à une petite demi-lieue des remparts. Depuis 2 heures de l'après-midi jusqu'à 5 heures, leur infanterie légère se maintint dans ce poste et y entretint le feu de mousqueterie le plus violent dont il soit possible de citer un exemple. Aussi, pendant tout ce temps, les alarmes étaient-elles très vives dans Tournay. Cependant le feu de quelques pièces d'artillerie légère des Autrichiens et des Hanovriens, dirigé contre eux avec beaucoup de vivacité de dessus la chaussée de Courtrai, ne leur permit pas de se porter plus avant.

Vers les 5 heures du soir, ils se retirèrent et rejoignirent le gros de leur colonne qui tenait dans Pont-à-Chin, hameau situé en avant de Ramegnies, sur la grande route que traverse en cet endroit un petit ruisseau qui va tomber près de là dans l'Escaut. Là, à la faveur des haies et des bocages qui masquaient leurs batteries, ils se maintinrent opiniâtrément. Ils se tenaient à portée de la rive gauche de la rivière, comme s'ils étaient dans l'intention de la passer en cet endroit. Dès lors, l'artillerie des Alliés s'avança sur la chaussée. Elle était soutenue à la gauche par quelques corps de cavalerie hanovrienne et hollandaise, qui trouvaient dans cette partie un terrain favorable à leurs déploiements.

Mais lorsque ces corps se furent approchés à une certaine distance de Pont-à-Chin, ils se virent tout à coup salués d'un feu terrible de mousqueterie et de mitraille qui répandit partout le désordre et l'épouvante. En conséquence, les Alliés furent obligés de se retirer. Heureusement, c'était l'instant où commençait à paraître une partie des renforts que l'on faisait passer de la gauche de l'armée, pour soutenir la droite. Ces renforts consistaient dans la seconde brigade d'infanterie anglaise et sept bataillons autrichiens. Le général Fox, à la tête des Anglais qui arrivaient les premiers, s'apercevant de la confusion dont on vient de parler, fit mettre ses troupes en bataille à environ 300 ou 400 pas en arrière de Pont-à-Chin, et, sous la protection de deux pièces de bataillon, les deux seules qu'il eût à sa disposition, il fit avancer sa troupe et emporta le village la baïonnette au bout du fusil. Les Français se retirèrent en désordre, et du village, et de la Chapelle de Bellerive située sur les bords même de l'Escaut, où ils s'étaient établis comme pour y tenter le passage de la rivière. Ce fut particulièrement dans cet endroit qu'ils perdirent beaucoup de monde. Le nombre des Anglais qui y restèrent sur la place fut aussi très considérable, de sorte qu'après l'action, la brigade anglaise, qui eut seule à en soutenir les efforts (les Autrichiens n'étant point arrivés à temps), se trouvait sensiblement diminuée.

Cependant, les ennemis se retiraient en désordre, les uns par Templeuve, les autres par la chaussée de Courtrai. Des hussards autrichiens leur avaient fait abandonner la redoute du moulin de Blandain, à peu près dans le même temps. Beaucoup d'entre eux, oubliés dans des maisons et des enclos au moment d'une retraite précipitée faite dans l'obscurité (il était près de 9 heures du soir), tombèrent entre les mains des Anglais et des Autrichiens. Ces derniers étaient enfin arrivés pour soutenir la brigade anglaise. On en massacra une partie et on fit les autres prisonniers, tellement que le nombre de ces derniers fut de près de 500. On prit aussi sept pièces de canon qu'ils avaient abandonnées dans leur fuite.

Mais la nuit qui était déjà fort avancée ne permit pas de les poursuivre très loin, dans un pays coupé de haies et de fossés, où l'on pouvait s'attendre à quelque embuscade de la part d'un ennemi toujours très fort en nombre. Les troupes eurent ordre de s'arrêter à une certaine distance, et elles passèrent le reste de la nuit sous les armes.

Le nombre des tués du côté de l'ennemi a dû, sans doute, être très considérable; mais il a été fort exagéré dans tous les rapports du moment, où on ne l'estimait guère au-dessous de 10,000 hommes. Il paraît même que, soit du côté des Alliés, soit du côté des Républicains, la perte, quoique très forte, ne fut pas en raison de la durée et de la véhémence de l'action. Les Alliés y eurent près de 3,000 hommes tués ou blessés, et les Français un peu davantage. S. M. I. et le duc d'York, présents à l'affaire, eurent sans doute à déplorer le sort d'un trop grand nombre de braves gens perdus dans un engagement dont le résultat fut aussi insignifiant pour un parti que pour l'autre.

Cette dernière tentative des Français à la suite de l'événement du 18 mai, avertissait qu'en attendant l'occasion ou les moyens de reprendre l'offensive, on ne devait rien négliger de ce qui était capable de rendre la défensive assurée, surtout à l'égard de l'Escaut, dont l'ennemi pouvait au premier jour essayer de forcer les passages aux environs d'Audenarde, qui n'avaient été jusqu'ici que faiblement gardés.

En conséquence, d'abord l'armée combinée reprit une nouvelle position plus rapprochée de Tournay, et telle qu'elle ne pouvait plus être prise par les flancs. Elle fut couverte de redoutes et de retranchements dans tout son développement, qui s'étendait du haut au bas Escaut. Quant à la ville même, on avait déjà pris soin d'en couvrir toutes les entrées immédiates par des demi-lunes en avant des portes. On y ajouta quelques flèches, qui, occupant des points plus avancés dans la campagne, pouvaient atteindre l'ennemi à une plus grande distance lorsqu'elles seraient garnies de pièces d'un fort calibre.....

La position plus resserrée à laquelle on jugeait à propos de se restreindre mettait dans la nécessité de resserrer aussi les avant-postes, particulièrement sur la droite du camp, dont la défense avait été jusqu'alors confiée au corps d'armée hanovrien commandé par le général de Bussche en l'absence du général Walmoden, qui alors était indisposé. Ce corps allait avoir une nouvelle destination. Conformément donc à ces dernières dispositions, les postes de la petite rivière d'Espierres, trop extérieurs et d'un trop grand développement pour les forces dont on pouvait disposer de ce côté, furent abandonnés; et l'on rapprocha du corps principal de bataille la ligne des avant-postes de la droite, en se bornant à la défense des passages du petit ruisseau de Wasne, qui tombe dans l'Escaut au-dessus de Pecq. On y employa deux escadrons de uhlans et quatre compagnies de Slavons. Le général Keim, qui en avait le commandement, prolongeait sa chaîne de postes derrière le ruisseau dont il s'agit, depuis son embouchure dans l'Escaut jusqu'à Templeuve, où il communiquait par sa gauche avec un autre corps de troupes légères aux ordres du général Bellegarde, qui était en mesure de lui fournir au besoin un renfort de quelques compagnies d'infanterie et de deux escadrons de cavalerie légère.

Quant aux Hanovriens, deux de leurs bataillons, ceux qui avaient le plus souffert dans l'attaque du 22, eurent ordre de venir tenir garnison dans Tournay le 23; et en même temps, les neuf autres bataillons de la même nation passèrent l'Escaut, pour se porter sur Audenarde, et ils vinrent occuper une position en dehors de cette ville, sur la hauteur de Bevere.

On s'occupa aussi de mettre la place dans le meilleur état possible de défense, et, dans ce dessein, on y envoya des ingénieurs et des pionniers. Le corps d'armée hanovrien fut de plus renforcé par deux bataillons de Michel Wallis, deux escadrons des hussards de Blankenstein et deux compagnies de chasseurs tyroliens.

Le général Walmoden, qui avait rejoint l'armée, avait le commandement de cette division des forces combinées. Il avait ordre d'en détacher deux bataillons et quelques escadrons pour s'établir en camp volant entre Audenarde et la Lys, et assurer la communication avec le général Clerfayt, campé aux environs de Thielt. Ce corps devait être relevé tous les deux ou trois jours par des troupes fraîches, qui ne devaient jamais reprendre précisément la position des corps qu'elles remplaçaient, changement dont on devait avoir le plus grand soin d'informer le général Clerfayt; et, d'un autre côté, une correspondance continuelle devait être entretenue entre ce corps et l'armée du général Walmoden. Ce dernier restait toujours sous les ordres immédiats de l'Empereur, auquel il faisait parvenir ses rapports par l'entremise du prince de Cobourg.

Il fut, de plus, établi un autre petit camp entre Audenarde et Tournay; et la hauteur d'Herinnes, sur la rive droite de l'Escaut, fut occupée par un corps de troupes composé de deux bataillons autrichiens, de deux escadrons de hussards de Blankenstein, de deux escadrons de cavalerie hanovrienne avec deux compagnies de chasseurs tyroliens. Le colonel Sobietsky avait le commandement de ce petit corps d'armée. Cet officier avait ordre de faire garnir la droite et la gauche de l'Escaut par de forts détachements, qui devaient multiplier leurs patrouilles à l'effet de surveiller l'ennemi dans les entreprises qu'il pourrait former de traverser la rivière. Toutes les embarcations qui seraient trouvées sur l'Escaut devaient être envoyées à Audenarde, et on n'en devait souffrir aucune entre cette ville et Tournay. Sur le plus léger indice de l'apparition de l'ennemi, il fallait envoyer des estafettes en même temps au quartier général de l'Empereur et à celui du général Walmoden.

De leur côté, les Républicains ne perdaient pas un instant. Dès le 23 mai, ils poussèrent devant Ypres des forces assez considérables pour donner lieu de penser qu'ils allaient s'occuper immédiatement du siège de cette place. Depuis leur expédition du 26 avril, ils n'avaient pas cessé de la circonvenir par un cordon de postes qui s'étendait de Boesynghe à la chaussée de Menin. Mais, à l'époque où nous sommes ici parvenus, leurs différentes manœuvres manifestaient un but plus déterminé; et, quoiqu'on ne remarquât pas parmi eux le rassemblement de tout cet attirail qui avait coutume d'accompagner les armées destinées à l'attaque des places dans les guerres précédentes, on pouvait dès lors supposer qu'ils avaient des vues sur Ypres.

En effet, le 26 mai, ils avaient déjà traversé le canal d'Ypres au pont de Boesynghe. Le corps de Loyal Emigrans, envoyé le même jour de Langhemarcq pour s'emparer du passage et le défendre, était arrivé trop tard et s'était replié sur l'armée du général Clerfayt, dont les avant-postes atteignaient alors Hooghlede. Enfin, le 28, ils démasquèrent quelques batteries d'obusiers contre la place, qui mirent le feu dans une ou deux maisons.

Cependant la ville n'était pas encore entièrement investie; et cette démonstration de la part des Français n'avait réellement d'autre but que d'attirer le général Clerfayt hors de son camp de Thielt, et de l'obliger à en venir à une affaire décisive, dans une position aventurée, qui le tiendrait ainsi hors de mesure d'être soutenu au besoin par des renforts prompts et suffisants, en se ménageant à eux-mêmes cette facilité par la proximité de leur grande armée. Mais ils ne réussirent point à faire tomber le général Clerfayt dans le piège, et ce dernier ne fit de mouvement en avant que lorsqu'il les vit donner plus de réalité à leurs démonstrations sur Ypres, ce qui ne tarda pas à arriver. La prise de cette place devait les rendre maîtres de la Flandre, comme celle de Charleroi, dont ils entreprenaient le siège dans le même temps, devait mettre en leur pouvoir le Hainaut et le Brabant.

ERRATA

Pages 7, 33, 84 et 89, *au lieu de :* Florent-Guyot, *lire :* Florent Guiot.

Page 84, ajouter la note suivante, relative à la lettre de Florent Guiot au Comité de Salut public :

(1) Publiée par Aulard, *Recueil des actes du Comité de Salut public*, t. XIII, p. 101-102.

Page 191, ligne 7, *au lieu de :* laissés, *lire :* laissé.

Même page, ligne 3, à partir du bas, *au lieu de :* canons, *lire :* canon.

Page 192, ligne 10, *au lieu de :* échapperons, *lire :* échapperont.

Page 110, ajouter la note suivante, relative à la lettre de Richard au Comité de Salut public :

(1) Publiée par Aulard, *loc. cit.*, t. XIII, p. 155-156.

Page 190, ajouter la note suivante, relative à la lettre de Richard et Choudieu au Comité de Salut public :

(1) Publiée par Aulard, *loc. cit.*, t. XIII, p. 497-499.

TABLE DES MATIÈRES

PARIS. — IMPRIMERIE R. CHAPELOT ET Ce, 2, RUE CHRISTINE.

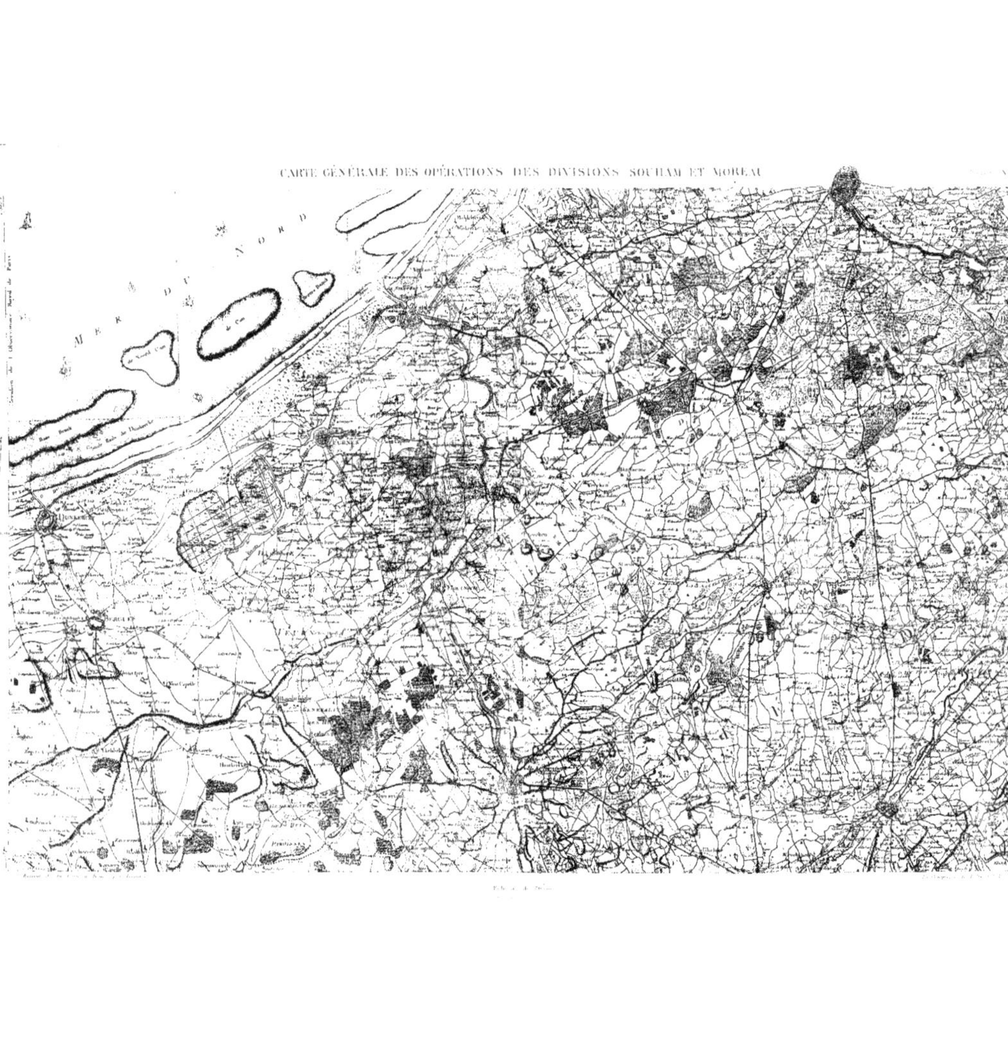
CARTE GÉNÉRALE DES OPÉRATIONS DES DIVISIONS SOUHAM ET MOREAU
MER DU NORD

CARTE GÉNÉRALE DES OPÉRATIONS DES DIVISIONS SOUHAM ET MOREAU

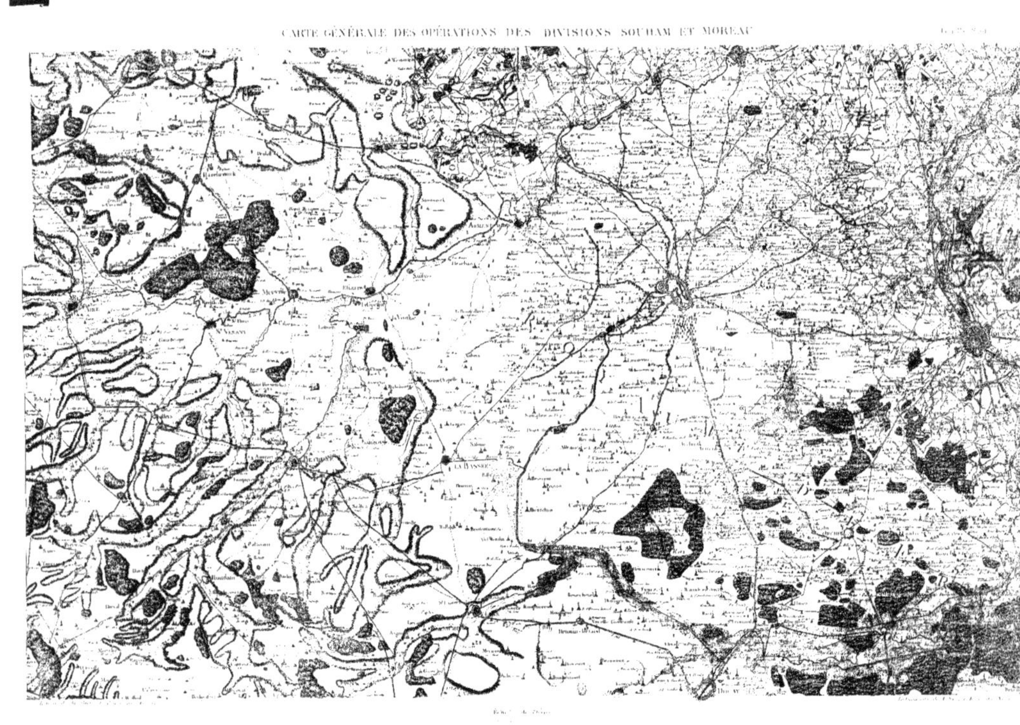

LA VICTOIRE DE MOUSCRON
9-10 Floréal an II

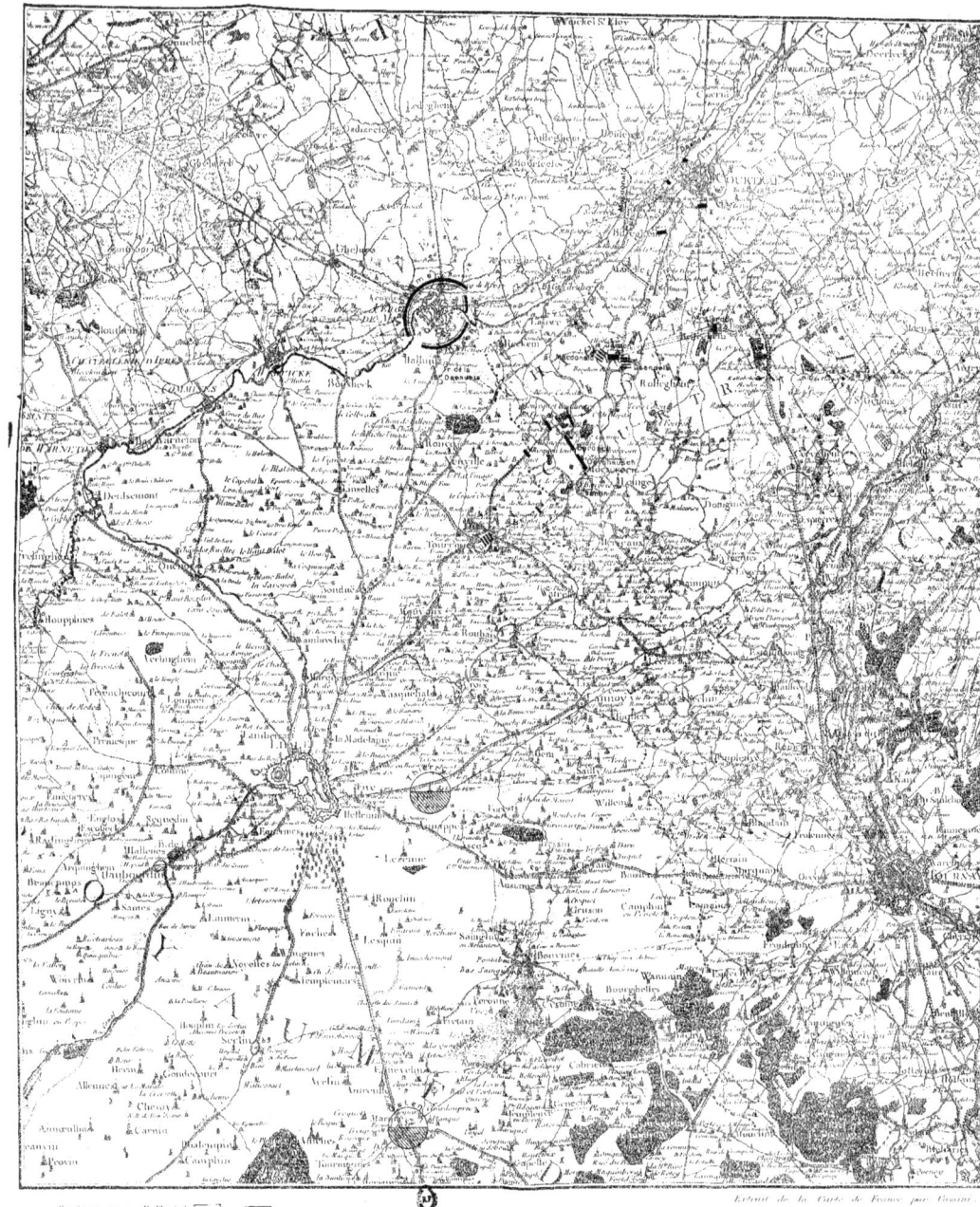

Extrait de la Carte de France par Cassini.

Emplacements au 9 Floréal

" au 10 Floréal

Échelle de $\frac{1}{86400}$

LA CAMPAGNE DE 1794 À L'ARMÉE DU NORD
Emplacements au 20 Floréal an II. (9 Mai 1794)

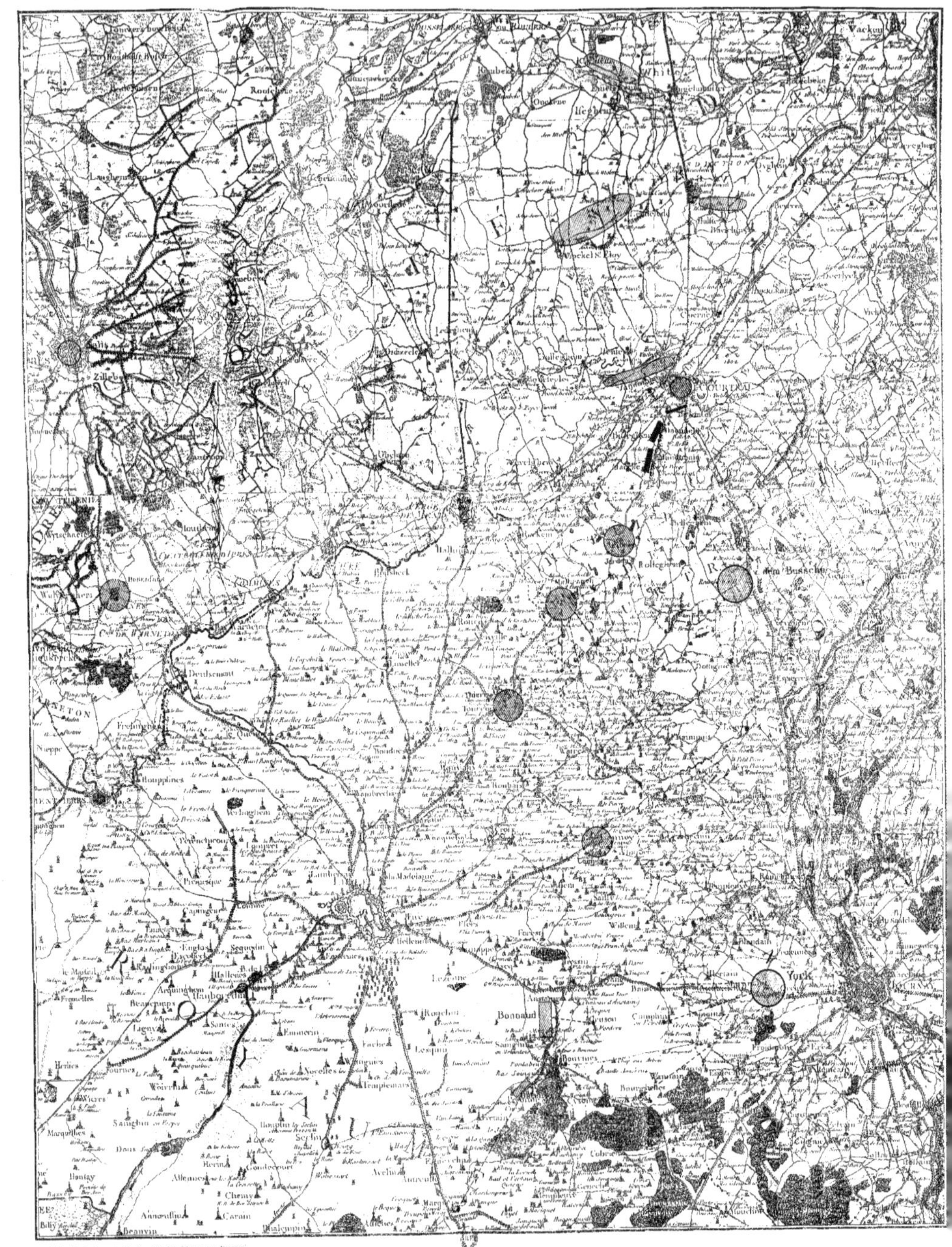

Echelle de $\frac{1}{86400}$

LA CAMPAGNE DE 1794 À L'ARMÉE DU NORD

Emplacements au 28 Floréal an II (17 Mai 1794) dans la soirée.

LA CAMPAGNE DE 1794 À L'ARMÉE DU NORD

Emplacements au 1er Prairial an II. (20 Mai 1794)

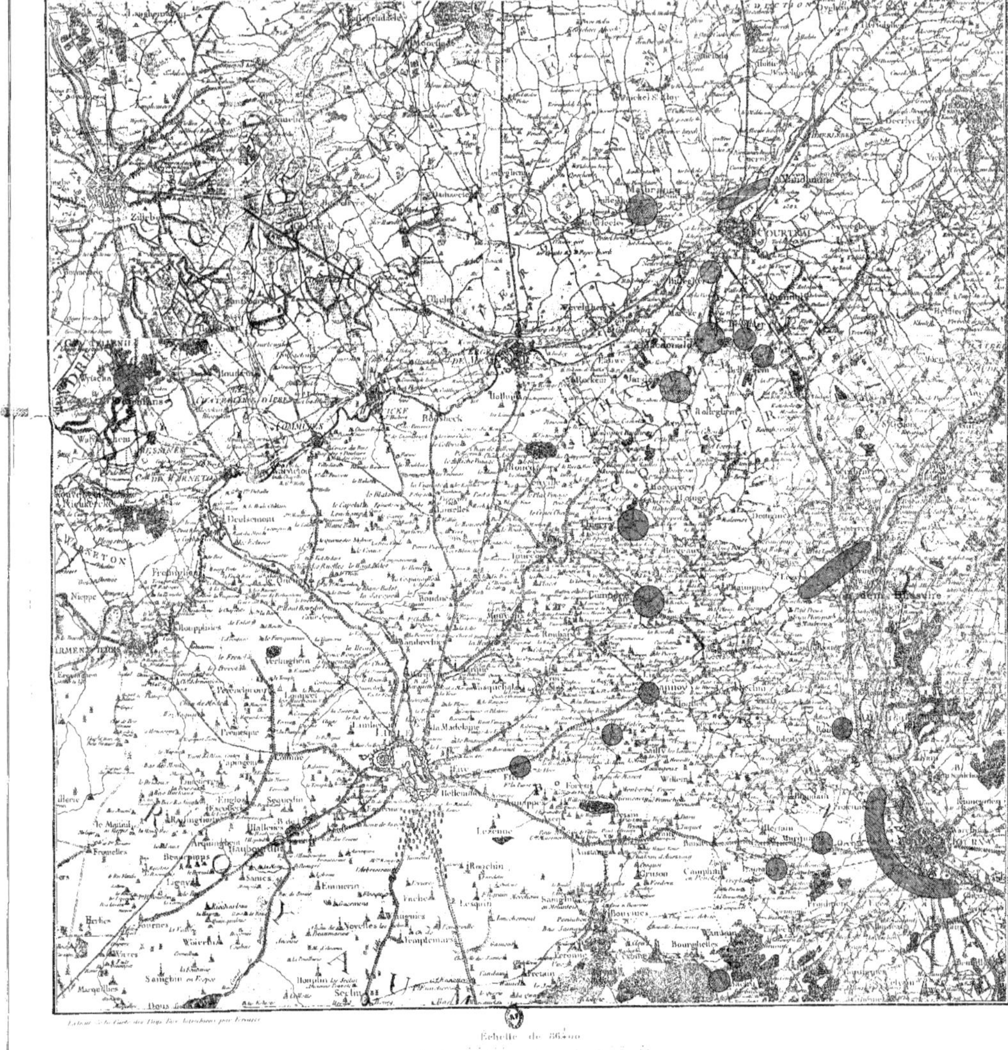

Extrait de la Carte des Pays Bas Autrichiens par Ferraris

Échelle de 1/86400

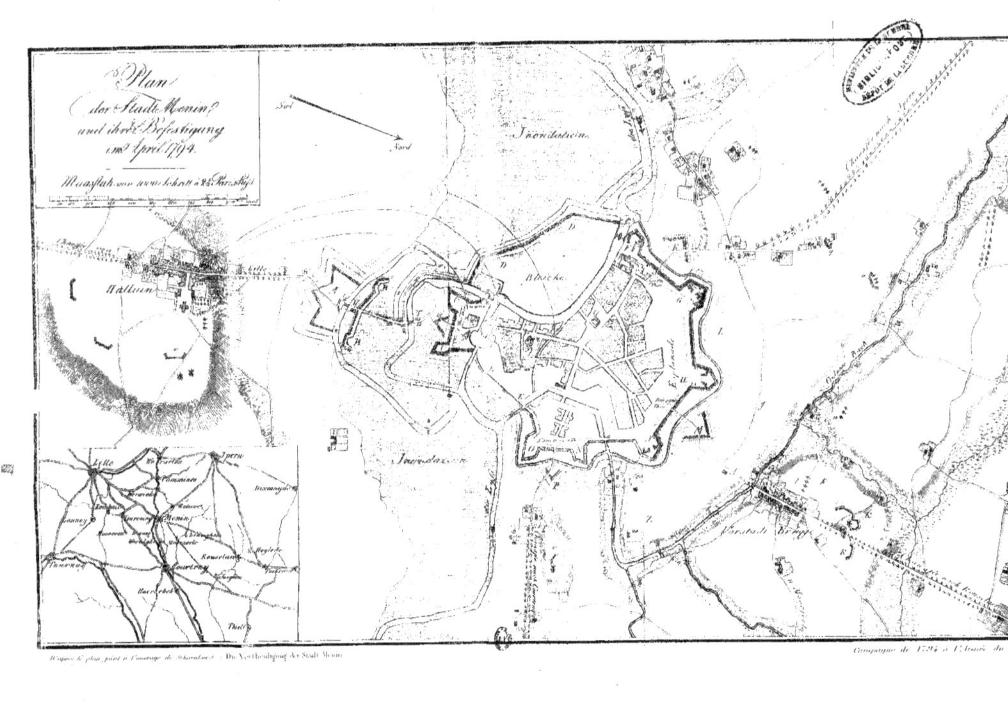
Plan
der Stadt Menin
und ihrer Befestigung
im April 1794.
Sud
Nord
Inondation
Inondation
Blicke
Esplanade
Halluin
Lille
Ypern
Menin
Courtray
Tournay
Rouselaere
Harlebek
Thielt
Vorstadt Brügge
Die Vertheidigung der Stadt Menin

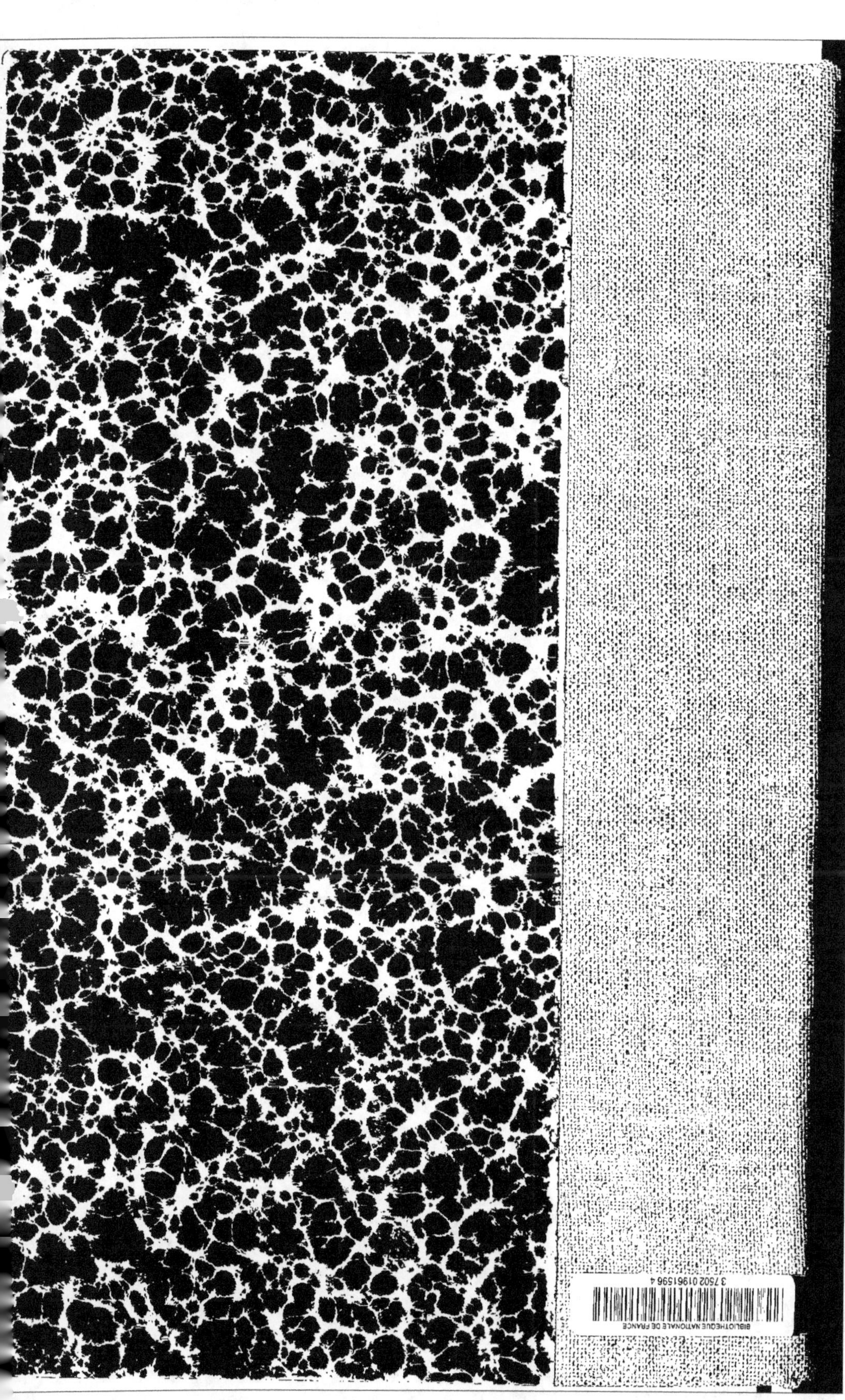
3 7502 01961596 4
BIBLIOTHEQUE NATIONALE DE FRANCE

www.ingramcontent.com/pod-product-compliance
Lightning Source LLC
Chambersburg PA
CBHW061949300426
44117CB00010B/1276
9782019615246